韓国語教育論講座

第3巻

対照言語学 類型論 語彙史 文法史 文字史
共和国・延辺・中央アジアの朝鮮語
宗教と言語

野間 秀樹 | 編著
Noma Hideki

Kurosio くろしお出版

はじめに
——『韓国語教育論講座』の完結に向かって ——

編者　野間　秀樹（のま・ひでき）

〈ことばを学び＝教える，全ての人々に〉

　『韓国語教育論講座』は次のような人々が共にしてくださることを願い，出発した：

(1) 日本語母語話者を対象に韓国語教育に携わる人々．
(2) これから韓国語教育に携わることを目指す人々．
(3) 韓国語学に関心のある人々．
(4) 韓国語を学ぶ人々．
(5) 日本語教育など，言語教育に関心を持つ人々．
(6) ことばや言語学に関心を持つ人々．

　ここでいう韓国語教育＝朝鮮語教育とは，大学，高等学校，民間の講座，個人教授など，様々なありかたの教育を想定している．また，中級，上級以上の韓国語＝朝鮮語学習者の，日本語で接しうる書物が大変少ないという現状から，そうした人々に日本語で読める内容を提供することも，目標の1つとしている．さらに，韓国語に未だ直接触れていなくとも，言語を学び教えることに関心のある全ての人々にもこの『韓国語教育論講座』は開かれている．本巻など，韓国語に触れたことのない人でも楽しめる論考ばかりである．一言で言って，〈ことばを学び＝教える，全ての人々に〉手に取っていただきたい，そうした願いのもとに作り上げたものである．

『韓国語教育論講座』の内容

　こうした人々を対象に編まれた『韓国語教育論講座』は，韓国語教育，韓国語学に関する，総合的な講座である．その特長は次のような点に集約できよう：

(1) 韓国語教育に関する総合的な講座であること．
(2) 韓国語学に関する総合的な講座でもあること．

(3) 文学など，広く文化教育論も視野に入れた講座であること．
(4) 研究への入門の役割を果たすものであること．

　さて(1)と(2)の2つの点を見てもわかるように，本『講座』は韓国語教育と韓国語学という2つの学問分野に対する二重の責務を負っている．日本語圏においては，韓国語教育の総合的な講座がいまだ存在しないばかりでなく，韓国語学ないしは朝鮮言語学の講座もまた，存在しないからである．ゆえにこの『韓国語教育論講座』は，いわば『韓国語学講座』あるいは『朝鮮言語学講座』といった趣も備えている．教育すべき韓国語そのものに対する，総合的な知的取り組みから構築しなければならないという，日本語圏における韓国語学の同時代史的な条件に規定されてのことである．

　言語教育そのものを中心に据えた，まとまった内容の書物は，日本では日本語教育と英語教育の成果が圧倒的で，近代以来長い歴史を誇るフランス語教育やドイツ語教育，中国語教育でさえ，ある程度の規模のものはそうそう見ることができない．こうした現状の中で，韓国語教育は日本の近現代史と共にあり，同時代に至って大きく成長しつつある分野であって，今日こうして一通りの到達点をそれなりの規模でまとめておくのも，大切なことだと思われる．

　本『講座』は日本語母語話者を対象にした韓国語教育を中心に据えているが，関連分野のうち，日本語教育や英語教育の分野で日本において容易に接しうる分野については，これを大幅に割愛した．そちらの分野に既に優れた書物がたくさんあり，あえて『韓国語教育論講座』で繰り返す要がないからである．韓国語に関わることがら，韓国語でなくては触れ得ないことがらに，多く紙幅を割いている．また逆に，必要なテーマについては隣接分野の研究者の力もお借りした．一方で，例えば韓国語学内部の様々な分野のうち，ある分野については相対的に少ない論考しか見ることができない．これもとりもなおさず，現在の日本語圏における韓国語学や韓国語教育の現状をそのまま反映するものである．

　韓国語教育に関する論考においては，(3)にあるように，その内容は広く接する領域である文化論的なことがらにも及び，文学をはじめとする文化的な事象への接近，あるいは文化論への導きの糸ともなっている．本『講座』が可能な限り広い内容を扱おうとしたのは，1つには，韓国語教育はこうした広い視野を見据えることなしには成り立たないものだという考えからであり，2つには，多様な分野を共にする場を，『講座』という形で実現したいという考えからである．

(4)に挙げたように，本『講座』は韓国語教育と韓国語学の基本を扱っているばかりでなく，場合によっては，研究の最先端に至る内容を盛り込んでいる．あるテーマにあっては基本的な概説となっており，また他のテーマにあっては，はるかに深い研究論文としての内容となっている．また，教育実践の試みもあれば，理論的な試みといったものにも出会えよう．こうしたことも講座として基本を押さえるという必要と，研究の現段階を示すという2つの要求に応えようとしたことによる．本『講座』は入門的な講座であると同時に，研究への誘いでもあるからである．韓国語教育のみならず，韓国語学ないしは朝鮮言語学についても，日本語でこれだけまとまったものが読める書物は，少なくともこれまではなかった．韓国語でもこの規模の講座や叢書類は，そう例を見ない．その点で，『韓国語教育論講座』によって，韓国語教育，韓国語学の双方の分野について，不十分な点も無論少なくないけれども，まず押さえるべき内容は，ここに集約されたのではないかと信ずる．それぞれの論考には可能な限り，参考文献などを提示し，また第4巻には関連分野ごとの文献解題も準備した．

『韓国語教育論講座』の記述のあり方

　『講座』の記述においては，日本語母語話者のみならず，日本における韓国語教師の半数以上を占める韓国語母語話者の先生方，今後，日本における韓国語教育に従事しようとする韓国語母語話者の方々に対する，記述の上の配慮もしばしば見えるであろう．一見，煩瑣とも思える振り仮名の使用などはその一例である．相当な日本語力を持った非母語話者にとっても，振り仮名はありがたいものである．逆に，日本語母語話者のためにも，韓国語の固有名詞などには可能な限りの振り仮名が付してある．本書を日本語母語話者以外の読者とも共有する意味で，読者の皆さんのご寛恕を願いたい．また韓国語以外の分野にまたがる論考においては，必要に応じて，術語に英語やロシア語など他の言語の術語を併記することも行った．韓国語教育や韓国語学が，決して韓国語という内に閉ざされた学問ではないことの表現でもある．一般言語学的な関心からも本『講座』に接していただけるであろう．その道の専門家だけが理解しうるようなことば，即ちジャルゴン(jargon)も可能な限り広く解き放とうと努めた．

　『講座』が日本語母語話者を対象にした韓国語教育に関するものであるから，韓国語と日本語の対照言語学的な観点，類型論的観点，対照文化論的な観点は，『講座』の全体を貫く1つの大きな特徴となっている．韓国内で著わされた韓国語教

育関連の書物との決定的な違いは，何よりもまずこの点にある．この第3巻はとりわけそうした観点が顕著に現れる巻となった．

さらに，方言を始めとする韓国語の様々なヴァリエーションを扱うことや，歴史言語学的な観点，言語史への視角にも重点を置いた．大韓民国の言語についての情報の量と質に比べ，朝鮮民主主義人民共和国の言語については，これまであまりも研究は非力であった．第3巻では，平壌での実際の調査に基づく論考を共にし得ている．韓国でもこれだけの量と質の記述は未だ現れていない．また中華人民共和国の延辺朝鮮族自治州の朝鮮語や，中央アジアの高麗語とも呼ばれる朝鮮語についても，とりわけ日本語圏ではほとんど知られていなかった．第一線の研究者の方々の力を得て，そうした限界を突破しようという試みもまた，『韓国語教育論講座』の志である．韓国語＝朝鮮語の言語史に係わる論考も，日本語でここまで集約されたものはなかった．ハングル登場以前の，口訣（こうけつ）についての論考があり，文法史が語られる．語彙史については，現代語から古語を引く小辞典の形で提起した．これも日本語圏のみならず韓国語圏も含め，初めての試みである．もちろん周辺の満州語を始めとするアルタイ諸言語についての目配りも欠かせない．中世，近代，そして現代に至る過程での，仏教やキリスト教と言語との係わりも学ぶ重要な端緒も『韓国語教育論講座』は得た．言語学の様相を一変させたコーパス言語学，その最先端も，実際にコーパスを構築し，膨大な研究成果をあげている研究者の論考から直接知ることができよう．このように可能な限り，広く，そして深く学ぶ手掛かりをと，心を砕いた．

私たちの課題は，韓国語と日本語という2つの言語のあいだ，そして2つの文化圏のあいだにまたがる課題であるように見える．しかし，『講座』を紐解（ひもと）いていただけばわかるように，課題は，単純に2つの文化というより，上で述べた言語のヴァリエーションを始め，実ははるかに複合的，重層的なあり方を呈（てい）している．学ぶべきものは多い．韓国語をめぐる学問的な取り組みは，韓国語教育のみならず，広く言語教育やいわゆる多言語・多文化教育に関わっておられる人々にも，おそらく新たな多くのものを提供できるかもしれない．そうした人々にもまた，本講座の読者となっていただけると信ずる．

本講座は『韓国語教育論講座』と名づけられた．書名に用いた〈韓国語〉は日本では〈朝鮮語〉とも呼ばれる．〈コリア語〉，〈韓国・朝鮮語〉などといった名称も用いられている．名称はどうあれ，どこまでも1つの言語である．本『講座』において韓国語と朝鮮語という名称が併用されているのは，言語の名称の使用を

執筆者に一任したことによるものである.

『韓国語教育論講座』の執筆者

　全4巻で出発した『講座』も,全5巻へと大幅に増強する方向で進めている.執筆者は日本と韓国の研究者,70名を超える.それぞれのテーマごとに異なった執筆者が担当している.およそ現在考え得る限りの執筆陣であるといってよい.

　戦後日本の韓国語学は日本を代表する言語学者であった河野六郎博士(1912-1998),そしてその直系の弟子にあたる,中村 完(1932-2005),菅野裕臣(1936-),志部昭平(1943-1992),門脇誠一(1944-),辻星児(1948-)といった先生方,さらに河野六郎博士の教えに直接間接に触れて来られた,金東俊(1924-2017),梶井陟(1927-1988),青山秀夫(1927-2009),梅田博之(1931-),柳尚熙(1932-2007),大江孝男(1933-),塚本 勲(1934-),早川嘉春(1937-),藤本幸夫(1941-),田村 宏(1946-2005)といった先生方,こういった錚々たる学者たちによって切り拓かれたといってよい.また金思燁(1912-1992),大谷森繁(1932-2015),尹學準(1933-2003),大村益夫(1933-),長璋吉(1941-1988),三枝壽勝(1941-)といった方々をはじめとする文学研究者,あるいはまた歴史研究者の方々の韓国語教育への貢献も大なるものがあった.本『講座』はこうした素晴らしい学者たちの教えを受けた弟子の世代,そしてその孫弟子の世代に執筆者を限っている.先人たちの教えを踏まえつつ,いわば新たな世代の責任によって,新たな世代の現段階をささやかながら刻印しようとしたものである.河野六郎先生より数えて,孫弟子のみならず,既に曾孫弟子の世代の論考も多く収めていることに鑑みるとき,日本の韓国語学と韓国語教育の同時代史についての感慨を新たにせざるを得ない.

　執筆者の選定にあたっては,編者がこれにあたったのはもちろんであり,責任は一に編者にあるが,文学研究者であられる九州産業大学の白川 豊,新潟県立大学の波田野節子といった方々を始め,多くの先生方にもご協力を賜っている.記して感謝したい.

　なお,『講座』の執筆者を見ると,日本語母語話者,韓国語母語話者がおり,日本,韓国,共和国と「国籍」も様々であり,また日本で生まれ育った者,韓国で生まれた者,そして日本にやって来た者,さらに受けた教育も多様であるし,日本と韓国のいずれの血をも受けた者もある.本『講座』はこうした多様な人々が1つになって作り上げたものである.

本『韓国語教育論講座』でただ1つ無念なのは，当然書いていただくべき，同志とも言うべき幾人かの方々が，たまたまいくつかの事情で執筆に携わることが叶わなかったことである．この点は痛恨の極みであるが，またいつの日か共にする日が来ると信ずる．

『韓国語教育論講座』を作るにあたって

『韓国語教育論講座』の出発にあたっては，駐日韓国大使館韓国文化院の柳珍桓院長の熱意溢るるご協力を得た．その熱きご支援なくしては本『講座』は成り立たなかったであろう．さらに後任であられた姜基洪院長も陰日向となって声援をお贈りくださった．ここに記して感謝申し上げたい．また韓国文化院にあられた清水中一氏の一途なるご尽力は忘れることができない．そして財団法人国際文化フォーラムからは中野佳代子氏，水口景子氏，中野敦氏のご声援を得，同財団ご出身の小栗章氏には，本書の企画段階よりひとかたならぬご尽力をいただいた．改めて感謝申し上げたい．

一部の巻については，韓国国際交流財団(Korea Foundation)のご支援も得た．とりわけ崔賢善氏，鄭翰煜氏，文載勝氏，崔賢洙氏に心より感謝申し上げたい．

くろしお出版にあっては，福西敏宏氏が『講座』の立ち上げを図ってくださり，その実現は，池上達昭氏がこうした大部の企画を，長い間，困難をものともせず，進めてきてくださった．内田マチ氏にも感謝を捧げたい．くろしお出版渾身の仕事という感，大なるものがある．

第3巻の編集実務や翻訳に関する，明治学院大学の金珍娥氏，東海大学の中島仁氏，近畿大学の須賀井義教氏，九州大学の辻野裕紀氏，慶應義塾大学の髙木丈也氏，翻訳家の植松恵氏，渡邊奈緒子氏のご労苦には，真に感謝の一語に尽きる．

ご多忙中にもかかわらず，第3巻の執筆を快く引き受けてくださった，徐正敏先生，鷲尾龍一先生を始めとする多くの方々，国立国語院の前院長・権在一先生や現院長・宋喆儀先生，さらに李賢熙先生，徐尚揆先生，辛奎卓先生を始め，韓国から貴いご論考をお寄せくださった方々，そして本『講座』のためにご尽力くださった全ての方々に心より感謝申し上げたい．

ひとえに編者の力不足により，完結に10年を要している．本講座が1冊，また1冊と世に出る年月に，若き研究者として出発なさった皆さんが，第一線を切り拓く研究者として羽ばたいておられる．時間を経てしまったことには，お力添えを得た多くの方々に，心よりお詫び申し上げたい．

はじめに（野間秀樹）

　筆舌に尽くしがたい困難に次々に見舞われたにも拘わらず，こうして『韓国語教育論講座』の4冊目の配本となる，この第3巻を世に問うことができたのは，ただただ，多くの方々のご厚恩によるものである．心よりお礼申し上げたい．

　『韓国語教育論講座』というこのささやかな試みが，韓国語教育や韓国語研究，韓国の文化，そしてことばに関心を持つ多くの人々，実際の教育に日々汗を流しておられる先生方，さらに本『講座』を手にしてくださった全ての人々のお役に立てることを，心から祈りたい．読者諸兄の忌憚(きたん)なきご意見を心待ちにするものである．

韓国語教育論講座

●目 次　第3巻

はじめに　　　　　　　　　　　　　　　　　　　　野間　秀樹　　iii
凡　例　　　　　　　　　　　　　　　　　　　　　　　　　　　　xiii

〈対照する〉ということ──言語学の思考原理としての〈対照〉という方法──
　　　　　　　　　　　　　　　　　　　　　　　　野間　秀樹　　 1

形態論的類型論とその発展──日本語・韓国語の膠着語性の観点から──
　　　　　　　　　　　　　　　　　　　　　　　　峰岸　真琴　　21
受動表現の類型と起源　　　　　　　　　　　　　　鷲尾　龍一　　41
韓国語の形式名詞 '것' と日本語の形式名詞　　　　　丁　　仁京　　67
韓国語の再帰代名詞について
　　──日本語 '自分' との対照──　　　　　　　　鈴木　陽二　　91
指示詞を日韓対照言語学から照らす
　　──現場指示と直示の象徴的用法の関係を中心に──　金　善美　113
人はことばでいかにほめるのか
　　──日本語と韓国語の会話から──　　　　　　　金　庚芬　　139
韓国語における引用表現の体系を照らす
　　──韓国語教育のために──　　　　　　　　　　金　珍娥　　157
単語結合から見た「-에 가다」「-로 가다」「-를 가다」　李　善姫　179
韓国語の動詞보다の研究　　　　　　　　　　　　　高　權旭　　201

絶滅危機に瀕するアルタイ言語の記録　　　　　　　金　周源　　221
共和国の言語──文化語と平壌方言──　　　　　　韓　成求　　235

xi

中央アジア高麗語の話しことばと書きことば	権　在一	287
延辺地域語の待遇法体系と終止形語尾	髙木　丈也	319
漢文読法と口訣	鄭在永・安大鉉	335
ハングルという文字体系を見る 　　── 言語と文字の原理論から ──	野間　秀樹	371
韓国語　現代語＝古語小辞典	須賀井義教	403
現代韓国語と言語の化石	宋　喆儀	429
韓国語の文法変化	権　在一	445
16世紀韓国語の「두어 두어」（罷罷）とその後続形	李　賢熙	475

宗教言語の言語情報的考察 　　── コーパス言語学からの接近 ──	徐　尚揆	495
仏教学者の管見から見えてくる「ハングル」	辛　奎卓	541
ハングル大蔵経改訳電算化事業の成果と課題	李　在洙	557
キリスト教と韓国語	徐　正敏	575

新しい単語はいかに生まれるか 　　── 近現代韓国語の新語の様相 ──	キム・ハンセム	593
現代韓国語文体の成立過程における変化の一要因 　　──「国漢混用」と「ハングル専用」──	韓　栄均	615

あとがき	野間　秀樹	641
索引凡例		643
人名等の索引		645
事項索引		653
執筆者プロフィール		679

●凡例

本『韓国語教育論講座』における，参考文献の参照のしかたは次のとおり：

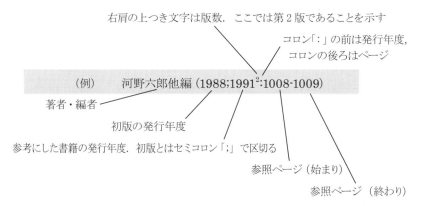

●参考文献は，各論稿の末尾に一括して示す．
参考文献の一覧は韓国語の文献（가나다順），日本語の文献（五十音順），それ以外の言語の文献の順に，著者名・編者名にしたがって排列した．同じ著者名・編者名で同じ年度の文献は (1988a), (1988b) のごとくローマ字 a, b, c で区別する．

●韓国人名にはカタカナで，日本人名，中国人名にはひらがなで読みがなを付した．韓国人名に付した読みがなは，執筆者独自の表記を除き，基本的に本書で付したものである．索引では「姓・名」のように中黒「・」で区切った．姓と名それぞれ内部の発音変化については，かなに反映できるものは反映させた．姓名をまたぐ発音変化はかなに反映させないが，名の頭音の有声音化はこれを反映させた．長母音は全て反映させない．本文でかなや漢字，ハングル表記のない人名や文献名，作品名でも，索引では努めてハングルや漢字を併せて参照できるようにした：

  イ・グァンス 李光洙 이광수 パク・モグォル 朴木月 박목월
  パク・イルロ 朴仁老 박인로 パク・イヌァン 朴寅煥 박인환

〈対照する〉ということ
―― 言語学の思考原理としての〈対照〉という方法 ――

野間　秀樹（のま・ひでき）

1. 〈言語には差異しかない〉――
    差異は対照することからしか得られない　1
2. 対照することによって同定し，体系を見出す　3
3. 対照するものに，限りはない　4
4. 対照するには，枠組みが要る　7
5. 記号論的視座から存在論的視座へ――
    〈対照する〉ことと言語学，言語教育　10

1.　〈言語には差異しかない〉――差異は対照することからしか得られない

　20世紀現代言語学を支えた思考原理の1つに，フェルディナン・ド・ソシュール(Ferdinand de Saussure /페르디낭 드 소쉬르, 1857-1913)の次の言を挙げることができる：

> dans la langue il n'y a que des différences
> 言語には，差異しかない
> 　　　　―― Saussure(1916:166)，ソシュール(1940;1972:168)

　差異(ディフェランス)(차이 /仏 différence /英 difference /独 Differenz /羅 differentia)――これこそ現代言語学の根幹を支え，言語学のみならず，構造主義(구조주의 /仏 structuralisme /英 structuralism /独 Strukturalismus /羅 structuralismus)と呼ばれた思想の根幹を支え，さらにはポスト構造主義(포스트구조주의 /post-structuralism)の時代の思想の根幹にまで流れ込んできた根本概念であった．ソシュール学派の影響は絶大であった．
　ジャック・デリダ(Jacques Derrida /자크 데리다, 1930-2004)が『エクリチュールと差異』(L'ecriture et la différence /글쓰기와 차이. 1967)といった書名にも冠したごとく，ポスト構造主義の時代にあってもそれは根本概念として脈々と語られ続けてきた．「差延」(차연)と訳されたデリダの造語"différance"もまた，「差異」"différence"を手掛かりに造られたのであった．フランス語の動詞 différer(ディフェレ)は

「異なる」のみならず「延期する」の意を有することに基づく造語である．面白いことに，これら2つの単語は発音は同じく[diferãs]と変わらず，表記だけで区別しうる．〈話されたことば〉では区別できず，〈書かれたことば〉でのみ，即ちエクリチュールでのみ区別しうるわけである．1) デリダは差異に注目した．では差異の前提は何か？ 「つねにすでに」先立つ他との関係性のうちの，それがそれであること，即ち自己同一性や同定といったことがらである．差延はこうした問いのうちに生まれた造語であった．差異ー差延をめぐる思考は，かくしてデリダによってぐいぐいと問い詰められてゆく．それを追うのは，ここでの課題ではない．私たちはもっと素朴な，而して言語をめぐる思考にとって緊要な課題の方に立ち止まる．

　差異を言い，差延を言う，それらは謂わばある営みの結果として浮かび上がるものである．その営みとは，まさしく何ものかを何ものかと**〈対照する〉**(대조하다/contrast)という営みに他ならない．〈差異〉とは〈対照〉した後に得られる結果である．何ものかを何ものかと〈対照する〉，そうした営みの結果，そこに差異が立ち現れるかもしれないし，現れないかもしれない．対照という営みのないところ，そこに差異は語れない．そもそも何ものかを同定する営み自身が，対照という営みと不可分のものとしてある．もちろん〈対照する〉には2つ以上の〈何ものか〉がなければならない．その〈何ものか〉を位置づけることの中に，まさにデリダが「差延」という概念を用い，考えをめぐらせねばならなかった契機が横たわっている．そこから先の思考はもはや言語学の圏域を超えてしまう．ここで言語学にとって必要なのは，例えば「AはAである」「AはAではない」「AはBと異なる」などといった，同定に関わる営みを，いつも〈対照する〉という営みが包んでいるという点である．〈差異を見出すこと〉と〈対照すること〉は，鶏が先か，卵が先かというようなものに見えるかもしれない．しかし〈差異〉と〈対照する〉は，トートロジーではない．〈差異〉は卵であっても，〈対照する〉ことは，鶏ではない．鶏の産みの営みだからである．私たちは〈差異〉が動詞ではな

---

1) 物理的に言語音で実現したことばを〈話されたことば〉(말해진 언어/spoken language)，文字として実現したことばを〈書かれたことば〉(쓰여진 언어/written language)と呼ぶ．これらは言語の存在様式(존재 양식/mode of existence)における現象形態(현상 형태/独 Erscheinungsform/英 form of appearance)それ自体の区別である．他方，〈話しことば〉〈書きことば〉の術語は，語彙，文法形式，文体など，言語の表現様式(표현 양식/mode of expression)における区別である．言語の存在様式と表現様式は厳密に区別せねばならない．野間秀樹(2008a:326-328, 2012a:12-14)また野間秀樹(2018 forthcoming)参照．

く, どこまでも結果として措定しうる名詞なのだという点には, 留意しておこう.
　デリダの魅惑的な議論を措き, 言語学の圏域にこうして踏みとどまって, 素朴にして緊要なる〈対照する〉という営みを, ここで考えることにしよう.

2. 対照することによって同定し, 体系を見出す

　20世紀言語学の出発を象徴する出来事の1つに,〈音素〉(음소/ phoneme)——単語の意味を区別する最小の音の単位——の発見を挙げても, そう異論はないであろう. ポーランドの言語学者, ボードゥアン・ド・クルトネ(Baudouin de Courtenay /露 Иван Александрович Бодуэн де Куртенэ, 1845-1929)やソシュールが到達した地平であって, 言語音についての学は, 音声学と区別し, 音韻論が打ち立てられることとなった. その後, 言語学における〈形態素〉(형태소/ morpheme)などの様々な概念の構築にも決定的な手掛かりを与えている.
　この音素の同定に用いられる〈最小対〉(최소 대립쌍 /minimal pair)を検討するという考え方こそ, まさにある複数の対象を対照するという営みの典型である. 例えば日本語東京方言の「蚊」と「蛾」という単語は, 高低アクセントは「蚊「が」「蛾「が」と発音され, いずれも変わらない. 一方, 音そのものは, [ka][ga]であって, 頭の子音だけが異なっている. つまり頭の子音[k] : [g]の対立がこの2つの単語の意味の実現を互いに区別していることになる. そこで日本語東京方言では[k]と[g]をそれぞれ〈音素〉として認定する. こうした手続きによって当該の言語の音素を同定し, 音韻体系を組み上げてゆく. [2] 音素は /k/ や /g/ のようにスラッシュに入れて表記する約束である. この「蚊」と「蛾」のような対を最小対と呼ぶ:

【図】最小対を〈対照する〉音素の認定

ここで行われているのは, まさに最小対という2つの項を〈対照する〉とい

---

[2] 音素と音韻体系については, 本『韓国語教育論講座』第1巻, 野間秀樹(2007a)を参照. 形態素と形態音韻論については野間秀樹(2007b, 2012a:58-61)参照.

営みに他ならない．「蚊」と「蛾」を対照することによって，差異が見出され，そこに音素が取り出される．そして音素の張り合いは体系を描いてゆく．ことばの意味を区別する全ての基礎が，まさにここにあるのだと，言語学は宣言してきたのであった．そしてこうした〈対照する〉という営みは，言語学のありとあらゆる対象に及ぶのである．

3. 対照するものに，限りはない

　〈対照する〉というこうした営みは，言語学にあっては——おそらく他のほとんどの学問にあっても違いこそあれ——最も基本的な方法である．では何を対照し得るのであろうか．〈対照する〉という営みが方法であるなら，およそ対照するターゲットに限りはない．音でもいいし，単語でもいいし，文法形式でもいいし，さらに大きな談話やテクストといったものでもよい．あるいは言語が行われる場——**言語場**（linguistic field/ 언어장; 말글터）[3]——における言語行動のようなものでもいいだろう．当該の言語における，言語をめぐるありとあらゆる〈もの〉や〈こと〉をターゲットに据え，対照することが可能である．

　行なっている方法を，〈対照する〉という観点からあまり意識化していないだけで，ある言語における音韻論，語彙論，文法論といった様々な分野も，実はこうした〈対照する〉という営みに支えられている．音韻史，語彙史，文法史といった通時的な分野も同様である．

　そして対照は言語間をもまたぐことができる．こうした〈言語間対照〉は素朴な形で古くから多くの言語間でごく自然に行われてきた．営みとして行われたの

[3) 〈話されたことば〉〈書かれたことば〉を問わず，言語が実際に行われる場を **〈言語場〉**（linguistic field）と呼ぶ．〈カフェで語り合う言語場〉，〈教室での講義の言語場〉，〈携帯電話で話す言語場〉，〈メールを書く言語場〉，〈石碑を読む言語場〉，〈大勢の人が電光掲示板を読む言語場〉，〈書店で本の背表紙を読む言語場〉…のように，多様な言語場が存在する．言語場には必ず人が存在せねばならない．〈話されたことば〉においては，多くの場合，話し手と聞き手は同じ場を共有する．ただし微細に見ると，〈話す〉場と〈聞く〉場は，時間的にも空間的にも微細なずれが存在する．録画などではこのずれが明示的に拡大される．〈書かれたことば〉においては，〈書く〉場と〈読む〉場の多くは，書き手と読み手は異なった場にいる．同じ場にあっても，常に空間的な微細なずれが存在する．野間秀樹(2008:324-326,2018forthcoming)参照．また河野六郎(1977:6, 1980:111,1994:6)，亀井孝・河野六郎・千野栄一編著(1996:357)，『国語法文章論』（三省堂 1948）の再録である三尾砂(2003:23)，時枝誠記(1941;1979:38-56)の「言語の存在条件としての主体，場面及び素材」の議論，佐久間鼎(1959:19-54)「心理学および構造言語学における「場」の概念について」「発言の場・話題の場・課題の場」の議論も参照．

は，辞書編纂ないしは**辞書学**(사전학 /lexicography /仏 lexicographie /独 Lexikografie /露 лексикография) [4]であり，〈書かれたことば〉の**翻訳**(번역/ translation /仏 traduction /独 Übersetzung /露 перевод /羅 translatio)である．そしてまた〈話されたことば〉の言語場における**通訳**(통역 / interpretation /仏 interprétariat /独 Dolmetschen /露(синхронный) перевод /羅 interpretatio)であった．そうした対照の営みの結果として産出されたのが，二言語辞書であり，翻訳書である．翻訳にあっては，仏教，儒教，キリスト教といった宗教の経典の翻訳は，様々な言語圏で重要な役割を果たしている．漢文文献を朝鮮語に訳し，訓民正音で表した書物である〈**諺解**〉(언해)の存在も，翻訳の重要性を喚起してくれるであろう．こうした〈言語間対照〉は今日で言う**応用言語学**(응용언어학/ applied linguistics /仏 linguistique appliquée /独 angewandte Linguistik)の分野に係わるものである．あるいは理論志向と言うより言語の実践志向(practice-oriented)の学であったと言ってもよい．

　イギリスの弁護士，ウィリアム・ジョーンズ(Sir William Jones, 1746-1794)はペルシャ語の文法書を著し，アラビア語やサンスクリットの翻訳をもなした東洋学者でもあった．東インド会社によってインド，カルカッタ，今日のコルカタに赴任する．そしてサンスクリット語にギリシア語やラテン語との強い類似性を見，さらにそうした言語が共通の起源から派生した可能性を見た．サンスクリットとヨーロッパの言語とをまさに〈対照する〉ことから得られたこの認識は，印欧比較言語学が誕生する引き金となったのであった．言うまでもなく，ヨーロッパにおける**比較言語学**(비교언어학/ comparative linguistics /仏 linguistique comparée /独 vergleichende Sprachwissenschaft)の登場こそ今日的な意味での学問としての言語学の誕生であった．　Sir William Jones(1786:422-423)の驚きを垣間見よう：[5]

---

4) lexicography「辞書学」の語源はギリシア語 λεξικόν, *lexikon*「辞書」, γράφω, *grapho*「書くこと」に遡る．
5) 比較言語学から現代言語学へと至る過程については，風間喜代三(1978)が面白く，ソシュールを主題とする互盛央(2009:3-89)の「序章」が，言語学のみならず，広くヨーロッパの知の営みの中に言語の学を位置づけんとしており，非常に面白い．エジプトから 19 世紀までの言語学的な思想について日本語も含め，わずか 15 ページほどにまとめたガーベレンツ(2009:16-30)「言語学への刺激」の章も参照．言語についての思考の歴史については，クリステヴァ(1983:71-380)も見よ．

The *Sanscrit* language, whatever be its antiquity, is of a wonderful structure; more perfect than the *Greek*, more copious than the *Latin*, and more exquisitely refined than either, yet bearing to both of them a stronger affinity, both in the roots of verbs and the forms of grammar, than could possibly have been produced by accident; so strong indeed, that no philologer could examine them all three, without believing them to have sprung from some common source, which, perhaps, no longer exists;
サンスクリット語は，その古さにもかかわらず，素晴らしき構造を有する．ギリシア語よりも完全であり，ラテン語よりも豊かであり，それらいずれよりも精緻であって，さらにまた動詞の語根や文法諸形式の双方において，偶然に産出されたとは思えぬ，それらの言語への強い類縁性を有す．この類縁性の強きは，いかなる文献学者とてそれら3つの言語を全て調べるならば，おそらくはもはや存在せぬ，ある共通の源から沸き出でしことに，疑い得ぬであろう．　〔引用者訳〕

　20世紀言語学にあっては，こうした〈言語間対照〉はさらに目的意識的な営みとして推進された．今日のインターネット上で駆動する言語翻訳プログラムは，そうした目的意識的な営みの端的な現れである．学問分野としては互いを比較して系譜的な係わりを追究する〈比較言語学〉とは別個の，目的意識的な営みとしての〈**対照言語学**〉(대조언어학/ contrastive linguistics /仏 linguistique contrastive /独 kontrastive Linguistik /露 контрастивная лингвистика)が主として英語圏における言語教育との絡みの中から，応用言語学的な視座において生まれた．比較言語学が基本的には**歴史言語学**(역사언어학 /historical linguistics /仏 linguistique historique /独 historische Linguistik)ないしは**通時言語学**(통시언어학 /diachronic linguistics / 仏 linguistique diachronique / 独 diachronische Linguistik)としての性格を見せるのに対し，対照言語学は通常，**共時言語学**(공시언어학 / synchronic linguistics/仏 Linguistique synchronique / 独 synchronische Linguistik)の枠内で行われる．英語圏においては対照言語学そのものというよりは，〈異文化をまたぐ〉(across cultures)コミュニケーション論や社会学的研究などに関心の重点があるのに対し，日本語と韓国語の間では文字通り言語そのものを照らす対照言語学研究としても，大いに活性化している．

　対照言語学は主として2つの言語を対照するのに対し，より多くの言語を対照

する言語学の分野に，**言語類型論**(언어유형론/linguistic typology /仏 typologie des langues /独 Sprachtypologie /露 типология языков)がある．類型論は類型学(유형학)とも言う．[6] 類型論は言語の構造的なタイプを考えたりするわけであるが，類型論もまた〈対照する〉こと抜きには成り立たない．

要するに〈対照する〉とは，「対照言語学」に狭く留まるものではなく，広く言語学一般に，あるいはさらに学問的なあらゆる方法に及ぶ，根本的な営みなのである．

4. 対照するには，枠組みが要る

さて〈対照する〉ターゲットに制限はないけれども，そこには**〈対照する〉ことを可能とする〈枠組み〉**（参照枠．準拠枠．座標系/ a frame of reference/ 틀．좌표계)が必要である．多くは何らかの概念装置がこの枠組みとして用いられる．例えば母音を対照する，移動動詞を対照する，語順を対照する，談話のマーカーを対照する,テクスト構造を対照する…といった具合である．複数の何ものかを，基本的には同じ平面で俎上に載せ，対照せねばならない．ターゲットが同じ平面にあること，これが不可欠の要諦である．例えば，日本語の「移動動詞」と，韓国語の「身体名詞」を「対照」するなどは，よほど強力な概念装置を持ち出してこない限り，成り立たないだろう．それらが同じ平面にないからである．同じ平面のターゲットを求めるという，こうした観点からは，日本語と韓国語こそ，対照する前提が，非常に見え易い．言語の構造がとてもよく似ているのだから．日本語と英語では，対照の枠組みを作ること自体が，とりわけ文法体系のようなタ

---

6) 言語類型論については，Greenberg, Joseph H.(ed.)(1966), 河野六郎(1980:158-182)「言語類型論」の章，橋本萬太郎(1978,1981)，アジェージュ(1990)，角田太作(1991)，またクリモフ(Георгий Андреевич Климов, 1928-1997)などロシア・ソヴィエトの言語類型学を扱った山口巖(1995)，クリモフ(1999)，コムリー(2001)，松本克己(2006)，峰岸真琴編(2006)，송경안・이기갑 외(2008), 김임홈(2015)などを参照されたい．なお，言語事実の詳細を常に扱っている個別言語学の研究に比べると，類型論研究がどうしても大雑把な議論になりがちなことは，否めない．エドワード・サピーア(1957:121)は「厳密にいえば，地球の上で話される数千の言語と方言の特異性を十分公平に取り扱いうるような，有限の数の類型を打ち立てることの不可能さは，始めから判っている．（中略）このように分類は困難であるが，このことからして，分類の仕事は無用だということになるであろうか．私はそうは思わない」と述べ，分類のいくつかの困難さを整理しながら，言語構造の類型について論じている．また比較言語学のような発生論的な分類と，類型論的な分類の係わりについては，類型論においてはしばしば問題にされる．これについてはバンヴェニスト(1983:108-128), Benveniste (1966:99-118)も参照のこと．

ーゲットになると，相対的に難しくなる.

　〈**対照する枠組み**〉としてはどのような類型があるだろうか．表現様相論[7]を論ずる中で，野間秀樹(2012b:653-657)では対照言語学において〈いかに対照するか〉を整理し，次のような〈3つの方法〉にまとめている．詳細は同稿を参看していただものとし，ここでは同稿から若干の重複を厭わず，ごく簡単に要点だけを確認しておこう：

1) ある言語の特定の形と，他の言語の特定の形を対照する
2) ある概念装置を用いて2つの言語を対照する
3) ある言語場においていかに表現するかを対照する

　1)の方法は，〈**形による対照**〉である．例えば日本語の"見る"と"보다"を対照する，"…している"と"-고 있다"を対照する，"するのだ"と"하는 것이다"を対照するなど．特定の単語や文法形式同士を任意に選択し，対照する方法は，全てこれである．2言語対照辞書は，こうした方法から作られる．

　2)の方法は，〈**概念装置による対照**〉である．例えば〈「母音」はそれぞれの言語ではどうなっているか〉といった問いの立て方をする．概念装置は「音素」，「語彙」，「語構成」，「受身」，「時制」，「従属節」，「原因・理由」「あいづち」，「ディスコースマーカー」，「褒め」，「談話ストラテジー」，「テクスト構造」等々，多様な設定が可能である．一般言語学や文法論は基本的にこうした方法による．未知の言語を探るのも，こうした手続きが用いられる．

　3)の方法は〈**表現による対照**〉だと言える．〈こういうとき，何と言うのか〉という問いを問うものであって，ある意味では最も原初的な方法であると同時に，これから開拓すべき，豊かな可能性を秘める方法でもある．

　表現の対照は，伝統的には，概ね1)の形や2)の概念装置の対照として実現されてきた．日本語と韓国語の研究においては，挨拶表現やダイクシス，敬語などは，〈いかなる場合に〉ということが比較的詳しく記述されるテーマであった．しかし多くの課題においては，〈こういう場合に何と言うのか〉という問いのうち，〈こういう場合〉についての厳密な問いが問われるというよりは，〈こういう表現

[7) あることがらを言語上でいかに表現するかという，表現のありかたの総体を〈**表現様相**〉と呼ぶ．表現様相をめぐる研究を〈**表現様相論**〉と呼ぶことができる．金恩愛(2003)および野間秀樹(2012b)参照．

がある〉ということ，つまり当該の表現の存在を言うことに，事実上は，終始しやすいのであった．言語場とかけ離れた，抽象的な議論になりやすかったのである．これに対して，表現様相論や談話論を始めとする表現の新たな対照の方法論的特徴は，抽象された文や表現を対照するのではなく，〈**言語場**〉に**基礎を置き，表現を対照する**という点にある．〈ある言語場が与えられたとき，この言語ではどのように表現するのか〉という問いに答えるものである．

例えば，応答詞として用いられる"네"ney (lit. はい）という間投詞1つとってみても，野間秀樹(2012b:656-657)で見ているように，単に"네"と"はい"というアイテム同士の対照をするのではなく，言語場に基礎を置き，〈こうした言語場において，この言語ではいかに表現するのか〉といった対照を行うかどうかで，照らし出されるものは，大きく異なってくる．"네"1語だけでも，イントネーションなどのヴァリエーションによって，日本語で言うなら，"はい"だけでなく，"なるほど"や"もう結構です" "はい？"などといった多様な意味を実現し得ることが，あぶり出されてくる．こうしたことは例えば言語教育などでは，すぐに役立つだろう．

〈対照する枠組み〉としての言語場への注目は，研究上も重要な問題を惹起する．そもそも時間的にも空間的にも全く等しい同じ言語場は，原理的に2つと存在しない．言語は常に異なった時間，異なった空間で実現するからである．同じような言語場，ある程度共通した条件の言語場を求めること自体が，極めて難しいわけである．そこで例えば日韓対照言語学における談話論研究[8]では，初対面の言語場とか，人を褒める言語場といった，〈**大枠において共通した言語場を設定し，日本語と韓国語のありようを見る**〉ということを行ってきた．他方〈書かれたことば〉についての研究では翻訳テクストの対照が決定的な役割を果たしている．こうした〈**同じような条件を有する話し手による，同じような言語場を求め**

---

8) 既存の「談話分析」や「テクスト論」という術語は，しばしば〈話されたことば〉と〈書かれたことば〉を区別せずに用いられたのに対し，金珍娥(2013:2)は，〈書かれたことば〉と厳密に区別した上で，「〈話されたことば〉を対照にしつつ，なおかつ，1文の内に閉じこもるのではなく，1文をも超えた対象をも見る研究を〈談話論〉と位置付けるのである」と述べている．言語研究において「話しことば」「書きことば」「談話」「テクスト」といった術語がいかに曖昧に用いられてきたかについては，金珍娥(2013:10-54)を見よ．〈話されたことば〉のひとまとまりは〈**談話**〉(discourse)，〈書かれたことば〉のひとまとまりは〈**テクスト**〉(text)と呼んで，明確に区別する．こうした厳密に立脚する立場は，노마히데키[野間秀樹](1996:17-18,2002:73-74)，金珍娥(2013)，김진아(2018 forthcoming)などに見える．

る〉という枠組み造りによって，日韓対照言語学においては実際の〈話されたことば〉についての談話論＝文法論研究である金珍娥(2013)，김진아(2018forthcoming)が，既存の日本語文法論，韓国語文法論の再考を迫るほどの，画期的な地平を切り拓いたし，[9] また金恩愛(2003,2006,2009)といった〈書かれたことば〉を中心的な素材とした表現様相論研究も重要な端緒を獲得したのであった．

翻訳の意義などを含め，〈対照する枠組み〉についての更なる詳細は，野間秀樹(2012b)とその脚注群を参照されたい．

5．記号論的視座から存在論的視座へ──〈対照する〉ことと言語学，言語教育

本稿では〈対照する〉という営みが，単に対照言語学に係わるような限定された方法なのではなく，言語学や言語教育の謂わば根幹の方法であることを述べた．そこにおいて〈対照する対象〉に限りはない．そのことを言語学の様々な分野の形成が教えてくれている．そして決定的に重要なことは，その対照するという営みには，必ず〈対照する枠組み〉がなければならないという点である．対照する枠組みをいかに設定するかが，対照する営みの信頼性と成果を保証するのであり，場合によってはその対照自体が成り立たない結果をも，招来するのである．

最後に，1つだけ今後の研究と教育への展望の手掛かりを述べておこう．真に理に適った枠組みの設定を支えるものは，いったいどのようなものであろう．そして現在，そうした枠組みの設定に問題があるとしたら，いったいどこにあるのだろう．求められているのは，いかなる道であろう．

20世紀以来の現代言語学とそれに依拠する言語教育学の視座の1つを象徴的に挙げるとするなら，〈**記号論的な視座**〉であったと言えよう．もちろんこれはソシュール言語学に始まる視座であって，今日に至るまで，その視座の基本は崩れていない．言語学は記号学の一分野として位置づけられてきた．

〈記号論的な視座〉は言語学に多くの成果をもたらし，のみならず広く人文思想に多大なる影響を与えてきた．そして成果の裏には重要な問題も見えている．例えば文学を考える思考や歴史を見る思考のうち，言語と係わる広い思考を巻き込んだ「テクスト論」的な思考などは，そうした成果と問題をよく表してくれて

---

[9] 〈対照する枠組み造り〉としての〈同じような言語場を求めること〉には，話し手の様々な条件についての統一が決定的な重要性を持つ．金珍娥(2013:55-82)の「研究方法論」で提起されている言語形成地，世代，年齢，社会階層，親疎関係などの「話者選定の原則」は，談話論研究について必須の検討事項であろう．〈誰が誰に向かっていかなる場で話すか〉ということこそ，言語場を規定する必須の条件だからである．

いる.そこで語られる「テクスト」とはいかなるものであったろう.「テクスト」とは基本的に,テクストにまつわるあらゆる非記号論的なことどもを濾過し,脱色し,記号論的な平面でのみ語られるテクストだったと言わねばならない.口承文芸と巻子本に筆で書かれた物語とモバイル・デバイス上のデジタルテクストをまるで同質のものであるかのごとくに扱い得るのは,それが記号論的な平面で語られるテクストだからに他ならない.確かに成果は少なくなかった.一方で,それら「テクスト」それぞれの〈**存在論的なありよう**〉は,ややもすると,霞んでしまう.

　今日の私たちは既に〈話されたことば〉と〈書かれたことば〉を区別もせずに,いきなり「テクスト」という平面に持ち出して語ることの危険に気づいている.〈書かれたことば〉を単なる〈話されたことば〉の写しであるとか,表記の手段のように見ていたのでは,重要なものが見えないことに,気づいている.〈話されたことば〉と〈書かれたことば〉はその存在様式が根底的に異なるものであって,その峻別は言語を考える不可欠の要諦であることに気づいている.

　「音声言語」と「書記言語」の区別など,およそ言語に関する思考ならはるか昔から気づいていた? とんでもない.言語研究が気づいていると錯覚し続けていたのだということは,例えば韓国語学や日本語学では,今日もはや明らかである.典型的な例を文法論から1つだけ挙げよう.

　文法を「文を作る諸規則の総体」程度に考えるのが,今日の文法論のメインストリームであるが,この「文」を文法論がいかに見てきたかを,照らすだけで〈話されたことば〉と〈書かれたことば〉の峻別がなされていなかったことが,ありありと浮かび上がる.韓国語文法論も日本語文法論も「文は述語で終わる」と思い込んでいた.ほとんど全ての文法論はそうした思考から出発し,そうした思考で終わっていた.そこに疑いはほとんど差し挟まれなかった.少なくとも韓国語や日本語についての言語学の圧倒的な主流は「文は述語で終わる」と信じてきていたし,それ以外の文はどこまでも例外的なもの,崩れたもの,副次的なもの,何らかの条件で述語が削除されたもの等々——要するに,二次的,三次的なものとして処理されてきたのである.「文は述語で終わる」というこうした信仰が,韓国語文法論や日本語文法論の圧倒的な主流であったことは,なんぴとも否定できまい.文法書の文の記述を見ればよい.述語で終わる文=〈述語文〉の記述が豊富であればあるほど,述語で終わらぬ文=〈非述語文〉の記述は貧相なものであったろう.でも文は述語で終わるわけではない.なるほど〈書かれたことば〉で

は多くの文が述語で終わったかも知れない．しかし〈話されたことば〉では全く違う．韓国語や日本語の実際の〈話されたことば〉では非述語文のほうが述語文よりも多く出現する．このことの端緒を知るには，前述の金珍娥(2013)が教えてくれる，恐るべき言語事実の数々を挙げれば，充分であろう．属性が明らかな韓国語ソウル方言，日本語東京方言の話者たち，80組160名の話し手たちの談話の事実が，〈話されたことば〉においては非述語文の方が多く用いられていることを，明確に語っている．そしてさらに重要なことに，それら非述語文は述語文の合間合間に差し挟まれた，副次的な産物などではないのである．まさに〈話されたことば〉のひとまとまりとしての〈談話〉を構成し，それらなしでは談話が談話たり得ない，つまり談話としての存在が崩壊するような，そうした決定的な，かつ十全たる〈文〉たちなのである．

〈非述語文〉の重要性に韓国語や日本語の文法論はどれだけ気づいていただろう．言語研究はどれだけ気づいていただろう．いかに控えめに言っても，事実上，気づいていなかった．そして気づいていると，錯覚していた．なぜか？〈ことばがいかに在るか〉を見据えていなかったからに他ならない．〈話されたことば〉はいかに実現し，〈書かれたことば〉はいかに実現するかを，見据えてこなかったからに他ならない．

「テクスト論」に典型的に現れているように，〈話されたことば〉と〈書かれたことば〉のありようの違い，**存在論的な違い**が，そこでぎりぎりと問われることはない．〈話されたことば〉に現れた"네"（はい）ということばと，〈書かれたことば〉に現れた"네"（はい）ということばは，それらの存在論的な違いを問われることなしに，一足飛びに記号論的な平面において同質の"네"（はい）という対象として扱われてしまう．しかし問われねばならない．例えば，生きた生身の人が発する〈話されたことば〉という言語場に現れる"네"（はい）と，小説の会話文という〈書かれたことば〉の言語場に現れる"네"（はい）とは，それら存在のありようが根底的に異なるものであるから．

ありようの違いはいくらでもある．ここでも1つだけ見よう．〈話されたことば〉に現れる"네"（はい）は，相手の発話に重なっているかもしれない．相手のことばが終わらぬうちに，被（かぶ）せられて現れるかもしれない．**〈話されたことば〉はマルチ・トラックである**がゆえに．発話帯（トラック）は言語場を共にする発話者の数だけ潜在する．しかし〈書かれたことば〉の"네"（はい）は，相手の発話には決して重なって現れない．**〈書かれたことば〉は基本的にシングル・トラックである**がゆ

えに．[10] 〈書かれたことば〉のあらゆることばは，ひたすら１筋の文字列の連なりである．新たなことばは，それ以前のことばを据え置いたまま，その後ろに付け加えられるのである．この点で〈話されたことば〉違う．〈話されたことば〉の１つ１つは，発せられては，消えてゆくけれども，その発し手と相対する発し手が存在し得る．対する相手は，言語場のありようが許す限り，何人でも構わない．〈話されたことば〉はかくして他者のことばと共存し得るのである．そして〈話されたことば〉にあって，ことばは常に〈他者のことばと重ね得る〉ということ自体が，場合によっては談話における決定的な働きや意味をもたらしもする．〈もうわかったから，それ以上言うな〉とか〈ほんとうに申し訳ありませんでした．こんなに謝っているではありませんか〉などといった話し手の意向を，あたかも〈他者のことばと重ね得る〉こと自体が表明しているかのごとく，働き得るのである．こうしたことは，記号論的な平面に濾過されてしまったことばからは，到底見えてこない．

ソシュール言語学は，〈書かれたことば〉の唯一の存在理由を，〈話されたことば〉を表記することであると断じた：

> Langue et écriture sont deux systèmes de signes distincts ; l'unique raison d'être du second est de représenter le premier ; l'objet linguistique n'est pas défini par la combinaison du mot écrit et du mot parlé ; ce dernier constitue à lui seul cet objet.
> —— Saussure(1916;1972:45)

言語と書とは二つの分明な記号体系である：後者の唯一の存在理由は，前者を表記することだ：言語学の対象は，書かれた語と話された語との結合である，とは定義されない：後者のみでその対象をなすのである．
—— ソシュール(1940;1972:40)

もちろんソシュールはここで〈書かれたことば〉にのみ心を奪われてきた言語

---

10) 原理的に，〈話されたことば〉がマルチ・トラックであり，〈書かれたことば〉がシングル・トラックである点については，野間秀樹(2014a:206-225)参照．原理的にはシングル・トラックとして実現する〈書かれたことば〉において，２つのトラックの文字列を一度にブレンドして受け入れよという規約＝プロトコルが，日本語の仮名漢字交じりテクストにおける〈振り仮名〉であり，韓国語のハングル・テクストにおける〈振り漢字〉である．野間秀樹(2014a:33-38)参照．

学の歴史を根底から批判し,〈話されたことば〉のみで言語学の対象をなすことを高らかに宣言しようとしているのである．それはよい．問題はこうしたソシュール言語学の思想が,いつしか〈話されたことば〉至上主義へと姿を変えてしまっていることにある.〈書かれたことば〉は〈話されたことば〉を表記する役割の,二次的なもの,副次的なものに追いやられてしまった.〈話されたことば〉と〈書かれたことば〉の存在論的な非対称性といったものは,ついぞ顧みられない．せっかく「別個の分明な対象」としてラング(仏 langue)とエクリチュール(仏 écriture)が取り出されたにも係わらず,ソシュール言語学にあって,どこまでもそれらは「記号体系」に過ぎないのであるから.〈話されたことば〉と〈書かれたことば〉の存在論的なありようにぎりぎりと肉迫し,それぞれの謂わば**位相的な鏡像関係**が描き出されなければ,〈書かれたことば〉＝エクリチュールは,ラングの写像に転落する．逆に言うと,〈書かれたことば〉は〈話されたことば〉を映し出してくれていると,信じられてしまう．そして実際には今なおこの像を見て,〈話されたことば〉を見ていると,文法論は信じ切っていたのである．「人を識るには,相手の顔を見るより写真をみたほうがよいと思」ってはならない,〈写真＝書かれたことば〉を見て,〈人＝話されたことば〉を見たと錯覚するなと,ソシュールがあれほど警鐘を鳴らしていたはずであった．しかしながら今日のそうした錯覚こそ,〈書かれたことば〉を〈話されたことば〉の「書写映像」であると,まさにソシュール言語学自身が原理的に位置づけてしまったことに,支えられているのである．そしてそうした位置づけこそ,ソシュール言語学の〈記号論的な視座〉によってもたらされたものであった.〈書かれたことば〉は決して〈話されたことば〉を表記するだけではない．シュール言語学に欠けているのはここでも――〈存在論的な視座〉である.

　〈書かれたことば〉は〈話されたことば〉の単なる写しなどではない．朝鮮語圏や日本語圏への〈書かれたことば〉としての漢文の流入が,朝鮮語や日本語それ自体の〈話されたことば〉さえ,いかに大きく造り替えてしまったかを見るだけでも,そのことは容易に知れる.〈**形音義トライアングルシステム**〉[11]を原理とする漢字によって書かれた,〈漢文〉という〈書かれたことば〉の流入は,今日の朝鮮語圏や日本語圏における〈話されたことば〉の音韻体系をも劇的に変容させてきたのであった．ソシュール言語学がそうしたように,〈話されたことば〉を

---

11) 漢字の〈**形音義トライアングル・システム**〉については,野間秀樹(2010:54-99)また노마히데키(2011:75-125), 野間秀樹(2018 forthcoming)参照.

単に表わす乃至は表記する(仏représenter/英represent /独darstellen)ものとして〈書かれたことば〉を位置づけるのでは，〈書かれたことば〉はもちろん，〈話されたことば〉をも見誤る．

　言語音によって実現する〈話されたことば〉は，音の世界に形造られる．一方，文字によって実現する〈書かれたことば〉は，光の世界に形造られる．音や光の粗密は〈形〉(独Form)を成し，人にあっては，あるまとまった〈かたち〉(独Gestalt)を成す．ゲシュタルトとは知覚の〈かたち〉である．〈話されたことば〉と〈書かれたことば〉は，一方が他方の単なる写しなどではなく，その存在の身体が，存在のありようが，根底から異なるのである．互いはあたかも座標軸自体が捻れた位相的な鏡像関係をなしている：

【図】〈書かれたことば〉は〈話されたことば〉の
　　　単なる写しや単なる表記の手段などではない

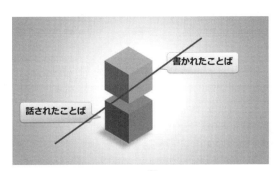

【図】〈話されたことば〉は音の世界に実現し，
　　　〈書かれたことば〉は光の世界に実現する．
　　　互いに存在のありようが異なっている

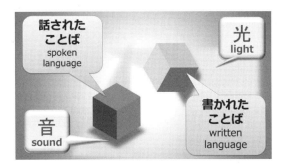

そもそもソシュール言語学には〈対照する〉という営みが隅々まで息づいている．大きくはラングとパロールの対照，シニフィアンとシニフィエの対照，通時と共時の対照．そうした〈対照する〉という営みは，存在論的な視座を欠落させるとき，実に，言語のまさに根幹たる，〈話されたことば〉と〈書かれたことば〉を対照し得る枠組みを，喪失するのである．

　言語学や言語教育が原理的に決定的に重要な，〈対照する〉という営みを生かし切るには，12) ターゲットが何であれ，まさに対照するターゲットの〈**存在論的なありようを照らす**〉ことから，今一度，丁寧に始め直さねばなるまい．13) そしてそのように照らしゆく営みは，〈話されたことば〉であれ〈書かれたことば〉であれ，言語が実際に実現する〈**言語場**〉を離れては，決してあり得ないのである．

参考文献

김입흠(2015) "언어유형론이란 무엇인가", 최재영 옮김, 서울: 한국문화사
김진아(2018 forthcoming) "담화론과 문법론──한국어와 일본어를 비추다", 서울: 역락
남기심·고영근(1985;1997) "표준국어문법론", 서울: 塔出版社
노마 히데키[野間秀樹](1996) '현대한국어의 대우법 체계', "말" 제21집, 서울: 연세대학교 연세어학원 한국어학당
노마 히데키[野間秀樹](2002) "한국어 어휘와 문법의 상관구조", 서울: 태학사
노마 히데키[野間秀樹](2006) '단어가 문장이 될 때: 언어장 이론 ―형태론에서 통사론으로, 그리고 초형태통사론으로―', *Whither Morphology in the New Millennium?*" Ko, Yong-Kun et al. (eds.), Seoul: Pagijong Press
노마 히데키[野間秀樹](2011) "한글의 탄생 ──〈문자〉라는 기적", 김진아·김기연·박수진 옮김, 파주: 돌베개
노마 히데키[野間秀樹](2015a) '인문언어학을 위하여 ── 언어존재론이 묻는, 살아가기 위한 언어', "연세대학교 문과대학 창립 100주년 기념 국제학술대회 발표자료집", 서울: 연세대학교 문과대학

---

12) 日本語と韓国語を対照言語学的な視座から扱ったものとして，野間秀樹(2014a)，対照言語学的な視座からの言語教育論・学習論として野間秀樹(2014bc)を参照．
13) 言語を存在論的な視座から照らすことについては，実践論として野間秀樹(2009)，노마히데키(2015ab,2016ab,2017)，また〈言語存在論〉の包括的な原理論については野間秀樹(2008ab,2018forthcoming)参照．〈言語場論〉の実際についてはそれらに加え，Noma(2005)，노마히데키(2006)を参照されたい．

노마 히데키[野間秀樹](2015b) '훈민정음=한글의 탄생을 언어의 원리론에서 보다', "제1회 세계한글작가대회 발표자료집", 서울: 국제펜클럽 한국본부

노마 히데키[野間秀樹](2016a) '언어를 살아가기 위하여 —— 언어존재론이 묻는, 〈쓴다는 것〉', "제2회 세계한글작가대회 발표자료집", 서울: 국제펜클럽 한국본부

노마 히데키[野間秀樹](2016b) '한글의 탄생과 불교사상의 언어——언어존재론적 시좌(視座)에서', "언어사실과 관점" 제39집, 서울: 연세대학교 언어정보연구원

노마 히데키[野間秀樹](2017) '한글의 탄생과 불교사상의 언어——언어존재론적 시좌(視座)에서', "불교와 한글, 한국어", 서상규 편저, 서울: 한국문화사

노마 히데키[野間秀樹] 엮음 (2014)"한국의 지(知)를 읽다", 김경원 옮김, 서울: 위즈덤하우스

송경안·이기갑 외(2008) "언어유형론 1-3", 서울: 월인

최현배(1929;1937;1955;1961³) "〈깁고고침〉 우리말본" 세번째고침, 서울: 정음문화사

アジェージュ, クロード(1990)『言語構造と普遍性』, 東郷雄二・春木仁孝・藤村逸子訳, 東京: 白水社

イヴィッチ, ミルカ(1974)『言語学の流れ』, 早田輝洋・井上史雄訳, 東京: みすず書房

梅田博之(1989)「朝鮮語」,『言語学大辞典 第2巻 世界言語編(中)』, 東京: 三省堂

ガーベレンツ, ゲオルク・フォン デア(2009)『言語学』, 川島淳夫訳, 東京: 同学社

風間喜代三(1978)『言語学の誕生——比較言語学小史』, 東京: 岩波書店

金恩愛(2003)「日本語の名詞志向構造(nominal-oriented structure)と韓国語の動詞志向構造(verbal-oriented structure)」,『朝鮮学報』第188輯, 天理: 朝鮮学会

金恩愛(2006)「日本語「-さ」派生名詞は韓国語でいかに現れるか——翻訳テクストを用いた表現様相の研究——」,『日本語教育』第129号, 東京: 日本語教育学会

金恩愛(2009)「日本語の「名詞+の+名詞」は韓国語でいかに現れるか——第3の類型について——」,『カルチュール』, 第3巻第1号, 横浜: 明治学院大学教養教育センター

金珍娥(2004a)「韓国語と日本語のturnの展開から見たあいづち発話」,『朝鮮学報』第191輯, 天理: 朝鮮学会

金珍娥(2004b)「韓国語と日本語の文, 発話単位, turn —— 談話分析のための文字化システムによせて」,『朝鮮語研究 2』, 朝鮮語研究会編, 東京: くろしお出版

金珍娥(2010)「〈非述語文〉の現れ方とdiscourse syntax——日本語と韓国語の談話から」,『朝鮮学報』第217輯, 天理: 朝鮮学会

金珍娥(2013)『談話論と文法論——日本語と韓国語を照らす』, 東京: くろしお出版

金珍娥(2016)「人は発話をいかにはじめるか——日本語と韓国語の談話に照らして——」,『朝鮮学報』, 第238輯, 天理:朝鮮学会
クリステヴァ, ジュリア(1983)『ことば, この未知なるもの——記号論への招待』, 谷口勇・枝川昌雄訳, 東京:国文社
クリモフ, ゲオルギー・アンドレーエヴィチ(1999)『新しい言語類型学——活格構造言語とは何か』, 石田修一訳, 東京:三省堂
河野六郎(1980)『河野六郎著作集 第3巻』, 東京:平凡社
コムリー, バーナード(2001)『言語普遍性と言語類型論——統語論と形態論』, 東京:ひつじ書房
佐久間鼎(1959)『日本語の言語理論』, 東京:恒星社厚生閣
サピーア, エドワード(1957)『言語 ことばの研究』, 泉井久之助訳, 東京:紀伊國屋書店
ソシュール, フェルヂナン・ド(1940)『言語学原論』小林英夫訳, 東京:岩波書店. ソシュール(1928)岡書院の改訳新版
ソシュール, フェルディナン・ド(1940;1972)『一般言語学講義』小林英夫訳, 東京:岩波書店. ソシュール(1940)の改版
互盛央(2009)『フェルディナン・ド・ソシュール——〈言語学〉の孤独,「一般言語学」の夢』, 東京:作品社
角田太作(1991)『世界の言語と日本語』, 東京:くろしお出版
野間秀樹(1997b)「朝鮮語と日本語の連体修飾節(冠形節)構造」,『朝鮮文化研究』, 第4号, 東京:東京大学文学部朝鮮文化研究室
野間秀樹(2007a)「音韻論からの接近」, 野間秀樹編著(2007)所収
野間秀樹(2007b)「形態音韻論からの接近」, 野間秀樹編著(2007)所収
野間秀樹(2008a)「言語存在論試考序説Ⅰ——言語はいかに在るか——」野間秀樹編著(2008)所収
野間秀樹(2008b)「言語存在論試考序説Ⅱ——言語を考えるために——」野間秀樹編著(2008)所収
野間秀樹(2009)「現代朝鮮語研究の新たなる視座:〈言語はいかに在るか〉という問いから——言語研究と言語教育のために——」,『朝鮮学報』, 第212輯, 天理:朝鮮学会
野間秀樹(2012a)「文法論の基礎概念」, 野間秀樹編著(2012)所収
野間秀樹(2012b)「表現様相論からの接近」, 野間秀樹編著(2012)所収
野間秀樹(2010)『ハングルの誕生——音から文字を創る』, 東京:平凡社
野間秀樹(2014a)『日本語とハングル』, 東京:文藝春秋

野間秀樹(2014b)『韓国語をいかに学ぶか――日本語話者のために』,東京:平凡社
野間秀樹(2014c)「対照言語学的視座と言語教育」,『中日韩朝语言文化比较研究.第3辑,日本语言文化研究』,李东哲,安勇花 主编,延吉:延边大学出版
野間秀樹(2014d)「知とハングルへの序章」,野間秀樹編(2014)所収
野間秀樹(2018 forthcoming)『言語存在論』
野間秀樹編著(2007)『韓国語教育論講座 第1巻』,東京:くろしお出版
野間秀樹編著(2008)『韓国語教育論講座 第4巻』,東京:くろしお出版
野間秀樹編著(2012)『韓国語教育論講座 第2巻』,東京:くろしお出版
野間秀樹編(2014)『韓国・朝鮮の知を読む』,東京:クオン
橋本萬太郎(1978)『言語類型地理論』,東京:弘文堂
橋本萬太郎(1981)『現代博言学――言語研究の最前線』,東京:大修館書店
バンベニスト,エミール(1983)『一般言語学の諸問題』河村正夫他・岸本通夫・木下光一他訳,東京:みすず書房
松本克己(2006)『世界言語への視座――歴史言語学と言語類型論』,東京:三省堂
マテジウス,ヴィレーム(1981)『機能言語学〈一般言語学に基づく現代英語の機能的分析〉』,飯島周訳,東京:桐原書店
三尾砂(2003)『三尾砂著作集Ⅰ』,東京:ひつじ書房
三上章(1960-1972)『三上章著作集』,東京:くろしお出版
峰岸真琴編(2006)『言語基礎論の構築に向けて』,東京:東京外国語大学アジア・アフリカ言語文化研究所
山口巖(1995)『類型学序説――ロシア・ソヴェト言語研究の貢献』,京都:京都大学出版会
Baker, Mona (ed.)(1998) *Routledge Encyclopedia of Translation Studies,* London, New York: Routledge
Bally, Charles (1932;1965) *Linguistique générale et linguistique française,* Berne: Francke
Benveniste, Émile (1966,1974) *Problèmes de linguistique générale, 1, 2,* Paris: Gallimard
Benveniste, Emile (1971) *Problems in General Linguistics,* translated by Mary Elizabeth Meek, Coral Gables, Florida: University of Miami Press
Derrida, Jacques (1967) *De la grammatologie,* Paris: Les Éditions de Minuit
Derrida, Jacques (1976) *Of grammatology,* translated by Gayatri Chakravorty Spivak, Baltimore: Johns Hopkins University Press
Derrida, Jacques (1991) A Derrida Reader, Peggy Kamuf (ed.), New York: Columbia University Press

Di Pietro, R.J.(1971) *Language Structures in Contrast*, Rowley, Massachusetts: Newbury House

Greenberg, Joseph H.(ed.)(1966) *Universals of Language,* Cambridge, Mass.; London: MIT Press

Jacques Derrida 글쓰기와 차이(남수인 역, 2001) L'Écriture et la différence, 1967, Seuil. ISBN 978-2-02-005182-8

Lewandowski, Theodor (1985) *Linguistisches Wörterbuch*, Wiesbaden: Quelle & Meyer Heidelberg

Martin, Samuel. E. (1975) *A Reference Grammar of Japanese*, New Haven and London: Yale University Press

Martin, Samuel. E. (1992) *A Reference Grammar of Korean*, Tokyo: Charles E. Tuttle

Noma, Hideki (2005a) When Words Form Sentences; Linguistic Field Theory: From Morphology through Morpho-Syntax to Supra-Morpho-Syntax. *Corpus-Based Approaches to Sentence Structures.* Usage-Based Linguistic Informatics 2. Edited by Toshihiro Takagaki et al. Amsterdam & Philadelphia: John Benjamins

Sacks, Harvey, Emanuel A. Schegloff, Gail Jefferson (1974) A Simplest Systematics for the Organization of Turn-taking for Conversation, *Language*, vol. 50, no. 4, Baltimore, Maryland: Linguistic Society of America

Saussure, Ferdinand de (1916;1972) *Cours de linguistique générale,* Paris: Payot

Saussure, Ferdinand de (1931;1967) *Grundfragen der allgemeinen Sprachwissenschaft,* übersetzt von Herman Lommel, Berlin: Walter de Gruyter

Saussure, Ferdinand de (1959:1966) *Course in General Linguistics,* translated by Wade Baskin, New York: McGraw-Hill

Vachek, Josef (1973) *Written Language: General Problems and Problems of English,* The Hague & Paris: Mouton

Vachek, Josef (1989) *Written Language Revisited,* Philip A. Luelsdorff (ed.), Amsterdam & Philadelphia: John Benjamins

William, Jones, Sir(1786) "The Third Anniversary Discourse, Delivered 2 February 1786 (On the Hindus)". Asiatick Researches 1: 415-431. (1806). https://archive.org/stream/asiaticresearche01asia#page/414/mode/2up

Холодович, А. А. (1954) *Очерк грамматики корейского языка,* Москва: Издательство литературы на иностранных языках

形態論的類型論とその発展
—— 日本語・韓国語の膠着語性の観点から ——

峰岸　真琴（みねぎし・まこと）

1. はじめに　　　　　　　　　　　　21
2. フンボルトと古典的類型分類　　　22
3. 河野六郎の言語類型論　　　　　　26
4. 類型分類から規格分類へ　　　　　29
5. 終わりに　　　　　　　　　　　　36

1. はじめに

　人間は幼児期のごく短い時間に，特に困難を感じることもなく母語を獲得する．その際，ある言語は別の言語よりも習得が易しいとか，逆に難しくて特に習得に時間がかかるというような，言語による違いは存在しない．また，幼児期に親から引き離され，別の社会で育てられた子供は，育った社会の言語を母語として習得することも知られている．このように人類全てが，人種，民族の違いを越えて，等しく獲得できる点で，人間の言語は，たった一つの普遍的存在である．

　一方，ある集団の言語は，民族，地域，社会，時代を異にする集団の言語とは異なっており，世界の諸地域に存在する言語は多様であることも，よく知られた事実である[1]．

　20世紀以来の近代言語学は，言語の普遍性に着目して理論化を行ってきた．近代言語学の創始者であるスイスの言語学者，フェルディナン・ド・ソシュール (Ferdinand de Saussure 1857-1913) は，記号の体系としての言語の普遍的原理について考察を行った．20世紀後半に登場した生成文法理論の提唱者であるノーム・チョムスキー (Noam Chomsky 1928-) は，子供がごく短期間に言語を獲得することから，人間には文法に関する知識が生得的に備わっていると主張する．

　言語類型論は，人間の言語の多様性を手がかりとして，言語の普遍性を明らかにすることを目的としている．普遍性を追求するためには，より多くの言語に共

---

[1] 『言語学大辞典』，第1巻の序説 (p.xv) は，5000から7000，あるいはそれ以上の言語が存在するのではないかと推定している．また，SIL (Summer Institute of Linguistics) の web サイトである，https://www.ethnologue.com/ には，7099もの言語のデータが蓄積されている．

通する特徴を調べることが必要であると,言語類型論では考える.普遍性を解明する過程では諸言語に存在する違いもまた明確化される.従って,普遍性を考えることと,多様性を考えることとは,裏表一体の関係にある.この意味で,チョムスキーの生成文法の登場とほぼ同じ時期に,グリーンバーグ (Joseph H. Greenberg 1915-2001) による,語順類型論を始めとした実証的な研究が始まっていることは興味深い.一見関心を異にする生成文法理論と言語類型論ではあるが,近年では生成文法においても,Baker (2001) のように,普遍文法が存在する一方で,なぜかくも多様な言語が存在するのかを説明しようとする試みが行われているのである.

言語類型論は,近代言語学が成立する以前の,フンボルト (Wilhelm von Humboldt 1767-1835) の言語哲学にさかのぼることができる.本稿では,フンボルトに代表される古典的言語類型論と,その現代的な発展としての形式類型論を紹介する.

2. フンボルトと古典的類型分類

ここでまず,古典的類型論の創始者であるフンボルトの類型分類について紹介しよう.フンボルトの人と業績に関し,文献批判に始まる総合的な研究を行ったものとして,亀山健吉氏の一連の著作がある.本稿のフンボルトについての記述は主として亀山(1978), (2000),フンボルト(1984) および Harden & Farrelly *(eds.)*(1997) に基づくものである[2].

2.1. フンボルトの業績

ウィルヘルム・フォン・フンボルトは,1767年にベルリン西郊のポツダムで新興貴族の家に生まれ,18世紀から19世紀前半にかけてプロイセン(現ドイツ)の政治家,文人として活躍した.その公的生活においてはプロイセンの学制改革を行い,ベルリン大学の創立に尽力した.一方,私生活においては,ゲーテ,シラーら,ドイツ古典主義の文学者と深く交わっていた.公職を退いてからは,西洋古典語,近代語に留まらず,アジアや中南米の多数の言語について,当時入手可

---

[2] フンボルトの言語類型論に留まらず,言語哲学一般に関して,さらにシュレーゲル兄弟 (August Wilhelm Schlegel, Friedrich Schlegel),ヘルダー (Johann Gottfried Herder) ら,当時のドイツの言語研究,言語哲学とフンボルトとの関係についての議論は,斉藤渉(しょう)(2001) を参照のこと.

能な文献資料を駆使して言語の研究を精力的に行った．弟のアレキサンダー（Alexander von Humboldt 1769-1859）は，中・南米の学術調査（1799-1804）の業績で知られる博物学者であり，「フンボルト海流」，「フンボルトペンギン」などにその名を残している．

2.2. フンボルトの言語類型論

フンボルトの類型分類は，単語の形態法を基準とするもので，その「屈折語，孤立語，膠着語，抱合語」という分類は，よく知られている[3]．

言語類型論において言語を分類することは，研究の手段であって目的ではない．Humboldt(1836)が単語の形態法に基づく類型分類を提案した目的は，言語類型を手がかりとして，そこに反映する人間の思惟および民族精神のあり方を論ずることであった．

ここで，フンボルトの持っていた「言語観」について述べておこう．フンボルトは，言語の文を論理的命題と同一視していた．つまり，「A＝B」という等位式の等号「＝」に相当するもの，英語で言えばbe動詞「である」を用いての「文の総合的定立」が，全ての文に含まれていると考えていたのである．彼の言語への関心は，このような文の統一性が単語の構成法に反映する際に，言語の類型によってどのように異なる現れ方をするかという点にあった．

彼の分類でいう「屈折語」（inflectional language）とは，単語が，それ自体概念的な意味を持つ「語幹」（stem）と，単語の文法的な役割を表す「接辞」（suffix）とからなるタイプの言語である．このような言語では，思考の対象である概念に相当する語幹部分と，精神がその概念をどう捉えるかを表す接辞とを，話し手である民族の精神が明確に区別していることを示していると，フンボルトは考える．サンスクリット[4]，ギリシャ語，ラテン語がこのタイプを代表する言語である．

この対極にある言語が，「孤立語」（isolating language）である．彼によれば，

---

3) フンボルトは「抱合」（Einverleibung）を「多くの概念が集まって一つの文を形成することができる」という意味で用いている．現代の言語学では，例えば「名詞抱合」（noun incorporation）とは，名詞と動詞が形態上合体し，ひとつの動詞として機能する場合を指す．従ってフンボルトが意味していたのは抱合ではなく「多総合」（polysynthetic）であると考えるべきである．多総合はエスキモー語など北米の諸言語に典型的に見られる．

4) 本稿ではインドの古典語である梵語（ぼんご）を「サンスクリット」（Sanskrit）と表記し，「サンスクリット語」とは呼ばない．「完成された」という過去分詞形であるこのことばは「言語」「文語」から「文化」までの広い意味を持っている．赤松明彦（第2巻：207-208）を参照のこと．

孤立語を代表する中国語では語根がそのまま文中に投げ出され，接辞を持たないため，話し手の精神が語根によって表される概念をどのように捉えているかは，聞き手の判断に任されているのである．

> Jenes dreifache Verfahren nun, das sorgfältige grammatische Zurichten des Wortes zur Satzverknüpfung, die ganz indirecte und grösstentheils lautlose Andeutung derselben und das enge Zusammenhalten des ganzes Satzes, soviel es immer möglich ist, in Einer zusammen ausgesprochenen Form, erschöpft die Art, wie die Sprachen den Satz aus Wörtern zusammenfügen. Von allen drei Methoden finden sich in den meisten Sprachen einzelne, stärkere oder schwächere Spuren. （アカデミー版: 144）
> 「さて，はじめに述べた三つ〔の言語の働き方〕，すなわち，〔屈折語のように〕語というものを，文章を組み立てるのにかなうように十分な注意を払って文法的に然るべき形を取らせる方法，また，〔孤立語のように〕語を結合して文を作る仕組みを，全く間接的に，しかも音声とは無関係にそれとなく示すという方法，それから，〔後述するメキシコ語のように〕文を可能な限り一つのまとまった形として発音して，文全体を密接に結びつける方法 ―― 語を結合して文を作るやり方として言語がなし得るのは，この三者に尽きるのである．」
> （亀山訳書: 229）

このように見ると，日本語や韓国語などの「膠着語」（agglutinative language）は，屈折語と孤立語という対極の間にあって，「屈折語を目指しながらも十分に完成されなかった中途半端な言語」として位置づけられることになる．

> Das einzige dazwischen Denkbare ist als Beugung gebrauchte Zuzammensetzung, also beabsichtigte, aber nicht zur Vollkommenheit gediehene Flexion, mehr oder minder mechanische Anfügung, nicht rein organische Anbildung. Dies, nicht immer leicht zu erkennende Zwitterwesen hat man in neuerer Zeit Agglutination gennant.
> （アカデミー版: 117）
> 「この〔屈曲として用いられた〕場合の複合とは，本来の屈折を目差しながらも十分には完成されなかった屈折という意味なのであって，実は機械的な接着

にすぎず,純粋な有機的付加形成ではない.こういうどっちつかずの混血児は,仲々それと見分けのつくものではないが,近頃では膠着という名称で呼ばれているものである.」(亀山訳書: 186)

2.3. フンボルトの類型論の問題点

フンボルトの類型分類は「古典的類型分類」と呼ばれ,例えば「ラテン語,サンスクリットは屈折語,日本語,韓国語,トルコ語は膠着語,中国語,ベトナム語は孤立語である」というように,日常的な言語の描写に現在もよく用いられる.しかし古典的類型分類は,20世紀以降の言語学においては批判の対象とされてきた.例えばサピア(Edward Sapir 1884-1939)は,フンボルトに直接言及しないながらも,類型化の困難な点として,以下のような例を挙げている.

> There is something irresistible about a method of classification that starts with two poles, exemplified, say, by Chinese and Latin, clusters what it conveniently can about these poles, and throws everything else into a "transitional type." Hence has arisen the still popular classification of language into an "isolating" group, an "agglutinative" group, and an "inflective" group. Sometimes the languages of the American Indians are made to struggle along as an uncomfortable "polysynthetic" rear-guard to the agglutinative languages. (Sapir: 123)
>
> 「まず二つの極 ── 例をあげれば,たとえば中国語とラテン語 ── から出発して,これらの極のまわりに都合よく集まるものはすべて集め,その他のものは残らず,「過渡的な類型」に投げ入れる底の分類法には,どこかあらがいがたい魅力がある.ここから,言語を「孤立的」「膠着的」「屈折的」の三グループに分ける,いまなお通俗におこなわれている分類法が起こったのである.ときどき,アメリカ・インディアンの諸言語が,膠着的言語の,すわりの悪い「多総合的」な後衛として,しんがりを務めさせられることがある.」
> (安藤訳書: 211-212)

サピアが通俗的な分類としてしりぞけているのは,明らかにフンボルトの類型分類である.屈折語の例として,サンスクリットの代わりにラテン語を,多総合語の例として,メキシコの言語の代わりにアメリカ・インディアンの諸言語を挙

げているのは，上記引用書が『言語』という一般向けの書物であるため，英語圏の読者にわかりやすいように配慮したためであろう．

古典的類型分類については，サピアが批判しただけでなく，例えばコムリー(1992: 54)のように，一応の紹介にとどめるか，さらには Spencer(1991: 31-39)に見られるように，科学的な意義を認められない分類として批判する見方もある．なるほど，孤立語は別として，フンボルトの定義からすると，語幹と接辞との接合が「機械的な接着」である膠着語と，「純粋・有機的付加形成」である屈折語との間に明確な一線が引けないことは，フンボルトも認めるところである．単に語幹と接辞との境界が明らかであるか，それとも融合5)しているかという形態論レベルの「接合の手法」上の違いを除くと，両者の間に本質的な違いが見いだせないことは問題である．

3. 河野六郎の言語類型論
3.1. 形態論的類型論

河野六郎(1912-1998)は韓国語，中国語研究だけでなく，世界の多様な言語に通じ，言語類型論に強い関心を寄せていた．河野にとって，単語の形態論的な分類に基づく言語類型論は，統辞論的原理と密接に関わるものであり，類型論の問題は，究極的には言語構造一般を明らかにするという言語研究の目的そのものにつながるものであった．

> 「即ち語或は文の構造の特徴に類型を見出だそうとするのが言語類型論の目的である．此の類型の考察は，単に類型的分類に終始するに止まるのではなく，引いては斯かる類型に基づいて言語の構造一般に関する研究に導かれるものであつて，學者によつては更に言語の構造と思惟形式との相関を考えんとする人もある．」河野(1980: 158)

ここで「更に言語の構造と思惟形式との相関を考えんとする人」がフンボルトを指していることは明らかであろう．

---

5) 語幹と接辞が融合 (fusion) しており，両者の境界が明確でないことを特徴として捉え，屈折語ではなく「融合語」(fusitonal language) と呼べば，屈折語と膠着語との違いを明確にできるが，両者の違いは表層的なものとなる．Comrie(1989: 44-45)を参照のこと．

河野がその編集にあたり，中心的な役割を果たした亀井孝，河野六郎，千野栄一（編著）『言語学大辞典』の第6巻「術語編」(1996) の項目である「言語類型論」(1996: 494-495) は，無署名ではあるが，河野自身の言語類型論についての見解を反映していると考えられる．同項目は，古典的類型論を次のように要約しているが，その内容は単に古典的類型論の紹介に留まらず，河野独自の分類を反映していることに注意しなければならない．

- (1a) **孤立語**: 単語は語形変化をせず，単語内部に構造をもたない．いわば語根がそのまま単語として用いられる．単語はその形の上では他の単語との関係を示す信号をもっていない． 例：古典中国語
- (1b) **屈折語**: 単語は単位としての独立性が強く，一定の文法範疇に応じて語幹と接辞とによる屈折を行うが，両者の接合が緊密で，いわば融合している．接辞は他の単語との関係を明示する統辞論的機能をもっている． 例：ギリシャ語，サンスクリット
- (1c) **膠着語**: 単語は語幹と接辞からなり，接辞の機能が屈折語のように範疇の累積をなさず，概して単一の範疇を示す．両者の接合は弱く，膠でつけたようである． 例：トルコ語

まず，単語を構成するためにどのような手法を用いるかという語構成法の観点から，言語は「孤立語，膠着語，屈折語」の3つに分類される．孤立語とは，単語が語根のみからなる言語であり，屈折語および膠着語は，単語が語幹と接辞からなる言語である．

さらに，単語の意味内容を担う語幹と，文法機能を担う接辞との「接合の手法」に関して，両者が融合して緊密に接合するものが屈折語であり，両者の接合が弱いものが膠着語であると定義される．

ここまではフンボルトの類型分類とほぼ同様である．しかし，さらに屈折語については，「語幹と接辞が一定の文法範疇に応じた屈折を行う」という特徴を挙げている．これは，単語が**範例**すなわち**パラダイム** (paradigm) を形成することを屈折語の特徴と見なし，この点で屈折語と膠着語とを区別しているのである．このような範例による屈折語の定義はフンボルトには認められないため，河野独自の見解が反映したものと考えられる．

範例（パラダイム）とは，一定の文法範疇による名詞の曲用や動詞の活用を意

味する[6]. 例えば英語の動詞は, 人称, 数, 法, 時制という文法範疇に応じた活用形をもっており, 文の述語となるときは, これらの範疇の定まった定形動詞 (finite verb) の形をとる.

一方, 膠着語である日本語の用言について, 河野(1989:1581-1582)は, 「語幹に種々なる接辞 (助動詞) や助詞が付いたもの」を**用言複合体** (verb complex) と名付けている. 用言自体が一定の文法範疇を内包するのではなく, 用言と独立したさまざまな文法接辞や助動詞が累加されるということは, 用言複合体がパラダイムという枠に収まらないことを示している.

このように, 河野は屈折語の定義にパラダイムの観点を導入することで, 膠着語との区別を明確にし, フンボルトの類型分類の修正に成功しているといえよう.

3.2. 統語原理に基づく河野の類型分類

河野(1989:1574-1588)は, 言語の形態論的特色は, 究極には統辞論的特色によって形成されるものであるとするが, 文の構成に関する統辞論的原理を「統語原理」と呼び, 異なる統語原理に基づく言語類型を「統語類型」と呼んでいる. 以下では河野の用語法に従うことにする.

河野は統語原理による言語類型として, 範例的言語である「印欧型」と, 連辞的言語である「アルタイ型」との2つの言語類型を提案している.

> (2a) **印欧型**: 単語の独立性が強く, 単語と単語との結びつきが両者の間の「照応(congruence)」によって示される「範例的 (paradigmatic)」統語原理を持つ言語 —— 印欧語, バントゥー語など.
> (2b) **アルタイ型**: 主要語に修飾語が先行するなどの, 「連辞的 (syntagmatic)」統語原理を持つ言語 —— 日本語, 朝鮮語, チュルク語, モンゴル語, ツングース諸語, ドラヴィダ諸語, チベット語など.

すなわち, 印欧型では名詞や動詞の文法接辞がパラダイムを形成し, 特に主語名詞の人称, 数, 性と述語動詞の人称, 数, 性とが照応することにより, 主語と

---

[6] 範例 (paradigm) の定義については, 言語学大辞典第6巻「範例」および「範例関係」(paradigmatic relation) の項目 (pp.1096-1097) を参照のこと. 「典型の例示」としての範例の機能から見て, しばしば paradigm の訳とされる「範列」を不適切とする同項目の説明から, これらの項目の著者も河野と推測される.

述語の結びつきを歯車同士が噛みあうようにして表すことで，文の構成を表現する．このような主語と動詞の人称，数，性の照応は，主語と述語とによる両肢型(りょうしがた)という構文上の特徴をなし，多くの言語において重要な機能を持っている．

一方のアルタイ型では，用言に接辞や付属語が累加された複合体が，単独で文にもなりうる点で，単肢型(たんしがた)という構文上の特徴をなす．

このように，河野の2つの統語類型は，それぞれ屈折語の形態法が示すパラダイムおよび膠着語における接辞，付属語の累加という形態法上の特徴と密接に関わっていることにその特徴がある．また統語原理として，印欧型は「範例的(paradigmatic)」統語原理を持ち，アルタイ型は「連辞的(syntagmatic)」統語原理を持つとすることは，ソシュールによる言語記号間に見られる関係性を，2つの統語原理として認めていることになる．一方，河野は古典中国語に代表される孤立語に，どのような統語原理を認めるかについては言及していない．以下に見るように，孤立語については語順や語構成よりも，むしろ意味結合が重要な文の構成原理であると考えているのである．

> 「大體(だいたい)文法的機能が語形に示されず語序に據(よ)つている場合，その機能を果すのは語序よりもむしろ意味の結合が決定的であつて，語序が語序たり得るのも意味結合に基いているからである．」河野(1980:163)

4. 類型分類から規格分類へ
4.1. パラダイムとは何か

先に述べたように，河野は屈折語の定義に「パラダイム」の概念を導入することで，フンボルトの古典的類型分類に存在する屈折語と膠着語の区分の曖昧(あいまい)さの問題を解消した．ここでパラダイムとは何かについて，形式化を通じて確認しておく．ヨーロッパの言語学の伝統では，単語が語幹 (stem) および接辞 (suffix) からなると考えてきた．フンボルトの古典的言語類型論は，その典型的なものである．サピアは，このような単語観に基づく場合，屈折語の単語は以下のように形式化されるとする（安藤訳書:47-55）．

(3) $A + b$

ここで要素 A は，基本的な実質，いわゆる語幹，語基といった 'radical

element' を表し，要素 b は文法的要素であり，広義の形式 (form) であって，前者に，接辞，語基の反復，母音の変音など，手段を問わずに形式上の限定を付加するものである．b が小文字で表されているのは，独立性の高い語幹部 A に付加される付属形式 (bound form) として現れることを示している．ここで，パラダイムを以下のように定義する．

(4) **パラダイム**：パラダイムとは，**有限要素**が構成する体系である．パラダイムを構成する要素は，互いに**交換可能**であり，**排他的**に出現する．

上記のサピアの形式化を用いて，パラダイムの意味を定義しよう．以下では内容を明確化するために「順列」と「組合せ」に関する中学校程度の数学的な形式化を用いるが，簡単なことなので辛抱して読み進めてほしい．「パラダイムとは，有限要素が構成する体系である」とは，形式的に表せば，文法範疇 b を集合としたときの集合の元（構成要素）が，たとえば以下のような有限集合であることを示す．

(5) $b = \{b_1, b_2, b_3, b_4, b_5, b_6\}$

さらに「パラダイムを構成する要素は，互いに交換可能であり，排他的に出現する」とは，上記集合 b の構成要素が，ある語幹 A に接続する場合，b_1 から b_6 までの要素のうちのただ1つが接続し，$A+b_1+b_2$ のように，同時に2つ以上が接続することはないということを示す．

典型的な屈折語，たとえばラテン語の単語は $A+b$ と表すことができる．ラテン語の bonus 《良い》という形容詞は bon-us と分析され，{bon-} という語幹部分が A に，{-us} という接辞部分が b に相当する．この場合，語幹部分はその語の意義を担い，一般に定まった形をしているのに対し，接辞部分は，「性」，「数」，「格」という3つの文法範疇によって作られる体系をなす．上記の {-us} は，《男性》，《単数》，《主格》を表す接辞であるが，《男性》，《単数》，《対格》であれば，代わりに {-um} という接辞が，《男性》，《複数》，《主格》であれば，{-i} という接辞が現れる，というように，それぞれの文法範疇の構成要素の数が有限であると同時に，構成要素が排他的に出現する．従って，ラテン語の文法範疇はパラダイムの定義 (4) を満たしていることがわかる．

いわゆる典型的な屈折語ではない言語に対しても，パラダイムの概念を適用することができる．例えば，英語の一般動詞の「人称，数，時制」による拡張パラダイムを考えると，《1人称》,《2人称》,《3人称》という3つの人称が，「人称」という文法範疇の構成要素であり，これら要素の出現は排他的である．同様に，文法範疇「数」には，《単数》,《複数》という2つの構成要素があり，文法範疇「時制」には，《現在》と《過去》という2つの構成要素がある．なお，未来は法助動詞 will の現在形で表されるので，ここには含めない．

これら文法範疇を表にする際に，行として人称の3行をとり，列として「数と時制の組み合わせ」をとれば，全体を3×(2×2)＝12項の**活用表**とすることができる．あるいは行に「人称および数の組み合わせ」の6行をとり，列に「時制」の2行をとって，(3×2)×2＝12項としても，さらに平面ではなく，行に「人称」の3行をとり，列に「数」の2列をとり，高さ方向に「時制」の2段を重ねてとって，3×2×2＝12項からなる，3次元の立体座標で表しても，活用表としての表現様式は変わるが，表の内容は変わらないことになる．

サピアの形式化に従って，英語の動詞の文法範疇を表してみよう．まず文法範疇「人称」を b で表すことにする．それぞれの構成要素《1人称》,《2人称》,《3人称》を，それぞれ b_1, b_2, b_3 で表すと：

(6) $b = \{b_1, b_2, b_3\}$

同様に，「数」を c で，《単数》,《複数》を c_1, c_2 で，「時制」を d で《現在》,《過去》を d_1, d_2 で，それぞれ表すことができる．上記の拡張活用表とは，これらの文法範疇を「文法的因数」と考えれば，以下のような因数分解が成り立つ：

(7) $bcd = b \times cd = bc \times d = b \times c \times d$

このようにして，英語の動詞は活用表として表すことができることがわかる．単独の動詞だけでなく，助動詞を含む動詞句を範囲として，「拡張パラダイム」を考えることもできる．文法範疇「アスペクト」として，助動詞 have を用いて《完了》,《未完了》の2形を．また助動詞 be を用いて，《進行》,《非進行》の2形を「拡張活用表」に加えることができる．さらに，法助動詞 will, shall, ought to などを加えた拡張活用表を考えることもできる．法助動詞としてどの範囲までを認

めるかといった問題は残るが,いずれにせよ重要なことは,動詞句の範囲まで拡大すれば,英語の助動詞と動詞からなる動詞句は有限の拡張パラダイムに収まる,ということである.この点で,形態上の屈折のほとんどを失い,表面上はいわゆる「孤立語」に近づいているとはいえ,英語の文法範疇の「パラダイム性」は本質的に変わっていないことになる.従って,河野の統語類型でいえば英語は依然として「印欧型」に属することになる.

4.2. 日本語,韓国語の用言複合体

それでは日本語の用言複合体の場合はどうだろうか.現代日本語の動詞は,いわゆる学校文法[7]では「未然,連用,終止(連体),仮定,命令」という活用表に収められている.ただし,現代語では終止形と連体形は形態上同形で,もはや文末で言い切るか,名詞を修飾するかという機能上の違いしか持たない.しかし活用表の枠が学校教育の場で定着しているのは,あくまで便宜上のことで,特に終止形と連体形の区別は,現代語の文法から古典語の文法へと学習を進めるための教育的配慮に基づく整理法という意義を持っている.

日本語の用言の場合は,助動詞を付加する際に,同じ助動詞が複数現れたり,出現順序が変わったりすることがある.「書かせたらしかった」では完了の「た」が2度出現する.「(長男が次男に命じて,三男に,三男の嫌いなものを)食べさせさせた」などのように,使役の助動詞「させ」を複数使うことも,理論的にはできそうである.同じ状況で,三男に食べるように無理強いさせることを,強いる役割を与えられた次男が嫌がっていた場合には,「(長男に命じられた次男は,気が進まないながらも,三男に,三男の嫌いなものを)食べさせさせられた」ということもできる.このように,少なくとも一部の助動詞については,複数繰り返して使うことができる.従って,理論的には用言複合体を有限の活用表に収めることはできないことになる.

日本語の述語構造については,これまでさまざまな分析が行われてきた.述語構造の研究史および分析については南不二男(1993:21-62)を参照していただきたい.生成文法の立場からは,井上和子(1976: 5-26)が,述語を「V+アスペクト

---

7) 日本における「学校文法」は,特定の文法理論に基づく一貫した体系的なものではなく,教育の現場で用いられる文法といった意味以上のものではない.永野賢(1986)を参照のこと.中学校や高等学校の学校教育の現場では,橋本進吉の文節の概念に基づいた文法教育が広く行われていることは事実であるが,それは橋本文法そのものではない.

形式素＋時制辞＋法助辞」と「略述」している．風間伸次郎(1992: 241-260) は，河野の用言複合体の概念を，日本語とその周辺の動詞複合体の記述に実際に適用したもので，特に日本語の動詞を中心とした承接関係に詳しい．宮岡伯人(2002: 71-81) は，エスキモー語と対照しながら日本語の用言複合体の持ちうる形態上の複雑性を明らかにするため，同書の第4章全てを充てている．

韓国語の場合も，野間秀樹(1997)によれば，日本語と同様であると考えられる．野間は，韓国語の節を「単一節」と「拡大節」との2種に分類するが，後者は不完全名詞や後置詞を含む節である．さらに，「構造的に節を内包しながらも，その実，機能的には用言のパラダイムとして働くもの」もある（同書: 106-107）．「また様々な分析的な形も述語の構成に参画しており，これもある程度定まった承接順があるが，(…) 承接の順序は相対的に自由である．《お捕まえられにならないようにしてしまうことも，おできになったのではありませんでしょうか？》という形も可能である．」(同書: 120) とされる．

従って，韓国語の「拡大節」は，日本語の用言複合体の場合と同様に，活用表に収めることができないと考えられよう．

4.3. トルコ語の動詞句

古典的類型論では，日本語や韓国語と同じく，膠着語と分類されるトルコ語の動詞は，日本語や韓国語と同様の性質をもっているのだろうか．林徹(1989: 1390-1391)によれば，トルコ語の述語成分は次のように整理される．

動詞語幹	述語成分の関係				終助詞成分
	時制・アスペクト成分(A)			人称語尾	
	時制・アスペクト成分(B)	時制・アスペクト成分(C)			
	形容詞　名詞				

ここで，動詞語幹には，時制・アスペクト成分(A)，もしくは時制アスペクト成分(B) ならびに (C) のどちらかを付加することが出来る．(A) の後には人称接辞は後続せず，終助詞成分しか続くことができないが，(B) または (C) には人称語尾が後続する．(A) および人称語尾には，さらに終助詞成分をつけることができる．一方，形容詞ならびに名詞語幹には，時制・アスペクト成分 (C) に，さらに人称語尾および終助詞成分が後続する．

時制・アスペクト成分 (A) としては5種類の《命令》あるいは《希求》を意味

する接辞が，(B) としては《過去》，《完了》，《継続》，《現在》，《未来》，《必要》を意味する6種類の接辞が，(C) としては，《過去》，《推量》または《ゼロ》接辞が，人称語尾としては《一人称》，《二人称》，《単数》，《複数》の4種類が，排他的に，かつそれぞれ最大1回だけ出現する．従って，トルコ語の動詞は活用表で表すことができることがわかる．

4.4. 形式類型論の提案

　文法範疇の形成する体系の有限性，不定性に着目して，パラダイムの概念を形式化した類型分類を試みたのが，筆者自身が峰岸真琴(2000, 2002a, 2002b, 2002c) において提案している形式類型論である．その内容を，本稿で述べてきた内容に触れながら要約すると，以下のようになる．

　「単語，句，文節，用言複合体」などの，なんらかの形態統辞上のまとまった「領域」を考えよう．この領域の中に出現する文法範疇は，河野の言う「印欧型」の場合，英語の動詞句の例で見たように，一定のパラダイムをなすため，活用表で記述することができる．一方，「アルタイ型」の場合，日本語の用言複合体の例に見られるように，その内部に出現する文法範疇の数は不定であり，一部の要素は繰り返し出現するため，活用表に収めることができない．さらに，いわゆる孤立語では，句，複合体の要素として文法範疇が出現しないため，活用表をつくることは無意味である．

　こうして，パラダイムをなす，つまり出現しうる文法範疇およびその構成要素が一定数の場合を**一定範疇言語** (Definite Category Language, DCL) と，不定数の場合を**不定範疇言語** (Indefinite Category Language, ICL) と，文法範疇が存在しない場合を**無範疇言語** (Non-Category Language, NCL) とそれぞれ定義する．全ての言語は，理論的にはこれら三つの類型のどれか一つに分類される．

　この形式類型論は，筆者の主要なフィールドである東南アジア大陸部のいわゆる「孤立語」と呼ばれる諸言語の文法をどう記述するかという関心から，言語記述の方法論的上の限界について模索してきた過程からできたものである．しかし，改めて見直してみると，基本的には古典的類型論に関する河野の修正および統語類型の延長にあり，その形式化についてはサピアの $A+b$ という表現が既に存在していたことに気づく．そこで，筆者の形式類型論にはどのような特徴があるかについて，河野の形態論的分類および統語類型と比較しながら考えてみたい．

　第一に，河野の単語の形態法に基づく類型論についての修正は，フンボルトの

古典的類型論に対する現代的な解釈として行われたものであるため，その意味では単語の形態に着目した類型分類である．一方，筆者の提案する形式分類は，単語という形態上の領域に留まらず，句や複合体といった複数の単語によって構成される形態統辞論上の領域を対象とする分類であるため，例えばラテン語の単語内部の接辞に見られるパラダイム性と，英語の助動詞群と動詞によって構成される動詞句の内部におけるパラダイム性とを，同じものと見なすことができる．この結果，河野の分類からすると，形態上は孤立語に近づいた英語も，代表的な屈折語であるラテン語も，同じく「一定範疇言語」に分類される．

第二に，河野は屈折語と膠着語との間に存在する違いをパラダイム性の有無に帰し，この形態法上の区別を「印欧型」および「アルタイ型」という統語類型と対応させている．ただし，孤立語についてはフンボルトによる「無形式」という特徴をそのまま引き継ぎ，また統語類型との対応を考えない．筆者は，河野の考える範例関係と印欧型との対応および連辞関係とアルタイ型との直接的対応を考えることには疑問を感じている．その理由は，構造主義的な文脈で考える範例関係と連辞関係は，単語の形態法に留まらず，記号と記号の間に見られる普遍的な原理であり，その意味で，アルタイ型が連辞関係を代表するかのような関連づけは望ましくないと考えるためで，河野の統語類型では考慮されない孤立語の単語もまた，範例関係および連辞関係という一般原理の下にあるからである[8]．

実は，河野のアルタイ型や用言複合体では，修飾語が主要語に先行するといった，前に来る要素が後に来る要素を限定するという「話線の方向性」の概念が重要な役割を果たしている．一方，連辞関係は，前後の出現の順序とは無関係に認められる関係であるため，アルタイ型統語原理すなわち連辞関係と考えることには無理があるのである．

以上述べてきたように，筆者の提案する形式分類は，単語の形態にではなく，単語あるいはそれよりも大きい句，複合体に見られるパラダイム性に着目した分類であるため，それぞれの言語の形態上の違いを越えた分類が可能になるという特徴を持っている．もう一つの特徴として，この形式分類は，「定，不定，無」という数値によって明確に区別され，曖昧性を持たない分類であることが挙げられる．一般的な類型分類と区別して，このような分類は**規格分類**と呼ばれる．例え

---

[8] ソシュール自身は，連辞関係 (syntagmatic relation) に対立する関係として，範例関係 (paradigmatic relation) ではなく，さらに一般的な連合関係 (associative relation) という用語を使っている．連合関係とは心理的な連想 (association) を含むものである．

ば，「20歳以上は大人とみなす」というのは，規格分類の一例である[9]．

5. 終わりに

　本稿では，単語の形態法に基づく類型分類について，フンボルトにさかのぼって，分類の意図とその問題点を検討した．河野六郎は，フンボルトの分類にパラダイムの概念を導入することで，フンボルトの分類が持っていた屈折語と膠着語の境界を明確なものとしたといえよう．

　筆者の提案する形式分類は，河野の分類の方法の延長にあるもので，パラダイム性を形式化により明確化し，さらに屈折，膠着といった形態上の手法を捨象して，考察する形態統辞上の領域を，句または複合体にまで拡張したものである．この結果，形態上は接辞の多くを失った英語であっても，ラテン語やサンスクリットと同様に一定範疇言語に分類される．また，形態上は膠着語であるトルコ語は，動詞について活用表が書けることから，一定範疇言語に分類されるといった興味深い結果が得られる．

　この形式分類に従って，アフリカからユーラシアにかけて分布する主要な言語について，分類を試みた結果，一定範疇言語は，バントゥー語族，インド・ヨーロッパ語族，アフロアジア語族，フィン・ウゴル語族，チュルク語族というように，アフリカから中東，ヨーロッパ，中央アジアにまで系統を超えて連続的に分布する．不定範疇言語には，日本語と韓国語のほか，北東ユーラシアから北米に至るまでの，いくつかの言語が属する．無範疇言語には，東アジアと東南アジア大陸部の孤立語が属する．このように，フンボルトや河野の分類と比べると，その分布がはるかに連続的であることは興味深い．

　この類型分布は何を意味するのであろうか．例えば，アフリカに始まりユーラシアから北米に至る先史時代の人類の移住の足跡を示しているようにも見える．あるいは，社会言語学的な観点から見れば，国家の近代化とともに，社会制度として政治的に国語あるいは公用語として確立された言語のほとんどは一定範疇言語である．またスワヒリ語やオスマン・トルコ語など，リンガ・フランカ的に用いられ，おそらくその過程で何らかの単純化，標準化があったかと想定される言語は一定範疇言語であると見ることもできそうである．

　文法記述の理論上の問題としては，例えば生成文法は一定範疇言語である英語の考察を中心に研究が進められ，日本語についても同様のモデル化を行ってきた．

---

9) 「分類の分類法」については，中尾佐助 (1990) を参照のこと．

筆者の形式分類によると，不定範疇言語は一定範疇言語と異なり，文法範疇の出現位置と回数が不定であるため，句構造規則（Phrase Structure Rules）に代表されるような一定範疇言語的な言語モデルを適用したのでは記述が不十分になるし，まして，無範疇言語の記述に適用することは困難であることが予測される．今後形式分類による分類をさまざまな言語に適用することで，従来単純なパラダイムとして記述されてきた言語が，実は不定範疇言語であると分かることもありうるのである．より多くの言語について検証が行われることを期待したい．

参考文献

赤松明彦(1998)『古典インドの言語哲学 1, 2』，東京：平凡社
コムリー(1992)『言語普遍性と言語類型論』，松本克己・山本秀樹訳，東京：ひつじ書房
斉藤渉(2001)『フンボルトの言語研究 —— 有機体としての言語』，京都：京都大学学術出版会
サピア(1998)『言語』，安藤貞雄訳，東京：岩波書店
林徹(1989)「トルコ語」，『言語学大辞典 第2巻』，東京：三省堂
フンボルト(1984)『言語と精神 —— カヴィ語研究序説 ——』，亀山健吉訳，東京：法政大学出版局
亀山健吉(1978)『フンボルト —— 文人・政治家・言語学者 ——』，東京：中央公論社
亀山健吉(2000)『言葉と世界 —— ヴィルヘルム・フォン・フンボルト研究 ——』，東京：法政大学出版局
亀井孝・河野六郎・千野栄一編著(1988-96)『言語学大辞典』，全6巻，東京：三省堂
亀井孝・河野六郎・千野栄一編著(1996)「言語類型論」，『言語学大辞典 第6巻』，東京：三省堂
風間伸次郎(1992)「接尾型言語の動詞複合体について：日本語を中心として」，宮岡伯人編(1992)所収
河野六郎(1980)「言語学」，『河野六郎著作集 第3巻』，東京：平凡社
河野六郎(1989)「日本語の特質」，『言語学大辞典 第2巻 世界言語編(中)』，東京：三省堂
永野賢(1986)『学校文法概説』新訂版，東京：共文社
南不二男(1993)『現代日本語文法の輪郭』，東京：大修館書店
峰岸真琴(2000)「類型論から見た文法理論」，『言語研究』117号，東京：日本言語学会

峰岸真琴(2002a)「類型分類の再検討 —— 孤立語の視点から」,『アジア・アフリカ言語文化研究』, 63号, 東京：東京外国語大学アジア・アフリカ言語文化研究所
峰岸真琴(2002b)「シンタグマから見た動詞」,『日本言語学会第124回大会予稿集』, 東京
峰岸真琴(2002c)「形態類型論の形式モデル化」,『アジア・アフリカ言語文化研究』, 64号, 東京：東京外国語大学アジア・アフリカ言語文化研究所
峰岸真琴(2004)「言語の類型とその分布」,『日本語学』, No.15 (Vol.23), 東京：明治書院
峰岸真琴(2005)「言語類型論から文法論へ」,『言語』, No.8 (Vol.34), 東京：大修館書店
宮岡伯人編(1992)『北の言語：類型と歴史』, 東京：三省堂
宮岡伯人(2002)『語とはなにか —— エスキモー語から日本語をみる』, 東京：三省堂
中尾佐助(1990)：『分類の発想』, 東京：朝日新聞社
野間秀樹(1997)「朝鮮語の文の構造について」,『国立国語研究所報告　日本語と外国語の対照研究 IV　日本語と朝鮮語』, 東京：くろしお出版
Baker, Mark, C. (2001) *The Atoms of Language,* New York: Basic Books
Comrie, Bernard(1989)　*Language Universals and Linguistic Typology — Syntax and Morphology,* Second Edition, Chicago: The University of Chicago Press
Greenberg, Joseph H. (1963) 'Some Universals of Grammar with Particular Reference to the Order of Meaningful Elements,' *Universals of Language,* Cambridge: MIT Press
Harden, T. & Farrelly, D.(eds.)(1997) *Wilhelm von Humboldt: Essays on Language.* Frankfurt am Main: Peter Lang Pub.
von Humboldt, Wilhelm (1836/1907/1968) 'Über die Verschiedenheit des menschlichen Sprachbaues und ihren Einfluß auf die geistige Entwicklung des Menschengeschlechts,' *Wilhelm von Humboldts Werke,* Band VII, Hrsg. von der Königlichen Akademie der Wissenschaften, Berlin: Walter de Gruyter & Co.
von Humboldt, Wilhelm (1988) *On Language: The Diversity of Human Language-structure and its Influence on the Mental Development of Mankind,* [Trans. Peter Heath], Cambridge, New York, New Rochelle, Melbourne, Sydney: Cambridge University Press
Sapir, E. (1921) *Language,* New York: Harcourt, Brace and World.
Spencer, Andrew (1991) *Morphological Theory.* Oxford: Blackwell Publ.

URL: https://www.ethnologue.com/ （最終アクセス：2017年3月26日）

受動表現の類型と起源[*]

鷲尾　龍一（わしお・りゅういち）

1. はじめに　　　　　　　　　　　　　　　41
2. 自動詞起源説の論理　　　　　　　　　　43
3. 受動的解釈の発生について　　　　　　　47
4. 起源論における間接受動の位置づけ　　　51
5. 構文の類型から見た間接受動の成立条件　55
6. 受動接辞の起源について　　　　　　　　60

1. はじめに

　諸言語の文法記述を見ると，「受動文」の解説に一定の紙幅を割いているものが多く，複数の言語を比較する対照言語学的研究においても[1]，受動文をめぐる諸問題は頻繁に取り上げられてきた．これにはいくつかの理由が考えられるが，最も根本的には，それぞれの言語において「受動」と呼ばれる現象が，本質的には同じ現象であると思われる反面，実際にどのような場面・出来事を受動文によって記述しうるのか，あるいは受動文の使用にどのような制限が課せられているのかといった点に関しては，言語間にかなりの相違が見られるため，受動文には，言語の普遍性，個別性いずれの観点からも論ずべき点が多い，という事情がある．
　例えば英語では，(1a)のような能動文に(1b)の受動文が対応し，両者は同じ出来事（「警察によるメアリの逮捕」）を記述することができる．

---

[*] 本稿は当初，筆者の既発表論文（「受動表現の類型と起源について」『日本語文法』第5巻2号, 2005, pp. 3-20, 日本語文法学会）をそのまま再録するという企画であったが，初出論文が専門家に向けて書かれたものであるのに対し，本講座はより広い読者層を想定しているため，本論に入る前に若干の入門的解説を用意した（第1節「はじめに」）．
　初出の論述において特に専門的で難解と思われた箇所は，論旨を変えずに図式や本文をわかりやすい形に書き換え，用語解説などのために注をいくつか追加した．韓国語の例文は，旧稿ではローマ字のみで表記していたが，再録版ではハングル表記も併記した．また，旧稿では紙数制限のため省略した例文の一部または全部を復活させた箇所があり，本文や注にも適宜加筆・削除などの手直しを施した．そのため，以下の第2節から始まる再録版は，初出とは節や例文の番号が多少異なるが，議論の内容に変更はない．
　再録版を用意するにあたり，編者の野間秀樹教授からは一方ならぬご配慮を賜った．この場をお借りして，改めてお礼を申し上げたい．
1)「対照言語学」に関する筆者の考え方については木村英樹・鷲尾龍一(2008)を参照．

(1) a. The police arrested Mary.
　　b. Mary was arrested by the police.

　学校英文法でも習うように，(1a)の代わりに(1b)を用いる話者は，警察が何をしたかという観点からではなく，メアリに何が起こったかという観点からこの出来事を伝えている．つまり受動文(1b)は，動作の主体(the police)を話題の中心から外し，動作の対象(Mary)を話題の中心に据えるという点において，能動文(1a)とは異なる談話的機能を有するのであるが，これは，能動文の目的語は受動文では主語の資格を獲得し，能動文の主語は，受動文では主語でも目的語でもなくなる，という文法関係の変更と対応している[2]．そしてこのような関係にある能動文と受動文のペアが，世界の諸言語に広く見られることから，そこにどのような普遍的原理が働いているのかという観点から，これまで様々な研究がなされてきた[3]．
　一方で，個別言語の受動文にはそれぞれ独特の性質があり，受動表現全般の多言語比較を試みると，そこには圧倒的な多様性も観察される．例えば日本語では，「先生が**彼に留学の機会を**与えた」のように，いわゆる直接目的語（ヲ格）と間接目的語（ニ格）の両方を含む能動文を受動化する際，どちらの目的語を主語にしても適格な受動文が得られる（「**彼が**留学の機会を与えられた」「**留学の機会が**彼に与えられた」）．しかし，フランス語，ドイツ語，トルコ語，モンゴル語などを含む多くの言語では，間接目的語を主語にした受動文を作ることはできない．日本人にとって最も馴染み深い外国語である英語は，たまたまこの種の受動文を許容する言語である（"He was given a chance to study abroad."）．したがって，日本語の話者は，間接目的語を主語にした受動文に特段の違和感を覚えないと思われるが，英語に近いオランダ語でさえこの種の受動文は許容せず，諸言語に見

---

[2] (1a)と(1b)のように，同じ意味を表わす異なる形式は一般に「ヴォイス(voice)」と呼ばれ，「態」と訳される．英文法で言う「能動態」と「受動態」であるが，ほかに「自発態」などを立てることもある（例えば「昔のことを思い出す」（能動）→「昔のことが思い出される」（自発）など）．英文法には「使役態」という用語はないが，日本語を含む多くの言語では，受動（「～られる」）と使役（「～させる」）は密接な関係にあるため，能動と受動の関係を「ヴォイス」の名の下に考察するなら，そこには当然「使役」の考察も含まれることになる（この点については鷲尾龍一 2010 に詳しい解説がある）．
[3] この分野の研究史は多くの文献で紹介されているが，筆者が一般向けに書いた文章に鷲尾龍一(1995, 2001, 2010)などがある．近代日本における西洋文法の受容については斉木美知世・鷲尾龍一(2012)を，「受動」と同じ意味で使われる「受身」という用語の起源などについては同(2014)を参照．

られる受動文の中核的なパターンが,他動詞の直接目的語を主語にした構成であるのは間違いない.

　他動詞の直接目的語が主語として生じるのが受動文の典型であるとすれば,典型的な受動文には直接目的語が含まれないことになる.英語の(1b)や,これを日本語にした次の(2a)は,この意味での典型的な受動文であるが,日本語には,この典型から逸脱した(2b)のような受動文も存在する.

　　(2)　a.　メアリが警察に逮捕された.
　　　　b.　メアリが警察に**息子を**逮捕された.
　　　　c.　* Mary was arrested *her son* by the police.

(2b)を機械的に英語にすると(2c)のような形になるが,これがまったく不可能であるのは,フランス語,ドイツ語,オランダ語など多くの言語でも同様である.したがって,なぜ日本語では,(2a)に加えて(2b)のような形が許されるのかという重要な問題が提起されることになる.日本語研究では,(2a)のような典型的な受動文を「直接受動」と呼び,(2b)などを含む「間接受動」と区別するのが一般的であり,本稿でもこの用語を用いる[4].次の(3a)も間接受動であるから,英語の(3b)は不可能であるが,韓国語は(3c)を許容する.

　　(3)　a.　太郎が花子に**手を**握られた.
　　　　b.　* John was grasped *his hand* by Mary.
　　　　c.　철수가 영희에게 손을 잡혔다.
　　　　　　Chelswu-ka　Yenghuy-eykey　*son-ul*　cap-hi-ess-ta.
　　　　　　チョルスが　　ヨンヒに　　　　**手を**　　握られた

したがって,日本語と韓国語の受動文は,西欧諸語の受動文にはない何らかの重要な性質を共有していると考えられる(以下の第5節を参照).しかし,これは言

[4) ここで言う「直接」と「間接」の区別は,上で触れた直接目的語と間接目的語の区別とは別の概念である.一般に,動詞が要求する「項 (argument)」(以下の注8を参照)が主語となって現れる受動文が「直接受動」と呼ばれるので,例えば既出の「彼が留学の機会を与えられた」は直接受動と見なされる.一方,「親が子供に泣かれる」などの自動詞受動は,「親」が動詞の「項」ではないため,(2b)と同様に間接受動に含まれる.詳しくは柴谷方良(1978),寺村秀夫(1982),鷲尾龍一(1997b)などを参照.

語事実の一つの側面に過ぎず，現実の状況は，(3a)/(3c)から受ける印象より遥かに複雑である．本稿のテーマではないが，例えば日本語では不可能な(4a)のような表現が，(4b)のように韓国語では許容されるという事実がある[5]．

(4) a. *太郎が花子に**手が**握られた．
  b. 철수가 영희에게 손이 잡혔다.
   Chelswu-ka Yenghuy-eykey *son-i* cap-hi-ess-ta.
   チョルスが　ヨンヒに　　**手が**　　握られた

あるいは，日本語では可能な「太郎が花子に泣かれた」のような自動詞受動が，韓国語では一切許されないという事実もある[6]．
 さらに，日本語と韓国語では受動構文の種類が異なる——日本語が「(ら)れる」という単一の形式を使うのに対し，韓国語は5種類の形式を使い分ける——という事実があり，この事実が本稿の立論において重要な役割を果たす（第5節）．
 本稿の眼目は，日本語が(2b)や(3a)のような受動形式を許す理由を，受動構文の「起源」という文脈において考察する点にあるが，その前提として，そもそも(2b)や(3a)がどのような表現の「類型」に属するのかを，特にフランス語，モンゴル語，韓国語との比較を通じて考察する．その考察から明らかになるのは，日本語の受動文と比較すべき表現類は，他言語の典型的な受動文ではなく，しばしば受動の対極に位置づけられる「使役」などの他動詞構文である，という事実である．この事実を踏まえ，本稿では日本語の受動文が**他動詞文**からの発達であるという可能性を指摘するが，これは学界の主流をなしてきた**自動詞文**起源説が必ずしも自明の真理ではないことを示すものである（第6節）．

2.　自動詞起源説の論理

 広汎な言語事実を踏まえた周到な議論に基づき，柴谷方良(2000)は日本語の受

---

[5] (4)のような「二重主格受動」についてはWashio (1995: Appendix I)に詳細な議論があり，鷲尾龍一(1997a)にも簡単な紹介がある．
[6] 詳しい議論は鷲尾龍一(1997a)などに譲るが，例えば次のような文は成り立たない．
 (i) *철수가 영희에게 울렸다.
   Chelswu-ka Yenghuy-eykey wul-li-ess-ta.
   チョルスが　ヨンヒに　　　　泣かれた

動文が《自発》からの発達であるとの仮説を提示している[7]．その主張をごく簡単に要約すると，まず日本語における原初的な対立として，事態を「意図的に引き起こす」動作主を主語として表示する《能動態》と，事態への「非意図的参与者」を主語として表示する《自発態》の対立を認め，古典日本語の「ゆ」「らゆ」（「る」「らる」）に基づく構文は，元来この意味における自発態として能動態に対立していた，と想定する．例えば次の(5)において，動詞「急ぐ」の外項Xは意志的動作主であり（「Xが急ぐ」），表面には現れていないが統語的な主語（＝話者）に対応している[8]．

(5) 雨降りぬと言へば急ぎて車に乗るに〔枕草子「五月の御精進」〕

外項Xが主語（＝話者）に対応している点では，次の(6)も同様である．

---

7) 細江逸記(1928)，柴谷方良(1997)も参照．「自発」については注2でも簡単に触れた．
8) 本稿で用いる言語学用語のうち，一般にはあまり馴染みがないと思われる「項」(argument)と「非対格動詞」(unaccusative verb)について，ここで簡単に説明しておく．これらは日本語文法学会の『日本語文法事典』でも見出し語として解説されている（いずれも筆者が執筆）．以下の文章は，それらを要約したものである．
　述語が表わす動作や状態への参与者として不可欠な要素を「項」と呼ぶ．項をいくつ取るかによって述語は一項述語，二項述語などに分類される．「太郎が花瓶を割った」において「太郎」と「花瓶」は述語の項であり，項を二つ要求する「割る」は二項述語である．「急ぐ」などの自動詞は一項述語である．言語学では，意味上の主語に当たる項を「外項」(external argument)と呼び，意味上の目的語にあたる「内項」(internal argument)と区別する．本稿では，動詞の外項をXと表記し，内項をYと表記しているので，他動詞の意味構造（項構造）は，一般に《X〈Y〉》と表記される．英語のgiveや日本語の「与える」などは三項述語と言われる（「XガZニYヲ与エル」）．
　他動詞とは異なり，自動詞は項を一つだけ要求する．その唯一項は，伝統的に意味上の主語（＝外項）であると考えられて来た．これによれば，自動詞の意味構造（項構造）は，一律に《X〈Y〉》と分析されることになるが，1970年代の理論的な研究において，自動詞の中には唯一項が意味上の目的語（＝内項）であるような動詞も存在するとの主張がなされ，その後の言語研究に多大な影響を与えた．この考え方によれば，伝統的に自動詞と呼ばれてきた動詞類は，外項を唯一項とする動詞（《X〈 〉》）と内項を唯一項とする動詞（《 〈Y〉》）に大別される．前者（「非能格動詞」と呼ばれる）には，PLAY, LAUGH, DANCE（「遊ぶ」「笑う」「踊る」）などを意味する自動詞が含まれ，後者（「非対格動詞」と呼ばれる）にはFALL, GROW, ARRIVE（「落ちる」「育つ」「着く」）などを意味する自動詞が含まれる．非能格動詞の唯一項が多くの場合《動作の主体》であるのに対し，非対格動詞の唯一項は一般に《変化の対象》であるので，後者を他動詞の内項と同列に扱うのは，いずれにしても自然な分析である．本稿で問題となる日本語の「あり」「ある」「な

(6)　暁にはとく下りなんと急がるる.〔枕草子「宮にはじめて」〕

しかし，この場合の動作（「急がれる」）は非意図的と解釈されるため，(5)の能動態に対して，(6)は自発態と呼ぶに相応しい．この解釈を引き起こしているのは，動詞「急ぐ」の未然形と結合した接辞「る」であると考えられるが，柴谷(2000: 169)によれば，これが「る」本来の機能であり，ここから「(非意志的)動作主を主語の位置からはずし，それに代って他動詞の対象名詞句を主語に立てる」次のような構文が発達したとされる．

(7)　つらき人の御前わたりの待たるるも〔源氏物語「葵」〕

この例では，動詞「待つ」の外項Xではなく，意味上の目的語にあたる内項Yが主語として実現されている．すなわち，「話者(X)が御前わたり(Y)を待つ」→「御前わたり(Y)が待たれる」，という関係が成立し，その点で(7)は，上の(6)とは決定的に異なる．しかし，いずれも《自発》と呼びうる意味を表わしており，その点では両者とも，(5)のような典型的な《能動》と対立する．そして柴谷(2000: 169)は，(7)のような「対象を主語にした自発文が受身の母体となった」という通時的変化を提案している．次の(8)に挙げたような典型的な受動文においても，「舅(X)が婿(Y)をほめる」→「婿(Y)が舅(X)にほめられる」という関係が成り立っているが，これは(7)のような自発文からの発達であると考える立場である．

(8)　舅にほめらるる婿〔枕草子「ありがたきもの」〕

以上の簡単な要約からも伺えるように，自発起源説においては，他動詞の内項Yを主語として実現する自動詞文の存在が，受動文が発達するための重要な段階として想定されている．柴谷(2000)が論じているように，これは世界の諸言語に見られる受動文の発達過程と平行するものであるが，本稿で具体例を挙げて論じるように，例えば「日記を読まれる」「論文をけなされる」など，内項Yがそのまま対格（「ヲ格」）で表示されることを許す日本語の間接受動は，諸言語における《使役》構文と強力な類似性を示す．この観点からすれば，日本語受動文が他

る」などは一般に「非対格動詞」と分析される．

動詞構文からの発達であっても不思議ではない.

本稿では, 多言語比較に支えられた柴谷方良(2000)の自発説に説得力を認めつつ, なおこれとは異なる視点からの立論を試みてみたい. 自発説 (あるいは他の自動詞構文起源説) が結局は正しいと判断されるにせよ, その前に別の可能性を検討しておくことにより, すべての起源論が満たすべき条件の一端を明らかにすることができると考えるからである.

3. 受動的解釈の発生について

受動構文が自動詞構文から発達するという道筋は, 一般論としては充分にありうる通時的変化であるが, 任意の構文 C が受動の意味を獲得するためには, 必ずしも C が自動詞構文である必要はない. 特に, 動作の対象 (他動詞の内項) が統語的に主語として表示される段階は, 受動的解釈が発生するための必要条件ではない. これを端的に示すのが, 使役構文における受動的意味の発生である. 使役構文が受動表現としても用いられるという事例は, モンゴル語, 韓国語, フランス語, 英語, 中国語など, 言語の系統や類型とは無関係に観察されるため, 人間の言語には常に許されている選択肢であると考えられる.

例えば次の(9)は, 現代モンゴル語における典型的な使役構文の例である (Washio 1995: 149).

(9) Gerel Dorjoor xüügee magt**uul**av.
    Gerel Dorj.INS son.REF praise.**CAUSE**.PAST

接辞 -uul- に基づく生産的使役構文であるから, 日本語で言えば「させる」に基づく次の(10)がこれに対応する表現となる.

(10) ゲレルがドルジに息子を誉めさせた.

他動詞に基づく使役文は, 日本語でもモンゴル語でも(11a)のような範疇連鎖を構成する[9].

---

9) (11a)の NP, V, SUFFIX は, それぞれ「名詞句」「動詞」「接辞」を表わす. NP₁, NP₂, NP₃ は, (10)の例で言えば, それぞれ「ゲレル」「ドルジ」「息子」に相当し, その構造は概略, 次のように分析される.

(11) a. NP₁ NP₂ NP₃ V-SUFFIX
　　 b. W　　X　　Y

注9で説明したように，NP₁は使役接辞が要求する外項W(《使役主》)に対応し，NP₂とNP₃は，それぞれ他動詞Vの外項X，内項Yの担い手となる．使役行為の受け手でもあるNP₂は，日本語では与格表示を受けるが，モンゴル語では造格(INS = instrumental)で表示される．直接目的語であるNP₃は，日本語でもモンゴル語でも対格で表示される．ただし，NP₁とNP₃の間に所有関係が成立している場合，モンゴル語では再帰所有語尾(REF = reflexive)と呼ばれる形式を通常の格語尾に付加する．その際，対格は一般に脱落するので，NP₃は再帰所有語尾（上例ではee――母音調和により形は変異する）だけを伴うことになる．しかし，NP₃が直接目的語であることに代わりはなく，モンゴル語の使役文(9)は，統語的にも意味的にも日本語の使役文(10)に対応する表現であると言える．

　およそ以上のような性質を備えたモンゴル語の使役構文は，実は受動表現としても用いられる．この場合，(9)は次の(12)に対応する表現となる．

(12)　ゲレルがドルジに息子を誉められた．

要するにモンゴル語の(9)は，日本語で言えば《間接受動》に当たる表現としても機能するのであるが，重要なのは，使役・受動いずれの解釈を想定するにせよ，(9)には単一の統語的派生を設定するのが自然であり，その統語構造にも曖昧性は存在しない可能性が高い，という点である．(9)に見られるのは，あくまでも意味解釈上の曖昧性であり，日本語では間接受動が表わす類の意味が，モンゴル語では使役構文において実現されている，ということである．

　現代モンゴル語には -gd- という受動接辞が存在し，日本語の受動文と類似した構文を形成する．次の(13)に挙げたように，モンゴル語には他動詞に基づく間接受動も存在する(Washio 1995: 137-8)．

(i) ［ゲレル(が)］［ドルジ(が)　息子(を)　誉める］させる］
「ドルジ」は他動詞「誉める」の外項(X)，「息子」は「誉める」の内項(Y)，「ゲレル」は使役接辞「させる」が要求する外項(W)に，それぞれ対応する．これを簡略化して示したのが(11b)である．使役接辞「させる」は，動詞と同じように項構造を持つが，その内項は，人や物ではなく，従属節として実現される「出来事」(event)であると考える．以下の記述では，出来事を表わす項を "E" と表記することがある．

(13) ter   bagšid   nüüree   zančig**d**san   suragč
     that   teacher.BY   face.REF   hit.**PASS**.PAST   student
(14) その先生に顔をぶたれた学生

しかし日本語と比較すると，モンゴル語における間接受動の使用は厳しく制限されており，例えば(12)に対応する受動文(15)を母語話者に提示してみても，不自然であるとの判断しか得られない(Washio 1995: 135)．

(15) ?? Gerel   Dorjid   xüügee   magta**gd**av.
        Gerel   Dorj.BY   son.REF   praise.**PASS**.PAST

したがって，モンゴル語受動文の表現範囲は日本語より狭く，次の表に示したような領域が空白となっているのであるが，この空白を埋める役割を使役構文が担っているものと考えられる．

(16)

	使役	間接受動	直接受動
日本語		(10) (12)	(14)
モンゴル語	(9) → ??(15)	(13)

間接受動に対する独立の制限により，モンゴル語では(15)が不適格となる．しかし，(15)で意図されている意味——間接受動(12)に対応する意味——は，(9)の使役構文によって表わすことができる．したがって，ヴォイスの体系全体を見れば，日本語とモンゴル語の表現能力に本質的な差異は生じないことになる[10]．

---

10) このような考え方を支持する証拠として，次のような現象を挙げることができる．次の(i)は，上例(9)と同じ構造を持つ使役文であるが，直接目的語の位置には主語の身体部位が生じている(Washio 1995: 149)．(ii)に挙げたのが対応する日本語である．
(i) er   exnereer   üsee   zasuulav.
    husband wife.INS   hair.REF   cut.CAUSE.PAST
(ii) 夫が妻に髪を切らせた．
(i)のような例が間接受動の意味を表わすか否かについては，実は母語話者の判断が分かれる．興味深いのは，この判断と，次の(iii)に挙げた間接受動文の適格性に関する判断とが連動しているという事実である．
(iii) er   exnert   üsee   zasagdav.
      husband wife.BY   hair.REF   cut.PASS.PAST

同様の現象は，間接受動という仕組みを欠く言語でも観察される．フランス語はそのような言語であるから，例えば次の(17a)に対応する受動構文(17b)は不可能であるが，(17b)で意図されている意味内容は，(17c)の使役構文(SE FAIRE 構文)によって表わすことができる[11]．

(17) a.　ジャンがトラックに車を潰された．
　　 b. *Jean a   été   broyé   sa voiture par un camion.
         Jean aux been smashed his car   by a truck
　　 c.　Jean s'est   fait   broyer sa voiture par un camion.
         Jean self-aux made smash his car   by a truck

英語についても同じことが言える．次の(18)に示したように，英語では HAVE に基づく使役構文が SE FAIRE 構文と同様の機能を果たしている．

(18) a.　先生が学生に論文を批判された．
　　 b. * The teacher was criticized his article by the students.
　　 c.　The teacher had his article criticized by the students.

以上，いくつかの言語を具体例として，他動詞構文が受動の意味を獲得しうるという事実を確認した[12]．これらの構文における表面上の主語は，派生のすべて

　(iv) 夫が妻に髪を切られた．
すなわち，(i)の使役文に受動の意味を認める話者は(iii)の間接受動文を不適格と判断する（この判断を[A]と呼ぶ），そして(iii)を許容する話者は(i)を受動表現とは解釈できない（この判断を[B]と呼ぶ），という一般化が成立する．使役構文と受動構文が同じ《ヴォイスの体系》に属し，本文(16)に図示したような関係にあると考えない限り，なぜこのような一般化が成立するのかを説明するのは困難である．筆者が調べた範囲では，[A]と[B]の差は方言差に対応するように見えるが，この点についてはさらに組織的な調査が望まれる．西欧諸語における自由与格構文も日本語の間接受動と比較されることがあるが，自由与格構文が表現しうる意味範囲についても，興味深い個人差のパターンが観察されている（斉木美知世 2003, 2007 を参照）．
11) この構文の性質および関連する先行研究については，Washio (1993), Huang (1999), Labelle (2002), 鷲尾龍一(2003)などを参照．これらは間接受動と使役構文の関係を一つの論点とした多言語比較研究であるが，日本語について両者の関係を調査した研究に早津恵美子(1992)がある．最近刊行された早津恵美子(2016)も参照．
12) 中国語にも同じ現象がある．木村英樹(2008)，木村英樹・楊凱栄(2008)などを参照．張麗麗(2006)には，(17c)のようなフランス語に対応する中国語訳が挙げられている．

の段階で主語であり,意味的には使役動詞(あるいは使役接辞)の外項として認可されているのであるから,受動の意味が発生するためには,必ずしも内項Yを直接的に主語と連結する過程は前提とされないことになる.

4. 起源論における間接受動の位置づけ

日本語の受動構文が自動詞構文からの発達であるとすると,(12)/(17a)/(18a)など,目的語を伴う間接受動は後世の発達であると考えざるを得ないが,そのような発達過程を想定するのは極めて困難であるというのが本稿の主張である.具体的な議論に入る前に,ここでまず自動詞文起源説の主張を簡単に整理しておく.

次の(19)と(20)は,能動文と直接受動文の関係を簡単に図示したものである.

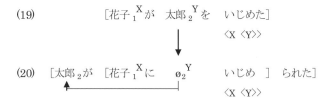

能動文(19)では,他動詞「いじめる」の外項X(動作主)が主語「花子」として表示され,内項Y(動作の対象)は目的語「太郎」として表示されている.(19)に対応する直接受動(20)では,意味上の目的語として解釈される「太郎」が,統語的には主語として実現され[13],意味上の主語として解釈される「花子」は,統語的には「ニ格」で表示されている.結果的に,(20)は目的語を伴わない自動詞文のように見えることになり,(20)のような「ラレル構文」の起源を,例えば《自発》のような自動詞文に求めるのは,考え方としては不自然ではない.しかし,仮に(20)のような受動文が自動詞文からの発達であるとすると,次の(21)のような間接受動は,(20)で表面から消えた目的語("ø")の位置に,改めて「ヲ格」の目的語を導入した構文であることになり,要するに日本語は,何らかの自動詞文から(20)を発達させ,さらに(20)に基づいて(22)を発達させたことになる[14].

---

13) わかりやすいので(20)のように矢印を用いて図示したが,必ずしも「移動」を想定する必要はない.重要なのは,様々な理論的枠組みで「目的語の主語への昇格」などと言われてきた文法関係の変更である.
14) (22)では,他動詞「いじめる」の外項Xと内項Yは,それぞれ「花子」と「息子」に分配されている.文全体の主語「太郎」は,従属文が表わす出来事(E = event)から影

(21) 太郎が花子に息子をいじめられた．
(22) ［太郎$_3^Q$が　［花子$_1^X$に　息子$_2^Y$を　　いじめ　］^{E}　られた］
　　　　　　　　　　　　　　　　　　⟨X ⟨Y⟩⟩　　　　　⟨Q ⟨E⟩⟩

　しかし(20)から(22)への発達は，構文の性質を根本的に変容させるものであり，統語構造の発達過程としては極めて異例である．西欧諸語について言えば，(20)と比較しうる受動構文が(22)のような構文を発生させたという事例は皆無と言ってよい．したがって，例えば(23b)の直接受動に加えて(24b)が組織的に許されるような言語は，西欧諸語には存在しない．

(23) a. 　ジャン$_2$が　トラック$_1^X$に　ø$_2^Y$　潰された．
　　 b. 　Jean$_2$　a　été　broyé　ø$_2^Y$　par un camion$_1^X$.
　　　　　Jean　AUX　been　smashed　　　by　a　truck
(24) a. 　ジャン$_3^Q$が　トラック$_1^X$に　車$_2^Y$を　潰された．
　　 b. *Jean$_3^Q$　a　été　broyé　**sa voiture**$_2^Y$ par un camion$_1^X$.
　　　　　Jean　AUX　been　smashed his car　　by　a　truck

　この事実 ── 多くの言語が(24b)に類する構文を発達させなかった，という事実 ── が偶然ではないとすれば，日本語だけに(23a)→(24a)という発達を認めるには，かなり強力な独立の根拠が必要となる．しかし現時点では，このような発達を支持する証拠は得られていないと思われる．

　仮に文献で確認できる順序が(23a)→(24a)であり，両者が充分な時間的幅によって隔てられているのであれば，目的語を伴う間接受動が後世の発達であるという可能性も真剣に検討しなければならないが，実際には，この種の間接受動はかなり早い段階で成立していたと考えられる．次の例は，遅くとも平安初期までに目的語を保持する受動文が成立していたことを示すものである．

(25) 箭に心を射られたるが如して

響を受ける「被動者」（仮に"Q"と表記）の役割を担っているが，QとEは「ラレル」が語彙的に要求する「項」であると考えるのが(22)に示した分析である．表記法などを別にすれば，これは間接受動のごく一般的な分析である．

これは『西大寺本金光明最勝王経』(春日政1985)に見られる例であるが、風俗歌や祝詞にも次のような例を見出すことができる.

(26) 己が子を鷹に捕られて泣く鳩の (於乃加古乎 太加尓止良礼天)[15]
(27) a. ［伊佐奈美能命...］御保止乎所燒坐支.〔鎮火祭〕
    b. ［伊佐奈美の命...］みほとを焼かえましき.

(26)や(27)がいつの時代の日本語を反映しているのか, 正確なところはもちろんわからない. (27b)は武田祐吉による読み下しであるが[16], これにしても受動接辞として「ゆ」を復元しなければならない理由は判然としない. しかし, (26)や(27)のような形式 (あるいは「構文」) の源流が奈良時代に遡る可能性も否定はできないと思われる. 事実, 万葉集〔巻第七(1403)〕にも次のような例が見られる[17].

(28) 薪伐りほとほとしくに手斧取らえぬ (手斧所取奴)

この場合, 対格表示はなく受動接辞も仮名書きではないが, 「取」に対する「手斧」の文法関係は明らかであり, 直接目的語を保持する方式は上代から可能であったと考えられる.

したがって, 日本語の受動構文は, 直接受動が成立した段階で, すでに目的語の残留を許容していた (少なくともそのポテンシャルは有していた) と仮定しても, 現存する言語資料とは矛盾しないことになる. しかし, 直接受動を(20)のように分析している限り, 目的語が残留する可能性を保証することはできないのであるから, 間接受動の成立をめぐる以上の議論は, ほぼ必然的に(20)の見直しを迫ることになる.

(20)への代案として検討に値するのは, いわゆる同一理論 (Kuroda 1965)の精神を踏襲した分析である. Washio (1989)が詳細に論じた可能性であるが, その

---

15)「承徳本古謡集」(小西甚一『日本古典文学大系3』による).「とる」という動詞は単純な二項動詞ではなく, 奪格相当の項を含意しているとも考えられる. その場合,「取られる」の主語は「取る」の論理項に対応することになり, (27)のような例は, 間接受動ではあっても三項動詞の直接受動に近いものと認識されている可能性がある.
16) 倉野憲司・武田祐吉(1958).
17) 旋頭歌の後半部のみを引用した. 小島憲之・他『新編日本古典文学全集7』.

後 Hoshi (1994)が提案した分析を部分的に取り入れるなら，(20)は次のように分析される．

(29)　［太郎$_3^Q$が　［花子$_1^X$に　PRO$_2^Y$を　いじめ　］^{E}　られた］
　　　　　　　　　　　　　〈X 〈Y〉〉　　　　〈Q 〈E〉〉

これによれば，間接受動と直接受動の構造は基本的に同一であり，直接目的語の位置を占めているのが通常の名詞句であるか，音形を持たない代名詞的要素 (PRO と表記) であるか，という点が両者の主要な違いとなる[18]．
　直接受動と間接受動に対応する構文が単一の形態素に基づいて作られるという点では，次に挙げた英語の GET 構文も同様である[19]．

(30) a.　Mary got arrested (by the police).
　　　b.　Mary got her son arrested (by the police).

したがって，英語の GET という動詞が日本語の受動接辞と類似の性質を備えていると考えるのは自然であり，両者はこれまでもしばしば共時論的比較の対象となってきたのであるが，GET 構文は発生論的観点からも示唆に富む構文である．(30a)は日本語の直接受動に対応する構文であると言えるが，この構文に現れる GET 自体は本来他動詞である．単純な他動詞〈X 〈Y〉〉であった GET が歴史変化の過程で補文構造を従えるようになり，結果として(30)に類する構文を発達させたのであるから，相対的な発生順序として(30b)→(30a)を想定することはできても，(30a)から(30b)が発達したとは考えられない．したがって，他動詞構文から受動構文が発達するという通時的変化は，日本語の問題とは独立に，いずれにしても認めざるを得ないことになる[20]．

---

18) 本稿では立ち入らないが，(29)はさらに別の操作を受けると考えられる (Hoshi 1994, 西垣内泰介・石居康男 2003 などを参照)．なお，日本語の受動文に関する同一理論と非同一理論については柴谷方良 (1974) などを参照．
19) これらは，第 1 節で挙げた(2a)と(2b)に対応している．鷲尾龍一 (1995) に類例が挙げられているが，同論文は，日本語の受動構文と比較すべき対象として，いわゆる BE 受動ではなく(30)のような GET 受動を考える必要があると論じたものである．
20) 単純な他動詞構文から GET 直接受動が発達する過程には，動詞の内項 Y が再帰代名詞として表示される段階が存在し，この再帰代名詞の脱落が最終的に(30a)型の構文を発生させたと言われる (Givón & Yang 1994)．一般論として，他動詞構文から受動構文への

5. 構文の類型から見た間接受動の成立条件

人称受動の類型に関して,筆者は《BECOME 型》と《AFFECT 型》を区別している[21]. 直感的に言えば,前者は出来事の発生そのものを概念化した構文であり,後者は個体と出来事の関係を概念化した構文である.形式面では,前者は非対格型の助動詞や接辞に基づく構文であり,後者は他動詞型の助動詞や接辞に基づく構文であるから,これらをそれぞれ《非対格型》,《他動詞型》と呼ぶこともできる.受動の助動詞として BECOME を用いるオランダ語やドイツ語の受動文は典型的な非対格型であり,BE を用いて同じ意味を表わすフランス語や英語の受動文も非対格型である.これに対して,使役構文との平行性を示す日本語の受動文は他動詞型であると考えるのが本稿の立場であるが,諸言語の受動表現をこのように類型化してみると,間接受動の可否に関して次のような一般化が成立する可能性

発達に何らかの形で《再帰性》が関与していることは充分に考えられる.シンポジウムの席で柴谷講師も指摘されたように,フランス語の SE FAIRE 構文も再帰代名詞 SE を伴う構文である.日本語の場合,目的語が主語の身体部位である「みほとを焼かれる」などの構文(cf. (27))に再帰性を認めることができるが,目的語が身体そのものである(i)のような例もあり,この種の間接受動は,実質的には(ii)のような直接受動と同じ出来事を記述する.

 (i) 銅燃燼火に**身**を焼かれ〔今昔物語集巻第五〕
 (ii) 火に PRO 焼かれ〔今昔物語集巻第二十〕

「蛇に PRO 食われる」と「我が身を食われる」の関係も同様であり,目的語の種類が拡大すれば「我が子を食われる」などの表現が成立する(いずれも今昔物語集に実例あり).これらは筆者の言う《関与》(INCLUSION)の状況を記述した受動文であるが,現代日本語には《排除》(EXCLUSION)の状況を記述する受動文も存在する.「花子に髪を切られた」において「髪」が花子の髪を指すなどの場合がそれであるが,これは再帰性を欠く構文であり,むしろ自動詞受動に近い(Washio 1993, 鷲尾龍一 1997a, b などを参照). 次の(iii)は,「先に答えを言われて気の毒だ」のような感覚で用いられているので,以下の注32でも触れる自動詞受動の成立時期と併せて考えると,排除受動(迷惑受身)の歴史も意外に古いのではないかと思われる(cf. (iv)).

 (iii) 呉竹の名をいととくいはれて,往ぬるこそいとほしけれ.〔枕草子〕
 (iv) 定めつるかひもなく,さきだたれにたれば〔蜻蛉日記〕

一方,本文(29)のような表示を受けた直接受動は,表面的には目的語が主語に昇格しているように見えるため,(29)に基づいて(20)が発達するという事態は想像できる.「ニ受動」と「ニヨッテ受動」を分ける立場を採るなら(Kuroda 1979 などを参照),後者を(20)のように分析し,これを後世の発達と見ることも可能である.

21) Washio (2000, 2017), 鷲尾龍一(2010)などを参照.

がある.

 (31) a. 非対格型の受動構文は間接受動を許さない.
    b. 他動詞型の受動構文は潜在的に間接受動を許す.

(31b)の反映として，日本語では(32a)のような間接受動が成立するが，すでに述べたように，これに対応する(32b)などの受動文は，西欧諸語では決して成立しない（例文はオランダ語）．

 (32) a. 太郎が花子に髪を切られた.
    b. *John werd door Mary het haar geknipt.
     John became by Mary the hair cut

間接受動の成立と受動構文の他動性との間に(31a, b)のような関係が成り立っているとすれば，間接受動を許容する日本語の受動構文は必然的に《他動詞型》と認定されるため，その起源を他動詞構文に求めるのは，むしろ当然のこととなる.
(31a, b)は独立の根拠に支えられた一般化であるが，これを支持する新たな議論を韓国語に基づいて組み立てることができる.
 (32a)に対応する間接受動は，次のように韓国語でも可能である[22].

 (33) 철수가 영희에게 머리를 깎였다.
    Chelswu-ka Yenghuy-eykey meli-lul kkakk-i-ess-ta.
    チョルスが ヨンヒに 髪を 切られた

しかし，これは韓国語受動文の一つの側面にすぎず，日本語で許される間接受動が常に韓国語でも可能であると考えてはならない．事実は次のようである.
 まず，韓国語には日本語の受動文に対応する単一の形式は存在せず，日本語が「(ラ)レル」形を用いるところで，韓国語は少なくとも次の諸形式を使い分ける.

 (34) A. 이 (히, 리, 기) (-i- (-hi-, -li-, -ki-))

[22) 本稿では Yale 式のローマ字表記を採用する．韓国語のローマ字表記については本講座第1巻を参照.

　　　　B.　지다 (ci-ta)
　　　　C.　되다 (toy-ta)
　　　　D.　받다 (pat-ta)
　　　　E.　당하다 (tangha-ta)

大雑把に言えば，(34A)/(34B)は固有語と共に用いられ，(34C)～(34E)は漢語（外来語）と共に用いられる．日本語の受動形式はこのように細分化されていないため，例えば次の(35a)～(35e)に挙げた日本語の「動詞＋（ラ）レル」形は，韓国語ではすべて異なる受動形式を担う．

(35)　a.　轢かれる　　→　치이다 (chi-*i*-ta)　　　　　【(34A)型】
　　　b.　教えられる　→　가르쳐지다 (kaluchye-*ci*-ta)　【(34B)型】
　　　c.　報告される　→　報告되다 (poko-***toy***-ta)　　　【(34C)型】
　　　d.　尊敬される　→　尊敬받다 (conkyeng-***pat***-ta)　【(34D)型】
　　　e.　恐喝される　→　恐喝당하다 (kongkal-***tangha***-ta)【(34E)型】

　(34A)～(34E)の受動形式は，それぞれ固有の語彙的性質を備えている．そのため，異なる形式の受動構文を比較するという，日本語には見られない類の研究が韓国語については可能であり，これまでの研究によりすでに多くの事実が明らかにされているが，本稿の立論にとって特に重要なのは，(34A)～(34E)の類型と間接受動の成立可否の間に規則的な対応がある，という事実である．すなわち，これらの諸形式のうち間接受動を許容するのは(A)，(D)，(E)だけであり，(B)の지다 ci-taと(C)の되다 toy-taに基づく受動構文は直接目的語を伴うことができない[23]．例えば(33)の間接受動 "머리를 깎이다"（meli-lul kkakk-i-ta，「髪を切られる」）は(34A)のタイプである．「切られる」に対応する受動形としては，(34B)の形式を用いた "깎아지다"（kkakka-ci-ta）も可能であるが，直接目的語を保持する限りこの形式を使うことはできない．したがって，次のような例は不可能となる．

---

[23] 임홍빈(1977)，李文子(1979)，우인혜(1997)，고광주(2001)などを参照．지다 ci-taを扱った最近の特筆すべき研究に円山拓子(2016)がある．

(36) * 철수가 영희에게 머리를 깎아졌다.　　　　　　　【(34B)型】
　　　 Chelswu-ka Yenghuy-eykey meli-*lul* kkakk.a-*ci*-ess-ta.
　　　 チョルスが　 ヨンヒに　　　髪を　　　切られた

　日本語の様々な文章を韓国語訳と比較してみても，(34A)と(34B)に関する上の一般化に対する反例は見出せない．
　漢語動詞の場合にも，目的語を伴う受動文は(34D)か(34E)のタイプに限られ，(34C)の되다 toy-ta が用いられることはない．例えば「公認する」という漢語動詞は，直接受動の場合には次のように(34C)型の受動化が可能である[24]．

(37) a.　その宗派が公認された印である．
　　 b.　그 종파가 공인(公認)되었다는 증거이다．　　　【(34C)型】
　　　　 ku congpha-ka kongin-*toy*-ess-ta-nun cungke ...
　　　　 その宗派が　　　公認されたという　　　証拠

しかし，(38a)のような間接受動を(34C)型によって翻訳することはできないため，実際の韓国語訳では(34D)型が用いられている．

(38) a.　［新興宗教は...］宗派としての存在を公認されるために苦心した．
　　 b.　...종파로서 존재를 공인(公認)받으려고 고심했다．【(34D)型】
　　　　 ... congpha-lose concay-lul kongin-*pat*-ulyeko ...
　　　　 宗派として　存在を　　　公認されようと

　以上のような事実を本稿の観点から見直してみると，間接受動を許さない受動形式だけに共通する重要な性質が存在することに気づく．すなわち，(34)に挙げた諸形式のうち，直接目的語と共起しない지다 ci-ta と되다 toy-ta だけが BECOME という意味特性を共有しているのである．これらを本動詞として用いた場合，日本語ではいずれも「なる」という訳語を充てるのが適切であり，日本語の「なる」を韓国語にする場合には，一定の条件に従っていずれか一方が用いられる．次の(39a)は「なる」が二回使われた例であるが，韓国語訳では最初の「なる」に

---

24) 以下の(37)/(38)は，渡辺照宏『日本の仏教』(岩波書店，1958) および김진만 (譯)『일본의 불교』(소화，1995) に見られる用例．

지다 ci-ta が充てられ，二度目の「なる」に되다 toy-ta が充てられている[25]．

(39) a.　先生はあなたがいなく**なっ**たらどう**なる**でしょう．
　　 b.　선생은 부인이 갑자기 없어진다면 어떻게 될까요．
　　　　…pwuin-i　epse-***ci***-ntamyen　etteh-key　***toy***-l-kka.yo
　　　　夫人が　　いなく**なる**.たら　どう　　　　**なる**でしょう

これに対して，間接受動を構成する(34D)の받다　pat-ta と(34E)の당하다 tangha-ta は，本動詞としてはそれぞれ次のように使われる．

(40) a.　친구가　전보를　받았다．
　　　　chinkwu-ka　cenpo-lul　***pat***-ass-ta
　　　　友達が　　　電報を　　 受け取った
　　 b.　친구가　사고를　당했다．
　　　　chinkwu-ka　sako-lul　　***tanghay***-ess-ta
　　　　友達が　　　事故を(に)　遭った

要するに，「受ける」「遭う，被る」などを意味する他動詞であり，「なる」を意味する非対格系の지다 ci-ta や되다 toy-ta とは，意味構造が本質的に異なるのである．

　(34A)に挙げた이 (히, 리, 기) -i- (-hi-, -li-, -ki-)は，中世語の段階ですでに接辞であり，その本来の語彙的意味を直接的に確認することはできないが，この接辞は，実は《使役》の意味を表わす接辞でもある．例えば(33)に間接受動として挙げた例は，「チョスルがヨンヒに髪を切らせた」という意味の使役文としても通用する．(34A)型の受動接辞が使役接辞としても機能するという事実は，これが非対格型の接辞ではないことを強く示唆するものである．이 (히, 리, 기)の受動用法と使役用法に多角的な検討を加えている이향천(1991)も，(34A)型に基づく受動構文は，歴史的には使役構文からの発達であると主張している．使役からの発達であるとすれば，(34A)が間接受動を許容するのも当然である．

---

25) 夏目漱石『こころ』および권순만 (譯)『마음』(일신서적출판사，1994)．原文の「あなた」は先生の夫人を指すため，韓国語版では「夫人」と訳されている．韓国語における「ナル」表現の性質については손세모돌(1996)，生越直樹(2001, 2008)などを参照．

以上の考察から明らかなように，韓国語の受動形式(34A)～(34E)については，BECOMEの意味を表わす非対格型の(B)と(C)だけが間接受動を許さず，他動詞型の(A)，(D)，(E)は間接受動を許す，という一般化が成立する．これはすでに見た(31a, b)と同じ一般化であるから，韓国語に基づく以上の議論は，(31)に独立の根拠を与えたことになる[26]．

6. 受動接辞の起源について

日本語の受動構文は，韓国語で言えば이 (히, 리, 기) -i- (-hi-, -li-, -ki-) 系統の《他動詞型》構文であり，BECOMEに基づく지다/되다 ci-ta/toy-ta 構文，あるいはゲルマン系の《非対格型》構文ではあり得ない．

受動構文の他動性を受動接辞の他動性に求めるのが本稿の立場であるが，受動接辞の起源をめぐる従来の諸説は，「動詞」起源説と「語尾」起源説に大別することができる．前者が文法化による接辞の発達という視点を共有するのに対し，後者は，かつて日本語に存在した「肥ゆ」「生ゆ」「燃ゆ」等の下二段自動詞の語尾が《分出》し，独立の助動詞として発達したと考える．最近では，この語尾起源説が有力視されているが，この分析が，本稿で指摘してきた日本語受動文の他動性と両立しないのは明らかである[27]．

一方，動詞起源説には「あり」説，「ある」説，「得」説などがあるが，これらのうち，「得」説は最も評判が悪い．例えば『助詞・助動詞詳説』には，「(ら) ゆ」「(ら) る」の起源に関する諸説が次のようにまとめられているが，「得」説は紹介さえされていない[28]．

> 「る」「らる」の語源については，「ゆ」「らゆ」との音韻交替を説くもの，動詞「生 (あ) る」を擬するもの，動詞「有り」の祖形 ar を推定するもの，自動詞の語尾に現われる「る」「ゆ」と同一の起源に属するという前提に立った

[26) 受動文の類型について，本稿とは別の視点から「ナル型」と「スル型」を区別する研究もある (井上優 2004 などを参照)．日本語と韓国語の使役については鄭聖汝(2006)などの興味深い研究もある．

27) これが本稿で語尾分出説を取り上げなかった理由であるが，この仮説を支持する興味深い立論もある．それらについては釘貫亨(1991)などを参照．

28) 和田利政(1969: 22)．この引用文では四つの考え方が紹介されているが，それぞれについて，注に次の文献が挙げられている．松岡静雄(1926)，松尾捨治郎(1936)；金田一京助(1942)，辻村敏樹(1958)；大野晋(1955)，浜田敦(1955)．より詳しい解説と独自の論考については，峰岸明(1968)や吉田金彦(1973)を参照．

上で,最終的に「有り」に結びつける考えを支持するもの,など,「語源」なる概念そのものにも人によって差異があり,一定していない.

より詳しい学説史では「得」説も紹介されているが,その場合にも,次のように評価は否定的である[29].

　　古く松岡静雄氏は〈る〉の古形を〈ゆ〉とされたが,その〈ゆ〉の起源を〈得〉に求められたのはいかがであろう.

しかし,「あり」説,「ある」説,「得」説を次のように概念化して把握してみると,本稿の主張と最もよく馴染むのが「得」説であることがわかる.

　　(41) a.　「あり」説　→　BE 構文であるとの主張.
　　　　 b.　「ある」説　→　BECOME 構文であるとの主張.
　　　　 c.　「得」説　　→　GET 構文であるとの主張.

すでに指摘したように,BE や BECOME に基づく受動構文は,目的語を伴う「間接受動」を構成することはできないはずであるから,受動接辞の起源として「あり」や「ある」を想定する場合,なぜ日本語だけが(31)の一般化に従わないのかという重大な疑問が残る[30].これに対して,「得」説を(41c)のように捉え直してみると,この仮説が本稿で指摘した事実——他動詞構文が受動の意味を獲得するという,諸言語に広く見られる事実——と,まったく矛盾しないことがわかる.

　「得」説を学術的検証に値する仮説として提示したのは石田春昭(1958)であり,その最後の支持者は吉田金彦(1973)であったと思われる.その後 30 年間,この仮説は深化も発展もせずに,ほぼ忘れ去られた形で今日に至っている[31].受動接辞の起源として想定されてきた動詞の中では「得」だけが他動詞であるので,あるいはこの事実が,「得」説に対する抵抗感を生む一因となってきたのかも知れな

---

29) 峰岸明(1968: 26).
30) 竹沢幸一(2003)の「あり」説はかなり洗練されており,間接受動の存在とは矛盾しないが,接辞「ゆ」に基づく受動文の取り扱いなど,考えるべき問題が残されているように思う.
31) 本稿初出(2005)の文章をそのまま再録している.「30 年間」云々は,現在ならほぼ「45 年」になる.

い．しかし，これまで繰り返し指摘してきたように，受動表現は他動詞文からも発達しうるのであり，間接受動を許容する日本語の受動文については，むしろ積極的に他動詞文との関連を探る必要がある．

「得」説は，本稿とはまったく異なる観点から半世紀も前に提案された仮説であるが，これは本稿で論じた方向性と完全に合致する考え方であり，さらに現時点では，直接受動と間接受動に関する「同一理論」と矛盾しない唯一の明確な起源論である．日本語の受動文に関する共時的研究が同一理論を支持する限りにおいて，他動詞文起源説は潜在的妥当性を有すると言えるのであるから，この方向での研究を進展させるためにも，石田春昭 (1958) の「得」説は改めて検討してみる価値があると思われる[32]．

参考文献

고광주(2001)『국어의 능격성 연구』서울: 월인．
손세모돌(1996)『국어 보조용언 연구』서울: 한국문화사．
이향천(1991)『피동의 의미와 기원』박사논문, 서울: 서울대학교．
임홍빈(1977)「피동성과 피동 구문」『국어 문법의 심층』3, 서울: 태학사(1998)．
우인혜(1997)『우리말 피동 연구』서울: 한국문화사．
張麗麗(2006)「漢語使役句表被動的語義發展」『語言暨語言學 (*Language and Linguistics*)』7.1, 台北：中央研究院語言學研究所．
石田春昭(1958)「動詞未然形の性格」『国文学』20, 吹田：関西大学国文学会．
井上優(2004)「日本語と中国語の『変化』の表現」『次世代の言語研究』III, つくば：筑波大学．
大野晋(1955)「万葉時代の音韻」『万葉集大成6』東京：平凡社．
生越直樹(2001)「現代朝鮮語の하다動詞における하다形と되다形」『朝鮮文化研究』8,

---

[32] 本稿を口頭で発表したシンポジウム（日本語文法学会第5回大会『ヴォイスの射程と本質』）においては，自動詞受動の類型と起源についてかなりの時間を割いた．すでに紙数を超過したので本稿では割愛せざるを得ないが，シンポジウムでは，上代・中古の段階で観察される自動詞受動は他動詞ベースの直接受動に近いという柴谷(2000)の指摘を取り上げ，「風に吹かれる」の類については，柴谷の分析が極めて妥当であると主張した．これはモンゴル語や韓国語に基づく議論であったが，この議論は同時に，「霞に立ちこめられ」（『蜻蛉日記』），「霞にたなびかれ」（『古今和歌集』）などは真性の自動詞受動であるとの帰結をもたらすため，日本語は相当に古い時期から自動詞受動（筆者の言う排除受動）を許容していた可能性があるとの結論に至った．詳細については鷲尾龍一(2008)を参照．

東京：東京大学.
生越直樹(2008)「現代朝鮮語における様々な自動・受動表現」生越直樹・他 (編)『ヴォイスの対照研究：東アジア諸語からの視点』東京：くろしお出版
春日政治(1985)『西大寺本金光明最勝王経古点の国語学的研究』東京：勉誠社
菊地靖彦・他校注・訳(1995)『土佐日記／蜻蛉日記』新編日本古典文学全集13, 東京：小学館
木村英樹(2008)「北京語授与動詞"給"の文法化：＜授与＞と＜結果＞と＜使役＞の意味的連携」生越直樹・他 (編)『ヴォイスの対照研究：東アジア諸語からの視点』東京：くろしお出版
木村英樹・楊凱栄(2008)「授与と受動の構文ネットワーク：中国語授与動詞の文法化に関する方言比較文法試論」生越直樹・他 (編)『ヴォイスの対照研究：東アジア諸語からの視点』東京：くろしお出版
木村英樹・鷲尾龍一(2008)「東アジア諸語にみるヴォイスの多様性と普遍性」生越直樹・他 (編)『ヴォイスの対照研究：東アジア諸語からの視点』東京：くろしお出版
金田一京助(1942)『国語学研究』八雲書林
釘貫亨(1991)「助動詞『る・らる』『す・さす』成立の歴史的条件について」『国語学』164, 東京：国語学会
国東文麿校注・訳 (1979-1984)『今昔物語集1-9』東京：講談社
倉野憲司・武田祐吉校注(1958)『古事記祝詞』日本古典文学大系1, 東京：岩波書店
小島憲之・他校注・訳(1994-1996)『萬葉集1-4』新編日本古典文学全集6-9, 東京：小学館
鄭聖汝(2006)『韓日使役構文の機能的類型論研究』東京：くろしお出版
西垣内泰介・石居康男(2003)『英語から日本語を見る』東京：研究社
浜田敦(1955)「助動詞」『万葉集大成6』東京：平凡社
早津恵美子(1992)「使役表現と受身表現の接近に関するおぼえがき」『言語学研究』11, 東京：日本言語学会
早津恵美子(2016)『現代日本語の使役文』東京：ひつじ書房
細江逸記(1928)「我が国語の動詞の相(Voice)を論じ, 動詞の活用形式の分岐するに至りし原理の一端に及ぶ」『岡倉先生記念論文集』東京：岡倉先生還暦祝賀会
松尾聰・永井和子校注・訳(1997)『枕草子』新編日本古典文学全集18, 東京：小学館
馬淵和夫他校注訳(1999-2002)『今昔物語集1-4』新編日本古典文学全集35-38, 東京：小学館
斉木美知世(2003)「自由与格の意味解釈に関する一考察」『日本エドワード・サピア

協会研究年報』18, 東京：日本エドワード・サピア協会
斉木美知世(2007)『被動性をめぐる比較文法論的考察：構文の連続性と離散性に関する事例研究』博士論文, つくば：筑波大学
柴谷方良(1974)『日本語の分析』東京：大修館書店
柴谷方良(1997)「言語の機能と構造と類型」『言語研究』112, 東京：日本言語学会
柴谷方良(2000)「ヴォイス」『日本語の文法1　文の骨格』東京：岩波書店
竹沢幸一(2003)「『ある』と have/be の統語論」『言語』32.11, 東京：大修館書店
寺村秀夫(1982)『日本語のシンタクスと意味 I』東京：くろしお出版
土橋寛・小西甚一校注(1957)『古代歌謡集』日本古典文学大系3, 東京：岩波書店
辻村俊樹(1958)「『る』の研究」『国文学』4.2, 東京：学燈社
松尾捨治郎(1936)『国語法論攷』東京：文学社
松岡静雄(1926)『日本言語学』東京：刀江書院
円山拓子(2016)『韓国語 cita と北海道方言ラサルと日本語ラレルの研究』東京：ひつじ書房
峰岸明(1968)「自発・可能・受身・尊敬・使役」『国文学　解釈と鑑賞』10月号, 東京：至文堂
吉田金彦(1973)『上代助動詞の史的研究』東京：明治書院
李　文子(1979)「朝鮮語の受身と日本語の受身（その１）」『朝鮮学報』91, 天理：朝鮮学会
鷲尾龍一(1995)「受動文」斎藤武生・他（編)『英文法への誘い』東京：開拓社
鷲尾龍一(1997a)「比較文法論の試み」『ヴォイスに関する比較言語学的研究』東京：三修社
鷲尾龍一(1997b)「他動性とヴォイスの体系」鷲尾龍一・三原健一『ヴォイスとアスペクト』東京：研究社
鷲尾龍一(2001)「受動態」中島平三（編)『最新英語構文事典』東京：大修館書店
鷲尾龍一(2003)「se faire と多言語比較研究」『フランス語学研究』37, 東京：日本フランス語学会
鷲尾龍一(2008)「概念化と統語表示の問題：日本語・モンゴル語・朝鮮語の比較から見る《風に吹かれる》の本質」生越直樹・他（編)『ヴォイスの対照研究：東アジア諸語からの視点』東京：くろしお出版
鷲尾龍一(2010)「ヴォイスの意味」澤田治美（編)『語・文と文法カテゴリーの意味』ひつじ意味論講座第1巻, 東京：ひつじ書房
和田利政(1969)「受身の助動詞」村松明（編)『古典語現代語　助詞助動詞詳説』東京：学燈社

Givón, Talmy and Lynne Yang (1994) "The Rise of the English GET-passive," in B. Fox and P. Hopper (eds.) *Voice: Form and Function*. Amsterdam: John Benjamins

Hoshi, Hiroto (1994) "Theta-role Assignment, Passivization, and Excorporation," *Journal of East Asian Linguistics* 3, Dordrecht: Kluwer Academic Publishers

Huang, C.-T. James (1999) "Chinese Passives in Comparative Perspective," *Tsing Hua Journal of Chinese Studies* 29.4, Hsinchu: National Tsing Hua University Press

Kuroda, S.-Y. (1965) *Generative Grammatical Studies in the Japanese Language*. Doctoral dissertation, Cambridge, Massachusetts: MIT

Kuroda, S.-Y. (1979) "On Japanese Passives," in G. Bedell et al. (eds.) *Explorations in Linguistics: Papers in Honor of Kazuko Inoue*. Tokyo: Kenkyusha

Labelle, Marie (2002) "The French non canonical passive in *se faire*", *LP2002 Proceedings On-Line*, Urayasu: Meikai University

Washio, Ryuichi (1989) "The Japanese Passive," *The Linguistic Review* 6, Berlin: De Gruyter

Washio, Ryuichi (1993) "When Causatives Mean Passive: A Cross-Linguistic Perspective," *Journal of East Asian Linguistics* 2, Dordrecht: Kluwer Academic Publishers

Washio, Ryuichi (1995) *Interpreting Voice: A Case Study in Lexical Semantics*. Tokyo: Kaitakusha

Washio, Ryuichi (2000) "Unaccusativity and Passivizability in Mongolian," *Researching and Verifying an Advanced Theory of Human Language* 4A, Makuhari: Kanda University of International Studies

Washio, Ryuichi (2017) "Voice," in P. Pardeshi and T. Kageyama (eds.) *Handbook of Japanese Contrastive Linguistics*. Berlin: De Gruyter Mouton

韓国語の形式名詞 '것'と日本語の形式名詞

丁　仁京（チョン・インギョン）

1. はじめに　　　　　　　　　　　　　　　67
2. '것'の性質　　　　　　　　　　　　　　67
3. 韓国語の用言連体形　　　　　　　　　　71
4. 「用言連体形＋것」の機能　　　　　　　72
5. 文末表現としての「用言連体形＋것＋指定詞」　75
6. 形式名詞'것'に由来する終結語尾　　　　80
7. おわりに　　　　　　　　　　　　　　　84

1. はじめに

　韓国語の形式名詞'것'は，構造的な面からも機能的な面からも，日本語の「もの・こと・の」と類似していると言われる（宋承姫 2000，堀江薫 2005 など）．本稿では，韓国語に複数存在する連体形語尾の使い分けを視野に入れ，日本語とも対照しながら，韓国語の'것'の文法的な性質について述べる．

2. '것'の性質

　形式名詞は，[1]名詞の下位類の一つであり，それ自身では実質的意味を表さず，連体修飾語とともに用いられて名詞句を構成するものである．日本語と韓国語の形式名詞には次のようなものがある．

(1) どんな<u>こと</u>が好きですか／大きい<u>もの</u>がほしい／お忙しい<u>ところ</u>をお邪魔します／新しい<u>の</u>を買います／家族の<u>ため</u>に働きます／自分の間違いを人の<u>せい</u>にするのはよくありません／りんごを皮の<u>まま</u>食べます／男の<u>くせ</u>に編み物が趣味だなんて／警察の<u>ほう</u>で調べています／食事の<u>たび</u>に歯を磨きます／この品は高い<u>だけ</u>に質が良い／など．

(2) 새 <u>것</u>이 많다（新しい<u>もの</u>が多い）／약속한 <u>대로</u> 제가 가겠습니다（約束した<u>とおり</u>私が行きます）／감사할 <u>따름</u>입니다（感謝する<u>だけ</u>です）／사람은 누구나 다 제 <u>나름</u>의 생각이 있다（人はみな自分<u>なり</u>の考えがある）／물릴 <u>만큼</u> 먹었다（飽きる<u>ほど</u>食べた）／울기만 할

---
1) 韓国語学では「依存名詞」「不完全名詞」とも呼ばれる．

뿐 말을 하지 않는다 (泣くばかりで話をしない) ／잘 데가 없다 (寝るところがない) ／돈도 없는 터에 사치가 심하다 (お金もないくせにぜいたくが過ぎる) ／など.

本稿で取り上げるのは, 日本語の「もの・こと・の」と似ているとされる韓国語の形式名詞'것'である. 日本語の「もの」「こと」は,「<u>もの</u>を言う」「<u>こと</u>を起こす」のように独立の名詞としても用いられるが, 形式名詞としても用いられる.「の」はもっぱら形式名詞として用いられ, 先行する語（特に用言）を受けて全体を名詞化する.

(3) a. 新しい<u>もの</u>がほしい．／新しい<u>の</u>がいい．
b. ミスがない<u>こと</u>を確認する．／彼が来る<u>の</u>を待つ．

これに対し, 韓国語の'것'は,「の」と同様, 独立の名詞としては使えず, 常に修飾語とともに用いられる. 話しことばでは'거'となり, 後続する助詞や指定詞'이다'（だ）と結びついて縮約形をつくることもある（表1, 表2）.「指示詞＋것」は指示代名詞として用いられる（例4c）. 本稿では, (5)のように「用言連体形＋것」の形式で'것'が用いられる場合を考察対象とし, (5c. d)のように「것＋指定詞」が結合して文末モダリティ表現として機能する場合も考察対象に含む.

(4) a. 새 것이 많다.[2]
新しいものが多い.
b. 서현의 것을 닮은 그의 웃음. (꿈)
ソヒョンのものに似ている彼の笑み.
c. 아직도 김치냉장고가 없다면 이 기회에 그것도 하나... (꽃)
まだキムチ冷蔵庫がなかったらこの機会にそれも一つ...
(5) a. 오히려 우리에게 무서운 것은 없었다. (꿈)
かえって私たちに怖いものはなかった.
b. 이렇게 떠나게 된 걸 용서하세요. (찔)
このように離れるようになったことを許してください.

---

2) '새'は, 冠形詞（日本語の連体詞に当たる）として体言の前に置かれる.

68

c. 담배는 건강에 해로운 것이다.
　　タバコは健康に悪いものだ.
d. 아무도 우리가 여기 갇힌 줄 모를 거야.　（꿈）
　　誰も私たちがここに閉じ込められたことを知らないはずだ.

【表1】'것'と助詞の結合

形式名詞	助詞	書きことば形	話しことば形
것	은（は）	것은	건
	이（が）	것이	게
	을（を）	것을	걸

【表2】'것이다'形式のバリアント

敬語体系[3]	書きことば形	話しことば形
格式体丁寧形	것입니다	겁니다
非格式体丁寧形	것이에요	거예요
中立的丁寧形	것이다	거다
非格式体非丁寧形	것이야	거야

　日本語の形式名詞は，何らかの事物を指す場合（指示機能[4]：例6, 7, 8）と，用言や節を名詞化する場合（名詞化機能：例9, 10）がある．韓国語の'것'もこの二つの機能を持つ．

(6)　父が前から欲しかったものを買ってくれた.
　　아버지가 전부터 갖고 싶었던 것을 사주었다.
(7)　5年前に買った自転車が壊れたので，新しいのを買うつもりだ.
　　5년 전에 산 자전거가 고장나서, 새로운 것을 살 생각이다.
(8)　入社して2年になるが，まだまだ分からないことが多い.
　　입사한 지 2년이 됐는데, 아직도 모르는 것이 많다.

---

3) 韓国語の敬語体系については，梅田博之(1977)，국립국어원(2005a:222-224)，野間秀樹(2012c)などを参照されたい.
4) 韓国語学では「代用」とみなす見解もあるが（김기혁 2000 など），本稿では「指示」と称する.

(9)　彼が犯人であることを知っている.
　　　그가 범인인 것을 알고 있다.
(10)　太郎が走っているのを見た.
　　　타로가 달리고 있는 것을 봤다.

　日本語の「もの」は，目や耳などの五官で捉えることのできる具体的な固体を指す（森田良行 1980，寺村秀夫 1984）．また，「こと」は，人間生活の中で時間の推移とともに発生・変化・存在する現象を表す（原田登美・小谷博泰 1990:13）．「こと」で節を名詞化する場合は「抽象化された概念」を表す（久野暲 1973，Josephs 1976 など）．また，「の」が事物を指示する場合は，物を指す代名詞として用いられる．「の」で節を名詞化する場合は「具体的な動作・状態・出来事」を表す（久野暲 1973，Josephs 1976 など）．
　このように，日本語では意味や機能によって「もの・こと・の」が使い分けられるが，韓国語ではいずれの場合も'것'が用いられる．(11)(12)は'것'が指示機能を有する場合，(13)(14)は名詞化機能を有する場合である．

(11)　한발짝씩 내딛자, 그 보드라움 사이로 뾰족뾰족한 것이 찔러왔다.
　　　一歩ずつ踏み出すと，その柔らかさの間からとがっているものが突き刺さってきた．　（꽃）
(12)　입사한 지 2 년이 됐는데, 아직도 모르는 것이 많다.　（(8)再掲）
　　　入社して 2 年になるが，まだまだ分からないことが多い．
(13)　이렇게 떠나게 된 걸 용서하세요.　（(5b)再掲）
　　　このように離れるようになったことを許してください．
(14)　경지는 규혁의 입이 벌어지는 것을 가만히 쳐다보았다.　（햄）
　　　キョンジはキュヒョクの開いた口が塞がらないのをじっと見つめた．

　形式名詞が用いられる構文の一つに，一つの文を前提部分と焦点部分とに分ける分裂文（強調構文）がある．分裂文をつくる際には，日本語では「の」，韓国語では'것'が用いられる．

(15)　라라의 죽음을 전한 건 김이었다.　（꿈）
　　　ララの死を伝えたのはキムだった．

(16) 주로 떠드는 건 나였다.　(꿈)
　　　主にしゃべるのは私だった.

　「形式名詞＋指定詞（だ/이다）」の形式は，(17)(18)のように分析的な形で文末のモダリティ形式として機能することもある．5) (19)のように「形式名詞＋格助詞」という形式が文末のモダリティ表現として用いられることもある．

(17) 태어난 이상 누구나 죽는 거야.　(삼)
　　　生まれた以上，誰もが死ぬもんだ.
(18) 다른사람 일에 왈가불가 말하지 않는 것이다.
　　　人のことにとやかく言わないことだ.
(19) 자전거 타고 올걸.　('걸'은 것＋을(를)'의 縮約形)　(미)
　　　自転車に乗って来ればよかったものを.

3. 韓国語の用言連体形

　前述のように，本稿では「用言連体形＋것」の形式で'것'が用いられる場合を考察対象とする．日本語では，「健康だ→健康な人」のようなナ形容詞を除き，用言の連体形は基本形と同じ形であるが，韓国語では用言の基本形と連体形は異なる形式をとる．加えて，次の【表3】のように連体形語尾に複数の種類がある．6)

【表3】用言による連体形語尾の現れ方7)

	動詞	存在詞	形容詞	指定詞
過去連体形	-ㄴ	-던	-던	-던
現在連体形	-는	-는	-ㄴ	-ㄴ
未来連体形	-ㄹ	-ㄹ	-ㄹ	-ㄹ

---

5) 野間秀樹(2012a:77-88)によれば，「分析的な形」は「2 単語に分析されていながら 1 つの文法的な働きを担う」ものとされる．詳しくは，野間秀樹(2012b:255)や菅野裕臣(1981)などを参照されたい．韓国語のモダリティについては，須賀井義教(2012)などを参照．
6) 韓国の韓国語学では「冠形詞形語尾」と呼ばれるが，本稿では「連体形語尾」と称する．
7) 連体形語尾-ㄴと-ㄹは，用言の語幹が子音で終わる場合は-은，-을で，母音で終わる場合は-ㄴ，-ㄹで現れる．本稿では，-은と-ㄴ，-을と-ㄹは音韻論的異形態として，-ㄴと-ㄹで代表して表記する．

韓国語教育では各連体形は上記の名称で呼ばれるが，連体形語尾を形態論的にどう分析するかについては，次の三つの立場がある．[8]

① -던, -ㄴ, -는, -ㄹの四つを連体形語尾とする立場
② -ㄴ, -는, -ㄹの三つを連体形語尾とする立場
    ('-던'は先語末語尾-더-+-ㄴ'と分析)
③ -ㄴ, -ㄹの二つを連体形語尾とする立場
    ('-던'は先語末語尾-더-+-ㄴ', '-는'は先語末語尾-ㄴ-+-ㄴ'と分析)

連体形語尾の意味機能についても，テンス的なものと見る立場，アスペクト的なものと見る立場，ムード的なものと見る立場がある．
本稿では，連体形語尾の体系については③の立場に立ち，-ㄴと-ㄹが「現実(realis)」「非現実(irrealis)」というムード的な対立をなすと考える．「現実」とは「すでに実現したこと，直接知覚を通じて認識可能な今起こっていることを実際の状況として描写するもの」であり，「非現実」とは「想像を通じて認識が可能な思考の領域内に存在する状況として描写するもの」である (Mithun, M 1999:173)．
[9] 近年の韓国語研究においては，この「現実・非現実」の概念を用いて-ㄴ連体形と-ㄹ連体形の対立を記述する研究が多い．例えば，Lee, H. S. (1991)は，-ㄴを現実の状況を表す現実連体形，-ㄹを基準時にはまだ起こっていないが，その後すぐ起こる状況を表す非現実連体形とする．문숙영(2005, 2009)，박재연(2009)，임동훈(2008, 2009)，丁仁京(2010b, 2012, 2014)も，-ㄴ連体形と-ㄹ連体形の意味を「現実」と「非現実」の対立として捉えている．
連体形における-ㄴと-ㄹの使い分けは，「用言連体形＋것」の意味や機能について考える場合にも重要である．以下ではその点について述べる．

4. 「用言連体形＋것」の機能

'것'は，指示機能・名詞化機能いずれの場合も，基本的には節の内容が現実の事

---

[8] 連体形語尾に関しては，李南淳(1981)，南基心(1978)，任洪彬(1982)，허웅(1987)，金完鎭(1957)，沈在箕(1979)，徐泰龍(1980)，張京姬(1985)，최동주(1995)，中島仁(2012)などを参照されたい．
[9] 「現実(realis)・非現実(irrealis)」という概念は，北アメリカ先住民の言語やPapua語などで表れる文法範疇の対立を記述するために導入された概念である．詳しくは，Chafe, W. (1995)，Mithun, M. (1995, 1999)，Palmer, F. (2001)などを参照されたい．

柄であれば'-ㄴ 것'の形で，非現実の事柄であれば'-ㄹ 것'の形で用いられる．
　次の例では，すでに実現したこと（例20），今起こっていること（例21, 22, 23），繰り返し起こっていること（例24）などを表すのに，'-ㄴ 것'が用いられている．いずれも現実の事柄と言えるものである．

(20) 대형 슈퍼마켓에서 산 고기가 시장에서 <u>산</u> <u>것</u>보다 더 연했다.
　　 大型スーパーマーケットで買ったお肉が市場で<u>買ったもの</u>よりさらに柔らかかった． （꽃）
(21) 나는 가게가 한가한 <u>걸</u> 보고서 까페를 나왔다. （꿈）
　　 私はお店が暇<u>なの</u>を見てカフェを出た．
(22) 경지는 규혁의 입이 벌어지는 <u>것</u>을 가만히 쳐다보았다. ((14)再掲)
　　 キョンジはキュヒョクの開いた口が塞がらない<u>の</u>をじっと見つめた．
(23) 슬픔이 용암처럼 끓고 있는 <u>게</u> 느껴졌다. （꿈）
　　 悲しみが溶岩のように沸いている<u>の</u>が感じられた．
(24) 저도 매일 밖에서 <u>먹는</u> <u>게</u> 아주 지겹습니다.
　　 私も毎日外で<u>食べるの</u>がとてもいやになります．

　次の(25)～(28)では，まだ起きていない非現実の事柄を表すのに'-ㄹ 것'が用いられている．

(25) 애들 <u>먹일</u> <u>걸</u> 왜 손 대! （찔）
　　 子供たちに<u>食べさせるもの</u>に何で手を付けるの！
(26) 내일 <u>입을</u> <u>것</u> 좀 챙겨 줄래?
　　 明日<u>着るもの</u>をちょっとまとめておいてくれる？
(27) 결국 그녀는 미쳐버릴 <u>게</u> 틀림없다. （햄）
　　 結局彼女は<u>狂ってしまうこと</u>に間違いない．
(28) 북한은 속히 잘못을 시인하고 다시 국제사회의 책임있는 일원으로, 같은 민족으로 화해의 조치를 <u>취할</u> <u>것</u>을 간절히 빕니다.[10]
　　 北朝鮮は早く誤りを認めて，改めて国際社会の責任ある一員として，同じ民族として和解の措置を<u>取ること</u>を切実に祈ります．

---

10) http://blog.daum.net/kimfrancois/7700475 （アクセス日 2010. 06. 01）

現実の事柄であっても，その事柄が非現実であるべきだということを述べる場合には，非現実を表す'-ㄹ 것'が用いられる．(29)では，「他人の話をした」という過去の事柄に対して「そのような必然性はなかった」ということを述べるために，また(30)では，「迷っている」という現在の事柄に対して，反語表現を用いて「そのような必然性はない」という気持ちを表すために，'-ㄹ 것'が用いられている．

(29) 남의 이야기 할 것 없었다. （꽃）
他人の話をすることはなかった．
(30) 경지 씨, 망설일 거 뭐 있어요? （햄）
キョンジさん，迷うことなんかありますか．（ないでしょう．）

「用言連体形＋것」がモノを総称的に表す場合，形容詞は「단 것（甘い物）＝과자（菓子）」，「매운 것（辛い物）＝매운 음식（辛い食べ物）」のように'-ㄴ 것'の形をとるが（例31），動詞は「마실 것（飲み物）＝음료（飲料）」，「먹을 것（食べ物）＝음식（食べ物）」のように'-ㄹ 것'の形をとる（例32）．

(31) a. 갑자기 단 것이 먹고 싶어진다. （꽃）
急に甘い物が食べたくなるな．
b. 가끔은 매운 것이 좋다.
たまには辛い物がよい．
(32) a. 가정부가 유리컵에 마실 것을 담아 내왔다. （꽃）
家政婦がガラスのコップに飲み物を入れて持ち出した．
b. 아버지는 대답했지. 먹을 건 널려 있고 아이들은 일 같은 건 안 하고 노는 그런 곳이라고. （꽃）
お父さんは答えたんだ．食べ物は満ち溢れていて子供たちは仕事のようなことはしないで遊ぶ，そんな所だと．

「形容詞＋것」が総称的に用いられる場合，形容詞はモノが本来的に持っている属性を表す．これは現実の属性であるため，現実を表す'-ㄴ 連体形が用いられる．一方，「動詞＋것」が総称的に用いられる場合は，「飲むもの＝飲むためのもの」，「食べるもの＝食べるためのもの」というように，動詞が「目的・用途」を表す．動詞が表す動作・変化は時間の流れの中で実現されるものであり，動詞が「目的・

用途」を表す場合は単なる概念としての動作・変化を表すだけであるため，非現実を表す-ㄹ連体形が用いられる．[11]

5. 文末表現としての「用言連体形＋것＋指定詞」

「用言連体形＋것」における-ㄴ連体形と-ㄹ連体形の選択がより重要な意味を持つのは，'것'が文末モダリティ表現の構成要素として用いられる場合である．5.1，5.2 では文末表現としての'-ㄴ 것이다'について，5.3 では文末表現としての'-ㄹ 것이다'について述べる．

5.1. スコープ機能を担う'-ㄴ 것이다'

'-ㄴ 것이다'は，日本語の「のだ」に相当する表現である．「のだ」に関しては，野田春美(1997)など多くの研究で，スコープ機能を担う場合とモダリティ機能を担う場合があることが指摘されているが，それは韓国語の'-ㄴ 것이다'についても同じである．ここではまずスコープ機能を担う'-ㄴ 것이다'について見る．

スコープ(scope)は肯定，否定，疑問などの作用が及び得る範囲であり，その作用の対象となる特定の部分を焦点(focus)という．野田春美(1997)は，久野暲(1983)の主張をふまえ，「のだ」の機能の本質は文を名詞文に準じる形に変えることにあるとし，スコープの「のだ」については，述語以外の要素にまでスコープを拡大するために「の」を用いて命題部分を名詞化すると説明している．例えば，否定文では通常述語部分が否定のスコープに含まれる．次の(33b)が不自然なのも，述語以外の部分である「悲しいから」が否定のスコープに含まれず，「悲しいことが理由で，泣かなかった」という意味になるからである．「悲しいから」を否定の焦点にするためには，「悲しいから泣いた」全体を「の」を用いて名詞化し，「悲しいから」が否定のスコープに含まれるようにする必要がある．

(33) a. ［悲しいから泣いた］のではない．
b. ?悲しいから［［泣か］なかった］．

(野田春美 1997:33，下線と鍵括弧は筆者)

---

11) 地下鉄などで見られる'타는 곳'(乗るところ)，'나가는 곳'(出るところ) などの標示では，-ㄴ連体形が用いられるが，これらは単純に「目的・用途」を表しているというよりは，「ここで乗る」「ここから出る」といった間接的な指示の意味を含んでいると思われる．

韓国語の'-ㄴ 것이다'についても，日本語の「のだ」と同様のスコープ機能があることが指摘されている（宋承姫 2000，崔眞姫 2005，丁仁京 2008b, 2012）．次の(34)(35)では，'것'でその前の命題全体を名詞化し，述語以外の部分を肯定や否定のスコープに含めた上で，スコープ内の要素である「お前に」「働きに」「あなたが着ているから」を，肯定や否定の焦点にしている．

    (34) a.　お前に聞いてるんだ．　　（野田春美 1997:30）
           너한테 묻는 거야．
       b.　너는 여기 일하러 온 게 아니다．　（丁仁京 2008b:34）
         君はここに働きに来たのではない．
    (35)　（自分のことを褒めずに，服ばかりを褒める相手に対しての発話）
       A：　나는 없고 옷만 있어？　（멋）
         私はいなくて服だけあるの？
       B：　무슨 섭섭한 소리를 해．당신이 입으니까 옷도 빛나는 거야．
         何さびしいことというの．あなたが着ているから服も輝くのよ．

スコープ機能を有する'-ㄴ 것이다'は，命題の一部を焦点とする点で分裂文と同様の機能を有し，焦点となる部分は対比性を持つ．そのため，次のように対比の文脈で用いられることも多い．

    (36)　이건, 수평에서 일어나는 것이 아니라 수직적으로 일어나는 거야．
       これは，水平で起きるのではなく垂直的に起きるのだ．　　（길）

5.2. モダリティ機能を担う'-ㄴ 것이다'

次に，モダリティ機能を担う'-ㄴ 것이다'について見る．モダリティ機能を担う'-ㄴ 것이다'は，現実の事柄に対する「説明」を表す．(37)では，発話現場にある服に対する説明を述べるのに'-ㄴ 것이다'が用いられている．また，(38)では，「30分も経たないうちに景福宮を出なければならなかった」ことの背景事情が説明されている．

    (37)　（今着ている服はどこのブランドなのかという質問に）
       이거？ 세일 때 산 거야．　（꽃）

これ，セールの時買ったんだ．
(38) 우리는 30 분도 안되어 경복궁을 나와야 했다. 문을 닫을 시간이었던 것이다. (열)
私たちは 30 分も経たないうちに景福宮を出なければならなかった．門を閉める時間だったのだ．

次の(39)(40)も，事実を説明的に述べるのに'-ㄴ 것이다'が用いられている．これらの文は，'-ㄴ 것이다'がなくても「我が国は今日を以って自主国家になった」，「10 回の挑戦の末についに成功した」という事実を述べていることに変わりはないが，説明の形で述べることによって話し手の主観的判断であると解釈されやすく，強調，断定といった意味が加わる．

(39) 우리 나라는 오늘로서 자주국가가 된 것이다. (신선경 1993:119)
我が国は今日を以って自主国家になったのだ．
(40) 10 번 도전 만에 드디어 성공한 것이다. (안주호 1997:127)
10 回の挑戦の末についに成功したのだ．

モダリティ機能を担う'-ㄴ 것이다'は，相手に教え諭すという気持ちで，「世界」や「世の中」の一般則について説明する場合にも用いられる．日本語に訳す場合は「ものだ」「ことだ」となる．

(41) 태어난 이상 누구나 죽는 거야. ((17)再掲)
生まれた以上，誰もが死ぬもんだ．
(42) 담배는 건강에 해로운 것이다. ((5c)再掲)
タバコは健康に悪いものだ．
(43) 다른 사람 일에 왈가불가 말하지 않는 것이다. ((18)再掲)
人のことにとやかく言わないことだ．

日本語の「ものだ」「ことだ」「のだ」は意味・用法が多様であり，そのすべての意味・用法を'-ㄴ 것이다'がカバーするわけではない．[12] 例えば，次のような「も

---

12) 日本語の「ものだ」「ことだ」「のだ」については，久野暲(1973)，寺村秀夫(1984)，田野村忠温(1990, 1993)，佐治圭三(1991, 1993)，坪根由香里(1994, 1995)，野田春美

のだ」「のだ」の用法は'-ㄴ 것이다'にはない.

 (44) a. 月日が経つのは早い<u>ものだ</u>. ［感慨］
    세월이 빠르<u>군</u>.
  b. 二人でよく遊んだ<u>ものだ</u>. ［回想］
    둘이서 자주 놀<u>았었지</u>.
 (45) a. そうか, このスイッチを押す<u>んだ</u>. ［発見］ （野田春美 1997:67）
    그렇구나, 이 스위치를 누르는<u>구나</u>.
  b. 僕, 明日は来ないよ. 用事がある<u>んだ</u>.
          ［理由・事実の説明］ （野田春美 1997:67）
    나, 내일은 안 와. 볼일이 있<u>거든</u>.

 (44)(45)のようなモダリティ性が高い話し手の感情・気持ちの表明, 及び今この場で初めて認識した事柄や聞き手が知り難い既定事実を提示する場合は, '-구나(군)'（ものだ・ね・な）や'-지'（ものだ・な）,'-거든'（のだ（よ）・からね）などが対応する.

5.3. モダリティ機能を担う'-ㄹ 것이다'

 モダリティ機能を担う'-ㄹ 것이다'は, 第三者に関する事柄について用いられた場合は「推量」を表し, 話し手（あるいは聞き手）の動作について用いられた場合は「意志」を表す.
 (46)(47)は, 自分の経験や状況, 他人から聞いた情報などから推論される帰結を述べる文である. 帰結は未実現あるいは未確認の事柄であるため, 非現実の-ㄹ連体形を含む'-ㄹ 것이다'が用いられる. 日本語では「（こと）だろう」「はずだ」のように訳される.

 (46) 경지가 잠을 잔 시간은 아마 네 시간 정도 밖에 안 될 <u>것이다</u>. (햄)
   キョンジが寝た時間はたぶん4時間程度にしかならない<u>だろう</u>.
 (47) 아무도 우리가 여기 갇힌 줄 모를 <u>거야</u>. ((5d)再掲)
   誰も私たちがここに閉じ込められたことを知らない<u>はずだ</u>.

(1997)などを参照されたい.

(48)では,「誰かがジェミョンを苛める」という仮定のもとで,「友達が懲らしめてくれる」という帰結が成立することを推論している. 仮定のもとでの帰結であるため,非現実の-ㄹ連体形を含む'-ㄹ 것이다'が用いられる. この場合も,日本語では「(こと)だろう」「はずだ」のように訳される.

   (48) 아줌마, 염려 마세요. 누가 재명이 괴롭히면 친구들이 혼내줄 거예요.
                                                                          (꽃)
      おばさん,心配しないでください. 誰かがジェミョンを苛めれば友人達が懲らしめてくれる (こと) でしょう (懲らしめてくれるはずです).

(49)では,「入隊を決心した」という過去の事実をふまえて,その背景事情を推論している. 過去のことを推量する場合,過去を表す'-었-'と非現実の-ㄹ連体形が組み合わされる. 日本語では「のだろう」「ということだろう」のように訳される.

   (49) 반론을 제기하고, 싸우고, 그런 건 너무 힘든 일이다. 대체로 재이와
      金도, 그런 이유로 입대를 결심했을 것이다.   (비)
      反論を提起して,戦って,そんなことはあまりにも荷が重いことだ. おおかたジェイとキムも,そんな理由で入隊を決心したのだろう.

(50)(51)は,すでに確定している話し手の意志や決意を表明する文である. 聞き手のあるなしに関係なく用いられ,話し手自身の強い意志を述べる. (51)は,聞き手がいない場合であり,(52)は,聞き手の意志を問いかける文である. 日本語では「つもりだ」「動詞のル形」で訳される.

   (50) 나는 다시는 안 돌아 올 거야.   (겨)
      私は二度と帰って来ないつもりだ.
   (51) 나는 꼭 성공할 것이다.
      私は必ず成功する.
   (52) 그런데 인터뷰에 두 사람 이야기도 쓸 거예요?   (햄)
      ところでインタビューに二人の話も書くつもりですか.

前節で述べたモダリティ表現としての'-ㄴ 것이다'と合わせると,モダリティ機

能を有する'-ㄴ 것이다/-ㄹ 것이다'と日本語との対応関係は，次のようにまとめられる．韓国語では連体形語尾-ㄴ，-ㄹで表される意味の区別が，日本語では形式名詞の区別で表される点が興味深い．

【表4】文末モダリティ表現'것이다'と日本語との対応関係

韓国語	日本語
-ㄴ 것이다	ものだ，ことだ，のだ
-ㄹ 것이다	だろう，はずだ，つもりだ

6. 形式名詞'것'に由来する終結語尾

韓国語では，「-ㄴ/-ㄹ＋것＋目的格'을'」の縮約形である'-ㄴ걸/-ㄹ걸'，及び「-ㄹ＋것＋指定詞'이다'」の縮約形である'-ㄹ게'が，文末モダリティ表現（文法的には終結語尾）[13]として機能する．[14] これは，日本語で「ものを」「のに」のような形式が文末モダリティ表現として機能するのと似ている．

6.1. '-ㄴ걸'の意味用法

文末モダリティ表現としての'-ㄴ걸'は，当該の事柄が話し手にとって「既定の事実」であることを表す．先行研究では，(1)話し手自身の立場や行動を感嘆的に述べる（高永根1976，유경민2003，국립국어원2005b など），(2)話し手の主張を断定・強調する（유경민2003，白峰子2004，국립국어원2005b など），(3)話し手の考えや気持ちをパンマル（반말：ぞんざいな言葉づかい）で確認叙述する（안주호1997，한길2004）のように説明される．

'-ㄴ걸'が表す「既定の事実」は，「発話時以前から既定事実と認識されている事柄」の場合と，「今この場で既定事実として認識された事柄」の場合がある．(53)(54)(55)は，発話時以前から話し手が既定事実と認識している事柄を示して，

---

13) 韓国語の終結語尾は，文の種類（平叙文，疑問文など）を区別する役割を担い，同時に対者待遇を表示する機能及びモダリティ機能を担う．韓国語の終結語尾の体系に関しては，윤석민(2000)，한길(2004)，李翊燮他(2004)，국립국어원(2005a)，徐正洙(2006)などを参照されたい．
14) 非格式形非丁寧体'-ㄴ걸''-ㄹ걸''-ㄹ게'は，同年代及び目下の人，あるいは目上の人であっても親しい人に使う形式であり，非格式形丁寧体'-ㄴ걸요''-ㄹ걸요''-ㄹ게요'は，聞き手が話し手より目上の人，あるいは目下の人であっても親しくない人に使う形式である．

先行発話に対する異議の気持ちを表すのに，'-ㄴ걸'が用いられている．この場合，'-ㄴ걸'は上昇イントネーションを伴う．15) 日本語に訳す場合は，「のだ（もの）」のように訳される．

 (53) （わざと，このアパート団地の中で一番うるさいところを選んだという，
   初めて会ったおばさんの話に）
   그렇지만 저는 애기 때문에 가장 조용한 곳을 택했<u>는걸요</u>?　　（노）
   でも私は子供のために最も静かなところを選<u>んです</u>．
 (54) （教授になってもいつもマンガばかり見ていると文句を言う相手に）
   어쩌냐, 만화책이 재밌<u>는걸</u>．　（아）
   だって，マンガ本が面白い<u>んだもの</u>．
 (55) （水差しに何かを入れるのを見たという相手に）
   또 헛것을 보셨군요. 전 물병을 만지지도 않았<u>는걸요</u>．　（덕）
   また幻覚をご覧になったんですね．私は水差しに触ってもない<u>んです</u>．

(56)(57)(58)では，「既定事実に今この場で気づいた（今の今までこの事実に気づいていなかった）」という気持ちを表すのに，'-ㄴ걸'が用いられている．この場合，もっぱら話し手の感情を表し，独り言でも用いられる．このニュアンスは日本語では終助詞を用いて表すしかない．16)

 (56) （友達に続いて切符売り場で切符を買おうとして）
   아차! 지갑이 없<u>는걸</u>?　（미）
   しまった．財布がない<u>よ</u>．
 (57) （新入社員の時からＡを見てきた社長が，セールスしているＡを見て）
   제법 틀이 잡혔<u>는걸</u>?　（거）

---

15) '-ㄴ걸'形式は，疑問文のように上昇イントネーションを伴い発話される．疑問符「?」が用いられることもあるが，上昇イントネーションを表すだけで，疑問文というわけではない．
16) 日本語の終助詞「よ」，「ね」は，話し手の認識様相や聞き手への伝達態度を表し，さらに，話し手と聞き手との情報・知識の所有関係とも関わっている（神尾昭雄1990，益岡隆志1991）．「よ」は，聞き手に対して話し手の意志や判断を強く押し付ける表現であり，「ね」は，聞き手を同調者としての関係におこうとする主体的立場の表現である（時枝誠記1951:8）．

結構板についてきたね.
(58) (隣のゲーム機械を見て)
　　　 히야, 이쪽이 더 재미있겠는걸?　　(영)
　　　 ヒャー, こっちがもっと面白そうだよ.

6.2. '-ㄹ걸'の意味用法

'-ㄹ걸'は, 話し手が発話時において「現実とは別に, 話し手の思考や認識の中でのみ当該の事柄が確定している」ということを表す. 具体的には, 単純に「発話時においてはまだ事実と認定できないが, 話し手の思考や認識の中では…という線で確定している」という気持ちの場合（例 59, 60）と, 「現実には事実ではないが, 話し手の思考や認識の中では…という線で確定している」という気持ちの場合とがある（例 61, 62）. [17] 先行研究では, 前者は「確実ではない未来のことを単純に推量する」, 後者は「過去において実際にはそうできなかったことについての話し手の後悔や未練を表す」のように説明される.

(59) 지난달에도 니 덕분에 수 천만 원 벌었을걸.　　(거)
　　　 先月もお前のお陰で数千万ウォン儲けたと思うよ.
(60) 언니라고 그런 애 한 명도 없었을걸?　　(저)
　　　 お姉さんって, そんな子一人もいなかったと思うよ.
(61) 자전거 타고 올걸.　　((19)再掲)
　　　 自転車に乗って来ればよかったものを.
(62) (用事があるのでそろそろ帰ると言う相手に)
　　　 얘기하다 저녁이나 들고 가실걸.　　(토4)
　　　 お話してから夕飯でも召し上がってお帰りになればよいのに.

「-면 좋을걸（〜ればいいのに）」（例 63）, 「-는 게 좋을걸（〜たほうがいい）」（例 64）は慣用的表現として用いられる. いずれも「現実とは別に, 話し手の思考や認識の中では当該の事柄が確定している」という気持ちを含んでいる.

---

17) (61)(62)の'-ㄹ걸'は, 下降イントネーションを伴い発話される.

(63) (明後日軍隊に入隊する弟に，兄が)
공부나 마치고 가면 좋을걸.　　(꽃)
勉強だけでも終えて行けばいいのに.
(64) (ある男に興味を持っている女友達に)
하지만 관심 끄는 게 좋을걸? 걔 벌써 유경이가 찍었으니까!　　(찔)
でもやめといたほうがいいね. 彼はすでにユギョンさんが目を付けているから！

　上記の(59)～(64)の'-ㄹ걸'の場合は，日本語では「～と思う(よ)」「ものを」「のに」「ね」などが対応する. 18)

6.3. '-ㄹ게'の意味用法

　「-ㄹ+것+指定詞이다」の縮約形である'-ㄹ게'は，話し手の「確定的な意志」を表す. 先行研究では，聞き手に利益を与えることを表す場合は「約束」の意味になり (この場合通常授受表現を用いる)，聞き手に利益を与えることを特に表さない場合は「告知」の意味になると説明されることもある(안주호1997, 한길 2004).

(65) 돈은 나중에 갖다 줄게.　　　［約束］　(안주호 1997:239)
　　 お金は後で持って行ってあげるからね.
(66) a. 너희들의 일을 대신해 줄게.　　［約束］
　　　 君たちの仕事を代わってやってあげるよ.
　　 b. 나 그만 갈게.　　　　　　　　［告知］　(한길 2004:232)
　　　 私もう帰るね.

　'-ㄹ게'の用法は，「話し手の確定的な意志の一方的な表明」と「相手の発話を受けて意志を固めたことの表明」に分類することもできる. (67)(68)(69)は前者の用法の例，(70)(71)(72)は後者の用法の例である (後者は「그럴게(요)(そうする(します))」に置き換えることが可能). 先の'-ㄴ걸／-ㄹ걸'と同様，'-ㄹ게'を日本語に訳す場合は，「動詞のル形」，「動詞のル形＋よ/ね」，「動詞のル形＋からね」のよ

---

18) 日本語の「ものを」「のに」は，「意外，遺憾，不満，不本意，驚き，後悔，願望，避難」などのニュアンスを含む. 「ものを」「のに」に関しては，西原鈴子(1985)，今尾ゆき子(1993)，前田直子(1995)，坪根由香里(1996)などを参照されたい.

うに様々な形をとる.

 (67) 언니, 나 잠깐 <u>나갔다 올게</u>. （마）
    姉さん，私ちょっと<u>出かけて来る</u>ね.
 (68) 유진씨 나 하나만 <u>물어볼게요</u>. （겨）
    ユジンさん，私一つだけ<u>尋ねます</u>.
 (69) 네가 환하게 꽃피는 걸 <u>지켜볼게</u>!
    君が華やかに花咲くのを<u>見守る</u>からね.

 (70) (貸す傘を必ず返してほしいという相手に対して)
    당연하죠. 금방 <u>가져올게요</u>. 정말 고맙습니다. （냉）
    当然です. すぐ<u>持ってきます</u>. 本当にありがとうございます.
 (71) (まだ市販されてないソフトウェアが欲しいという相手に対して)
    그런 소프트웨어가 나오면 내가 꼭 <u>사줄게</u>. （냉）
    そのようなソフトウェアが出てくれば，私が必ず<u>買ってあげる</u>よ.
 (72) A. 이제 그만 자. （고）
    もうそろそろ寝て.
   B. 그래요. <u>잘게요</u>.
    そうですね. <u>寝ます</u>.

 先行研究で言う「告知」「約束」は，それぞれ「話し手の確定的な意志の一方的な表明」と「相手の発話を受けて意志を固めたことの表明」と結びつけて説明することができる.「告知」を表す(66b)は，話し手からの一方的な意志の表明である. また，「約束」を表す(65)(66a)は，相手が「お金が必要だ」「自分は今忙しい」ということを言った後に，聞き手を助ける意志を固めたことを述べる発話として解釈できる. 相手の発話を受けて意志を固めたことを述べることから「約束」の意味が生ずる.

7. おわりに

 本稿では，韓国語における連体形語尾の使い分けも視野に入れながら，日本語の「もの・こと・の」と類似している韓国語の形式名詞'것'の文法的な性質について見た.

「もの・こと・の」と'것'は，ともに広範囲で用いられ，指示機能，名詞化機能，スコープ機能，モダリティ機能といった機能を持つ．一方で，日本語では「もの・こと・の」といった形式名詞を使い分けることにより様々な意味を表すが，韓国語では連体形語尾の使い分けにより様々な意味を表す．「連体形の種類」と「形式名詞の使用範囲の広さ」の関係について，通言語的な観点から検討を加えることが必要になろう．

参考文献

강현화(2008) "'-을걸'의 특성과 후회표현의 양상' "이중언어학" 38, 서울: 二重言語學會

高永根(1970) '현대국어의 준자립형식에 대한 연구— 형식명사를 중심으로—' "語學研究" 6-1, 서울: 서울大學校 語學研究

高永根(1976) '現代國語의 文體法에 대한 研究— 敍法體系(續)—' "語學研究" 12-1, 서울: 서울大學校 語學研究

국립국어원(2005a) "외국인을 위한 한국어 문법 1", 서울: 커뮤니케이션북스

국립국어원(2005b) "외국인을 위한 한국어 문법 2", 서울: 커뮤니케이션북스

김기혁(2000) '지정의 문법 범주' "이중언어학" 17, 서울: 二重言語學會

金完鎭(1957) '-n, -l 動名詞의 統辭的 機能과 發達에 대하여' "國語研究" 2, 서울: 國語研究會

김차균(1993) "우리말 시제와 상 연구", 서울: 太學社

김태엽(2001) "국어 종결어미의 문법", 서울: 국학자료원

南基心(1978) "國語文法의 時制問題에 關한 研究" 國語學研究選書 6, 서울: 塔出版社

南基心・高永根(1985) "표준국어문법론", 서울: 塔出版社

南基心(1991) '불완전명사 '것'의 쓰임' "國語의 理解와 認識" 길음 김석득교수 회갑기념논문집, 서울: 한국문화사

문숙영(2009) "한국어의 시제 범주" 國語學叢論 66, 서울: 太學社

박재연(2009) '한국어 관형사형 어미의 의미 기능과 그 문법 범주' "한국어학" 43, 서울: 한국어학회

徐正洙(2006) "국어문법", 서울: 한세본

徐泰龍(1980) '動名詞와 後置詞 {은} {을}의 基底意味' "震壇學報" 50, 서울: 震壇學會

신선경(1993) '것이다'구문에 관하여' "國語學" 23, 서울: 國語學會

沈在箕(1979) '冠形化의 意味機能' "語學研究" 15-2, 서울: 서울大學校 語學研究所
안주호(1997) "한국어 명사와 문법화 현상 연구", 서울: 한국문화사
안주호(2002) '終結語尾 '-ㄹ게'의 統辭的・意味的 情報' "새국어교육" 63, 서울: 한국국어교육학회
유경민(2003) '감탄 문말어미 '-군요/네요/ㄴ데요/ㄴ걸요'의 의미 연구' "한국어 교육을 위한 한국어 문법론", 서울: 한국문화사
윤석민(2000) "현대국어의 문장종결법 연구" 텍스트 언어학 총서 4, 서울: 集文堂
李南淳(1981) '현대국어의 시제와 상에 대한 연구' "國語研究" 49, 서울: 國語研究會
李翊燮・任洪彬(1983) "國語文法論", 서울: 學研社
이주행(2009) "한국어 의존 명사 연구", 서울: 한국문화사
임동훈(2008) '한국어의 서법과 양태 체계' "한국어 의미학" 26, 서울: 한국어의미학회
임동훈(2009) "-을'의 문법 범주" "한국어학" 44, 서울: 한국어학회
任洪彬(1982) '선어말 {더}와 단절의 양상' "冠嶽語文研究" 7, 서울: 서울大學校 國語國文學科
任洪彬(1993) '다시 {-더-}를 찾아서' "國語學" 23, 서울: 國語學會
임홍빈(1988) "국어 문법의 심층 1", 서울: 태학사
張京姬(1985) "現代國語의 樣態範疇 研究", 서울: 塔出版社
최동주(1995) '國語 時相體系의 通時的 變化에 관한 研究', 서울: 서울대학교 박사학위논문
한길(2004) "현대 우리말의 마침씨끝 연구", 서울: 亦樂
허웅(1987) "국어 때때김법의 변천사", 서울: 샘문화사
李翊燮・李相億・蔡琬(2004) 『韓国語概説』, 前田真彦訳, 梅田博之監修, 東京: 大修館書店
今尾ゆき子(1993) 「「ノニ」の機能」『名古屋大学人文科学研究』22, 名古屋: 名古屋大学大学院文学研究科
印省熙(2006)「日本語の『のだ』と韓国語の『-ㄴ것이다』―会話文の平叙文の場合―」『朝鮮語研究会』3, 朝鮮語研究会編, 東京: くろしお出版
梅田博之(1977)「朝鮮語における敬語」『岩波講座日本語4 敬語』, 東京: 岩波書店
奥津敬一郎(1974)『生成日本文法論』, 東京: 大修館書店
生越直樹編(2002)『対照言語学』シリーズ言語科学4, 東京: 東京大学出版会
神尾昭雄(1990)『情報のなわ張り理論―言語の機能的分析―』, 東京: 大修館書店
菅野裕臣(1981)『朝鮮語の入門』, 東京: 白水社
久野暲(1973)「ノデス」『日本文法研究』, 東京: 大修館書店
久野暲(1983)「否定辞と疑問助詞のスコープ」『新日本文法研究』, 東京: 大修館書店

高地朋成(2008)「現代朝鮮語の連体形語尾'ㄹ-ㄹ'小考」『韓国語学年報』4, 東京：神田外語大学韓国語学会
佐治圭三(1991)『日本語の文法の研究』, 東京：ひつじ書房
佐治圭三(1993)「「の」の本質—「こと」「もの」との対比から」『日本語学』12-10, 東京：明治書院
須賀井義教(2012)「モダリティとムードをめぐって」, 野間秀樹編著(2012)所収
宋承姫(2000)「日本語の「もの(だ)」「こと(だ)」「の(だ)」と韓国語の「것(이다)/geos(ida)」に関する対照研究—「文法化」の観点から—」, 東広島：広島大学大学院博士学位論文
田窪行則編(1994)『日本語の名詞修飾表現』, 東京：くろしお出版
田野村忠温(1990)『現代日本語文法Ⅰ「のだ」の意味と機能』, 大阪：和泉書院
田野村忠温(1993)「「のだ」の機能」『日本語学』12-11, 東京：明治書院
崔眞姫(2005)「『のだ』の文法化と機能別必須性に関する研究」, 新戸：新戸学院大学大学院博士学位論文
崔眞姫(2006)「「のだ」と「것이다」の對照研究—文法化の度合いの違い—」『日本文化學會』29, 大田：韓國日本文化學會
丁仁京(2008a)「韓国語の「것이다/geosida」に由来する諸形式の総合的研究」『言語と文明』6, 柏：麗澤大学大学院言語教育研究科論集
丁仁京(2008b)「韓国語の文末表現「것이다」のスコープ機能」『朝鮮学報』第208輯, 天理：朝鮮学会
丁仁京(2010a)「韓国語の終結語尾'-ㄴ걸''-ㄹ걸'の研究—話し手が言及する情報と統語形式との関連—」『朝鮮学報』第216輯, 天理：朝鮮学会
丁仁京(2010b)「韓国語の形式名詞'것'に関する研究—冠形詞形語尾の意味機能との関連から—」『日韓言語学者会議—韓国語を通じた日韓両国の相互理解と共生—』, 柏：麗澤大学言語研究センター
丁仁京(2012)「現代韓国語の形式名詞'것 geos'に由来する諸形式の研究」, 柏：麗澤大学大学院博士学位論文
丁仁京(2014)「韓国語の連体修飾節名詞句の語彙化—日本語との比較—」『言語と文明』12, 柏：麗澤大学大学院言語教育研究科論集
坪根由香里(1994)「『ものだ』に関する一考察」『日本語教育』84, 東京：日本語教育学会
坪根由香里(1995)「「ことだ」に関する一考察—そのモダリティ性を探る—」『ICU日本語教育研究センター紀要』5, 東京：ICU日本語教育センター
坪根由香里(1996)「終助詞・接続助詞としての「もの」の意味—「もの」「ものなら」

「ものを」―」『日本語教育』91, 東京：日本語教育学会
寺村秀夫(1984)『日本語のシンタクスと意味Ⅱ』, 東京：くろしお出版
時枝誠記(1951)「対人関係を構成する助詞・助動詞」『国語国文』20-9, 京都：京都大学国文学会
中島仁(2012)「用言の連体形と連体節をめぐって」, 野間秀樹編著(2012)所収
中西恭子(2002)「現代朝鮮語の連体形語尾-는について――ㄹとの使い分けという観点から―」『朝鮮語研究』1, 東京：くろしお出版
名柄迪・中西家栄子・広田紀子(1993)『形式名詞』外国人のための日本語 例文・問題シリーズ2, 東京：荒竹出版
南英福(1991)「日本語の「こと」「の」と韓国語の「것」の対照考察―名詞化の場合―」『外國語教育研究』6, 大邱：大邱大學校外國語教育研究所
西原鈴子(1985)「逆接的表現における三つのパターン」『日本語教育』56, 東京：日本語教育学会
野田春美(1997)『「の(だ)」の機能』日本語研究叢書9, 東京：くろしお出版
野間秀樹(1990)「〈할것이다〉の研究―再び現代朝鮮語の用言の mood 形式をめぐって―」『朝鮮学報』第134輯, 天理：朝鮮学会
野間秀樹(1997)「朝鮮語と日本語の連体修飾節（冠形節）構造」『朝鮮文化研究』4, 東京：東京大学文学部朝鮮文化研究室紀要
野間秀樹(2012a)「文法の基礎概念」, 野間秀樹編著(2012)所収
野間秀樹(2012b)「文の階層構造」, 野間秀樹編著(2012)所収
野間秀樹(2012c)「待遇表現と待遇法を考えるために」, 野間秀樹編著(2012)所収
野間秀樹編著(2012)『韓国語教育論講座 第2巻』, 東京：くろしお出版
原田登美・小谷博泰(1990)「日本語の「もの」「こと」」『国文学特集』84, 神戸：甲南大学紀要文学編
備前徹(1989)「「～ことだ」の名詞述語文に関する一考察」『人文科学・社会科学・教育科学』39, 大津：滋賀大学教育学部紀要
白峰子(2004)『韓国語文法辞典』, 大井秀明訳, 野間秀樹監修, 東京：三修社
堀江薫(2005)「日本語と韓国語の文法化の対照―言語類型論の観点から―」『日本語の研究』1-3, 東京：日本語学会
前田直子(1995)「逆接を表わす「～ノニ」の意味・用法」『東京大学留学生センター紀要』5, 東京：東京大学留学生センター
益岡隆志(1991)『モダリティの文法』, 東京：くろしお出版
村田寛(2000)「現代朝鮮語の〈-ㄹ〉連体形について」『朝鮮学報』第175輯, 天理：朝鮮学会

森田良行(1980)『基礎日本語 2』, 東京 : 角川書店
吉川武時編(2003)『形式名詞がこれでわかる』, 東京 : ひつじ書房
Bybee, J. & S. Fleischman (eds.) (1995), *Modality in Grammar and Discourse*, Amsterdam, Philadelphia: John Benjamins
Chafe, W. (1995) 'The Realis-irrealis Distinction in Caddo, the Northern Iroquoian Language, and English', In Bybee, J. & S. Fleischman (eds.) (1995)
Josephs, L. S. (1976) 'Complementation.' In Shibatani, M. (ed.), *Syntax and Semantics* 5, New York: Academic Press.
Lee, H. S. (1991) 'Tense, Aspect, and Modality: a Discourse-Pragmatic Analysis of Verbal Affixes in Korean from a Typological Perspective', Ph. D dissertation. UCLA.
Mithun, M. (1995) 'On the Relativity of Irreality', In Bybee, J. & S. Fleischman (eds.) (1995)
Mithun, M. (1999) *The Languages of Native North America*, Cambridge: Cambridge University Press.
Palmer, F. R. (2001) *Mood and Modality*, 2nd edition, Cambridge: Cambridge University Press.

用例の出典 (略号は가나다順)

세종말뭉치 "21 세기 세종계획 최종 성과물" 문화관광부・국립국어원(2007) : (꽃)「꽃그늘 아래」이혜경(2002)/ (꿈)「꿈꾸는 마리오네트」권지예(2002)/ (냉)「냉장고」김현영(2000)/ (노)「노파의 오찬」강추자(未詳)/ (덕)「덕혜옹주」정복근(未詳)/ (마)「마법성의 수호자, 나의 깨끗한 들깨」복거일(2001)/ (멋)「멋진 한세상」공선옥(2002)/ (미)「미술관 옆 동물원」이정향(1998)/ (영)「0 의 도시」오태영(未詳)/ (저)「저녁 식사 #2」(対話/日常)/ (토)「토지 4」박경리(1993)/ (햄)「햄릿의 연인」김지혜(2001)// KBS ドラマシナリオ(http://www.kbs.co.kr) : (거)「거침없는 사랑」(2002)/ (겨)「겨울 연가」(2002)/ (고)「고독」(2002)/ (동)「동물원 사람들」(2002)/ (아)「꽃보다 아름다워」(2004)/ (찔)「찔레꽃」(2003)// 小説 : (긴)「긴 하루」구광본(2006)/ (비)「비치보이스」박민규(2006)/ (삼)「삼풍백화점」정이현(2006)/ (열)「열한번째 사과나무」이용범(2001)//

韓国語の再帰代名詞について
―― 日本語'自分'との対照 ――

鈴木　陽二（すずき・ようじ）

1. はじめに　　　　　　　　　　　91
2. 再帰代名詞の形態　　　　　　　92
3. 再帰代名詞の統語的機能と意味　97
4. 再帰化の諸相　　　　　　　　104
5. まとめ　　　　　　　　　　　108

1. はじめに

　韓国語における，再帰化を現す代名詞の代表的形態として'자기'（自己）を挙げることができる。[1] これまで，再帰化に関する論考の多くは'자기'を中心に論じられてきている。[2]　しかしながら一方では，'자신'（自身）と関連付けながら考察しているケースもみうけられる。このことは，研究者の間で再帰代名詞という品詞の概念に対する見解が異なることを意味しているとも考えられる。本稿では，そのような点にも着目しつつ，韓国語の再帰代名詞について，これまでの先行研究を踏まえながら，その形態・意味・機能について論ずることを目的とする。

　また，日本語の'自分'と対照させることで，日韓の再帰代名詞における用法上の異同点についても併せて考察する。

　前述したように，韓国語の再帰代名詞を論ずる場合，'자기'のみを研究対象としたのが大半ではあるが，そうでないものもある。成光秀(1981)は通称の人称代名詞と再帰代名詞を区分する必要があるとして，韓国語の人称代名詞'자기, 자신'の中，'자기'よりは'자신'が再帰代名詞として主に使用されてきたと主張している。また，張奭鎮(1984)は，再帰代名詞という用語をあえて用いずに，'再帰化'(Reflexivization)の現象として，'자기,저,자체,자신,스스로'等の代名詞が使われていると論じている。少なくとも，再帰化現象を論ずるにあたり，用語の是非も

---

[1] 韓国語の再帰代名詞に関する研究には，南基心(1973)，이정민(1974)，양동휘(1975, 1980,1981)，이홍배(1976,1979)，김화춘(1976)，李翊燮(1978)，이익환(1978)，김일웅(1979,1982)，김정대(1981)等がある。
[2] 李翊燮(1978)は，'저, 자기, 당신'の三つの形態を再帰代名詞と看做しており，'자신'と関連させて考察したものには，이정민(1974)，이익환(1978)，홍순성(1981)，한양길(1983)等がある。

含めて，その文法機能となりをみていくことにする．

2. 再帰代名詞の形態

　再帰代名詞とは具体的に何を指す名称なのであろうか．そして，その形態にはどんなものがあるのだろうか．これまで，韓国語の再帰代名詞をめぐる研究は変形文法の理論が導入されて以来，活発に論じられてきたわけであるが，再帰代名詞研究の対照とされてきた形態には，どのようなものがあるのかも含めてみていくことにする．

　南基心(1973)は下記の用例を基に，'자기'が現れる環境を提示することで，再帰代名詞化の規則を定義づけた．

(1) a. 철수₁는 칼로 철수₂를 찔렀다.（チョルスはナイフでチョルスを刺した）
　　b. 철수는 칼로 자기를 찔렀다.　（チョルスはナイフで自分を刺した）

(1a)の철수₁と철수₂は同一人物であることから，(1b)では철수₂が'자기'に置き換えられたわけである．主語と同一人物が同じ文の中で二度出現した場合，一方が'자기'に置き換えられることによって，再帰代名詞化が起こるというものである．
　図式化すると以下の通りである．

　【図1】再帰代名詞化

```
[NP 1  ×  NP 2   × ] s
 1     2    3      4   →      NPが〔＋人、＋固有名詞〕でなおかつ
 1     2   자기   4          NP 1 ＝ NP 2 の場合に限る
```

　'자기'が現れる環境は，上図のとおりであるが，問題となるのは'자기'に置き換えられた，いわゆる先行詞(antecedent)と呼ばれるものの条件である．
　【図1】におけるNP₁が'자기'の先行詞に該当するわけであるが，これは同時に主語のはたらきも兼ねている．
　このような，先行詞の条件については，이정민（1974）が言及しているが，要約すると次のとおりである．

(2) a. 再帰代名詞の先行詞は3人称でなければならない．
    b. 再帰代名詞の先行詞は主語または主題語でなければならない．[3]
    c. 再帰代名詞の先行詞は人でなければならない．

(2b)の先行詞が'主語'または'主題語'であるという見解は，NP_1の助詞が'는/은'と'가/이'，両者ともに可能であることを示唆している．'主語'と'主題語'の概念については，ややその定義が完全に確立されているとは言い難く，研究者によってその定義にも多少の相違があるが，この点については本稿の目的からややそれるゆえ，言及を差し控える．便宜上，本稿では'는/은'と'가/이'双方ともに主語という概念で括ることにする．[4]

これ以外に，先行詞の条件として，主語以外に，目的語のケースにおいても可能であるとする見解もある．参考までに，이익환(1978)，김일웅(1979)の用例を示す．

(3) a. John$_i$이 Tom$_j$을 자기$_{i/j}$ 집에서 만났다．[5] (이익환)
    (ジョンがトムに自分の家で会った)
   b. 철수$_i$는 영수$_j$를 그$_{i/j}$의/자기$_{i/j}$의 집에서 찾아냈다．(김일웅)
    (チョルスはヨンスを彼の／自分の家で見つけた)

(3a)(3b)ともに，先行詞が主語，目的語，両方可能であるというケースで，(3a)の方は，二人の会った場所が，'ジョンの家'とも'トムの家'ともとれる，いわゆる両義文である．(3b)も同様に，チョルスがヨンスを見つけたのが，'チョルスの家'とも'ヨンスの家'とも解釈できるという主張である．홍순성(1981)によれば，これらの用例が，慶尚道方言による影響を受けている点を指摘した上で，ソウル方言，或いは慶尚道以外の地域では，目的語を先行詞とするケースはないと断言している．また次の用例のケースを見よう．

---

[3] 先行詞を主語とするという見解は，この他に양동휘(1975),이홍배(1976)等である．
[4] 李翊燮(1978)は，例文(1)のケースにおいて，'는/은'の位置に主格助詞の'가/이'をとることも可能であるという判断から，先行詞の条件に'主題語'を含めないという提案をしている．
[5] NPが同一指示物を指す場合，便宜上i, jで記す．

(4)　철수ᵢ는 영수ⱼ로부터 그ᵢ/ⱼ의/자기ᵢ/ⱼ의 형 이야기를 들었다. (김일웅)
　　（チョルスはヨンスから彼の／自分の兄の話を聞いた．）
(4)´〔천수는〔영수가 자기의 형 이야기를 하다〕들었다〕
　　（チョルスは〔ヨンスが自分の兄の話をする〕聞いた）

(4)において，'자기'が'철수'と'영수'，どちらとも解釈できる理由として，'ヨンス'が(4)の深層構造における埋め込み文(Embedded Sentence)の主語であることに起因している．すなわち，(4)´が変形規則によって表層構造として現れたのが(4)であることから，両義的な文として捉えられるという解釈である．日本語の訳に照らして考えた場合，(4)の用例における両義性については異論を挟むつもりはないが，(3a)(3b)については方言という前提がなければ首肯しがたいところである．

'자기'に関する研究は，当然ながらその先行詞が人であることが前提である．一方，先行詞が人間以外のケースについても再帰代名詞の範疇として研究対象に取りいれたものに，홍순성(1981)，張奭鎭(1984)がある．홍순성(1981)は，先行詞となる名詞の素性が有生(＋animate)か無生(－animate)かによってその形態が異なることを指摘しながら，'자체/저'等の代名詞が再帰代名詞として用いられるとしている．また，張奭鎭(1984)は，'자기,저,자체,자신,스스로'といった具合にその範囲を広げ，とくに'자신'については'스스로'とともに言及しながらその再帰的機能について考察している．'자신'を再帰代名詞とみるか否かは見解に相違があることも事実である．

이정민(1974)は次の用例を提示しながら，'자신'を再帰辞(reflexive particle)として看做している．

(5)　내가　⎧나　　⎫　를/을　꼬집었다.　(이정민)
　　　　　⎨나-자신⎬
　　　　　⎩자신　　⎭

　　　僕が　⎧僕　　⎫　をつねった.
　　　　　　⎨僕自身　⎬
　　　　　　⎩自身　　⎭

上記(5)の用例は，1人称の先行代名詞が反復するケース，先行代名詞に'자신'が付いて再帰化を現すケース，'자신'が単独で用いられるケースを披瀝したものである．'자기'については，先行詞が3人称であることが，絶対条件と看做されてきたわけであるが，先行詞が1人称のケースでは'자기'ではなく，'자신'が使われている点に注目する必要がある．

　そこで，日本語のケースについても，これまでの先行研究を踏まえながら，その概要についてみていくことにする．日本語の再帰代名詞については，その研究対象が'自分'に限られているといっても過言ではない．

　Kuroda(1965)がその嚆矢ともいえるが，'自分'が現われる環境を

(6)　名詞(noun) × 名詞　→　名詞　×　自分

と規定した上で，下記の(7)の規則により'自分'が表層文で現れるとした．

(7)　a.　名詞 × 名詞　→　名詞　×　名詞＋自身
　　 b.　名詞＋自身　→　自分自身　　　　　(optional)
　　 c.　自身　　　　→　Ø　　　　　　　　(optional)

実際の用例は下記の通りである．

(8)　a.　ジョージはジョージ自身がしたいときに仕事をする．[6]
　　 b.　ジョージは自分自身がしたいときに仕事をする．
　　 c.　ジョージは自分がしたいときに仕事をする．

'自身'が基底形(basic form)で導入され，'自分'は変形によって誘導されたとみている．'自分'については再帰標識(reflexive marker)とみる一方で，'自身'については，強調または弁別的標識（emphatic or distinguishing marker）として処理している．また，'自分'が現れる上での，先行詞となるものの条件については，英語と比較しながら次のように定義している．

---

6) Kuroda(1965)の原文における例文は，すべてローマ字表記になっているが，便宜上，日本語かな表記におきかえる．

(9) a. 日本語の再帰代名詞は先行詞の人称, 性(gender), 数にかかわらず全て'自分'で現される.
   b. 先行詞は有生名詞（+animate）でなければならない.
   c. 先行詞は主語でなければならない.（単文の場合）

ここで, 注目すべきは, 日本語の再帰代名詞は人称にかかわらず'自分'で現されるという点である.(8)の用例の主語を, 1人称, 2人称にそれぞれ置き換えてもそのことが分かる.

(10) a. 僕は_i 自分_j がしたいときに仕事をする.
   b. お前は_i 自分_j がしたいときに仕事をする.

韓国語の再帰代名詞 '자기'の先行詞の条件が, 3人称に限られるという点と比較してみた場合, 日本語'自分'とその条件に相違があることがわかる.
　日本語における再起代名詞に関する研究は, これ以外に先行詞となる人間の心理状態に着目したものや, [7] 談話論的な視点からの考察, [8] 文中の主語を決定する上での関連性を述べたもの[9]等々, 様々であるが, 共通していえることは, すべて'自分'のみを対象として考察である. 唯一, 井上和子(1976,1978)では,「'自分', '自己', 及び名詞に'自身'又は'自体'がついた形式を再帰名詞と総称し, …（中略）'自身'と'自体'は, 広く固有名詞, 普通名詞, 代用名詞と結合して再帰名詞を作る」としながら, 日本語は代用名詞も独立の範疇を作らず, 名詞の一部と考えられるゆえ, 再帰代名詞ではなく, 再帰名詞という名称を用いている. 他の研究者と用語の名称における相違はあるものの, '自分'以外の形態に関する詳細な言及はしていない.
　ところで, 韓国語の'자신'と, その漢字語ともいえる日本語の'自身'については, 再帰代名詞の範疇でとり扱わずに, 이정민(1974), Kuroda(1965)が指摘したように, 意味の強調といった付加的な要素として, 取り上げるケースが大部分である. しかしながら, 韓国語における'자신'は, 意味を強調するといった接辞的な役割で

---

[7] 久野暲(1972,1978,1983).
[8] Kuroda(1973)は'自分'は主語の立場に視点をおいた非報告文(nonreportive-style)によく出現すると主張している.
[9] 柴谷方良(1978).

用いられるケースもあるが, '자기'同様に単独で出現するケースもあることを前提に論をすすめることにする.

3. 再帰代名詞の統語的機能と意味

この章では, 日韓の再帰代名詞について, これまで研究対象の主たる形態とされてきた, '자기'と'自分'を取り上げ, その統語的機能なり意味を検討していくことにする. なお, 用例については, 原則として, 先行研究で使われたものや小説, 映画の脚本(台詞, ト書き)等に現れたものを挙げる. [10] 先ず, 次の用例をみてみよう.

(11) a. 존$_i$이 자기$_j$ 집에서 톰을 만났다. (홍순성:1981)
　　　 ジョンが自分の家でトムに会った
　　 b. 슈$_i$가 어머니$_j$에게 자기를 자랑했다. (이정민:1973)
　　　 シューが母に自分を自慢した

(11a) (11b)ともに, 単文内における再帰代名詞'자기'が出現したケースである. '자기'の先行詞が3人称であり, (11a)では'존', (11b)では'슈'をそれぞれ指していることがわかる. こうした例は, 単文以外のケースにおいてもみられる.

(12) a. 천수$_i$는 자기$_j$가 천재라고 생각한다. 　　　　　(남기심:1977)
　　　 チョルスは自分が天才だと思う.
　　 b. 슈$_i$가 어머니에게 자기$_j$가 예쁘다고 말했다. 　(이정민:1973)
　　　 シューは母に自分が可愛いと言った.
　　 c. 미나$_i$는 TV를 끄고 복도를 지나 자기$_j$ 방으로 간다.
　　　　　　　　　　　　　　　　　　　　　　　　(조용한 가족 #20:1998)
　　　 ミナはテレビを消して廊下を通って自分の部屋に行く.

(12a) (12b)の例は補文(complement)内に現れた再帰代名詞が主文(main sentence)の主語である, '철수'(12a)と'슈'(12b)を夫々指していることがわかる. また, (12c)でも従属節に現れた'자기'が主文の'미나'を指している.

---

10) 用例の( )内は, 先行研究で用いられた用例以外は, (『小説名』: 著者), 映画の脚本の場合は(タイトル: 年代)を記しておく.

'자기'의 용례를 좀 더 살펴보자.

(13) a. 그 초소에서 근무하는 병사ᵢ가 자기ⱼ 애인 죽었다고 따라 자살한 장소래.　　　　　　　　　(8월의 크리스마스 #75 : 1998)
その歩哨所に勤務していた兵士が自分の恋人が亡くなったと後追い自殺した場所だって.
b. 수혁ᵢ, 소피 목에 벌겋게 남은 자기ᵢ 손자국을 발견하고 고개를 떨군다.
(JSA #74 : 2000)
スヒョク, ソフィーの首に真っ赤にのこった自分の手のあとを発見し首をうなだれる.

(13a)は映画の台詞だが, 補文内における再帰化現象がみられ, '자기'が兵士を指しており, また(13b)は映画のト書き部分であるが, 文脈上'자기'が主語の位置にある수혁を指しており, このような連体節においても再帰化現象が起きることが分かる.

上の(11)～(13)までの用例を見る限り, すべて先行詞が3人称の主語である. 単文, 複文を問わず, 再帰化現象が起こる事について, 久野暲(1973)が「日本語の再帰代名詞化は, 英語のように同じ節の中でのみ起こるという制約はなく, (単)文の境界を越えて再帰化が起こるケースもある」と述べているが, 韓国語の'자기'においても同様の事象が現れると言える.

ここで, 日本語の'自分'についても用例で確認しておこう.

(14) a. 葉子ᵢは自分ⱼが青年の不思議な対照になっているという感じを快く迎えてでもいるように, 青年に対してことさら親しげな態度を見せた.
(『或る女』(前編) 有島武郎)
b. おもんᵢは, いきなり自分ⱼを呼ぶ母親の鋭い声に驚かされた.
(『光のない朝』宮本百合子)

'自分'が(14a)では'葉子'を, (14b)では'おもん'を指しており, それぞれの文における主語の役割を果たしている.

上記用例を見る限り, 先行詞が3人称主語のケースにおいては, '자기'と'自分'が出現する環境に差異はないと考えられる.

それでは, 先行詞が1, 2人称のケースではどうか. まず, 日本語の例からみ

てみよう.

(15) a. 僕${}_i$は, 何だか, 自分${}_j$の家でかっていた鶏を殺す気にはなれません.
『お父さん』林芙美子

b. おかみさんと顔が合ったとたんに私${}_i$は, 自分${}_j$でも思いがけなかった嘘をすらすらと言いました.　　　　　　　　　　　　　『ヴィヨンの妻』太宰治

(16) a. あなた${}_i$は自分${}_j$のしたことをいやなことだったと思っていますか.
『一房の葡萄』有島武郎

b. なんの為の平和だ. 自分の地位を守る為か.　　　『走れメロス』太宰治

(15)は, 先行詞が 1 人称のケースで, (15a)(15b)それぞれ, '僕, 私'を指していることが分かる. 一方, (16)は先行詞が 2 人称のケースである. (16a)では, '自分'が'あなた'を指しており, (16b)のケースは, 表層文には現れていないが, 聞き手に対して, 「(あなたは)自分の地位を守る為か」という問いかけの文になっていることからも, '自分'が聞き手, すなわち 2 人称であることが分かる. これらのことから, 先に述べたように日本語の再帰代名詞は先行詞の人称, 性(gender)にかかわらず全て'自分'で現される, という点については何ら異論を挟む余地はないといえる.

韓国語'자기'の場合は, どうだろうか. まず, 2 人称で使われる'자기'の用例からみていくことにする. 鈴木陽二(1989)でも述べたが, 若い年齢層, 夫婦や恋人同士の間で'자기'が 2 人称代名詞の代用として用いられるケースがしばしば見受けられる.

(17) a. 　(彼にむかって) 밤새 잠 못 자게 할려구?
누가 자기 속셈 모를 줄 알아?　　　(조용한 가족 #20 : 1998)
夜通し寝させないつもり?
誰が, あなたの魂胆が分からないとでも思うの?

b. 애숙: 나두 비밀.
정연: 거봐. 자기도 안 가르쳐 주면서.　　　(선물 #100 : 2001)
エスク: 私もひみつ.
チョンヨン: それみろ. 君だって教えてくれないのに.

99

(17a)(17b)ともに，'자기'は聞き手のことを指していることは明らかである．すなわち2人称代名詞'너(네)，당신，자네'の代用としての機能をはたしている．このような2人称で用いられる'자기'については송병학(1984)でも述べている．

(18) (자기) 자기가 그러고도 몰라? (송병학：1984)
 (あなた) あなたってそれでも分からないの？

(18)は新婚夫婦，あるいは恋人同士における会話で，このとき実際には発していない（　）内の'자기'が2人称代名詞として主語の役割を果たす'자기$_1$'であり，実際に発話した'자기'は再帰代名詞としての'자기$_2$'であるゆえ，これらは夫々区別する必要があるとしている．
　しかしながら，2人称代名詞の一形態として'자기'を認めるとしても，'자기$_2$'を再帰代名詞と看做すかどうか，見解が分かれるところである．'新婚夫婦'や'恋人同士'といった一部の特殊な社会層だけでつかう用例を以って，再帰化とみるか否かは慎重に判断すべきであろう．何故ならば，'너(네)，당신，자네'といった2人称代名詞を先行詞として'자기'がその再帰化の過程で用いられる用例がみあたらない為である．筆者は，(18)のケースの'자기'は2人称代名詞としての'자기'がそのまま繰り返して使われたとみるほうが妥当であろうと考える．これ以外に，先行詞が2人称のケースについては，성광수（1975）が'자신'を再帰代名詞として認めている．

(19) 네$_i$가 자신$_j$을 부끄러워한다. (성광수:1975)
 君が自分を恥じる．[11]

(19)では'네'が'자신'の先行詞となって，再帰化が起こっていると分析している．また，主語である'네'の位置には，'내','그'のように1人称や3人称の代名詞も容認できるとして，'자신'がすべての人称で再帰化を起こすと主張している．しかしながら，(19)の'자신'を'너(네) 자신'→ Ø 자신'というように，先行詞の省略形とみなす考え方もできうる．また，前掲の(5)の「내가 자신을 꼬집었다」の用例も同様に，'나(내) 자신'の'나(내)'が省略された形としてみなすこともできる．先行

---

[11] 用例上の'자신'が，単独で現れた場合，便宜上'自身'ではなく'自分'と訳すことにする．

詞の人称によって出現する'자신'の用例に対する詳細な検討は次の章で行うことにして，もう少し用例をみてみよう．

(20) a. 사교는 서슴지 않고 대답하였다. "그것은 <u>당신 자신</u>의 양심입니까?"
（『바비도』：김성환）
司教は躊躇わずに答えた．「それはあなた自身の良心ですか」
b. 우리가 <u>당신</u>을 데리고 온 것은 <u>당신</u>이 가지고 있는 물건이 필요해서에요？　　　　　　　(베일(off limits) #46 : 1988)
我々が貴方を連れてきたのは，貴方が持っている物が必要だからですか．

(20a)は2人称代名詞'당신'に'자신'が添加されることで，'強調'の意味を現していると考えられる．すなわち，'자신'が標識としての機能を果たしている例といえる．一方，(20b)は'당신'が繰り返し，使われているケースである．述部の'당신이'の部分を，'당신 자신이'としても，'強調'以外の何ら意味変化は起こらないと言えよう．

(20)′ b. 우리가 당신ᵢ을 데리고 온 것은 <u>당신 자신이</u>ᵢ 가지고 있는 물건이 필요해서에요？

以上，(17)～(20)までの用例から，先行詞が2人称の場合，特殊なケースで使われる'자기'を除けば，'強調'を表すための標識としての'자신'が再帰辞的な役割で使われていると考えられる．

次に，先行詞が1人称の場合，通常はどのようなケースで再帰化が行われるのかみていくことにする．

(21) a. 사실 나ᵢ는 <u>내 자신</u>ᵢ을 알 수 없었다.　　（『무진기행』：김승옥）
実際，私は私自身が分からなかった．
b. 나ᵢ는 왜 내가 옳다고 생각하는 것을 <u>내 자신</u>ᵢ만 행할 권리, 가슴에 간직할 권리조차 없단 말이냐？　　　　　　（『바비도』：김성환）
私は何故，私が正しいと思うことを私自身だけ行使すべき権利，胸に抱く権利さえないというのか？

(21a)(21b)の用例は, 先行詞が1人称であることから, '자기'ではなしに, '자신'が1人称代名詞の'내'を伴って現れたケースで, これもやはり再帰化現象と捉えることができる. また, 下記のように, '내'の代わりに'나', あるいは'자신'が単独で現れるケースも見られる.

(22) a. 므슈 리가 내려와서 나ᵢ를 데려가겠다고 우겨댔을 때에 제일 놀란 사람은 <u>나 자신</u>ⱼ이었다.　　　　　(『젊은 느티나무』: 강신재)
　　　ムッシュリーが来て, 私を連れて行くといってゆずらなかったとき, 一番驚いたのは私自身であった.
　　b. 나ᵢ는 남다른 재주를 못 타고난 자신ⱼ이 죽고 싶도록 부끄럽고 원망스러웠다.　　　　　　　　　　(『일락서산』: 이문구)
　　　私は人並みはずれた才能を持って生まれてこなかった自分が死にたいくらい恥ずかしく恨めしかった.

(22a)では, '자신'が1人称代名詞の'나'を伴って現れており, (21b)は'자신'が単独で用いられている. これは, 2人称でのケース同様, '나 자신'→'∅ 자신'という具合に, 人称代名詞の省略という形で再帰化が起こっていると捉えられる.
　'자신'が'나あるいは'내'のどちらを選択するかは, 一般的に'나 자신'が通常の用法と考えられる. 主格助詞を伴うケースで'나가'내'に変化するわけであるが, 慶尚道の方言では'나는'(私は)→'내는'という表現もあり, その影響かと考えられる. 少なくとも'내'を'나의'の縮約形とみることはできない. その理由として, 先行詞が3人称の場合'자신'の前に'先行詞+의'が入ることで非文, あるいはそれに近い文になってしまうからである.

(23) a. 정연ᵢ은 자신ⱼ을 찾아온 학수가 사기꾼임을 대번에 눈치채고 호통을 치지만　　　　　　　　　　　(선물 #0:2001)
　　　チョンヨンは自分を訪ねてきたハクスが詐欺師であることをすぐに気づき怒鳴りつけるが
　　b. ** 정연ᵢ은 <u>정연의</u> 자신ⱼ을 찾아온 학수가 사기꾼임을 대번에 눈치채고 호통을 치지만[12]

---

[12] 用例における**は, 非文あるいは非文に近いことを意味する.

102

(23a)は先行詞が3人称で,その再帰化の過程で'자신'が単独で用いられているケースである.(23b)は(23a)の'자신'の前に'先行詞+의'が入ったものであるが,文として成立が不可能であることがわかる.
ところで,先行詞が1人称の際に'자기'が出現する特殊なケースもある.

(24) a. 나ᵢ는 자기ⱼ가 대단한 고집쟁이인지, 또는 부끄럼쟁이인지 분간할 수 없다.　　　　　　　　　(『젊은 느티나무』:강신재)
私は自分がとてつもない意地っ張りなのか,はにかみやなのか,見分けることができない.
b. 나ᵢ는 여러 가지 감정이 뒤범벅이 된 혼란 상태에서 자기ⱼ를 건져내야 한다고 어두운 강물을 바라보며 늘 생각하는 것이었다.
(『젊은 느티나무』:강신재)
私は色々な感情が入り混じって混乱している状態から自分を救い出さなければならないと暗い河を眺めながら常に思うのであった.

(24a),(24b)共に'자기'が再帰代名詞として現れている.通常のケースでは'자기'の位置にそのまま,1人称代名詞'나(내)'が現れるか,あるいは'자기'ではなく,'자신','나 자신'という表現が使われるところである.先行詞が1人称であるにも拘わらず'자기'が現れた特殊なケースともいえる.[13] 2人称で使われる'자기'同様,'자기'が1人称の再帰代名詞として現れる例が殆ど見当たらないことからも例外として看做すのが妥当であろう.
これまで,'자기'と'自分'そして'자신'までの用例も多少含めて,再帰化が起こる際の先行詞の条件と再帰代名詞の機能と意味について考察してきた.少なくとも,下記の例文における日韓の意味の違いは明らかになったと思われる.

(25) a. 나는 철수ᵢ가 자기ⱼ에게 충실하다고 믿는다. (作例)
b. 私ᵢはチョルスⱼが自分ᵢ/ⱼに忠実だと信じる.

(25a)の韓国語の用例における'자기'は埋め込み文の主語である'철수'を指しているが,その対訳ともいえる(25b)の日本語文における'自分'は'私'と'チョルス'両方

13　ネィティブ(日本滞在10年以上)複数に確認したところ,非文とは言えないが'자기'よりは'자신'の方が韓国語として自然であるとの回答を得た.

の解釈が可能となるいわゆる両義文になることが分かるであろう.
　次の章では,先行詞の人称にかかわらず出現する'자신'の用例をみながら再帰化について分析検討してみる.

4. 再帰化の諸相

　ここでは'자신'が他の代名詞と結合しながら再帰化が起こるケース,あるいは単独で用いられるケースについて分析を試みる.原則として,後者の場合は,先行詞となる代名詞が省略された結果,'자신'が単独で現れた現象として捉えることにして論を進める.

(26) a. 거기다가 그들ᵢ의 패배를 한층 결정적으로 만든 것은 <u>그들 자신</u>ⱼ의 질적인 변화였다. (『시인과 도둑』: 이문열)
そのうえに彼らの負けを一層決定的にしたのは彼ら自身の質的な変化であった.

b. 그ᵢ는 <u>자기 자신</u>ⱼ이 정의 자체인 양 참을 수 없이 화가 치밀었다.
(『바비도』: 김성환)
彼は自分自身が正義そのものであるかのごとく堪え切れず怒りがこみ上げた.

(27) a. 덕숙ᵢ이 자신ⱼ의 책상과 명패를 본다. (수줍은 사랑#76 : 1999)
トクスクが自分の机と名入り札をみる.

b. 이방희ᵢ가 자신ⱼ의 무기 고정 거래선인 임봉주에게 CTX를 부탁하자 임봉주는 김동석 연구원을 포섭 (쉬 리#5 : 1999)
李バンヒが自分の武器の固定取引先であるイムボンジュにCTXを依頼するやいなやイムボンジュは金ドンソク研究員を抱きこむ.

　(26a),(26b)共に先行詞が3人称で,その主語の代名詞に'자신'が添加された用例である.(26b)は,主語である'그'が再帰代名詞'자기'で現され,さらに'자신'が添加されたものだ.この様なケースにおける'자신'は,'자신'自体が先行詞を指すのではなく,付随した代名詞,'그들'と'자기'がその機能を担っていると考えることもできる.すなわち,前掲の'자신'は再帰代名詞自体の機能とみるよりは,意

味を強調する上から添加されたものであって，接辞的な役割に過ぎないと解釈できる．[14] 下記をみても分かるように，'자신'を添加させなくとも文が成立する．

(26)´ a. 거기다가 그들;의 패배를 한층 결정적으로 만든 것은 그들;의 질적인 변화였다.
　　　b. 그;는 자기;가 정의 자체인 양 참을 수 없이 화가 치밀었다.

一方，(27)の用例は'자신'が単独で出現している．このケースでは'자신'を'자기'に置き換えたり，主語を繰り返し用いることは可能である．'자신의'までを文から排除することも可能ではあるが，'자신'だけを省くことは不可能である．

(27)´ a. 덕숙;이 자기의;/덕숙의/**∅ 의 책상과 명패를 본다.
　　　b. 이방희;가 자기의;/덕숙의/**∅ 의 무기 고정거래선인 임봉주에게 CTX를 부탁하자 임봉주는 김동석 연구원을 포섭

先に述べた'너(네) 자신'→' ∅ 자신'の現象同様に，(27a)は'덕숙 자신'→' ∅ 자신'，(26b)は'이방희 자신'→' ∅ 자신'という，いわゆる再帰化の過程で先行代名詞が省略されたか，或いは'자신'そのものが再帰代名詞としての機能を有していると看做す方が妥当であろう．
また，'자신'は小説や映画のト書き，台詞等では，同一文内ではなしに，文脈上で単独に使われるケースもある．書き言葉的な要素とも言えるが，実際の用例をみてみよう．

(28) a. 마주앉은 박무영;. 자신;의 닭고기를 슬쩍 얹어준다. （쉬리 #1：1999）
　　　　向き合って座るパクムヨン．自分の鶏肉をこっそりのせてやる．
　　b. 이병장;이, …中略… 이런 애긴 안 하던가요?
　　　　자신;이 특수임무를 띠고 있다거나…　　　　　　（JSA #35：2000）
　　　　李兵長が…中略…こんな話はしてなかったですか．
　　　　自分が特殊任務を負っているとか…

---

14) 李翊燮(1978:14-15).

(28a), (28b)共に文脈上, 前文における, 話題の人物を'자신'で置き換えたものである. この場合, '자신'の代わりに'자기'を用いることは可能であると考えられる. '자기'がこのようなケースで使われる用例をみてみよう.

(29) a. 종이 쪼가리에 글씨를 쓰는 수혁ᵢ. 위에는 성식의 주소가 벌써 적혀 있다. 자기ⱼ 주소를 다 적고 …,　　　　　　　　　　(쉬리 #70 : 1999)
紙切れに字を書くスヒョク. 上にはソンシクの住所がすでに書いてある. 自分の住所を書きおえて…,
b. 내가 삼촌ᵢ한테 같이 오던 여자는 어디 갔냐고 그러니까, 무슨 여자? 자기ⱼ는 읍내에서 혼자 왔다는 거야.　　(조용한 가족#34 : 1998)
私が叔父さんに一緒に来ていた女性は何処行ったのと言ったら, 女性？自分は町から1人で来たというの.

(29a), (29b)は(28)における'자신'同様, 前文に登場した人物を'자기'で表したものである. このような文の境界を越えたケースにおいても, 先行の代名詞が3人称であるならば, '자신''자기'単独で出現しうるということである.
ところで, 興味深い事実として, '자기'と'자신'が助詞を伴うケースで, 属格助詞に限っていえば, '자신'が'의'を伴うケースはよくみられるが, '자기'が'의'と伴うのは稀なようである. 一般的に, 属格助詞'의'は所有や所属関係を示す場合, とくに会話文においては省略されるケースが多い. 例えば, '父の時計'が'아버지의 시계 → 아버지 Ø 시계', '会社の同僚'が'회사의 동료 → 회상 동료'という具合に'의'が省略される. ところが, 上記用例の'자신의 무기'(27a), '자신의 닭고기'(27b), '자신의 책상'(28)からも分かるように, '의'が省略されていない. 次の用例も'자신'が'의'を伴うケースである.

(30)a. 태호ᵢ가 손가락으로 자신ⱼ의 머리를 지시한다.
　　　　　　　　　　　　　　　　(수줍은 사랑 #43 : 1999)
テホが指で自分の頭を指示する.
b. 프레임 왼쪽에서 다림ᵢ이 나와서 자신ⱼ의 사진이 걸려 있는 쇼윈도 앞으로 다가간다.　　　　(8월의 크리스마스#107 : 1998)
フレームの左側からタリムが出てきて, 自分の写真がかかっているショーウィンドの前に近づく.

(30)の用例は，ab それぞれ'태호 자신의 머리 → Ø 자신의 머리', '다림 자신의 사진 → Ø 자신의 사진'の過程で先行代名詞が省略されたとみることができる．通常'자신'が先行詞の強調という再帰辞的な標識として機能する場合，'의'を省略せずにそのまま用いるとするならば，'자기'の場合はどうだろうか．属格助詞を伴う1，2人称代名詞の表記は'나의, 너의'あるいは'내, 네'と縮約形を用いるのが一般的である．ところが，3人称代名詞の場合は，'아버지의 시계'あるいは'아버지 Ø 시계'という具合に縮約形は存在せず，省略という形をとる．つまり，3人称であれば，省略という形をとるのも可能であるが，再帰辞的な標識としての'자신'は先行詞の人称に関係なく，省略されずに'의'を伴うと推察される．一方，'자기'は3人称先行詞の再帰代名詞として機能することから，'의'がなくとも文の成立可否には何ら影響がないと考えられる．(30)の'자신의'を'자기'に置き換えても意味上差異がないことが分かる．

(30)´ a. 태호ᵢ가 손가락으로 <u>자기</u>ⱼ 머리를 지시한다.
　　　 b. 프레임 왼쪽에서 다림ᵢ이 나와서 <u>자기</u>ⱼ 사진이 걸려 있는 쇼윈도 앞으로 다가간다.

下記の用例(31)は，'자기의'の'의'が省略された文と考えられる．

(31) a. 비틀거리며 북창 쪽 벽 앞에 서서 멍한 얼굴로 <u>자기</u>ⱼ 오른쪽 가슴의 상처를 내려다보는 최 상위ᵢ.　　　　　　　(JSA #18 : 2000)
よろめきながら北側の窓のある壁に立ってぼうっとした顔で自分の右の胸の傷をみるチェ上尉.
　　 b. (죽은 사람ᵢ의 자세를 보며) 그게 아니라 어떻게 저런 자세로 <u>자기</u>ⱼ 가슴에 칼을 꽂을 수가 있지?　　(조용한 가족#34 : 1998)
そうじゃなくて，どうしてあんな姿勢で自分の胸にナイフを刺すことができるの？

こうした事例から推察すると，'자기''자신'双方ともに，先行詞が3人称である場合，どちらも再帰代名詞としての機能を有するが，属格助詞の省略パターンから推察すると，'자신'がいわゆる再帰代名詞としての機能とともに，先行詞の意味

を強調するといった再帰辞的要素，標識としての要素を兼ね備えていることがわかる．

　最後に日本語の'自身'の概観について述べて結びとしたい．先に述べたように，日本語の'自身'は強調または弁別的標識として捉えられる傾向にあり，'自分'のみが再帰化の研究対象とされてきたといっても過言ではない．ここでは，'自身'の現れる環境をみてみる．

(32) a. それはかつて先生からも奥さん自身からも聞いて知っていた．
　　　　　　　　　　　　　　　　　　　　　　　（『こころ』夏目漱石）
　　b. 葉子$_i$は自分自身$_i$に救いを求めるように，こう心の中でうめいた．
　　　　　　　　　　　　　　　　　　　　　　　（『在る女』有島武郎）
　　c. 若いメロス$_i$は，つらかった．幾度か，立ちどまりそうになった．
　　　　えい，えいと大声挙げて自身$_i$を叱りながら走った．
　　　　　　　　　　　　　　　　　　　　　　　（『走れメロス』太宰治）
　　d. 大相撲初場所：宝富士$_i$，大変身・・・自身$_i$最速勝ち越し
　　　　　　　　　　　　　　　　　　　　　　　（『毎日新聞』：2013.1）

(32a)，(32b)は意味を強調する，いわゆる再帰辞的用法としての '先行代名詞+自身'のケース，(32c)は先行代名詞の省略形として，'自身'が単独で現れたケースである．これらは，すべて韓国語における'자신'と同様の機能を有していると考えられる．(32d)は，新聞の見出しや，広告などで見られる用法で，'自分'が使われるケースは稀といってよい．文語的な一面が垣間見られる用例といえよう．この場合，熟語との関連から，'自身'の代わりに'自己'で置き換えられることもあるが，これは慣用句としての特性といえる．以下の韓国語の'자기'のケースも同様である．

(33) a. 早川，自己記録更新に満足マラソン（『産経新聞』2013.3）
　　b. 김연아 시청률도 자기 기록 갱신 (http://www.ppomppu.co.kr/)
　　　　キムヨナ　視聴率も自己記録更新

5. まとめ

　これまで韓国語の再帰代名詞，'자기'と'자신'について，日本語の'自分'とも対照させながら考察してきた．要約すれば下記の通りとなる．

① '자기'は3人称,主語を先行詞に持つことが原則である.1人称を先行詞に持つことはごく限られたケースに限る.また,2人称で現れるケースは,特殊な階層,夫婦間や恋人同士の間で使われる2人称代名詞の'자기'が繰り返し使われているだけで,再帰代名詞とみるには無理がある.
② 日本語の'自分'は 1～3 人称,全ての代名詞の再帰化過程で現れる.'자기'との大きな相違点といえる.
③ '자신'はそれ自体単独で使われるケースもあり,この場合,日本語の'自分'同様,1～3 人称全ての代名詞を指すことが可能である.しかしながら,一方では,先行詞の意味を強調するといった再帰辞的要素,標識としての要素を兼ね備えていることがわかる.

冒頭で,韓国語の再帰代名詞として'저,당신,스스로'等も研究対象に取り入れた先行研究があることを紹介したが,これらに対する調査については今後の課題として取り上げることにする.

参考文献

고영근(1983) "국어문법의 연구", 서울 : 탑출판사
김일웅(1975) '우리말 대용법 연구', "한글", 155, 서울 : 한글학회
김일웅(1979) '대명사화 변형과 재귀대명사화 변형에 대하여', "국어국문학", 17, 부산 : 부산대학교 국어국문학과
김일웅(1982) "우리말 대용어 연구", 박사학위논문, 부산 : 부산대학교 국어국문학과
김정대(1981) "한국어 재귀대명사 {자기}에 관한 연구", 경남대학교 석사학위논문
김형철(1985) '인칭대면사「저」에 대하여' "국어통사론", 서울 : 진명문화사
김화춘(1976) "The Theory of Anaphora in Korean Syntax", M.I.T. 박사학위 논문
南基心(1973) "국어 완형 보문법 연구", 대구 : 계명대학교 출판부
南基心・高永根・李翊燮(1975) "현대국어문법", 대구 : 계명대학교 출판부
남기심・이정민・이홍배 (1977) "언어학 개론", 서울 : 탑출판사
南基心・高永根(1983) "국어의 통사・의미론", 서울 : 탑출판사
박선동(1982) "국어 인칭대명사의 화용론적 연구", 국민대학교 석사학위논문
成光秀(1984) "존대법의 연구", 서울 : 한신문화사
成光秀(1975) '국어 대명사에 디하여' "어문론집", 16, 고려대학교 국어국문학회
成光秀(1981) '국어 재귀대명사에 대한 재고' "한글", 172, 한글학회

양동휘(1975) "Topicalization and Relativization in Korean", 서울 : 범한서적
양동휘(1980) '기능적 대용화론'"한글", 170, 서울 : 한글학회
양동휘(1981) '재귀적 대명사'"언어와 언어학", 한국외국어대학교 언어연구소
양인석(1974) 'Two Causative Forms in Korean'"어학연구", 10-1, 서울:서울대학교 어학연구소
우형식(1986) "국어 대용어에 관한 연구", 연세대학교 석사학위논문
李基文(1978) '국어의 인칭대명사'"관악어문연구", 3, 서울 : 서울대학교 국어국문학과
李翊燮(1978) '한국어의 재귀대명사에 대하여'"인문논총", 2, 서울 : 서울대학교 인문대학
이익환(1974) 'Pronominal Anaphora in Korean'"어학연구", 14-1, 서울:서울대학교 어학연구소
이정민(1974) "Abstract syntax and Korean with Reference to English", 서울 : 범한서적
이홍배(1976) 'Notes on Pronouns, Reflexives, and Pronominalization'"어학연구", 12-2, 서울 : 서울대학교 어학연구소
이홍배(1979) '국어의 변형생성문법(Ⅲ)'"문법연구", 4, 서울 : 탑출판사
任洪彬(1987) "國語의 再歸詞 硏究", 서울:新丘文化社
張奭鎭(1984) '지시와 조응'"한글", 186, 서울 : 한글학회
장 선(1971) 'Korean Reflexive Pronoun *caki* and its Referential NP's Point of View' "어학연구", 13-1, 서울 : 서울대학교 어학연구소
鄭仁祥(1980) '현대국어의 주어에 대한 연구'"국어연구", 44, 국어연구회
崔鉉培(1983) "우리말본"(열번째 펴냄), 서울 : 정음사
한양길(1983) "국어의 재귀대명사에 대한 연구", 한양대학교 석사학위논문
홍순성(1981) '국어의 재귀대명사에 대하여', "한국어논문집", 1, 서울 : 한국어문연구소
井上和子(1976) 'Reflexivization: An Interpretive Approach' "Synatax and Semantics", Vol.5, New York: Academic Press
井上和子(1978) 『日本語の文法規則』, 東京 : 大修館書店
梅田博之(1982) 「朝鮮語の指示詞」『講座日本語学』, 12, 東京 : 明治書院
柏谷嘉廣(1984) 「名詞・代名詞の諸問題」『研究資料日本文法』, 東京 : 明治書院
北原保雄他(1984) 『日本文法事典』, 東京 : 有精堂
國廣哲彌(1983) 『日英語比較講座』, 第 2 巻 文法, 東京 : 大修館書店
Kuno Ssumu(1972) 'Pronominalization, Reflexivization, and Direct Discourse' "Linguistic Inquiry", 3-2

久野暲(1973)『日本文法研究』, 東京：大修館書店
久野暲(1978)『談話の文法』, 東京：大修館書店
久野暲(1983)『新日本文法研究』, 東京：大修館書店
Kuroda, S.Y.(1965) "Generative Grammatical studies in the Japanese Language", Ph.D. dissertation. MIT
Kuroda, S.Y.(1973) 'On Kuno's Direct Discours Analysis of the Japanese Reflexive zibun', "Papers in Japanese Linguistics", Vol.2-1
柴谷方良(1978)『日本語の分析』, 東京：大修館書店
鈴木重幸(1972)『日本文法・形態論』, 東京：むぎ書房
鈴木陽二(1989)「한국어와 일본어의 재귀대명사 비교연구」『朝鮮学報』, 130 輯：朝鮮学会
Nakau, M.(1973) "Sentential Complementation in Japanese", Tokyo: Kaitakusya
永山勇(1985)『国文法の基礎』, 東京：洛陽社
牧野成一(1980)『くりかえしの文法』, 東京：大修館書店
松村明(1971) 『日本文法大事典』, 東京：明治書院
村木正武(1985)「日本語の受動文と再帰化の句構造分析」『言語』, 14-12, 東京：大修館書店
山田孝雄(1936) 『日本文法學概論』, 東京：寶文館
McCawley, N.A.(1976)'Reflexivization：A Transformational Approach', "Synatax and Semantics", Vol.5, New York: Academic Press
"표준국어대사전"(2000) 서울：두산동아

指示詞を日韓対照言語学から照らす
——現場指示と直示の象徴的用法の関係を中心に ——[1]

金　善美（きむ・そんみ）

1. 韓国語と日本語の指示詞の概観　　　　　　　　113
2. 現場指示と直示の象徴的用法の関係　　　　　　118
　　2.1.　問題提起と先行研究　　　　　　　　　　118
　　2.2.　直示の象徴的用法と人称区分との関係　　121
　　2.3.　空間を表す直示の象徴的用法　　　　　　122
　　2.4.　程度を表す直示の象徴的用法　　　　　　126
　　2.5.　時間を表す直示の象徴的用法　　　　　　129
　　2.6.　直示の象徴的用法と現場指示の関係　　　133
3. まとめ　　　　　　　　　　　　　　　　　　　134

1. 韓国語と日本語の指示詞の概観

　指示詞[2]とは意味的には，談話が行われている現場に存在したり談話の中で登場する指示対象を指し示すために使われる言葉である．また形態的には，限られた数の語根から派生され，文の中でいくつかの品詞として使われる言葉だという特徴を持つ．

　日本語と韓国語の指示詞は，それぞれ3種類の指示詞が使用されており，「コ・ソ・ア」と「i・ku・ce」[3]の3種類の語根を基に，品詞的には次の【表1】[4]の

---

1) 本稿の内容は，筆者の博士論文を出版した著書『韓国語と日本語の指示詞の直示用法と非直示用法』(2006)の内容の一部である．
2) 田中望(1981:2-3)は指示詞について「「コソア」はもっぱら指示に関する言語形式であるとして，「指示詞」という名で包括的に扱われることがある」とした上で，「「コソア」は一般に「指示」という機能を持つ言語形式のうち，ある特殊な「指示」のしかたをするものである」と定義している．本論文での指示詞の定義は，田中望の定義に近いが，意味と形態の両面で改めて定義を下した．
3) 本論文での韓国語のローマ字表記は，Samuel E. Martin による Yale 式(The Yale Romanization System)に従っている．なお，本論文では，韓国語の例文に日本語グロス(gloss，逐語訳)と意訳を付けている．ただし，グロスの情報の細かさの面では，形態素の切れ目ではなく，意味が通じる程度のグループ単位ごとに付けることにする．例えば，名詞に付く助詞には，主格助詞・目的格助詞を，名詞の修飾語には連体形語尾を，動詞には過去・平叙・疑問・待遇語尾の表記をした．
4)【表1】は，崔鉉培(1955)と佐久間鼎(1951)の指示詞の分類表を参考に，形態的に品詞分類したものである．

ように分類される[5].

【表1】 韓国語と日本語の指示詞の形態的分類

	日本語（近・中・遠称）	韓国語（近・中・遠称）
名詞(もの/場所/方角)	これ・それ・あれ/ここ・そこ・あそこ/こちら・そちら・あちら	i-kes・ku-kes・ce-kes「これ・それ・あれ」[2]/ yeki・keki・ceki「ここ・そこ・あそこ」/ i-ccok・ku-ccok・ce-ccok =ili・kuli・celi「こっち・そっち・あっち」
連体詞(指定/性状)	この・その・あの/こんな・そんな・あんな	i・ku・ce「この・その・あの」
副詞(様子)	こう・そう・ああ	ili・kuli・celi「このように・そのように・あのように」
形容詞	*[1]	ileh-ta・kuleh-ta・celeh-ta「こうだ・そうだ・ああだ」
動詞	*	ile-ta・kule-ta・cele-ta「こうする・そうする・ああする」
形容動詞	こんなだ・そんなだ・あんなだ	*

1) * は存在しないことを示す. 2)「」の中は日本語訳である.

1.1. 韓国語の指示詞の研究

　韓国語の指示詞に関する草分けの研究には，崔鉉培(1955)の考察がある．崔鉉培(1955:232)は，韓国語の指示詞「i/ku/ce(コ/ソ/ア)」に対して，それぞれ「話し手から空間的に近いか，精神的に親しいものは，話し手から近称」であり，「話し手より話し相手に近いか親しいものは，話し手から中称」になり，「話し手や話し相手に対し共に遠いものは，話し手から遠称」になると説明した．これは，話し手を基準とした固定的な把握である．
　その後，張奭鎮(1972:37-38)は，話の場面で，話し手と聞き手の発話場所及び距離の近(proximal)，中(medial)，遠(distal)の概念で，韓国語の指示詞「i/ku/ce」を以下のように分類した．まず，近，遠の二つの距離関係を基本にし，話し手と

---

5) 本論文は，指示詞に対して従来の品詞分類を越えた統一的な研究を行った佐久間鼎(1951)の研究と同様の立場に立って，指示詞の意味用法を考察したものであるが，ここであえて形態的な品詞分類を行ったのは，韓国語と日本語の指示詞の体系における基本的な知識を先に整理するためである．

聞き手の発話場所を軸とする所示素(place deixis)を，Pa=話し手の場所，Pb=聞き手の場所，Pi=話中場所，Po=話し手と聞き手の場所と設定し，PiがPaと近い場合は「i」，PiがPbと近い場合は「ku」，PiがPoと遠い場合は「ce」になるとみた．またPiがPaと近い場合はPiがPaと同一の場合を含めるので，この時はPiをPaとして表記できるとした．

一方，張京姫(1980/1983:288)は「i/ku/ce」はそれぞれ，「話し手の近くにあって話し手に知らされている対象，聞き手の近くにあって話し手と聞き手に共に知らされている対象，話し手と聞き手から共に遠くにあって話し手に知らされている対象」を指示していると説明した．

韓国語の指示詞に関するこれらの研究の問題点を以下に挙げる．まず，崔鉉培(1955)の研究は，基本的に話し手を中心とした距離概念であるのに，聞き手に心理的・距離的に近い概念については人称概念を以って説明しているところから理論の統一性に欠けている感がある．また張奭鎮(1972)の研究は，「話中場所」と，話し手と聞き手の場所との間の関係に対する詳細な説明が省略されていて，それらの概念が何を意味するのかが明らかでないという問題がある．張京姫(1980)の研究は，日本語の指示詞の研究においての二番目の問題，つまり，今まで一つのものとして扱われてきた文脈指示と観念的指示を分けて考える際に問題となる，観念的指示においての話し手と聞き手との間の共有知識の共有の可否の問題が同じく関わってきている．

張京姫(1980/1983:297)は，「対象が話の場に現存せず，談話の中で言及されたこともないことから，指示される対象の物理的資質は全くなく，ただ話し手と聞き手の心の中にある対象を指示するものを「想念的指示(conceptual deixis)」と呼ぶ」ことにし，文脈指示との区別を図ってはいるが，その区別が徹底しておらず時として混用しているという問題がある．これは，韓国語においては，文脈指示と観念的指示を共に中称の「ku」系列が担当していて，二つの用法が形式的には区別がつかないことに起因すると思われる．

一方，韓国語の指示詞の用法については，張京姫(1980)が「実在的指示（real deixis）」と「記号的指示(signal deixis)」と「想念的指示(conceptual deixis)」を，Kim Il Wung (1982)が「現場指示」と「概念指示」と「照応指示」を，朴英換(1991)が「文脈指示」と「状況指示」を区別している．

1.2. 日本語の指示詞の研究

　日本語の指示詞に関する近代的な研究は, 佐久間鼎(1936)の研究から始まったと言われている. 佐久間鼎の研究の近代性としては二つの点が挙げられる. それは, 代名詞を巡っての従来の品詞分類を見直し, 事物や状態を指し示す単語の一群として「こそあど」という名称でまとめた点と, 話し手を中心とした従来の近・中・遠の距離概念に加え, 話し手と聞き手の人称概念を中心とする「なわばり」概念を導入した点である.「なわばり」概念, つまり勢力圏を中心とする分類では, 「コ」を話し手の縄張り, 「ソ」を話し相手の縄張り, 「ア」をそれ以外の縄張りと説明した.

　指示詞の用法について人称概念で以って説明したものには佐久間鼎の他に松下大三郎(1928)がいた. 松下大三郎はコ/ソ/ア-NPsの直示的用法を分類する上で, コ-NPは話し手の近くにあるものに言及する際に使われ, ソ-NPは聞き手の近くにあるものに言及する際に使われるとし, さらにア-NPは話し手と聞き手のどちらからも離れているものに言及する際に使われるとした. また松下大三郎(1928/1974:234)は, 非直示的用法について話し手は聞き手がア-NPによって同定された指示対象を熟知していると看做すとし, そうでない場合はソ-NPやコ-NPが使われるとした.

　一方, 佐久間鼎の人称説に対しては, 後に阪田雪子(1971)や正保勇(1981)からソの用法の反例が指摘された. 正保勇(1981)は, 三上章(1970)と同じように「コ・ソ・ア」の体系を対立型の「コ・ソ」と融合型の「コ・ア」のdouble binary(二重の二項対立)として認識した. これに対し, 堀口和吉(1978a, 1978b)は, 話し手の専制支配を主張し, 話し手である自分を中心に「コ・ソ・ア」はそれぞれ親近, 疎遠, 親遠の関係にあると理解した.

　以上の研究においての問題点は, 主に対話が行われる現場において, 話し手を中心とする距離概念が優先される場面と, 話し手と聞き手の社会的勢力関係や所有概念が関わってきて人称概念が優先される場面の境界をはっきり区分せず, 同一の場面に対する解釈が論者によってまちまちであるということである.

　一方, 指示詞の「コ・ソ・ア」の用法については, 三上章(1970)が「直接指示」と「文脈承前」を, 久野暲(1973)が「眼前指示」と「文脈指示」を, 黒田成幸(1979)が「独立的用法」と「照応的用法」を区別している. こうした二分法に対し, いわゆる「文脈指示」から観念的指示の用法を分離する試みは, 阪田雪子(1971:137)の「指示されるものが外に表われておらず, 話し手の意識の中にある場合の指示」

と，堀口和吉(1978a, 1978b)の「観念(対象)指示」，東郷(2000)の「共有知識指示」等が挙げられる．ただし，阪田雪子(1971)と堀口和吉(1978a, 1978b)の観念的指示の用法と，東郷雄二(2000)の「共有知識指示」の用法は観点が全く異なる概念である．つまり，阪田雪子(1971)と堀口和吉(1978a, 1978b)の観念的指示の用法は共に，話し手の意識あるいは観念の中にあるものを主観的に浮かべているもので，相手との共有している知識との参照は行われないのに対し，東郷雄二(2000)の「共有知識指示」は聞き手の共有知識との調整を前提に行われているという点で大きな差がある[6]．このような記憶モデルと関連しては，吉本啓(1986, 1992: 105-122)が，指示詞の様々な用法を説明するために階層的記憶モデルを用いている．また共有知識の管理と関連しては，田窪行則(1989, 1990a, 1990b)，金水敏・田窪行則(1990)では，対話・談話における情報の交換を談話管理と呼び，こうした談話管理に参加するものとしての聞き手・話し手を談話管理者と呼んでいる．そして談話管理者の主な仕事として，初期状態の値の設定・登場要素の管理・共有知識の確認・信念の維持管理等を挙げた．しかし，後に複数の心的領域を設定した田窪行則・金水敏(1996)，Takubo and Kinsui (1997)，Hoji, Kinsui, Takubo and Ueyama (2002)の談話管理モデルでは「話し手の想定する聞き手の知識」に言及すること自体を破棄することを提案した．ここでは指示詞などの日本語表現における知識の非対称性現象は，話し手と聞き手の共有知識による説明ではなく，知識の直接性，間接性という区別によって説明されるべきだと主張し，それによって談話領域を二つに分離することを提案している．

　その他，日本語のテキストにおける結束性について多くの示唆に富んだ研究をしたものとして庵功雄(1997)があり，指示詞の文脈指示用法を巡っての研究では堤良一(2002)がある．

1.3. 韓国語と日本語の指示詞の対照研究

　韓国語と日本語の指示詞についての対照研究の中で代表的なものとして，田村マリ子(1978)，梅田博之(1982, 1984)，申惠璟(1985)，宋晩翼(1989)がある．いわゆる韓国語と日本語の指示詞の対照研究は最近の研究に至るまで数多く見られる

---

6) 阪田雪子(1971:138)は，話し手が聞き手を自分の領域に包み込んで「われわれ」という領域を作っている時は文脈指示用法で，その場の話題が共通の知識である場合には「ア」系が用いられるといっている．また，堀口和吉(1978b:36)も，話し手がア系列を使うのはその対象とする事柄・事物を遥かなものと捉えていることのあらわれであり，聞き手が対象を熟知しているか否かには無関係であるとしている．

が，多くの議論の中心になる問題，つまり韓国語と日本語における現場指示用法，文脈指示用法，観念的指示用法を比較・検討するといった問題は既にこれら四つの研究で論じられている．

2. 現場指示と直示の象徴的用法の関係[7]
2.1. 問題提起と先行研究
2.1.1. 問題提起

　指示詞の基本機能に関しては，大きく分けて，話し手から指示対象までの距離を設定することができる場合とできない場合とがある．前者は話し手から指示対象が独立して存在する場合であり，後者は話し手から指示対象までの距離が計れない場合で，それはさらに指示対象が話し手自身になる場合と話し手を含む空間になる場合とに分かれる．本章では，後者のように話し手から指示対象までの距離を計れない直示の用法について考えてみる．また，この後者の用法が，一般的な直示用法の現場指示用法と区別されるものであることを示すことによって，指示詞の直示用法には，この後者のような象徴的用法の直示用法と，目で確認できる特定の指示対象を指し示す現場指示用法の2種類があることも示す．

　本章で問題とする用法とは，「私・ここ・今(I, here, now)」という直示の中心(deictic center)[8] に関するパラメーターである発話者・発話場所・発話時に具体的な値を設定すれば自ずと当該指示詞の指し示す指示対象が推論できる，そのような用法のことである．またその際，この直示[9]の指示対象は時空間，時には状況の程度であり，指示対象は指で指し示せない上，目で確認できない[10]ものである．ここで「指差し行為が伴わない」という象徴的直示の特徴は，必要条件であって，十分条件ではない．次の例文を見てみよう．

---

7) 本稿は，韓国日本語学会第8回大会(2003年9月20日，於京畿大学(韓国))での口頭発表と，それに加筆，修正した「現場指示と直示の象徴的用法の関係－日韓対照研究の観点から－」(金善美(2004)『日本語文法』4-1: 3-21. 日本語文法学会)をもとにしている．
8) 直示の中心(deictic center)についてはLevinson(1983)を参照．
9) 本節での直示の意味はCrystal (1997)の定義に従っている．
10) 金水敏(2000)が指摘しているような「<u>この</u>音は何の音だろう．」のような例文での音，触感，臭い，味等の知覚や，話し手の感情・思考等も指差し行為を伴わず，目で確認できないが，これらの用法は現場に存在する指示対象を，話し手が直接経験していることを意味するコ系列の指示詞で以って指し示している現場指示用法であり，本論文で問題になっている直示のパラメーターと関連する用法とは関係がない．

118

(1) A:（ある会社を訪ねて）ここは田中社長の居られる会社でしょう？
    B: はい？そうです．失礼ですが，どちら様でしょうか．
(2) この国ではいったい誰が外国人なのか外見では判断できないだろうし，また外国人かどうかを判定する必要もないのだ．ホテルにとって客は金さえ払えば文句のない存在なのだろう．　　　　　　　　　　　（『一瞬の夏』沢木耕太郎）
(3) （アルバイト募集の広告を見てお店を尋ねた学生に，店長が）
    caney,　yeki-se　ilha-lyemyen　　acwu　pucilenha-key　wumciky-eya　ha-ney.
    君　　　ここ-で　働く-ためには　　とても　真面目に-連用　動く-連用　　　する-終助詞
    「君，ここで働くためにはとても真面目に動き回らないとだめだよ．」

例(1)，(2)，(3)で「ここ」，「この国」，「yeki(ここ)」が指し示す指示対象は，話し手が現在存在する空間ではあるが，その言葉で具体的に指し示すことのできる物体それ自体よりも，会社や国，店という抽象的な集団と考えるのが自然である．つまり，これらの指示対象を同定するためにはいつ，どこで，誰がその指示対象に言及したかという情報を聞き手が現場から得られないかぎり指示対象の同定が不可能だという点からは直示用法とみることはできるが，その指示対象を直接指で指し示すことができないこと，また発話の状況/直示の中心に関する情報があれば，それのみで指示対象が決まるということから，一般的な直示用法とは異なる．

こうした使い方について具体的に言及している研究に堀口和吉(1978b)の所謂「絶対指示」に関する研究がある．堀口によると「絶対指示」とは，従来指摘されている指示詞の用法とは異なる用法で，場所と時間に関するものであり，「常に特定の対象を絶対的に指示する」用法のことだという．また堀口和吉(1990:69)では，以下のようにも述べている．

「この用法は，知覚しているものを指すのではないから<知覚指示><現場指示>ではなく，観念に浮べているものを指すのでもないから<観念指示>ともいえず，照応するものがないから<文脈指示>ともちがう．コ・ソ・アの指示対象が常に定まっていて絶対的にそれを指す用法であるから<絶対指示>とよぶことにする．」

堀口和吉はさらに，このような「絶対指示」用法として場所と時間に関するものを挙げた．それぞれ場所表現には近称と中称が使われるとし，遠称の表現は「この世」に対して「あの世」があるのみで，普通遠称はないとした．また時間の用

法は現在時を表す用法であるとし，近称のみが存在するとした．その後，正保勇(1981)でこの概念は若干取り上げられたが，これも堀口和吉(1990)によると「現場指示」と「絶対指示」の混同が見られるとされた．

本章では，例(1)，(2)，(3)のような指示詞の使い方を説明する上で，堀口和吉の所謂「絶対指示」という概念がうまく機能するかどうかを検討する．また韓国語と日本語の実際の用例からこれらの用法を観察し，従来の現場指示用法との違いも明らかにすることを目指す．尚，本章では従来「絶対指示」と呼ばれた概念をさらに発展させ，その概念を「直示の象徴的用法」と呼ぶ事にする．名称を変更した理由は，本章における「直示の象徴的用法」の説明が堀口和吉の「絶対指示」の説明を発展させたものであり，両者の概念が同一のものではないからである．

2.1.2. 先行研究

韓国語と日本語の指示詞の用法に関する従来の研究では，直示用法(deictic use)と非直示用法(non-deictic use)の違いに関する問題と，非直示用法間の其々の用法の違いを明確にするといった問題が主に扱われてきた．

しかし，本章の対象である所謂「絶対指示」，もしくはそれに類似した概念について本格的に論じている文献は韓国語と日本語を対象とした研究ではあまり見当たらない．

正保勇(1981:118)で若干の言及があるが，「絶対指示」が「起源的には，現場指示の用法を擬して生まれたとしても，もはや話し手のいる具体的な現場とは直接結びつきを持っていないといえる」とし，「実際に話し手のいる場所とは関係なく常に特定の対象を指示する」としている．しかし，話し手が置かれた時間と場所を常に指示する用法の「絶対指示」を，話し手の現在の居場所と無関係に考えることはできないことから，この説明は的を射ていない．

話し手との結びつきを排除した正保勇(1981)とは対照的に，李長波(2002)では上記の用法について話し手中心の説明をしている．李長波(2002:105-106)では，「「いま・ここ」に直結するような「コ」」は「時間的・空間的な意味での現場そのものを指示する用例」であり従来のコ系の用法とは一線を画すべきであるとし，本章で問題とする用法についての認識を示している．しかしその一方で李は，この用法は話し手と聞き手との相互関係によって選択的に選ばれる「対立型」のコ系の用法とは異なる面があるものの，対立型用法とそれと対極の関係にある融合

型用法と同様，話し手の関わり方の強弱の度合の違いはあっても話し手の発言の「いま，ここ」に深く関わるものだという点では分けられない一つの用法であるとしている．「絶対指示」にも指示詞の語根の選択で人称区分が働くことから，この考察には的を射た部分もある．しかし「絶対指示」を「絶対指示」たらしめる最も重要な特徴は人称区分を越えて常に決まった語根が選ばれる点であることを考えると，李長波の考察には，堀口和吉の「絶対指示」に関して用法の観察はあるものの，その説明を人称区分の方へ単純に回帰させてしまったという問題がある．

庵功雄(1993)では直示の中心と「絶対指示」の関連性について指摘している点は評価できるが，あまり詳しく述べられていない．

一方，Levinson, Stephen C. (1983)とFillmore, Charles J.(1997)からは，上の先行研究の不備を補う多くの示唆を得ることができる．これに関しては2.3.2節で詳述する．

2.2. 直示の象徴的用法と人称区分との関係

まず，直示の象徴的用法についての具体的な考察に入る前に，この概念と，指示詞の語根の選択を決定する人称区分・距離区分という基準との関係について見てみることにする．韓国語と日本語の指示詞の三つの語根，つまりコ系とi系，ソ系とku系，ア系とce系の選択を決定する要因として人称区分と距離区分がある．まず，人称区分では，話し手と聞き手は指示対象を巡り対立する関係にある．つまり，話題になっている指示対象がどちらの勢力下にあるかといういわゆる「なわばり」問題が関わってくる時は人称によって指示詞が選ばれる．一方，距離区分は，指示対象に対する所有の権利や操作可能性など，勢力の面で話し手と聞き手の関係が同等な場合で，両者の間の対立がない場合に選ばれる指示詞の基準である．

直示の用法の中には，上記の指示詞の選択基準によってその指示詞の語根を選ぶ余地が残されていない，常に特定の時間と場所，程度を指示する用法がある．また，この用法においては，発話の状況/直示の中心に関する情報があれば，指示対象が一意的に決まる．本章では，こうした用法のことを「直示の象徴的用法」と呼ぶ事にする．ただし，直示の象徴的用法には，種類によっては人称区分の影響を受けるものもある．つまり，空間と程度を表す直示の象徴的用法は人称区分の影響を受ける用法であり，その結果指示詞の語根の選択が見られるが，時間の

直示の象徴的用法では指示詞の語根の選択が見られず，日本語ではコ系，韓国語ではi(コ)系だけが選ばれる．その意味で時間を表す象徴的直示は，典型的な象徴的直示用法だと言える．詳しくは，以下で見てみることにする．

2.3. 空間を表す直示の象徴的用法
2.3.1. 「ここ」「こちら」「この町」「この国」

まず，実体のない指示対象の中でも空間を表す言葉，つまり「ここ」，「こちら」，「この町」，「この国」などについて見てみたい．例(1')(=例(1))と例(2')(=例(2))について例(4)と比べてみよう．

(1') A: (ある会社を訪ねて) ここは田中社長の居られる会社でしょう？
　　　 B: はい？そうです．失礼ですが，どちら様でしょうか．
(2') この国ではいったい誰が外国人なのか外見では判断できないだろうし，また外国人かどうかを判定する必要もないのだ．ホテルにとって客は金さえ払えば文句のない存在なのだろう．　　　　　　　　　　　　（『一瞬の夏』沢木耕太郎）
(4) (目の前のレストランを指差しながら聞き手に)
　　　 明日の昼12時頃，ここで食事しない？

例(4)の中での「ここ」は例(1')と(2')での「ここ」と「この国」とは違い，レストランという物理的な指示対象が存在し，発話時に指でその指示対象を指し示すことも可能である．その意味から例(4)での「ここ」は指差し行為を伴う典型的な直示であり，現場指示だと言える．しかし，例えば例(1')での「会社」では，話し手と聞き手が現在共有している空間は，聞き手が所属している会社という集団のための空間である．両者はその事実に気づいており，「ここ」が指している指示対象(会社)の同定に指差し行為を必要としない．堀口和吉の用語で言うならば，例(1)，(2)，(3)では常に特定の対象がその指示対象になるわけである．

2.3.2. Levinson, Stephen C. (1983)とFillmore, Charles J. (1997)の直示の象徴的用法

堀口和吉は「特定の対象を絶対的に指示する」と言っているが，ここでの「絶対的」という言葉は，その他の指示詞の選択を許さず，常に定まっている指示対象を常に定まっている指示詞で以って指す，という意味として把握できる．こう

した用法は，指示対象の同定のために現場からの情報もある程度参照すべきであるという点からは「直示」であるが，話し手の所属や居場所を象徴的に表すという点からは従来の直示用法とは異なる．

　こうした見方は Levinson, Stephen C.(1983)と Fillmore, Charles J. (1997)でも述べられている．次の例を見られたい．

(5) a. I want you to put it <u>there</u>.
　　 b. Is Johnny <u>there</u>?　　　　　　　　(Fillmore, Charles J. (1997:63))

Fillmore, Charles J. (1997:63)は，例(5a)は直示の「ジェスチャー的用法(gestural use)」，(5b)は「象徴的用法(symbolic use)」だと説明した．つまり，(5a)の there を理解するためには聞き手は話し手がどこを指で指しているかを見つめないといけないという点から「ジェスチャー的用法(gestural use)」[11]と呼んでいる．一方，(5b)の there は，電話での会話で「あなたのいる所(in the place where you are)」，つまり現在電話に対応している相手の居場所を指し示す，という点から「象徴的用法(symbolic use)」と呼んでいる．Levinson, Stephen C.(1983)も以下のような例を挙げている．

(6) a. <u>This</u> one's genuine, but <u>this</u> one is a fake.
　　 b. <u>This</u> city is really beautiful!　　　(Levinson, Stephen C. (1983:65))

ここで Levinson, Stephen C.(1983:65)は例(6a)と(6b)をそれぞれ，直示の「ジェスチャー的用法(gestural usage)」と「象徴的用法(symbolic usage)」と呼んでいる．そして，「ジェスチャー的用法」の理解の為に聞き手は発話行為に対し，聴覚・視覚・触覚的，また一般的に身体的なモニタリングが伴うとしている．それに比べ，「象徴的用法」の理解のためには，発話行為における基本的な時空間のパラメーターに関する知識が必要であるのみと説明している．つまり「私・ここ・今(I, here, now)」という直示の中心(deictic center)に関するパラメーターである発話者・発話場所・発話時に具体的な値を設定すれば自ずと当該指示詞の指し示す指

---

11) Fillmore, Charles J.の言う「ジェスチャー的用法(gestural use)」とは，従来の研究における普通の直示用法のことである．

示対象が推論できるのである．[12]

　言語別に考えてみた場合，英語の例で上記の(6b)で this city とは「我々の都市」という意味になり，話し手を含む都市空間は聞き手までも含んでいることがわかる．このような用法は，話し手と聞き手の区別があり，かつ話し手が属するパラメーターが直示の基本要素である場合，英語のような二項対立の場合でも韓国語や日本語のように三項対立の場合でも直示の象徴的用法に違いはない．次の節からは主に日本語と韓国語の例を見てみたい．

2.3.3. 日本語と韓国語における現場指示と直示の象徴的用法との違い

　次の一連の例では日本語と韓国語の現場指示と直示の象徴的用法の違いを考察する．まず日本語の例を見てみよう．例(7)と(8)は現場指示，例(9)は直示の象徴的用法である．

(7) 純子は，「こちらへどうぞ．応接室がございますので」と案内しておいて，受付へ取って返し，「ね，あの人たちにお茶出してやって．それから，このことは社長へ言っちゃだめよ！」と言っておいて，応接室へ戻った．

（『女社長に乾杯！』赤川次郎）

(8) (AがBをCに紹介する場面で)
　　A：(Bを指しながら) こちらは伊藤さんです．
　　C：(Bに向かって) はじめまして．田中と申します．

(9) アメリカのテキサス州ヒューストンから打ち上げられた一隻の宇宙船が，月面に着陸しようとしていた．＜中略＞「こちらダスティン船長．星条旗がたおれかかっているが，まっすぐに直してよろしいか」「こちらヒューストン．すばらしいアイデアだ．星条旗をまっすぐに直してくれたまえ」

（『ブンとフン』井上ひさし）

　例(7), (8), (9)では，ジェスチャーを伴うただの方向を表す現場指示用法(7)から，方向の指示詞で以って自分の領域下の人を指すために使われた現場指示用法(8)，そして完全に方向の指示詞が発話者自身を象徴的に表す，指示詞の所謂「象徴的用法(symbolic usage)」(9)が観察される．そしてこの例(9)は方向や場所を表す言

---

[12] 直示の中心と絶対指示用法の関連性については庵功雄(1993:7)で簡単に指摘されている．また田窪行則教授も口頭ではあるが，2001年からその関連性について述べている．

葉が常に特定の指示対象を指すという堀口の「絶対指示」とも繋がるが，結果的には発話者の居場所だけに止まらず，発話者自分自身までも指せるように指示用法が変わったと見るべきである．

韓国語においても次のような例がある．

(10) （ある会社の入社試験の面接の場面で，審査委員たちが，いま右手のドアから入ってきた受験者に対し，受験者と審査委員から同じくらいの距離の前方に置かれている椅子を指差しながら）

<u>keki</u>-ey anc-usi-o.
そこ-に 座る-待遇-勧誘
「そこに 座りなさい．」 （金善美 2002b）

(11) （南半球にいる友達に電話で話しながら）
<u>keki</u>-nun pelsse kyewul-ikeysskuna. <u>yeki</u>-nun icey yelum-I toylyehanunte.
そこ-は もう 冬-であろう ここ-は これから 夏-に なろうとするのに
「<u>そっち</u>[13]はもう冬だろうね．<u>ここ</u>はこれから夏になろうとするところなのにね．」

金善美(2002b)は例(10)での「keki(そこ)」は話し手と聞き手から距離的に離れた，ある地点を表す現場指示の例であり，発話時に指差し行為を伴うとしている．このような例に比べ，例(11)での「keki(そこ)」と「yeki(ここ)」は明確な物理的指示対象に言及するわけでもなく，先行文脈に必ずしも先行詞がある必要もない．また，目で確認できる特定の指示対象があるわけでもない条件下で，話し手と聞き手の居場所を表しているという点から，例(10)の用法との間で違いが認められる．

上記のような空間を表す直示の象徴的用法では，指示対象である空間は話し手と聞き手の関係によっては分割でき，話し手と聞き手によってコ系とソ系の使い分けが見られる．

2.4. 程度を表す直示の象徴的用法

程度・様態を表す一般的な副詞の場合と，スケールがありその中のある段階に

---

13) 電話の場面で相手と自分の居場所を表す時，韓国語では場所の指示詞の「keki(そこ)」，「yeki(ここ)」が使われるのに対し，日本語では相手の居場所については方向の指示詞の「そっち」が使われる．例(11)の日本語訳はそのような使い方を反映している．

達した時にだけ使われる，程度の直示用法の間には区別があるようである．後者における程度の尺度は直示の中心（deictic center）や時・空間という発話現場の値とも関連すると考えられる．以下の一連の例を見られたい．

(12) (指導している学生の論文を同僚の教授に見せながら)
　　　いや，彼は<u>ここまで</u>[14]やれるとは思わなかったですよ．
(13) (相撲の力士が引退インタビューで)
　　　僕は体が小さいので，<u>ここまで</u>やれるとは思わなかったですね．
(14) (家族皆で地下室に非常食料を積みあげる作業を終えてから)
　　　<u>これくらい</u>備えておけば大丈夫だろう．
(15) (批評を求められた，友人から渡された小説を読み終えて，友人に)
　　　<u>この程度</u>の小説ではとても芥川賞は取れないよ．

例(12)から(15)での下線部の直示表現は，スケールがありその中のある段階に達した時にだけ使われる，程度の直示用法であり，目の前にある物を指しているのではない．つまり，これらの例での指示対象はそれぞれ，例(12)では研究の達成度を，例(13)では現在の地位や今まで続けてこられたという状況を，例(14)では準備の充実度を，例(15)では小説の完成度を指しているので，典型的な直示表現とみる場合は目の前の物を指すことになってしまい，矛盾が生じる．
　韓国語においても似たような例が観察される．以下の一連の例を見られたい．

(16)　"ecceta　　<u>i cikyeng-kkaci</u>　twaysseyo?"　cenmunuy-uy　cilmun-i
　　　どうやって　<u>この状態-まで</u>　　なったのですか　専門医-の　　　質問-が
　　　atukhakeyman　tullinta.　Cengmal ecceta　<u>yeki-kkaci</u>　wassulkka? <中略>
　　　遠くからのように　聞こえる　本当に　どうやって　<u>ここ-まで</u>　来たのだろう
　　　pulkwa　1 nyen　6 kaywel　ye　man-ey 14kg-i　nulena-n　kes-ita.
　　　わずか　1 年　　6ヶ月　　あまり　だけ-で 14kg-が　増える-連体　の-だ
　　　「「何をして<u>こんな状態にまで</u>なったのですか．」専門医の質問がまるで遠くから

---

14) 程度の象徴的用法では，場所を表す象徴的直示用法と同じく，人称原理も考えられ，コ系とソ系の対立も観察される．しかしア系の指示詞について言うならば，ア系の指示詞が指示する指示対象は話し手と聞き手の共通知識であるため，上記の例文でア系の指示詞を使う場合，本来発話者の意図した指示対象への同定に繋がらなくなる．本文の例(21)への説明も参照．

聞こえるようだ．確かに，何をしてここまで来てしまったのだろう．＜中略＞
わずか1年6ヶ月で14kg が増えたのである．（「週間東亜」第330号, 2002年）

(17)　manyak　Pak Chanho-ka　　nay　yeph-ey　isstamyen　chwungko-pota-nun
　　　もしも　パク チャンホが　　私の　そば-に　いれば　　　忠告-より-は
　　　kyeklye-lul　haycwuko-siphta.　　kicwuk-ul　　philyo　epsta.　i cengto-myen
　　　激励を　　　してあげ-たい　　　めげる-連体　必要　　ない　　この 程度-なら
　　　twayssta.　ha-l　　　mankum　hayssuni　unthoyha-l　　ttay-kkaci
　　　いい　　　やる-連体　だけ　　　やったから　引退する-連体　時-まで
　　　chenchenhi　hayla.
　　　ゆっくり　　やれ

「もしパク・チャンホが私のそばにいるならば忠告よりは激励をしてあげたい．
めげることない．この程度なら十分だ，やるだけのことはやったのだから，引
退する時までゆっくりやっていけ．」　　　（「GQ KOREA」，2003年8月号）

(18)　'imanhamyen'　twayssta'-nun　caman-ey　ppaci-nun　nal-i　silphay-uy
　　　これ位すれば　　十分-という　　自惚れ-に　陥る-連体　日-が　失敗-の
　　　sicak-ilanun　kes-ul　ku-nun　alko　issessta.
　　　始まり-という　事を　　彼-は　　知って　いた

「「これ位しておけば十分」という自惚れに陥る日が失敗の始まりだというこ
とを彼は知っていた．」（「成功した人達の7つの秘訣」'Blue Classical
Stained Glass'Web Page, 2000年）

例(16)での「i cikyeng-kkaci(こんな状態にまで)」「yeki-kkaci(ここまで)」と，例
(17)，(18)の「i cengto(この程度)」「imanhamyen(これ位しておけば)」にも
あるスケールがあって，その中のある段階に達した時にだけ使われる，程度の直
示用法である．
　このような程度の象徴的用法では，場所を表す象徴的直示用法と同じく，人称
原理も考えられ，コ系(i系)とソ系(ku系)の対立も観察される．まず日本語でソ系
が使われた程度の象徴的用法としては次のような例が観察される．

(19)　（批評を求められた，友人から渡された小説を読み終えて，友人に渡してから）

その程度の小説ではとても芥川賞は取れないよ．
(20) （友人からあまりにも厳しく批判され)普通そこまで言うか！

例(19)と(20)では自分ではない，相手が関わるある出来事の程度が常識的な基準として考えられるあるスケールを越えた場合に使われた程度の直示用法の例である．つまり，これらの例での指示対象はそれぞれ，例(19)では芥川賞を受賞するレベルに程遠い相手が書いた小説のレベル，例(20)では常識的に考えられる批判の度合を遥かに越えた相手の批判の程度を指している．
　韓国語においても次のような例が考えられる．

(21)　　（批評を求められた，友人から渡された小説を読み終えて，友人に渡してから）
　　　 ku cengto　　leypayl kacikon,　ipen　　kongmo-ey　tangsen-toy-ki-n
　　　 その　程度　　 レベル　で以っては　今回　　公募に　　　当選-される-名詞化-は
　　　 kullessney.
　　　 見込みがないよ
　　　「その程度のレベルでは，今回の公募に当選される見込みはまったくないね．」

例(21)で「ku cengto（その程度)」は，小説の公募に当選されるレベルには程遠い相手の小説のレベルが指示対象になっている，程度の直示用法である．
　例(19),(20),(21)で示したように韓国語と日本語の両言語の指示詞の程度の象徴的用法では，その指示対象が相手に関わる場合は，場所を表す象徴的直示用法と同じく，人称原理も考えられ，ソ系と ku 系の指示詞が現れ得る．
　しかしア系と観念指示用法の ku 系の指示詞について言うならば，程度の直示用法の例文でア系と観念指示用法の ku 系指示詞は出現しない．言い換えれば程度の直示用法を表すア系（観念指示の ku 系)指示詞は存在しない．なぜなら，ア系（観念指示用法の ku 系）の指示詞が指示する指示対象は，話し手と聞き手が発話以前の時点で一緒に経験した共有知識であるため，発話が行なわれている現場からその指示対象を見つけることができないからである．上記のような，程度の直示用法の例文でア系（観念指示用法の ku 系）の指示詞を使う場合，もはやそれは直示用法ではなく，観念指示用法になってしまうのである．次の例を見られたい．

(22) A:　　（ある小説が話題の，友人との会話で）あの程度の小説ではとても芥川賞は取れないよな．
　　B:　　まったくだよ．あのレベルじゃ，全然だめだね．

　例(22)の例でア系指示詞の指示対象は，発話以前の時点で会話参加者の間でその情報が共有されたある小説である．ここでは，話題の小説が持つ，あるスケールに達していないその完成度が問題になってはいるが，直示用法ではないので，程度の直示用法として看做すことができない．
　以上，程度の直示用法について諸例を挙げたが，本章は空間と時間に関する象徴的直示用法を重点的に扱ったものであり，程度を表す用法については上記の諸例と直示の象徴的用法との間の関連性を示唆するだけに止めたい．

2.5. 時間を表す直示の象徴的用法

　例えば，発話現場で言及された「この時間」という語にも三つの指示用法が考えられる．つまり，①手帳の時間表を見ていて，ある時間帯をさしながら「この時間は忙しいよ．」という場合は現場指示用法，②先行文脈がある場合，つまり「月曜日は講義が連続して二つも入っているが，この時間は忙しいよ．」という場合では文脈指示用法，③面談の目的で研究室を訪ねてきた学生に向かって教授が「君，この時間は忙しいんだよ．」という場合は今までの考察から直示の象徴的用法だと考えられる．この節では，③のような時間の象徴的用法についてより詳しく見てみよう．以下のような例が観察される．

(23)「……そうしてね，今日の朝，ママの家に行ったら，この頃あまり肉を食べてないだろうからって，また肉さ．朝からほんとにまいったよ，まいった．」
　　　　　　　　　　　　　　　　　　　　　　　　　（『一瞬の夏』沢木耕太郎）
(24)「ここんところ雨ばっかりだねえ」　茶店のおばあさんは，自分の茶わんにお茶をついだ．　　　　　　　　　　　　　　　（『ブンとフン』井上ひさし）
(25)「水商売をやってる時に残しておいた金がいくらかあったんだ」
　　「それで二月からこの夏まで[15]ずっと暮らせたの？」

---

15) ここで「この夏まで」は「名詞＋まで」という形を使っている点は例(29)の「これまで」と同じであるが，「夏」という名詞が，「これまで」の「これ」が表す「今，現在」という時間の流れ上の一点ではなく，一定の期間に言及するという点が異なる．

「うん，まあ……」　　　　　　　　　　　　　（『一瞬の夏』沢木耕太郎）
(26) ここ数日，雨が降っていない．

例(23), (24), (25), (26)で下線部は，空間のメタファーとしての時間表現であり，話し手がその時間の中に身を置いている一定の期間であり，話し手が発した時点でその期間が常に特定できる．またこの用法の特徴は，他の系列の指示詞，即ちソ系やア系による代替が不可能だという特徴を持つ．例(23)では「そのごろ，あのごろ」という言葉はないし，同じく例(24)でも「あそこんところ」という言葉は考えられるが用法が違う．「そこんところ」の場合は「そこんところ宜しく」などの例が考えられるが，時間の直示の表現ではない．また例(25)ではソ系を使う場合は文脈指示用法に，ア系を使う場合は話し手と聞き手が知っている知識について言及する共有知識指示用法[16]になり本来の文の意味が変わってしまい，直示用法ではなくなる．このような，文の意味上の代替不可能性こそ，直示の象徴的用法の特徴だと言える．
　一方，次のような例(27a)は一見，時間の直示表現かのように映る．

(27a) この歳になると，もう脂っこいものが食べられない．
(27b) その歳じゃ，もう徹夜はきつかろう．

例(27a)では意味的にもまた話し手の現在の状況に対して「その歳，あの歳」とは言わないという点からも時間の直示表現として映るが，問題となる状況が自分のではなく聞き手の状況であるならば例(27b)のように「その歳」という表現も使える．つまり，「この歳」という表現は人称原理が働くものであり，そういった点で時間の直示表現ではなく程度の直示表現とふるまいが共通している．
　時間の直示表現に関しては，韓国語においても次のような例が観察される．

(28)　cham-ul　　swu　　eps-nun　　'ccakipki'-uy　　kapyewum.　icuum
　　　堪える-連体　方法　ない-連体　繋ぎ合わせ-の　　軽さ　　　このごろ
　　　umpan　maycang-uy　cinyeltay-ka　poyecwu-nun　phungkyeng-ul
　　　レコード　売り場-の　　陳列棚-が　　見せてくれる-連体　風景-を

---
[16] 韓国語と日本語の指示詞の文脈指示用法と共有知識指示用法（つまり観念指示用法）について詳しくは金善美(2002a)を参照．

```
       yoyakha-ntamyen    i len    phyohyen-I   cekcelha-l    kesita.
       要約する-とすれば    こんな    表現-が      適切だ-連体    ことであろう
```
「堪えられない「繋ぎ合わせ」の軽さ．このごろ，レコード売り場の陳列棚から見えてくる風景を要約すれば，このような表現が適切であろう．」

(「News+」, 1996年)

例(28)で「icuum（このごろ）」は，出来事がある状態に到達しようとする頃を意味する「cuum（ごろ）」にi(コ)系の連体詞「i（この）」が繋がった言葉で「少し前の時点から現在までの時間帯」を表す言葉である．ここでku（ソ）系の「kucuum（そのころ）」とは代替不可能であるが，なぜなら，「kucuum（そのころ）」には現在の時間帯を表す直示用法はなく，前出内容を受ける文脈指示機能しかないからである．同じく日本語の場合も「このごろ」は時間の象徴的直示用法であるが，「このころ」は前出内容を受ける文脈指示機能しかなく，区別される．

また，「icuum（このごろ）」の指小形(diminutive)である「yocuum（このごろ）」になると，「kocuum」などの語彙が使われることはなく，もっぱら「yocuum（このごろ）」だけが使われる．このことから，韓国語では時間の直示表現は語彙レベルでi(コ)系しか選ばれない形として定着されており，他の語根の選択余地が排除されていることから直示の象徴的用法にもっとも近い用法だと言える．

一方，次の例について考えてみよう．

(29) そういえば，これまで私が後楽園ホールで立ち会うことのできた計量は，すべてが世界選手権試合のためのものだった．　　　（『一瞬の夏』沢木耕太郎）

(30) 私は，ビルの前を走り廻る車を眺めながら，さてこれからどうしたものかと考えた．　　　　　　　　　　　　　　　　　　（『一瞬の夏』沢木耕太郎）

```
(31)  nanun   icey-puthe   sulsul    sicakha-l    ttay-ka   toyessta-ko   nukki-ko
      私-は    この時-から   そろそろ   始まる-連体   時-が     なった-と     感じる-連用
      pelttek   ilesessta.
      すっくと   立ちあがった
```
「私はこれからそろそろ始める時がきたと思い，すっくと立ちあがった．」

（『etwum-uy casiktul』(闇の子供達)，ファン・ソクヨン）

```
(32)  i    yenghwa-nun   icey-kkaci   pon   kes   cwung-ey   kacang   insang-ey
      この  映画-は       この時-まで   見た  もの  中-で       もっとも  印象に
```

131

nam-nun　　yenghwa-yessta.
残る-連体　　映画-だった
「この映画はこれまで見てきたものの中でもっとも印象に残る映画であった.」

　例(29)と(30)での「これ」と,例(31)と(32)での「icey（この時）」は,話し手が置かれた時間軸であり現在である.特に「icey」とは, i (コ)系の連体詞「i」に「cek-ey（時-に）」が縮約された「cey（時に）」が繋がった言葉で「発話している今,現在」という意味を持っている.そして「icey」のペアのソ系形式の「kucey(その時)」という形式は,「kuceyya（その時になってやっと）」という慣用的な語句が見つかるのみであることから,「icey（この時）」が示す直示の意味を保ったままでの代替可能な他の指示詞はないと言える.従って「これまで」と「icey-kkaci」は過去から発話時点まで,「これから」と「icey-puthe」は発話時点から未来という一定の期間が,話し手の発話時点から容易に同定されるという点で,今まで観察してきた直示の象徴的用法の特徴を持っている.
　このような時間を表す直示の象徴的用法は,話し手と聞き手という人称の区分を越え,同じ時点を生きる個人なら選択の余地なしに与えられる「今」という,直示であるがゆえの発話状況依存的条件の下,話し手中心のコ系しか出現しない[17]という点から,典型的な象徴的直示用法と言える.

2.6. 直示の象徴的用法と現場指示の関係
2.6.1. 現場指示と直示の象徴的用法の関係
　以下で示す【表2】は,今までの韓国語と日本語の実際の用例をもとに,現場指示と直示の象徴的用法の関係についてまとめたものである.ここで2.3節から2.6節での考察を併せると,ただ二つの用法の特徴を比べることに止まらず,現場指示と直示の象徴的用法の各種類別の違いも説明することができる.2.6.2節ではこの問題について考えてみる.

---

17) 時間の直示性については,田窪(2002)も次のように指摘している.「時間は場所やものと異なり,独り言と対話的談話とで表現が異なることはない.聞き手や読み手が時間を共有していれば,必ず共有されている時間は同じであり,「今」という発話時現在を表す時間がそれを表し,いわゆるダイクティックな時間は,この「今」を基準点として定義される.」

【表2】現場指示と直示の象徴的用法の関係

		現場指示	直示の象徴的用法
違い	指示対象	話し手からの近・遠の距離を保って現場の中に存在	話し手本人,話し手が現在存在する,話し手を含む時・空間
	指示詞の語根の選択の可否	話し手と聞き手の勢力関係や距離等の要因によってコ系とソ系,ア系の選択の余地がある	典型的な象徴的直示用法では語根の選択の余地が排除され,コ系しか選ばれない.ア系は現れない.
	指差し行為	指示対象に対する指差し行為が必要	指示対象に対する指差し行為が不要
共通点		人称原理が働き得る余地がある 発話状況に依存する	

2.6.2. 現場指示と直示の象徴的用法との違い

以下で示す【表3】は現場指示と直示の象徴的用法との違いを,指示対象への働きの面からまとめたものである.【表3】で,まず現場指示は話し手と聞き手が同一空間にいて,目で確認できる物理的な指示対象を指差し行為で以って指し示し,またその過程で話し手と聞き手の勢力関係によって人称原理が働くものである.しかし,場所と程度を表す直示の象徴的用法では人称原理だけが維持され,残りの部分は必ずしも必要ではなくなる.距離原理は現場指示だけに影響する.そして時間の直示の象徴的用法では,全ての項目で必然性がなくなる.

【表3】現場指示と直示の象徴的用法との違い

指示用法 指示対象への働き	現場指示	場所と程度の直示の象徴的用法	時間の直示の象徴的用法
指差し行為	(+)	(−)	(−)
人称原理(こ/そ,i/ku)	(+)	(+)	(−)
距離原理(こ/あ,i/ce)	(+)	(−)	(−)
話し手と聞き手が同一空間にいる必要性	(+)	(−)	(−)

これらのことから,直示の象徴的用法は現場指示をその基盤にしながらも,発

話者と発話時，発話場所さえ話し手が認識できればその指示対象の同定が可能であり，現場指示を特徴づける諸要因を必ずしも必要としないということから，現場指示とは区別される用法であることがわかる．

3. まとめ

　本稿では，堀口和吉(1978b)の「絶対指示」について，その概念をより具体的に規定するために直示の象徴的用法という概念を導入した．そして，現場指示と区別される直示の象徴的用法の諸特徴を挙げることによって，直示の象徴的用法は現場指示と分離して考えるべき用法であることを提案した．そして，直示の象徴的用法が現場指示と同様，人称区分の働く余地はあるものの現場指示とは違う用法である，ということを裏づける特徴として以下のようなものを示すことができた．

- 一，直示の象徴的用法は指示対象に対する指差し行為を必要としない．
- 二，直示の象徴的用法では，コ/ソ/ア(i/ku/ce)の対立が無く，日本語と韓国語で主にコ系とi系の指示詞が選ばれる．
- 三，直示の象徴的用法の指示対象は目で確認できる物理的なものではなく，話し手を含む抽象的な場所・状況・時間であり，時には話し手本人である．

　また言語別に見れば，当該の発話場面に話し手と聞き手がいて，かつ話し手が属する時空間というパラメーターが直示の基本要素である場合，指示詞の体系が英語のような二項対立の場合も韓国語や日本語のように三項対立の場合も，直示の象徴的用法が観察されるという面では違いはないということを示した．

参考文献

張京姫(1980)「cisi-e i-ku-ce-uy uymi-punsek」(指示語 i/ku/ce の意味分析)『語学研究』16-2, 서울:서울대학교 어학연구소 (ソウル大学校語学研究所) （再録：『kwuke-uy thongsa-uymi-lon』(韓国語の統辞意味論) (1983), ソウル：塔出版社)

張奭鎭(1972)「Deixis-uy sayngsengcek kochal」(Deixis の生成的考察)『語学研究』8-2, 서울:서울대학교 어학연구소 (ソウル大学校語学研究所)

134

崔鉉培(1955)『wuli-mal-pon』(我が語法),Seoul: cengum-munhwa 社
Crystal, David (1997) *A Dictionary of Linguistics and Phonetics (Fourth Edition)*. Blackwell Publishers.
Fillmore, Charles J. (1997) *Lectures on Deixis*. CSLI Publications.
Hoji Hajime, Satoshi Kinsui, Yukinori Takubo and Ayumi Ueyama (2002) The demonstratives in modern Japanese. to appear in Simpson, Andrew and Yen-hui Audrey Li, *Functional Structure(s), Form and Interpretation: Perspectives from East Asian Languages*.　Routledge: London.
堀口和吉(1978a)「指示語「コ・ソ・ア」考」『論集日本文学日本語 5 現代』,東京:角川書店
堀口和吉(1978b)「指示語の表現性」『日本語・日本文化』8,大阪:大阪外国語大学
堀口和吉(1990)「指示詞コ・ソ・アの表現」『日本語学』9-3,東京:明治書院
庵功雄(1993)『「この」と「その」の文脈指示用法の研究』,修士論文,大阪:大阪大学大学院
庵功雄(1997)『日本語のテキストの結束性の研究 -指示表現と名詞の機能を中心に-』博士論文,大阪:大阪大学大学院
Kim Il Wung (1982)『wuli-mal tayyong-e yenkwu』(韓国語代用語研究) 博士論文,釜山:釜山大学校大学院
金善美(2001a)「談話モデルによる韓日指示詞の指示領域の比較分析」,修士論文,京都:京都大学大学院
金善美(2001b)「指示詞 ku と ce の現れ方と知識の共有度について」,朝鮮学会第 52 回大会口頭発表
金善美(2002a)「指示詞 ku と ce の現れ方と知識の共有度について」,『朝鮮学報』第 185 輯,天理:朝鮮学会
金善美(2002b)「韓国語と日本語の指示詞 ku 系とソ系の現場指示における中距離指示用法について」,『日本言語学会第 125 回大会予稿集』,日本言語学会
金善美(2003)「韓国語と日本語の指示詞の所謂絶対指示について」,韓国日本語学会第 8 回大会口頭発表
金善美(2004a)「現場指示と直示の象徴的用法の関係 -日韓対照研究の観点から-」,『日本語文法』4-1,日本語文法学会,東京:くろしお出版
金善美(2004b)『韓国語と日本語の指示詞の直示用法と非直示用法』,博士論文,京都:京都大学大学院
金善美(2006)『韓国語と日本語の指示詞の直示用法と非直示用法』,東京:風間書房
金水敏・田窪行則(1990)「談話管理理論から見た日本語の指示詞」,『認知科学の発展』

vol. 3, 日本認知科学会
金水敏・田窪行則(1992)「日本語指示詞研究史から/へ」, 金水敏・田窪行則(1992) (編)『日本語研究資料集 指示詞』, 東京:ひつじ書房
金水敏(1999)「日本語の指示詞における直示用法と非直示用法の関係について」, 『自然言語処理』6-4: 67-91, 言語処理学会
金水敏(2000)「指示詞:直示再考」, 中村明編『別冊國文學 現代日本語必携』53: 160-163, 東京:學燈社
久野暲(1973)『日本文法研究』. 東京:大修館書店
黒田成幸(1979)「(コ)・ソ・アについて」『林栄一教授還暦記念論文集 英語と日本語と』. 東京:くろしお出版 (再録: 金水敏・田窪行則(1992) (編)『日本語研究資料集 指示詞』)
小泉保(1988)「空間と時間における直示の体系」, 『言語研究』94, 日本言語学会
李長波(2002)『日本語指示詞体系の歴史』, 京都:京都大学学術出版会
Levinson, Stephen C. (1983) *Pragmatics*. Cambridge University Press.
松下大三郎(1928)『改撰標準日本文法』, 紀元社 (勉誠社復刊 1974)
三上章(1953)『現代語法序説』, 東京:くろしお出版
三上章(1970)「コソアド抄」『文法小論集』, 東京:くろしお出版
朴英煥(1991)『cisi-e-uy uymi-kinung』 (指示語の意味機能), 大田:韓南大学校出版部
阪田雪子(1971)「指示語「コ, ソ, ア」の機能について」, 『東京外国語大学論集』21, 東京:東京外国語大学
佐久間鼎(1936)『現代日本語の表現と語法』, 東京:厚生閣 (くろしお出版復刊 1983)
佐久間鼎(1951)『現代日本語の表現と語法』 (改訂版), 東京:厚生閣 (くろしお出版復刊 1983)
申惠璟(1985)「韓国語の指示詞 i, ku, cho と日本語の指示詞コ, ソ, ア」, 『Sophia Linguistica』18, 東京:上智大学
宋晩翼(1989)「日韓指示語の対照研究」, 『教育学研究紀要 第二部』35, 中国四国教育学会
正保勇(1981)「コソアの体系」, 『日本語教育指導参考書 8 日本語の指示詞』, 東京:国立国語研究所
田窪行則(1989)「名詞句のモダリティ」, 仁田義雄・益岡隆志 (編)『日本語のモダリティ』, 東京:くろしお出版
田窪行則(1990a)「対話における聞き手領域の役割について」, 『認知科学の発展』vol. 3, 東京:講談社

田窪行則(1990b)「対話における知識管理について-対話モデルからみた日本語の特性-」,『アジアの諸言語と一般言語学』,東京:三省堂

田窪行則・金水敏(1996)「複数の心的領域による談話管理」,『認知科学』3-3,日本認知科学会(『認知言語学の発展』(2000) 坂原茂(編),東京:ひつじ書房に再録)

TakuboYukinori and Satoshi Kinsui (1997) Discourse Management in terms of Mental Spaces. *Journal of Pragmatics* 28.

田中望(1981)「「コソア」をめぐる諸問題」,『日本語教育指導参考書8 日本語の指示詞』,東京:国立国語研究所

田村マリ子(1978)「指示詞 -朝鮮語 i/ku/ce 系列と日本語コ・ソ・ア系列との対照-」,『待兼山論叢(日本学)』12,大阪:大阪大学文学部

東郷雄二(2000)「談話モデルと日本語の指示詞コ・ソ・ア」,『京都大学総合人間学部紀要』7,京都:京都大学

堤良一(2002)「文脈指示における指示詞の使い分けについて」,『言語研究』122,日本言語学会

梅田博之(1982)「朝鮮語の指示詞」,『講座日本語学12』,東京:明治書院

梅田博之(1984)「ilpon-e-uy cisisa-uy yongpep -hankwuk-e-uy cisi-sa-wa-uy tayco-lul thonghaye-」(日本語の指示詞の用法 -韓国語の指示詞との対照を通じて-)『牧泉兪昌均博士還甲記念論文集』,韓国啓明大学校出版部

吉本啓(1992)「日本語の指示詞コソアの体系」,『日本語研究資料集 指示詞』,東京:ひつじ書房(初出: 'On Demonstratives KO/SO/A in Japanese' (1986)『言語研究』90,日本言語学会)

人はことばでいかにほめるのか
——日本語と韓国語の会話から——

金　庚芬（きむ・きょんぶん）

1. はじめに　　　　　　　　　　　　　　　　139
2. ほめるという言語行動　　　　　　　　　　139
3. 日本語と韓国語の会話に見られる「ほめ」　143
4. 終わりに　　　　　　　　　　　　　　　　148

1. はじめに

　「ほめる」という行動は，他者の良い点に注目し，言語的に，あるいは非言語的に評価することである．例えるなら，「ことばのプレゼントをする」とも言える言語行動である．そうした行動はその相手に関心がなければできないことであり，また互いに友好で円満な関係を構築，維持，発展させていくために，必要な言語行動だとも言える．しかし具体的に「何を，またどのように表現し，伝えるか」は，個人によって，もしくは言語，社会，文化によって異なることが予想される．

　そもそも人はことばでいかにほめるのであろうか．何を，どのようにほめるか，また自分のほめる行動を成功させるためにはどのように会話を進行させればいいのだろうか．また，過剰にほめることでむしろ相手に不快な思いをさせたり，困惑させたりするのではないか．相手を喜ばせるつもりでほめた事柄や物が，実は相手があまり話したがらない話題だった場合，いくら評価されても相手は全然嬉しくないはずである．少し考えただけでも，人をほめるということは，実に様々なことを考慮しなければならないことが分かる．はっきりしていることは，現に我々は日常生活の中で意識的に，もしくは無意識的に「ほめたり，ほめられたりしている」ということである．

　本稿は，このような「ほめる言語行動」に注目し，日本語と韓国語の会話に見られる様々な特徴をまとめるものである．

2. ほめるという言語行動
2.1. 社会言語学における日韓対照研究

　日本語と他言語との対照研究の中で，とりわけ社会言語学の観点から行われた

のは，1984年刊行された『言語行動における日独比較』が始まりである．[1] その後，英語をはじめとし，様々な言語が研究対象として取り上げられるようになり，最近は，とりわけ中国語や韓国語・朝鮮語など，日本語学習者の多い言語圏のことばとの対照研究が活発に行われるようになっている．

　社会言語学の分野で日韓対照研究が取り上げている内容は，初期は，呼称や敬語使用，待遇表現，相づち，ヘッジ表現などから始まった（荻野綱雄1989; 任栄哲 1991, 2005; 羅聖淑 1992; 洪珉杓 1992; 申惠璟 1993; 白同善 1993; 姜錫祐 1995,1998; 임영철 1996; 厳廷美 1997; 李善雅 2001）．その後，実際の言語行動やコミュニケーションにおける誤解や行き違いに興味を持つ研究が行われ，謝罪や断り，反対意見表明，依頼，ほめなどの日韓の言語行動に関する研究が数多く報告されるようになった（임영철・김순미 1997; 李吉鎔 2001; 柳慧政 2001; 任炫樹 2004a,b; 元智恩 2005; 金庚芬 2005,2007; 尾崎喜光 2008; 홍민표 2010）．さらには，言語行動の一まとまりである談話に目を向け，分析を試みる（金志宣 2000; 金珍娥 2002, 2013; 奥山洋子 2004; 金庚芬 2012; 柳慧政 2012）ものまで，幅広い研究が行われている．

　それでは，まず言語行動とは具体的に何を意味するかを見てみよう．

2.2. 言語行動とは

　杉戸清樹（1992:29）は「言語行動」を次のように定義している．

> 単音・音節・形態素・語・文などの各レベルで多くの要素が構造をもち体系を作り上げているという意味での言語そのものでなく，そうした言語によって人と人とが何らかのコミュニケーションをする行動を「言語行動」（linguistic behavior）という．

　また，杉戸清樹（1992:30-44）では，言語行動への視点を3つに大別し，説明

---

[1] 1977年4月，国立国語研究所長とドイツ連邦共和国研究所長との間で，「日独語の対照言語学的研究に関する共同研究についての合意書」が取り交わされた．共同研究の内容を見ると，ドイツ研究所は，主として「シンタックス」を研究テーマとして分担している．国立国語研究所は，①語彙を中心とした「基本的な語彙の意味・用法に関する対照言語学的研究」，②言語行動を中心とした「日独語各話者の言語行動様式に関する対照的研究」の2つを具体的研究テーマとして分担することになっている．とりわけ，②のテーマによる研究の結果が『言語行動における日独比較』である．

している．すなわち，①言語行動の種類や機能への視点，②言語行動の構成要素への視点，③具体的な言語行動の動的な構造への視点である．

　まず，言語行動の種類は，挨拶・討論・雑談などまとまりのある言語行動や，その中に現れるあいづち，呼びかけ，応答，質問，説明，承諾，拒否など個別的な言語行動が，それぞれの姿や機能の違いを基に分類され，研究されている．次に，言語行動を成り立たせる構成要素については，言語形式の現れ方を，言語行動の主体や相手，場面・目的・媒体・伝達内容など他の構成要素との相互関係の中で分析する研究，あるいは，声の大小などのパラ言語や身振りなどの非言語的な要素をも視野に入れた研究が行われている．さらに，具体的な言語行動としての会話や談話の内的な構造，もしくは動的な構造への視点については，具体的に，ほめ・感謝・勧誘・謝罪・依頼などの言語行動を含む会話や談話の動的な展開や内部構造を詳細に記述分析する研究が，対人的な言語行動の研究として行われると説明している．

2.3. 「ほめる」と他の言語行動とは何が異なるのか

　同じく感情を表現する言語行動である，「感謝する」，「謝る」，「ほめる」は実際どのような場面で用いられているのだろうか．「感謝する」と「謝る」は，話し相手との関係で，何らかの形で前提とされる出来事がある．すなわち，「感謝する」は，相手に恩を感じたり，相手のおかげで良い結果や成果が得られたとき，それに触れて，相手に対する，ありがたい感情を述べる行動である．また，「謝る」は，何らかの失敗や違反を起こしたため，相手のことを傷つけたり侵害したりしたとき，謝る行動である．このような「感謝する」や「謝る」は何らかの出来事の後になされる行動という意味で，典型的な事後的行動であり，「感謝する」や「謝る」は行われるべき場面に行われないと，会話者同士の関係には何らかの支障が起こりうる．それに対して，「ほめる」は，「感謝する」と「謝る」と同様に自分の感情を表現する行動であるが，相手との関係において「ほめる」は不可欠な行動とは言いがたい．つまり，「感謝する」や「謝る」とは違って，「ほめる」が行われなくても，会話者同士の関係には決定的な支障などが起こったりはしない．しかし，「ほめる」は，大抵の場合，相手との対人関係に肯定的な効果を及ぼすことを意図しており，相手を心地よくさせることで，より良い関係作りを図っている行動と言える．

　また，Manes, J. & Wolfson, N. (1981)では，ほめる行動の特徴，機能，表現に

ついて詳しく説明されているので，それを以下のようにまとめる．

　「ほめる」行動は，感謝や挨拶の行動とは異なり，母語の習得時に明示的に教育されるわけではない．我々は，生まれて学校に入る前から親や周囲から言語と行動様式を習得するようになる．ことばを学びはじめて挨拶ことばを学び，その挨拶ことばには自然に感謝や謝罪表現なども含まれている．したがって，子供であっても話せるようになると，何かプレゼントされたら感謝の挨拶をどのように言うのか，また出会ったときや別れるときの挨拶はどのようにすればいいのか，自然に分かるようになるのである．それに比べて，人に対する「ほめる」は，挨拶，感謝，または謝罪表現とは違って，親や周囲から自然に習得されるものではなく，また学校で教育されることもない．したがって，「ほめる」には，個人の性格や趣向によってほめる頻度や対象，表現方法などが異なり，さらに，各々の社会文化によっても差が現れることが考えられる．

　次に，「ほめる」行動は他の言語行動に比べて，複数の機能を担うため，会話の中で他の言語行動と一緒に現れることがある．すなわち，自分の感情を表すことでほめる場面のほかに，例えば依頼や謝罪，断りなどの言語行動を行う前後にほめることで，相手に親しみを表したり，その場の雰囲気を和ませたりすることが可能である．しかしながら，異言語文化間のコミュニケーションにおいて，「ほめる」を会話の潤滑油として用いたつもりが，相手の言語文化では適切でない行動になり，誤解を招く恐れも否めない．

　さらに，「ほめる」ことばは，周辺的言及(framing remark)と一緒に用いられる．この周辺的言及は，ほめる表現の前後に見られ，定式(formula)化された表現とは違って，その語彙や構文が非常に自由に表現されている．「ほめる」場面や対象によって，また個人や言語文化によって，表現には違いが現れることが考えられる．

以上のように，異なる言語文化におけるほめる行動には違いが見られることが予測される．例えば，ある言語文化では非常に評価されるべきものとみなされ，頻繁にほめられても，それが他の文化でも同様にほめられる対象になるとは限らない．また，ほめる表現においても同様で，どのような表現が適切で好まれるかは各々の言語文化によって異なると考えられる．

2.4. ほめ関連の研究

ほめに関する研究は英語圏から始まり，日本語と韓国語など様々な言語で，主に Politeness 理論との関連で議論されてきた(Wolfson, N. 1983; Holmes, J. 1986; 熊取谷哲夫 1989). 日本語におけるほめに関する研究は，機能，対象，表現方法，談話における特徴など，多くの研究成果が報告されている(小玉安恵 1996; 寺尾留美 1996; 古川由里子 2003; 山路奈保子 2004; 大野敬代 2005; 張承姫 2014). 韓国語では，主に英語及び日本語との対照研究が多い(김현정 1996; 오일석 1996; 백경숙 1997; 金漢柱 1997; 이효웅 1998; 이원표 2001; 金英柱 2002; 송영미 2002; 김형민 2003).

2.5. ほめの定義

それでは，本稿では，日本語と韓国語の会話を題材に，ほめる内容や表現を中心に，人々がいかに相手をほめているかを探ることにする.

そのために，本稿で取り上げる「ほめる言語行動」を次のように定義しておく.

> ほめ：話し手が聞き手を心地よくさせることを意図し，聞き手あるいは聞き手にかかわりのある人，物，ことに関して「良い」と認める様々なものに対して，直接的あるいは間接的に，肯定的な価値があると伝える言語行動である.

3. 日本語と韓国語の会話に見られる「ほめ」
3.1. 会話の情報

本稿では，日本語母語話者と韓国語母語話者の会話データを用いる. 会話録音に協力してくれたのはソウルと東京の大学生120名の60組である. 各組は，親しい同性・同年齢の友人2人で，約20分間普段通りの会話をやってもらった. その録音した会話を文字化し，主に，ほめと返答のやり取りが行う一まとまりを中心に分析したものをデータとする.

まず，文字化したデータから抽出できたほめの数は，日本172回，韓国251回で，韓国の大学生が日本の大学生より親友をよくほめることが分かる. それでは，彼らは，相手の何に注目し，またどのような表現でほめるかを見てみよう.

3.2. 何をほめる？

「ほめ」に関する研究が最初に始まった英語圏での Manes, J. (1983), Holmes, J. (1986, 1988), Herbert, R. K. (1990)によれば，人々は主に所持物，外見，能力，性格についてほめている．特に，多くの女性は外見をよくほめるが男性はあまりほめないことや，男性同士において所持物をほめることは，ものを欲しがっているといった相手に負担を与える恐れがあることを，指摘した．能力に関しては，男性がよくほめており，男女共に性格についてはあまりほめない．何をほめるかは，ある社会がどのような対象物に肯定的価値をおいているのかを反映しており，また何をほめないかという観点からも，相手への配慮などの仕方が読み取れる題材になりうる．

ここでは，既存の所持物，外見，能力，性格の4分類に基づきつつ，さらに「外見，能力，性格」の項目をより細分化する．つまり，一過性か継続性かと，先天的か後天的かという面を考慮に入れ，次の7項目を設定する．なお，「所持物」に関しては，一過性で後天的な面に分類されるものがほとんどであるため，再分類しない．「外見」は，変わらないものか一時的に変化したものかによって，「外見」と「外見の変化」に再分類する．「能力」は人の持っている能力そのものであるか，あるいはそれによる過程や結果であるかによって，「才能」と「遂行」に分ける．また，「性格」も個人の持っている性質そのものであるか，あるいはそれによる具体的な行動であるかによって，「性格」と「行動」に再分類する．

【表1】 ほめの対象の分類

ほめの対象	定義&例
①所持物	相手が持っている，または身につけている物理的なもの．（かばん，アクセサリーなど）
②外見	外から見た人の姿，容貌のうち，変わらない，生まれつきの顔や体型などの容貌（身長，目の大きさ，足の長さなど）
③外見の変化	外から見た人の姿，容貌のうち，一時的に変化した顔や体型，髪型などの容貌（ヘアスタイルの変化，服装など）
④才能	ある個人の一定の素質，または訓練によって得られた能力そのもの．（頭の良さ，足の速さなど）
⑤遂行	素質や才能を用いて，何かに達し，成功するために実行する過程や結果．（試験での良い成績，資格など）

⑥性格	各個人に特有の，ある程度持続的な，感情・意思の面での傾向や性質そのもの．（やさしさ，慎重さなど）
⑦行動	性格から表れるような行い，あるいは性格が分かるような振る舞い．（サークルルームの掃除，友人のためにお弁当を買うなど）

次に，日韓の大学生同士が実際の会話の中で相手の何をよくほめているか，その調査結果を，図1に示す．

【図1】 ほめの対象の日韓比較

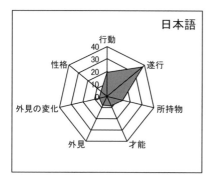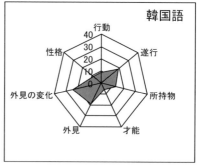

＊数値は調査談話中の出現比率

【図1】を見ると，親しい同性の友人をほめる場合の日本語母語話者と韓国語母語話者の「ほめの対象」の選択について，大きく2つの特徴が指摘できる．その1つは，もっとも高い頻度で現れるほめの対象が異なるということである．すなわち，日本の親しい同性の大学生同士の場合は，「遂行」や「行動」が高い頻度でほめられるのに対して，韓国の場合は「外見の変化」や「外見」，「遂行」の順でほめている．一方，もう1つの特徴として，両言語話者共に「才能」や「性格」そのものに対するほめが，少ないということである．なお，何かを成し遂げるために頑張る姿やその成果である「遂行」へのほめは，割合の差はあるものの，共通して出現頻度が高い．

何が「ほめの対象」になるかは，その社会・文化における肯定的な価値観によって決まるとされている．例えば，Herbert, R. K.(1989)は「ほめの対象」は，ある社会がどのような対象物に肯定的な価値を置いているかを反映していると指摘してい

る．このような解釈にしたがうと，韓国の大学生社会では「外見(の変化)」にもっとも肯定的な価値を置いているのに対して，日本の大学生社会では「遂行」や「行動」に肯定的な価値を置いていると考えられる．

　ここで，韓国語会話で多く見られた「外見(の変化)」へのほめについて考えてみたい．韓国語とは違って，日本語では非常に少ない出現頻度を見せているが，この結果を持って，日本では「外見」に肯定的な価値を置いていないと言えるのだろうか．日本語会話で「外見」へのほめが少なかったのは，そもそも「外見」が会話の話題として取り上げられるのが韓国語に比べて少ないことが考えられる．すなわち，日本語では，他の対象に比べ「外見」を話題にし，ほめることは相手に与える負担が大きいと思われ，できるだけ触れないようにしていると考えられる．これに対して，韓国語の場合，「外見」に関心を表す話題が多く，またそれを積極的にほめることが相手への親しさや関心を表すことになっていると解釈できる．

　さらに，日韓ともに「才能」や「性格」よりは「行動」や「遂行」へのほめが多い．「才能・性格」とは，人柄・素質のように，その人の属性である．一方，「遂行・行動」はその人の本質的な特徴ではないだけにほめの対象になりやすいのである．

　次は，どのような表現でほめているかを見てみよう．

3.3　どのような表現でほめる？
3.3.1　肯定的な評価語を用いるほめ

　これまでの先行研究においては，「かわいい，すばらしい」などの肯定的な評価語を用いることを典型的なほめとみなしていた．しかし実際の会話の中では如何なる表現上の特徴を用いているのか．肯定的な評価語とともに詳しい説明をしたり，あるいは肯定的な評価語は用いず，ほめの対象に関連する情報だけを述べたり，ほめ手自身の感情を伝えたりするだけで間接的にほめることもありうる．以下，日本語や韓国語の例を対象に，ほめの表現方法の特徴を見ていく．

　まずは，もっとも典型的なほめの表現である，肯定的な評価語を用いるほめの例である．以下の例に用いる話者の記号の意味が，D：ほめ手，I：受け手である．

【例1】　肯定的な評価語を用いるほめ（日本語）
D	「Iの名前」ちゃんってさ，色やってる？.
I	うんうん．
D	やってるんだ．
I	うん．

D	すごいなんか,地毛っぽくかわいいね.	【ほめ】
I	黒いの,すごい,すごいでもないんだ,黒いんだけど.	【返答】

<JF01組>

　【例1】は,二人は髪の色について話をしていて,ほめ手Dは相手が髪の色を染めているのか確認してから,その色が「地毛っぽくかわいい」と言うことによって,髪の色の自然さをほめている.「かわいい」ということばは,典型的な肯定的評価語の1つと言われている.このように,肯定的な意味をもつ評価語を用いて,相手に関連する対象について述べることは,直接的に相手へのほめになる場合が多い.

　次に,韓国語の例を示す.

【例2】肯定的な評価語を用いるほめ（韓国語）

D	와, 나시 이쁘다. わー, ノースリーブかわいい.	【ほめ】
I	그래, 언제든지 말해. うん, いつでも言って.	【返答】
D	<웃음> 오-오-[감탄의 의성어]. <笑い> オーオー[感嘆の擬声語].	
I	언제든지 말해. いつでも言って.	
D	원하던 타입이었어. 探していたタイプだったの.	
D	바로 목이 이렇게 올라오고 그런 거. ちょうど首のところがこう高くなっているの.	
I	어어, 너무 많이도 안 파였고. うんうん, そんなに深く開いてないし.	
I	<웃으면서> 언제든 말해, 빨아서 갖다 줄게. <笑いながら>いつでも言って, 洗濯して貸してあげる.	
D	으하하하.<둘이서 웃음> うははは.<二人で笑い>	

<KF02組>

　【例2】は,Iの服装を「이쁘다」（かわいい）という肯定的な評価語を用いてほめ,その後も,その話題で話が進む例である.日本語と同様に,肯定的な評価語を用いることで,明示的にほめていることが分かる.

　それでは,日韓の会話に見られた肯定的な評価語にはどのようなものがあるか

を，見てみよう．まず，【表2】に，日本語会話に見られた肯定的な評価語を品詞別にまとめ示す．

【表2】 日本語データにおける肯定的な評価語

形容詞系	いい，すごい，かわいい，えらい，格好いい，うまい，きれいだ，やさしい，珍しい，面白い，強い，ほしい
	知名度高い，仲良い，敷居低い，取っ付きやすい，足速い
名詞系	慎重，まじめ，実践的，粘り強さ，集中力，まめ，おしゃれ，長続きの秘訣
	(+ある) 能力，語学のセンス，見所，キャプテン心，実力
動詞系	できる，頑張る，似合う，もてる，成功する，感心する，教えられる，考えられる，いける，目立つ [2]
副詞系	よく，ちゃんと，しっかり，見事，相当

【表2】にまとめたように，日本語では形容詞系の評価語がもっとも多い．続いて，名詞系，動詞系，副詞系の順に現れている．まず，形容詞の肯定的評価語を見ると，「いい，すごい，かわいい」など，単独に現れて評価語になる場合と，「知名度高い，足速い」のように，名詞と一緒に使われて評価語になる場合とがある．名詞系においても，「慎重，まじめ」など単独で用いられた場合もあれば，「能力ある，見所ある」のように，「肯定的な評価の意味を持つ名詞＋ある」の形で現れたものもある．また，肯定的な評価を表す動詞系としては，「できる，頑張る，似合う，もてる」などが見られた．さらに「教えられる，考えられる」など，動詞の可能形を用いて，ほめていることが分かる．副詞では，ほとんどが「副詞＋動詞」の形で使用されていた．

日本語会話での使用頻度を見ると，上記の評価語45種類は，計161回現れ，そのうち，「いい（30回），すごい（27回），かわいい（15回），えらい（11回），格好いい（6回），できる（6回），頑張る（5回）」が，5回以上の頻度で現れ，評価語の63%を占めている．

次に韓国語の肯定的な評価語を表3に示す．

---

2)「目立つ」と副詞系の「相当」は，肯定的にも否定的にも受け取ることができるが，会

【表3】 韓国語データにおける肯定的な評価語

形容詞系	예쁘다(きれいだ), 좋다 (いい), 대단하다 (すごい), 멋지다 (格好いい), 부럽다 (うらやましい), 낫다 (勝る, いい), 뽀얗다 (色白だ), 귀엽다 (キュートだ), 괜찮다 (いい), 터프하다 (タフだ), 착하다 (善良だ), 자연스럽다 (ナチュラルだ), 잘생기다 (見目よい), 상냥하다 (やさしい), 꼼꼼하다 (几帳面だ), 싹싹하다 (気さくだ), 성숙하다 (成熟した), 탱탱하다 (張りがある), 사이좋다 (仲がいい), 비싸다 (高い), 앳되다 (童顔だ), 조신하다 (おとなしい), 여성스럽다 (女性らしい), 정숙하다 (貞淑だ), 섹시하다 (セクシーだ), 시원하다 (さわやかだ), 삐까뻔쩍하다 (ピカピカしている), 듬직하다 (頼もしい)
	눈(이)높다 (理想が高い), 인기많다 (もてる), 한차원높다 (ワンランク高い), 눈이 맑다 (目が澄んでいる)
動詞系	어울리다 (似合う), 성공하다 (成功する), 감동하다 (感動する), 발전하다 (発展する), 좋아하다 (好きだ), 원하다 (ほしがる), 많이 알다 (物知りだ), 티가 나다 (目立つ), 예술로 하다 (芸術並みにやる), 맘에 들다 (気に入る), 잘하다 (上手だ)
名詞系	장점 (長所), 매력 (魅力), 부자 (金持ち), 동안 (童顔), 애교 (愛嬌), 미모 (美貌), 새색시 (花嫁), 중요한 역할 (重要な役割)
	(+있다) 실력 (実力), 기본 (基本)
副詞系	잘 (よく, うまく), 열심히 (熱心に)
その他(俗語)	장난 아니다 (すごい), 짱이다 (最高だ), 한 몸매하다 (スタイルいい)

【表3】にまとめたように，韓国語の肯定的な評価語も日本語と同様に形容詞系がもっとも多く，その数は32個あり，日本語の17個のほぼ倍である．続いて，動詞系，名詞系の順で，副詞系は2つだけである．また，장난 아니다 (すごい)，짱이다 (最高だ)，한 몸매하다 (スタイルいい) などの俗語も見られた．副詞においては，잘（よく，うまく）と열심히（熱心に）の2つしか現れていない．「잘（よく，うまく）」という副詞は，主に動詞を伴う形で用いられている．[3]

韓国語データでの使用頻度を見ると，上記の58種類の肯定的な評価語が計211回見られ，日本語のデータに比べ，より多様な評価語が用いられていることが分

話データの中では肯定的な意味として使用されていたため，肯定的な評価語として扱う．
[3] その中で，同様の形をしている「잘하다 (上手だ)」と「잘생기다 (見目よい)」は，「잘（よく，うまく）＋動詞」の形をしているものの，それぞれが1つの単語として辞書に載っているため，別個の評価語として数える．なお，「잘하다 (上手だ)」は動詞であり，「잘생기다 (見目よい)」は形容詞である．

かる．そのうち「예쁘다（きれいだ）（42回），잘＋동사（よく＋動詞）（28回），좋다（いい）（21回）」の3つの表現がそれぞれ20回以上現れており，肯定的な評価語の約半分（47％）を占めている．それに続く評価語には，「대단하다（すごい）（9回），잘하다（上手だ）（9回），멋지다（格好いい）（8回），열심히＋동사（熱心に＋動詞）（7回），부럽다（うらやましい）（5回），어울리다（似合う）（5回）」などが現れている．

3.3.2 肯定的な評価語＋他の情報を用いるほめ

ところで，実際の会話では，肯定的な評価語の使用とともに，ほめ手が様々な情報や意見などを一緒に述べるほめの表現が用いられている．それは，自分のほめが単なるお世辞や儀礼的なものではなく，本当に評価していることを伝えるため，または，自分の誠実さを表すためであると考えられる．そのような例を見てみよう．

【例3】　肯定的な評価語＋具体的な情報
（Ｉの音楽に関する幅広い知識を聞いたＤは，自分は難しい音楽を聴いてもよく分からないと話している場面である．）

I	꼭 뭐 어려운 음악만 들을 필요 있겠어?. 必ず，なに，難しい音楽だけ聴く必要があるの？	
I	자기가 좋아하는 음악 즐기는 게 우선이지. 自分の好きな音楽を楽しむことが優先でしょ．	
D	맞어, 그렇잖두 음악을 학문적으루 막 분석하구, (어엉) 그렇게 하는 걸 보면 대단한 거 같애. そう，それにしても音楽を学問的に分析して，（うん）そんなにやってるのを見るとすごいと思う．	【ほめ】
I	아하.＜수줍은 웃음＞ あー．＜照れ笑い＞	【返答】
D	음악에 대해서 뭐, 그냥 들을 줄만 알지, 뭐, CD 걸어놓구 틀지, 틀어 가지구 듣기만 하지, 아무 것두 모르니까. 音楽について，なに，ただ聞けるだけで，なに，CDかけてつける，つけて聞くだけで，何にも分からないから．	
I	어엉．うん．	

<KM11 組>

【例3】は，ほめる根拠とも言える，具体的な情報である「音楽を学問的に分析して，あんなにやってる」ことを述べながら，肯定的な評価語の「대단하다（す

150

ごい)」を用いてほめる例である.
　次は，日本語会話の例である.

【例4】　自己卑下，周辺情報＋肯定的な評価語

D　でも，でも言わしてもらったら，TOEIC 何点だったっけ．
I　たいしたことねえよ，TOEIC してない．
　　ううん，でしょう??，
　　俺は，一応英語の勉強してさ，全然だめなんだよ．
D　それってやっぱさ，あれなんじゃないの．　　　　　　　　　【ほめ】
　　まあ，基礎的には小学校の時行ってて基礎があるというとあるんだけ
　　ど，語学のセンスっていうかあるんじゃねえの？
I　<笑いながら>話術のセンスはあるけど語学のセンスは....　　【返答】

<JM05 組>

　【例4】は，小学校のときアメリカに住んでいたIの英語力をほめる前に，「俺は，一応英語の勉強してさ，全然だめなんだ」と自己卑下し，「(Iは) 小学校のときアメリカに行っていたので英語の基礎がある」という背景を述べてから，「(Iは英語だけでなく) 語学のセンスがある」という評価語を用いてほめている．

　こういった類のほめ，つまり肯定的な評価語の使用とともに，その前後に「他の情報」を用いて表現されるほめの具体的な表現方法は，【例3】のような具体的な情報，【例4】のような自己卑下や周辺情報の他に，注目・質問，主観的意見，予測，冗談，要求，提案，比較などを加えていることがデータから確認できた．このようなほめの表現方法は，韓国語会話からより多く見られた．

3.3.3. 日韓のほめの表現の違い

　本稿で用いた会話データの日本語では，肯定的な評価語だけを用いるほめが約65％，他の情報を加えるほめは35％であるのに対し，韓国語では，評価語のみ使用のほめは約48％，他の情報を加えるほめは52％であった．

　このことから，日本語では相手のことに関してほめる際は直接的で評価的な表現を用いる傾向がより強いと言える．それに対して，韓国語では，評価語だけで表現するより，ほめに関連する具体的で説明的な表現が多い．これに類似した結

果は송영미(ソン・ヨンミ 2002)でも見られる．アンケート調査を行った結果，日本語のほうはより儀礼的で直接的な表現でほめる場合が多く，韓国語のほうは周辺的な言及が多いと報告している．

　ここで浮き彫りになったほめの表現における日韓の違いは，「ほめの根拠，理由などを説明するか否か」という点である．すなわち，日本語では，ほめる際，その発話がほめであることをはっきり示す肯定的評価語を用いる傾向が，韓国語より強い反面，なぜほめるのか，あるいはほめの具体的な根拠などへの言及や説明はあまりしないことが分かる．それは，ほめ手が相手との良い関係を維持，向上するためにほめを行うとしても，それが評価者としての行動になり，同等の立場の均衡が破られる恐れがあるからであろう．そのため，踏み込んだ内容で相手をほめることを避けるのではないかと考えられる．それに対して，韓国語では，なぜ自分がほめるのか，どういうことに評価を与えるのかなど，自分の意見や感想を詳しく述べ，相手に伝える表現が多い．評価する側，評価される側という立場を配慮するより，ほめる根拠を具体的に述べることで，相手への関心と，自分のほめを誠意あるものとして伝えようとする気持ちの表れではないかと解釈できる．

4. 終わりに

　人はことばでいかにほめるのだろうか．その一端を見るために，本稿では，日本語と韓国語の会話データに見られる「ほめ」に注目し，何をほめる，またはほめないか，また，どのような表現でほめるかを分析し，日韓の類似点と相違点を考察した．明らかになったことは，次のようなことがらである．

　　(1) どれほど，なぜほめるのか
　　韓国の大学生の方が日本に比べ，より頻繁に相手をほめ，親しさや関心を表す友好な手段としてほめている．
　　(2) 何をほめるのか
　　日韓の大学生は，相手の努力する過程や成果である「遂行」をよくほめており，そこには彼らの共通の価値観が確認できる．
　　韓国の大学生は「外見」に関わることを好んでほめている．この「外見」関連のほめは，日本語では少なく，相手への配慮の仕方が反映されている結果と解釈できる．
　　(3) どのような表現でほめるのか

日本語は，肯定的な評価語を用いる淡々とした表現方法が多いのに対し，韓国語では，豊かな評価語が用いられている．韓国語では評価語とともに様々な表現方法を加えることも特徴である．ほめ手がほめるという意図をどのように伝えるかという，2つの言語の表現上の違いも，明らかに存在する．

ほめる行動には，本稿で取り上げた内容や表現の他に，ほめに対する反応ややり取りにおいても各々の言語社会の特徴が現れている．そうした問題については金庚芬(2007, 2012)を参照されたい．

参考文献

金英柱(2002) "日韓 兩國語의 '칭찬표현'에 관한 對照研究──機能과 表現形式 中心으로──" 한국외국어대학교 대학원 석사학위논문

金漢柱(1997) "중학생 칭찬 행동의 영한 대조 분석" 高麗大學校 教育大學院 英語教育專攻 碩士學位論文

김현정(1996) "영한 화행 대조분석: 칭찬 및 칭찬 반응을 중심으로" 서울대학교 대학원 석사학위논문

김형민(2003) '한국 대학생의 칭찬 화행 수행 및 응대 상황에 대한 연구' "한국어 의미학" 12 서울: 한국어의미학회

백경숙(1997) '영어와 한국어에서의 칭찬에 대한 응답행위의 교차문화적 연구' "한양여자대학 논문집 인문사회과학" 20 서울: 한양여자대학

송영미(2002) "한국어와 일본어의 칭찬 화행 연구" 이화여자대학교 교육대학원 석사학위논문

申惠璟(1993) '한국과 일본 직장 남성들의 대우표현 비교 연구──제3자 호칭과 존대사 표현 용법을 중심으로' "사회언어학" 창간호 서울: 한국사회언어학회

오일석(1996) "한미 화행 대조 분석──'칭찬 반응'을 중심으로──" 숭실대학교 대학원 영어영문학과 석사논문

이원표(2001) "담화분석방법론과 화용 및 사회언어학적 연구의 실례" 서울: 한국문화사

이효웅(1998) 'EFL, ESL 한국어 화자와 미국인과의 칭찬에 관한 연구' "어문연구" 부산: 한국해양대학교 어학원

임영철(1996) '일본어의 여성어에 대하여' "사회언어학" 제4권 2호 서울: 한국사회

언어학회
임영철·김순미(1997) '사죄행위의 사회화용론적 일고찰——한일중 대학생을 중심으로' "사회언어학" 제5권 1호 서울: 한국사회언어학회
홍민표(2010) "언어 행동 문화의 한일 비교" 서울: 한국문화사
李殷娥(1995)「透明な言語・不透明な言語：韓日の婉曲表現と挨拶表現をめぐって」『朝鮮学報』第157輯 天理：朝鮮学会
李吉鎔(2001)「日・韓両言語における反対意見表明行動の対照研究——談話構造とスキーマを中心として」『阪大日本語研究』13号 大阪：大阪大学大学院文学研究科
任炫樹(2004a)「日韓断り談話におけるポジティブ・ポライトネス・ストラテジー」『社会言語科学』第6巻第2号 東京：社会言語科学会
任炫樹(2004b)「日韓断り談話に見られる理由表現マーカー ——ウチ・ソト・ヨソという観点から——」『日本語科学』15号 東京：国立国語研究所
任栄哲(1991)「在日韓国人の名前の使い分け」『朝鮮学報』第141輯 天理：朝鮮学会
任栄哲(2005)「言語行動」『日本語学』第24巻第7号 東京：明治書院
元智恩(2005)「断りとして用いられた日韓両言語の『中途終了文』——ポライトネスの観点から」『日本語科学』第18号 東京：国立国語研究所
大野敬代(2005)「ほめの意図と目上への応答について——シナリオ談話における待遇コミュニケーションとしての調査から」『社会言語科学』第7巻第2号 東京：社会言語科学会
荻野綱雄(1989)「対照社会言語学と日本語教育——日韓の敬語用法の対照研究を例にして」『日本語教育』69号 東京：日本語教育学会
奥山洋子(2004)『こんなに違う！韓国人と日本人の初対面の会話（이렇게 다르다! 한국인과 일본인의 첫만남의 대화）』서울: 보고사
生越直樹(2012)「言語行動の日韓対照研究——その成果と問題点——」『韓国語教育論講座』第2巻 東京：くろしお出版
尾崎喜光編(2008)『対人行動の日韓対照研究——言語行動の基底にあるもの——』東京：ひつじ書房
厳廷美(1997)「日本と韓国の大学生の場面でのHedge表現使用における男女差の比較——主に丁寧さ（politeness）の観点から」『ことば』18号 東京：現代日本語研究会
姜錫祐(1995)「日韓における軍隊敬語の実態」『待兼山論』29号 大阪：大阪大学文学部

姜錫祐(1998)「待遇行動としての韓国語における人称表現」『日本語学』第 8 巻第 17 号　東京：明治書院

金庚芬(2005)「会話に見られるほめの対象に関する日韓対照研究」『日本語教育』124 号　東京：日本語教育学会

金庚芬(2007)「日本語と韓国語の『ほめの談話』」『社会言語科学』第 10 巻第 1 号　東京：社会言語科学会

金庚芬(2012)『日本語と韓国語の「ほめ」に関する対照研究』東京：ひつじ書房

金志宣(2000)「turn 及び turn -taking のカテゴリー化の試み——韓・日対照会話分析」『日本語教育』105 号　東京：日本語教育学会

金珍娥(2002)「日本語と韓国語における談話ストラテジーとしてのスピーチレベルシフト」『朝鮮学報』第 183 輯　天理：朝鮮学会

金珍娥(2013)『談話論と文法論　日本語と韓国語を照らす』　東京：くろしお出版

金秀芝(1994)「日・韓両言語における『話題の転換 marker』の対照研究——接続表現を中心に」『大阪大学日本学報』13 号　大阪：大阪大学文学部

熊取谷哲夫(1989)「日本語における誉めの表現形式と談話」『言語習得及び異文化適応の理論的，実践的研究 (2)』　広島：広島大学教育学部日本語教育学科

国立国語研究所(1984)『言語行動における日独比較』　東京：三省堂

小玉安恵(1996)「談話インタビューにおけるほめの機能——会話者の役割とほめの談話における位置という観点から——（1）」『日本語学』第 15 巻第 4 号　東京：明治書院

張承姫(2014)「相互行為としてのほめとほめの返答——聞き手の焦点ずらしの返答に注目して——」『社会言語科学』第 17 巻第 1 号　東京：社会言語科学会

杉戸清樹(1992)「言語行動」『社会言語学』　東京：おうふう

杉戸清樹(1996)「日本語学と対照言語学：言語行動の対照」『日本語学』第 15 巻第 8 号　東京：明治書院

寺尾留美(1996)「ほめ言葉への返答スタイル」『日本語学』第 15 巻第 4 号　東京：明治書院

羅聖淑(1992)「韓国と日本の言語行動の違い——既婚女性の呼称を中心に」『日本語学』第 12 巻第 11 号　東京：明治書院

古川由里子(2003)「書き言葉データにおける＜対者ほめ＞の特徴——対人関係から見たほめの分析」『日本語教育』117 号　東京：日本語教育学会

白同善(1993)「絶対敬語と相対敬語 - 日韓敬語法の比較」『日本語教育論集　世界の日本語教育』3 号　東京：国際交流基金日本語教育センター

洪珉杓(1992)「日本人と韓国人の丁寧意識の比較」『計量国語学』第 18 巻第 7 号　東

京：計量国語学会
丸山明代(1996)「男と女とほめ――大学キャンパスにおけるほめ行動の社会言語学的分析――」『日本語学』第15巻第4号　東京：明治書院
山路奈保子(2004)「日本語の談話におけるほめの機能」『比較社会文化研究』15号　福岡：九州大学大学院比較社会文化研究科
山根しのぶ(1999)『雑談におけるほめの分析――ほめを含む談話の構造とほめの機能』　名古屋大学大学院修士学位論文
柳慧政(2001)「日本語話者と韓国人日本語学習者の依頼行動の比較研究――ポライトネスストラテジーの観点から」『学芸日本語教育』3号　東京：東京学芸大学日本語教育研究会
柳慧政(2012)『依頼談話の日韓対照研究　談話の構造・ストラテジーの観点から』　東京：笠間書院
Brown, P. & Levinson, S. C.(1987) *Politeness -Some Universals in Language Usage.* Cambridge: Cambridge University Press.
Herbert, R. K.(1989) The Ethnography of English Compliments and Compliment Responses: a Contrastive Sketch. in W. Oleksy (ed.). *Contrastive Pragmatics.* Amsterdam: John Benjamins.
Holmes, J.(1986) Compliments and Compliment Responses in New Zealand English. *Anthropological Linguistics*, 28-4. Indiana: Indiana University.
Holmes, J.(1988) Paying Compliments: a Sex -preferential Politeness Strategy. *Journal of Pragmatics*, 12. Amsterdam: Elsevier.
Manes, J.(1983) Complimenst: a Mirror of Cultural Values. In N. wolfson & E. Judd (eds.), *Sociolinguistics and language acquisition.* MA: Newbury House.
Manes, J. & Wolfson, N.(1981) The Compliment Formula. In F.Coulmas (ed.), *Conversational Routine: explorations in standardized communication situations and prepatterned speech.* The Hague: Mouton.
Wolfson, N.(1981) Compliments in Cross -Cultural Perspective. *TESOL Quarterly*, 15-2. Washington,D.C.: TESOL.
Wolfson, N. (1983) An Empirically Based Analysis of Complimenting in American English. In N. wolfson & E. Judd (eds.), *Sociolinguistics and Language acquisition.* MA: Newbury House.

韓国語における引用表現の体系を照らす
—— 韓国語教育のために——

金　珍娥（きむ・じな）

1. はじめに——本稿の目的　　　　　　　　　　　　　157
2. 引用とは何か——他者のことばであるごとくに語ること　159
3. 引用表現はいかに組み立てられているか——体系として照らす
　　　　　　　　　　　　　　　　　　　　　　　　161
4. 教材にいかに展開するか　　　　　　　　　　　　168
5. 終わりに　　　　　　　　　　　　　　　　　　　173

1. はじめに——本稿の目的

　本稿は，韓国語教育に資するために，韓国語の〈話されたことば〉に現れる引用の諸表現の体系化を目指すものである．対照言語学的な観点から必要に応じて日本語についても言及する．

　韓国語の引用表現については，統辞論的な観点から引用構文を扱った이필영(1985)や남기심(1996:133-254)や中西恭子(2004)，引用文構成の歴史的な変遷を扱った권재일(1998:250-280)，日本語とも照らしながら引用の原理論を扱った野間秀樹(2009)など，研究においては優れた論考がある．しかしながら他方で，引用表現が韓国語教育においていかに扱われているかに注目すると，引用表現の扱いは次の2つの大きな限界を孕んでいると言える：

　　(1) 〈書かれたことば〉を中心に引用の表現を扱っている
　　(2) 引用の表現の全体像についての体系的な記述が希薄である

　引用表現の扱いが〈書かれたことば〉に偏っているという(1)の限界は，引用表現についてだけではなく，事実上，文法的な素材のほとんどに共通していると言っても過言ではない．〈話されたことば〉についての談話論的な観点からの研究の進展の一方で，〈話されたことば〉についての文法論的な研究ははるかに遅れていたからである．この点については金珍娥(2013)を参照されたい．

　〈書かれたことば〉における引用表現とはまた異なった様相で，実際の韓国語の〈話されたことば〉において引用表現は非常に多く用いられているにも関わら

ず，教育の現場では，〈書かれたことば〉に基礎を置いた教科書記述の限界に規定されて，〈話されたことば〉における引用表現を学ぶことが，はなはだ難しいのが，現状である．

引用の表現の全体像についての体系的な記述が希薄であるという，今1つの限界(2)は，例えば「語尾-는다면서はこれこれの意味である」といった形で，個々の語尾について個別に学習していくという方式が，引用表現の学習において，圧倒的な主流となっていることに起因する．つまり文法の学習が，それぞれの文法範疇の全体像を把握したり，文法を体系的に学ぶというのではなく，**文法形式をあたかも語彙のごとくに個々のアイテムとして学ぶ方式が，主流となっている**ことから来る弊害である．韓国語のような膠着語の文法をアイテムとしてのみ学ぶことの弊害の大きさは，決して軽視できない．重要なことに，機能的な観点から見た用言の諸形の中で，1) 終止形，接続形，連体形，名詞形に比べ，**韓国語において引用形は圧倒的にその形が多岐に渉り，かつ複雑である**．次々に膠着してゆく形を一々アイテム化していたのでは，形は膨大になってしまう．かつ後述のごとく，**引用の形は1単語に統合された総合的な形のみならず，2単語以上にまたがった統辞論的な構造も把握せねばならない**．畢竟，多くの文法的な形をアイテムとしてのみ単語のように学んでいても，学習者には収拾がつきにくい．**学習者にはいつまでたっても全体像や体系が見えにくい**のである．この(2)の限界も，引用表現のみならず，授受表現など他の文法的な学習事項にも共通する．2)

以上のような限界を超え，韓国語教育の現場で引用の表現の実用的かつ有効な学習を可能にするために，本稿では〈話されたことば〉を中心にした，引用の表現の体系化を試みることにする．

---

1) 用言の諸形を機能的な観点から5つにカテゴライズする見方は，野間秀樹(2000;2002:90)の「用言の諸形」や野間秀樹・金珍娥(2012:79-80)の「機能から見た用言の形の全体像」参照．初級の比較的早い段階でこうした全体像を簡潔に提示することは，常に対象の全体像を想定しながら，学習を進める手助けとなるだろう．節の観点から見た野間秀樹(2012c:238)での次の言に見えるように，引用節の性質は他の節と異なっている．「このうち〈連体節〉は他の節より構造的には1層，下位の層に属する節であり，〈累加節〉は機能的には〈副詞節〉としてもよいものであり，〈引用節〉は引用構造をなす節という点でのみ他と区別しうる節で，機能そのものからは，〈名詞節〉〈連体節〉〈副詞節〉として位置づけうるものである．なお，用言を補う節を〈補足節〉と言って取り出すことがあるが，これは名詞節と引用節にまたがるものである．」
2) 全体像や体系が学習者に見えにくいという問題については，本『韓国語教育論講座』第5巻，金珍娥の論考「韓国語中級教材をいかに編むか」も参照されたい．

2. 引用とは何か——他者のことばとして位置づけて語ること

　引用はこれまで様々に定義されている．辞書的には，例えば韓国語の標準的な大辞典である국립국어원(1999)は，「인용」(引用)を「남의 말이나 글을 자신의 말이나 글 속에 끌어 씀」(他人のことばや文章を自身のことばや文章の中に引いて用いること)としている．端的な，かつ一般的な引用とは概ねこうした理解のものであろう．要するに「他から引いてくること」といった点を，引用の核心と見る考え方である．

　研究書に目を転じると，日本語について述べた著作ではあるが，砂川有里子(1989:361-362)で対象を「「引用」という機能にかかわりをもつものとしては引用句の「～と」を受ける形式だけに限ることにする」と，対象を絞っていることが目を引く．このように言語の形式上の対象を限定することは，이필영(1993:57)が〈引用語尾〉を，"인용표지"(引用標識)と呼び，"φ"，"고"，"이라고"，"하고"の4種の引用標識で引用節の構成を提示したり，中西恭子(2004:111)が「ⓐ被引用文＋ⓑ引用の機能を担う成分＋ⓒ引用動詞」の構造を「引用構文」と言い，ⓑを「引用詞」と呼んでいることなどにも見える．対象の限定は考察にあたっては必要な手続きであろう．

　砂川有里子(1989:361-362)では今1つ，「引用するということは，ある発言の場ないしは思考の場で成立した発言や思考を，それとは別の発言の場において再現するということである」とも述べている．ここでは「別の発言の場において再現する」ことが引用の核心とされている．つまり〈ある言語場におけることばを別の言語場で再現すること〉を言うのであって，推し進めてい言えば，〈ある言語場におけることばを別の言語場に引いてくること〉とほとんど同義である．先の「他から引いてくること」に引用の核心を見ているわけである．こうした把握のしかたを**再現論**と呼ぶことができよう．

　藤田保幸(2014:35)は「一般的な用語法」と区別し，「文法論の問題としての「引用」とは，所与と見なされる言葉を再現して示す形をとる表現をいう」と定義している．「所与である言葉」と言わず，「所与と見なされる言葉」としている規定は大いに注目されてよい．ただ，「再現して示す」としている点から見ると，基本的には再現論を基礎にした定義と言えよう．

　こうした考え方とは異なって，金珍娥(2013:221-222)では，「言語が行われるありようを見るならば，引用とは他の言語場のことばを別の言語場で〈再現〉することとは限らない」と述べ，引用を次のように定義している：

〈引用〉とは，〈当該のことばが，あたかも他の言語場におけることばであるかのように表現する働き〉である．

　この定義は傍点なしで金珍娥(2009:25)に始まるものであるが，そこではつぎのようにも敷衍している：

　　トートロジカルに言えば，〈引用〉とは実際に他から引用する働きではなく，〈引用したように語る〉働きのことである．即ち話し手自らのことばでなく，〈あたかも他者のことばであるかのごとく語る〉ことである．

　野間秀樹(2012c:248)では，上記の定義と敷衍を引きつつ，「まさに〈引用〉とは〈引用したように語る〉という点に核心があるのであって，実際に「引用」しているかどうかは，引用の本質とは一切関わりがない．この点で，多くの引用論はしばしば前提を誤ることになる．また，引用という装置を言語が備えていること，これは言語にとって本質的な働きである．」と述べている．
　韓国語と日本語の緩衝表現について述べている金珍娥(2013:223)では，引用辞「って」を用いた日本語の次のような表現に注目する：

30代女	いろんな国の人がいて．　なんかすごい．あ，なんかすごい日本ってちっちゃいんだなーって．
20代女	そうですよね．　　　　　　　　　　　　　　　あーー．

　「なんかすごい日本ってちっちゃいんだなーって．」という表現は，文を「ちっちゃいんだなー」と終わらせるのではなく，「ちっちゃいんだなーって」という引用の形をとった発話に仕上げることで，発話者自身の印象であることにもかかわらず，誰の発話であるのかを希薄化させ，目的意識的に，あたかも何かがいわば〈隠してあるように見せる〉ための表現となって，「って」を用いた引用の構造が，緩衝表現として機能することを，そこでは述べている．緩衝表現とは，「完全な」文としての明確さを失わせ，ぼかしたり，間接化する，〈話し手のモーダルな態度〉を示す表現を言う．金珍娥(2013:204)参照．
　あるいはまた「自分だけじゃないと思って．」という表現は，「自分だけじゃない」を「自分だけじゃないと思って」と言うことで，「嬉しい」のか「良かった」のか言い切らずに，「自分だけじゃない」を引用の「と思って」が包み込み，スト

レート性を緩和させていると，記述している．

　金珍娥(2013:203-272)では，日本語のみならず韓国語にあっても引用によるこうした緩衝表現が多様に用いられていることを，談話からの多くの実例によって明らかにしている．

　すなわち，〈引用〉が実際に他から引用する働きではなく，〈引用したように語る〉働きであるからこそ，他者の言ではなく自らの言に引用辞など引用のデバイスを加えて用いることができるのであって，そのことによってこうした緩衝表現として機能し得るわけである：

> 〈引用〉のこうした被膜性，間接性，擬似的な遠隔性ともいうべき本質が，まさに〈緩衝化〉を支えるものとなる．こうした働きにより数々の〈引用〉表現が実際の談話の中で〈緩衝表現〉として用いられることを可能にするのである．——金珍娥(2013:222)

　要するに，**被引用部のことばは，真に他者のことばであってもよいし，他者のことばでなくてもよい**．実際に「引用」したかどうかではなく，話し手自らのことばではないごとくに，〈**あたかも他者のことばであるかのごとく語る**〉ことこそが，〈引用〉の核心なのである．本当に「再現」しているかどうかとは，関わりがない．他者のことばを引いてくるのではなく，引いてきたものとして位置づけること，〈他者のことばであるかどうかにかかわらず，他者のことばとして位置づけて語ること〉こそが，〈引用〉の本質である．

3. 引用表現はいかに組み立てられているか——体系として照らす

3.1. 形式から引用表現は2種に分かち得る

　韓国語の引用表現の体系を見るには，野間秀樹・金珍娥(2004:210-219)や野間秀樹(2009b)が行っているように，日本語と照らしてみるのが，大変役に立つ．

　野間秀樹・金珍娥(2004:210)あるいは野間秀樹(2009:3-5)に見えるまとめをさらに推し進めると，日本語の引用表現は，1単語に統合されている形だけで成り立っているか，あるいは2単語以上にまたがった形を問題にせねばならないかという観点から，次の2種に分けることができる．そして形式上これら2種に分かち得ること自体は，韓国語にあっても同様である：

(1) 形態論的に1単語に統合されている形——引用形
　　するって．するってさ．するってよ．…
(2) 統辞論的に2単語にまたがっている形——引用構造
　　するって＋言ってます．するって＋言って．…

　上の2つは構造上，(1)を(2)が内に含んでいることからわかるように，明らかに層位の異なるものであって，引用を論ずるには，何よりもまずこうした層位の違いを踏まえておかねばならない．
　日本語の被引用部を導く引用辞には，〈書かれたことば〉でも多く用いられる助詞「と」の他に，〈話されたことば〉の談話にあっては，「でも何か，未来がない<u>って</u>いうか．」，「あ，駒込は若干知ってます<u>とか</u>いって．」のように，「って」や「とか」といった助詞も多く出現する．
　細部は省いて，日本語の引用表現の大枠だけを図示すると，次のごとくである：

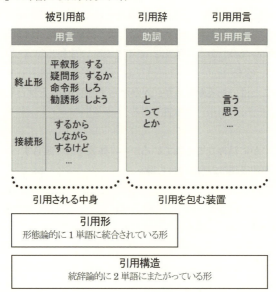

【図1】日本語の引用表現の大枠

全体は野間秀樹・金珍娥(2004:210)あるいは野間秀樹(2009:3-5)にも見えるように，〈被引用部の用言＋引用辞の助詞＋引用用言〉の構造をとる．〈被引用部＋引用辞の助詞〉に後続する引用用言は，「言う」「思う」などの動詞のほか，「渡ってたって感じですよね.」のように「みたいな感じだ」のように〈名詞＋指定詞〉の形式も少なくない．「感じだ」は「みたいな感じで」の形でも頻出する．なおここでは日本語の学校文法で言う助動詞「だ」「である」を韓国語文法の一般的な術語に揃えて，指定詞と呼び，「するから」「しながら」など副動詞形を，接続形と呼んでいる．
　韓国語も大枠はこれと似ている．しかし引用辞「と」の位置に，接続形語尾-고のみならず，他の接続形語尾，終止形語尾，連体形語尾といった多様な用言語尾が立ち得ることによって，1単語に統合された引用形そのものの形のヴァリエーションが，韓国語は日本語よりもはるかに複雑な様相を呈し，結果として出現する引用形のアイテムの種類も相当な数に上る：

【図2】韓国語の引用表現の大枠

被引用部	引用辞	引用用言
用言	語尾	引用用言
平叙形　한다 　　　　책이라 　　　　책이 아니라 　　　　하더라 疑問形　하냐, 하느냐 命令形　하라 勧誘形　하자	接続形語尾 -고, -면서 -며, -지만 -는데… 連体形語尾 -는, -던 名詞形語尾 -기 終止形語尾 -ㄴ다 -ㅂ니다…	하다 그러다 …
引用される中身	引用を包む装置	

引用形
形態論的に1単語に統合されている形

引用構造
統辞論的に2単語にまたがっている形

　被引用部の用言には基本的には한다体の終止形が立つ．言うまでもないことで

はあるが,動詞であれば,「본다」(見る),「먹는다」(食べる)のごとく語尾には「-ㄴ다」「-는다」という2つの異形態があり,形容詞,存在詞であれば「좋다」(良い),「있다」(ある)のように「-다」という語尾をとる.指定詞だけが「책이다」(本だ),「책이 아니다」(本ではない)ではなく「책이라」「책이 아니라」の形をとる.

3.2. 語尾が累加的に結合する引用形の膠着語的な形造りの原理を踏まえる

引用辞としては,「하-+-ㄴ다+-면서」→「한다면서」(すると言いながら)や「하-+-ㄴ다+-는데」→「한다는데」(すると言うけど)の-면서や-는데のような,多様な接続形語尾,また-는や-던のような連体形語尾,名詞形語尾-기などが現れる.のみならず,面白いことに,「하-+-ㄴ다+-ㄴ다」→「한단다」(するそうだ.すると言う)や「하-+-라+-ㅂ니다」→「하랍니다」(しろとのことです.しろと言っています)のごとく,被引用部の終止形한다や하라にさらに加えて引用辞としての終止形語尾-ㄴ다や-ㅂ니다などが直接結合する.この事実は学習者に強調されてよい:

【図3】韓国語の膠着型の引用形の構造:終止形語尾も累加的に結合する
「하-+-ㄴ다+-ㄴ다」→「한단다」

引用形の体系的な把握には,まさに語尾類がこのように累加的に次々に結合してゆく,膠着語的な形造りの原理を理解することが,不可欠である.「한단다」から「-ㄴ단다」を1つのアイテムとして取り出し,意味や用法を記述すること自体は,文法辞典や辞書類では必要なことであるが,いかなるシステムによってそうした形が造られているかの原理を把握してこそ,形の全体像が見える.

例えば結合した結果の形「하랍니다」(しろとのことです.しろと言っています)から「-랍니다」を取り出し,1つのアイテムとして学ぶのでは,「하잡니다」(しようとのことです.しようと言っています)や「한답니다」(するとのことです.すると言っています)はまたそれぞれ1つずつの別のアイテムとして学ばねばならない.互いの形の相関もわかりにくい.〈用言の한다体終止形+-ㅂ니다〉という

164

引用形の構造さえ把握していれば，1度の学習で形造りの根幹を押さえることができる．そしてこの〈用言の한다体終止形+ㅂ니다〉という構造は，図2で見てわかるとおり，終止形語尾だけでなく，接続形語尾，名詞形語尾，連体形語尾を含む，種々の用言語尾が結合する，〈用言の**한다体終止形+用言語尾**〉というさらに**大きな引用形の構造で包括的に捉えることができる**のである．[3]

3.3. 縮約論に陥らず，形造りの膠着のありようをリアルに見る

今1つ，「한단다」から「-ㄴ단다」を1つのアイテムとして取り出し，これを「-ㄴ다고 한다」の「**縮約形**」や「**短縮形**」とする考え方が，韓国語文法論の圧倒的な主流であり，事実上全ての辞書の記述に表れている．しかしながら，これは野間秀樹・金珍娥(2004:210-219)で初めて明らかにし，野間秀樹(2009a:43-45)が〈縮約〉論と〈省略〉論を絡めて力説するとおり，「-ㄴ단다」や「-ㄴ다면서」が「-ㄴ다고 한다」や「-ㄴ다고 하면서」の意であると解釈可能なだけであって，形態論的には「-ㄴ다고 한다」や「-ㄴ다고 하면서」の「縮約」や「短縮」であるとする根拠は薄弱であろう：

【図4】韓国語の引用形語尾の解釈――野間秀樹(2009:45) [4]

上のごとく形態論的にはどこまでも「-ㄴ다」に直接また「-ㄴ다」や「-면서」が結合しているのだと，見なければなるまい．そしてまさに**語尾が累加的に結合する原理こそ，膠着語の真骨頂**なのであって，韓国語教育と韓国語学習はこうした原理に知的に接近することが，望まれる．[5]

---

3) 終止形語尾では「-ㄴ다」や「-ㅂ니다」のほか，「한다지?」「책이 아니라지요?」のように「-지」「-지요」なども立つが，図2に例示した被引用部の用言の終止形全ての形につくわけではない．
4) 引用した野間秀樹(2009:45)では한다体終止形語尾を「-다」で代表させている．
5) 言語上で形に現れるかどうかという観点は重要である．野間秀樹(2008b:376-379)の「省略」についての議論を参照．

3.4. 同一の語尾が多様な結合の中で意味を変容させるダイナミズムを見据える

　例えば用言の接続形語尾「-면서」は，「하면서」のごとく用言に直接結合すると，「しながら」といった接続形の意を実現する．また「한다면서」のごとく用言の한다体終止形に結合すると，「すると言いながら」という引用の接続形の意を実現し得る．さらに「한다면서」が引用接続形ではなく，その形で終止する引用終止形「한다면서?」となると，「するんだって？」という，大幅に異なった意味を実現することができる．6)「한다면서?」（するんだって？）においては既に「…しながら」などといった接続形の意味はダイナミックに変容してしまっていることがわかる．「하면서」→「한다면서」→「한다면서?」と移行するに従って，用言の形は，接続形→引用接続形→引用終止形と，カテゴリーとしての変容を見せるのである．

　ここで重要なことは，ほとんどの引用接続形が引用終止形となるときに，若干のニュアンス的な違いはあっても，基本的には「…するんだって」という同様の意味へと変容する事実である．辞書や文法辞典では「-ㄴ다면서」「-ㄴ다고」「-ㄴ다는데」「-ㄴ다던데」等々が語尾として別々に記述されているけれども，引用終止形となったとたん，元来の接続形語尾としての意味上の違いは失われ，事実上どれも「…するんだって」といった同じような意味を実現することになる．個々の形の意味が，引用終止形としての「…するんだって」という1つの大きな意味の実現にまるごと参画することになる．個々の形の意味の変容だけでなく，カテゴリーとしての変容を見せるのである：

【図5】接続形語尾の意味と機能の変容のダイナミズム

接続形	引用接続形	引用終止形

カテゴリーとしての変容が起こる

하면서　　한다면서　　한다면서?
しながら　するって言いながら　するんだって？

---

6) この場合の引用終止形への変容は「한다면서.」という平叙文では曖昧であるが，「한다면서?」（するんだって？）という疑問文になると，鮮明に引用終止形と判断し得る．

変容のダイナミズムは接続形語尾「-면서」のみならず，他の接続形語尾でもいくらでも見出せることを，例によって確認しておこう：

　●引用接続形
　준호도 거기 간다면서 결국 안 갔죠?
　　　チュノもあそこに**行くっていいながら**，結局行かなかったでしょ？
　한국어를 잘하신다던데 어디서 공부하셨어요?
　　　韓国語が**お上手だと伺いましたが**，どこで勉強なさったんですか？
　●引用終止形
　준호도 거기 간다면서?
　　　チュノもあそこに**行くんだって？**
　한국어를 잘하신다던데요?
　　　韓国語が**お上手なんですって？**

　こうした変容の様相は韓国語だけ見ていても，意外に気づきにくく，日本語と対照することによって，より鮮明に浮かび上がる．**引用形を考察と学習にあたっては，接続形語尾が実現するこうした意味と機能の変容のダイナミズムを，曖昧にせず，鮮明に把握せねばならない**．

3.5. 引用形が新たなムード形式となる

　前述の「한단다」形にあっては，終止形であることは変わらぬものの，日本語と対照するとわかるように，「…するということだ」「…するそうだ」という引用終止形の意味を実現する一方で，「…するんだよ」という，〈言い聞かせ〉ないしは〈語り聞かせ〉のムード形式としての意味も実現し得る．この〈**言い聞かせ**〉〈**語り聞かせ**〉の「**한단다**」形では，既に形が元来有しているはずの〈引用〉という性格は，ほとんど失われていると言ってもよい．引用形が新たなムード形式として自立してゆく面白い例である：

　●〈語り聞かせ〉のムード形式としての「한단다」形
　수민아, 이 사진, 이게 엄마란다. 엄마도 이 때는 정말 예뻤단다.
　（母が子に）スミン，この写真，これが**ママなのよ**．ママもこの頃はほんとに**可愛かったんだから**．

3.6. 引用形には〈丁寧化のマーカー －요/－이요〉が活躍する

「…한다면서요, 결국은 말이죠…」(…するって言ってたのにですね，結局はですね…) のごとく，引用接続形で発話を一呼吸中休みしたり，「…한다면서요．」(…するって言ってたのにですよ．) のごとくそのまま終止したり，あるいは上の例にも見えるように，「…한다면서요?」(…するんですって?) といった意味の引用終止形に変容させる場合に，必要に応じて〈丁寧化のマーカー －요/－이요〉が〈話されたことば〉の談話においては極めて高頻度で出現する．このことも学習では強調されてよい．丁寧化のマーカーについては野間秀樹(2006)参照：

【図6】引用形で多用される〈丁寧化のマーカー －요/－이요〉

한다면서?
するんだって？

한다면서요?
するんですって？

한다고?
するんだって？

한다고요?
するんですって？

4. 教材にいかに展開するか

引用表現をめぐる以上のような諸点を踏まえ，教材にはいかに展開するべきであろうか．ここでは野間秀樹・金珍娥・髙槿旭(2018)を中心に，野間秀樹・金珍娥(2004)をも参照しながら，中級教材への展開の要点をケーススタディとして述べてみよう．

4.1. 全体像を把握する

中級教材では何よりもまず3.1.で述べた，(1)形態論的に1単語に総合された引用形，(2)統辞論的に2単語にまたがった引用構造，引用表現のこの2種の階層構造的な仕組みを提示せねばならない．とりわけ結果としての形が膨大になる引用形の学習においては，全体像の把握が決定的に重要だからである．前述のごとく，その際に多くの学習者の母語である日本語との対照が，大きな手助けとなる．

全体像を提示しつつ，引用形自体は機能的に，次の4種に還元し得ることを示すのがよい：

(1)引用接続形,(2)引用連体形,(3)引用名詞形,(4)引用終止形 [7]

　教育の観点から見たとき,上の4種の導入には,初級で学んでいると思われる,〈저는 …라고 합니다〉(私は…と申します)という形を手掛かりにするのがよい.〈被引用部たる人名＋引用辞-라고＋引用動詞하다〉が揃っており,かつ〈引用〉の概念も把握しやすい.

　引用表現を改めて図示してみよう:

【図7】引用の表現の下位範疇

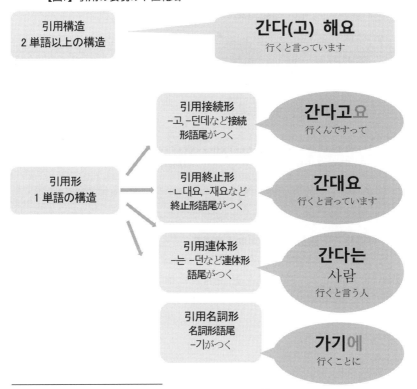

―――――――――――

7) この(1)引用接続形,(2)引用連体形,(3)引用名詞形,(4)引用終止形というそれぞれは,引用形の形態論的な下位範疇の名称である.これらを述語とする節といった統辞論的な観点から見ると,野間秀樹(2012c:251-252)の(1)引用副詞節,(2)引用連体節,(3)引用名詞節,(4)引用終止節という名称に対応している.なお引用名詞節が語尾-기に統合されるものだけではない点は,野間秀樹(2012c:247-248)も参照.

引用名詞形は事実上,「하기에」(…するので) という原因, 理由の意を表す接続形的な役割を果たす.

あるいはまた, 野間秀樹・金珍娥(2004:210)では2単語以上にまたがる引用構造について, 次のようなシンプルな形で提示している：

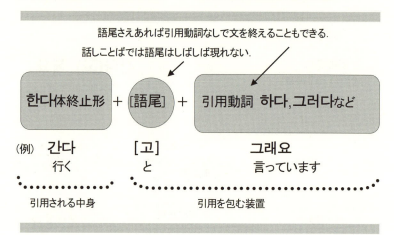

4.2. 韓国語で韓国語について尋ねる表現を

このあたりの学習では,〈이건 한국어로 뭐라고 합니까?〉(これは韓国語で何と言いますか？) や〈"歌を歌う"는 한국어로 뭐라고 해요?〉("歌を歌う"は韓国語で何と言いますか？) といった, 韓国語で韓国語について尋ねる表現も, 復習を兼ねて, 押さえておきたい. 引用表現が活躍する初中級段階の実践的な発話だからである.

4.3.「と」「って」に相当する引用辞を用いない引用構造を把握する

日本語との対照において, とりわけ〈話されたことば〉において重要なのは, 日本語の「と」や「って」などに相当する韓国語における**引用辞を用いない引用構造を教材に明確に示す**ことである：

●引用辞が現れない引用構造
지은이도 백화점에 같이 간다 그러죠?
　　　チウンもデパートに一緒に**行く**って言ってるでしょ?
이 팀장한테 그걸로 됐다 그래.
　　　李チーム長にそれで**間に合った**って言って.
그쪽에서는 3시가 좋다 그랬던 거지?
　　　先方じゃ3時が**いい**って言ってたんだよね?

【図9】引用辞「って」などが現れない韓国語の引用構造

被引用部の用言	引用辞の語尾	引用動詞
한다		**그래요?**
する	って	言ってるんですか?
한다		**그러지?**
する	って	言ってるんだろ?

　被引用部の述語を統括する用言が한다体終止形であって, 次に引用辞としての語尾「-고」(と. って)などが現れず, 引用動詞그러다が直後に現れる, 〈한다体終止形＋그러다〉の型のこの引用構造は, 日本語にはないもので, かつ韓国語の〈話されたことば〉では極めて高い出現頻度を見せる. この点で学習上は極めて重要であるにも係わらず, 形式をアイテム化して学ぶことが主流の今日の韓国語教育では, 等閑視されてしまっている. 是非とも意識的な学習が必要である.

4.4. 引用接続形の展開
　한다체の終止形の後に接続形語尾-고, -면서, -더니などをつけ, 引用接続形を作る:

준호는 친구 만난다고 아까 나갔는데요.
チュノは友達に**会いに行く**って, さっき出ていきましたけど.
친구 만나러 간다더니 아직 안 갔어?

おまえさ，友達に**会いに行く**って**言いながら**，会いに行かなかっただろ？

　特にことわざを引用する場合は，接続形語尾「-더니」で作る引用形が好まれることについても言及しておきたい：

　　호랑이도 제 말하면 **온다더니** 저기 오네요.
　　噂をすれば**陰**っていう**けれど**（＝来ると言うけれど），ほら，来ましたね.
　　원숭이도 나무에서 **떨어진다더니** 마키 씨도 실수를 할 때가 있네요.
　　猿も木から**落ちると言うけれど**，マキさんも失敗する時があるんですね.

　これら引用接続形は引用終止形へと転用され，かつ多用されている．「한다구요?」「한다면서요?」「한다던데(요)」などがその1例で，実に多く用いられている．

　　남자친구라구? 그냥 친구라던데.
　　ボーイフレンドだって？ ただの**友達だって言っといて／言ってたのに**.
　　딸이라면서요? ── 아들이라던데요?
　　娘ですって？ 息子ですって？──息子だって言ってましたけど？

4.5. 引用連体形の展開

　한다体の終止形の後ろに-는や-던などの連体形語尾がつく形である．後ろに引用動詞は現れず，体言が来る点が，他の引用形と異なる統辞論的な性質である一般の連体形の学習と同様，後続の体言に，依存名詞の것（こと：書きことば的），거（の：話しことば的）が多用され，「…すること（は/が/を/に…）」「…するの（は/が/を/に…）」の意で極めて活発に用いられることを押さえたい．〈**引用連体形＋依存名詞것/거**〉の構造はとりわけ発信型の学習では応用度が高い：

　　온다던 사람이 안 오네요.　　　〈引用連体形＋通常の体言〉
　　来ると**言ってた**人が，来ませんね.
　　잘 먹는다는 건 건강하다는 증거죠.　〈引用連体形＋依存名詞것/거〉
　　よく**食べる**ってのは，健康だという証拠ですよ.

金珍娥(2013:230)では，引用連体形が緩衝表現の形成に果たす役割を論じている．同書の図を参考までに引いておく：

【図10】引用連体形と緩衝化 ──金珍娥(2013:230)

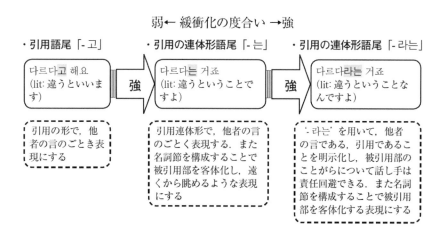

4.6. 引用終止形の展開

引用終止形では，한대(요)など平叙形の引用終止形，한대(요)など疑問の引用終止形，하재(요)など勧誘の引用終止形，하래(요)など命令の引用終止形の形がある．アイテムが多いので，押さえるのに，時間がかかるかもしれない：

이슬 씨는 선물이 뭐가 좋대요?
イスルさんはプレゼント何が**いいんですって？**
마키 씨 취미는 노래래요? ── 네. 근데 준호 씨는요? 음악이래요?
マキさんの趣味は**歌ですって？**　　── ええ．で，チュノさんは？　**音楽だって言ってますか？**

5. 終わりに

本稿は，韓国語の〈話されたことば〉に現れる引用の諸表現の体系化を図り，韓国語教育に資せんとするものであった．

再現論の限界に引きずられぬよう〈引用〉を再定義し，実際に「引用」や「再

現」したかどうかではなく，話し手自らのことばではないごとくに，〈あたかも他者のことばであるかのごとく語る〉ことこそが，〈引用〉の核心であることを見た．〈他者のことばであるかどうかにかかわらず，他者のことばとして位置づけて語ること〉こそが，〈引用〉の本質であった．

　韓国語や日本語の引用表現は，(1)形態論的に1単語に総合された引用形，(2)統辞論的に2単語にまたがった引用構造，この2種に分かつことが可能である．この2種は(2)が(1)を含みながら形成される，階層的な複雑さを見せる．韓国語における〈書かれたことば〉とは違った〈話されたことば〉での引用表現の多様さは，特筆すべきである．

　引用形は，(1)引用接続形，(2)引用連体形，(3)引用名詞形，(4)引用終止形の4種に分類できる．

　こうした体系化を基礎に，教材における引用表現の展開について述べた．

　「-면서」(...[し]ながら)などの接続形語尾によって形成される「한다면서」(するといいながら)などの引用接続形が，「한다면서?」(するんだって?)などの引用終止形と変容する，カテゴリーとしての変容のダイナミズムを見る視点は，既存の研究でもほとんど注目されていないものであった．多様な接続形語尾を有する引用形接続形も，とりわけ疑問の引用終止形では「するんだって?」といった1つの大きな意味に集約されてしまうのであった．

　韓国語教育における引用表現の学習にあっては，膠着的な形造りの原理を踏まえた引用表現についての体系的な把握が，何よりも望まれると言わねばならない．

参考文献

권재일(1998) "한국어 문법사", 서울: 박이정
남기심(1996) "국어 문법의 탐구 I", 서울: 태학사
노마 히데키[野間秀樹](2002a) "한국어 어휘와 문법의 상관구조", 서울: 태학사
노마 히데키[野間秀樹](2006a) '단어가 문장이 될 때: 언어장 이론 ―형태론에서 통사론으로, 그리고 초형태통사론으로―', *Whither Morphology in the New Millennium?*" Ko, Yong-Kun et al. (eds.), Seoul: Pagijong Press
노마 히데키[野間秀樹](2008) '언어를 배우는 〈근거〉는 어디에 있는가 ― 한국어 교육의 시점', "한글 학회 창립 100돌 기념호" 겨울치, 282호, 서울: 한글 학회
노마 히데키[野間秀樹](2009) '대우표현과 대우법 ― 몇 가지 시각', "한국어 교육

연구", 제4집, 대전: 배재대학교 한국어교육연구소
이필영(1985) "국어의 인용구문 연구", 서울: 탑出版社
한송화(1996) '발화보문동사에 대한 연구', "국어 문법의 탐구 Ⅲ", 남기심 엮음, 서울: 태학사
鎌田修(2000)『日本語の引用』, 東京 : ひつじ書房
亀井孝・河野六郎・千野栄一編著(1996)『言語学大辞典 第 6 巻 術語編』, 東京 : 三省堂
金珍娥(2003)「 "turn-taking システム" から "turn-exchanging システム" へ ——韓国語と日本語における談話構造：初対面二者間の会話を中心に」『朝鮮学報』第 187 輯, 天理：朝鮮学会
金珍娥(2004a)「韓国語と日本語の turn の展開から見たあいづち発話」,『朝鮮学報』第 191 輯, 天理：朝鮮学会
金珍娥(2004b)「韓国語と日本語の文, 発話単位, turn——談話分析のための文字化システムによせて——」,『朝鮮語研究2』東京：くろしお出版
金珍娥(2006)「日本語と韓国語の談話における文末の構造」, 東京外国語大学大学院博士論文, 東京：東京外国語大学大学院
金珍娥(2009a)「日本語と韓国語の談話における文末の緩衝表現の出現様相——計量的な分析を中心に——」『カルチュール』第 3 巻 第 1 号 横浜：明治学院大学教養教育センター
金珍娥(2009b)「日本語と韓国語の文末における緩衝表現」『朝鮮学報』, 第 213 輯, 天理：朝鮮学会
金珍娥(2010a)「日本語と韓国語の談話における間投詞の出現様相と機能」『カルチュール』, 4 巻 1 号, 横浜：明治学院大学教養教育センター
金珍娥(2010b)「〈非述語文〉の現れ方と discourse syntax——日本語と韓国語の談話から——」『朝鮮学報』, 第 217 輯, 天理：朝鮮学会
金珍娥(2012a)「談話論からの接近」, 野間秀樹編著(2012)所収
金珍娥(2012b)「間投詞の出現様相と機能——日本語と韓国語の談話を中心に——」, 野間秀樹編著(2012)所収
金珍娥(2013)『談話論と文法論——日本語と韓国語を照らす——』, 東京：くろしお出版
金珍娥(2014)「〈話されたことば〉のコーパスと韓国語教育——日韓対照言語学と談話研究から——」,『外国語教育研究』, 第 17 号, 東京：外国語教育学会
金珍娥(2016)「人は発話をいかにはじめるか——日本語と韓国語の談話に照らして——」,『朝鮮学報』, 第 238 輯, 天理：朝鮮学会

クールタード，マルコム(1999)『談話分析を学ぶ人のために』，吉村昭市，貫井孝典，鎌田修共訳，京都：世界思想社
砂川有里子(1989)「引用と話法」『講座 日本語と日本語教育 第4巻 日本語の文法・文体（上）』，東京：明治書院
中西恭子(2004)「現代朝鮮語の引用構文について」，『朝鮮語研究 2』，東京：くろしお出版
野間秀樹(2000;2002)『至福の朝鮮語 改訂新版』，東京：朝日出版社
野間秀樹(2006)「現代朝鮮語の丁寧化のマーカー"-yo/-iyo"について」，『朝鮮学報』第199・200輯合併号，天理：朝鮮学会
野間秀樹(2007b)「試論：ことばを学ぶことの根拠はどこに在るのか」，野間秀樹編著(2007)所収
野間秀樹(2008a)「言語存在論試考序説Ⅰ――言語はいかに在るか――」，野間秀樹編著(2008)所収
野間秀樹(2008b)「言語存在論試考序説Ⅱ――言語を考えるために――」，野間秀樹編著(2008)所収
野間秀樹(2008c)「朝鮮語の教科書が目指すもの」，『外国語教育研究』，第11号，東京：外国語教育学会
野間秀樹(2009a)「現代朝鮮語研究の新たなる視座：〈言語はいかに在るか〉という問いから――言語研究と言語教育のために――」，『朝鮮学報』第212輯，天理：朝鮮学会
野間秀樹(2009b)「引用論小考」，『朝鮮半島のことばと社会』，油谷幸利先生還暦記念論文集刊行委員会編，東京：明石書店
野間秀樹(2012a)「文法の基礎概念」，野間秀樹編著(2012)所収
野間秀樹(2012b)「文をめぐって」，野間秀樹編著(2012)所収
野間秀樹(2012c)「文の階層構造」，野間秀樹編著(2012)所収
野間秀樹(2012d)「待遇表現と待遇法を考えるために」，野間秀樹編著(2012)所収
野間秀樹編著(2007)『韓国語教育論講座 第1巻』，東京：くろしお出版
野間秀樹編著(2008)『韓国語教育論講座 第4巻』，東京：くろしお出版
野間秀樹編著(2012)『韓国語教育論講座 第2巻』，東京：くろしお出版
野間秀樹・金珍娥(2004)『Viva! 中級韓国語』，東京：朝日出版社
野間秀樹・金珍娥・高権旭(2018)『はばたけ！韓国語 2 初中級編』，東京：朝日出版社
藤田保幸(2014)「引用」，日本語文法学会編『日本語文法事典』，東京：大修館書店
堀口純子(1991)「あいづち研究の現段階と課題」『日本語学』， 10巻10号，東京:明治

書院
堀口純子(1995)「会話における引用の「ッテ」による終結について」『日本語教育』85　東京：日本語教育学会
堀口純子(1997)『日本語教育と会話分析』，東京：くろしお出版
ボウグランド ＆ ドレスラー(1984)『テクスト言語学入門』，池上嘉彦，三宮郁子，川村喜久男，伊藤たかね共訳，東京：紀伊國屋書店
三上章(1953;1972)『現代語法序説』，刀江書院，東京：くろしお出版（復刊）
三上章(1963)『日本語の構文』，東京：くろしお出版
三上章(1972)『現代語法新説』，東京：くろしお出版
水谷信子(1983)「あいづちと応答」　水谷修編(1983)所収
水谷信子(1985;2001)『日英比較　話しことばの文法』，東京：くろしお出版
水谷信子(1988)「あいづち論」『日本語学』vol.7. no.12. 東京：明治書院
水谷信子(1993)「『共話』から『対話』へ」『日本語学』，12巻4号，東京：明治書院
南不二男(1972)「日常会話の構造――とくにその単位について」『言語』vol.1 no.2, 東京：大修館書店
南不二男(1983)　「談話の単位」『談話の研究と教育Ⅰ』国立国語研究所　東京：国立国語研究所
南不二男(1987)「談話行動論」『国立国語研究所報告 92　談話行動の諸相 談話行動の分析』，東京：三省堂
南不二男(1993)『現代日本語文法の輪郭』，東京：大修館書店
メイナード，K・泉子(2005)『談話表現ハンドブック』，東京：くろしお出版
守時なぎさ(1994)「話し言葉における文法表現『ッテ』について」『筑波応用言語学研究』第1号　つくば：筑波大学大学院博士課程文芸・言語研究科応用言語学コース

Martin, S. E.(1964) 'Speech Levels in Japan and Korea', *Language in Culture and Society*, Hymes, D. (ed.) New York: Harper & Row

単語結合から見た「-에 가다」「-로 가다」「-를 가다」

李 善姫（い・そに）

1. はじめに　　　　　　　　　　　179
2. 「가다」と名詞句との結合頻度　　181
3. 単語結合からの考察　　　　　　184
4. 文法的な諸相からの考察　　　　191
5. 終わりに　　　　　　　　　　　198

1. はじめに
1.1. 本稿の目的

助詞「-에」，「-로」，「-를」は位置変化を表す動詞と結びつき，到着点を表すことがある：

(1) 그는 지난 달에 한국에 갔다.
　　彼は先月，韓国に行った．
(2) 이번 휴가는 프랑스로 간다.
　　今度の休みはフランスへ行く．
(3) 그 사람은 서울을 갔다.
　　あの人はソウルに(lit. ソウルを)行った．

これら3つの文は，それぞれの移動体が位置変化することを表し，「한국」，「프랑스」，「서울」は移動体が位置変化する到着点を表している．ところが，到着点を表す名詞句をみると，「한국**에**」，「프랑스**로**」，「서울**을**」のように，それぞれ異なる格助詞で表れている．(1)～(3)は，それぞれ(1)は「한국으로/한국을」に，(2)は「프랑스에/프랑스를」に，(3)は「서울에/서울로」のように換えることもできる．ゆえに，「-에」，「-로」，「-를」はそれぞれ置き換えが可能であると考えられる．

しかし，次の例は異なる側面を見せている：

(4)　나는 남쪽으로 갔다.(私は南(の方)へ行った)
(4)'? 나는 남쪽에 갔다. (lit. 私は南(の方)に行った)

(4)"?? 나는 <u>남쪽을</u> 갔다. (lit. 私は<u>南(の方)を</u>行った)

　(4)は(4)'の「남쪽에」に換えると不自然であり，(4)"の「남쪽을」のように置き換えると更に不自然である．(1)～(3)では置き換えが可能であったものが，(4)では難しくなるのはなぜだろうか．これは，韓国語学習者にとっても疑問に思うところであろう．
　本稿では位置変化を表す動詞「가다」をもって，言語資料からその使用例を採集し，「-에 가다」，「-로¹⁾ 가다」，「-를²⁾ 가다」に現れる名詞の意味的特徴に注目しつつ，文法的な諸相からの考察を加え，その違いを考察することにする．

1.2. 先行研究

　「-에」，「-로」，「-를」の意味機能を規定する先行研究は数多くある．その中で，まず，이남순(1983:218-221)は修飾機能上の差異を考察し，「학교로 갔다(学校へ行った)」は単純な場所移動を表すが，「학교에 갔다(学校に行った)」は場所移動を基に"登校する"という新しい意味までを内包していると述べ，「-에」と「-로」のもつ基本的な意味を示した．
　次に，정희정(1998:207-216)は，「-에」を中心に「-로」と「-를」の考察を行い，이남순(1983)と同様のことを述べ，「학교에 가다」は"学校に移動する"という意味，更に学校に移動した後，"学校で勉強する"という行為も内包するのに対して，「학교로 가다」は単なる身体的な移動だけを表し，「-에」は主体の'目標点'，「-로」は'方向'の意味を表すとしている．そして，「학교를 가다 (lit. 学校を行く)」の「-를」は「-에」と同じく'目標点'を表すが，この場合の「-를」は様態化されていると述べている．以上の先行研究を総括すると，「-에」，「-로」，「-를」の意味機能を規定することに重点が置かれており，実際にそれぞれの格助詞に現れる名詞の意味的特徴については明確に示されていない．
　それに対して，남기심(1993)は，実際の言語資料から採集したデータを対象に，「-에」と「-로」が結びつく動詞を意味的に分類し，各動詞群と名詞の結びつきにおいて，「-에」と「-로」が必須であるかどうか，更に，結びつく名詞の意味的特徴を詳しく示している．しかし，남기심(1993)は資料集的な記述であり，実際の使用頻度において，格助詞との結びつきの分布はいかに現れるか，構文によっ

---

1) 「-로」，「-으로」を合わせて，「-로」と表記する．
2) 「-를」，「-을」，「-ㄹ」を合わせて，「-를」と表記する．

て各格助詞の現れに偏りはないのか，などに関して詳しくは示されていない．

果たして，「-에 가다」，「-로 가다」，「-를 가다」はいかなる名詞句と結びつくのであろうか．そこで，本稿では従来の先行研究を踏まえたうえで，単語結合[3]論的観点から考察を行うことにする．さらに，それぞれの結びつきに現れる構文的な特徴，アスペクト的な観点，ムードの観点からも考察を行うことにする．

1.3. 研究方法と言語資料

本稿は，実際の言語資料において，韓国語の「가다」が名詞句とどのような結びつきの様相を見せるのかという単語結合論的な観点からのアプローチを行う実証的な研究方法を用いる．

研究に用いる言語資料は，국립국어연구원(2007)の「21세기 세종계획 균형말뭉치」の「구문분석말뭉치(構文分析コーパス：65MB)」である．考察対象とした用例は，人などのように自分の意志で移動行為をコントロールできる有情者[4]が主体として現れ，位置などの変化を表す用例[5]に限る．ただし，4節では，必要に応じて「구문분석말뭉치(構文分析コーパス)」以外の「21세기 세종계획 균형말뭉치」の「원시말뭉치(平文コーパス：566MB)」からも用例を採集し，考察することもあるが，3節で行う分析の統計対象には入れない．

2. 「가다」と名詞句との結合頻度

2.1. 言語資料に現れた「가다」と名詞句の結合頻度

言語資料から採集した用例は 1,183 例で[6]，それぞれの用例における「가다」と名詞句との結びつきを調べた結果は次のとおりである：

---

3) 「単語結合」は統辞論的単位として，単語と単語の結びつきを言う．日本語学では，単語結合を「連語」と呼ぶ．単語結合に関してはノマヒデキ[野間秀樹](2002b)，連語に関しては言語学研究会編(1983)を参照されたい．
4) 車のような乗り物など，人の意志でコントロールできるものも有情者として考え，考察対象に入れる．
5) 「납득이 가다(納得が行く)」のような抽象的な意味を表す例は考察対象に入れない．
6) 採集した「가다」の総用例数は 1,766 例で，本稿で考察対象としている有情者主体の位置などの変化を表す用例が 67%を占めている．

【表1】 「가다」の格結合頻度[7]

	-에			-로	-를
	-에	-에를	-에도		
結合数	320	15	3	237	86[8] (74)
%	26.9%	1.3%	0.2%	19.9%	7.2 (6.2)%
	28.4%				

	-에게[9]			その他[10]	φ[11]	計
	-에게	-에게로	-에게를			
結合数	14	8	1	44	462	1190[12]
%	1.2%	0.7%	0.1%	3.7%	38.8%	100%
	2%					

　全用例1,183例の内,「-에」と結びついた用例が320例(26.9%),「-로」と結びついた用例が237例(19.9%),「-를」と結びついた用例が86例(7.2%)という結合頻度を示している.

　本稿では,「-에」,「-로」,「-를」の3つの格助詞が現れた用例に焦点を当てるので,「-에 가다」320例,「-로 가다」237例,「-를 가다」74例の計631例を対象に考察を進めることにする.

2.2. 各名詞句に現れる名詞のカテゴリーによる分類

　採集した用例から,「가다」が結びつく名詞句に現れる名詞は,次のようなカテゴリーに分類することができる[13]:

---

7) 統計の対象にしたのは,「가다」が「가다/간다/갔다/가서/가면」などのような形態をしている用例のみである.「가 있다」,「가고 있다」,「가 보다」のような形はアスペクトやもくろみなどの意味と関係がある形であり,格助詞との結びつきにも制限があると考えられるので,統計の対象には入れない.ただし,4節では考察対象に入れる.
8) 86例の内12例は「길을 가다.(道を行く)」のように,経路を表す例であるので,本稿の考察から外し,74例のみを考察対象に入れる.
9) 人名詞が現れる「-한테」,「-에게」,「-께」は合わせて「-에게」と表記する.ちなみに「-에게」が10例,「-한테」が1例,「-께」が3例ある.
10) 「-에서」,「-부터」,「-까지」などである.
11) 「어디 갔어?(どこ行った?)」,「나는 안 갔어.(私は行かなかった)」のように格助詞が現れていない用例である.
12) 1文に場所名詞句が2つ現れる用例が7例あるので,用例数は1,183例であるが,格助詞の合計は1,190となる.
13) 名詞の分類基準は,野間秀樹(1990)を参考にしている.

【場所名詞】:「가게(店), 공원(公園)」のように, 場所を表す名詞.
【方向名詞】:「～쪽(方), ～편(方)」のように, 方向を表す名詞.
【位置名詞14)】:「～앞(前), ～곁(側)」のように, 位置を表す名詞.
【物名詞】:「의자(椅子), 캐비넷(キャビネット)」のように, 物を表す名詞.
【団体名詞】:「대학(大学), 실업계(実業系)」のように, 団体や機関を表す名詞.
【事柄名詞】:「졸업식(卒業式), 전람회(展覧会)」のように, 事柄を表す名詞.
【営為名詞】:「여행(旅行), 피난(避難)」のように, 人の行為を表す名詞.

上の分類によって, 「-에」, 「-로」, 「-를」に現れる名詞別の頻度を調べた結果は次の通りである:

【表2】各名詞句に現れる名詞の頻度

	에		로		를	
場所名詞	270	84.4%	196	82.7%	38	51.4%
団体名詞	32	10.0%	4	1.7%	8	10.8%
事柄名詞	9	2.8%	0	0%	0	0%
位置名詞	8	2.5%	5	2.1%	0	0%
方向名詞	0	0%	28	11.8%	0	0%
物名詞	1	0.3%	4	1.7%	0	0%
営為名詞	0	0%	0	0%	28	37.8%
計	320	100%	237	100%	74	100%

全体的に【場所名詞】との結びつきが最も多いのは共通しているが, 【方向名詞】は「-로」とのみ結びつき, 【事柄名詞】は「-에」との結びつきしかない. また, 【営為名詞】は「-를」との結びつき以外は現れず, それぞれ異なる側面を見せている.

以上, 「가다」と結びつく名詞句, また, それぞれの名詞句に現れる名詞のカテゴリーによる結合頻度を調査した. 以下の3節では, 「-에 가다」, 「-로 가다」, 「-를 가다」に現れる名詞のカテゴリーに焦点を当てて考察し, どのような違いが見られるかを示すことにする.

---

14) 李善姫(2011)では「方向・位置名詞」のカテゴリーで考察を行ったが, 「-에」「-로」との結びつきによって, その違いが見られるため, 本稿では【方向名詞】【位置名詞】を分けて考察する.

3. 単語結合からの考察

「-에 가다」,「-로 가다」,「-를 가다」に現れる名詞の分布を，改めてグラフの形で示す：

【図1】「-에」,「-로」,「-를」に現れる名詞の分布

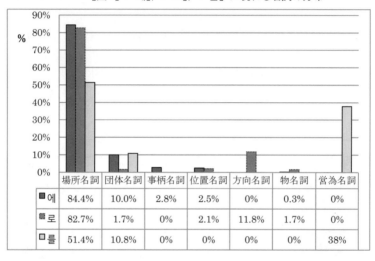

全体的には,【場所名詞】が最も多く現れるという傾向を見せているが，他の名詞との結びつきの際，それぞれ異なる側面を見せている．以下では，名詞のカテゴリー別に考察を行うことにする．

3.1. 【場所名詞】が現れる場合

「【場所名詞】에 가다」の用例が270例(84.4%)，「【場所名詞】로 가다」の用例が196例(82.7%)，「【場所名詞】를 가다」の用例が38例(51.4%)で，もっとも多い用例である：

(5) 점호가 끝나자마자 운총은 탈춤반 선배이기도 한 같은 과의 <u>4학년방에 갔다</u>. ~ 선배는 운총에게 역사의 진실과 젊은이의 책무에 대해 낮은 <u>목소리로 얘기했다.</u> (BGEO0077)
点呼が終わるや否やウンチョンはタルチュムサークルの先輩でもある，同

じ学科の4年生の部屋に行った．～先輩はウンチョンに歴史の真実と若者の責務について低い声で話した．
(6) 현북에 도착한 단원들은 단장이 미리 정해놓은 민가로 갔다. 민가에서 단원들은 제각기 짐도 정리하고 밀린 빨래도 했다. (BGEO0320)
ヒョンブクに到着した団員たちは団長があらかじめ決めておいた民家へ行った．民家で団員たちはそれぞれ荷物も整理したり，たまった洗濯物も洗った．

「【場所名詞】에 가다」が現れている(5)は，到着点の「4 학년 방」に位置変化したことを表しており，次の文に到着点である「4 학년 방」においての行為が描写されている．「【場所名詞】로 가다」が現れている(6)も，(5)と同様に到着点である「민가」での行為を確認することができる．이남순(1983:218-221)，정희정(1998:207-216)[15]には，「-에」は場所移動と，到着後の行為までも内包し，「-로」は単純な移動を表すという指摘があるけれども，(5)(6)の例文からそれを確認することは難しい．これら場所名詞は単に漠然たる場所を指すのではなく，"学ぶ場所"(학교(学校))，"勤める場所"(회사(会社))，"治療を受ける場所"(병원(病院))などのように，それぞれ異なった目的のために行く場所を表す名詞であって，先行研究で指摘されているような違いは，そうした名詞のほうで表わされているのだと思われる．実際には，「-에」と「-로」の双方とも【場所名詞】と結びつき，移動体の到着の位置変化を表す例が多く，到着後の行為まで内包されているかどうかを確認するのは難しい．ただし，「-에」の方は到着点を表す意味が強く，「-로」は方向を表す意味合いが強い傾向があると思われる．「-에」と「-로」の異なる意味については，後で確認することにする．

「【場所名詞】를 가다」も同様に移動体が到着の位置変化を表している：

(7) 그러니까 그 남자 어머니를 찾아서, 함께 교도소를 가서 그 사람을 만났단 말이지? (2CE00020)
つまり，あの男のお母さんを見つけて，一緒に刑務所に(lit. 刑務所を)行って，あの人に会ったということだよね．

---

15) 1.2 を参照．

ただし，(7)は聞き返しの文で，強調のニュアンスを帯びており，「【場所名詞】に 가다」，「【場所名詞】로 가다」とは異なる．これは「【場所名詞】를 가다」に現れる名詞からも確認できる．「-에」や「-로」に現れる場所名詞は「가게(店)，갈비집(焼き肉屋)，학교(学校)，경기장(競技場)，교무실(教務室)，다방(喫茶店)，목욕탕(銭湯)」など，具体的な場所が多いのに対して，「-를」に現れる場所名詞は，具体的な場所もあるが，「어디(どこ)」のような場所代名詞が多く現れる：

(8) 어딜 갈려구? (BGEO0320)
どこに(lit. どこを)行くつもり？
(9) 그리고 그 뒤로부터 우리는 어디를 가도 함께 다녔어요. (BGEO0318)
そして，その後から私たちはどこに(lit. どこを) 行くにも一緒に行きました．

上の例文は全て"一体どこに行くのか"，"どこに行くにもいつも一緒だ"という強調のニュアンスを帯びている．「어디」が現れる他の例文も，全て強調の意味をもつ，上の例文のようなものである．홍재성(1983:152)に「시장을 갔다(lit. 市場を行った)」の「-를」は談話論的な機能をもつ様態助詞の一つとして，「強調の様態的意味(sens modal)」[16] を持つものとしてとらえるべきであると述べられているように，強調の意味を表す場合，「-를」と結びつく傾向があると考えられる．

3.2. 【団体名詞】【事柄名詞】が現れる場合

まず，【団体名詞】が現れる場合であるが，「【団体名詞】에 가다」が 32 例(10.0%)，「【団体名詞】를 가다」が 8 例(10.8%)，「【団体名詞】로 가다」が 4 例(1.7%)である：

(10) 중학교에 가면, 수업시간마다 선생님이 바뀌고, ~. (BGAF0052)
中学校に行ったら，授業時間毎に先生が変わるし~．
(11) 대부분의 아이들이 미대를 가기 위해 일정한 교육을 받은 것에 비해 그는 고등학교도 시골 농고를 나왔다고 했다. (BGEO0294)

---

[16] "sens modal" は仏語．英語 "modal sense" に相当．韓国語のこの「양태적 (様態的)」は，日本語文法で言う「もののありかたや行動の様子」ではなく，「モダリティやムードに関わる」「モーダルな」の意．

大体の子供達が美大に(lit. 美大を)行くために一定の教育を受けるのに比べ，彼は高校も田舎の農業高を出たそうだった．
(12) 인문계는 도저히 적응이 안돼 실업계로 가야겠다는 것이었다. (BGBZ0073)
　　　人文系はとても適応できず，実業系へ行くということだった．

　(10)は「중학교」に，(11)は「미대」に，(12)は「실업계」の学校に"入学して，その学校の学生になる"，"進学する"ことを意味し，社会的な所属の変化を表している．【団体名詞】が現れ，ある団体への所属変化を表す場合，「-에」，「-로」，「-를」との結びつきが可能であることが分かる．
　ところが，「【団体名詞】로 가다」が現れている(12)は，(10)(11)とは少し異なる意味をも表している．(12)の場合は，「인문계」ではなく，「실업계」を"選択する"という意味も見える．임홍빈(1974:149-158)にも「-로」は「選択的」意味特性を持っていると述べられているように，"選択する"という意味を表す場合は，「-로」が自然であると思われる．
　次に，【事柄名詞】が現れる場合であるが，【事柄名詞】との結びつきが見られるのは，「-에 가다」しかない：

(13) 현주누나 생일에 선물을 사려면 승주의 것도 함께 사야 했고 현주누나 입학식에 가기 위해서는 누나보다 승주 옷을 먼저 샀다. (BGEO0077)
　　　ヒョンジュ姉さんの誕生日にプレゼントを買うなら，スンジュのも一緒に買わなければならなかったし，ヒョンジュ姉さんの入学式に行くためには，姉さんよりスンジュの服を先に買った．
(14) 출판기념회에 잘 안 간다는 말이 났으니까 말이지,~. (BGHO0431)
　　　出版記念会になかなか行かないという話が出たからなんだけど，～．

　(13)の「현주누나 입학식에」，(14)の「출판기념회에」を「현주누나 입학식을」，「출판기념회를」のように置き換えることは可能であるが[17]，「현주누나 입학식으로」，「출판기념회로」に置き換えることは難しいだろう．ただし，「【事柄名詞】

---

17) 「-에」を「-를」に置き換えると，強調するニュアンスが強くなる差はあると思われる．

를 가다」の用例は 1 例もなく，強調する必要があるなどの文脈が整えないとあまり現れないと思われる．

3.3. 【方向名詞】【位置名詞】が現れる場合

表 2 からも分かるように，【方向名詞】が現れるのは「-로 가다」と結びついた 28 例(11.8%)のみである[18]：

(15) 혜자는 자꾸 눈물이 나서 공룡의 뼈대 같은 노트르담 성당 쪽으로 간다．(BGEO0294)
ヘジャはずっと涙が出て，恐竜の骨のようなノートルダム教会の方へ行く．
(16) 모두 남쪽으로 가네．(BGAE0200)
みんな南へ行くね．

(15)(16)は，具体的な到着点への位置変化を表すというより，ある方向へ向かっての移動を表すと考えられる．(15)(16)の場所名詞句を「-에」や「-를」に置き換えることは難しい．このような結びつきの傾向から，「-로」の持っている方向性を確認することができる．

次は，【位置名詞】が現れる場合であるが，「【位置名詞】에 가다」が 8 例(2.4%)，「【位置名詞】로 가다」が 5 例(2.0%)ある：

---

[18] 정희정(1998:208)は，「-에」は目標点を必要とするので，方向だけを指定する「나는 동쪽에 갔다(lit. 私は東に行った)」のような結びつきはないと述べているが，「21 세기 세종계획 균형말뭉치」の「원시말뭉치」に次のような【方向名詞】에 가다」の用例が見られる：
・동쪽에 가서 먹고 서쪽에 가서 잔다는 뜻．(5BH00001)
東に行って食べて西に行って寝るという意味．
・그 사이 美洲를 횡단하여 동쪽에 갔다가 다시 이 中部에 오기까지 만난 사람도 많고 본 것도 많고 좀 배운 것도 있다면 있겠지요．(Ch000100)
その間，美洲を横断して東に行って，またこの中部に来るまで出会った人も多く，見たものも多く，少し学んだのもあるといえばあるでしょう．
このような例をみると，「-에」は【方向名詞】と結びつき，到着点を表すことができる場合があると思われる．ただし，これらは全て従属節に現れ，主節に現れる動作の前に行われる先行動作を表す用例のみである．つまり，【方向名詞】에 가다」が到着点を表せるのは，構文構造によるものであり，「-로」のように自由に結びつくことができるものではない．

(17) 학교 뒤 <u>문방구 앞에</u> <u>가면</u> 더러는 외상 독촉하는 글들이 표어처럼 눈에 띄어요. (BGHO0437)
　　学校の後ろの<u>文房具屋の前に</u><u>行くと</u>，時々つけを督促する文字が標語のように目につきます．
(18) <u>순자의 방 앞으로</u> <u>가서</u> 우리가 정한 신호대로 이미자의 노래 첫 구절을 휘파람으로 조용히 불었다. (BGEO0320)
　　<u>スンジャの部屋の前に</u><u>行って</u>，私たちが決めた合図通り，イミジャの歌の最初のフレーズを口笛で静かに吹いた．

　(17)(18)を「【位置名詞】를 가다」に換えることは難しく，実際に用例も 1 例もない．

3.4. 【物名詞】が現れる場合

　物名詞が現れる用例は，「【物名詞】로 가다」が 4 例，「【物名詞】에 가다」が 1 例である：

(19) 우리는 <u>긴의자로</u> <u>가서</u> 털썩 주저앉았다.(BGEO0320)
　　私たちは<u>長椅子に</u><u>行って</u>，どっかりと座り込んだ．
(20) 김형사가 그렇게 말하며 <u>캐비넷에</u> <u>가서</u> 오래된 서류철을 뒤적이기 시작했다. (BGEO0318)
　　金刑事がそう言いながら<u>キャビネットに</u><u>行って</u>，古い書類束をめくり始めた．
(21) 경지는 깔깔거리며 가볍게 몸을 숙이고 <u>소파로</u> <u>갔다</u>.(BGEO0292)
　　キョンジはカラカラ笑いながら，軽くうつむいて<u>ソファへ行った</u>．

　(19)～(21)に現れている【物名詞】は全て到着点を表しており，【物名詞】も「-로 가다」，「-에 가다」と結びつき，到着点を表す場所名詞句としてはたらくことができると思われる．(19)は「긴의자에 가서」に，(20)も「캐비넷으로 가서」に置き換えることができ，【物名詞】は「-로」や「-에」と自由に結びつくことができるように見える．
　ところが，(21)の「소파로 갔다」の場合は，「소파에 갔다」のように置き換えることはできない．(20) の「캐비넷에 가서」も「캐비넷에 갔다」のように終止

形に換えると，不自然な文になる．(19)も(20)と同様である．つまり，「-에」が【物名詞】と結びつくことができるのは，「【物名詞】에 가서」のような接続形に限られる，形に縛られた結びつきであることが言えるだろう．
　(19)～(21)を「【物名詞】를 가서」に置き換えるのは難しい．

3.5.　【営為名詞】が現れる場合
　【営為名詞】が現れるのは「-를 가다」のみである：

(22) 가벼운 흥분 속에 전교생이 보무도 당당하게 응원을 갔다.(BGEO0077)
　　軽い興奮の中，全校生が足取りも堂々と応援に(lit. 応援を)行った．
(23) 여행을 가기 위해 10만원씩 적금을 붓는 여성들도 있다.(BGAF0052)
　　旅行に(lit. 旅行を)行くために 10 万ウォンずつ貯金をする女性たちもいた．
(24) 사진 기자와 함께 처음으로 출장을 갔었다.(BGHO0431)
　　写真記者と一緒に初めて出張に(lit. 出張を)行った．

　「-를 가다」に現れる【営為名詞】には，「여행(旅行)/유학(留学)/구경(見物)/이사(引っ越し)/낚시(釣り)/전학(転学)」などの名詞が多く現れる．これらの名詞は「여행하다(旅行する)/유학하다(留学する)/구경하다(見物する)/이사하다(引っ越しする)/낚시하다(釣りする)/전학하다(転学する)」に替えることができる名詞で，移動が伴う意味を持っており，実際の用例は到着点が文脈に現れているか，次のように到着点を表す名詞句と結びついた例である：

(25) 68년 가족과 함께 미국으로 이민을 간 후 그곳에서 태권도를 보급했다.(BGAF0052)
　　68 年家族と一緒にアメリカへ移民をした後(lit. アメリカへ移民を行った後)，そこでテコンドーを普及した．
(26) 아버지가 허 별감 댁에 세배를 간 새에 혼자 어머니 옆에 드러누워서~(BGGO0358)
　　父がホ別監の家に新年の挨拶に(lit. 新年の挨拶を)行っている間に，一人で母の隣に寝そべって~

「【営為名詞】を 가다」が場所名詞句と結びついた用例は 15 例あるが,「【場所名詞】로【営為名詞】를 가다」が 14 例,「【場所名詞】에【営為名詞】를 가다」は 1 例のみで,「【場所名詞】로」の方が多い傾向を見せている.

(25)の「미국으로」を「미국을」に,(26)の「허 별감 댁에」を「허 별감 댁을」に換えることは難しいだろう.

以上,3 節では各名詞群と「-에 가다」,「-로 가다」,「-를 가다」との結びつきの分布から考察を行い,名詞の意味的特徴によって,それぞれの結びつきにおいて偏りがあることを確認した.4 節では,構文的特徴やアスペクト,ムードの形式からの考察を行うことにする.

4. 文法的な諸相からの考察
4.1. 接続形における考察

3.1 で考察したように,【場所名詞】は「-에 가다」,「-로 가다」,「-를 가다」と結びつくことができるが,接続形を考察すると,結びつきに偏りが見られる.

まず,従属節に主節の行為が行われる前の先行動作を表す「가서」形が現れる例を見よう.「가서」形は 95 例あるが,その内「-에 가서」が 76 例(80%),「-로 가서」が 18 例(18.9%),「-를 가서」が 1 例(1.1%)あり,「-에 가서」がかなり多い分布を見せている:

> (27) 경심이와 친구는 동대문 시장에 가서 경심이의 옷을 두어 벌 샀다.
> (BGEO0320)
> キョンシムと友達は東大門市場に行って,キョンシムの服を 2, 3 着買った.
>
> (28) 어떤 아이는 참새 잡는 고무총을 가져다 주고, 어떤 아이는 자기네 밭으로 가서 수염이 달린 옥수수를 꺾어 주기도 했습니다.
> (BGGO0098)
> ある子はスズメを捕るゴム銃を持ってきてくれて,ある子は自分の家の畑に行って,ひげがついているトウモロコシを取ってくれたりもしました.
>
> (29) 교원 수는 부족하고 제가 미국을 가서 보았을 때~. (4BK01019)
> 教員数は不足して,私がアメリカに(lit. アメリカを)行って見たとき~

(27)～(29)は「가서」に現れる場所に移動し，主節が到着した場所での行為を表している．ただし，「-로 가서」が現れている(28)は，子供たちが色々な行動を選択して行動することが描写されている．前述したように，"選択する"意味を表す際には，「-로」が現れやすいことと関係があると思われる．

「-를 가서」の例は(29)のみで，到着点への位置変化が完了したことを表す「가서」の形には「-에」の方が好んで使われると言えるだろう．

3.1 でも述べたように，【物名詞】の場合は，「【物名詞】에 가서」の形しか取らない．注18)でも述べたように，【方向名詞】が「-에 가다」と結びつく場合も「【方向名詞】에 가서」，「【方向名詞】에 갔다가」のように接続形に限る．「-에 가서」のように位置変化の完了を表す接続形の意味が，終止形では結びつくことが難しい【物名詞】や【方向名詞】との結びつきを可能にすると考えられる．

これは条件節「가면」でも同様なことが確認できる．条件節に到着点への位置変化が行われることが描写され，主節には到着点に既に存在しているものが描写されている例は，「【場所名詞】에 가면」の11例のみである[19]：

(30) 간디의 정신 <u>인도(印度) 봄베이에 가면</u> 간디 선생이 18 년간 살던 집이 있다. (BGHO0431)
ガンジーの精神，<u>インドのボンベイに行くと</u>，ガンジー先生が18年間住んでいた家がある．

(30)の従属節は，それぞれの到着点である「인도 봄베이」への位置変化を表し，主節には既に到着点に存在している「ガンジーが住んでいた家」があることが描写されている．

ただし，ある場所への行き方を描写する際には，次のように「【方向名詞】로 가면」で現れやすい：

(31) <u>오른쪽으로 가면</u> 안국역, <u>왼쪽으로 가면</u> 경복궁역이 나온다고 아주머니가 일러주었다. (2CE00012)

---

19) 「원시말뭉치」に「-를 가면」の例が1例あるが，これは強調するニュアンスを帯びている例，または経路として考えられる例である：
　・지금 <u>을지로 2 가나 지하도를 가면</u>은 정말 실업자들이 많이 있는데요. (4Bk01002)
　　今，<u>乙支路2街や地下道を行くと</u>，本当に失業者が多いですけど．

右へ行くと安国駅,左へ行くと景福宮駅に出ると,おばさんが教えてくれた.
(32) 영산포역에서 호남선 철길을 따라 서쪽으로 가면 구진포나루가 나온다. (3BA00A05)
栄山浦駅から湖南線の線路を伝って西へ行くと九津浦渡し場に出る.

4.2. アスペクト的な観点からの考察

「가 있다」の形で,到着点への位置変化が完了し,位置変化の結果継続を表す例は,「【場所名詞】에 가 있다」が6例,「【位置名詞】로 가 있다」が1例である:

(33) 시누이 결혼과 시아버지 칠순이 겹쳐 한달 예정으로 한국에 가 있는 남편의 메시지. (BGEO0294)
小姑の結婚と舅の古稀のお祝いが重なって,一か月の予定で韓国に行っている夫のメッセージ.
(34) 너희들은 배를 타고 먼저 건너편으로 가 있거라. (BGEO0318)
お前たちは船に乗って先に向こう側へ行っていなさい.

「-에」が現れている(33)も,「-로」が現れている(34)もそれぞれの到着点に到着の位置変化が行われ,その位置変化の結果が継続していることを表しており,「-로」も「-에」と同様に位置変化の結果継続を表すことができることが分かる. 정희정(1998:209)には,「-로」は目標点に到達した後,その状態が持続する位置を表すことができないと述べられているが,(34)のように,「-로」は「-에」と同じく,位置変化の結果が継続する場所を表すことができる用例が見られる.

「구문분석말뭉치」から採集した例が1例しかないので,更に「원시말뭉치」を調べたところ,534例あった.「-에」,「-로」,「-를」との結びつきを調べた結果は次のとおりである:

193

【表3】「가 있다」の格結合頻度

助詞	가 있다
-에	509(95.3%)
-로	25(4.7%)
-를	0(0%)
計(%)	534(100%)

「가 있다」の用例534例のうち「-에 가 있다」が509例(95.3%)，「-로 가 있다」が25例(4.7%)で，「-에 가 있다」の用例が圧倒的に多い．「가 있다」は「-로」との結びつきは可能であるが，「-에」との結びつきが強いことが分かる．このようなことから，到着に重点が置かれている「-에」の性質をうかがうことができる．

「-를 가 있다」は，次の(35)のように「【営為名詞】를 가 있다」が現れる例のみで，「【場所名詞】를 가 있다」の用例は1例もなく，次のように「【場所名詞】로【営為名詞】를 가 있다」のような例のみである：

(35) 누님이 셋에 형님 하나, 그리고 여동생. 그렇게 우리 형제는 여섯이었고, 둘째누님이 미국으로 이민을 가 있어서 한국에 살고 있는 형제는 다섯이었다. (Ce000027)
 姉が三人，兄が一人，そして妹．そのように私の兄弟は六人で，二番目の姉がアメリカに移民をしているので(lit. アメリカへ移民を行っているので)，韓国に住んでいる兄弟は五人だった．

動作の継続を表す「가고 있다」の形にも偏りが見られる．本稿の調査対象の「구문분석말뭉치」に「가고 있다」の用例は4例あるが，それは全て「-로 가고 있다」のみである：

(36) 여러분, 우리는 지금 개성으로 가고 있습니다. (BGBZ0073)
 みなさん，我々は今，開成へ向かっています．

更に「원시말뭉치」を調べたところ，「가고 있다」の用例は190例あった．「-에」，「-로」，「-를」との結びつきを調べた結果を示すと，次のとおりである：

【表4】「가고 있다」の格結合頻度

助詞	가고 있다
-로	181(95.2%)
-에	7(3.7%)
-를	2(1.1%)
計(%)	190(100%)

「-로 가고 있다」が 181 例(95.2%),「-에 가고 있다」が 7 例(3.7%),「-를 가고 있다」が 2 例(1.1%)で,「가고 있다」は「-로」との結びつきが圧倒的に多い.「가고 있다」の表す動作継続, つまり移動が進行中であるという意味から, 結びつく場所名詞句は'到着点'ではなく, '目的地'であり,「-로」は'方向'を表すと考えられる. 多くの先行研究において述べられている「-로」の持つ方向性の意味を再度確認できる.

4.3. ムード形式の観点からの考察

勧誘を表すムード形式の「갑시다」,「가자」の用例は 8 例あるが,「-로」と結びついた用例が 4 例,「-에」と結びついた用例が 4 例あった:

(37) ~저하고 옛날처럼 같이 산에 갑시다. (BGAF0052)
　　　私と一緒に昔のように一緒に山に行きましょう.
(38) 저 세호네 가게로 가자. (BGGO0098)
　　　あの, セホの店へ行こう.

これを見ると, 勧誘文には「-를」は現れず,「-로」と「-에」の差もないように見える.「원시말뭉치」から更に用例を採集すると,「갑시다」の用例が 66 例,「가자」の用例が 538 例あった. その結びつきを調べると, 次のとおりである:

【表5】「갑시다/가자」の格結合頻度

助詞	갑시다	가자
-로	53(80.3%)	331(61.5%)
-에	13(19.7%)	185(34.4%)
-를	0(0%)	22(4.1%)
計(%)	66(100%)	538(100%)

「갑시다」の形も「가자」の形も「-로」との結びつきが非常に多い．勧誘表現は，実際に到着の位置変化が完了したことを表すのではなく，これから向かおうとするものであるので，方向の意味が強い「-로」との結びつきが強いと考えられる．

また，タクシーに乗って，運転手に行き先を話す用例は，全て「-로」で現れる：

(39) 펜실베이니아역으로 갑시다．그는 택시운전수에게 말했다．(Ce000024)
ペンシルバニア駅へ行きましょう．彼はタクシー運転手に言った．

「-를」が「가자」と結びついた用例が 22 例あるが，2 例は詩に現れた例で，残りの 20 例は全て，引用構文に現れた例であり，終止形に現れた用例は 1 例もない：

(40) 상미가 화장실을 가자고 졸랐다．(Bexx0012)
サンミがトイレに(lit.トイレを)行こうとせがんだ．
(41) 어딜 가자고 이래요? (2CJ00061)
どこに(lit.どこを)行こうといってるんですか？

「-를」が現れるのは，(40)のように「せがむ」のような述語が現れるか，その場所が意外なところであるなど，話し手が強調するような用例や，(41)のように「어딜/어디를」が現れ，"いったいどこに行くのか"と相手に反問するような用例のみである．

次に，禁止の命令の形を取る場合である．3 例あったが，場所名詞句と結びついた用例がなかったので，「원시말뭉치」から採集した 67 例を分析した結果を次に示す：

【表 6】　禁止の命令の形の結合頻度

助詞	-에			-로		計
	-에	-에는	-에도	-로	-로는	
結合数 (%)	41 (61.2%)	9 (13.4%)	6 (9.0%)	8 (11.9%)	3 (4.5%)	67 (100%)
	56 (83.6%)			11 (16.4%)		

　禁止の命令の形の場合，「-에」が圧倒的に多い傾向を見せている．行くことを禁止するので，(42)のように到着点を表す「-에」と結びつきやすいと考えられる．「-로」の場合は，(43)のように終止形ではなく，接続形で現れ，"〜しないで，別の行動をとろう"という意味を表す例が多い：

(42)　너 다시는 그 집에 가지 마. (5BE02009)
　　　お前，二度とあの家に行くな．
(43)　그러면 서울로 가지 말고 집에 있거라. (2BEXXX)
　　　それでは，ソウルへ行かないで，家にいなさい．

4.4 他の文成分との共起

　距離，時間量を表すものと「가다」が結びついた用例を見ると，「-로」と結びついた次のような用例のみである：

(44) 철희는 기준점에서 서쪽으로 75m 갔다가 뒤로 돌아 동쪽으로 72m를 갔다. (2BEXXX04)
　　　チョリは基準点から西の方へ75m行って，後ろへ回って東の方へ72mを行った．
(45) 순천 알아? 거기서 남쪽으로 한 시간 정도 가야 해. (2CE00019)
　　　順川知ってる？そこから南の方へ1時間くらい行かなければならない．

　(44)は「【方向名詞】로＋距離＋가다」で，(45)は「【方向名詞】로＋時間量＋가다」で現れているが，これらを「-에」や「-를」に換えることは難しい．

5. 終わりに

本稿の考察で明らかになったことを総括すると，次の通りである．

1) 「-에 가다」，「-로 가다」，「-를 가다」と結びつく名詞を意味的に分類し，それぞれのカテゴリーの名詞と助詞との結びつきを考察した．その結果，【事柄名詞】は「입학식에 갔다.(入学式に行った)」のように，「-에 가다」と主に結びつき，【方向名詞】は「동쪽으로 갔다.(東(の方)へ行った)」のように，「-로 가다」との結びつきしか見られないなど，名詞のカテゴリー別に偏りがあることが確認できた．

更に，【物名詞】が「-에 가다」と結びつき，場所名詞句としはたらくことができるのを確認できた．ただし，「캐비넷에 가서 서류를 찾았다.(キャビネットに行って書類を探した)」のように，接続形においてのみ結びつきが可能であり，「*캐비넷에 갔다.(キャビネットに行った)」のような終止形との結びつきは難しいことが分かった．それは【方向名詞】も同様で，【方向名詞】が「-에 가다」と結びつくのは，「동쪽에 가서 먹고, 서쪽에 가서 잔다.(東へ行って食べて, 西に行って寝る)」のような接続形のみで，「*동쪽에 갔다.(東に行った)」のような終止形では現れない．【物名詞】【方向名詞】の現れ方から，名詞によっては結びつきの形に制限があることが分かった．

2) 接続形を考察した結果，到着の位置変化が完了する「가서」形，「가면」形には，「시장에 가서 옷을 샀다.(市場に行って, 服を買った)」，「폼베이에 가면 간디의 집이 있다.(ポンペイに行くと, カンジーの家がある)」のように「-에」が多く現れ，「-에」の到着点を表す性質が強いことが見られた．

それに対して，ある場所への行き方を描写する際には，「오른쪽으로 가면 안국역, 왼쪽으로 가면 경복궁역이 나온다.(右へ行くと安国駅, 左へ行くと景福宮駅に出る)」のように，「【方向名詞】로 가면」で現れやすく，「-로」の方向を表す性質を見ることができた．

また，1)にも記したように，【物名詞】【方向名詞】が「-에 가다」と結びつくことができるのは，接続形においてのみ可能であることも確認できた．

3) アスペクトの形においても偏りが見られた．到着の位置変化の結果継続を表す「가 있다」の形は，「아이들은 한국에 가 있다.(子供たちは韓国に行って

いる)」のように,「-에」との結びつきが非常に多いのに対して,動作継続を表す「고 있다」の形は,「지금 서울로 가고 있다.(今,ソウルに向かっている)」のように,「-로」との結びつきが圧倒的に多く,アスペクトの形において,偏りがあることを確認した.

4) ムード形式を考察した結果,勧誘を表す「갑시다」,「가자」の形は,「식당으로 갑시다.(食堂へ行きましょう)」,「식당으로 가자.(食堂へ行こう)」のように,「-로」と高い頻度で結びつくことが分かった.
　また,禁止の命令の形を取る場合は,「서울에 가지 마.(ソウルに行くな)」のように,「-에」との結びつきが高く,ムード形式においても結びつきの偏りを確認することができた.

5) 距離,時間量を表す文成分は「【方向名詞】로」とのみ共起できることも確認することができ,「-로」のもつ方向性を再度確認できた.

以上,実際に言語資料に現れる「-에 가다」「-로 가다」「-를 가다」から,結びつく名詞の意味的特徴のみならず,文法的な諸相から考察をし,その違いを見出した.しかし,かなり狭い範囲での考察であったので,今後は,抽象的なものも考察対象に入れ,更に日本語との対照を通じて,それぞれの言語における現れ方の特徴を明らかにすることも必要であると思われる.

参考文献

강현화(1998) "국어의 동사연결 구성에 대한 연구", 서울:한국문화사
고석주(2011) '조사 "에"의 의미 재고' "국어학", 61, 서울:국어학회
김용석(1979) '목적어조사 "-을/를"에 관하여' "말", 4, 서울:연세대학교 한국어학당
국립국어연구원(1979) "표준국어대사전", 서울:국립국어연구원
남기심(1993) "국어 조사의 용법 '-에'와 '-로'를 중심으로", 서울:박이정
노마히데키[野間秀樹](2002a) "국어 어휘와 문법의 상관구조", 서울 : 태학사
노마히데키[野間秀樹](2002b) '한국어 단어결합론의 심화를 위하여' "국어학", 39, 서울 : 국어학회
송석중(1982) '조사 과, 를, 에의 의미분석' "말", 7, 서울:연세대학교 한국어

학당
연세대학교언어정보개발연구원(1998) "연세한국어사전", 서울 : 두산동아
우치야마(1996) '이동을 나타내는 합성용언과 접속 구성에 대하여'
　　"冠嶽語文硏究", 24, 서울:서울대학교국어국문학과
이남순(1983) '"에"와 "로"의 통사와 의미' "언어", 8, 서울:한국언어학회
임홍빈(1974) '{로} 와 선택의 양태화' "어학연구", 10-2, 서울:서울대학교 어
　　학연구소
임홍빈(1979) '{을/를} 조사의 의미와 통사' "한국학논총", 2, 서울:국민대학교
정희정(1998) '"에"를 중심으로 본 토씨의 의미' "국어문법의 탐구 Ⅳ",
　　서울:태학사
홍재성(1983) '이동동사와 행로의 보어' "말", 8, 서울:연세대학교 한국어학당
홍재성(1987) "현대 한국어 동사구문의 연구", 서울:탑출판사
홍재성 외(1997) "현대 한국어 동사구문 사전", 서울:두산동아
安垠姫(2007)「単語結合論的観点から見た韓国語の『타다』と日本語の『乗る』
　　―対照語彙論の構築のために―」『朝鮮学報』, 第203輯, 天理：朝鮮学会
五十嵐孔一(1997)「原因・理由を表す接続形『-(아/어)서』と『-(으)니까』につ
　　いて―従属節の包含構造を中心にして―」『朝鮮学報』, 第162輯, 天理：朝
　　鮮学会
李善姫(2011)「韓国語の『가다』との結びつきから見た『-에』『-로』『-를』」
　　『カルチュール』, 5-1, 横浜：明治学院大学教養教育センター
梅田博之(1971)『現代朝鮮語基礎語彙集』, 東京：東京外国語大学
菅野裕臣他編(1988)『コスモス朝和辞典』, 東京：白水社
言語学研究会編(1983)『日本語文法・連語論』, 東京：むぎ書房
趙義成(1994)「現代朝鮮語の-에格について」『朝鮮学報』, 第150輯, 天理：朝
　　鮮学会
陳満理子(1996)「現代朝鮮語の-로格について」『朝鮮学報』, 第160輯, 天理：
　　朝鮮学会
野間秀樹(1990)「現代韓国語の名詞分類―語彙論・文法論のために」『朝鮮学報』,
　　第135輯, 天理：朝鮮学会
野間秀樹(1994)「現代朝鮮語の語彙分類の方法」『言語研究』, Ⅳ, 東京：東京外
　　国語大学
野間秀樹(1997)「朝鮮語の文の構造について」『日本語と朝鮮語の対照研究 下巻』,
　　東京：くろしお出版

韓国語の動詞보다の研究

髙　權旭（こ・ぐぬく）

1. はじめに——研究の目的と対象　201
2. 先行研究　202
3. 研究の方法　204
4. 보다の現れ方　205
5. おわりに　216

1. はじめに——研究の目的と対象

　本稿の目的は，韓国語の動詞보다を，(a)結合する名詞，(b)보다がとる形態，に注目し，〈体言＋보다〉，とりわけ〈名詞＋보다〉という結合がいかなる意味を実現しやすいかを，明らかにするところにある．併せて，用言の意味や用法を研究するにあたって，有効と思われる研究方法論の構築を試みる．

　보다は極めて出現頻度の高い動詞であり，非常に多様な意味を実現する動詞である．こうした보다の意味については，류시종(1989)，우형식(1998)，윤명상(2002)などの研究が論じている．しかしながら，보다がいかなる形態をとって，テクストに現れやすいかという点，つまり，보다の形態に注目した研究はほとんど見られないと言っても過言ではない．

　보다が取りうる形態を考えると，보고（見て：接続形），봐서（見て：接続形），보는（見る…：連体形），본（見た…：連体形），봤다（見た：終止形）など，数多くの形を挙げることができる．一見すると，보다は様々な語尾と自由に結合できるように思われる：

　　(1) 오랜만에 얼굴이나 좀 보자．
　　　　久しぶりにちょっと会わない？
　　(2) 아내도 보고 싶고 k도 보고 싶었다．
　　　　妻にも会いたいし，kにも会いたかった．
　　(3) 남수는 처음 아버지의 눈물을 보았다．
　　　　ナムスは初めて父の涙をみた．

　しかし，注目すべきことに，「얼굴을 보다」，「아내를 보다」など，〈名詞＋보다〉

という単語結合を一つの単位として보다の形態を考えると、それぞれの보다が取りうる形態には偏りがあることが分かる：

「아내를 보다」　?아내를 보자　아내를 봤다　아내를 보고 싶다
「눈물을 보다」　?눈물을 보자　눈물을 봤다　?눈물을 보고 싶다

上記の例だけでもわかるように、「아내를 보다」の보다は하자形、「눈물을 보다」の보다は、하자形と「하고 싶다」形を取りにくいように思われる。ここで重要なのは、보다がいかなる名詞と結合するかによって、보다が好んで取りうる形態が異なりうるという点である。本稿は、こうした点に鑑みて、보다と結合する名詞という観点のみならず、「영화를 보다」「아내를 보다」といった結合を一つの単位として、보다の形態と意味の関わりを探る。

研究対象として、「-아/어 보다」「-고 보니」といった、文法化したと考えうる보다は除外する。국립국어연구원(1999)、연세대학교 언어정보개발원(1998)に基づき、以下の形は扱わない（用言は하다で代表する）：

「하고 보면/보니」「하고 봤다/보자/봐라」「하다(가)보면/보니」
「해줘 봐」「한담 봐」「하나 보다」

2. 先行研究

まず、辞書における記述から見てみよう。
국립국어연구원(1999)、연세대학교 언어정보개발연구원 편(1998)で記述されている보다の意味を、日本語でまとめると、以下の通りである：

①（目で）認識する、②読む、③鑑賞する　④会う、⑤調べる、⑥診察する、⑦味見する、⑧留守番をする、⑨（試験を）うける、⑩（市場で）買い物をする、⑪（家族を）迎える、⑫（膳の）支度をする、⑬（雑誌や新聞を）購読する、⑭（仕事などを）引き受ける、⑮（ある結果を）得る、⑯（大小便を）する、⑰（主に보고で使われ）…に、…に対して、⑱（主に보고で使われ）…に頼って

他の辞書でも보다の用法に関してはほぼ同様の内容が記述されている．李熙昇(1982)では「좋은 때를 만나다」「참고 기다리다」「값을 부르다」，[1] 李崇寧・金碩桂(1985)では「좋은 때를 만나다」，한글학회(1995)では「참거나 그대로 두다」「때를 만나다」の意味も記述されている．

연세대학교 언어정보개발연구원(1998)では，上記の記述の他に，「（보면, 보니까で使われ）…によると」，「（보아서で使われ）…を考慮して」といった意味を記述しており，보다の形と意味的な関わりについても挙げている点は，注目に値する．

홍재성 외(1997:244-248)では보다が結合される名詞の分類など，보다が現われうる構造を統辞的観点から徹底して分析している点で，보다が実現しうる構造を把握するには有意義である．しかし，홍재성 외(1997)は用例が作例によるもので，実際に用いられる言語事実が十分に反映されたものかどうかについては，疑問が残る．ある用言が「現われうる構造」と実際に「現われる構造」が同じである保証はない．ある用言が実際にどのように現れるかという全般的な傾向を知るためには，どうしても実例に基づいた研究が必要である．統辞論的な観点から보다を分析している研究としては，김하수・유현경 김해옥・정희정・강현화・고석주・한송화・조민정・김현강(2007)をあげうる．

보다のみを中心的な対象として研究したものは우형식(1986)，朴鍾奭(1988)，류시종(1989)，황병순(1989)，姜彦廷(1999)，윤명상(2002)，김수정(2007)などがある．

우형식(1986)は보다を本動詞と補助動詞の機能があり，本動詞は「知覚」の意味，補助動詞は「知覚」または「経験」の意味があると述べている．朴鍾奭(1988)では보다の意味を4つに分け，①「認識・知覚」，②「思考・判断」，③「職務遂行」，④「体験・獲得」と整理している．

류시종(1989)では보다の意味を'[－긴밀성]보다'と'[＋긴밀성]보다'の2つに大別している．'[－긴밀성]보다'は「本動詞の보다」に，'[＋긴밀성]보다'「文法形式の보다」に該当する．'[－긴밀성]보다'の意味としては，①「行為の보다」，②「経験の보다」，③「判断の보다」の3つに分けている．同研究は「（視覚的に）みる」

---

1) 以下のような例を挙げて記述している：
　좋은 때를 만나다：좋은 세상 보고 살게 될는지.
　참고 기다리다：보자 보자 하니까.
　값을 부르다：팔려고 하니 반값밖에 안 보더라.

「内容を把握する」といった意を表す보다は受身をとることができない点[2]など，統辞論的な観点から分析を行っている点で注目される．

윤명상(2002)は보다の文法化について論じたものである．김수정(2007)では보다の意味を①살핌（視覚的に）みる，②知覚，③判断，④돌봄（世話をみる），⑤행함（行為），⑥経験，⑦獲得の7つに分類している．

以上の先行研究で見られるように，従来の보다の研究においては，意味的な観点に重点が置かれており，形態と意味の相関の中で보다を考察したものは見られない．また，作例による研究がほとんどであり，実際に보다がいかに使われるかについては，把握し難いと言わねばならない．

3. 研究の方法

本研究では，動詞보다を分析するにあたって，とりわけ，以下の点に注目する：

(a) 보다と共起する名詞と助詞
(b) 〈名詞+보다〉を単位とした보다の形態の現れ方

(a)については，보다と結合する名詞を調べ，その名詞を下位分類する．名詞の分類は野間秀樹(1990)に従って行う．[3] なお，「영화를 본다」「나를 봐」のよう

---

2) 以下の例を挙げている：
　　철수는 시험을 본다. *철수에게 시험이 보인다.

3) 野間秀樹(1990)は名詞を以下のように分類している：
　可算名詞
　　動物名詞：活動体名詞の中名数詞で마리をとり，与格では普通-더러をとらないもの．
　　人間名詞：活動名詞の中与格で-더러をとりえ，名数詞で사람,분,명をとるもの．
　　団体名詞：-에서がついて主語の働きをしうるもの．
　　場所名詞：不活動体名詞の中-에서がついて，あることがらが行われる場所，あるいは空間的な起点を表し，-로/-으로がついて主として方向を表わすもの．
　　具体名詞：不活動体名詞の中，主に具体的な物を表わすもの．
　　事項名詞：不活動名数詞の中，様々な抽象的概念を表わすもの．
　不可算名詞
　　位置名詞：位置を表わすもの．
　　時間名詞：各語尾-부터が付きうるもの．
　　数量名詞：数量や単位を表わすもの．
　　物質名詞：各語尾-로/-으로と生産動詞만들다などの組み合わせで材料を表わすもの．
　　抽象名詞：他の不可算名詞を除いた，様々な事象・現象・関係を表わすもの．

に名詞を伴って，現われる結合を，便宜上，〈N＋보다〉と表わす．
　助詞は格助詞の有無によって分類し，格助詞を用いて現われたものについては，さらに下位分類することにする．補助詞で現われるものは別に扱う．
　(b)は，보고，봐서，보는데…などのように，보다が文の中でとっている形に注目するものである．まず，①テクストに現れた보다の形態の特徴を考察する，②「N＋보다」の結合において，それぞれの名詞と結合した보다はいかなる形態を好んでとって，いかなる意味を実現するのかに注目する．
　言語資料としては，基本的に「21 세기　세종계획　균형말뭉치」색인　소설から収集した例を用いる．必要に応じて，韓国語圏から出版されたシナリオや小説から収集した例を引用することもある．

4. 보다の現れ方

　言語資料から収集した例は，計 1981 例である．보다がいかなる名詞と結合して，いかなる形態をとって，テクストで現れたかを見てみよう．

4.1. 〈N＋보다〉における보다と結合する体言範疇

　まず，보다と結合する名詞を体言範疇別にみると，14 種が出ており，多岐にわたっている．これは野間秀樹(1993:92)の調査とほぼ一致しており，同研究でも述べているように，보다は多種多様なものを보다することができ，一般他動詞に比べると，非常に多様な体言をとる動詞であることが再度確認できる．
　注目すべきは，体言を伴わずに現れた보다が，最も多く現れている点である．体言を伴わなずに現れる보다には，主として次の 2 つの類型がある：

> ①「이제 보니까 아닌 거 같다」(今，考えてみたら，違うようだ)，「내가 보기에는…」のように，보다が「考える」「判断する」といった意を実現する類型
> ②「내일 보자」(明日，会おうな) のように，보다が「会う」の意を実現する類型

　性質名詞：-하다をつけると形容詞となるもの．
　活動名詞：-하다をつけると動詞になるもの．
　営為名詞：活動名詞の中-를/-을 가다/오다がつきうるもの．
　形容名詞：接尾辞-적を持つもの．

①は特に目的語を必要とせず，自動詞というべき用法である．②も特に目的語が省略されているといったものではなく，文の中で自動詞のように振る舞っている．こうした보다の用法については,既存の研究ではそれほど注目されていない．今後はこうした보다の意味と用法についても研究が必要であろう．

最も多く現われた名詞は抽象名詞(320 例, 16%)で,次に人間名詞(261 例, 13%), 具体名詞(244 例, 12%)などの順である：

【図1】보다と結合する体言範疇

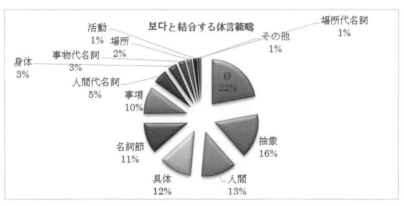

보다と結合した体言範疇を詳しくみると，「N＋보다」1545 例のうち，抽象名詞と人間名詞, 具体名詞が過半数を占めている．野間秀樹(1993:87)が調査した-를格全体の体言範疇別頻度[4] から照らし合わせると，보다は아이, 선생님といった人間名詞や，「네가 말하는 거를」（おまえが言うことを）のような名詞節と，非常に結合しやすい特徴がある．とりわけ, 名詞節と非常に結びつきやすい特徴を示す.

今一つ，特徴的なのは，보다は「집 쪽을 보다」(家の方向を見る)のように，不完全名詞것から，「얼마나 잘하는가를 보자」(どれだけ出来るかを見よう)といった文相当なものまで結合して現れる点である．つまり, 보다は多種の自立名詞のみならず, 不完全名詞から슬픔（悲しみ）といった名詞形, 名詞節まで, 広く結合して現れるわけである．こうした特徴は他の動詞では，見られないかもしれ

---

4) 抽象名詞・活動名詞・具体名詞が全体の50%を占めている．

ない．例えば，動詞먹다と結合した体言範疇をみると，調査した資料は異なるものの，主に밥，마음といった自立名詞と結合して現れており，名詞形や文相当なものと結合した例は見いだせなかった．

以下，動詞보다と高頻度で現れた名詞を挙げておく：

> 抽象名詞＝320例：눈치 26例，하늘 10例，형편 7例，기회 5例，그때 5例，
>   앞 5例，덕 5例
> 人間名詞＝273例：아이 20例，사람 17例，여자 8例，선생님 7例，
>   남자 7例，여자 7例，아버지 7例
> 具体名詞＝244例：시계 20例，책 13例
> 事柄名詞＝194例：모습 76例，영화 38例，꼴 15例，시험 14例，장면 10例
> 人間代名詞＝107例：나 47例，그 27例，저 7例
> 身体名詞＝60例：얼굴 32例，눈 5例
> 事物代名詞＝48例：이것 14例，그것 12例，무엇 6例
> 活動名詞＝31例：일 10例，합의 10例

4.2. 「N＋보다」における助詞の現われ方

「N＋보다」計1545例のうち，格助詞をとって現れた例をみると，-을/를が付いた例が1095例(70.8%)と，圧倒的に多く，-로/으로が付いた例も66例(4.2%)収集できた．助詞を伴わず「N＋∅＋보다」で現れた例は164例(10.6%)である．

4.2.1. 「N＋을/를＋보다」

格助詞-을/를をとって現れた例をみると，当然のことながら，地の文から収集した例が多い．しかし，会話文に現れた例においても，名詞に連体修飾成分が付いた例は-을/를を取って現れやすい：

> (4)스포츠 신문에 난 기사를 보니까, 저 연속극이 지금 인기 차트 일위에 기록되어 있었어요.
>   スポーツ新聞に出た記事を見たら，あのドラマが今，人気ランキング1位になってましたよ．

このように，目的語となりうる体言に連体修飾成分がついたときは，보다を直

接立てるのではなく，助詞を明示的に用いる傾向が見られる[5]
　「N＋보다」で現れた 1545 例のうち，体言に連体修飾成分が付いている例は 670 例(43.3%)で高い数値を示す．これらと結合した보다は格助詞-을/를を要求する傾向があるわけである：

　　例　|여선생에게 호소하는|　|장면|　|을| 보고 병석이는...
　　　　　連体修飾成分　　　　　体言　格助詞-을/를

4.2.2.「N＋으로/로 보다」66 例
　この構造で現れた보다は，主に抽象名詞と名詞節と結合しており，体言範疇に偏りをみせる．66 例のうち，해(서)形で現れた例が 44 例で圧倒的に多い：

　　(5)목소리로 보아 스물대 여섯 정도 먹었을 여자였다.
　　　　声からすると，25 か，26 歳くらいの女性だった．

　上記の例で助詞-로/으로は，目的格助詞-를/을に置き換えが可能であると考えうる．しかし，本稿の調査に限って，보다が「…からすると」といった意を表わすとき，보다の目的語となり得る体言は-을/를より，-로/으로を用いる例が多く見られた．つまり，보다が「…からみると」といった意を表す際は，以下の構造を好むわけである：

　　　　名詞節・抽象名詞＋　-으로/로　＋보아(서)

4.3.〈N＋보다〉における보다の現れ方
　보다はテクストでいかなる形態を好んで現れるかを見てみよう．보다の形態の特徴を掴むために，국립국어원(2005)で調査した韓国語の語尾頻度の結果もまとめておく：

[5) 動詞먹다の調査においても，連体修飾成分がついた例の 75%が格助詞を伴って現れた．他動詞一般において，目的語になり得る体言に連体修飾成分がついている構造は，格助詞を要求する傾向があるかもしれない．

【表 1】국립국어원(2005)が調査した韓国語の語尾頻度と，本稿が調査した보다が取る語尾

順位	韓国語使用頻度調査 2		本稿で調査した보다がとっている語尾	
1	ㄴ/은 (관)	208,835	고(연)	189 例, 9.4%
2	다 (종)	144,085	니(연)	137 例, 6.8%
3	는 (관)	123,628	는(관)	123 例, 6.1%
4	어/아 (연)	116,478	면(연)	111 例, 5.5%
5	고(연)	95,914	다(종)	106 例, 5.3%
6	게 (연)	38,083	며(연)	68 例, 3.3%
7	ㄹ/을 (관)	27,889	지(연)	55 例, 2.7%
8	기(명)	26,713	아(종)	50 例, 2.5%
9	지(연)	25,693	아(연)	39 例, 1.9%
10	습니다/ㅂ니다(종)	22,265	면서(연)	39 例, 1.9%

＊(관)は冠形形語尾＝連体形語尾，　(명)は名詞形語尾，(연)は連結語尾＝接続形語尾，(종)は終結語尾＝終止形語尾を示す

　注目すべきことに，韓国語使用頻度調査 2 の調査においては，한/하는/할形といった連体形が上位を占めているのに比べて，[6] 보다は하고形，하니形，하면形といった接続形が著しく高い分布で現れている．接続形として現れた보다は，1149 例(58%)と，過半数を占めている．韓国語尾のうち，2位を占めている終止形語尾-다も보다にあっては，それほど用いられないのである．
　ちなみに動詞먹다（食べる．食う）がとる形態を見ると，하고形(17.7%)，하는形(12%)，할形(4.4%)，한形(4.0%)，하면形(3.4%)，한다(2.8%)などの順で，接続形よりは連体形をとった例が多く見られた．また，安垠姫(2007:98)では，動詞타다（乗る）全 1945 例のうち，「타고」は 1165 例，59.9%の分布を示すとされている．動詞타다は하고形と非常に親和的であるという特徴があることが分かる．さらに，本稿で調査したいくつかの動詞の形態の現れ方をみると，動詞만나다は計 1582 のうち，만나서(154 例)，만나는(42 例)，만나 보-(32 例)などの順で現れ，해서形を最もとりやすい特徴を示す．なお，만나다は分析的な形「해 보다」形を好んでとる点も興味深い．また，動詞기다리다(待つ)は，計 314 例のうち，「기다리고 있-」(56 例)，기다리는(52 例)，기다리며(18 例)といった形態で現れやすく，面白いことに，分析的な形「하고 있다」形と最も結合しやすい結果が得

---

6) 강범모/김흥규(2009:162)の調査でも，韓国語尾のうち，連体形語尾-ㄴが最も高い分布を占めている．

られた．このように，個々の用言が好んでとる形態は，明らかに異なっている．こうした事実に注目することは，語彙研究や教育において重要な意義を持つと思われる．さらなる研究が必要であろう．

4.3.1. 接続形として現れた보다

前章で보다는하고形，하니形，하면形といった接続形をとりやすいことを確認した．では，これら보다の接続形は，いかなる意味を表わしやすいのかという問題を考察してみよう．

4.3.1.1. 하고形をとった보다

接続形のうち，보고のごとく接続形하고形をとった보다は，最も高い分布を占める．「抽象名詞＋보다」と「名詞節＋보다」の結合を除くと，すべての「N＋보다」は하고形と最も結合しやすい：

(6) 영화를 보고 로비에 앉아 커피를 마시거나 …（著者省略）
映画を見て，ロビーに座って，コーヒーを飲んだり…
(7) 걸어가는 옆 모습을 보고 놀랐다
歩いていく横の姿を見て，驚いた．
(8) 승학이 힐끗 인섭을 보고 입을 연다
スンハクがちらっと，インソプを見て，口を開く．

例(6)での하고形は主に〈動作の先行〉の意を表し，「영화를 보고 가다」「시험을 보고 오다」のように，보다に移動動詞が後続する例が目立つ．こういった移動動詞は一般に出現頻度の高い動詞であるため，보다だけが好んでとる構造とは言いにくい．

하고形をとって現れる보다の，他の用言の하고形と異なる際だった特徴は，例(7)(8)のように，①「N＋보고＋놀라다 실망하다 といった感情を表す用言」，②「N＋보고＋입을 열다，얘기하다といった言語動詞類」の構造を好んでとって現れることである．

例(7)を見ると，하고形は〈先行〉の意のみならず，〈原因〉の意を表していると思われる．面白いことに，보다は，こういった意を表す際，해서形ではなくて，하고形を好んでとる傾向がある．こうした現象は，보다に놀라다，실망하다のよ

うに，〈受身的な動詞〉が後続するとき目立つ：

 (9) 독일 여자 그대로의 모습을 보고 얼마나 실망했던가.
   ドイツ女性の実際の姿を見て，どれだけがっかりしたのか.

　なお，例(5)での하고形は時間的には〈同時〉の意を実現しやすく，主に「人間名詞＋보다」の結合で現れる.

4.3.1.2. 해서形をとった보다
　해서形と結合した보다は，기회,때などの抽象名詞や，名詞節と結合した例が圧倒的に多く，「N＋하고形」とは異なり，結合する体言範疇に著しい偏りを見せる：

 (10) 나중에 기회 보아서 네 언니와 함께 정식으로 찾아 오마.
   後で機会をうかがって，あなたのお姉さんと一緒に正式に来るから.
 (11) 사장실에 불이 훤한 것으로 보아 사장님도 참석하시려는 모양이었다.
   社長室に電気が付いているのを見ると，社長も参加されるようだった.

　上記の例でも分かるように，보다をとった해서形は主に〈先行〉の意を表しやすい．一部の具体名詞と結合して「잡지를 보아서 알고 있었다」のように，해서形が〈原因〉の意を表わしうる例があるものの，そうした例の極めて少ないことが，注目される.

4.3.1.3. 하니까形をとった보다
　名詞節と結合した例や，体言を伴わずに現れる例が，多く見られる：

 (12)이렇게 초조해 하는 것을 보니, 당신은 행복한 것 같지가 않군요
   こんなに不安そうにしているのをみると，あなたは幸せではないようですね.
 (13)이제 보니까 지금까지 내가 들어온 이야기와는 많이 달라
   今，考えてみると，今まで私が聞いてきた話とはずいぶん違う.

　上記の例でも分かるように，보다と結合した하니까形は「…したら」「…すると」

といった〈きっかけ〉を表す例が圧倒的に多く見られる特徴を示す．今回の調査に限っては，하니까形が〈理由〉の意を表す例は見いだせなかった．もちろん，「오랜만에 보니까 반가워요」のように，하니까形が〈理由〉を表す文は十分にありうる．

보다と高頻度で結合している，해서形，하니까形は通常〈原因〉〈理由〉の意を表しやすいと思われるが，보다にあっては，そうした意を表しにくいという点で興味深い．

4.4.〈N＋보다〉における보다の現れ方

前章で見たように，보다が最も好んでとる形は하고形，하는形，하니形などである．ここでは，それぞれの名詞と結合した보다が，いかなる形態をとって現れるかに注目する．보다と高い頻度で結合している，「抽象名詞＋보다」，「人間名詞＋보다」，「具体名詞＋보다」「依存名詞＋보다」などを中心に考察する：

【表2】〈N＋보다〉における보다の現れ方

抽象 320例			人間 273例			具体 244例			名詞節 220例			事柄 194例		
보아서	47	14.6%	보고	32	11.7%	보고	31	12.7%	보니	46	20.9%	보고	43	22.1%
보고	22	6.8%	보았다	21	7.7%	보니까	19	7.8%	보면	33	15.0%	보면서	14	7.2%
보는	21	6.6%	보는	18	6.6%	보면	14	5.7%	보고	22	10.0%	보면	14	7.2%
보며	19	5.9%	보러	11	4.0%	보았다	12	4.9%	보았다	13	5.9%	보며	10	5.1%
보니	12	3.8%	보면	11	4.0%	보면서	12	4.9%	보면서	10	4.5%	보는	10	5.1%
보나	9	2.8%	보며	11	4.0%	보는	12	4.9%	보아	10	4.5%	보았다	10	5.1%
봐	8	2.5%	보자	7	2.6%	보기	7	2.9%	봐도	7	3.2%	보지-	7	3.6%

ここで重要なのは，結合した名詞のカテゴリーによって，보다が好んでとる形態が明らかに異なる点である．보다の形態のうち，最も多く現れた形は하고形，つまり보고であった．しかし，시간，기회といった抽象名詞や，「아무도 없는 거」といった名詞節と結合した보다は하고形ではなく，해서形と하니形と非常に結合しやすい点が注目される．一方，아이，선생님などの人間名詞や，책，차などの具体名詞と結合した보다の，해서形で現れた例は非常に少ないという現象が見られる．これは野間秀樹(2007:499)が「形の上では動詞が単独で語形変化をしているように見えるが，機能的には，単語結合全体が語形変化をしていることになる」と指摘しているように，「남자를 보다」(男性を見る/会う)，「상황을 보다」(状況を見る)のような，単語結合全体が１つの単位となって変化していることを示して

いる.
　以下，それぞれの名詞と結合した보다の，形態と意味を詳しく考察する.

4.4.1. 「抽象名詞＋보다」

　この結合は해서形を最もとりやすいことが特徴的である. これは，①「抽象名詞＋으로/로＋보다」の構造と，② 기회, 형편, 때といった名詞が해서形を好んで現れていることによる.
　①の構造で現れた보다は，ほとんどが해서形，하니形をとっており，「…からすると」といった意を実現しやすい：

(14) 그 여자의 어감으로 봐서 아마 직위가 꽤 높은 공무원인 거 같았어
　　 彼女の語調からすると，かなり地位の高い公務員みたいだったよ.
(15) 나이로 보나 세상 살아온 이력으로 보나 하인 봉득은 글방 도령 태환보다는 분명히 윗길에 있다.
　　 年齢を見ても，生きてきた履歴を見ても，下人ポンドクは坊ちゃんのテファンより，明らかに上にいる.

接続形하나形は，韓国語の語尾の出現頻度からみると，それほど高い分布を占める形ではない. しかし，抽象名詞とは結合しやすい点で興味深い.
　一方，②の기회, 형편といった名詞と結合した보다は，主に해서形となって，「様子を見る」の意を表しやすい：

(16) 기회 보아, 경찰을 불러 상대를 유치장에다가 집어 넣어 버리고...
　　 様子を見て，警察を呼んで，相手を留置場に入れて...

抽象名詞のうち，最も多く現れた눈치は26例のうち，10例が하며形をとって現れる：

(17) 회사에 출근해서 상사의 눈치를 보며 답답한 생활을 하다가..(著者省略)
　　 会社に出勤して，上司の顔を伺いながら，苦しい生活をしていて...

4.4.2. 「人間名詞+보다」における 보다

　人間名詞で多く現れた名詞は，아이, 사람, 여자, 남자などであった．
　人間名詞と結合した 보다の形態を見ると，보고, 보았다, 보는, 보러などの順である．보다の形態のうち，高い分布を占める해서形，하니形とは，それほど多くとっておらず，하러形,「하고 싶다」形を好んでとるのが特徴的である．
　形態と意味の関わりからみると，①「(物理的に) 見る」の意を実現するとき，보다は하고形，하며形を好んでとる傾向が見られる：

(18) 친구가 상자를 들고 오는 그 친구를 보고 이렇게 말했습니다.
　　　友達が箱を持ってくるあの友達を見て，こういいました
(19) 한 소령은 그런 남편을 보며 빙그레 웃지요.
　　　ハン少佐は，そんな主人を見て，にっこりと笑います.

　「人間名詞+보고」で現れた例を見ると，보다の後続に 말하다,「입을 열다」「말을 꺼내다」のように，言語動詞類が目立つ.「人間名詞+보다」は「人間名詞に向かって，言う」といった形で多用される傾向があると言える．
　하러形,「하고 싶다」形をとって現れやすいのも,「人間名詞+보다」の特徴と言える．この際，보다は「会う」の意を実現しやすい：

(20) 요즘도 아이를 보러 가끔 친정에 들르는 눈치더라
　　　最近も子どもだちに会いに，実家によるみたいだよ.
(21) 아빠 보고 싶어요.
　　　パパ, 会いたいです.

4.4.3.「具体名詞+보다」

　多く現れた名詞は，시계, 책, 거울などである．보다の形態を見ると，보고 31 例, 보니까 19 例, 보면 14 例, 보았다 12 例などの順で現れる．「具体名詞+보다」の結合においては，하니까形，하면形をとりやすいという特徴が見られる．
　보다が実現する主な意味を見ると，①「(物理的に) 見る」,②「内容などを把握する」といった意を表す例が多い．面白いのは，①の意を表わしうる 보다は，具体名詞で高頻度を占めている 시계 (時計), 책 (本) などの名詞とはほとんど結合していないことである．장갑 (手袋), 승용차 (乗用車) といった多様な名詞と

結合しており，하고形を好んで現れやすい：

 (22) 서독제 베임베 승용차를 보고 미혜가 함성을 질렀다
    西ドイツ製のBMWの車を見て，叫び声を上げた

　一方，「内容などを把握する」といった意を表す보다は，시계（時計），명함（名刺）などの名詞と結合して現れやすい．「具体名詞＋보니」計14例のうち，「시계를 보니」で現れた例が10例で，結合する名詞に偏りが見られる：

 (23) 시계를 보니 어느새 열시 십오분이다.
    時計を見たら，もう，10時15分だ．
 (24) 그가 내놓은 명함을 보니 이름이 하근만이었다.
    彼が差し出した名刺を見たら，名前がハ・グンマンだった．

4.4.4.　「事柄名詞＋보다」

　まず，結合した名詞をみると，모습（姿）(76例)，영화（映画）(69例)が圧倒的に多い．他に，꼴（さま．姿）15例，장면（場面）10例などが現れ，全体的に〈姿を現す〉名詞類が非常に多く見られる特徴がある．
　보다が好んでとる形態を見ると，보고(43例)，보면(14例)，보면서(14例)，보며(10例)，보았다(10例)などの順である．特徴的なのは，①一般に보다が高頻度で現れる해서形，하니까形をとった例が相対的に少ない，②「…しながら」といった〈同時〉の意を表す하면서形と，하며形をとりやすい点である．
　この結合において，보다の実現する意味を大別すると，①모습，면といった名詞と結合して「（物理的に）見る」といった意味，②영화，텔레비といった名詞と結合して，「鑑賞する，視聴する」といった意味に分け得る．
　①の意を表す보다は主に，하며形，하면서形，하고形で現れやすい：

 (25) 아내와 미진이는 그 모습을 보며 울었다.
    家内とミジンはその姿を見て，泣いた．
 (26) 내 생전에 너라도 잘 된 꼴을 보고 죽어야 할 텐데.
    私が生きている間，あなたでも成功した姿を見て，死ねばいいのに

一方,「영화를 보다」「드라마를 보다」といった結合で「鑑賞する」「楽しむ」という意を表すボダは, 하면서形, 하며形よりは, 하러形, 하거나形を好んでとる傾向がある:

  (27) 영화를 보러 가도 좋다
    映画を見に行ってもいい
  (28) 연극이나 영화를 보거나 책방엘 들릅니다.
    演劇や映画を見たり, 本屋さんに寄ります

4.4.5. 名詞節＋보다

 名詞節と結合した보다の形態をみると, 보니(46例), 보면(33例), 보고(22例)などで現れ, 하니形, 하면形で現れやすい. ここで하니形と하면形は, いずれも〈後続文の根拠〉を表すことが多い:

  (29) 재떨이 하나 없는 걸 보니 금연의 집인 모양이군
    灰皿一つないところを見ると, 禁煙の家のようだな.
  (30) 여태까지 아무 연락이 없는 걸 보면 모두 무사하다는 증거 아니겠나.
    今まで何の連絡もないところを見ると, みんな無事だっていう証拠だと思うけど.

 上記の例のように,「名詞節＋보다」の結合は,「名詞節＋하면形・하니形＋하는 거 같다/하는 모양이다といった様子を表す形」の構造で多用され, 보다は「…からすると」といった意を実現しやすい.

5. おわりに

 本稿はテクストに現れた보다は, ①いかなる体言と結合して, ②それぞれの「N+보다」が好んでとる形態と意味の関わりを分析することを目標とした. 分析の結果をまとめると, 以下の通りである:

① 보다と結合する体言範疇
 「N+보다」のNを詳しくみると, 抽象名詞320例, 人間名詞261例, 具体名詞244例, 名詞節220例, 事項名詞194例などの順である. 보다は一般他動詞

に比べて，人間名詞と名詞節と結合しやすい特徴を示す．

②助詞の現れ方
N＋-을/를＋보다で現れた例が1095例(70.8%)で圧倒的に多い．
特に，「도망가는 모습」のように，体言に連体修飾成分が付いている例は，助詞-을/를が付きやすい傾向がある．
N＋-으로/로＋보다で現れた例は66例(4.2%)である．この構造では，主に抽象名詞や名詞節が結合する．보다の形態も，해서形，하니까形，하니形などに，ある程度限定されている．

③보다の形態
하고形，하니形，하면形といった接続形と非常にとりやすい．
보다の하고形は〈先行〉〈原因〉〈同時〉など様々な意を表す．
보다の해서形は主に〈先行〉，하니까形は〈きっかけ〉の意を表す例が圧倒的に多い．

④보다の形態と意味
보다の意味と形態の関わりを中心に，「N＋보다」が実現する意味的な傾向をみると，以下の通りである：

【表3】体言別に見た보다の形態と意味

体言	보다の形態	보다の意味	主な例
抽象	봐서/보나	…からすると	말투로 봐서/ 나이로 보나
	봐서	（様子を）みる	상황 봐서 다시 얘기하다
人間	보고	…に向かって	아내를 보고 웃다
	보며서	…に向かって	나를 보며 말하다
	보러	会う	아이를 보러 가다
	보고 싶다	会う	아빠 보고 싶어
具体	보고	（物理的に）みる	차를 보고 놀라다
	보니	（内容を）把握する	시계를 보니 11시다
事柄	보고/보며/보면서	（物理的に）みる	모습을 보면서 울다
	보러	鑑賞する	영화를 보러 가다
名詞節	보니	…からすると	저쪽으로 가는 걸 보니
	보면	…から考えると	전화도 없는 걸 보면

本稿は統辞論的な観点から，보다の意味と形態の相関性を探ろうとしたものである。ここでは高頻度で現れた〈体言＋보다〉の結合を中心に考察したため，それ以外の보다が実現するものも含めた全体的な意味については，十分に触れることができなかった。

　重要なのは，この調査でも分かるように，それぞれの〈体言＋보다〉が好んでとる形態が明らかに存在し，〈体言＋보다の形態〉という単位で，보다が実現する意味を，ある程度，決定付けることである。例えば，「人間名詞＋보러」で現れた보다は，主に「会う」の意を実現する，といったことを知りうるわけである。

　ありのままの用言の意味や用法を記述するためには，こうした観点を導入した研究が不可欠となるだろう。

参考文献

姜彦廷(2000)"한국어동사 보다와 일본어 동사 みる의 대조・비교 연구", 경상대학교 석사학위 논문
국립국어연구원(1999) "표준국어대사전", 서울:두산동아
김수정(2007) "동사 '보다'의 다의 체계 연구", 경북대학교 교육학석사 학위논문
김진해(2000) "연어(連語)연구" 서울:한국문화사
김하수・유현경・김해옥・정희정・강현화・고석주・한송화・조민정・김현강(2007)"한국어 연어 사전", 서울:커뮤니케이션북스
노마히데키[野間秀樹](2002) "한국어 어휘와 문법의 상관구조", 서울:태학사
류시종(1989)"한국어 동사 '보다'에 대하여", 서울대학교 대학원 석사학위 논문
朴鍾奭(1989)"국어동사 '보다'의 의미 연구", 전북대학교 대학원 석사학위 논문
연세대학교 언어정보개발원 편(1998) "연세한국어사전", 서울:두산동아
우형식(1986)"지각동사 '보다'의 경험과 추정",
　　　http://www.riss4u.net/link?id=A19559306
우형식(1998)"국어 동사 구분의 분석", 서울:태학사
윤명상(2002)"동사 '보다'의 문법화", 한남대학교 대학원 석사학위 논문
이희승(1994)"국어대사전", 서울:민중서림
임홍빈(1993:2002)"서울대 임홍빈 교수의 한국어 사전", 서울:시사에듀케이션
趙義成(1997)'현대한국어의 단어결합에 대하여' 朝鮮学報, 第163輯, 天理: 朝鮮学会.
사회과학출판사(1992) "조선말대사전", 평양

한글학회(1992)"우리말큰사전", 서울:어문각
황병순(1989)"감각동사 '보다'와 행위동사 '보다'",
　　http://www.riss4u.net/link?id=A3274323
安垠姫(2004)「統辞論的な観点から見た「타다」と「乗る」」, 東京外国語大学大学院修士論文
安垠姫(2007)「単語結合論的観点から見た韓国語の「타다」と日本語の「乗る」――対照語彙論の構築のために――」『朝鮮学報』, 第203輯, 天理：朝鮮学会
梅田博之(1971)『現代朝鮮語基礎語彙集』, 東京：アジア・アフリカ言語文化研究所
大阪外国語大学朝鮮語研究室(1986)『朝鮮語大辞典』, 東京：角川書店
菅野裕臣他(1988)『コスモス朝和辞典』, 東京：白水社
南潤珍(2007)「韓国語教育におけるコロケーション情報の活用」『韓国語教育論講座 第1巻』, 東京：くろしお出版
野間秀樹(1990)「朝鮮語の名詞分類－語彙論・文法論のために—」『朝鮮学報』, 第135輯, 天理：朝鮮学報
野間秀樹(1993)「現代朝鮮語の對格と動詞の統辞論」『言語研究Ⅲ』, 東京：東京外国語大学　語学研究所
野間秀樹(1994)「現代朝鮮語の語彙分類の方法」『言語研究Ⅳ』, 東京：東京外国語大学
野間秀樹(2007)「動詞をめぐって」『韓国語教育論講座　第1巻』, 東京：くろしお出版
安田吉実・孫洛範編(1983;2001)『엣센스 韓日辞典』, ソウル：民衆書林

絶滅危機に瀕するアルタイ言語の記録 [1]

金　周源（きむ・じゅうぉん）
訳：髙木　丈也（たかぎ・たけや）

1. 絶滅危機に瀕する言語　　　　　　　　　　　　221
2. 韓国の言語学界におけるアルタイ言語の記録　　225
3. おわりに　　　　　　　　　　　　　　　　　　232

1. 絶滅危機に瀕する言語
1.1. 世界記憶遺産 [2] [3]

　世界記憶遺産は，人類みなが共有する遺産である．国際機関であるユネスコでは，人類の記憶遺産としてこれを指定，登録，保存，保護するとともに，多くの人々が簡単にアクセスできるよう管理を行なっている．2015年現在，世界107か国，および，6機関の348件が登録されている．ここには，フェニキア人のアルファベット（紀元前13世紀）や，ベートーベンの交響曲 第9番の楽譜（19世紀）が登録されているかと思えば，韓国の訓民正音の解例本（1446年）や，KBS特別生放送「離散家族を探しています」（1983年）のビデオテープなど13件も含まれている．日本からは東寺百合文書 （763年～1711年），御堂関白記（11世紀）など5件が登録されている．これら広義の文書は，人類が作り出した，生きた記録として大きな価値を持つばかりか，他の物への代替が不可能であるため，我々は，これを貴重な遺産として保存していかなければならない．

　ところで，アンネ・フランクの日記（1942年～1944年）が世界記憶遺産に登録されているオランダは，2015年に多少風変りな記録資料をユネスコに申請し，登録を受けている．ここでは，この資料について簡単に紹介しておくことにしよう．

　この遺産の名称は，「言語アーカイブにおける世界の言語の多様性に関する選抜データ・コレクション」（Selected data collections of the world's language diversity at the Language Archive）という．この資料は，2000年から2014年に

---

1) 本稿は，김주원 외(2011)など拙稿の一部分を再構成したものである．
2) ユネスコと遺産（http://heritage.unesco.or.kr/mows/?nation=%E3%84%B4）を参照．
3) 日本ユネスコ国内委員会では，2016年6月に「世界記憶遺産」を「世界の記憶」と改称することが決定したが，本稿では，便宜的に従来の名称を使用する．なお，この英語名は "Memory of the World"，韓国語名は「세계기록유산」（lit. 世界記録遺産）である．
　［翻訳者注］

かけて，言語アーカイブ（The Language Archive, TLA）が記録，保管を行なった102の言語と文化に関する視聴覚，文書資料64編のデジタルコレクションから成っており，絶滅の危機に瀕する言語の記録，再活性化，および，多様性の維持，保存を目的とした最新の資料である．このような資料が世界記憶遺産に登録されたという事実をみたとき，我々は，言語記録がいかに重要かつ，必要なものであるかを痛感せずにはいられない．

本稿では，このような絶滅の危機に瀕する言語記録に関する世界の言語学界の研究動向を概観するとともに，韓国で行なわれてきたアルタイ言語の記録についても述べることにする．

1.2. 絶滅危機に瀕した言語の記録

言語は，その使用者の置かれた環境によって，話者数が増えることもあれば，減ることもある．自然な状態では，このような変化は，極めてゆっくりと起こるものである．しかし，ひとたび戦争や病気，言語共同体の移動といった人為的な要因が作用すると，言語使用者の数は，急激な変化をみせることがある．特に，15世紀以降の新大陸，19世紀以降のオーストラリアなどにおいては，自らの言語を使用する原住民の数が急速に減少した．また，20世紀に入ると，世界各地で義務教育が普及し，原住民に対し，国家の公用語による教育が行なわれるようになったため，少数民族の言語使用者の数は，急速に減少した．さらに，英語が世界の主要言語となると，話者数の少ない言語は，それを維持することがさらに困難な状況に陥り，こうした言語は，次第に消滅せざるをえなくなった．

このような状況を目の当たりにした言語学者たちは，「危機に瀕した言語」（Endangered Languages）という概念を打ち出し，言語の消滅を阻止しなければならないという，共通した主張を展開するようになっていった．

文明発達の最終段階である20世紀末になると，我々は，現在のような状況が続いた場合，動植物の絶滅が加速化し，それは，いずれ地球における人類の営み自体に脅威を与えるであろうことにようやく気が付いた．このような認識は，生物の多様性という概念を生み出すとともに（ユネスコの「生物の多様性に関する条約」（1992年決議，1993年発効)を参照)，種や，遺伝子，および，生態系を包括する多様性こそが地球と人類を守っていくのだという理解を，普及させていった．

最も多様な生態系が，融通性と適応性を兼ね備えた最も強い生態系であるとする考えは，まさに言語・文化における多様性が重要であることに気がつかせる契

機となった．自然や生態系の破壊，とりわけ伝統的居住地の破壊は，文化と言語の多様性の破壊を招くことに繋がるという認識が浸透し,反対に，言語の絶滅は，生物の多様性にも否定的影響を及ぼすであろうことが明らかになっていった．つまり，生物の多様性と言語・文化の多様性は，ともに密接に関わっているという考えが広まっていったのである．

　言語と生物の多様性に関わる伝統的知識の中には，根本的な連係性が存在している．即ち，地域の土着共同体は，自然界に対する各々の細かな分類体系を発達させていったが，それは，まさに彼らが自分たちの地域環境を深く理解していることを反映したものである．このような環境に対する知識は，土着的な名称や口碑伝統，分類用語の中に溶け込んでおり，もしある共同体が，その言語を変えることを余儀なくされ，その言語使用者が消滅したならば，こうした知識もまた消滅していくのである．

　人類は，20世紀に入り，これまで経験したことのない言語と文化の絶滅を目撃し，20世紀後半には，その傾向が加速化してきたことに気が付いた．言語は，単に意思疎通の道具に留まるものではなく,それを使用する言語共同体が長い期間,蓄積してきた過去の経験と思考，および，価値体系，そして固有の世界観を含む共同体特有の文化複合体である．このことを考えたとき，言語は，いわば人類の知識と英知の図書館であるということができる．ある言語が消滅するということは，それを使用していた共同体の思考体系と世界への理解，知識を永遠に失うということを意味するものであり，他の何物にも変えることができない損失なのである．さらに，各個人の言語は，その個人と社会への認識，またはアイデンティティを付与するものであるため，その話者にとっても，極めて重要なものである（김주원 외(2011:12))．――言語記録をする学問領域である「記録言語学」（Documentary Linguistics)は，このような問題意識を出発点として，始まったのであった．

1.3. 言語の多様性維持に向けた世界の言語学界の努力

　言語学者たちは，同時代の言語が急速に消滅していく状況を目の当たりにし，このまま特別な措置が講じられなかった場合，21世紀末には，現在，地球上で使用されている7千余りの言語のうち，半数が消滅し，なくなるだろうという仮説を立てた．そして，これら絶滅の危機に瀕した言語（Endangered Languages)を優先的に記録・保存，教育し，危機から救おうとする主張を展開し始めた．そ

うした努力を年代順に示すと，以下のようになる（김주원 외(2011:13))：

●1991年
アメリカ 言語学会 絶滅危機に瀕した言語についてのシンポジウムを開催
（Hale(1992), Krauss (1992)参照）

●1992年
国際言語学会（International Linguistics Congress，ケベック市）において，絶滅危機言語の保存を目的とした言語学機関への支援をユネスコに要求

●1993年
ユネスコ 絶滅危機言語プロジェクト（Endangered Languages Project）を採択

●1995年～2004年
国際連合 世界の先住民の国際10年（International Decade of the World's Indigenous People）を指定

●1995年
－絶滅危機言語基金（Endangered Language Fund）（アメリカ） 設立
－絶滅危機言語財団（Foundation for Endangered Languages）（イギリス）設立
－危機言語クリアリングハウス（International ClearingHouse for Endangered Languages）（日本，東京大学） 設立

●1996年
ユネスコ 世界言語権宣言（Universal Declaration of Linguistic Rights）（バルセロナ）採択

●2000年
－第1回 世界母語デー（International Mother Language Day）（2月21日）
－マックスプランク 心理言語学研究所（オランダ）DoBes（絶滅危機言語の文書化）開始

●2001年
ユネスコ 文化多様性とその実行計画に関する国際宣言 採択

●2003年
－ユネスコ 多言語の増進と使用に関する勧告 採択
－ロンドン大学，Hans Rausing 絶滅危機プロジェクト（HRELP）文書化開始
－ソウル大学・韓国アルタイ学会 アルタイ言語 現地調査 ，および 文書化作業

開始
- 2007年

ユネスコ 世界言語文書化センター（World Language Documentation Center）設立
- 2010年

ユネスコ『危機に瀕した世界の言語地図, 第3版』(Atlas of the World's Languages in Danger, 3rd edn.) 発行（第1版 1996年, 第2版 2001年）
- 2015年

オランダ 言語アーカイブ「言語アーカイブにおける世界の言語の多様性に関する選抜データ・コレクション」世界記憶遺産 登録

このように，この20年の間，学界や国際機関を中心とした言語の多様性の維持に向けた努力は，拡大を続けてきたことがわかる．

2. 韓国の言語学界におけるアルタイ言語の記録
2.1. アルタイ系諸言語が置かれた状況

アルタイ諸語とは，従来，アルタイ語族と呼ばれていたものであるが，比較言語学観点からみたとき，アルタイ系の諸言語が1つの共通語，即ち，祖語（proto-language）に起源を持つということが，依然，証明されていない状態にあるため，起源について中立的な立場を取るために言い換えられた名称である．なお，「アルタイ諸語」という名称も最近ではあまり使われなくなっており，「アルタイ系諸言語」などと呼ばれることが多くなっている．

このような学界の動向を反映し，言語使用状況を公開する世界最大のウェブサイである「Ethnologue: Language of the world」（https://www.ethnologue.com/）では，2016年版から Altaic という語族の名称が削除された．[4] それに代わって，従来，アルタイ語族の3大分派とされてきた Turkic, Mongolian, Tungusic 語派をそれぞれ語族として分類している．[5] もちろんこのサイトにおいて，アルタイ語族という概念が採用されなかったからといって，学問的にアルタイ語族に関す

---

4) マックス・プランク研究所 歴史学研究所（ドイツ，イェーナ）が運営する Glottolog (http://glottolog.org/) でも系統分類上，Altai 語族は，存在していない．
5) 一方，韓国語は，Koreanic（あえて翻訳すれば，「韓国語族」とでもなり，この中には韓国語と済州語が含まれている）に分類されている．しかし，済州において使用されている言葉は，韓国語の済州方言であるため，このような分類は，妥当ではない．

る研究がこれ以上必要ないとか，無意味であるなどと考えてはならない．しかし，本稿は，比較言語学における系統論について議論を行なおうとするものではないため，地域的にユーラシア大陸に広く分布し，使用されている言語という概念からアルタイ系諸言語を扱うことにする．

アルタイ系諸言語の数は，学者によって異なるが，筆者は 55 の言語が存在するとみている．即ち，チュルク語派，モンゴル語派，ツングース語派の 3 つの分派が存在するとみるのであるが，これらの分派には，それぞれ 34, 10, 11 の言語が含まれている．話者数は，2000 年代初頭の統計によると，チュルク語派が約 1 億 6,000 万人，モンゴル語派が 1,100 万人，ツングース語派が 30 万人[6]である．各言語の使用者のおおよその分布と言語名は以下の通りである：

【図1】アルタイ言語使用者の分布

満州ツングース語派

1. エヴェン語（Ewen）　2. エヴェンキ語（Ewenki）　3. ソロン語（Solon）
4. ネギダール語（Negidal）　5. ナナイ語（Nanai）　6. ウィルタ語（Uilta）
7. ウルチ語（Ulchi）　8. ウデヘ語（Udihe）　9. オロチ語（Orochi）
10. 満州語（Manchu）　11. シベ語（Sibe）

---

6) この数字は，民族のおおよその人口を示したものであり，当該言語の使用者を示すものではない．特に満州ツングース語派の場合，実際の言語使用者数は，これより大幅に少なくなる．なお，満州族の人口は，2000 年の調査では，1,000 万人余りであったが，実際の満州語の話者は，10 名前後であるため，上記統計には数を含めていない．

モンゴル語派

12. ダウール語（Dagur）　13. モンゴォル語（Monguor）　14. バオアン語（Bonan）
15. 康家語（Kangjia）　16. トンシャン語（Dongxiang）
17. 東部ユグル語（East Yugur）　18. ブリヤート語（Buriat）
19. モンゴル語（Mongolian）　20. カルムイク（オイラト）語（Kalmyk-Oirat）
21. モゴール語（Moghol）

チュルク語派

22. チュヴァシ語（Chuvash）　23. ハラジ語（Khalaj）　24. トルコ語（Turkish）
25. ガガウズ語（Gagauz）　26. アゼルバイジャン語（Azerbaijani）
27. トルクメン語（Turkmen）　28. ホラサン・チュルク語（Khorasan Turkish）
29. ガシュガーイー語（Qashqa'i）　30. アフシャール語（Afshar）
31. アイナル語（Aynallu）　32. サラール語（Salar）　33. ウイグル語（Uyghur）
34. ウズベク語（Uzbek）　35. クリミア・タタール語（Crimean Tatar）
36. ウルム語（Urum）　37. カライム語（Karaim）
38. カラチャイ・バルカル語（Karachai-Balkar）　39. クムク語（Kumyk）
40. タタール語（Tatar）　41. バシュキール語（Bashkir）　42. カザフ語（Kazakh）
43. カラカルパク語（Karakalpak）　44. ノガイ語（Nogai）　45. キルギス語（Kirghiz）
46. アルタイ語（Altai）　47. ハカス語（Khakas）　48. ショル語（Shor）
49. チュリム・チュルク語（Chulym Turkish）　50. トゥバ語（Tuvan）
51. トファ語（Tofa）　52. ヤクート語（Yakut）　53. ドルガン語（Dolgan）
54. 西ユグル語（West Yugur）
55. 富裕キルギス語（Fuyu Kirghiz）

　Janhunen and Salminen(2000)によると，「絶滅」の段階から「絶滅危機」の段階に分類されたアルタイ言語は，以下の通りである：[7]

---

[7] 危機の段階について，研究の初期においては，「絶滅危機－深刻な絶滅危機－絶滅直前－絶滅」などの段階に分けることが一般的であったが，その後，研究が進み，最近では，Ethnologue(2016)でも「世代間伝承の断絶の大きさ」を重視する EGDIS，即ち「Expanded Graded Intergenerational Disruption Scale」を採用するなど，従来に比べ細分化されるようになった。これは，言語の使用状態を 10 段階（あるいは，12 段階）に区分し，それをクラウド（Cloud）図式を使用し，全世界の他の諸言語と比較して，視覚的に示すものである。

【表1】絶滅の危機に瀕した言語の分類

	語派		
	チュルク	モンゴル	満洲ツングース
絶滅			Ewen: Arman [8] Solon: Ongkor Udihe: Kyakala
絶滅直前	Fuyu Kirgiz Chulym Turkic Tofa	Oirat: Fuyu	Ewenki: Orochen Negidal Manchu Orochi Ulcha Udihe Uilta Nanai: Hejen Nanai: Kili
深刻な絶滅危機	Shor	Dagur: Sinkiang	Nanai proper
絶滅危機	Khakas Northern Altai Southern Altai	Mongol: Khamnigan Dagur	Ewen proper Ewenki proper Ewenki: Khamnigan Solon Sibe

Janhunen and Salminen(2000)より

　この表にみるように，アルタイ言語の相当数，特に満洲ツングース語派の言語は，その大部分が絶滅直前の状況に置かれている．満洲語の使用状況を脚注7)で紹介しているEGDISレベルにより示すと，以下のようになる（https://www.ethnologue.com/cloud/mnc）：

---

8) このEwen:Armanは，Ewen語のArman方言をさすものである．

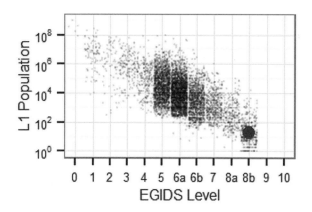

【図2】満州語の使用状況の EGDIS レベル

Ethnologue(2016)より

これによると,満州語は,話者が100人以下しか存在しておらず,第8段階の「絶滅直前」言語となっている.

2.2. ソウル大学・韓国アルタイ学会の言語記録活動

ソウル大学言語学科と韓国アルタイ学会では,絶滅危機の言語を調査,研究するために,以下の課題を韓国学術振興財団(現在の韓国研究財団)に申請し,3次9か年にわたる研究費の支援を受けてきた.この研究は,絶滅の危機に瀕するアルタイ言語を現地調査し,デジタルアーカイブを構築することを目標としており,略称では,ASK REAL と呼ばれる.この略称のうち ASK は「韓国アルタイ学会」(The Altaic Society of Korea) を, REAL は「絶滅危機に瀕したアルタイ言語研究」(Researches on Endangered Altaic Languages) を意味するものである.各研究の概要は,以下のようなものである:

(1) 1次研究 (2003年 9月~2006年 8月)
課題名:「韓国語 系統究明のためのアルタイ諸語現地調査研究,および音声,映像 データベース構築」
研究内容:韓国語と歴史的に深い関連があり,絶滅の危機に瀕しているアルタイ諸言語を記録,保存するために,現地調査を行ない,その言語の分析を行なう.

本研究により，韓国語の系統研究の基盤を固め，絶滅危機言語の記録，保存，教育という言語学者に課せられた新たな任務に韓国の言語学者を代表して取り組む．具体的には，アルタイ言語の 3 つの語派の中から，それぞれ 1 年に 2 言語を選定し，現地調査を実施した後，それをデジタル化，加工し，データベースを構築する．さらに，これまで韓国語の系統研究のために行なわれてきた，語彙の比較例をデータベースとして作成するとともに，既存の研究を総合検討し，今後の研究のための基礎資料として提供する．

(2) 2 次研究　(2006 年 7 月～2009 年 6 月)
研究テーマ：「韓国語　系統研究のためのアルタイ言語デジタルアーカイブ構築」
研究内容：このプロジェクトは，韓国学術振興財団の支援を受けたもので，2003 年 9 月から 3 年間実施されたプロジェクト（「韓国語　系統究明のためのアルタイ諸語現地調査研究，および音声，映像 DB 構築」）の後続プロジェクトとして，1 次研究と同様の方法により実施する．

(3) 3 次研究　(2010 年 5 月～2013 年 4 月)
研究テーマ：「アムール川流域　土着民族の言語文化研究」
研究内容：このプロジェクトは，ロシア　アムール川流域の民族の言語と文化を調査するもので，言語面においては，ツングース語系のナナイ語，ウルチ語，ウデヘ語だけでなく，系統不明のニヴフ語の調査も実施した．また，文化面においては，主に熊にまつわる儀式（bear rituals）について調査を実施したが，このような儀式はもはや行われていないため，それを行った記憶を追跡する作業を行なった．

　以上の記録作業のために使用した危機と付属品は，以下の通りである：

　　録音機：Sound devices722 など
　　録画機：SONY DSR-PDX10 など
　　マイク：AKG C420（ヘッドセット），Audio-Technica 831b（ピンマイク）
　　その他：ノートパソコン，アイフォン，三脚，急速充電器，DV テープ など

　また，均質な言語資料取集をするために，現地調査を実施するにあたっては，

質問紙の作成を行なった．ただし，地域によって，使用される主要言語が異なるため，ロシア地域用，中国地域用，モンゴル地域用をそれぞれ作成した．質問紙は，語彙，基礎会話，文法という内容で構成されており，このうち語彙は，3段階に分け，基礎語彙にあたる1級語彙を700個，そのほか2級，3級語彙を2,000個ほど選定し，約2,700の語彙を収録した．また，基礎会話は，日常生活においてやり取りされる会話を想定して，話しことばの文体で構成した．その一部を示せば，以下のようなものである：

	cv000	Визит	방문
22	cv001	Как дела?	안녕하세요?
23	cv002	Хорошо.	네, 잘 있습니다.
24	cv003	Ваш муж дома?	남편은 집에 있습니까?
25	cv004	Он ушёл.	나갔습니다.
26	cv005	Когда он придёт?	언제 돌아옵니까?
27	cv006	Скоро придёт.	곧 돌아옵니다.
28	cv007	По каким делам вы пришли?	무슨 일이 있어서 오신 건가요?

【図3】ロシア地域用質問紙

　調査においては，終始，同一の質問紙を使用し，資料を収集したが，現地調査を行ないながら，部分的な修正は加えた．
　このような過程を通じて，2003年から2013年まで37の言語を調査し，資料を集めた．37の言語の目録は，【図1】の下に付した凡例のうち，下線が引かれたものであるので，これを参照されたい．

収集した資料には，有形，無形の資料が含まれるが，有形の資料は，ソウル大学言語学科の歴史比較言語学研究室に，無形の資料（電子ファイル形式のもの）は，サーバーコンピューター上にアーカイブ形態として保存されている．具体的な資料としては，以下のようなものがある：

有形資料：録音テープ，録画テープ，各地域において寄贈されたり購入した本，地図，民族固有の民俗資料（白樺の容器，木彫りの人形など）
無形資料：デジタル音声ファイル（オリジナルファイル，ラベリングしたファイル），デジタル映像ファイル（オリジナルファイル，ラベリングしたファイル），地域資料ファイル（言語調査をした地域の付近を撮影したもの）

なお，一部の資料は，ウェブサイト「言語多様性保存活用センター」（http://www.cld-korea.org/）からアクセスが可能であり，当サイトでは，東部ユグル語，チュリム・チュルク語，エヴェンキ語，ニヴフ語の単語を聞くことができる．[9]

また，研究結果の一部は，書籍としても出版している．絶滅危機の言語研究と言語記録については，韓国語で執筆し，一部の言語資料についての言語学的分析，および，記述は，英語により執筆し，出版した．出版物の目録は，末尾に示した参考文献を参照されたい．

3. おわりに

言語は，単に意思疎通の道具に留まらず，その言語使用共同体の知識や英知，そして，世界観，人生観などの結晶である．そうであるがゆえに，言語は，人類の知識の図書館ともいえるのであり，我々は，少数使用者の言語の消滅を食い止めるよう，努力を続けていかなければならない．言語の多様性（Language Diversity）を維持することは，人類の未来のために重要なことなのである．

本稿では，1990年以降に本格的に始まった「危機に瀕した言語」に対する研究動向と，それとともに新たな学問分野として浮上してきた言語記録（Language Documentation）について言及した．

本論では，韓国におけるアルタイ言語に関するこの10年間の現地調査および，

---

[9] このサイトは，文化体育観光部の支援によって作成されたものである．

言語記録活動を紹介した．その中では，ソウル大学言語学科と韓国アルタイ学会を中心とした研究チームが，韓国研究財団の支援を受けて行なった研究についてふれ，55のアルタイ言語の中から，3分の2にあたる37の言語の語彙，基礎会話，文法などについて，同一の質問紙を使用し，音声，および，映像，資料を収集してきたことを述べた．

参考文献

1. プロジェクト出版物

강정원 외(2014) "아무르강 소수민족 곰 의례 민속지", 서울: 민속원
김주원 외(2008) "사라져가는 알타이언어를 찾아서", 파주: 태학사
김주원 외(2011) "언어다양성 보존을 위한 알타이언어 문서화", 파주: 태학사
최문정 외(2011) "알타이언어 현지 조사 질문지", 파주: 태학사
최운호(2011) "알타이언어 자료의 분석과 디지털 아카이브 구축의 실제", 파주: 태학사

Kim, Ju-won (2008) *Materials of Spoken Manchu*, Seoul: SNU Press
Kim, Ju-won (2011) *A Grammar of Ewen*, Seoul: SNU Press
Kim, Ju-won (2015) *The Life and Rituals of the Nanai People*, Seoul: SNU Press
Ko, Dong-ho (2011) *A Description of Najkhin Nanai*, Seoul: SNU Press
Li, Yong-song (2008) *A Study of the Middle Chulym Dialect of the Chulym Language*, Seoul: SNU Press
Li, Yong-song (2011) *A Study of Dolgan*, Seoul: SNU Press
Yu, Won-soo (2008) *A Study of the Tacheng Dialect of the Dagur Language*, Seoul: SNU Press
Yu, Won-su (2011) *A Study of the Mongol Khamnigan Spoken in Northeastern Mongolia*, Seoul: SNU Press

2. 参考文献

김주원(2005) '한국의 알타이언어 음성, 영상 자료', "언어학" 43, 서울: 언어학회
김주원 외(2011) "언어다양성 보존을 위한 알타이언어 문서화", 파주: 태학사
Hale, Ken (1992) Endangered Languages: On endangered Languages and the safeguarding of diversity, *Language* 68, Washington, DC: Linguistic Society of America

Janhunen, Juha and Tapani Salminen (2000) UNESCO Red Book on Endangered Languages: Northeast Asia (http://www.helsinki.fi/ ~tasalmin/nasia_report.html).

Krauss, Michael (1992) The world's languages in crisis, *Language* 68-1, Washington, DC: Linguistic Society of America

共和国の言語
—— 文化語と平壌方言 ——

韓　成求（ハン・ソング）

1. はじめに　　　　　　　　　　　235
2. 平壌文化語と平壌方言　　　　　236
3. 平壌方言の音韻体系と音声　　　239
4. 平壌方言の音韻現象　　　　　　247
5. 平壌方言の文法　　　　　　　　255
6. おわりに　　　　　　　　　　　281

1. はじめに

　平壌で実際に話されている言語は，いったいどのような言語なのであろうか．本稿では，朝鮮民主主義人民共和国――以下，「共和国」――の言語，とりわけ共和国の首都，平壌(평양)で行われている言語――以下，「平壌方言」[1]――について，その音声と文法の面に見られる特徴を，主にソウル地方の言語――以下，「ソウル方言」――との対比の中で概観する．

　平壌方言の全体像を詳しく取り上げた研究は도덩보(1976)以外見られない．幸いなことに，昨今，音声・音韻の研究は散見されるものの，[2] 文法や語彙に関する研究は，管見の限り皆無に等しい．[3] よって本稿では，本稿筆者(以下，「筆者」)の二十数回にわたる平壌滞在過程での観察や平壌方言話者の自然談話資料[4] を基

---

1) ここで言う平壌方言は，共和国でしばしば用いられる"평양말"とは異なる．共和国では，一般的に"평양말"と言えば 2.1.に見る"평양문화어"(平壌文化語)を指し，平壌の言語ではあるが文化語ではないものは"평양사투리"と称され"평양말"には含まれない．韓国では近年，本稿で言う平壌方言を"평양지역어"(平壌地域語)と呼ぶことが多い．
2) 主に調音音声学的な観点からの研究として이현복(1995), 実験音声学的な研究として김영배, 이명호(1991), 강순경(2001), 소신애(2010), 音韻論的な研究に김영배(1977), 이금화(2007)などがある．共和国でも，調音音声学や音韻論的な研究はもちろん，実験音声学的な手法を用いた研究も以前から行われている．比較的新しい単行本に，김성근(2005ab), 강진철(2005)などがある．
3) 김영배(1984), 김영배(1997)など平壌方言が含まれる平安方言(평안방언)の研究はある．
4) 2010年頃より 2016年 10月現在に至るまで，筆者が平壌滞在中に平壌方言話者の協力を得て録音収集した資料である．調査協力者は数十人に上り，男女ともに下は 10代前半から上は 50代後半まで(主な対象は 10代後半から 20代後半)の話者の自然談話を録音している．なお，勧誘形や命令形などムード別の諸語形が出現しやすいよう，一部，

礎に,平壌方言の大まかな全体像を,ソウル方言との対比の中で描くことにする.先行研究や方言全般に関する研究書[5]なども適宜参照する.

　一言で平壌方言と言っても,性別や年齢層などの違いによって異なりがあるので,この地域の方言にしばしば見られる特徴や,とりわけ若い世代の間でも広く観察される諸特徴を,妥当と思われる範囲で,一般化して記述することにする.また,方言に関する記述においては,当該方言に固有のいわゆる「方言形」に焦点が当てられがちであるが,本稿では「平壌方言」を「平壌で行われている言語」として位置づけ,共和国の標準語である「文化語」に採用されている形も含めた,平壌方言の全体像を描き出せるよう努める.術語を確認しておく:

　　　平壌方言　実際に平壌で行われている言語
　　　文化語　　共和国の規範語としての標準語

　　　ソウル方言 実際にソウルで行われている言語
　　　標準語　　韓国の規範語としての標準語

　なお,本稿での記述は筆者の観察に基づくものが多いため,今後の研究に供するものとして,平壌方言の輪郭をつかむ程度の記述に留まらざるを得ない.

2. 平壌文化語と平壌方言
2.1. 共和国の文化語と韓国の標準語

　韓国における「標準語」——以下,断りのない限り「標準語」は韓国の標準語を指す——に相当するものとして,共和国では「文化語(문화어)」,「平壌文化語(평양문화어)」(以下,「文化語」)という規範語が定められている.[6]

　話題をあらかじめ指定して採集した談話もある.
[5] 平壌方言は,広く「西北方言」に含まれるため,朝鮮語の方言全般を扱った研究書における西北方言の記述が示唆してくれるものが多い.このような研究書には,共和国の김병제(1959),김병제(1965),김병제(1975),김병제(1988),김성근(2005c),김영황(1982),김영황(2010),리동빈(2001),한영순(1967),韓国の방언연구회(2001),이기갑(2003)などがある.
[6] 「文化語」は,김일성(1966)によってはじめてその方向性が具体的に示されたもので,平壌方言がその中心となっている.規範語を指すのに「標準語」ではなく「文化語」という造語を用いたのは,解放からさほど歳月が経っていなかった当時,「標準語」という語が解放前の首都ソウルの方言を中心に築かれた言語を連想させたからである:

共和国と韓国の言語に関する議論の中でしばしば文化語と標準語の違いがクローズアップされることが多いが，この2つに限って言えば総体的に見るとその違いは決して大きなものではないように思われる．もちろん，語彙に限って見ると，共和国と韓国で用いられる語彙の間に多くの違いが存在する．[7] また，母音や子音の具体的な音価，アクセントやリズム，イントネーションのような超分節的特徴などの音声的特徴も両者の間で異なる点が多く，このような違いが，両言語が非常に異なった言語であるような印象を与える要因として作用していると見られる．

　しかし，例えば使用語彙の異なりは，社会体制の違いなどによる謂わば「偶然の産物」とも言えるもので，語彙の異なりだけを以って両者の言語としての違いが「大きい」とは言えない．また，音声的特徴などは，韓国国内であってもところ変わればかなり違いがあるものである．

　文化語と標準語を比べてみると，しばしば言われる「違い」にもまして「共通点」が多く見られる．例えば，文化語の文法を規範的観点から記述した조선문화어문법규범편찬위원회(1976;1984²)で扱われる体言語尾や用言語尾，用言接尾辞のほとんどは，韓国で標準語とされているものと同一である．音声に関しても，文化語では，韓国の標準語同様ト，ㅓ，ㅗ，ㅜ，ㅡ，ㅣ，ㅐ，ㅔ，ㅚ，ㅟ/の10個が「単母音」とされ，慶尚道(경상도)や咸鏡道(함경도)の方言に見られるような弁別的なピッチアクセントが存在しないなど，[8] 相違点以上に共通点が多い．

　要するに，いわゆる規範的観点から見た共和国の言語と韓国の言語は，語彙的側面や一部の音声的特徴を除けば相違点より共通点が多く，その違いの「大きさ」は，例えばソウルと釜山(부산)の言語の違いに比べて「小さい」とも言えよう．

　しばしばソウル方言話者が，いわゆる「文化語」で作り上げられている共和国

　　그런데 《표준어》라는 말은 다른 말로 바꾸어야 하겠습니다. 《표준어》라고 하면 마치도 서울말을 표준하는것으로 그릇되게 리해될수 있으므로 그대로 쓸 필요가 없습니다. 사회주의를 건설하고있는 우리가 혁명의 수도인 평양말을 기준으로 하여 발전시킨 우리말을 《표준어》라고 하는것보다 다른 이름으로 부르는것이 옳습니다.
　　《문화어》란 말도 그리 좋은것은 못되지만 그래도 그렇게 고쳐쓰는것이 낫습니다.
　　　　　　　　　　　　　　　　　　　　　　(《김일성저작집》제20권:343)

7) 韓国と共和国の語彙に見られる相違点についての研究は比較的多い．身近なものとして，『韓国語教育論講座』(以下，『講座』)第1巻，pp.163-178にある，鄭稀元(2007)「韓国と北朝鮮の言語差」にも簡潔にまとめられている．
8) 慶尚道方言については，『講座』第1巻，pp.203-220の趙義成(2007)「慶尚道方言とソウル方言」参照．

の映画やドラマの言語を聞いた際に,「そんなに違った感じはしない」という印象を受けるのはそのためであろう.もちろん,これは個人の印象の問題で,何を以って異同を判断するのかによっては,同じとも異なるとも言える問題であろうが,とりわけ男性が発話する「文化語」は,ソウル方言話者にとって,韓国の「標準語」とそう変わらない,という印象を受けやすいようである.[9]

　共和国と韓国の言語について,その違いだけを殊更に強調する必要はないということを本稿の前提として確認しておきたい.

2.2. 文化語と平壌方言

　前節で述べた文化語と標準語の近しさは,どこまでも規範語同士の話である.ソウルで行われているソウル方言と韓国の標準語の間に違いがあるのと同じく,文化語のベースとされている平壌方言と規範語としての文化語そのものは異なる.そのため,比較の対象を規範語である文化語と標準語から,日常語としての平壌方言とソウル方言に移すと,違いは様々な側面から散見される.

　ソウル方言が広く中部方言(중부방언)に含まれるのに対して,平壌方言は主に平安南道(평안남도)・平安北道(평안북도)・慈江道(자강도)などで使用されている西北方言(서북방언)[10]に含まれる.両者はそれぞれ,そのような朝鮮語の地域変種である.[11] 平壌方言とソウル方言の違いを大雑把に言うなら,西北方言と中部方言の違いとも言えよう.

　しかし,共和国の首都が置かれている平壌の言語は,西北方言の中でも文化語の影響が著しく見られる言語である.そのことから,以降本稿で明らかになるように,例えば김영황(1982)や김성근(2005)で「西北方言の特徴」として挙げられる音韻現象や文法形式の中には,西北方言に含まれているはずの平壌方言では,

---

9) このように両「規範」の文法や音声に共通点が多い理由については,様々な要因が考えられる.例えば,共和国で文化語を制定する際にも,韓国の標準語の基となっている朝鮮語学会(조선어학회)の"한글 맞춤법 통일안"(当初は"한글 마춤법 통일안",ハングル正書法統一案)(1933)や"사정한 조선어 표준말 모음"(査定した朝鮮語標準語集)(1936)などの資料が参照されていること,また,김병제,류렬,리극로,정렬모,홍기문をはじめ文化語の制定に参画した当時の著名な言語学者の多くが,ソウルをはじめ中部方言地域の出身であったことなどがその理由として挙げられよう.
10) 西北方言に黄海北道(황해북도)や黄海南道(황해남도)の一部,もしくは全域を含める研究者も多い.方言区域に関する議論は本稿の範囲を優に越える問題であるため,これ以上立ち入らない.
11) 韓国語の方言区分や各方言の文法的特徴については,『講座』第1巻,pp.179-202の高東昊(2007)「方言の文法的文化」で知ることができる.

あまり見られなくなっているものも,少なくない.また,老年層を除いた,文化語による教育を受けた世代の言語は,この地域固有の方言形から文化語へのシフトもかなり見られる.

3. 平壌方言の音韻体系と音声
3.1. 単母音

単母音の認定は研究者によって様々な説が存在する.管見の限り,平壌方言の単母音の音素は/ㅣ,ㅔ,ㅐ,ㅡ,ㅜ,ㅓ,ㅗ,ㅏ/の8つで,母音組織の基本的な枠組みは従前のソウル方言と同じであると言える.[12] しかし,具体的な音価の点で両者は大きく異なっている.[13]

3.1.1. /ㅐ/と/ㅔ/の対立

平壌方言は,/ㅐ/[ɜ]と/ㅔ/[e]の区別がなされているという点で,ソウル方言と異なる.ソウル方言では,老年層を除いて多くの話者の間で/ㅐ/と/ㅔ/が区別されず,共に[e]より広めの[ę]で発音されるとされる.[14] 一方,平壌方言では,とりわけ語頭において,年齢層にかかわらずこの2つがしっかりと区別されている.[15] この区別は「개(犬)」と「게(カニ)」,「매주(毎週)」と「메주(麹)」のような,ミニマルペア=最小対立語のある語においては絶対的である.[16] /ㅐ/と/ㅔ/の区別がはっきりしなくなったソウル方言では,しばしば「내가(私が)」と区別するために[니가 niga]もしくは[너가 nəga](おまえが)という2人称代名詞主格形が用いられるのに対し,2つの母音がしっかりと区別される平壌方言では,常に[네가 nega]が用いられる.

---

12) 近年では,ソウル方言において/ㅐ/と/ㅔ/が弁別性を失い合流(융합 merger)したとする主張が多いため,そうなるとソウル方言の単母音は7つということになる.
13) 本稿脚注 2)で紹介した音声学的ならびに音韻論的研究を見ると様々な違いが指摘されているが,ここでは最も著しい違いに限って概観する.そのほかの違いについては,各論考を参照されたい.
14) 国際音声学会が定めた国際音声記号(IPA : the International Phonetic Alphabet)において,[e]の下部の[̞]は,「やや下より」つまり更に口を「開く」の意の補助記号.一方,「やや上より」は[̝]で記す.
15) 강순경(2001)などを見ると,実験音声学的な研究結果をもとに,平壌方言の/ㅐ/と/ㅔ/が合流して一つの母音になったとしている.しかし,両者はいまだ弁別的に機能しており,今後そのような変化が起こるとしても現時点で区別がなくなったとするのは時期尚早のように思われる.このような観点については김봉국(2013)を参照されたい.
16) ミニマルペア(最小対)などの用語や音韻論の問題については,『講座』第 1 巻,pp.257-277 野間秀樹(2007b)「音韻論からの接近」で知ることができる.

この平壌方言の/ㅐ/や/ㅔ/は共に日本語の/エ/とは異なる音で、とりわけ/ㅔ/はかなり前寄りの狭い母音であるため、日本語母語話者には時に/イ/として知覚される可能性もある。
　二音節目以降では、平壌方言においてもこのような/ㅐ/と/ㅔ/の区別があまりはっきりしないことが少なくない。事実、共和国で規範語の発音の指針として刊行された리승길ほか(2015:44)を見ると、/ㅐ/と/ㅔ/をしっかり区別しない現象が見られるとして、「어깨(肩)[×어께]」、「어제(昨日)[×어재]」など語頭以外での母音の合流現象が指摘されている。また、現在の韓国の地に解放前に移り住んだ、平壌生まれの研究者による김영배(1977)でも、第二音節以降で/ㅐ/の開口度が狭まるとし、이현복(1995)も「미워했어(憎んだ)」が"미워헸어"のように発音されることがあるとしている。

3.1.2. /ㅓ/と/ㅗ/の音価

　平壌方言とソウル方言の単母音のうち、/ㅓ/と/ㅗ/の音価は著しく異なる。
　まず/ㅓ/について見ると、ソウル方言の/ㅓ/[ɔ̜][17]は、東京方言の/オ/よりはるかに広い母音で、わずかな円みを伴うこともあるものの、概ね非円唇母音である。[18] 一方、平壌方言の/ㅓ/は、ソウル方言の/ㅓ/、さらに日本語の/オ/よりも狭く、中舌寄りで、かつ円唇性も強い。[19] これはしばしばシュワー[ə]で記される慶尚道方言の/ㅓ/や老年層のソウル方言話者に見られる없어[ɯ:psʔɔ]の/ㅓ/[ɤ](IPAは非円唇後舌半狭母音の記号)とも異なり、あえてIPAでその違いを記すならば、円唇性の強い非円唇後舌半狭母音[ɤ̹]、もしくは円唇性の弱い円唇後舌半狭母音[o̜](はたまた円唇性の弱い円唇中舌半狭母音[ɵ̜]などかもしれない)と表記できそうな音である。[20] このため、ソウル方言話者が平壌方言の/ㅓ/を聞くと、ソウル方言の/ㅗ/

---

[17] [ɔ]は、IPAの基本母音のうち円唇後舌半広母音に当てられた記号である。[ɔ]の下部の[̜]は「弱めの円唇」つまり円唇性が弱いことを表す補助記号。逆に[̹]は、「強めの円唇」であることを表す。
[18] 単母音の分類など音声学の基本的な事項やソウル方言の単母音(母音、子音)の記述は、『講座』第1巻、pp.221-255、野間秀樹(2007a)「音声学からの接近」を参照されたい。
[19] 面白いことに、ソウル出身の共和国の言語学者である김영황の"조선어방언학"(1982:138)では"언제 가갔니?"を"원:제 가간?"と記してある。「언제」の/ㅓ/が/ㅟ/で記されていることからも、平壌方言の/ㅓ/がかなり円唇性の強い母音であることが伺える。
[20] この点について、도덩보(1976:10)では次のように述べている：
　　평양ㄷ사투리 "ㅓ"는 Daniel Jones 의 기본모음 "ɤ" 하구 "o" 하구ㄹ 합햇으문 딱 둏을 듯한데 "o" 버단은 "ɤ" 가 조오꼼 가깝게 들림 으루 "ɤ" 루 표시하나… (평양사투리 "ㅓ"는 Daniel Jones 의 기본모음 "ɤ" 하고 "o" 하고를 합했으면 딱 좋을 듯한데 "o" 보다는 "ɤ" 가 조금 가깝게 들리므로 "ɤ" 로 표시하나… 筆者訳：平壌方言の"ㅓ"は、Daniel Jones の

のように聞こえる．이현복(1995)では，平壌方言では，「썩다(腐る)」，「걱정(心配)」などが，ソウル方言で見ると"쏙다[쏙따]"，"곡종[곡쫑]"のように発音されるとし，강순경(2001)は，平壌方言話者が実際に「억양(抑揚)」，「성명(声明)」などを，ソウル方言の"옥양[오걍]"，[송묭]のように発音したと報告している．

一方，平壌方言の/ㅗ/は，/ㅓ/との衝突を避けるためか，広めの[o̞](もしくは狭めの[ɔ]とも言えそうな音)で発音されている場合が多く，/ㅓ/と/ㅗ/の位置がソウル方言と逆転している．かつ筆者が聞く限りにおいては，平壌方言の/ㅗ/は，平壌方言の/ㅓ/に比べてはるかに円唇性も弱く，ソウル方言の/ㅓ/に近い音に聞こえる．実際，平壌方言話者がソウル方言の/ㅓ/を聞く際に，/ㅗ/で聞き取るといった場面に，筆者は多々出くわした．また，강순경(2001)も，平壌方言話者が「몸살(過労による病気)」，「돌격(突撃)」などをソウル方言でいう[멈살]，[덜격]のように発音したと，報告している．

平壌方言では，/ㅓ/と/ㅗ/の調音点がソウル方言に比べて近く，[21] /ㅐ/と/ㅔ/の場合と同様両者は語中においてはあまりはっきり区別されないことが多いように見受けられる．事実，自身の話し言葉をできるだけ忠実に再現しながら書かれたものと思われる도덩보(1976)を見ると，「"o" 버단은 "ʌ" 가 조오꼼 가깝게 들림…」のように「보다(〜より)」が"버다"で記されている．

3.1.3. /ㅡ/と/ㅜ/の音価

平壌方言の/ㅡ/[ɨ](IPAは非円唇中舌狭母音の記号)は，ソウル方言の/ㅡ/[ɯ](IPAは非円唇後舌狭母音の記号)に比べて前(中舌)寄りである．なおかつこの/ㅡ/は，しばしば円唇性を伴い[ʉ]のように発音される．[22] 一方，이현복(1995)が指摘しているように，平壌方言の/ㅜ/[ʉ]は，[23] ソウル方言の/ㅜ/に比べて比較的前(中舌)寄りの母音である．このため，平壌方言においては，時に/ㅡ/と/ㅜ/の区別がはっきりしないことがある．[24] 리승길ほか(2015:44)を見ると，/ㅡ/と/ㅜ/をしっ

基本母音"ʌ"と"o"を合わせるとちょうどいいように思われるが，"o"よりは"ʌ"が少しだけ近く聞こえるため"ʌ"で示すが…)
21) 강순경(2001:28)の母音四角形などを見られたい．
22) 이현복(1995:70)も，共和国の話者に見られる/ㅡ/が[ʉ]に類似した音価を持つとする．
23) [ʉ]の下部の[˖]は「前寄り」の意のIPAの補助記号．一方，「後寄り」は[˗]で記す．
24) 前掲の강순경(2001)などを見ると，平壌方言の/ㅡ/と/ㅜ/が合流し一つになったとしている．しかし，「글(文章)」や「굴(洞窟・カキ)」のようにミニマルペアがある事実を見ても両者はいまだ弁別的に機能しており，/ㅐ/と/ㅔ/同様，現時点で区別がなくなったとするのは時期尚早のように思われる．

241

かり区別しない現象が見られるとして，「국장(局長)[×극짱]」，「극장(劇場)[×국짱]」などを指摘している．이현복(1995)や강순경(2001)においても，平壌方言話者の「승산(勝算)」，「음악(音楽)」，「흠(欠点)」などが，ソウル方言話者には，[승산]，"움악[우막]"，[흠]のように聞こえるとしている．

3.1.4. "ㅚ"，"ㅟ"で書かれる母音の発音

文化語では，韓国の標準語と同様，"ㅚ"，"ㅟ"は，「半母音＋単母音」ではなく，単母音とされている．しかしながら，日常の会話でこれを単母音[ø]，[y]で発音する話者はほぼいない．この点，ソウル方言と通ずるところがある．25)

文字言語においてこれらの文字で書かれる箇所が，音声言語において，それぞれ半母音/w/が先行した[wɛ]や[we]，[wi]でしばしば現れる：

열쇠(鍵)[jɤlʼswɛ～jɤlʼswe]　　위대하다(偉大だ)[widɛɦada]

上述の半母音も現れず，それぞれ[ɛ]，[e]や[i]と発音されることもかなり多い：26)

퇴근(退勤)[tʰegin～tʰegin]　　위업(偉業)[iɤᵖ]

3.2. 半母音＋単母音と二重母音

半母音は，平壌方言にもソウル方言同様/j/と/w/の2つがある．27)

3.2.1. 半母音/j/

平壌方言の半母音/j/は，音節の初頭に立ち(例：야영(キャンプ)[야영]，예(はい)[예])，子音と母音/ㅐ，ㅔ/の間では現れない(例：개가(あいつが)[개가]，계절(季節)[계절])．この点，ソウル方言と同じである．

ただし，平壌方言では，ソウル方言とは異なり，子音と母音/ㅐ，ㅔ/の間以外でも/j/が出現しないことがある：

---

25) ソウル方言でもこれらが[we]，[wi]のように単母音ではない音で発音されるとする研究者も多い．ただし，例えば"ㅟ"は，유필재(2006)などにおいて，先行する子音が/ㄷ，ㅌ，ㄴ，ㅅ，ㅈ/である時に単母音/ㅟ/[ø]で発音されるとしている．
26) このような指摘は前掲の리승길ほか(2015)にも見られる．
27) [j]は，ドイツ語の字母jの名称であるJot[jɔt]に由来して「ヨット」と呼びならわされているIPA記号で，ここでは朝鮮語の"ㅑ，ㅕ，ㅛ，ㅠ，ㅒ，ㅖ"などに含まれる半母音を指すのに用いている．

242

a. 굴(귤 みかん)　그낭(그냥 そのまま)　누대(뉴대【標】유대〈紐帶〉紐帶)[28]
b. 메누리~미누리(며누리 嫁)　페양~피양(평양〈平壤〉平壤)
　　빌레서(빌려서 借りて)　빠제나가다(빠져나가다 抜け出す)
　　마셰야~마세야~마시야(마셔야 飲まなければ)
　　이게야~이기야(이겨야 勝たなければ)　보멘(＜보면서 見ながら)
c. 체네(＜처녀: 처녀〈處女〉若い女性)　넿다(＜넣다: 넣다 入れる)[29]
　　데 사람(＜더 사람: 저 사람 あの人)

まず，a に見られるように，/j/ が子音と母音 /ト, ㅓ, ㅗ, ㅜ/ の間で現れないことがある．この現象は若年層ではあまり見られなくなっているが，上の"그낭"のように若年層でもしばしば用いられる語があるなど，単語ごとに異なっている．

一方，b に見られるような，/j/ が両唇音・歯茎音・口蓋音などの子音と /ㅓ/ の間に挟まれた場合に，/j/ + /ㅓ/ → /ㅔ/ のように母音が前舌化して実現する現象は，今でも広く見られる．この /ㅔ/ は，本来の /ㅔ/ よりさらに狭く発音され，"미누리"や"피양"，"마시야"，"이기야"のように /ㅣ/ でも実現される．[30]

また，平壌方言には，c のように，通時的な変化として，上に見た母音の前舌化が起こったと見られる単語が数多く存在し，現在でも広く用いられている．[31]

3.2.2. 半母音 /w/

半母音 /w/ は，ソウル方言同様 /ㅏ, ㅓ, ㅐ, ㅔ/ の前に現れる．ただし平壌方言では，とりわけ子音の後ろで /w/ が脱落することが，かなり多い：

　　간게(관계〈關係〉関係)　더두다(둬두다 置いておく)　쎄기(쐐기 楔)
　　제기밥(줴기밥【標】주먹밥 おにぎり)　대야 대~대야 데(돼야 돼 ならなきゃ)

3.2.3. 二重母音 /ㅢ/

文化語では，"ㅢ"で書かれる母音は，語頭でのみ二重母音 [ii] で実現し，前に他

---
28) 韓国の標準語での対応語が異なる場合は【標】の後にそれを示した．
29) "넿다(＜넣다)"は，/ㅎ/ が脱落した"옇다"も多く用いられる．
30) 「뛰여다니다(【標】뛰어다니다 走り回る)」が"떼다니다"となるなど，子音ではなく，母音と /ㅓ/ の間に挟まれた場合にも，母音の前舌化が見られることがある．
31) 차익정(2014)を見ると，「처녀〈處女〉」の"處"は本来"쳐"であったとされ，これが前舌化して"체"となった．また，「넿다」の"넿"や「더 사람」の"더"の /ㅓ/ も，通時的に /ㅔ/ に置き換わっている．

の子音や母音が立った場合に, [i]で実現する(例：희망(希望)[히망], 회의(会議)[홰이〜췌이〜해이〜헤이])とされており, その点ではソウル方言に同じである. しかしながら, 平壌方言話者の中には, 語頭の/ㅢ/も二重母音ではなく, 単母音の[ɯ i]もしくは[ ] i]で発音する話者が, 圧倒的に多い. このうち, 年齢層を問わず[ɯ i]で発音する話者の方が多いようである：

　　　의사(医者) [으사〜이사]　　의미(意味) [으미〜이미]

なお, 格語尾の"-의"は[ㅖ e]で発音されることが多いが, 話者によっては[ɯ i]で発音したり, 単語によっては[ ] i]で発音されやすい単語があったりと様々である. また, 朗読など芸術的に読み上げる時には, [ㅖ je]で発音されたりもする：

　　　그놈의 말(そいつの, あいつの) [그노므]　　남의 집(他人の) [나미]
　　　아, 나의 조국이여!(我が) [나예]

3.3. 子音

子音の音素体系については平壌方言とソウル方言とで違いはない. ただし母音同様, それぞれの子音の具体的な音価には違いが見られる. [32]

平壌方言の/ㅈ, ㅊ, ㅉ/には, 歯茎硬口蓋音[tɕ/dʑ, tɕʰ, ʔtɕ]のほかに, 歯茎音[ts/dz, tsʰ, ʔts]や歯音[t̪s/d̪z, t̪sʰ, ʔt̪s]の異音が存在する. [33] この点は大きな違いの1つである. 歯茎音[ts/dz, tsʰ, ʔts]は, ソウル方言話者の中でも主に女性の発音に見られることがあるが, 平壌方言では, これらが歯茎硬口蓋音で実現されることもあるものの, 性別・年齢層を問わず歯茎音もしくは歯音で実現されることが多い：

　　　조선(朝鮮)：　平壌方言 [tsosʌn〜t̪sosʌn]　　ソウル方言 [tɕosʌn]

このため平壌方言では, "자"と"쟈", "저"と"져", "조"と"죠", "주"と"쥬", "재"

---

32) 細かく見ると, 이현복(1995)が指摘するように「미녀(美女)」の"녀"が口蓋音化しない(ソウル方言 [minʲjʌ]：平壌方言 [minʲjʌ])など違いは見られる. 上付きのʲは口蓋音化を示す補助記号.
33) 이현복(1995)などでは, /ㄷ, ㅌ, ㄸ/が歯茎音[t/d, tʰ, ʔt]ではなく歯音[t̪/d̪, t̪ʰ, ʔt̪]で発音されたり, /ㄴ/が歯茎音[n]でなく歯音[n̪]で発音されたりもするとしている. 歯音と歯茎音の違いであるので聴覚的にさほど違いは感じられない.

244

と"재"など(激音や濃音の場合も)が，それぞれかなり違った音で聞こえる．

また，/ㅅ/は普通，/ㅣ/や半母音/j/，/wi/の前で歯茎硬口蓋音[ɕ]で現れ，それ以外の母音の前では歯茎音[s]で実現するが，平壌方言では，母音/ㅜ/の前で，前(中舌)寄りで発音される母音の影響からか，しばしば後部歯茎音[ʃ]のような音で現れる：

　　　수영(水泳)：　平壌方言 [ʃujʌŋ～sujʌŋ]　　ソウル方言 [sujʌŋ]

3.4. 超分節的特徴：リズム単位とそのイントネーション

リズムやイントネーションなどの超分節的特徴は，言語の印象を左右する重要な要素である．語彙や文法，しいては子音や母音などの分節音が同じでも，リズムやイントネーションが異なればかなり違った感じに聞こえる．2.1.でも述べたように，共和国の文化語と韓国の標準語の間に共通点が多くあるにも関わらず，両者がしばしば異なった印象をもたらすのには，これら超分節的特徴がその一因として大きく作用しているものと思われる．

平壌方言の超分節的特徴については，이현복(1995)が平壌方言の特徴のいくつかを比較的分かりやすく捉えている．その中でもリズムの単位とそこに見られるイントネーション(ピッチパターン)についての記述は注目に値する．ここでは同稿を参考にしつつ，そこに何点か加える形で，リズム単位とそのイントネーションについてのみ眺めてみたい．

3.4.1. リズムの単位

平壌方言のリズム朝鮮語の「リズム」を論じている典拠明示．の特徴としてまず挙げられるのは，ソウル方言に比べてその単位が短いことである．すなわち，一文を発話する際，平壌方言話者はソウル方言話者に比べてより細かい単位に区切って発音するという点である．次は，이현복(1995:87-88)に示された例に手を加えたものである：

ソウル方言：|혁명적으로 세련되어 있으며|+|씩씩하고 기백이 넘치는 발음|

平壌方言：|혁명적으로|+|세련되어있으며|+|씩씩하고|+|기백이 넘치는|+|발음|

3. 4. 2. リズム単位内でのアクセント

이현복(1995:88-89)は，上に見た区切りの一つ一つを「リズム単位」と呼び，[34] リズム単位内でアクセントが来る位置の違いについて指摘している．이현복(1995)は，共和国の言語は「한 단락의 끝 음절에 억양의 핵이 놓인다」(リズム単位内の最後の音節に抑揚の核が置かれる)とし，この核は普通アクセント(強勢)を伴うものであるため，共和国の言語にはリズム単位内の最後の音節を強く発音する"약약강"(弱弱強)のリズム的特徴が現れるとしている．一方，韓国の標準語は，リズム単位内の途中に核が置かれ，"약강약"(弱強弱)のリズムであるという．共和国の言語に見るこのような特徴は，平壌方言にもそのまま当てはまるものであるように思われる．

3. 4. 3. リズム単位内でのイントネーション(ピッチパターン)

ソウル方言では，リズム単位の基本音調が LHLH で，[35] 単位の初めの子音が激音や濃音，摩擦音の平音の場合はじまりが高くなり HHLH となるとされている．[36] 平壌方言のリズム単位内でのイントネーション(ピッチパターン)は，これとは異なっている．この点について이현복(1995:88)は，共和国の言語が：

> 각 단락이 높은 데서 낮은 데로 떨어지는 '높내림조'의 억양으로 발음되는 경향이 강하다．(それぞれのリズム単位が，高いところから低いところへと下降する"高下降調"の抑揚で発音される傾向が強い．)

としている．ここで"단락"は前述のリズム単位のことを指している．이현복(1995)が指摘するように，平壌方言はリズム単位内で「かなり高いところから低いところに下降」する．しかし，必ずしも各単位の頭が高くそこから下降するとは言えず，"リズム単位内のどこかでピッチが急激に高まった音が現れ，そこから低いところへ向けた下降が始まる"とした方が的を射ているように思われる．このような高い音がどのような箇所で現れるかに関して，ソウル方言で L が H に変わる子

---

34) このリズム単位は，Jun(1993)など전선아のモデルでいう「アクセント句」(accentual phrase)に相当する．
35) L はピッチパターンにおける底点，H は頂点を示す．それぞれ"Low"，"High"の頭文字をとったものである．
36) ソウル方言のピッチパターンについては，『講座』第 1 巻，pp.331-350 の宇都木昭(2007)「音響音声学からの接近」参照．

音の影響なども考えられ得るが，文のプロミネンスなどが深く関わっているような印象を受ける．このような問題について今後の研究が期待される．

4. 平壌方言の音韻現象

平壌方言でもソウル方言同様の音韻現象が見られる．先に確認しておこう．

まず，終声が後続子音の影響を受けて同化する現象は，平壌方言の日常会話でもしばしば見られる：

  강기(감기 風邪) 점부(전부 全部) 학격(합격 合格)

また，ソウル方言で"버스(バス)"と書きつつ[뻐스]と発音するなど，語頭の平音が濃音化する現象が見られるのと同じく，平壌方言でもこの現象が見られる．平壌方言でこの現象は，子音や品詞，語種の別なく見られ，管見の限り，ソウル方言より広範囲に，かつ頻繁に起こるように思われる：

  꽈자～까자(과자〈菓子〉菓子) 까스(가스 ガス) 똥그라타(동그랗다 丸い)
  빠떼리(바떼리 バッテリー) 싸다(사다 買う) 짝다(작다 小さい)

さらに，このような現象は，語頭のみならず語中でも見られる：

  꼼퓨떠(콤퓨터【標】컴퓨터 コンピューター)
  까스꼰로～까스꼰노(가스곤로 ガスコンロ)

これらの現象は外来語で特に顕著で，共和国では早くから「バス」を"뻐스"，「ボート」を"뽀트"，「ソファ」を"쏘파"と表記することになっていたのに加えて，近年では，これまで平音で書くことになっていたものまで濃音で表記するよう規範が改められた．例えば，英語で[s]や[θ]であるものは，以前まで"ㅅ"で書かれていたが，2012 年改定の조선민주주의인민공화국 국어사정위원회 (2012) "외국말적기법"(外国語表記法)を見ると，母音の前に来るもの(例：Saxon[sǽksən] 쌕썬)である場合に，"ㅆ"で書かれるようになった．これに伴い，英語起源の外来語の表記もいくつか改められた：

旧表記：소스 → 新表記：쏘스 （ソース）

　最後に，ソウル方言で，母音/ㅏ, ㅓ, ㅗ, ㅜ, ㅡ/を含む音節の直後に母音/ㅣ/あるいは半母音/j/を含む音節が来るとき，/ㅏ, ㅓ, ㅗ, ㅜ, ㅡ/が前舌化して/ㅐ, ㅔ, ㅚ, ㅟ, ㅣ/で発音されることがあるのと同様，平壤方言でもこのような前舌化が起こる．このような前舌化が起こった形が文化語とされていることも多い：

　　　곰팽이(【標】곰팡이 カビ)　　가구쟁이(【標】가구장이 家具商) 37)

　「가지다(持つ)」は文化語では"가지다"であるが，平壤方言では前舌化した"개지다"が多く用いられる．さらに，"가지다"の縮約形である"갓다"の代わりに，"개지다"の縮約形である"갯다"も多く見られる：

　　　뭘 개지고갈가?　　（뭘 가지고갈가? 何をもって行こうか？）
　　　고고 좀 갯다달라.　（그거 좀 갓다달라. それちょっと持って来て．）

　さて，平壤方言ではソウル方言ではあまり見られない音韻現象がいくつか見られる．以下では，若年層の間でも広く見られる現象を中心に，取り上げてみたい．

4.1. /ㅓ/, /ㅡ/の前舌化
　3.2.1.で少し見たように，平壤方言では/ㅕ/ (/ㅣ/+/ㅓ/を含む) が前舌化して/ㅔ/で現れることがある．このような現象は年齢層を問わず広く見られる：38)

　　　벨로(별로 別に)　시케서(시켜서 させて)　깨젠?(깨졌니? 割れたの？)

　また，平壤方言では/ㅡ/が前舌化して/ㅣ/で実現されることもある．上の前舌化があらゆる語で見られるのに対し，/ㅡ/の/ㅣ/での実現は，いくつかの限られた語で起こるようである．代表的なものに次のようなものがある：

---

37) 韓国の標準語では"냄비"(鍋)とされているものが文化語では"남비"とされているなど，共和国で前舌化していない形を文化語としている場合もある．
38) 趙義成(2007:207-208)では，慶尚道方言でもこのような前舌化が見られるとされる．

딜리다(들리다【標】들르다 立ち寄る)

また, 前舌化と共に, 母音交替が起こったり, 母音や子音あるいは音節自体が脱落する現象が起こることもある：

디리가다, 디가다(들어가다 入る)　　기쎄(글쎄 そうだなぁ)
기라문, 기문(그러면 それなら)　　기케(기케＜그렇게 そのように)[39]

4.2. /ㄷ, ㅌ/が口蓋音化しない現象

平壌方言では, /ㄷ, ㅌ/が母音/ㅣ/や半母音/j/の前で/ㅈ, ㅊ/のように口蓋音化せず, /ㄷ, ㅌ/のままで実現されることがしばしばある：[40]

가티(같이 一緒に)　　가디 않디?(가지 않지? 行かないだろう？)

このように/ㄷ, ㅌ/が口蓋音化しない現象は, 若年層の間でもいまだに見られる. ただし, これがあらゆる語に見られるというわけではなく, 特定の語や語尾に顕著であり, また同一話者の発話内でも, 口蓋音化した形と, していない形の両方が用いられる.

さらに, 共時的な音韻現象の類からやや外れる問題ではあるが, /ㄷ, ㅌ/が維持された場合に, 3.2.1.で見た半母音/j/の脱落や4.1.で見た/ㅕ/ → /ㅔ/のような母音の前舌化も見られる：

둥국(＜듕국 : 중국〈中國〉中国)　　데일(＜데일 : 제일〈第一〉第一)
테다보다(＜텨다보다 : 쳐다보다 見上げる)　데 사람
　　　　　　　　　　　　　　　　　　(＜뎌 사람 : 저 사람 あの人)

4.3.　語頭の/ㄴ/が維持される現象

平壌方言では, 語頭の/ㄴ/が母音/ㅣ/や半母音/j/の前でも脱落せず, そのまま発

---

[39] このような音節の脱落は"그렇게"と同じ系列の語などでも見られる：
　　이케(이렇게 このように)　 어케(어떻게 どのように)　 어카니(어떡하니 どうするの)
[40] 共和国の研究者の話によれば, 逆類推現象として, 「도적(泥棒)」のように本来/ㄷ/であるところが口蓋音化した/ㅈ/で現れる現象(この場合は"조적"となる)もあるとのことであるが, 筆者が実際に耳にしたことはない.

音されることがある．これは，固有語，漢字語を問わず見られる現象である：

  a. 니기다(이기다 勝つ) 닙다(입다 着る) 닐곱(일곱 七) 녀름(여름 夏)
  b. 니빨(이발[이빨]【標】이빨 歯) 닙싸구(잎사귀 (一枚一枚の)葉)
  c. 녀성(【標】여성<女性> 女性) 뉴대(【標】유대<紐帯> 紐帯)

しかし，4.2.で見た口蓋音化が起こったり起こらなかったりする現象と同じく，このような現象が常に起こるわけではない．上の例のうち，a, b は固有語の例で，文化語では/ㄴ/が脱落した形が規範とされているものである．このうち b に挙げた語は，脱落させていない形を用いる話者もそれなりに見られるのに対して，a に挙げた語に関しては，とりわけ若年層の多くが文化語と同じ形，つまり/ㄴ/を脱落させた形を用いている．[41] 一方 c は，韓国では「頭音法則」(두음법칙)が働き/ㄴ/が脱落するとされている漢字語の例である．このような語の場合，逆に年代が上がるにつれて/ㄴ/を脱落させた形で発音する話者が多く，文化語による教育を受けて来た若い世代の間では/ㄴ/が維持されている．

さらに，/ㄴ/が維持された場合に，/ㄷ, ㅌ/の場合と同様，半母音/j/の脱落や/ㅕ/→/ㅔ/のような母音の前舌化も見られる：

  네성(<녀성【標】여성<女性> 女性) 누대(<뉴대【標】유대<紐帯> 紐帯)
  네름(<녀름：여름 夏) 체네(<쳐녀：처녀<處女> 若い未婚女性)

4.4. 語頭や語中の音節頭に来る/ㄹ/に関わる諸現象

 ソウル方言で語頭の/ㄹ/は，母音/ㅣ/や半母音/j/が後続した場合に脱落するのに対して，平壌方言では，この場合に/ㄹ/が/ㄴ/で発音されることがしばしばある：

[41) 平壌方言話者を含む平安道方言話者を対象に調査を行った김성근(2005:46)によれば，老年層で80.4%，中年層で50.6%，若年層で25%の話者が，母音/ㅣ/の前で語頭の/ㄴ/を維持しているとされる．若年層に限ってみると，「니마(이마 額)，님자(임자 主)」などは，80%以上の話者が語頭の/ㄴ/を脱落させ，"이마，임자"のように発音している反面，「니저버리다(잊어버리다 忘れる)，닙싸구，니빨」などは，/ㄴ/の脱落が 60～70% 程度に留まっていたとされる．このように，語頭の/ㄴ/が維持されるなどの音韻現象は，世代別のみならず，単語別にも，ある程度違いがあるようである．
 一方，김성근(2005:46)によれば，半母音/j/の前(この場合の調査対象語は固有語のみ)では，老年層で79.4%，中年層で58.7%，若年層で31.5%の話者が，語頭の/ㄴ/を維持しているとされており，同研究では母音/ㅣ/の前より半母音/j/の前に立った語頭の/ㄴ/の方が維持される傾向にあるとしている．

니익(리익【標】이익 利益)　뇨리(료리【標】요리 料理)

この場合も半母音/j/の脱落が見られる．ただし，若年層まで含めてみた場合，この現象はいかなる語でも現れるというわけではなく，下の例で見ると"녕감"を用いる話者はしばしば見られるが，"누월"はそれほど用いられないなど，そうなりやすい語と，なりにくい語があるようである：

누월(＜뉴월＜류월【標】유월 六月)　녕감(＜녕감＜령감【標】영감 おじいさん)

一方で，比較的年配の話者を中心に，/ㄹ/を脱落させた形を用いる場合もある：

이상～니상(리상【標】이상 理想)　여행～녀행(려행【標】여행 旅行)

しかし近年では，綴字法で/ㄹ/を表記するように定めていることが影響して，文化語の教育を受けた世代を中心に，文字通り/ㄹ/で発音する話者も多い：

림시～님시～임시(【標】임시 臨時)　량심～냥심～양심(【標】양심 良心)

さらに若年層では，漢字語で語中に来る"렬"，"률"さえも文字通りに発音する話者がかなり見られる．この場合の"렬"，"률"は平壌方言でも本来/ㄹ/が脱落していて，文化語の発音規範でも/ㄹ/を脱落させるよう定められているものである：[42]

규률(共和国の発音規範では[규율]，綴字法では"규률"【標】규율 規律)
대렬(同じく[대열]と"대렬"【標】대열 隊列)

一方，語中の"렬"，"률"の前に終声が立つと発音規範では[녈]，[뉼]で発音することになっているが(下記例中の下線部＿＿)，現実では様々な発音が見られる(各例の先頭の[진열]，[운율]は，終声の初声化が起こっていない発音)．管見する限り，規範通りの発音か，波線部（＿＿）のように/ㄹ/が脱落した後前の終声が初

---

42) 発音規範を含めた言語規範は2010年に改められた．これに伴い，1988年に公布された規範は無効となった．最新の発音規範は，조선민주주의인민공화국 국어사정위원회 (2010) "조선말규범집"(朝鮮語規範集)に収録されている．

声化した発音をする話者が多いようである：

진열～진녈～진렬～질렬～진녈　（【標】진열[지녈] 陳列）
운율～우뉼～운률～울률～우뉼　（【標】운율[우뉼] 韻律）

4.5. 〈終声の初声化〉の際の現象(1)：激音化しない現象

　平壌方言では，語中で終声/ㅂ，ㄷ，ㄱ/と初声/ㅎ/が連続しても激音化が起こらず，/ㄱ/[g]，/ㄷ/[d]，/ㅂ/[b]で実現されることが，かなり多い：

밥하구 [바바구～바파구]（ご飯と）　탓하문 [타다문～타타문]（탓하면 咎めると）
생각합니다 [생가갑니다～생가캄니다]（思います）

　また，終声字"ㅎ"やそれを含む終声字"ㄶ"，"ㅀ"の後で平音が激音化せず，代わりに濃音で現れる場合もある。これはとりわけ"ㄶ"，"ㅀ"の場合に顕著である：

끊게 [끈께～끈케]（切るように）　꿇고 [꿀꼬～꿀코]（ひざまずいて）

4.6. 〈終声の初声化〉の際の現象(2)：終声字"ㅌ, ㅊ, ㅈ"で書かれるものの初声化

　ソウル方言では，終声字"ㅌ"で書かれる体言に"-을"，"-에"のような体言語尾が続いて終声の初声化が起こる際，終声が終声字通りの音価/ㅌ/で実現せず，/ㅊ/などで現れる場合がある。例えば，「끝을（終わりを，端を）」が[끄틀]ではなく[끄츨]のようになる現象などがそうである。
　平壌方言でもこのような現象がかなり広範囲に見られ，終声字"ㅌ, ㅊ"や"ㅈ"で書かれるものが初声化した音が，/ㅌ/や，/ㅊ/，/ㅈ/ではなく，/ㅅ/で実現することが多い：

밭에 [바세～바체～바테]（畑に）　꽃을 [꼬슬～꼬츨]（花を）
빚이 [비시～비지]（借金が）

　これと似たような現象として，平壌方言では語幹末が終声字"ㅅ"で書かれる一部の語に母音で始まる語尾が続くと，初声が/ㅊ/で現れることがある：

옷이 [오치~오시](服が)　　씻으며 [씨즈며~씨스며](洗いながら)

上の例に見る，"옷"に体言語尾がついた主格形であったはずの"오치"は，既にそれ全体で語幹として用いられている：

오치가(＜옷이 服が)　　오치를(＜옷을 服を)　　오치에(＜옷에 服に)

4.7.　/ㄴ/が側面音化(流音化)しない現象

平壌方言話者の間には，終声/ㄴ/に初声/ㄹ/が続いた場合，終声/ㄴ/が側面音化して/ㄹ/にならず，逆に初声/ㄹ/が鼻音化し，/ㄴ/で現れる話者も多い：

진리 [진니~질리](真理)　　분류 [분뉴~불류](分類)

また，中には鼻音化すら起こらず，文字通り発音する話者も見られる：

관리 [관리~관니~괄리](管理)　　연료 [연료~연뇨~열료](燃料)[43]

4.8.　いわゆる"사이소리현상"に関わる現象

二つの形態素が接合して合成語や派生語を成す際に，元来無かったはずの何らかの音が添加されたり，本来平音であった音素が濃音に交替する現象を，伝統的に"사이소리현상"と呼びならわしてきた．ここには二つの現象が含まれる：[44]

　　a.　濃音化(音素の交替)　　：강 + 가 = 강가 [강까]
　　b.　/ㄴ/の挿入(音素の添加)　：집 + 일 = 집일 [집 + ㄴ + 일＞집닐＞짐닐]

1933年の"한글 맞춤법 통일안"(当初は"한글 마춤법 통일안"，ハングル綴字法統一案)では，このような合成語や派生語に関して，"바닷가"，"뒷일"のよ

---

[43] 리승길ほか(2015:69)によると，このような現象は，「년륜(【標】연륜 年輪)」や「년례(【標】연례 年例)」のように共和国では頻繁に用いられない単語に，より顕著であるという．
[44] "사이소리현상"にどのような現象を含めるかは，研究者によってまちまちである．ここでは，上に見るような添加や交替が起こる現象を，広く"사이소리현상"としている．野間秀樹(2007c:301-303)参照．

うに前の形態素が開音節で終わる場合に，いわゆる"사이 ㅅ"を記すことにした．韓国では現行の綴字法でもこれが受け継がれている．

　一方，共和国では，1954年の"조선어 철자법"(朝鮮語綴字法)でこれを廃止し代わりに"사이표(')"を用いることにした．その後，1966年の"맞춤법"(綴字法)でこれさえも原則廃止，それ以降共和国では，綴りの上で，上に見るような交替や添加が起こる語を判別できなくなった．

　このことが影響してか，平壌方言話者の間では，従来交替や添加現象が起こっていた単語や，今なお規範では交替や添加現象が起きるとしているものであっても，このような現象が見られない場合が多い：

　　　진도개 [진도개]　　　([標]진돗개 [진도깨] 珍島(チンド)犬)⁴⁵⁾
　　　나무잎 [나무입]　　　([標]나뭇잎 [나문닙] 木の葉)
　　　깨잎 [깨입]　　　　　(共和国の規範：[갠닙] [標]깻잎 [갠닙] ゴマの葉)

　一方，平壌方言では，とりわけ漢字語において，次の下線部(___)に見るように，添加現象が起こる環境にないにもかかわらず，/ㄴ/が添加される現象が見られる．このような語においては，波線部(___)のように，添加こそ起こらないものの，終声の初声化が起こらず，母音の前で終声が保たれることもある：

　　　절약[절약～절럌(<절냑)～저략](節約)　　금융[금융～금늉～금뮹～그뮹](金融)

上の網掛け部(■)のように，終声が/ㅁ/である場合は，初声に/ㅁ/が入ることがある．これが，/ㄴ/が挿入されて[금늉]となった後の同化現象によるものなのか，そもそも/ㅁ/が挿入されたのかは定かではない．

---

45) これと同じような語に「풍산개(豊山(プンサン)犬)」があるが，これは今なお，[풍산깨]と交替現象が起こるのが一般的である．もちろん，前の形態素が開音節か閉音節かの違いはある．しかしながら，共和国の発音規範の制定に直接携わっている関係者らの話によれば，そのような問題が関与しているというよりかは，日常の使用頻度などが関係していると見られる．同関係者らによると，「풍산개」のように生活に密着した語は，普段から頻繁に用いられるため過去の慣習的な発音が残りやすく，「진도개」のようにあまり用いる機会の少ない語は，文字通りに発音する傾向が見られるという．また，同関係者らは，今後交替や添加現象が起こらない部類の語は，それに合わせて体系的に規範自体を変えていく方針だとしていた．よって，「풍산개」は「진도개」に合わせて添加現象が起こらない[풍산개]が規範となっていくということである．

4.9. 終声字 "ㄹㄱ, ㄹㅂ" と "ㄹㅎ" で書かれる語の発音

平壌方言では, 「넓다(広い)」, 「밟다(踏む)」のように終声字"ㄹㅂ"で書かれる用言語幹"넓-", "밟-"の終声が, 子音の前で, /ㄹ/[l]で実現することが多い. 下記例中網掛け部 (　) が, 現行の規範とずれる部分である : [46]

넓다 [널따~넙따]　　넓고 [널꼬]　　　넓습니다 [널씀니다~넙씀니다]
밟다 [발따~밥따]　　밟고 [발꼬~밥꼬]　밟습니다 [발씀니다~밥씀니다]

「밝다(明るい)」, 「읽다(読む)」のように終声字"ㄹㄱ"で書かれる用言語幹"밝-", "읽-"の終声も, 子音の前で, /ㄹ/[l]で実現することが多い. 下記例中網掛け部 (　) が現行の規範とずれる部分である : [47]

밝다 [발따~박따]　　밝고 [발꼬]　　읽습니다 [발씀니다~박씀니다]
읽다 [일따~익따]　　읽고 [일꼬]　　읽습니다 [일씀니다~익씀니다]

/ㄹ/[l]で実現するため, 側面音化が起こり, 後続の/ㄴ/が/ㄹ/に交替する場合がある:

읽는다 [일른다~잉는다]

最後に, 終声字"ㄹㅎ"で書かれるもののうち, 「뚫다((穴を)開ける)」に限っては, 下線部 (　　) のように, 第Ⅱ, 第Ⅲ語基の形がⅡ뚤르-, Ⅲ뚤러-と変格用言のような活用を見せる:

뚫는다 [뚤른다]　　뚫으문 [뚤르문~뚜르문]　　뚫어서 [뚤러서~뚜러서]

5. 平壌方言の文法

音声・音韻の側面と同じく, 文法の面においても, 平壌方言とソウル方言の間には共通点もあれば相違点もある. ここでは, 平壌方言に固有なものやソウル方

---

46) 現行の"文化語発音法"(2010)では, 形容詞の場合に限り, "ㄹㅂ"の後に/ㄱ/で始まる語尾や接尾辞が続いた場合のみ[l]で発音し, それ以外は[p]で発音するとされている.
47) 現行の"文化語発音法"(2010)では, "ㄹㄱ"の後に/ㄱ/で始まる語尾や接尾辞が続いた場合のみ[l]で発音し, それ以外は[k]で発音するとされている.

言との間にズレが見られるものなど両者の違いに焦点を当てて見てみる．
　一言で文法と言っても形態素レベルから文あるいは談話のレベルまで広範囲に及ぶため，とりわけ語のレベル，中でも語形を作り上げる上で最も重要な語尾や接尾辞を中心に，そこにいくつかの問題を加えて概観する．
　また，音声・音韻的な問題もさることながら，語尾などの文法的な側面から見ても，平壌方言話者の間で世代別にかなり違いがある．よって，特に若い世代の間でも積極的に用いられている文法形式を主に取り上げ，それ以外のものについては適宜必要に応じて触れるに留める．

5.1. 体言語尾

　平壌方言では，ソウル方言に見られる格語尾やとりたて語尾の多くが用いられている一方，平壌方言に固有の語尾も見られる．[48]

5.1.1. 主格語尾

　まず，現在の平壌方言で幅広い世代に見られる特徴的な体言語尾として，主格語尾"-이"がある．文化語やソウル方言の主格語尾は，子音語幹の後でのみ"-이"が現れ，母音語幹の後では"-가"が現れる．[49] これに対して平壌方言では，とりわけ特定の語に関して，母音語幹の後でも"-이"を用いる話者が多く見られる：

- 뭐이 기케 힘드니?　　（뭐가 그렇게 힘드니? 何がそんなに辛いの？）
- 그거이 뭐이가?　　　（그게 뭐야? それは何だ？）

---

48) 共和国の文法論では，一般的に，体言語尾や用言語尾，一部の用言接尾辞を，広く"토"という術語でくくっている．このうち，体言語尾は"체언토," 用言語尾と一部の用言接尾辞は"용언토"に分類される．Ⅱ-시-やⅢ-ㅆ-，Ⅰ-겠-などの用言接尾辞は，"조선어문법 Ⅰ"(1960)の段階では"토"に含まれず"형태 조성의 접미사"(語形形成接尾辞)として別に扱われていたが，"조선문화어문법규범"(1976;1984²)をはじめ現在の多くの文法書では，用言語尾と共に"용언토"とされている．"조선문화어문법규범"では"-이-，-히-，-기-，-리-"のようなヴォイス接尾辞も同様に"용언토"としている．しかしながら，この点については，김동찬(2002:2005)など，あくまで造語論的な用言接尾辞と見る研究者も少なくない．
49) "그게 뭐야?"の"그게"に用いられている語尾は"-ㅣ"で，母音語幹である"그거"に付いている．しかし，文化語や標準語，ソウル方言では，必ず縮約が起こった形"그게"が用いられる点で，平壌方言とは異なる．また，辞書の類を見ると，「가(へり)」という母音語幹名詞に"-이"が付いた語形が含まれる，"가이 없다"のような句が掲載されているが，共時的には"가없이"のように語幹格(絶対格)に"없이"が付いて副詞化したもののみ用いられ，主格語尾"-이"は，子音語幹の後にのみ付くとして然るべきである．

256

観察した限りでは，今でも「뭐」や「그거」のような一部の語に限ってみると，"뭐이", "그거이"のように，母音語幹の後に"-이"を使用する話者が少なくない．
また，平壌方言話者の間には，母音語幹の後に"-래"を用いる話者もいるという：

- 내래 갓다오갓이요.　　（내가 갔다오겠어요. 私が行ってきます．）

共和国の研究者の話によると，50) 若年層の中にもこの"-래"を用いる話者が見られるそうであるが，一度も耳にしたことがない．実際，トータルで数十時間に及ぶ若年層話者の自然談話資料の中にも一度も現れない．51)

5.1.2. 属格語尾

文化語の属格語尾は，文字上では"-의"であるが，実際の音声は[에]である．平壌方言話者の間でも，多くの場合[에]で実現している．ただし，3.2.3.で見たように，そのほかの形も用いられている．詳しくは前述の箇所を参照されたい．

5.1.3. 与格（与位格）語尾

平壌方言では，与格語尾"-한테"と同じ意味で，"-한데"が広く用いられている：

- 고고 나한데 달라마.　　（고것 나한테 달라. それ，僕にちょうだいよ．）
- 누구한데 들언?　　　　（누구한테 들었니? 誰に聞いた？）

---

50) この原稿を執筆するにあたって，共和国の研究者らに様々な情報を提供して頂いた．中でも，社会科学院言語学研究所(사회과학원 언어학연구소)の研究者であり，"조선말대사전"(1992)など数多くの辞書を手掛け，特に形態論や語彙意味論などに詳しい，共和国の候補院士・정순기先生，同研究所辞書編纂室室長の최병수先生，同研究所音声学研究室室長の리승길先生らから多くの情報提供を頂いた．
51) 主格語尾"-래"の使用に関しては김성근(2005:47)に次のような報告が紹介されている．김성근(2005:42)によれば，これは"문화어의 보급침투에 의한 평안도방언의 소극화과정에 대한 연구"(文化語の普及浸透による平安道方言の消極化過程に関する研究)という資料からの引用だとされる．この表はあくまでも平安道方言話者全体が調査対象となっており平壌方言話者の現状を示すものではないが，参考までに挙げておく：

	-가	-래	"-가"と"-래"の併用
老年層	29.83%	52.78%	17.39%
中年層	30.44%	34.78%	34.78%
若年層	39.13%	13.05%	47.82%

5.1.4. 共格(具格)語尾

平壌方言では，共格語尾"-랑/-이랑"と同じ意味で，"-당"が広く用いられている．この"-당"は，語幹末が閉音節である場合に，いわゆる媒介母音(共和国では"결합모음"(結合母音))の"이"が入り得る．しかし，日常の会話では，二番目の例に見るように，閉音節にも"이"を介さず直接付くことが圧倒的に多い：

- 나당 같이 가자． (나랑 같이 가자．僕と一緒に行こう．)
- 짐당 다 쌋이요? (짐이랑 다 쌌어요? 荷物とか全部詰めました？)

5.1.5. 到達格(終点格)語尾

平壌方言でよく用いられる到達格語尾は，主に"-까지"であるが，比較的フランクな会話では，それと同じ意味で"-꺼정"も用いられている：

- 예꺼정 오디． (예(＜여기)까지 오지．ここまで来ればいいのに．)
- 설마 이것꺼정? (설마 이것까지? まさかこれまで？)

5.1.6. 呼格語尾

平壌方言の呼格語尾には，"-아/-야"，"-여/-이여"のほかに，主に成人以上の話者が比較的フランクに聞き手を少し高めて呼ぶ際に用いる"-요/-이요"がある：

- 아저씨요, 나하구 같이 가자요． (おじさん，私と一緒に行きましょう．)
- 인민반장이요, 내려오라요． (人民班長，降りてきて下さい．)

5.2. 指示詞・疑問詞など

用言に移る前に，文法論において一般的に指示詞や疑問詞などの名前でくくられる一連の語彙について眺めてみたい．ここでこの問題を取り上げるのは，これら語彙の使用において，平壌方言の特徴的な事実が確認されるためである．

平壌方言の代名詞には人称代名詞，指示代名詞などがあり，人称代名詞や指示代名詞が"이，그，저"と疑問代名詞の4系列を成すなど，ソウル方言と基本的に一致している．"무엇，어느것，누구，어디，언제，왜"など疑問代名詞を含む疑問詞も，ソウル方言と基本的に変わらない．ただし，平壌方言で"저 사람(あの人)"

などの"저"の代わりに/ㅕ/が前舌化した"데(＜뎌)"が広く用いられているという点については，3.2.1.ならびに4.2.で述べたとおりである．また，"뭧"が前舌化した"뗏"が広く見られ，"뭐"が限られた環境で"뤠～메"で現れることもある．[52]

5.2.1. "요, 고, 조"系列の指示詞

朝鮮語の指示詞には"이，그，저"系列と"요，고，조"系列の二つが認められる：

日本語の対応語	"이，그，저" 系列	"요，고，조" 系列
この／その／あの	이 / 그 / 저～데	요 / 고 / 조
これ／それ／あれ	이것 / 그것～기것 / 저것～데것[53] 이거 / 그거～기거 / 저거～데거	요것 / 고것 / 조것 요거 / 고거 / 조거 요고 / 고고 / 조고
ここ／そこ／あそこ	여기 / 거기 / 저기[54]	요기 / 고기 / 조기
こっち／そっち／あっち	이쪽 / 그쪽 / 저쪽	요쪽 / 고쪽 / 조쪽
こっちへ／あっちへ／そっちへ	이리 / 그리 / 저리 이리로 / 그리로 / 저리로 일로 / 글로 / 절로	요리 / 고리 / 조리 요리로 / 고리로 / 조리로 욜로 / 골로 / 졸로
こんな／そんな／あんな	이런 / 그런～기런 / 저런～데런	요런 / 고런 / 조런 요론 / 고론 / 조론
このように／そのように／あのように	이렇게 / 그렇게～기렇게 / 저렇게～데렇게 이케 / 그케～기케 / 저케～데케	요렇게 / 고렇게 / 조렇게 요롷게 / 고롷게 / 조롷게 요케 / 고케 / 조케

（表中網掛け部は，平壌方言で用いられているが韓国の辞書には収録されていないもの）

韓国の辞書類を見ても，"이，그，저"に対応する"요，고，조"が標準語として載せられており，これらのうちの一部がソウル方言でも用いられているようである．平壌方言では，上の表に見る"요，고，조"系列の指示詞のほとんどが，日常的に非常に多用されるだけでなく，これらの語彙が持つニュアンスも，ソウル方言のそれと幾分異なっている．

韓国の辞書，例えば"표준국어대사전"や"고려대 한국어사전"を見ると，"요것，고것，조것"は"이것，그것，저것"に比べて，"낮잡아 이르는 말"（見下して言う言葉）や"귀엽게 이르는 말"（愛しさを込めて言う言葉）であるとの記述が見られる．

---

52) "그 정도 멜하니?"（그 정도 뭘하니？ それくらい何てことないじゃん．）に見る"뭘하다"など，限られた場合に用いられるようである．
53) 平壌方言では，この"데거"から来たと見られる語が，「わぁ」，「すげぇ」のような意味を表す感動詞（間投詞）として広く用いられている．
54) "데기，데쪽…"などの形もありそうではあるが，実際に耳にしたことがないため含めていない．

もちろん, 平壌方言でも, このようなニュアンスを込めて用いられることもある. しかし, 必ずしも常にこのようなニュアンスを含んでいるわけではなく, ソウル方言だと"이, 그, 저"系列の指示詞が用いられそうな場面においても, 至極普通に"요, 고, 조"系列の指示詞が用いられる：

ㄱ: 우리 멫시에 어데서 만나자?　(우리 몇시에 어디서 만날가?)
ㄴ: 내가 곰방 골로 갈게.　　　(내가 금방 그리로 갈게.)

ㄱ: 준비품 뭘뭘 갯고왔니?　　 (준비품 뭘뭘 갖고왔니?)
ㄴ: 요고당 요고당 다 넿구 왔어요. (이거랑 이거랑 다 넣고왔어요.)
ㄱ: 고곤 뭐이가? 고고꺼정 필요하갓나?　(그건 뭐야? 그것까지 필요하겠나?)

なお, "요, 고, 조"系列の指示詞は, それが"이, 그, 저"系列の指示詞と対立的な意味合いで用いられることも多く, その際は, "요, 고, 조"系列が, "이, 그, 저"系列に比べて, 例えば"より小さい対象", "より狭い範囲"などを指し示す：

・ 이케 많이 못 먹갓어. 나 요거만 먹을래.
　 (이렇게 많이 못 먹겠어. 나 요거만 먹을래.)
・ 거게 잇어. 아니 그쪽 말고… 맞아, 고게.
　 (거기 있어. 아니 그쪽 말고… 맞아, 고기.)

5.2.2. 場所を示す指示詞と疑問詞

場所を示す指示詞や疑問詞の形や意味・用法などは, 多くの場合, ソウル方言と違いが見られない. 目立って異なるのは, 指示代名詞や疑問詞が, 文中でいわゆる"부사어"(副詞語)として用いられる場合の形である. [55] ソウル方言では, これらの語が, "여기 있구나!", "어디 있니?"などに見るように, 語幹格(絶対格)で現れ, 一見副詞なのか代名詞なのか判別しにくい形で用いられることも多いが, 平壌方言では, 基本的に与格形"여게", "거게", "저게", "어데"で現れる：

---

55) "부사어"という用語は, 韓国の学校文法などで用いられる術語で, 間接補語や日本語学でいう状況語, 英文法でいう間接目的語なども含む非常に広い概念である. 文の成分に関する詳細は野間秀樹(2012a:39-45)などを見られたい.

260

ㄱ: 어데 잇니?　　　　　(어디 있니?)
ㄴ: 여게 잇닿니.　　　　(여기 있잖니.)

処格形も，"여기서"や"어디서"ではなく，"여게서"や"어데서"のようになる：

ㄱ: 어데서 하갓대?　　　(어디서 하겠대?)
ㄴ: 여게서 한다 길던데.　(여기서 한다 그러던데.)

また，"어디"や"어데"の代わりに"어느메"を用いる話者もある：

- 상점이 <u>어느메</u> 바로에 잇이요?　　(상점이 어디쯤에 있어요?)
- <u>어느메</u> 사십니까?　　　　　　　　(어디 사십니까?)

5.2.3. 量を尋ねる疑問詞

量を尋ねる疑問詞は"얼마"であり，これに"-만큼"が付いた形も"얼마만큼"であるが，平壌方言話者の間には，これを"어마큼"と言う話者も多い：

- <u>어마큼</u> 갯다줜?　　(얼마만큼 갖다줬니?)

5.2.4. 文化語の"어떠하다"に関連する語彙

平壌方言では，"어떠하다"，"어떻다"と共に，"어더렇다〜어드렇다"がある：

- 뭐이 <u>어더렇다구</u>?　　(뭐가 어떻다고?)
- <u>어더런걸</u> 달랍니까?　(어떤걸 드릴가요?)
- 맛이 <u>어드래요</u>?　　　(맛이 어때요?)

5.3. 用言に関する問題
5.3.1. 活用

平壌方言の用言はソウル方言と同様に3つの語基による活用体系を持つ．第Ⅱ語基形成母音はソウル方言と同じく"-으-"であり，第Ⅲ語基形成母音も基本的には"-아-/-어-"の2つである．

第Ⅲ語基形成母音が基本的に"-아-/-어-"の2つとしたのは，限られた環境で

これらのほかに下の網掛け部 (　) に見るような"-이-"が見られるからである：

햿이요~했이요 (했어요)　　하댓이요~하댔이요 (하댔어요)
하잣이요~하잤이요(하겠어요)　　잇이요~있이요 (있어요)　없이요 (없어요)

この"-이-"は，次節 5.4.2.で詳述する用言接尾辞Ⅲ-ㅅ~ㅆ-，Ⅰ-댓~댔-，Ⅰ-갓~갔-ならびに「있다」，「없다」などの存在詞の第Ⅲ語基形成母音として，"-어-"と共に広く用いられている．ただし，この"-이-"が"-어-"と全く同じように用いられるわけではない．まず，話者別に見ると，"-이-"は女性に比べて男性話者の間に多く見られ，とりわけ若い女性話者にはほとんど見られない．また，用いられる場面もインフォーマルな場面であり，例えば，息子が母親に対して話す場合や，成人男性が比較的フランクな間柄にある年上に対して話す場合，それほど若くない妻が夫に対して話す場合，買い物に行った成人男性が若い店員に対して話す場合などに見られる．

さらに，指定詞「이다」の第Ⅲ語基として，Ⅲ이여-，Ⅲ이예-のほかにⅢ이야-も広く見られ，方言形ではなく文化語とされている：

요고 얼마야요? (요거 얼마예요?)　　제 가방이야요. (제 가방이예요.)

上の例に見るように，Ⅲ이예-とⅢ이야-共に，Ⅲ-요の前に立つ．"이예요"と"이야요"の意味は基本的には同じであるが，両者を比較してみると，"이야요"は女性が用いる場合が多いなど，両者の間にはニュアンスの面やレジスター(使用域)で何らかの差が認められる．

また，指定詞「이다」，「아니다」の語基には，特定の語尾の前にのみ現れるⅠ~Ⅲ이라-，Ⅰ~Ⅲ아니라-という形があるが，平壌方言では，多くの話者の間で，これがⅠ~Ⅲ이다-，Ⅰ~Ⅲ아니다-で現れる：

뭐이다구? (뭐라고?)　　누가 아니대? (누가 아니래?)

なお，4.1.で見たように，平壌方言では/ㅕ/→/ㅖ/のような母音の前舌化が頻繁に起こるため，例えば，/ㅣ/などで終わる母音語幹用言の第Ⅲ語基形は，/ㅕ/ではなく/ㅖ/となることが多い：

빌리다(借りる): Ⅲ빌레- (＜빌려-)　　시키다(させる): Ⅲ시케- (＜시켜-)
찌다(蒸す): Ⅲ쩨~쩨- (＜쪄-)
쉬다((食べ物などが)腐ってすっぱくなる): Ⅲ쉐~쉐- (＜쉬여-)

　さて，ソウル方言同様，平壌方言でも，第Ⅲ語基形成母音"-아-/-어-"が語幹の母音と母音調和を起こす現象が見られる．ただし，それが現れる範囲において，両者は幾分異なった様相を呈している．[56]

　まず顕著なのは，"더와서(더워서 暑くて)"，"추와도(추워도 寒くても)"などに見るように，ㅂ変格用言では母音調和が起こらず，いかなる場合でも"-아-"が用いられていることである：

곱다(きれいだ): Ⅲ고와-　　　고맙다(ありがたい): Ⅲ고마와-
덥다(暑い): Ⅲ더와-　　　　춥다(寒い): Ⅲ추와-
맵다(辛い): Ⅲ매와-　　　　싱겁다((味が)うすい): Ⅲ싱거와-
가렵다(かゆい): Ⅲ가려와-　　두껍다(分厚い): Ⅲ두꺼와-

　もちろん日常の会話では，例えば「고맙다」の第Ⅲ語基として，Ⅲ고마와-ではなくⅢ고마워-も見られることがある．これらはおそらく文化語の影響が大きいものと思われる．
　次に，「바꾸다(変える)」のように語幹が/ㅜ/で終わる用言は，"바까도(바꾸어도)"などに見るように，多くの場合母音/ㅜ/が脱落し，으語幹用言のように，その前の音節の母音との間で母音調和が起きる：[57] [58]

---

[56] 共和国の研究者の話によると，平壌方言でも，ソウル方言によく見られる，語幹末音節の母音が/ㅏ/や/ㅗ/の場合でも第Ⅲ語基形成母音に"-어"が来るという現象(例えば，Ⅲ받어-)が見られることがあるそうであるが，日常の会話を観察する限り聞かれず，自然談話資料の中にも現れなかった．
[57] 多くの場合としたのは，「가꾸다(手入れする)」の第Ⅲ語基がⅢ가꿔-となるように，/ㅜ/が脱落しない形が多く用いられる用言も見られるためである．
[58] 趙義成(2007)を見ると，慶尚道方言でも「바꾸다」の第Ⅲ語基がⅢ바까-で現れるとされる．これについて趙義成(2007:211)の註15)では，この語の語源が"밧고다"であり語幹末の/ㅜ/が/ㅗ/に遡るものと関連している可能性が指摘されている．上に挙げた語幹が/ㅜ/で終わるそのほかの用言の語源が定かではないため何とも言い難いが，ㅂ語幹用言や，語頭の母音が/ㅏ/や/ㅣ/であり語幹末音節の母音が/ㅡ/であるㄹ語幹用言，語幹が/ㅣ/で終わる用言などの事実を見る限り，平壌方言では共時的に見て，語頭の母音などが母音調和に関与している可能性が見られ，精査が要されるところである．

바꾸다(変える): Ⅲ바까-　　　　발쿠다(바르다 こそげ取る): Ⅲ발카-
모두다(모으다 集める): Ⅲ모다-　　쫄쿠다(조르다 せがむ): Ⅲ졸카-
얼쿠다(얼리다 凍らせる): Ⅲ얼커-　메꾸다(메우다 埋める): Ⅲ메꺼-

　語幹末の音節に初声がなく母音のみである場合は，半母音/w/が脱落していない形と脱落した形の両方見られるが，同様に語頭の母音との間で母音調和が起きているように見受けられる：59)

　　　　배우다(習う): Ⅲ배와～배아-　　외우다(覚える): Ⅲ외와～외아-

　ここで注目すべきは，半母音/w/が脱落する以前に，既に語基形成母音として"-아-"と"-어-"が使い分けられているという点である．管見の限り，多くの場合に音節末の母音が母音調和に関与的なソウル方言とは異なり，語頭の母音などが母音調和に関与的であるように思われるが，より綿密な調査が望まれるところである．これを裏打ちするものとして，ほかの用言でもこのような現象が散見され，語頭の母音が/ㅏ/や/ㅣ/であり語幹末音節の母音が/ㅡ/である ㄹ語幹用言や，60) 語幹が/ㅣ/で終わる用言などにおいて，本来ならば"-어-"が来るべきところに，"-아-"が来ることがある：

　　　　만들다(作る): Ⅲ만들아-　　　힘들다(大変だ): Ⅲ힘들아-61)
　　　　빼뜨리다(빼앗다 奪う): Ⅲ빼뜨라-

　以上，平壌方言の語基形成システム全般に関する問題を見てきた．平壌方言の用言の中には，ソウル方言と異なる活用を見せるものがあるので，以下では，その代表的なものをいくつか取り上げてみよう．

---

59) 面白いことに，語幹末の音節が全く同じである「들다(入る)」の第三語基はⅢ들어-で，"-어-"が用いられる．このことからも，語頭の母音との間で母音調和が起きている可能性が示唆される．
60) 語幹末音節の母音が/ㅜ/である場合は同じㄹ語幹用言であっても"-어-"が用いられる．例えば「까불다(ふざける)」，「기울다(傾く)」などはⅢ까불어-，Ⅲ기울어-となる．
61) 朝鮮語の用言に見られる母音調和は，語幹の母音が[ㅏ]，[ㅗ]である際に語基形成母音"-아-"が，そのほかの母音である場合は"-어-"が用いられるというものであるが，平壌方言では母音が[ㅣ]であるか文字に"ㅣ"を含む母音である場合も"-아-"が用いられることがあるようである．

まず，文化語やソウル方言においてはㄷ変格用言である「듣다(聞く)」が，平壌方言では正格用言としての活用を見せる．これを変格用言として用いる話者もあるが，おそらく文化語の影響であろう：

듣다: Ⅰ듣-　　Ⅱ듣으(～들으)-　　Ⅲ듣어(～들어)-

次に注目されるのは，形容詞「다르다(違う)」である．この語の第Ⅱ，第Ⅲ語基はⅡ다르-，Ⅲ달라-で，語幹が"다르-"である르変格用言である．しかし，第Ⅰ語基は，その語幹が"다릏-"であると言えそうな用いられ方をしている：

다릏습니다 [다르씀니다] (다릅니다)　　다릏지 [다르치] (다르지)

ほかにもいくつか変わった活用を見せる用言がある．最後にもう一つだけ見てみよう．文化語や平壌方言では，ソウル方言の「괜찮다(大丈夫だ)」と似たような意味を表す「일없다」という語が広く用いられている．この語の第Ⅱ，第Ⅲ語基として，Ⅱ일없으-，Ⅲ일없어-のほかに，ㅂ変格用言のように活用したⅡ일어우-，Ⅲ일어워-が見られる：

일어우면 (일없으면)　　일어워도 (일없어도)

面白いことに，本来存在詞でありⅠ-는가などが付くはずであるが，ㅂ変格の形容詞のようにⅡ-ㄴ가などが付く：

일어운가요? (일없는가요?)

5.3.2. 用言接尾辞

　平壌方言では，ソウル方言に見られるⅡ-시-やⅢ-ㅆ-，Ⅰ-겠-などの用言接尾辞が用いられている．しかしながら，このうちⅠ-겠-などは，これが本来的に平壌方言に存在したのか，はたまた文化語の影響で用いられるようになったのか定かではない．一方で，平壌方言には，上に挙げたもののほかにも固有の用言接尾辞が多く見られ，さらに接尾辞と語尾が融合した独特な形式も用いられている．

5.3.2.1. 用言接尾辞の末音の終声に見られる /ㅆ/ と /ㅅ/

平壌方言では，Ⅲ-ㅆ-などの用言接尾辞の末音に来る終声が初声化した際，/ㅆ/ で現れたり/ㅅ/で現れたりする：[62]

　　ㄱ: 너 숙제 다 핸? (너 숙제 다 했니?)
　　ㄴ: 다 햇어 [hesʌ] / 했어 [heʔsʌ].

ただし，これら用言接尾辞が第Ⅱ語基の形を取るときは，常に/ㅆ/で現れる：[63]

　　・ 나도 잤으문 [kaʔsimun]. (나도 잤으면.)

5.3.2.2. Ⅰ-댔~댔-

平壌方言には，ソウル方言では見られないⅠ-댔~댔-がある．以前は方言形とされていたが，このうちⅠ-댔-は，現在では小説やドラマのシナリオはもちろん，学校の教科書など，いわゆる「文化語」で作られているテクストでも用いられており，完全に文化語とみなされている．この用言接尾辞についてはまだ明らかにされていない点が多い．おおよそ次のように用いられているものと思われる．

まず，この接尾辞が用言語幹に直接承接した語形である하댔다形~하댔다形には，次のような用法が見られる：[64],[65]

　① 具体的な動作が進行中であることを表す
　　　ㄱ: 뭘하댄? (뭘 하댔니?)　　ㄴ: 밥 먹댔어.
　② 出来事や状態，性質などが過去のある一定の期間に存在していたことを表す
　　　・ 젊었을 땐 일없댔는데…
　③ ある出来事が反復的もしくは習慣的に繰り返し起こっていたことを表す
　　　・ 그 상점엔 자주 들리댓이요. (그 상점엔 자주 들리댔어요.)

---

62) 同様の現象は存在詞の「있다」にも見られる．
63) このような指摘は張秀蓮(2014:8)にも見られる．
64) この部分の記述は한성구，김성수(2016)の김성수先生が執筆を担当した部分の内容に大きく依っている．
65) 本稿では用言に接尾辞や語尾が承接して作り上げられた語形を「하다」で代表させ，"하댔다形"，"하댔다形"のように示すことにする．なお，指定詞にしか付かないものである場合には，「이다」で代表させ，"이가形"などとする．

次に，Ⅰ-댓～댔-に過去接尾辞Ⅲ-ㅆ～ㅆ-が先行した語形である헸댓다形～헸댔다形は，ソウル方言の헸었다形のような用法も含め，次のように用いられる：

① 過去に起こった出来事や変化が過去のある時点まで持続していたことを表す
　　・ 쫌전에 전화 왔댓어.　　（쫌전에 전화 왔댔어.）
② 過去の出来事を自分が体験したこととして述べる
　　・ 오늘 그칠 만났댔단 말이야.

なお，このⅠ-댓～댔-と同じような意味を表すものに，Ⅰ-드랫～드랬-がある．管見では，このⅠ-드랫～드랬-は，接続形語尾（例：Ⅰ-는데）などの前でのみ，Ⅰ-댓～댔-と共に用いられ（例：먹드랫는데～먹드랬는데, 먹댓는데～먹댔는데），それ以外の環境ではほぼⅠ-댓～댔-が用いられているようである．

5.3.2.3. Ⅰ-갓～갔-とⅠ-겟～겠-

平壌方言話者の間では，年齢，性別などを問わず，Ⅰ-겟～겠-の意味でⅠ-갓～갔-が用いられている．日常の会話においては，Ⅰ-갓～갔-の使用率が圧倒的に高く，これが平壌方言のデフォルト形式であることは明らかである：

　　ㄱ: 너도 가갔으문 가티 가자.　　（너도 가겠으면 같이 가자.）
　　ㄴ: 난 안 가갓어.　　（난 안 가겠어.）

5.3.2.4. 用言接尾辞と語尾が融合した語尾

まず，平壌方言に特徴的な終止形語尾として，先に見た二種類の用言接尾辞やⅢ-ㅆ～ㅆ-と疑問形終止形語尾が融合して形成されたと見られる，Ⅲ-ㄴ，Ⅰ-댄，Ⅰ-갼という疑問形語尾があり，Ⅲ-ㅆ니，Ⅰ-댔니，Ⅰ-겠니と同じような意味で用いられる：

　　・ 그 책 다 봔?　　（그 책 다 봤니?）
　　・ 어데 갓댄?　　（어데 갔댔니?）
　　・ 진짜 못하간?　　（진짜 못하겠니?）

また，Ⅲ-ㅆ～ㅆ-，Ⅰ-댓～댔-，Ⅰ-갓～갔-などの用言接尾辞がⅠ-는데など

/ㄴ/で始まる接続形語尾と融合したものと見られる接続形語尾もある：

- 갈라 기랜데 시간이 안대두나.　（가려고 그랬는데 시간이 안되더구나.）
- 얼쿨라 길댄데 녹히래누나.　（얼리려고 그러댔는데 녹이라는구나.）
- 래일 비 안 왔으문 좋간데…　（래일 비 안 왔으면 좋겠는데…）
- 어케 하간지 알아봔?　（어떻게 하겠는지 알아봤니?）

5.3.2.5. ヴォイス接尾辞に見られる特徴

"-이-, -히-, -기-, -리-"に代表されるヴォイス接尾辞にも，ソウル方言にはほぼ見られないものがある．これらは造語論的な形態素で，上の用言接尾辞らとはレベルの異なる接尾辞ではあるが，便宜上ここで見ることにする：

꺾이다(折れる・折られる)　　　꺾이우다(折れる・折られる)
밟히다(踏まれる，踏ます)　　　밟히우다(踏まれる)
쫓기다(追われる)　　　　　　　쫓기우다(追われる)
말리다(乾かす)　　　　　　　　말리우다(乾かす)

平壤方言では，ソウル方言に見られる"-이-, -히-, -기-, -리-"と共に，"-이우-, -히우-, -기우-, -리우-"が併用されている．この"-이우-, -히우-, -기우-, -리우-"は，"-이-, -히-, -기-, -리-"が付き得る多くの動詞に付き得る．

また，平壤方言のヴォイス接尾辞には，"-우-, -구-"もある．ソウル方言にも見られるものであるが，平壤方言では，ソウル方言において"-우-"や"-이-, -리-"などが用いられるような動詞でも，多くの場合，"-구-"が用いられている．共和国の研究者の話によると，この"-우-, -구-"や，先の"-이우-, -히우-, -기우-, -리우-"などは，咸境道方言の影響によるものとされる：

일구다(耕す)　　　　　　　　　돋구다(【標】돋우다 高める)
불구다(【標】불리다 膨らます)　늘구다(【標】늘이다，늘리다 増やす)

平壤方言では，"-쿠-"というヴォイス接尾辞も広く用いられている：

불쿠다(【標】불리다 膨らます)　늘쿠다(【標】늘이다，늘리다 増やす)

줄쿠다(【標】줄이다 縮める)　　　　얼쿠다(【標】얼리다 凍らす)

　この"-쿠-"は，従来平安道方言とされてきたものであり，共和国の"조선말대사전"などにも収録されていない方言形であった．しかしながら，これらは平壌方言話者の間で非常に広く用いられており，"불구다"，"늘구다"より"불쿠다"，"늘쿠다"の方が多用される．このような現状から今では規範制定者の間でも文化語であるとの意識が形成されている．実際，現在筆者が共和国の研究者らと共に編纂に携わっている学習者用辞典でも，この"-쿠-"を含む動詞を最重要語彙と判定している．

5.3.3. 終止形

　先に，これまで平壌方言に関する記述がほとんどなされていないということについて述べた．当然のことながら，個別の終止形の形や意味・用法，それら終止形の成すパラダイムに関しても研究されておらず，その体系はもとより，現在どのような終止形が広く通用しているのかさえも明らかにされていない．[66]

　ここでは，既存の文法書や朝鮮半島の方言全般に関する研究書を参考にしつつ，本稿冒頭で述べた自然談話資料や筆者の観察などをもとに，平壌方言ではどのような終止形が主に用いられているのかについて，ソウル方言と比べながら眺めてみたい．これら終止形が織りなす体系については，今後の研究が待たれるところであるが，現段階で観察される特徴などについて適宜紹介することにする．

5.3.3.1. 待遇法の観点から見られる特徴

　平壌方言の終止形においても，ソウル方言に見られるムードや聞き手待遇法などの形態論的カテゴリーが，同様に認められると見て差し支えなさそうである．[67] とりわけムードに関しては，取り立てて顕著な違いは認められないように思われる．もちろん，終止形の形態論的カテゴリーとしてどのようなものを認定し，そこにどのような下位範疇を設定するのかという問題自体，いまだ多くの議論が要

---

[66] 規範文法を綴った文法書では，いわゆる「文化語」についてのみ記述され，平壌で行われている言語の多くが方言形として除外されている一方，平壌方言話者の日常の会話ではほとんど聞かれない形も載せられている．一方，김영황(1982)や김성근(2005)など方言関連の研究では，いわゆる方言形のみが取り上げられ，平壌方言話者の間で広く用いられている形式の一部しか扱われていない．

[67] ムードについては，須賀井義則(2012)に簡潔にまとめられている．待遇法などに関する問題は，野間秀樹(2012b)を参照のこと．

される問題であるため，ここではこれ以上立ち入らず，本節では，今後の研究に供するべく，聞き手待遇法(以下，断りのない限り「待遇法」)の観点から，ソウル方言とは幾分異なりを見せる平壌方言の特徴についていくつか指摘する．

平壌方言の終止形もソウル方言同様，待遇法というカテゴリーを成していると見られる．しかし，その区分については明確ではなく，いわゆる敬意体と非敬意体に大別されるのか，上称・等称・下称の3つに分かたれるのか[68]などの問題も，現時点では結論付けるのが難しく，今後の研究が期待されるところである．[69]

次節以降順を追って見ていくが，平壌方言にも，ソウル方言で使用されている終止形の多くが存在している．しかし，それぞれの形が待遇法の体系全体の中で占める割合や，それら語形の待遇法上の位置づけという点において，平壌方言とソウル方言は，幾分異なっているようである．また平壌方言では，ソウル方言において既に社会方言化が著しく進んでいるとも指摘されている形の一部が，比較的多くの話者の間で用いられており，[70] それらが待遇法上の態度の表し分けに関与していると思われる面もある．

ここでは便宜上，聞き手に対する敬意を表す一連の語形を「敬意体」，それ以外の形を「非敬意体」と呼ぶことにする．

① いわゆる합니다体と해요体の占める割合

まずもって異なるのは，共に敬意体に含まれる합니다形などの語形(いわゆる합니다体)と해요形などの語形(いわゆる해요体)の占める割合である．

平壌方言では，ソウル方言に比べて해요体を用いる割合が少なく，합니다体が

---

[68] 待遇法にどのような階称(もしくはスピーチレベル)を認めるかも，研究者によってさまざまである．この点についても，上掲の野間秀樹(2012b)，とりわけ pp.558-562 を見られたい．
[69] 韓成求(2009)の時点では，「平壌方言の待遇法は，非敬意体にそれ以上の細かいスピーチレベルが認められないという点では，ソウル方言と同様であるが，敬意体で，今なお，語形の使い分けによって待遇上の態度が表し分けられており，いくつかのスピーチレベルが設定されるという点で，敬意体と非敬意体の二極分化が進んでいるソウル方言とは異なる待遇法の体系を持っていると言える」とし，大きくは敬意体と非敬意体に二分した．しかし，後述するように，成人男性を中心に見られる하오体などの語形の使用や，疑問形における하나形の位置づけの問題など，二分すること自体，再考の余地があるようにも思われる．
[70] 노마 히데키(1996;2002)によれば，ソウル方言は，「敬意体と非敬意体の両極化がほぼ完成され，その両極化すなわち二極分化の中で，"하오"などをはじめとする前時代の話階は縮小し，社会方言化が完成している」(筆者訳)とされる．

多用される. [71] 해요体は，男女問わず比較的インフォーマルな場面でのみ用いられ，例えば学校で生徒が教師に対して해요体を用いるのは失礼とされる. 男女別に見ると，男性の해요体の使用は，女性に比べて非常に限られている. [72]

このことと関連して，平壌方言では，叙述形や疑問形，命令形，勧誘形などにおいて，それぞれソウル方言とは大きな違いが観察される. この点については当該の語形を扱う箇所で随時確認する.

② いわゆる해体の占める割合

平壌方言とソウル方言の違いは，非敬意体の中で해形などの語形(いわゆる해体)の占める割合の面でも見られる. 平壌方言では，해요体があまり用いられないのと並行する形で，해体もそれほど多く用いられない. 해体は主に叙述形で多く用いられ，ニュートラルな疑問形(いわゆる"確認疑問"などではない疑問形)や勧誘形，命令形などでは，代わりに하니形，하자形(いわゆる한다体に分類される語形)や，하라形などの語形が多用される：

　　누가 갔니?　　물 좀 먹자.　　여기 앉으라.

③ 하오形や하우形などの使用に見られる特徴

次の例は40代後半の男性の会話に見られたものである. ここで見られるように，平壌方言話者の間では，하오形，하우形などの語形が用いられ，何らかの待遇法上の態度を表し分けているように見受けられる：

- 동무 왜 그러오? 기카문 대오?　　(동무, 왜 그러오? 그렇게 하면 되오?)
- 다 먹엇소? 더 하라우.　　(다 먹었소? 더 하라오.)

まず上の例は，聞き手が40代前半で話者より年下であるが，職務上ある程度の地位にあり，親疎関係の面でも決して親しいとは言えない間柄にある相手に対しての発話である. 下の例は，話者より若干年上であるが話者が"無二の親友"と呼ぶほど親しい間柄にある相手に対する発話である. 両発話共に，その前後では

---

71) ソウル方言における해요体の占める割合などは，いわゆる疑似会話体を対象に考察した최석재(2007)などを参照のこと.
72) ただし，5.3.2.1.で見たように，男性話者の間でも했이요形などは広く用いられている.

해체や한다体などに分類される語形などが散見されたのに対して，합니다体や해요体に分類される語形は見られなかった．

하요形などの語形の使用は，男子大学生の間でも見られ，主に해体や한다体などを用いる同輩同士の会話や，해요体と해体，한다体などを混用している相手との会話で，時折하요形などの語形を用いている．

하요形などの語形が，ごく稀に成人女性の会話にも見られる．これはもっぱら해体や한다体などを用いる同年代の親しい相手との会話において，冗談交じりに言う際に用いられるのみで，これによって相手に対する待遇法上の態度を表し分けているとは言い難い．これは，親しい日本語母語話者同士の会話で「君，早くしたまえ．」と言って笑うような感覚の言語使用に例えられよう．

上のような事実に鑑みて，하요形などの語形は，主に，해요体をかなり限定的に用いる成人男性話者が，합니다体や해요体を用いて敬意を表すほどの関係にない相手に対して，平壌方言において女性が親しい男性などに해요体で待遇するのと同じような待遇法上の態度を表すために用いるものであると推察される．

なお，하우形に限ってみると，比較的年配の女性にも見られ，例えば自分の夫に対して用いているのが観察される：

・ 여보, 어케 댓수? 못 찾앗수? (여보, 어떻게 됐수? 못 찾았수?)

以上，平壌方言の待遇法に見られる特徴のいくつかについて見てみた．

総じて，平壌方言にもソウル方言同様，様々な語形の対立からなる待遇法というカテゴリーを認めることができるが，その中で各語形が占める割合などの面で，両者は異なっていると言えよう．したがって，待遇法の下位範疇の設定も，ソウル方言のそれとは幾分異なったものとなり得る可能性が示唆される．

また，待遇法に関しては，世代別・男女別にそれぞれ異なった体系を成している可能性も見られる．これまで，待遇法の研究は，もっぱら文化語や標準語，ソウル方言など特定の言語に関して，網羅的に行われてきた．しかしながら，もしかすると，ムードなどの研究とは違って，特定の言語全般を網羅する待遇法の体系を記述すること自体に限界があり，待遇法に関しては，世代別・男女別にその体系が記述されるべきなのかもしれない．

5.3.3.2. 叙述形（直説法と目撃法）

　叙述形に関しては，합니다形，해요形が占める割合の違いや，하오形などの語形の多用という点を除けば，ソウル方言とさほど大きな違いは見られない．

　直説法叙述形では，敬意体としては，主にⅡ-ㅂ니다/Ⅰ-습니다が付いた합니다形，Ⅲ-요が付いた해요形が，非敬意体としては，Ⅲ-φである해形が用いられる．また，とりわけ成人男性話者を中心に，Ⅱ-오/Ⅰ-소が付いた하오形が用いられている．これが，大きく分類した際に敬意体に含まれるべきか非敬意体に含まれるべきか，今後精査してみる必要がある．

　なお，5.4.1.で述べたように，Ⅲ-요の前に立つ第Ⅲ語基の形にいくつかのバリエーションが見られ，用言接尾辞や存在詞の第Ⅲ語基形性母音として"-아/어-"のほかに"-이-"が用いられたり，指定詞「이다」の第Ⅲ語基として"이예-"のほかに"이야-"が用いられたりしている．

　ここで一つ指摘しておくべきは，韓国のドラマなどを見ると，平壌方言話者を描き出すのに，例えば"내래 갓다오갓습네다."に見るようなⅡ-ㅁ네다/Ⅰ-습네다が用いられているが，少なくとも筆者が観察した範囲では，このような語尾を用いる話者はいないという点である．共和国の研究者の話によると，老年層の一部話者の間に見られることがあるそうであるが，現在果たしてどれくらいの話者が用いているかは定かではない．これは，既存の方言研究において，西北方言として紹介されている，Ⅱ-ㅁ메다/Ⅰ-습메다，Ⅱ-웨다/Ⅰ-쉐다，Ⅱ-우다/Ⅰ-수다，Ⅰ-쉬다などに関しても同様である．ただし，このうちⅡ-우다/Ⅰ-수다のⅠ-수다だけは，親しい間柄にある相手との会話の中でⅢ-ㅅ～ㅆ-，Ⅰ-댓～땠-，Ⅰ-갓～갔-に後続した形でしばしば見られる：

　　ㄱ: 벌써 다 햇거야? (벌써 다 한거야?)　　ㄴ: 다 햇수다. (다 했수다.)

　目撃法叙述形を見ると，非敬意体としては，ソウル方言と同じくⅠ-더라，Ⅰ-더라고～더라구が付いた하더라形，하더라고形～하더라구形が用いられている．また，ソウル方言同様，Ⅱ-ㅂ디다/Ⅰ-습디다は，直説法のⅡ-ㅂ니다/Ⅰ-습니다と同じ待遇法上の態度を表すことはできず，仮にⅡ-ㅂ니다/Ⅰ-습니다が付いた합니다形を上称とするのであれば，Ⅱ-ㅂ디다/Ⅰ-습디다がついた합디다形は等称程度に分類され得る．

　敬意体を見ると，その相手が，直説法の場合に해요形で待遇法上の態度を表す

相手であれば，Ⅰ-더라고요〜더라구요が付いた하더라고요形〜하더라구요形などを用いる．一方，相手が，합니다体で待遇法上の態度を表す相手であれば，基本的にⅠ-더란 말입니다という形式が用いられる：

· 아까 보니까 거게 없더란 말입니다.

5.3.3.3. 疑問形（直説法と目撃法）

叙述形とは違って，疑問形はソウル方言とかなり違いが見られる．
まず，非敬意体の直説法疑問形の場合に，多くの違いが認められる．先に平壌方言で用いられている基本的な形を確認してみよう：

a.	너도 하니? 이게 뭐니?	하니形	Ⅰ-니
b.	너도 해? 이게 뭐야?	해形	Ⅲ-φ
c.	너도 핸?/ 하댄?/ 하간?	핸形, 하댄形, 하간形	Ⅲ-ㄴ, Ⅰ-댄, Ⅰ-간
d.	너도 하나? 이게 뭐나?	하나形	Ⅰ-나
e.	이게 뭐이가?	이가形	Ⅰ-가

まず注目されるのは，いわゆる非敬意体のデフォルト形である．ソウル方言においては，해形が非敬意体の主たる直説法疑問形であるとみられるが，平壌方言の場合，この形は主に指定詞の場合に用いられ，そのほかの用言の場合，もっぱら하니形が用いられる．指定詞の場合も"이야"，"아니야"と共に"이니"，"아니니"が多く用いられる．動詞や形容詞，存在詞に関して해形が用いられないわけではないが，この形を使用する場面は非常に限定的である．

そのほか，ソウル方言と違いが見られる点として，5.4.2.4.で見たような形(c)が広く用いられている点や，dに見るようにⅠ-나が指定詞にも付き得る点，指定詞にのみ付くⅠ-가(e)が存在する点などを挙げうる．また，ソウル方言に広く見られるⅠ-느냐/Ⅱ-냐が，平壌方言ではほとんど見られない．

これらのうち，cは基本的にaと変わらないが，少なくともa, b, d, eの4つは，何らかのモーダルな意味を表し分けているように見受けられる．とりわけdの하니形は，敬意体である하나요形が存在するため，一応非敬意体に含めているものの，하니形などと待遇法上の態度が全く同じかどうかも疑われる．日常の会話を観察してみると，叙述形などでは해요形を用いており疑問形で하니形など

を用いることがない相手に対して，하나요形と同時に하나形を用いている場面がしばしばある．

敬意体の直説法疑問形は，大まかに言うと，叙述形と並行した違いが見られると言える．非敬意体の直説法疑問形として해形があまり用いられないのと並行して，해요形もそれほど多くは見られず，代わりに하나요形が用いられる．

さて，ソウル方言においても，Ⅰ-게，Ⅰ-게요が付いた하게形，하게요形が疑問形語尾として用いられているが，平壌方言の하게形，하게요形はソウル方言では見られない用いられ方をする．文化語で書かれたテクストの疑似会話体を対象に行った研究である金成樹(2015)で，「詳細説明を求める文」における하게形の用法としているものが，平壌方言でも見られる：

ㄱ: 살라문 돈이 좀 부족하단 말이야.　　(사려면 돈이 좀 부족하단 말이야.)
ㄴ: 얼마나 모자라게?　　　　　　　　　(얼마나 모자란데?)

金成樹(2015:142)は，「…先行して述べられた情報の内，何かしらの詳細を知りたい問題がある場合に，その説明を求める」ものとしている．

目撃法疑問形を見ると，ソウル方言にもあるⅠ-던やⅠ-더라が付いた하던形，하더라形のほかに，ソウル方言にはないⅠ-더나が付いた하더나形が見られる：

・　누가 길던?　　　　(누가 그러던?)
・　음식 잘하더나?　　(음식 잘하던가?)
・　언제 기랬더라?　　(언제 그랬더라?)

管見では，하던形と하더나形の違いは，하니形，했形と하나形の違いに並行しているように思われる．

敬意体では，ソウル方言同様，Ⅰ-던가요が付いた하던가요形が見られ，これと同じような意味で，上の하더나形に"-요"が付いた하더나요形が存在する．また，平壌方言では，Ⅰ-더라にも"-요"が付くことができ하더라요形が用いられる．

5.3.3.4. 命令形，勧誘形

疑問形と同じく，命令形や勧誘形でも，ソウル方言との違いが多く見られる．

非敬意体を見ると，疑問形同様，ソウル方言では，해形が命令形や勧誘形とし

ても広く用いられる一方,平壌方言では,これらが命令形や勧誘形として用いられることはほとんどなく,Ⅱ-라,Ⅰ-자が付いた하라形,하자形が用いられる:

- 너도 좀 보라.
- 얼른 먹으라.
- 야, 같이 먹자.

ソウル方言では,Ⅲ-라が付いた해라形が命令形として用いられるが,平壌方言の場合,これは命令形としては用いられない.

また平壌方言では,話し手が聞き手に対して,日本語で考えると「ねえ,〜してよ.」,「ねえ,〜しようよ.」と言っているようなニュアンスを持つ,하라마形,하자마形も広く見られる:

- 엄마, 나 이거 좀 사달라마.
- 왜 기니? 나도 좀 보자마. (왜 그러니? 나도 좀 보자.)

さらに,平壌方言では,하라形,하자形が疑問文に用いられ,「〜してあげよっか?」,「〜したらいい?」や「〜しよっか?」のような意味を表す:

ㄱ: 내가 해달라?　　　　　　(내가 해줄가?)
ㄴ: 댓어. 나 혼자 할래.　　　(됐어. 나 혼자 할래.)

ㄱ: 몇시까지 도착하라?　　　(몇시까지 도착하면 돼?)
ㄴ: 야덜시까지 오라.　　　　(여덟시까지 오라.)

ㄱ: 같이 먹자?　　　　　　　(같이 먹을가?)
ㄴ: 일없이요. 난 안 먹갓이요. (일없어요. 난 안 먹겠어요.)

敬意体に見られる特徴としては,합시다形や하십시오形のほかに,ソウル方言ではあまり聞かれなくなった하십시다形が広く用いられていることをまず挙げ得る.逆に,ソウル方言に見る命令の하세요形はあまり聞かれない上,해요形も命令形や勧誘形として用いられず,하죠形,하시죠形による命令や勧誘もない.

一方，平壤方言では，하라形に"-요"が付加された하라요形，하자形に"-요"が付加された하자요形が多用され，これらはそれぞれ，尊敬接尾辞"-시-"を含む하시자요形，하시라요形でもしばしば用いられる：[73]

- 우리가 <u>도와주자요</u>.
- 좀 <u>들라요</u>.
- 같이 <u>가시자요</u>.
- 빨리 <u>내려오시라요</u>.

하라요形，하자요形もまた，疑問文において上の非敬意体の場合と同様の用いられ方をする．この際，聞き手が하라요形，하자요形を用いて待遇法上の態度の態度を表し得ない相手である場合には，하랍니까形，하잡니까形などを用いる：

- 내가 대신 <u>가라요</u>?　　　(내가 대신 갈가요?)
- 뭘 <u>먹자요</u>?　　　(뭘 먹을가요?)
- 손님, 빈 접시 <u>내가랍니까</u>?　(손님, 빈 접시 내가도 되겠습니까?)
- 같이 <u>가잡니까</u>?　　(같이 가는게 어떻겠습니까?)

5.3.3.5. いわゆる〈確言形〉の形

ソウル方言の終止形の中には，しばしば〈確言形〉と呼ばれる，Ⅰ-지やⅠ-죠〜지요が付いた形である하지形，하죠形〜하지요形がある．平壤方言にもこの形が存在するものの（ただし，하죠形は見られない），まずもって異なるのは，5.4.3.4.でも指摘したように，敬意体の하지요形が命令や勧誘の意味で用いられないとい

---

[73] 命令形の하십시오形は，そこから語尾を取り出そうとした場合にⅡ-십시오が取り出され，それ自体を一つの語尾とみなすのが一般的であり，하십시오形自体が聞き手待遇法のパラダイムの中に位置づけられていることが多い．これは，하십시오形が，主体待遇法接尾辞のⅡ-시-を含むという点では叙述形の하십니다形や勧誘形の하십시다形などと同様である一方，叙述形や勧誘形で하십니다形-합니다形，하십시다形-합시다形が主体待遇法上の対立を見せているのとは異なり，共時的に見て하십시오形と主体待遇法上対立する形が見当たらないことによる．このように，命令形や勧誘形において，主体待遇法と聞き手待遇法はかなり密接な関わりを持つことになる．叙述形や疑問形が用いられる文においては主体と聞き手が必ずしも一致しないのに対して，命令形や勧誘形を用いる文では，主体は必ず聞き手を含むものになるためである．尊敬接尾辞Ⅱ-시-を含む하시자요形，하시라요形を見ると，それ自体は하라요形，하자요形のような主体待遇法上対立する形を持つが，これら諸語形がそれぞれ対立しながら聞き手に対する敬意の表し分けに関与しているとも捉えうる．

う点である.
　さらに, 4.2.で見たように, 平壌方言では/ㄷ, ㅌ/が口蓋音化しない現象が見られ, Ⅰ-지, Ⅰ-지요にも口蓋音化していない異形態のⅠ-디, Ⅰ-디요がある. これらが付いた하디形, 하디요形と, 하지形, 하지요形は共に広く用いられており, 自然談話資料を見ても同じ話者の発話の中でも両方が用いられている.
　これと関連して, 確認疑問文などと呼ばれる文に現れる하잖니形も, 하단니形で現れることがある:

　　　・　가야 대단니.　　　　(가야 되잖니.)

　また, 平壌方言では하지形, 하디形や하디요形, 하지요形に"뭐"が後続した, 하지 뭐, 하디 뭐などの形式が, かなり頻繁に見られる:

　　　ㄱ: 다 핸? (다 했니.)　　ㄴ: 벌써 햇디 뭐. (그럼. 벌써 했지.)

　なお, 敬意体では, ほかの終止形同様, 直説法叙述形で합니다形を用いる相手に対しては, 〈確言形〉の場合でも하지요形を基本的に用いない. それを補充する形で, Ⅰ-지 않습니까を用いた否定疑問文が用いられるとともに, 近年若い世代を中心に, 疑問形の代用としてⅠ-지 말입니다が比較的多く用いられ始めている. 韓国でも軍隊などの間でよく見られる形式であるが, 平壌方言の場合成人男性はもちろん, 成人女性話者の発話にもしばしば見られる.

5.3.3.6. いわゆる〈詠嘆法〉と呼ばれる諸形

　Ⅰ-는군/Ⅰ-군, Ⅰ-는구만/Ⅰ-구만, Ⅰ-는구나/Ⅰ-구나, Ⅰ-네や, そこに"-요"がついたもの, さらにこれらに対応する目撃法終止形語尾を, 総じて〈詠嘆法〉終止形語尾と呼ぶことがある. 平壌方言の中にもこのような語尾が付いた終止形が観察される. ただし, ソウル方言と幾分異なる点がある.
　直説法の終止形から見てみると, ソウル方言で頻繁に用いられる하네形があまり用いられず, 敬意体である하네요形に至ってはほとんど見られない.
　一方で, 平壌方言では, Ⅰ-는구나と同じ意味・用法を持つⅠ-누나が付いた하누나形が圧倒的に多く用いられ, さらに指定詞においては, Ⅰ-구나が付いた形よりⅠ-로구나が付いた이로구나形がより多く用いられているという特徴が見

られる．Ⅰ-는군/Ⅰ-군，Ⅰ-는구만/Ⅰ-구만に対しても同様のことが言える．ただし，Ⅰ-는군/Ⅰ-군に限っては，하누나形に対応する形がない：

- 넌 진짜 잘 먹누나． （넌 진짜 잘 먹는구나.）
- 잘하누만． （잘하는구만.）
- 피, 아니로구나．

さらに平壌方言では，"멋있다야！"に見るように，Ⅱ-ㄴ다/Ⅰ-는다/Ⅰ-다が付いた形に"-야"が付いた，한다야形が頻繁に用いられており，Ⅱ-ㄴ다야/Ⅰ-는다야/Ⅰ-다야自体が終止形語尾と化している．

敬意体は，基本的に非敬意体に"-요"が付いた形である．若い世代の言語を中心に見られる特徴として，Ⅰ-누나，Ⅰ-구나，Ⅰ-로구나が付いた形に"-요"が付いた諸語形が用いられている点を挙げうる：

- 요게 더 맛있구나요．

また，하지形，하디形同様に，하누나形，하누만形などに"뭐"が後続した，하누나 뭐，하누만 뭐などの形式が頻繁に見られる：

- 다친줄 알안데 하나 일없구나 뭐． （다친줄 알았는데 하나 일없구나.）

目撃法の終止形を見ると，Ⅰ-더구나，Ⅰ-더구만などが付いた形の代わりに，Ⅰ-두나，Ⅰ-두만が付いた，하두나形，하두만形が広く用いられている：

- 혼났다 길두나． （혼났다고 그러더구나.）
- 저치 혼자 잘 놀두만． （저치 혼자 잘 놀더구만.）

敬意体でも，"-더구-"の形より"-두-"の形が広く用いられており，ソウル方言にも見られるⅠ-더군요のほかに，Ⅰ-두만요やⅠ-두나요が付いた形が見られる．

5.3.3.7. そのほかの形

ソウル方言では，Ⅰ-거든が付いた하거든形（〈確認形〉などと呼ばれる）がかな

り頻繁に用いられるが，平壌方言でこれに対応する形である하거던形は，それほど使用頻度が高くない．敬意体である하거던요形ともなると，滅多に耳にしない．代わりに，平壌方言では，ソウル方言で하거든形が用いられそうな文脈で，連体引用形に"말이(다)"が続いた，한단 말이야などがかなりの頻度で用いられる．[74] 敬意を表す相手に対しては한단 말이에요，한단 말입니다などが用いられる：

- 그 사람 만났단 말이야. 기랬더니…
  - (그 사람 만났단 말이야. 그랬더니…)

また，しばしば〈婉曲形〉と称されるもののうち，非敬意体の하는데形は用いられるが，敬意体の하는데요形は用いられない．

할래形，할게形，할가形など推量法(意志＝推量法)の諸形に関しては，さほど大きな差は見られない．傾向としては，ソウル方言で推量法が用いられそうな文脈で，Ⅰ-갓〜갓-を用いた諸形が相対的に多く用いられているように思われる．

5.3.4. 接続形

平壌方言では，ソウル方言で用いられる接続形のほとんどが用いられる．ここでは，平壌方言に固有な接続形の例だけ確認してみる：

- a. Ⅰ-디만 (Ⅰ-지만)
   가기는 <u>가디만</u> 될거 같디 않아.　(가기는 가지만 될거 같지 않아.)
- b. Ⅱ-멘서 (Ⅱ-면서)
   일을 <u>하멘서</u> 노래 부르라.　(일을 하면서 노래 불러라.)
- c. Ⅱ-멘 (Ⅱ-면서)
   혼자 가갓다 길멘 말 안 들어. (혼자 가겠다고 그러면서 말 안 들어.)
- d. Ⅱ-문 (Ⅱ-면)
   <u>기카문</u> 억하간?　(그렇게 하면 어떻게 하겠니?)
- e. Ⅱ-니까니〜Ⅱ-니끼니 (Ⅱ-니까)
   <u>알아보니까니</u> 그런 일은 없두나. (알아보니까 그런 일은 없더구나.)
- f. Ⅱ-라 (Ⅱ-러)

---

74) Ⅱ-란 말이-，Ⅰ-잔 말이-など，命令形や勧誘形が連体引用形の形をとったものに"말이-"が続いたものも多用される．

280

	보라 가니까니 없두나.	(보러 가니까 없더구나.)
g.	Ⅱ-ㄹ레문 (Ⅱ-려면)	
	할레문 혼자 하라마.	(하려면 혼자 하라.)
h.	Ⅰ-댄데 (Ⅰ-댔는데)	
	요케 보댄데 맞나?	(요렇게 보댔는데 맞나?)
i.	Ⅰ-ㄴ데 (Ⅰ-는데)	
	그게 아니란데 왜 기니?	(그게 아니라는데 왜 그러니?)

5.3.5. 連体形

平壌方言には，ソウル方言に存在する現在連体形語尾のⅠ-는/Ⅱ-ㄴ，動詞の過去連体形語尾Ⅱ-ㄴ，予期連体形語尾のⅡ-ㄹが付いた諸形が同様に存在する．

これらのほかに，平壌方言では，過去連体形語尾としてⅢ-ㄴがあり，핸形が用いられる：

- 내가 핸건데… （내가 한건데…）
- 아까 완 사람이… （아까 온 사람이…）
- 많이 아판 사람 같지 않구나. （많이 아팠던 사람 같지 않구나.）

また平壌方言では，用言接尾辞Ⅰ-댔-に由来すると見られるⅠ-댄という連体形語尾，ならびにこれにⅢ-ㅅ～ㅆ-が先行した形式が見られ，これらが付いた하댄形，햇댄形～했댄形が広く用いられている．これらの形は，ソウル方言で見ると連体形語尾Ⅰ-던が付いた하던形，했던形にほぼ相当する．平壌方言では，この하던形，했던形がほとんど見られない：

- 엄마가 길댄거 같애. （엄마가 그렇게 말하던거 같애.）
- 거게 갓댄 일 생각나니? （거기 갔던 일 생각나니?）

6. おわりに

本稿では，平壌方言の音声と文法に見られる諸特徴を，主にソウル方言と対比的に眺める形で概観した．

冒頭でも述べたように，平壌方言の記述的な研究は残念ながらそれほど多く見られない．本稿のように，観察された言語事実に依拠して，音声と文法について

包括的,体系的に記述することを試みた研究は皆無に等しい.本稿が引き金となり,平壌方言に対する理解が深まるとともに,より詳細な研究がなされることを願うばかりである.

また,残念なことに,現状様々な理由により,平壌方言話者との交流が限られ,生の平壌方言を耳にする機会は多くないと思われる.そのため,平壌方言についても,幾分偏りのある情報だけが広まっているような感を否めない.しかしながら,本稿第2節でも述べたように,違いもあるが共通点も少なくない.それどころか,言語のシステム自体は,ソウル方言と釜山方言より,ソウル方言と平壌方言の方が近しいとも言える.今後平壌方言とソウル方言との間での言語的な接触がより盛んになり,今以上に,両者の間の「距離」が縮まることを願ってやまない.

【謝辞】

本稿執筆に際し,多くのご助言や情報提供を下さった,社会科学院言語学研究所の정순기,최병수,리승길先生,朝鮮大学校の김성수先生に記して感謝申し上げたい.

参考文献

강순경(2001) "북한 모음 체계의 실험 음성학적 연구", 서울: 한국문화사
강진철(2005) "조선어실험음성학", 조선어학전서 24, 평양: 사회과학출판사
고현철(2003) "황해도방언의 어음-형태론적특성에 대한 연구", 조선민주주의인민공화국 언어학학사론문
김동찬(2002:2005) "조선어실용문법"(조선어학전서31), 평양: 사회과학출판사
김병제(1959) "조선어방언학개요(상)", 평양: 과학원출판사
김병제(1965) "조선어방언학개요(중)", 평양: 사회과학원출판사
김병제(1975) "조선어방언학개요(하)", 평양: 사회과학출판사
김병제(1988) "조선언어지리학시고", 평양: 과학백과사전출판사
김봉국(2013) '정도성에 의한 음소 대립' "방언학" 제18호, 서울: 한국방언학회
김성근(2005a) "조선어어음론", 조선어학전서 22, 평양: 사회과학출판사
김성근(2005b) "조선어음운론", 조선어학전서 23, 평양: 사회과학출판사
김성근(2005c) "조선어방언학", 조선어학전서38, 평양: 사회과학출판사
김영배(1977) "평안방언의 음운체계연구", 한국학엔구총서 제11집, 서울: 동국대학교 한국학연구소

김영배(1992) "남북한의 방언 연구", 서울: 경운출판사
김영배(1984) "평안방언연구" 서울: 동국대학교 출판부
김영배(1997) "평안방언연구(증보)" 서울: 태학사
김영배, 이명호(1991) '디지털 신호처리 기법을 이용한 평양방언의 피치에 관한 연구'"동국대학교논문집"제30집, 서울: 동국대학교
김영황(1982) "조선어방언학", 평양: 김일성종합대학출판사
김영황(2010) "방언학(언어정보학과용)", 평양: 김일성종합대학출판사
김용구(1989) "조선어문법", 평양: 사회과학출판사
김일성(1966) '조선어의 민족적특성을 옳게 살려나갈데 대하여', "김일성저작집" 제20권(1982), pp. 335-352, 평양: 조선로동당출판사
남기심・고영근(1985;1993²) "표준 국어문법론(개정판)", 서울: 탑출판사
노마 히데키(1996;2002) '현대한국어의 대우법 체계' "말" 제21집. 서울: 연세대학교 연세어학원 한국어학당
도덩보(1976) "피야ㅇ마른"
리근영(1985) "조선어리론문법(형태론)", 평양: 과학, 백과사전출판사
리동빈(2001) "조선어방언학(류학생용)", 평양: 김일성종합대학출판사
리승길, 최광훈, 궁정식, 한명일(2015) "문화어발음상식", 평양: 과학백과사전출판사
방언연구회 편저(2001) "방언학 사전", 서울: 태학사
서정수(1994;1996²) "국어문법(수정증보판)", 서울: 한양대학교 출판원
성기철(1990) '공손법', "국어연구 어디까지 왔나 – 주제별 국어학 연구사", 서울대학교 대학원 국어연구회 편, 서울: 동아출판사
소신애(2010) '평양 방언의 실험음성학적 연구: 평양 지역어의 모음을 중심으로', "국어학" 제58집, 국어학회
송병근(2005) "평안남도방언의 어음-형태론적 특성에 대한 연구", 조선민주주의인민공화국 언어학학사학위론문
유필재(2006) "서울방언의 음운론", 서울: 월인
이금화(2006) '평양지역어 활용어간의 공시형태론', "방언학" 제3호, 한국방언학회
이금화(2007) "평양지역어의 음운론" 서울: 역락
이기갑(2003) "국어 방언 문법", 서울: 태학사
이현복(1995) '남북한 음성언어의 실험음성학적 연구', "말소리" 29-30호, 서울: 대한음성학회
이희자・이종희(1999) "텍스트 분석적 국어 어미의 연구", 서울: 한국문화사
정순기 외(1992) "조선말대사전1, 2", 평양: 사회과학출판사
조선문화어문법규범편찬위원회(1976;1984²) "조선문화어문법규범", 평양: 김일성종

합대학출판사
조선민주주의인민공화국 국어사정위원회(2010) "조선말규범집", 평양: 사회과학출판사
조선민주주의인민공화국 국어사정위원회(2012) "외국말적기법", 평양: 사회과학출판사
조선 민주주의 인민 공화국 과학원 언어 문학 연구소 언어학 연구실(1960) "조선어문법 I", 평양: 과학원 출판사
차익정(2014) "동국정운식 한자음 연구", 서울대학교 대학원 문학박사학위논문
최석재(2007) '현대국어 대우법의 화계 구분에 대한 고찰 – 드라마 대본에 나타난 서울 지역 구어 환경을 대상으로', "한국어학" 37, 서울: 한국어학회
한성구, 김성수(2016) "조선어문법(고급) 교수참고서" 제2권, 도쿄: 학우서방
한성구, 김성수, 박재호, 정순기(2015:2016) "조선어문법(고급)", 도쿄: 학우서방
한영순(1967) "조선어방언학", 평양: 김일성종합대학출판사
황대화(2007) "황해도방언연구", 서울: 한국문화사
황대화, 양오진(2009) "서북방언의 친족어연구", 서울: 제이엔씨
宇都木昭(2007)「音響音声学からの接近」, 野間秀樹編著(2007)所収
菅野裕臣他編(1988;19912)『コスモス朝和辞典』第2版, 東京：白水社
髙東昊(2007)「方言の文法的文化」, 野間秀樹編著(2007)所収
金成樹(2015)「文化語の「言いさし」の〈하게〉形に関する一考察」,『朝鮮大学校学報』Vol. 25, 東京：朝鮮大学校
金珍娥 (2002)「日本語と韓国語における談話ストラテジーとしてのスピーチレベルシフト」『朝鮮学報』 第183輯, 天理：朝鮮学会
須賀井義教(2012)「モダリティとムードをめぐって」, 野間秀樹編著(2012)所収
張秀蓮(2014)「平壌方言の'-댓-'について」, 東京外国語大学大学院修士論文
趙義成(2007)「慶尚道方言とソウル方言」, 野間秀樹編著(2007)所収
鄭稀元(2007)「韓国と北朝鮮の言語差」, 野間秀樹編著(2007)所収
野間秀樹(1988)「〈하겠다〉の研究―現代朝鮮語の用言のmood形式をめぐって―」『朝鮮学報』 第129輯, 天理：朝鮮学会
野間秀樹(2007a)「音声学からの接近」, 野間秀樹編著(2007)所収
野間秀樹(2007b)「音韻論からの接近」, 野間秀樹編著(2007)所収
野間秀樹(2007c)「形態音韻論からの接近」, 野間秀樹編著(2007)所収
野間秀樹(2007d)『新・至福の朝鮮語』第2版, 東京：朝日出版社
野間秀樹(2012a)「文法の基礎概念②言語の階層―〈談話とテクスト〉から〈形態素〉へ―」, 野間秀樹編著(2012)所収

野間秀樹(2012b)「待遇表現と待遇法を考えるために」，野間秀樹編著(2012)所収
野間秀樹編著(2007)『韓国語教育論講座』第1巻，東京：くろしお出版
野間秀樹編著(2012)『韓国語教育論講座』第2巻，東京：くろしお出版
韓成求(2009)「平壌方言の待遇法の体系」，朝鮮学会第60回大会発表要旨，天理：朝鮮学会
村田寛(2012)「格をめぐって」，野間秀樹編著(2012)所収
Jun, S.-A. (1993) *"The Phonetic and Phonology of Korean Prosody"*, Ph.D. Dissertation, Ohio State University.

中央アジア高麗語の話しことばと書きことば

権 在一（クォン・ジェイル）
訳：辻野 裕紀（つじの・ゆうき）

1. 緒言　　　　　　　　　　　　　287
2. 韓国語と高麗語の性格　　　　　290
3. 格助詞の対照　　　　　　　　　298
4. 終結語尾の対照　　　　　　　　305
5. 高麗語と韓国語，北朝鮮の朝鮮語，
　　中国朝鮮語との対照　　　　　313
6. 結語　　　　　　　　　　　　　316

1. 緒言

　中央アジア地域，具体的には，旧ソ連に属していた国，カザフスタン，ウズベキスタン，キルギスタンなどに住んでいる朝鮮民族（한민족）を，高麗人（고려사람）という．こうした高麗人たちが用いてきたことばを高麗語（고려말）と呼ぶ．本稿は，中央アジアの高麗語（고려말）には話しことば（구어）と書きことば（문어）が別々に存在することを確認し，それら各々の文法の特徴を明らかにせんとすることを目的とする．[1]

　高麗語は，言語学的には，韓国語（한국어）の１つの方言や韓国語の他の地域方言とは性格を異にする方言であり，概ね咸鏡北道方言を受け継いだものである．

　まず，現地で調査した口述資料を引用し，それぞれ韓国の標準語訳と日本語訳を付す（권재일 2010:178-179）．

(1) a. 우린데 가깝게 큰 산으 없습구마. 그리 높은 산으느. 그래 어째 우리 산으르 가는가 하이끄드나예, 나물 캐러. 그래 산 밀으르 댕겠지.
　　　［우리가 있는 곳 가까이에 큰 산은 없습니다. 그렇게 높은 산은.

---

[1] 本稿は，権在一「中央アジア高麗語の話しことばと書き言葉」（『朝鮮学報』第234輯，朝鮮学会，2015年）に加筆修正したものである．同稿は，筆者の先行研究である권재일(2013a,b,c,d)に基づいて新たに書き改めたものである．本稿の記述内容と高麗語の資料はそれらと重複している点を予め明記しておく．

그래서 왜 우리가 산으로 가는가 하면요, 나물 캐려고. 그래서 산 밑으로 다녔지.]
私たちのいるところの近くに大きな山はありません. それほど高い山は. それで, なぜ私たちが山へ行くのかと言うとですね, 山菜を摘もうと思って. それで, 山のふもとへ行ったんだよ.

b. 나물은 내 스 잘 기억지 못합구마. 까끄 에또 가시, 보또므, 무스 보선나물이라든지 그런 잎이 이런게 나. 그래 그저 어 이 시기 무스 그저 뭐 뭐 풀은 다 캐 먹었었구마, 우리. 무슨들레, 이 셔투리, 무스 것두 똘꼬 아이 먹었갰슴두?
[나물은 내가 음 잘 기억하지 못합니다. 저기 무엇이더라(как это), 엉겅퀴나물, 그 다음에(потом), 버선나물이라든지, 그런 잎이 이렇게 난 것, 그래서 그저 어 이 시기에는 무슨 그저 뭐 뭐 (모든) 나물은 다 캐서 먹었습니다. 우리가, 민들레, 이 씀바귀, 무슨 풀인들(только) 아니 먹었갰습니까?]
山菜は, 私は, えーと, よく覚えていません. あの, 何だったかな, 野薊(のあざみ)を, それから, 金水引(きんみずひき)とか, そういう葉っぱがこうやって生えたもの, それで, ただ, えー, その時期には, ただ, えー, 山菜は全部摘んで食べました, 私たち. 蒲公英(たんぽぽ), 苦菜(にがな), どんな草でも, 食べなかったものなんかありませんよ.

しかし, 中央アジア地域で出版された高麗語の文献, 特に新聞記事や新聞に掲載された文学作品を見ると, 上のような口述資料のことばとは, かなり異なることを確認しうる. このことについては, 김필영(2008), 권재일(2010)で既に言及されているところである.
　次の資料は, 中央アジア地域で発刊されていた新聞『레닌기치』(レーニンの旗)に掲載された文章である. (2)が対話資料, (3)が非対話資料である. ここでの対話資料は小説や戯曲作品の中の対話, 非対話資料は新聞記事文や論説文, 文学評論などを指す.

(2) a. 내가 쾌활하거나 우슨 이야기를 잘 하여 그런 것이 아니라 세상에 우슨 일들이 많으니 그런 것이지요.
　　 b. 왜 가만있니? 너 말을 모르는구나. 야는 카사흐말을, 자는

우이구르말을, 또 이 애는 독일말을, 우린 다 자기 말을 아는데 넌 몰라 … 애들아, 그렇지?

(3) a. 인민은 자기의 언어로 하여 불멸하다. 누구를 막론하고 우리는 우리에게 생명을 주고 가장 큰 재부인 자기 언어를 준 자기 인민 앞에 지닌 자손으로서의 신성한 의무가 있다.
b. 이상에 우리가 개성화한 감정에 대하여 말하엿다. 이것은 결코 작자의 개성, 혹은 어떤 다른 개성에 대하여만 특증되는 감정을 의미함이 아니다. 반대로 감정은 반듯이 결국 전형성을 가져야 된다.

こうした例を踏まえると，中央アジアの高麗語には，日常言語（일상언어）である話しことば（구어）と格式言語（격식언어）である書きことば（문어）が共に存在し用いられているものと見ることができる．本稿では，高麗語の性格をめぐって，高麗語の話しことばと書きことばの存在を確認し，これら各々の文法の特徴を明らかにせんとすることを目的とする．文法の特徴は，格助詞（격조사）と終結語尾（종결어미）を対象にする．併せて，こうした高麗語と現代韓国語（현대한국어），そして北朝鮮の朝鮮語（북말），中国朝鮮族の朝鮮語（중국 조선족의 조선말）とも対照し，その特徴を概観することももうひとつの目的である．

本稿で対象とする高麗語の資料は次の通りである．書きことば資料は，対話資料と非対話資料とに分けて見ていく．

(4) 話しことば資料
권재일(2010) "중앙아시아 고려말의 문법" (서울대학교 출판문화원)의 '부록 : 고려말 전사 자료' [2]

(5) 書きことば資料
"레닌기치" [3]

---

[2] この転写資料は，金周源教授，高東昊教授，そして筆者の権在一が2006年12月から2007年1月にかけて調査したもので，インフォーマント（자료제공인）はノガイ・アンナ（Nogaj Anna Afanacievna）女史である．キルギスタン・ビシュケク在住，1925年生まれである．12歳まで極東（원동）ハサンに住み，1937年に強制移住により移り住んだ．

[3] 『레닌기치』（レーニンの旗）は中央アジア地域で刊行されていた高麗語の新聞である．1938年5月15日に『레닌의긔치』（レーニンの旗幟）として創刊された．その後，『레닌의 기치』（レーニンの旗幟）を経て，『레닌기치』（レーニン旗幟）となり（1952年），1990

김필영(2004) "소비에트 중앙아시아 고려인 문학사", 강남대학교 출판부

2. 韓国語と高麗語の性格
2.1. 韓国語使用の3つの類型

　韓国語を使用する人たちは，大きく3つの類型に分けうる．1つ目は，韓国語を第1言語である公用語として使用する場合である．韓国と北朝鮮の住民がここに属する．おおよそ7,500万人である．2つ目は，韓国語を第2言語として使用する場合である．中国，日本，アメリカ，中央アジア地域をはじめとした世界の各地域に住みながら，各々中国語，日本語，英語，ロシア語など，その国家の言語を第1言語として使用し，家庭や地域社会では韓国語を使用する場合である．主に韓国系移住民とその後裔たちがここに属する．特に，中国吉林省の朝鮮族自治州をはじめとした東北3省の様々な地域の朝鮮族が使用する韓国語が朝鮮語（조선어）であり，中央アジア地域の高麗人が使用する韓国語が高麗語（고려말）である．3つ目は，第1言語でも第2言語でもなく，外国語として韓国語を学び使用する場合である．近年，韓国が経済的，文化的に発展し，韓国に関心を持って韓国語を学ぼうとする外国人が増えている．韓国語能力試験，すなわちTOPIKという試験を受験する外国人の数が，最初に実施された1997年には2,000人余りであったのに対し，2013年には20万人を超えたのを見ると，韓国語を学ぼうとする世界の人々が多いことを実感できる．このように，韓国語を使用する人口は，かなりの数に達しており，最近のエスノローグ（www.ethnologue.com）によると，韓国語使用者数は7,720万人と公式に集計され，世界の様々な言語のうち，使用者数で見ると13位となっている．
　本稿の対象となるのは，上の2つ目の類型のうち，中央アジア地域の高麗人が第2言語として使用する韓国語，すなわち高麗語である．

2.2. 高麗語の性格

　前述のごとく，中央アジアに住んでいる朝鮮民族（한민족）を高麗人（고려사람）という．彼らは，もともとロシアとの国境付近の咸鏡北道に住んでいた人たちで，1863年から沿海州地方に移住して暮らしていた．そして，1937年にスターリンの強制移住政策によって，中央アジア地域へと移って生活することとなった．こ

年12月31日付で廃刊，1991年1月1日付で『고려일보』（高麗日報）として再創刊された．

うした高麗人が用いてきたことばが高麗語（고려말）である．高麗語は，おおよそ咸鏡北道方言を受け継いだものだと述べたが，この咸鏡北道方言は，さらに六鎮方言と吉州・明川方言とに分けられるが，高麗人は各自の成育環境によって，この2つの下位方言のうち，いずれか一方を用いている．

現地では，高麗語のことを朝鮮語(조선말)と称したりもするが，高麗語(고려말)という呼称がより一般的である．1920年代以降，旧ソ連在住の朝鮮民族の出版物において，韓国のことを「高麗（고려）」と称しており，ソ連の朝鮮民族を「ソビエト高麗民族（소베트 고려민족）」と呼んでいたが，さらに1930年代以降，教科書においては一貫して「高麗語（고려어ないし고려말）」と称した．

러쓰 킹 외(1992:90-)は，高麗語の性格に言及しつつ，高麗語は既に早くから朝鮮半島（한반도）とは断絶されたまま特有の言語的特徴を保存しており，書きことば体（문어체）の影響を相対的にあまり受けなかったことを指摘している．そして，書きことば（문어）は，1937年以前に旧ソ連の極東（원동）地方で韓国語教育を受けた人たちの格式言語（격식언어）だとした．

박넬리(1991,2005)は，高麗語は1800年代後半にロシア極東地方で新たに独自に形成され始めたもので，1860年代から1900年代までは六鎮方言使用者が絶対的多数を占めていたが，1900年代から1920年代まで吉州・明川地方から沿海州へ続いた移住によって，方言が混ざり始めたものと見ている．

なお，中央アジア地域に居住する高麗人の数はおおよそ次の通りである(한영균 외 2013資料参照)．2011年現在，ウズベキスタンは173,600人で最も多く，カザフスタンは107,130人，キルギスタンは18,230人である．2013年の資料によると，ウズベキスタン173,832人，カザフスタン105,483人である．한영균 외(2013)の調査報告によると，彼らは日常生活において90%以上がロシア語を主に使用し，高麗語を最も多く使用すると答えたのは5%程度にとどまっている．家庭における言語使用様相もやはりこれと類似している．言語能力の側面から見ると，自身の高麗語の能力は，全くできないとの答えが最も高い比率を占めているとされており，また，聴くことよりも話すこと，読むことより書くことを難しがる傾向があり，これは理解に比べて，表現に対する負担がより大きいからだと分析している．

2.3. 高麗語の話しことばと書きことば

筆者は現地で高麗語を調査しながら，高麗語使用者が高麗語の 2 つのすがた，すなわち，日常言語（일상언어）である話しことば（구어）と格式言語（격식언어）である書きことば（문어）とを維持していることを確認しえた．日常生活で自然に用いる高麗語を「話しことば高麗語（구어 고려말）」と呼ぶとするなら，文章を書く際や，公式的な対話，格式張った対話をする際に用いる高麗語を「書きことば高麗語（문어 고려말）」と呼びうる．次の資料が話しことば高麗語に該当する．

(6)　닭으 제 뿌리구 왔습구마.[4] 어찌 제 뿌리고 왔는가이ㄲ드나 으이 우리르 불시르 이주시켔습구마. 그래다나이 미처 어찌 새 없지. 어 내 생각 아이 나지만 돼지느 어찌 했는지 모르겠. 잡았는지 어찌 했는지. 아 쇠 있는 거느 국가르 받치고 왔스. 국가르 주고 왔습구마. 그래서 음 닭으느 그, 우리 나올 직에 에따 그, 뽀시예트 어느 메르 그게 에또 까ㄲ 예고. 죄인들이 이레 죄를 짓고 가 가 갇히잖~임두?[5] 그런 사람들으 내 보냈습드마. 우리르 이거 이주르 시기는 거. 쇠수레들으 몰고 거기르 음 뽀시예트꺼지 가게. 그래 그 사람들마 부뜰어 먹었지 모르지 어찌했는지. 그레고 쇠느 바쳤습구마, 국가.

[닭을 모두 버리고 왔습니다. 왜 모두 버리고 왔는가 하니 음 우리를 불시로(=예고 없이) 이주시켰습니다. 그러다가 보니 미처 어떻게 할 사이 없었지. 음 내가 생각나지 않지만, 돼지는 어떻게 했는지 모르겠(습니다). 잡아먹었는지 어떻게 했는지. 음 (집에) 있던 소는 국가에 받치고 왔(습니다). 국가에 주고 왔습니다. 그래서 음 닭은 그, 우리가 나올 때에 그(это) 그, 포시예트(Посьет) 어느 곳을, 그게, 뭐라고 하더라(это как его)? 죄인들이 이렇게 죄를 짓고 가 갇히지 않습니까? 그런 사람들을 내보더군요. 우리를 이거 이주를 시키는 곳. 소달구지를 몰고 거기를, 음 포시예트까지 가게 (되었습니다.) 그래 그 사람들이 (닭을) 붙잡아 먹었는지 모르지 어찌하였는지. 그리고 소는 국가에 바쳤습니다.]

---

4) 本稿において特に言及のない場合はすべて권재일(2010)で記述した口述資料の中から必要な部分を引用したものである．勿論，インフォーマントはノガイ・アンナ女史である．
5) '~' は音節末の子音がなくなり，母音が鼻音化したというしるしである．

鶏をすべて捨てて来ました．なぜすべて捨てて来たかと言うと，えーと，私たちを突然移住させました．そうこうするうちに，前もってどうこうする余裕がなかったんだよ．えーと，私は思い出せませんが，豚はどうしたのか分かりません．屠って食べたのかどうしたのか．えーと，家にいた牛は国家に捧げて来ました．国家にあげて来ました．それで，えーと，鶏は，その，私たちが出て来るときに，その，ポシェトの，あるところを，何と言ったかな？罪人たちがこうして罪を犯して閉じ込められるじゃないですか？そういう人たちを送っていたんですよ．私たちを移住させるところ．牛車を駆って，えーと，ポシェトまで行くことになりました．うん，その人たちが鶏を捕まえて食べたのか分からないよ，どうしたのか．そして，牛は国家に捧げました．

これに対し，次に紹介する資料は，書きことば高麗語だと言いうる．2007年7月，ウズベキスタンのタシュケントで調査したインフォーマント（자료제공인）のチャン・ヨンジン（장영진）先生との対話である．チャン・ヨンジン先生は調査当時，1917年生まれの90歳で，遠東師範学校（원동사범학교）を卒業し，教師赴任を目前に，1937年，強制移住でウズベキスタンに来，そのかん，高麗語の教師，中学校の校長などを歴任して退職なさった方である．この方との対話において，初めはこの方がソウルから来た私たちに会ったので高麗語ではなくソウルことば（서울말）を使っているものと誤解したが，この方の説明によると，学校で学び用いる教養あることばは日常生活で用いることばとは異なるということだった．また，この方は，公式的な場では話しことば高麗語を用いてはならないという信念が強かった．調査者は話しことば高麗語を話してほしいと何度も要求したが，断固として取り合ってもらえなかった．そして，この方が師範学校で学び，高麗語の教師として教えた，格式言語である書きことば高麗語（この方の表現では「教養語（교양어）」は，少なくともソ連解体後の1990年以降，韓国の企業家や宗教家がこの地へ入って伝えた，現在のソウルことばではないことは確かであった．次の対話において，'권'は筆者，'장'はチャン・ヨンジン先生である．

(7) 권:사시는 데가 어딥니까?
　　 장:자식들이 따시켄뜨 거반 살고 셋째 아들이 어러시아 땅에 가서 삽니다.

권:아, 그러세요? 그런데 그, 고례말로는 어, 러시아 땅에 가서 살고 있소, 살고 있습구마 이렇게 말하지 않습두?
장:예.
권:예. 그런 말로 해 주셔야 제가 여기 잘 배울 수 있거든요. 예. 그러며는 이제 우선 그, 원동 사실 때 어디서 사셨어요? 원동에서는
장:원동, 아, 아, 하바롭스키 벤강, 쁘리모리 쁘리모레 연해주 수천 구역 어, 도두구란 촌에서 난 탄생했습니다. 그래 실길 때는 어 스꼬또브 구역 연해두 스꼬또브 구역 어 그, 베농장 뻬또라까란 거기서 차에 실게서 여기를 떠나왔지요.

2008年1月にカザフスタンのアルマトゥイで調査した，別のインフォーマントとの次の対話も見てみよう．インフォーマントは，シン・ウェラ（신외라）女史だが，この方は1929年に生まれ，8歳のときに移住してきた方で，調査当時79歳であった．[6] シン・ウェラ女史が用いることばもやはりソウルから来た企業家や宗教家たちから学んだことばではなく，もともと知っていた高麗語である．調査に同席したパク・ネリー（박넬리）教授が次の下線部のように言ってみたが，インフォーマントは全く応じてくれなかった．

(8) 신:원동~에서 들올 때 내가 야듭 살 때였습니다. 야듭 살이, 이십구연 생입니다, 내가.
권:이십구년생 음, 그러며는 원동에서 부술기 타고 첨에 어디로 왔어요?
신:그래 와서 첨에는 꼭수라는 데로 왔댔습니다. 그래 거기 와서
박:어허허. '읍니다'라고 하지 말고 딱 고레말로.
권:고려말로
신:글쎄 꼭수라는 그런, 이런, 스딴스 꼭수, 정거장~이 그런 데 있었습니다. …… 긔래고 어머니는 어머니는 아들 가주고 집에서 그저 그렇게 고생하구 아부지는 기냥 그저 앓구 그저 그거뱃에 내 골 속에 없습니다.

---

6) シン・ウェラ女史は，極東で生まれ，1937年，8歳のときにカザフスタンのウシュトベに移住した．ウシュトベで67年間暮らした後，最近，アルマトゥイに移って暮らしている．1, 2年ほど教育を受け，長い間ネギ農業の分組長の仕事をしており，農業英雄として多くの勲章をもらっているそうである．家庭と社会生活において主に高麗語を使用している．

2007年7月にウズベキスタンのタシュケントで調査した，また別のインフォーマントのチョン・アンナ（정안나）女史[7]はさらに積極的に話しことばと書きことばの存在を区別しようとした．次の対話からその状況を窺い知ることができる．この方は調査期間の間じゅう，「肝に銘じて（명심하고）」教養語を用い，「訛り（사투리）」と「肝に銘じて用いなければならないことば（명심하고 써야 할 말）」を区別していた．小学校の頃，国語の時間に徹底して教育されたそうである．

(9) 권:그, 아매 아까도 이얘기했지마는, 원래 고려말에는 머머 했습구마 했습구마 또는 했소 이런 말을 하는데 아메는 왜 그런 말을 안 씁니까?
　　정:그거느 방언~이라 해서 어, 집안에서 그저 하는 말이 돼서 내 그 말으 아이, 맹심하구 아이합니다. 집에서느 다 야:들이 그랬습구마 어 이레라 저레라 이랬습니다.
　　권:예. 그러며는 언제부터 밖에서 이랬습니다 이렇게 말했습니까?
　　정:어, 그 전에는 글 이를 직에느 어 다 내 그러 이상 사람들가 다 존경스럽게 말두 하고 그랬습니다. 그랬습니까? 어, 저랬습니다, 오십시오, 가십시오, 이래.
　　권:원동에서도요?
　　정:다. 긍게서두 다 그렇게 했습니다.
　　권:아, 그, 학교서는 머했습니다, 어떻게 했습니까 하고?
　　정:다. 그렇게 했습니다.
　　권:원도~에서도 집에서는, 그렇게 말했고 어시들한테 머했스구마, 머했습두?
　　정:학교 가서느 아이 그레, 다 선생니 앞에서느 어 모 제대루 말해읍니다. 어, 선생님 그렇게 싹 그랬습니까? 저랬습니까? 저레 말했습니다. 다, 다, 그렇게 말했습니다.
　　정:학교서 배운 말대루 우리 말했습니다. 그렇게 말 아이 했습니다.

　以上のように，尊待（높임）の叙述形語尾（서술형어미）と疑問形語尾

---

7) チョン・アンナ女史は，1921年生まれで，やはり極東から1937年にウズベキスタンに移住して来，10年制学校を卒業して，そのかん，郵便局および学務局の経理担当者として働いていた．

295

(의문형어미)が話しことば高麗語と書きことば高麗語とで截然と区分されていた．

(10) 高麗語の尊待（높임）の叙述形語尾と疑問形語尾

	叙述形語尾	疑問形語尾
話しことば高麗語	-습구마	-습두
書きことば高麗語	-습니다	-습니까

またもうひとつ関連した事柄がある．高麗人が書いた小説作品を見ると，対話体（대화체）の文が話しことばではないという事実である．概ね書きことば高麗語を用いている．1950年代から1960年代に創作された高麗人の小説作品に現れた終結語尾（종결어미）を分析した김필영(2008:94-95)によると，小説作品に現れた高麗語の対話の平叙文と疑問文の特徴は次の通りである．

(11) a. 平叙形終結語尾として，해라体は '-(ㄴ/는)다'，'-라'，'-지'；하게体は '-네'；하오体は '-오/소'；합쇼体は '-(ㅂ니)다'，해体は '-아/어'，해요体は '-아/어요' と '-지요' がある．
… 実際の高麗語の談話でよく用いられる합쇼体の終結語尾である '-(스)구마' は小説の話しことば体の表現では用いられない．
b. 疑問形終結語尾として，해라体は '-느냐'，'-니'，'-니'，'-지'；하게体は '-는가'；하오体は '-오/소'；합쇼体は '-ㅂ니까'，해体は '-어/아'，해요体は '-어/아요' と '-지요' がある．
… 実際の高麗語の談話でよく用いられる합쇼体の終結語尾である '-ㅁ두' や '-습두' は小説の話しことば体の表現では用いられない．

以上提示した様々な事実から判断するに，中央アジアの高麗語には，日常言語である話しことばと格式言語である書きことばが区分され使用されてきていることを確認しうる．そうであるならば，このような話しことばと書きことばはいかにして存在しえたのだろうか．日常言語である話しことばは当然，咸鏡北道方言に基づき，沿海州，中央アジアへと移住しながら用いてきたものである．これに比べ，格式言語である書きことばは，윤금선(2014)において近代高麗人たちの母

国語教育活動について議論されたところによると，沿海州や中央アジア地域での母国語教育活動を通じて維持されてきたものと思われる．윤금선(2014)の議論をもう少し見てみよう．

実際に，日本統治時代(일제 강점기)のロシア沿海州地域では，「한민」（韓民），「선봉」（先鋒），「권업신문」（勧業新聞）などのような朝鮮民族（한민족）新聞が発行された．特に「선봉」（先鋒）は母国語教育に関する多様な資料を掲載した新聞として注目される．8) こうした新聞が格式言語である書きことばを維持させた．

次に，教育活動である．韓民学校（한민학교）（1910 年，ウラジオストク新韓村に設立）をはじめとし，ロシア地域には朝鮮人学校が多数あった．これらの学校は，国語，歴史，地誌などを通して，祖国精神を涵養し，国語科教育は，談話，読書，作文，習字，文法などを中心にした．9) また，ロシアの社会主義建設が完成されていくにしたがって，社会主義建設を担当する公教育機関が増加した．1937 年の移住直前には，4 年制初等学校（초등학교）が 300 校余り，初級中学校（초급 중학교）が 60 校余り，中等学校（중등학교）および専門学校（전문학교）が 20 校余りに増えた．また，教員養成のための師範学校が設立され，韓国人教師養成を目的に，遠東朝鮮師範大学（원동 조선사범대학）が 1931 年，ウラジオストクに設けられた．10)

このような言論と教育活動を通じ，日常生活の話しことばとは別に，格式言語である書きことばが維持されたものと見ることができる．この格式言語とは，20世紀に入って，朝鮮半島の内部で韓国語の書きことば文法が整理され規範化された言語を意味する．当時国内外の学者たちが韓国語の文法書を著したが，周時経先生の『국어문법』（国語文法）(1910)，崔鉉培先生の『우리 말본』（我々の文法）

---

8) この新聞は，ロシア地域のハングル新聞で，ロシア革命以降，社会主義体制へ編入されていく朝鮮民族の生活を窺い知ることのできる資料だという．1923 年 3 月にウラジオストクで『3 월 1 일』（3 月 1 日）という題名で発刊され，沿海州から中央アジア地域へ強制移住が始まる直前の 1937 年 9 月に廃刊となった（윤금선 2014: 脚注 5 参照）．
9) 1920 年代から 1930 年代のロシア地域の国語(韓国語)の教科書は，계봉우(1924) "붉은 아이"（赤い子），오창환(1930) "고려문전"（高麗文典）など，読本と文法の教科書が支配的であり，ここに文学が追加的に提示された．文法の教科書関連の資料には，文法を統一しようとする議論も見えたとのことである（윤금선 2014:240- 参照）．
10) 1937 年に強制移住によって遠東朝鮮師範学校がカザフスタンのクジルオルダに移ったが，1 年後閉鎖され，その後，カザフスタン各地の初・中・高校における高麗語教育も廃止された（윤금선 2014:202-参照）．

(1937)が代表的である．そして，1933 年に制定された『한글맞춤법통일안』(ハングル正書法統一案)が，少なくとも教育の現場と言論の現場では，国内は勿論，ロシアの朝鮮民族社会にも広く普及したことを意味する．

3. 格助詞の対照

ここからは，話しことば高麗語と書きことば高麗語の格助詞を対照してみることにする．そして，現代韓国語の格助詞と併せて対照し，話しことば高麗語，書きことば高麗語が現代韓国語といかなる関連があるのかも見てみることにする．

3.1. 主格助詞

まず，主格助詞（주격조사）から見よう．話しことば高麗語において，主格助詞は'-이'が代表的である．先行する体言が子音で終わっていても母音で終わっていてもすべて'-이'である．ただし，母音で終わる体言の後で極めて稀に'-가'が用いられた例がある．次の文(12a)は，子音で終わる体言の後に'-이'が用いられた例であり，(12b)は，母音で終わる体言の後に'-이'が用いられた例，(12c)は，'-가'が用いられた例である．なお，尊敬の助詞'-께서'はない．

(12) a. 그 아들-이 글이르구 다 공부 필하고스레 여기서 일하게 됐지.
    b. 오백호-이 들어와서 그 담에 그, 주미냐르크서 아무 두 낄로 메트르 내려가 밭이 있지므, 벌판에.
    c. 내 아무것두 모르는데 내-가 무시라 하갰는가?

これに対し，書きことば高麗語の主格助詞には，'-이'と'-가'が共に現れる．次の文(13a)は，対話資料において子音で終わる体言の後に'-이'が用いられた例，(13b)は，母音で終わる体言の後に'-가'が用いられた例である．(14a)は，非対話資料において子音で終わる体言の後に'-이'が用いられた例，(14b)は，母音で終わる体言の後に'-가'が用いられた例である．対話資料でも非対話資料でも，書きことば高麗語の主格助詞は現代韓国語と同じである．

(13) a. 로인-이 우수운 이야기를 잘 하시며 또 대단히 쾌활한 분이라고 동무들이 말들 합데다.
    b. 다시 말하면 수소-가 새끼를 낳는단 말이오.

(14) a. 그 사람들은 … 사람들-이 사는 곳으로 도로 실어가 달라고
  애원하였습니다. 찬바람-이 부는 그런 한지에서는 … 견뎌 내지 못할
  것이라고들 하였습니다.
 b. 다만 이러한 말들로써만 시-가 쓰이엇다면 시-가 생긔를 잃으며
  새맛이 나지 않으며 새 색채, 명요성을 가지지 못한다.

　話しことば高麗語では用いられない尊敬の主格助詞'-께서'が, 書きことば高麗語では用いられる.

(15)　왜 하느님-께서-는 신기한 재간을 가진 바느질군인 우리 어머니에게
  그렇게도 무정하게 대하셨습니까?

3. 2. 目的格助詞
　次の文(16)は, 話しことば高麗語において, 目的格助詞 (목적격조사) が用いられた例である. '-으'と'-르'が代表的だが, '-을'と'-를'も共に現れる.

(16) a. 산에 흰 옷-으 입고 올라가는 사람들-으 우리 보왔구마.
 b. 그래 올라온 녜느 구 에레 조고막시 떼서 깔레-르 요롱게 맨드지.
 c. 헌겆으로 신-을 맨들어 신고 댕겼어.
 d. 저짝에서 차-를 타고 밤이며 걸레 오고.

　これに対し, 書きことば高麗語においては, 目的格助詞'-으'と'-르'は現れず, '-을'と'-를' (または'-ㄹ') のみが現れる. 次の文(17a)は, 対話資料において子音で終わる体言の後に'-을'が用いられた例, (17b)は, 母音で終わる体言の後に'-를'が用いられた例である. (18a)は, 非対話資料において子音で終わる体言の後に'-을'が用いられた例, (18b)は, 母音で終わる体言の後に'-를'が用いられた例である. 対話資料でも非対話資料でも, 書きことば高麗語の目的格助詞は現代韓国語と同じである.

(17) a. 해가 아직도 많은데 당신이야 무엇-을 좀 잡겟는지 아오?
 b. 그런데 당신이 어대에서 나-를 알앗단 말이요?
(18) a. 총-을! 손에 총-을 잡고 적-을 따리어라!

b. 어머니는 떨리는 손으로 봉투-를 뜯고 설레이는 마음으로 편지-를 읽었다.

3.3. 冠形格助詞

　話しことば高麗語において，冠形格助詞（관형격조사）はほとんど現れない．冠形格助詞が用いられうるところは多くの場合，体言連結体（체언 연결체）として現れる．しかし，次のような文においては，'-이，-에'などのような冠形格助詞が見える．

(19) a. 그 수날리스까는 내 작은아들-이 딸이오.
　　 b. 긔 닭-에 알이란 말이겠습지 아무래.

　これに対し，書きことば高麗語においては，冠形格助詞'-이，-에'などは現れず，'-의'が現れる．現れる頻度は話しことば高麗語に比べ，非常に高い．次の文(20)は，対話資料において'-의'が用いられた例である．(21)は，非対話資料において'-의'が用いられた例である．対話資料でも非対話資料でも，書きことば高麗語の冠形格助詞は現代韓国語と同じである．

(20) a. 얼럭 암소-의 새끼란 저 둥굴 송아지라고 문서해 치부되엇겟지.
　　 b. 크면 너는 자긔 민족-의 력사를 알게될 거야.
(21) a. 많은 처녀 작가들은 자긔들-의 시에 평범한 전통적 어구들을 많이 쓴다.
　　 b. 자유-의 불꽃, 머리로 붙어 발까지 무장한 강철-의 근육 원쑤-의 검은 피 긔타 그것이다.

3.4. 副詞格助詞

　副詞格助詞（부사격조사）は，意味によって「位置（위치），手段（방편），比較（비교）」に分けられるが，この順に見ていこう．[11)] 話しことば高麗語におい

---

11) 副詞格（부사격）を意味によって分けた「位置（위치），手段（방편），比較（비교）」と，談話において具体的に実現する意味とは，必ずしも一致するわけではない．現代韓国語の助詞'-에'類を位置，'-으로'類を手段，'-과'類を比較などに分けるのは，包括的な意味を基準としたものである．

て，位置の意味を表す副詞格助詞は'-에, -에서'が代表的である。(22)の文を見ると，'-에, -에서'が用いられ，これらの助詞の自由変異の異形態（자유변이형태）と言うべき'-이, -이서'も用いられる。(23)の文は，現代韓国語の'-에게'に対応する副詞格助詞である。特に'-인데'の分布が広い。

(22) a. 아무 두 낄로 메트르 내리가 내리가 밭이 있지므, 벌판-에.
　　 b. 오래 아이 놉구마, 새애기 집-에서.
　　 c. 그릇에 담아 놓구 상〜-이-다 놓구
　　 d. 우리 큰집-이서 올 직에 쇠:지 하나 잡아가주고 왔습그.
(23) a. 긔래 말하지, 내 니-게 장가든다.
　　 b. 내일 므스그 내-게서 들을 게 있어, 말을?
　　 c. 큰 딸-에게-느 아:둘이오.
　　 d. 해마다 우리-인데-르 왔다갔다 하지.

これに対し，書きことば高麗語においては，位置の意味を表す副詞格助詞'-이, -이서'，そして'-인데'は現れない。次の文(24)は，対話資料において位置の副詞格助詞が用いられた例，(25)は，非対話資料において位置の副詞格助詞が用いられた例である。対話資料でも非対話資料でも，書きことば高麗語の位置の意味を表す副詞格助詞は現代韓国語とほぼ同じである。

(24) a. 그런 담바는 슴슴하여 입-에 물지도 않습니다.
　　 b. 나는 그 녀인-에게-로 떠나갑니다. 거기-에서 나는 대학에 입학할 예정입니다.
　　 c. 내-게 시간이 있엇으면 지금이라도 한 십여 마리 잡아 줄 수 있는데.
(25) a. 전 쏘베트 인민이 조국애호전-에 한글같이 일어낫는데 일어나라고 불음-에 있으며
　　 b. 문화의 숨결은 관을 들고 고민하는 이들-에게 민족 의식을 고취시키고, 중앙아시아 고려인 사회-에서 사라져 가고 있는 민족 문화 보존-에 기여하고 있다.

話しことば高麗語において，手段の意味を表す副詞格助詞には多様な形態が現れる。現代韓国語の'-으로'に対応するものだが，次の文(26)の'-으르, -을르'

301

をはじめ'-을로, -을루, -을라'のように形態が多様である。

(26) a. 한아버지 늘상 어렵아서 젙-으르 못갔스.
   b. 싹다 로시아식-을르 입었소.

これに対し,書きことば高麗語においては,手段の意味を表す副詞格助詞'-을르, -을로, -을루, -을라'などは現れず,'-으로'と'-로'が現れる。次の文(27)は,対話資料において手段の意味を表す副詞格助詞が用いられた例である。(28)は,非対話資料において手段の意味を表す副詞格助詞が用いられた例である。対話資料でも非対話資料でも,書きことば高麗語の手段の意味を表す副詞格助詞は現代韓国語とほぼ同じである。

(27) a. 배 속에서부터 사냥꾼-으로 난 사람이야 없겟지.
   b. 내 집-으로 돌아올 때 조심히 그 꽃을 뜯어 집-으로 가져가마.
(28) a. 사람들이 사는 곳-으로 도로 실어가 달라고 애원하였습니다.
   b. 줄을 맞후어 끊이어 놓은 초보적 정치적 어구를 연상시긴다면 구태여 시를 쓸 필요가 없는줄-로 생각한다.

話しことば高麗語において,比較の意味を表す副詞格助詞には,(29a)の文のように,'-가'が用いられる。これは現代韓国語の'-과/와'に対応するものである。そして,'-보다'に対応する'-마'が(29b)のように現れる。

(29) a. 어찌 우리 지우 이 손녜 우리-가 같이 있는 줄 아오?
   b. 산달피두야 이렇게 개처르 생긴 게, 개-마 키 작소.

これに対し,書きことば高麗語においては,比較の意味を表す副詞格助詞に,'-가'と'-마'ではなく,'-과/와'と'-보다'が現れる。次の文(30)は,対話資料において比較の意味を表す副詞格助詞が用いられた例,(31)は,非対話資料において比較の意味を表す副詞格助詞が用いられた例である。対話資料でも非対話資料でも,書きことば高麗語の比較の副詞格助詞は現代韓国語とほぼ同じである。

(30) a. 당신 자동차가 둥굴소를 실지 않고 빈 것이 가겟는데 당신-과 함께 갈 수 있겟지?
   b. 저기 나가서 나의 자동차 운전수-와 함께 우리 검정 둥굴소를 자동차에 실소.
   c. 넌 저새끼-보다 낫다. 머리, 머리를 숙여!
(31) a. 말들이 어떤 다른 말들-과 연접되면서 형상을 이룬다면 물론 좋은 것이다.
   b. 쓰딸린 동무가 가르친바-와 같이
   c. 이 편지는 어머니-보다 먼저 알마아따에 도착하였다.
   d. 잠들기 전에 분탄을 이겨 불을 덮어놓으면 새벽녘에는 다 타버려 방안은 한지-처럼 추웠다.
   e. 나는 돔보라를 활줄-같이 채리며, 소리르 부엉새를 늘래우며

3.5. 呼格助詞

呼格助詞（호격조사）は，話しことば高麗語の資料においては確認できなかったが，書きことば高麗語においては次のように'-아, -야, -(이)시여'などの呼格助詞が用いられる.

(32) a. 인민들-아, 사랑하는 나의 형제들-아!
   b. 둥굴소-야! 새끼를 아니 낳게 되엿으니 너는 평안하게 되엿다.
   c. 아 하느님-이여! 왜 하느님께서는 그렇게도 무정하게 대하셨습니까?
   d. 만능의 힘을 가진 하느님-이시여, 어찌 구부린 등에 행기를 퍼붓는 찬바람이 기승을 부리게 하십니까?

3.6. まとめ

以上のように，話しことば高麗語と書きことば高麗語の格助詞の形態はかなり異なっている．しかし，書きことば高麗語の格助詞の形態は，現代韓国語とほぼ一致する．これは，20世紀初期の韓国語，または韓国語の規範を，高麗語の書きことばや現代韓国語が，そのまま受け継いでいることを示すものである．話しことば高麗語，書きことば高麗語，そして，現代韓国語の格助詞を対照してみると，次のごとくである．

(33) 話しことば高麗語，書きことば高麗語，現代韓国語の格助詞

		話しことば高麗語	書きことば高麗語	現代韓国語
主格		-이, (-가)	-이/가, -께서	-이/가, -께서, -에서
目的格		-으/르, (-을/를)	-을/를/ㄹ	-을/를/ㄹ
冠形格		(-이, -에)	-의	-의
副詞格	位置	-에, -에서, -게, -인데, (-이, -이서)	-에, -에서, -에게, -게, -보고, -한테, -께	-에, -에서, -에게, -한테, -께, -더러, -보고
	手段	-으르, -을르, -을로, -을루, -을라	-으로, -으로서, -으로써	-으로, -으로서, -으로써
	比較	-가, -마	-과/와, -보다, -처럼, -같이	-과/와, -보다, -처럼, -같이, -만큼, -치고
呼格			-아/야, -이(시)여	-아/야, -이(시)여

一方，格助詞ではないが，補助助詞（보조조사）'-은/는'と文終結助詞（문장종결조사）'-요'についても見てみることにしよう．まず，現代韓国語の補助助詞'-은/는'に対応する補助助詞を見てみよう．話しことば高麗語においては，'-으/느'が代表的であり，'-은/는'が現れることもある．

(34) a. 빛깔-으 그, 조끔 푸르므리 한 것두 있구.
　　b. 한어머니-느 성씨 낌으고 에따 한아바지-느 노학수.

これに対し，書きことば高麗語においては，'-으/느'は全く現れず，すべて'-은/는'という形でのみ現れる．(35)の文の対話資料も(36)の文の非対話資料もすべてそうである．対話資料でも非対話資料でも，書きことば高麗語の補助助詞'-은/는'は現代韓国語と同じである．

(35) a. 네가 본 꽃-은 밤새에 나뭇가지에 내린 서리꽃이란다.
    b. 우리 페르마-에서-는 둥굴 송아지가 새끼를 낳는다오.
(36) a. 물론 이러한 어구들을 시에 쓸수 없다는 말-은 아니다.
    b. 시-에-는 반듯이 감정적 충동, 개성화한다는 것을 누구던지 다 아는 진리다.

現代韓国語の'-요'に対応する話しことば高麗語の文終結助詞は'-예'である．しばしば'-여, -유'という形も現れる．

(37) a. 맷돌에다 가압구마-예.
    b. 원동~서느 거반 그 질그릇이 있드마-예.

これに対し，書きことば高麗語においては，'-예'は全く現れず，すべて'-요'という形のみ現れ，現代韓国語と同じである．

(38) a. 아버지도 말씀하였지-요. 자신을 발휘하는 것은 젊은이들의 본성이라고…
    b. 차림새를 보아하니 사냥오신 것 같은데-요. 무엇을 좀 잡엇습니까?

4. 終結語尾の対照

次に，話しことば高麗語と書きことば高麗語の叙述形終結語尾（叙述形語尾）と疑問形終結語尾（疑問形語尾）を対象とし，対照してみることとする．そして，現代韓国語の終結語尾と併せて対照し，話しことば高麗語，書きことば高麗語が現代韓国語といかなる関連があるのかも見てみることにする．

4.1. 叙述形語尾

話しことば高麗語の叙述形語尾（서술형어미）は次の通りである．

'-다', '-라'
(39) a. 저짝에 걸레 가는 사람으느 거기서 받지 아이머 이짝에서 아이 받-는-다.
    b. 그럴 제에 막중 오래비 다섯 살이-라.

'-대', '-래'
(40) a. 노랗고 한 게, 이런 이삭이 달기 있-대
    b. 전기르 밑에 그래 가주고 하는 게-래.

'-오/소'
(41) a. 내 몹시 무식하게 말하-오.
    b. 우리 사는 데서예 쇠술기르 몰고 우리르 싣고 그 배 녁으로 왔-소.

'-구마' 12)
(42) a. 보통 우리 말하는 게 한아버지 한어머니 아이 하-구마.
    b. 그 안에 자담한 씨들으 가뜩합구마[=하-ㅂ-구마].
    c. 우리 여기 들어와서 아무래 한 삼년 글으 모 읽-었-습-구마.
    d. 단거 어떤가 하이끄드 내 조선말 모르-갰-습-구마.
    e. 그전에느 아무래 원동~서 집에서 만들-었-습-갰-구마.
    f. 수탉이 이른 새북으머 옵더구마[=우-ㅂ-더-구마].

'-어'
(43) a. 내 그런 여르기르 못 봤-어. 아라시아도 없-어, 우리 원동~느 그게 있-어.
    b. 높이 높은 집두 있구 낮은 집두 있-어.

'-지'
(44) a. 채소구 뭐시기구 옥수끼구 밭에 감제구 가뜩하-지.
    b. 긔래 거기 무스기 또 무슨 마이 채소나 뭐 고기나 있-었-갰-지.

　接続語尾（접속어미）だったものが，機能を転用し，叙述形語尾として機能するものもある．'-고/구'，'-거든'，'-는데' などがその例である．

(45) a. 여기 와서 시장~ 무흘르 치료하-구.
    b. 까작스탄 들어왔으 직에 한아버지 일흔여섯에 돌아갔거든 [=돌아가-앉-거든].

---

12) '-구마'는, 尊待の叙述形語尾で, 多様な形態的分布を見せる. -ø-구마, -습-구마, -ø-습-구마, -었-습-구마, -갰-습-구마, -었-구마, -갰-구마, -더-구마.

c. 그 헹~이 있었으며 말씀 잘 해 드리-갰-는데.

　このような話しことば高麗語の叙述形語尾は，'-구마'を除くと，書きことば高麗語にもそのまま現れる．語尾別にその例を提示すると，次の通りである．

'-다', '-라'
(46) a. 자긔가 전투적 시로써 방조를 준다는 사상이 이렇게 묘사되엇-다.
　　 b. 원쑤의 여원창자 채우리-라.

'-네'
(47) a. 이렇게 좋은 곳에 사람이 와서 살지 않을 수 없-네.
　　 b. 저 둥지에 앉은 놈이 암놈이-네.

'-대', '-래'
(48) 와싸 새끼 혼자선 가지 않겠-대.

'-오', '-소'
(49) a. 훌륭히 되어 나가-오. 아마 전 구역적으로 최우등일 것이-오.
　　 b. 난 살고 싶-소. 사랑을 하고 사랑을 받고 싶-소. 그밖엔 아무 것도 상관 없-소.

'-어'
(50) a. 그러나 속태울 필요는 없-어. 우린 네가 오기를 기다렸-어.
　　 b. 실어다 재밤에 허허벌판에다 부려 놨단 말이-야.

'-지'
(51) a. 그것을 알게 되면 넌 더 자유롭게 살 수 있겠-지.
　　 b. 배 속에서부터 사냥꾼으로 난 사람이야 없겟-지

'-고/구, -거든, -는데, -니, -니까'
(52) a. 그러나 속태울 필요는 없어. 우리가 다 배워주지 않을라-구.
　　 b. 내게 시간이 있엇으면 지금이라도 한 십여 마리 잡아 줄 수 있-는데.

c. 가마 구렁에 넣었다가 들켜 날 수 잇-다-니.
　　d. 내 꼭 전화를 걸테니까요[=걸 터-이-니까-요].

　話しことば高麗語において，尊待の叙述形語尾は'-구마'が典型的である。しかし，書きことば高麗語においては，この語尾が現れず，代わりに'-습니다'が実現する。話しことばと書きことばの最も大きな違いと言いうる。このように見ると，書きことば高麗語の叙述形語尾は，現代韓国語の叙述形語尾とほぼ同じである。次は書きことば高麗語の'-습니다'の例である。

(53) a. 아직은 잡지 못하-엿-습니다. 토끼 한 마리를 보앗는데 그것도 그만 헷방을 놓-앗-습니다.
　　b. 그 녀인은 비애와 슬픔 또 전선에서 입은 상처 때문에 전혀 눈을 보지 못하게 되-엿-습니다. 나는 그 녀인에게로 떠나갑니다 [=떠나가-ㅂ니다].

　現代韓国語の'-습니다'のみならず，(54)の文のように，感嘆の'-구나，-구먼，-군'や，(55)の文のように，約束の'-을게，-으마'も，やはり書きことば高麗語に現れる。

(54) a. 왜 가만있니? 너 말을 모르-는-구나.
　　b. 일본 군사들이 저 산비탈로 막 내려미-는-구먼.
　　c. 거 참 잘 됐군[=되-었-군]!
(55) a. 조선말도 배워줄게[=배워주-ㄹ게]. 어서 우리하고 같이 가자.
　　b. 집으로 돌아올 때 조심히 그 꽃을 뜯어 집으로 가져가-마.

4.2. 疑問形語尾
　話しことば高麗語の疑問形語尾（의문형어미）は次の通りである。

'-을까'
(56)　큰 아들이 공부르 다하고 어떻게 했음으 어머니르 치료할까[=하-ㄹ까] 해, 이거 궁리해 냈다구.

'-은가/는가'
(57) a. 일리 열다섯 살인가 [=살-이-ㄴ가]?
　　 b. 메옷이 어떻게 생겠는가 [=생기-었-는가]?

'-은지/는지'
(58) a. 그때 옐에듭 살인지 [=살-이-ㄴ지]?
　　 b. 그래 어느 때마 그짝으로 까작스탄 가머 보-갰-는지?

'-오/소'
(59) a. 감자나 옇는 거 뮈시라 하-오? 마대락 하-오?
　　 b. 행님 장물 그릇은 어째 없-소?

'-슴두'
(60) a. 겡사도라든지. 겡사도, 그런 곳 있-슴두? 그 어디멤두[=어디메-ㅁ두]? 세베름두[=세베르-ㅁ두]? 유즈?
　　 b. 어 그, 이전에두 이, 군이사르 보내지 않-앴-슴두?
　　 c. 전쟁~ 곰마 끝이 나지, 구차하지, 어찌 화목하-갰-슴두?
　　 d. 쉰 낄로 그 무시기 에매 들어갔겠슴두[=들어가-았-갰-슴두]?

'-어'
(61) a. 그 숱한 사람 어디로 가져 가-갰-어?
　　 b. 내일 므스그 내게서 들을 게 있-어?

'-지'
(62) a. 새해, 그 담에 어 동지, 어, 그 담에 새해 설-이-지?
　　 b. 단위라구두 하, 단위 이게 말이 아이 옳-지?

　接続語尾だったものが、その機能を転用し、疑問形語尾として機能するものに、'-고'がある。

'-고'
(63) a. 마당~이 있쟎~-고, 있쟎~-고?

309

b. 고례인들이 아이-고?

このような話しことば高麗語の疑問形語尾は，'-습두'を除くと，書きことば高麗語にもそのまま現れる．語尾別にその例を提示すると，次の通りである．

'-은가/는가/을가'
(64) a. 그야말로 사랑이란 너무나 단순하지 않-는가? 너무나 로골적이 아닌가[=아니-ㄴ가]? 그러면 나는 어찌할 것인가[=것-이-ㄴ가]? 그러면 처녀는 얼마나 섭섭해 할 것인가[=것-이-ㄴ가]?
b. 이와 같은 불운은 우리 사회에서 전형적 현상-이-겠-는가?
c. 오늘 우리의 새 자랑꺼리가 꼴호스원한테 없-을가?

'-은지/는지'
(65) 그곳을 뭐라고 부르-는지?

'-오/소'
(66) a. 당신이 무슨 말을 하-오? 누가, 또 어느 사람이 확실하단 말-이-오?
b. 또 무엇이 부족하여 둥굴 송아지까지 가져 가려고 왔소[=오-앗-소]?

'-어'
(67) a. 애들이 어딜 갔어[=가았-어]?
b. 남편이 배우면 어떻단 말-이-야? 로씨야사람인데는 또 어떻단 말-이-야?

'-지'
(68) a. 당신 자동차가 둥굴소를 실지 않고 빈 것이 가겟는데 당신과 함께 갈 수 있-겟-지?
b. 그럼 네 할아버지는 왜 로씨야사람-이-지?

'-고/구, -라'
(69) a. 바른 대로 말하라-구?
b. 사흘이-라?

話しことば高麗語において，尊待の疑問形語尾は'-슴두'が典型的である．しかし，書きことば高麗語においては，この語尾が現れず，'-습니까'が実現する．話しことばと書きことばの最も大きな違いと言いうる．このように見ると，書きことば高麗語の疑問形語尾は，現代韓国語の疑問形語尾とほぼ同じである．次は書きことば高麗語の'-습니까'の例である．

(70) a. 어머님이 계셔야 하는데 왜 기적을 낳는 그 재능에 과해지는 벌금과 세금은 그렇게도 많-습니까?
　　 b. 어머니 얼굴에서 절망의 쓰라린 미소가 사라지게 하여 줄 수는 없-습니까?

　現代韓国語の'-습니까'のみならず，疑問形語尾'-으냐/느냐, -니'も，やはり書きことば高麗語に現れる．

(71) a. 마구 치솟는 연정에 부대껴서 머저리로 미남자로되어 보이-느냐?
　　 b. 잘 있-었-니? 너 머 야영소에서 도망쳤니[=도망치-었-니]?

4.3. まとめ

　以上のように，話しことば高麗語と書きことば高麗語の終結語尾の形態，特に，尊待の叙述形語尾と疑問形語尾の形態はかなり異なっている．しかし，書きことば高麗語の終結語尾の形態は，現代韓国語とほぼ一致する．これは，20世紀初期の韓国語，または韓国語の規範を，高麗語の書きことばや現代韓国語が，そのまま受け継いでいることを示すものである．話しことば高麗語，書きことば高麗語，現代韓国語の叙述形語尾と疑問形語尾を対照してみると，次のごとくである．

(72) 話しことば高麗語，書きことば高麗語，現代韓国語の終結語尾

	話しことば高麗語	書きことば高麗語	現代韓国語
叙述形語尾	-다, -라, -대, -래, -오/소, -구마, -습니다, -어, -지, -고/구, -거든, -는데	-다, -라, -네, -대, -래, -오/소, -습니다, -구나, -구먼, -군, -을게, -으마, -어, -지, -고/구, -거든, -는데, -대, -니, -니까	-다, -라, -을래, -을라, -네, -으이, -을세, -을걸/는걸/은걸, -으오/소, -습니다, -습디다, -구나, -구먼, -군, -구려, -으마, -을게, -음세, -어, -지, -거든, -는데
疑問形語尾	-을까, 은가, -는가, -은지, -는지, -오/소, -습두, -어, -지, -고	-으냐/느냐, -니, -은가/는가/을가, -은지/는지, -오/소, -습니까, -어, -지, -고/구, -라	-으냐, -니, -을래, -나, -은가/는가/던가, -을까, -으오, -소, -습니까, -습디까, -어, -지

一方，尊待の叙述形語尾と疑問形語尾のみならず，尊待の命令形語尾（명령형어미）と勧誘形語尾（청유형어미）の場合にも，話しことば高麗語には見えない語尾が書きことば高麗語に現れる．これらもやはり現代韓国語と同じ形態である．

(73) 尊待の命令形語尾
 a. 롱담을 하지 마-십시오.
 b. 큰아바이, 누가 옳은지 말 좀 해 주-시오.
(74) 尊待の勧誘形語尾
 a. 여간 피차 알고 지냅시다[=지내-ㅂ시다].
 b. 심사원 동무, 가려면 갑시다[=가-ㅂ시다]

5. 高麗語と韓国語，北朝鮮の朝鮮語，中国朝鮮語との対照
5.1. 北朝鮮の朝鮮語の話しことばと書きことば

次の文章は，北朝鮮（북한）の社会科学院言語学研究所（사회과학원 언어학 연구소）が2005年に発行した『조선어학전서』（朝鮮語学全書）第1巻の文章である．北朝鮮の朝鮮語（북한말）の書きことばを窺い知ることのできる資料である．（韓国の）現代韓国語（남한말）との違いはほとんどないと言えるだろう．語文規範に少し違いがあり，語彙や表現において多少なじみのないところがありそうだが，文の構造，助詞，語尾の違いは全くないことを確認しうる．

(75) 北朝鮮の朝鮮語の書きことばの例

언어의 본질과 기능을 옳게 해명하고 과학적으로 리해하는것은 무엇보다먼저 언어발전과 민족어문제해결을 위한 리론적기초를 마련하는데서 중요한 역할을 한다. 언어의 본질과 기능을 과학적으로 정확히 해명하는것은 우리 시대의 민족어문제를 해결하는데서도 중요한 리론적기초로 된다. 언어의 본질과 기능에 대한 해명에서는 언어와 민족의 호상관계, 언어문제와 민족문제의 호상관계문제가 매우 중요한 자리를 차지한다. 언어의 본질과 기능을 과학적으로 정확히 해명하는것은 다음으로 우리 시대의 언어학을 참다운 혁명적인 언어학설로 완성하고 체계화하기 위한 선결조건으로 된다.

次の文章は，北朝鮮の社会科学院言語学研究所が直接調査し提供した，北朝鮮の平安北道球場地域のインフォーマントを対象とした口述発話資料である．北朝鮮の方言の話しことばを窺い知ることのできる資料である．[13] （韓国の）現代韓国語とは大きく異なる．語彙や表現もそうだが，助詞や語尾も異なる．具体的に見ると，'-어요'が用いられうるところに'-이요'が用いられており，'-지'が用いられうるところに'-디'が用いられている．'-니까'は'-니까니'となっている．また，'전기레 오십팔년은 그대에야 두러와시요'のように，助詞'-레'が用いられている．

---

13)『평북 구장 지역의 구술 자료』（平北球場地域の口述資料）という題名の，国立国語院（국립국어원）の非公式資料．2006年に編集された資料であり，調査者は北朝鮮の社会科学院言語学研究所のホン・ソッキ（홍석희）室長である．

(76) 北朝鮮の朝鮮語の話しことばの例

출쨍진 대풍리 이저네 대풍리란데 여기서 한 팔심리 가야 대요. 거 구장군 대동린데 거기서 나가지구 전쟁시기랑 여기 등림 등리미라구 구장구네서 조끔 더 올라가문 용림탄광으루 올라가는데 거 등리미라 기는데 전쟁시기부텀 거저 거기서 사라와시요.

게서 거기서 사는데 여기에 여 강천마으레 우리 친척때는 부니 하나 이선는데 아 조은 혼사짜리하나 이따 기레서 기대메 나 머 보두두 모하구 우리 부모님드리 그저 게서 가보구서는 아 무장쩡 햐야 댄다. 하하하하. 하 기땐 머 보닌보담 부모드리 그저 마니자우해시요. 기니낀 머 어느마를 미드야 대간디.

그땐 중매꾸니 따루 업써시요. 거저 친척떠리 거저 가보군 거저 거 중매니까니.

내 스물두사리덴데 그땐 머 철두 업써서 야곤시긴디 먼디 거저 껌꺼만 그땐 머 전기뿌리 이선나머. 방동뿌리 엄는데서 난 우빵에 게저 손니미라구 우빵에 안꾸.

거럼. 던지뿔 던지뿔 던기뿌리 어디 이시요. 여기 전기레 이거 오십팔년은 그대에야 전기 두러와시요. 그땐 아 껌꺼만데 머 말떼라 기레서 머 말 머 미리 머 부모드리 다 가보구 머 애혜 헤에. 거저 약쏘기나 거저 하는 시그루 거저 기때야 머.

以上見ると、北朝鮮の朝鮮語の話しことば資料は、方言を反映したもので、現代韓国語との違いを見せるが、北朝鮮の朝鮮語の書きことば資料は、現代韓国語とそれほど違いがないことを確認しうる。これは、20世紀初期の韓国語、または初期の韓国語の規範を、北朝鮮の朝鮮語の書きことばや現代韓国語が、そのまま受け継いでいることを示すものである。

5.2. 中国朝鮮族の朝鮮語の話しことばと書きことば

次の文章は、中国朝鮮語査定委員会（중국조선어사정위원회）が編纂し、2007年に発行した『조선말규범집』(朝鮮語規範集)に収められている文章である。[14] 中国朝鮮族の朝鮮語（중국 조선족 조선말）の書きことばを窺い知ることのできる資料である。やはり（韓国の）現代韓国語との違いはほとんどないと言えるだろう。語文規範と語彙に少し違いがあるが、文の構造、助詞、語尾の違いは全く

---

14) 중국조선어사정위원회 편찬(2007)"조선말규범집", 연변인민출판사.

ないことを確認しうる.

(77) 中国朝鮮語の書きことばの例
　본 규범집은 조선말규범집을 바탕으로 필요한 수정을 가하고 보충한 것이다. 이 규범집에 수록된 모든 내용은 중국조선어사정위원회에서 심의, 채택한것이므로 국내 조선어사용에서 반드시 지켜야 할 규범이다. 본 규범집은 2005 년에 국가교육부, 국가어문사업위원회에서 설정한 민족언어문자규범표준건설 및 정보화과학연구항목으로서 재래의 우리 말 규범집보다 국가적차원에서의 중시를 받았다는데 그 의의가 있다. 국내에서 조선어규범화사업이 활기를 띠기 시작한 것은 1977 년 동북 3 성조선어문사업협의소조가 설립되어서부터이고 본격적으로 추진되기는 1986 년 중국조선어사정위원회가 설립된후라고 해야 할 것이다. 하지만 근간에 와서 해외로부터 대량의 외래어가 밀려들어오면서 국내 조선어규범화작업은 적지 않은 애로와 난관에 부딪치고 있다.

　次の文章は，国立国語院（국립국어원）が企画し，郭忠求教授が直接調査し報告した，中国吉林省回龍峰地域のインフォーマントを対象とした口述発話資料である． [15] 回龍峰は，豆満江下流の北朝鮮の慶興のすぐ向かい側にある中国の地域である．中国朝鮮族の朝鮮語の話しことばを窺い知ることのできる資料である．（韓国の）現代韓国語とは違いがある．語彙や表現もそうだが，助詞や語尾も異なる．具体的に見ると，目的格助詞'-으/르'が用いられ，語尾'-습니다, -습니까'は'-습구마, -습두'という形で現れる．

(78) 中国朝鮮語の話しことばの例
　우리 아바지는 그, 거, 경흥 훼암이라는 데 잇엇소. 훼암, 훼암도~이라는 데. 거기서 셔당 훈당질 햇단 말이오. 오시기 전에, 오시기 전에. 기양 우리 할아버지네는 우리 삼촌네랑 오구, 우리 아바지 거기 떨어데서 또 서당 훈장 햇ː단 말이오. 그래나서 어때 그, 아니 맞갑댓던두:~ 또 건네왓단 말이오. 이짝으루. 그래 건네와서 우리 아바지 개ː다니니 쫌 학자담 야~. …
　한번은 내, 이게 옐닐굽살 땐데, 이 훈춘 이 하다몬이라는 데르 우리 종조부

---

15) 곽충구·박진혁·소신애(2008)"중국 이주 한민족의 언어와 생활 —길림성 화룡봉", 국립국어원 해외 지역어 구술 자료 총서 1-1, pp.292-230, 태학사. インフォーマントは朴楠星，父親は咸鏡北道慶興郡出身である.

게셋단 말이오. 우리 할아버지 동새:. 그집으로 설샐라 왓는데 우리 할아바지 돌어간 담:에는 그냥반 왠: 어른이니까. 개: 설샐라 왓는데 미루 왓단 말이오. 한 댓:새 미루. 그래 왓는데 그냥 온 이튼달에 동네 제사 잇는데 야~, 그 마을에서 거 제사르 지내는데 거기 그게 죠끔 그 죠선사름들이 거 식으 제대로 하메서 사는 동넨데 거기 맨 죠선사람들 살고. 그 축우 쓰는 냥반이, 아들집이 더 물람에 어드메 더 반석이나 거기 갓는 모얘~이야. 개: "축우 쓰디 못해서 제세 어띠 기내갯는가." 구서. "아니, 아무깨 아바니 다 가다 나니 이동네 그거 아는 사름이 어디 잇슴두? 없습구마." 갠:데 우리 종조부 그때 거기 가서 꺼리다가서, "우리 큰짓 손재 우리집 와 잇는데 그 사름으느 거 알께오." "아 그거 무슨 말씀임두? 그럼 그냥반 모셰와야 대갯다" 구서. 갠:데 내 새파란 아안데 야~.

以上見ると，中国朝鮮語の話しことば資料は，方言を反映したもので，やはり現代韓国語との違いを見せるが，中国朝鮮語の書きことば資料は，現代韓国語とそれほど違いがないことを確認しうる．これもまた，20世紀初期の韓国語，または初期の韓国語の規範を，中国朝鮮語の書きことばや現代韓国語が，そのまま受け継いでいることを示すものである．

6. 結語

本稿は，中央アジアの高麗語の性格をめぐって，高麗語には話しことば（구어）と書きことば（문어）が別々に存在することを確認し，それら各々の文法の特徴を明らかにせんとすることを目的とした．文法の特徴は，格助詞と終結語尾を対象とした．対象とした資料は，現地で調査した口述資料と現地の新聞『레닌기치』（レーニン旗幟）に載せられた文学作品や記事，論説文などである．上に論じた内容を整理し，結語とする．

1つ目に，高麗語の2つのすがた，すなわち，日常言語である話しことばと格式言語である書きことばが共に用いられていることを確認した．日常言語において自然に用いる高麗語を話しことば高麗語（구어 고려말）と呼ぶならば，文章を書くときや公式的な対話，格式張った対話をするときに用いる高麗語は書きことば高麗語（문어 고려말）である．

2つ目に，話しことば高麗語と書きことば高麗語の格助詞は共通した点もあるが，異なる点もある．主格助詞に'-이'のみが用いられる点，目的格助詞に主に'-으/르'が用いられる点，冠形格助詞がほとんど用いられない点，比較の副詞

格助詞'-가'が用いられる点などが話しことば高麗語の特徴であるならば，書きことば高麗語には，主格助詞に'-이/가'，目的格助詞に'-을/를'が用いられ，冠形格助詞'-의'，比較の副詞格助詞'-과/와'が用いられるのが特徴である．このような書きことば高麗語の特徴は，現代韓国語の格助詞とほぼ同じである．

3つ目に，話しことば高麗語と書きことば高麗語の終結語尾もやはり共通した点もあるが，異なる点もある．尊待（높임）の叙述形語尾に'-구마'，尊待の疑問形語尾に'-슴두'が用いられる点が話しことば高麗語の特徴であるならば，書きことば高麗語には，尊待の叙述形語尾に'-슴니다'，尊待の疑問形語尾に'-슴니까'が用いられるのが特徴である．話しことば高麗語に現れない疑問形語尾'-느냐，-니'が，書きことば高麗語においては現れる．このような書きことば高麗語の特徴は，現代韓国語の終結語尾とほぼ同じである．

4つ目に，このように書きことば高麗語の文法の特徴が現代韓国語の書きことばとほぼ同じであるのと同じように，北朝鮮の朝鮮語，中国の朝鮮語の書きことばもやはり現代韓国語の書きことばとほぼ同じである．話しことばは，現代韓国語との違いを見せるが，書きことばは現代韓国語とほぼ同じである．

20世紀初期の韓国語，または初期の韓国語の規範を，書きことば高麗語，中国朝鮮語の書きことば，北朝鮮の朝鮮語の書きことば，そして現代韓国語がそのまま受け継いでいることを確認しうる．これは，20世紀に入って，韓国語の書きことば文法が整理され規範化がなされたということを意味する．当時，国内外の学者たちが韓国語の文法書を著したが，周時経先生の『국어문법』（国語文法）(1910)，崔鉉培先生の『우리 말본』（我々の文法）(1937)が代表的である．そして，1933年に制定された『한글맞춤법통일안』（ハングル正書法統一案）が少なくとも教育の現場と言論の現場においては，国内は勿論，国外にも広く普及したことを意味する．

参考文献

곽충구・김수현(2008)"중앙아시아 이주 한민족의 언어와 생활 —카자흐스탄 알마티", 국립국어원 해외 지역어 구술자료 총서 2-1, 태학사.

곽충구(2009a) "중앙아시아 이주 한민족의 언어와 생활 —우즈베키스탄 타슈켄트", 국립국어원 해외 지역어 구술자료 총서 3-1, 태학사.

곽충구(2009b)"2009 년도 국외 집단 이주 한민족의 지역어 조사 —키르기스스탄 비슈케크", 국립국어원.

권재일(2010)"중앙아시아 고려말의 문법", 서울대학교 출판문화원.
권재일(2012)"한국어 문법론", 태학사.
권재일(2013a)'중앙아시아 고려말의 구어와 문어', *КОРЕЕВЕДЕНИЕ КАЗАХСТАНА* 1, pp.45-66, 카자흐 국제관계 및 세계언어대학 한국학센터.
권재일(2013b)'중앙아시아 고려말 문어의 성격과 특징', "제 11 차 코리아학국제학술토론회 논문집", pp.249-264, 국제고려학회.
권재일(2013c)'한국어 문어 문법의 대조 —남한말, 북한말, 조선말, 고려말을 대상으로—', "한국 언어학과 한국어 교육 국제학술회의 논문집", pp.15-16, 하와이대학교 한국학센터/고려대학교 언어정보연구소.
권재일(2013d) '고려말 문어 문법과 현대 한국어 문법의 대조', Kim Juwon and Ko Dongho (eds.), *Current Trends in Altaic Linguistics*, pp.619-646, Altaic Society of Korea.
김필영(2004) "소비에트 중앙아시아 고려인 문학사", 강남대학교 출판부.
김필영(2008) '중앙아시아 고려인 소설에 나타난 구어체 표현', "겨레말큰사전 편찬과 고려말", pp.84-96, 겨레말큰사전 남북공동편찬사업회.
러쓰 킹·연재훈(1992) '중앙 아시아 한인들의 언어 —고려말', "한글" 217, pp.88-134, 한글학회.
박넬리(1991) 'On Korean dialects in the USSR', "이중언어학" 8, pp.617-621, 한국이중언어학회.
박넬리(2005) *КОРЕЙСКИЙ ЯЗЫК В КАЗАХСТАНЕ : ПРОБЛЕМЫ И ПЕРСПЕКТИВЫ*, АЛМАТЫ.
윤금선(2014) '러시아 지역 해외 한인의 모국어 교육 활동 연구 —근대 '고려인' 사회를 중심으로', "국어교육연구" 54, pp.191-250, 국어교육학회.
이기갑·김주원·최동주·연규동·이헌종(2000) '중앙 아시아 한인들의 한국어 연구', "한글" 247, pp.5-72, 한글학회.
한영균 외(2013) "독립국가연합 동포 언어 실태 조사", 국립국어원.
King, J.R.P.(1991) *Russian Sources on Korean Dialects*. Ph.D. dissertations, Harvard University.
King, J.R.P.(2006) 'Korean dialects in the former USSR: Reflections on the current state of research', "방언학" 3, pp.127-153, 한국방언학회.
Vovin, A.(1989) 'Some data on the Soviet Korean Languages', "어학연구"25-2, pp.277-293, 서울대학교 어학연구소.

延辺地域語の待遇法体系と終止形語尾

髙木　丈也（たかぎ・たけや）

1. 延辺朝鮮語　　　　　　　　　319
2. 待遇法とは　　　　　　　　　320
3. 延辺地域語の待遇法体系　　　321
4. 延辺地域語の終止形語尾　　　324
5. 待遇法の出現様相　　　　　　328

1. 延辺地域語

　中国東北地方（吉林省，遼寧省，黒龍江省）には，日常の言語生活において朝鮮語を使用する人々が多く居住している．彼らは，主に19世紀中葉から20世紀にかけて貧困や戦乱，日本による支配などを理由に朝鮮半島から移住した人々の末裔で，1949年の中国人民共和国成立以降は，「朝鮮族」と称されてきた民族である．『中国2010年人口普査資料』（第6回人口センサス）によると，朝鮮族の総人口は約183万人であり，朝鮮半島以外における朝鮮語話者居住地域としては，最大の人口規模となっている．[1]

　彼らの話す言語は「中国朝鮮語」と呼ばれ，朝鮮半島で使用される朝鮮語を基層としたものである．その具体的変種は，移住世代の出身地，移住後の中国国内における移動経緯など様々な要因によって決定されるが，一般に吉林省延辺，黒龍江省牡丹江には咸鏡道方言を，遼寧省東部には平安道方言を，黒龍江省西北，西南部には慶尚道方言を基層とする話者が多いとされている（宣徳五他(1985)）．本稿では，このうち，中国内では最大の朝鮮族人口を擁する，吉林省 延辺朝鮮族自治州[2]の州都，延吉市で使用される朝鮮語（以下，延辺地域語[3]）の話しこと

---

[1] 외교부(2015)のうち，第3国において国籍を取得している朝鮮語話者の人口により比較した場合．なお，上記センサス実施時点における中国の総人口に占める朝鮮族の割合は，0.14％ほどである．朝鮮族の移住経緯については，북경대학 조선문화연구소(1995)，高崎宗司(1996)，韓景旭(2001)，宮下尚子(2007)，松本ますみ編(2014)，趙貴花(2016)なども参照．

[2] 1952年9月3日成立．州政府がおかれる延吉（연길）市をはじめとする6つの市と，2つの県から成り，吉林省の総面積の4分の1を占める．2016年における自治州全体の人口は約214.6万人で，そのうち朝鮮族の人口は約77.8万人（36.3％）（延辺州政府(2016)）．自治州では，漢語に加え，朝鮮語の併用が至る所でみられ，朝鮮語による教育機関（幼稚園〜大学）や，放送局，出版社が存在する．

ばについて，待遇法という観点から概観するとともに，当地域に特徴的な終止形語尾をいくつか考察してみることにする.

2. 待遇法とは

　菅野裕臣(1988;1991:1034)によると，待遇法(speech levels; politeness mood)とは，「話し手と聞き手との社会的身分の差や親疎（心理的距離）の差に基づいて話し手が聞き手に対して取る態度の表明」に関わる文法範疇である．この文法範疇は，韓国の国語学では，상대경어법（相待敬語法），상대높임법（相待敬語法），청자대우（聴者待遇）などと呼ばれるほか，北朝鮮や中国の朝鮮語学では，말차림（lit. 言葉の整え），계칭（階称）などと称される．[4]

　韓国の国語学においては，待遇法を6等級に設定することが一般的である．[5] 例えば，代表的なものとして，서정수(1984)の청자대우（聴者待遇）の分類をみてみよう：

　　　　격식체　┌ 존대　　Ⅰ．아주높임(합쇼체) ／ Ⅱ．예사높임(하오체)
　　　　　　　　└ 비존대　Ⅲ．예사낮춤(하게체) ／ Ⅳ．아주낮춤(해라체)
　　　　비격식체┌ 존대　　Ⅴ．두루높임(해요체)
　　　　　　　　└ 비존대　Ⅵ．두루낮춤(해체, 반말)[6]

---

3) 河須崎英之(2013:8)には，「中国に住む朝鮮族話者の（中略）差異が，その地域の『方言』と呼べるほど地域ごとに固定されたものかどうか疑わしい」との記述があるが，延吉市における変種もまた，基層変種の多様性や，言語接触などにより「延吉方言」と呼べるほど明確な区分が可能な変種ではない．そこで本稿では，あくまで延吉市において使用されている共時態としての言語を「延辺地域語」と称することにする．
4) 待遇表現と待遇法に関しては，野間秀樹(2012)を参照されたい．また，韓国，北朝鮮，中国における文法範疇の名称の差異については，최윤갑，전학석(1994)，김성희(2009)に詳しい．
5) ただし，합쇼체の範囲をどのように設定するか，해体を独立した等級と見做すか，といった観点から，6等級以外の設定をする論考も存在する．남기심，고영근(1985:2016)の記述を参照.
6) ここでいう「반말」は，「해体」と同義である．이익섭외(1997)でも述べられているように，そもそも「반말」という名称は，活用形に由来するものではなく，「온말」（完全な言葉）に対する「반밖에 안 되는 말」（不完全な言葉）という意味である．これはかつての반말が，社会階級が低い人々に明確な等級を示さず，曖昧な態度で話すために使用されたことに由来している．なお，日常の言語使用にあっては，「반말」という言葉は，「해体」のみならず「해라体」までを含めたものとして使用されることが多い．

これをみると，まず，1次的分類として，격식체（格式体:formal style）と비격식체（非格式体:informal style）という2分類を設定しており，それらをさらに待遇の程度により細分化することで，計6等級に分類していることがわかる．このうち，Ⅰ．は「합니다」，Ⅱ．は「하오」，Ⅲ．は「하네」，Ⅳ．は「한다」，Ⅴ．は「해요」，Ⅵ．は「해」により待遇される等級である（いずれも平叙形の場合）．これらの等級は，日本の朝鮮語学では，それぞれⅠ．「上称」，Ⅱ．「中称」，Ⅲ．「等称」，Ⅳ．「下称」，Ⅴ．「略待上称」，Ⅵ．「略待」とも呼ばれる．[7]

一方，北朝鮮における待遇法の分類は，どのようになっているだろうか．例えば，北朝鮮の朝鮮語学における標準的な分類といってよい김동찬(2005)による계칭（階称）の分類は，以下のようである：

높임　　Ⅰ．≪하십시오≫系列　／　Ⅱ．≪하세요≫系列 [8]
같음　　Ⅲ．≪하오≫系列　／　Ⅳ．≪하게≫系列　／　Ⅴ．≪반말≫系列
낮춤　　Ⅵ　≪해라≫系列

これによれば，まず，1次的分類として，높임（lit. 高める），같음（lit. 同じ），낮춤（lit. 低める）という3分類を設定しており，それらをさらに待遇の程度により細分化することで，計6等級に分類していることがわかる．ただし，上位分類こそ異なるものの，結果としての6つの下位分類は，事実上，서정수(1984)と並行するものであることがわかる．

3．延辺地域語の待遇法体系

第1章で述べたように，延辺地域語は，主に咸鏡道（함경도）方言を基層とする方言変種である．咸鏡道方言とは，朝鮮語方言学における方言区画[9]の中で東

---

[7] 上称，中称，等称，下称との術語は，河野六郎(1955;1979)に，略待上称，略待との術語は，梅田博之(1972)による．
[8] 同書によると，-아요/어요/여요，-지요，-는군요といった토（語尾）を含む．すなわち，해요体（略待）に相当するものである．
[9] 小倉進平(1944)，河野六郎(1945;1979)を参考に整理すると，以下のような6区画になる：
   1) 西北方言　…　平安道方言，慈江道方言
   2) 東北方言　…　咸鏡道方言（六鎮方言），両江道方言
   3) 中部方言　…　黄海道方言，江原道方言，京畿道方言，忠清道方言
   4) 西南方言　…　全羅道方言

北方言の一部を成す変種で，咸鏡北道方言，咸鏡南道方言を含むものである．当然のことながら，共時態としての延辺地域語の待遇法体系は，その基本的部分においては咸鏡道方言の特徴を多く引き継いでいるといえる．そこで，ここでは，まず咸鏡道方言における待遇法体系について概観した後で，延辺地域語の待遇法体系についてみてみることにしよう．

3.1. 咸鏡道方言の待遇法体系

まずは，延辺地域語の基層変種である咸鏡道方言（東北方言）についてみてみよう．既存の主要研究における咸鏡道方言の待遇法体系の記述は，以下のようになっている：

- 김영황（1982）: 말차림（lit. 言葉の整え）
    Ⅰ. 높임（lit. 高める）／Ⅱ. 같음（lit. 同じ）／Ⅲ. 낮춤（lit. 低める）
- 김병제（1988）: 말차림（lit. 言葉の整え）
    Ⅰ. ≪높임≫말차림（lit. ≪高める≫言葉の整え）
    Ⅱ. ≪하오≫말차림（lit. ≪同じ≫言葉の整え）
    Ⅲ. ≪해라≫말차림（lit. ≪低める≫言葉の整え）
- 곽충구（1998）: 상대경어법（相対敬語法）
    Ⅰ. 존대（尊待）／Ⅱ. 평대（平待）／Ⅲ. 하대（下待）

これをみてわかるとおり，咸鏡道（東北）方言の待遇法等級は，3等級に分類されることが多い．このうち，Ⅰ．は「함다(합니다)」，Ⅱ．は「하오」，Ⅲ．は「한다」により待遇される等級である（いずれも平叙形の場合）．なお，このように待遇法体系が比較的，単純化されているのは，김영황(1998)も指摘するように咸鏡道（東北）方言には，해요体や하게体が存在しないことに起因するものである．

5）東南方言 … 慶尚道方言
6）済州方言
　なお，東北方言の一部を成す六鎮方言は，咸鏡北道 北部地域で使用される変種の総称である（ただし，これを独立した変種とみるか，咸鏡道方言の一部とみるかは，研究者によって見解が異なる）．さらに，同じく東北方言に属する両江道方言は，北朝鮮建国後の1954年に咸鏡道から独立した両江道において使用される変種をさす．すなわち，東北方言は，一般に，咸鏡道方言であると認識されることが多い．

3.2. 延辺地域語の待遇法体系

続いて，延辺地域語についてみてみよう．既存の主要研究における延辺地域語の待遇法体系の記述は，以下のようになっている：

- 중국조선어실태조사보고 집필조（1985）：계칭（階称）
    - Ⅰ．높임（lit. 高める）／Ⅱ．같음（lit. 同じ）／Ⅲ．낮춤（lit. 低める）
- 전학석（1996）：계칭（階称）
    - Ⅰ．존대（尊待）／Ⅱ．대등（対等）／Ⅲ．하대（下待）
- 왕한석（1996）：말단계（lit. 言葉の段階）
    - Ⅰ．예예（イェイェ）／Ⅱ．응응（ウンウン）／Ⅲ．야야（ヤヤ）　10)
- 정향란（2010）：대우법（待遇法）
    - Ⅰ．존대（尊待）／Ⅱ．평대（平待）／Ⅲ．하대（下待）

これをみると，延辺地域語の待遇法等級についても，3 等級を設定する論考が多いことがわかる．このように 3 等級を設定するのは，研究初期における延辺地域語が咸鏡道方言を比較的よく保持していたことに加え，分析の枠組み自体も（主に北朝鮮における）咸鏡道方言研究に依拠していたことによると思われる．

ところで，近年の研究においては，このような 3 等級に加え，4 等級を設定する論考も散見されるようになってきた．以下のようなものである：

- 방채암（2008）：상대높임법（相対敬語法）
    - Ⅰ．합소체（ハプソ体）／Ⅱ．하오체（ハオ体）／
    - Ⅲ．하게체（ハゲ体）／Ⅳ．해라체（ヘラ体）
- 고홍희（2011）：상대경어법（相対敬語法）
    - Ⅰ．합쇼체（ハプショ体）／Ⅱ．하오체（ハオ体）／
    - Ⅲ．반말체（パンマル体）／Ⅳ．해라체（ヘラ体）

この分類をみると，先にみた論考にはなかった하게체（ハゲ体）や반말체（パ

---

10) 예예（イェイェ），야야（ヤヤ），응응（ウンウン）という名称は，待遇法等級の対立を持つ「예」，「야」，「응」に由来するもので，分析地域においては，これらが使用される等級により待遇することを「예예한다」（lit. イェイェする），「야야한다」（lit. ヤヤする），「응응한다」（lit. ウンウンする）などと言う．これらを전학석(1996)では，「感動詞」とみているが，実際には日本語の終助詞のように文節末で使用されることが多い．

ンマル体)が加えられていることがわかる.[11] このように,そもそも3等級の待遇法体系を基本とする延辺地域語にあって,해体≒반말が独立した等級として新たに設定されるようになったのは,同地域語が基層変種から一定の変化を経験したことを意味するものである.

以降では,こうした言語変化の側面にも触れながら,共時態としての延辺地域語の待遇法と終止形語の関係について考察していくことにする.

4. 延辺地域語の終止形語尾

第3章では,延辺地域語の待遇法体系について概観したが,ここでは,当変種に特徴的な終止形語尾をいくつかみることにする.방채암(2008),髙木丈也(2016)を参考にして,当地域の話しことばで多く使用される終止形語尾を待遇法(上称,中称,下称,略待),および平叙形,疑問形,勧誘形,命令形ごとに分けて整理すると次ページの表1のようになる.

表をみると,少なからぬ語尾が,中部方言をはじめとする他方言とは異なる語形を持つことに気が付くであろう.ここでは,髙木丈也(2016)の調査結果をふまえ,上記の中から,(1)咸鏡道方言を保持した語尾,(2)中部方言の影響を受けた語尾,(3)延辺地域語に特徴的な語尾,の3種を抽出し,その特徴を概観することにしよう.

---

[11] 방채암(2008)의 하게체(ハゲ体)や,고홍희(2011)의 반말체(パンマル体)は,名称こそ異なるものの,具体的には,-지,-(으)ㄴ/는가といった類似した語尾を含む分類である.

【表1】延辺地域語の代表的な終止形語尾

	上称	中称	下称	略待
平叙形	-ㅁ다/슴다, -ㅂ데다/습데다, -꾸마, -ㅂ더구마/습더구마	-오/소, -ㅂ데/습데	-(ㄴ/는)다, -더라, -아/어, -는/(으)ㄴ매, -(는)구나, -(는)구만	-지, -아/어, -지무, -(ㄹ/을)게, -네, -거든
疑問形	-ㅁ가/슴가, -ㅂ데가/습데가, -ㅁ두/슴두, -ㅂ던두/습던두,	-오/소, -ㅂ데/습데	-재, -니, -야, -아/어, -개, -대, -래	-지, -아/어, -지무, -던가, -나, -는/(으)ㄴ가, -ㄹ가/을가
勧誘形	-기쇼, -ㅂ소/습소, -ㅂ세다/습세다, -겝소, -깁소, -십세	-오/소, -기오, -ㅂ세/습세	-자	-지, -아/어, -지무
命令形	-ㅂ소/습소, -ㅂ지/십지, -십소/읍소	-오/소, -ㅂ세/습세	-아라/어라, -지 말라	-지, -아/어, -지무, -지마

4.1. 咸鏡道方言と保持した終止形語尾

　基層変種である咸鏡道方言を保持した終止形語尾のうち代表的な語形としては，-ㅁ다/슴다，-ㅁ가/슴가〔ㅁ까/슴까〕（いずれも上称）があげられる．この語尾は，「-ㅁ니다(가)/슴니다(가)」[12]から/ㄴ/が脱落した形であるが，当地域では，他の方言形で多くみられる-ㅁ니다/슴니다，-ㅁ니가/슴니가が，ほとんど用いられないことから，上称の語尾としては最も広範囲な使用域を持っている．また，このほかにも，-ㅂ데다/습데다，-ㅂ데가/습데가（いずれも上称），-ㅂ데/습데（中称）など，「-ㅂ-(謙譲)+-더-(目撃)」が融合(fusion)[13]して形成された終止形もまた，中老年層の談話ではしばしば用いられる．さらに，老年層の談話においては，-꾸마/스꾸마，-ㅁ두/슴두（いずれも上称）といった形式が用いられるが，これは六鎮方言とよばれる，咸鏡道の北部において局所的に使用される形式を基層にしたものである．[14]

---

12) 延辺地域語研究における慣例的な表記による．
13) 이지양(1993)では，融合を「連結形で完全な単語に音節数減少が起こり，依存要素として再構造化する現象」と定義している．
14) 六鎮方言に関する論考としては，한진건(2003)，남명옥(2014)がある．また，延辺朝

以上のように，咸鏡道方言を保持した終止形語尾は，上称や中称といった待遇等級の中で多く使用されており，格式的な会話ほど，その出現は多いといえる．

4.2. 中部方言の影響を受けた終止形語尾

　中部方言の影響を受けた終止形語尾のうち代表的な形式としては，-지, -아/어, -(ㄹ/을)게, -네, -거든, -나, -는/(으)ㄴ가, -ㄹ가/을가（いずれも略待）があげられる．3.2.でも述べたように，延辺地域語への略待語尾の流入は，当変種の待遇法体系を大きく変えつつあるが，髙木丈也(2016)では，こうした変化の要因について，以下の２つを指摘している．
　１つめは，学校教育による北朝鮮の標準語の浸透である．金光洙(2016)によると，解放初期の中国においては，朝鮮語に対する研究がほぼ行われておらず，学校教育の現場においても，조선어문연구회(1949)といった北朝鮮の文法書がそのまま学ばれたという．こうした影響は，老年層の話者にあって，-지や-아/어, -는/(으)ㄴ가などの使用が確認されることから窺うことができ，比較的早い段階から受けてきた影響であると推測される．
　また，２つめとしては，韓国との人的往来や文化接触の拡大による韓国の標準語（ソウル方言）の浸透が考えられる．これは，1992年の中韓国交正常化以降，韓国文化への接触機会や，両国の人的往来の拡大によって受けた影響で，特に弱年層の話者における，-(ㄹ/을)게, -나, -ㄹ가/을가などの使用が特徴的である．[15]
　以上のように，中部方言の影響を受けた終止形語尾は，略待の中で多く使用さ

鮮族自治州における六鎮方言話者の口述資料は，곽충구외(2008)を，文法概説，語彙目録は，최명옥외(2002)を参照．

[15] 박경래외（2012）によると，吉林省在住の朝鮮族で韓国のテレビ放送を１日１～２時間程度，視聴している人の割合は45.9%で，全体の約半数がこれに接しているという．また，2016年９月時点，延吉市から発信する延辺电视台（연변텔레비죤방송）では，朝鮮語放送を行なっていたが，これにおける言語も限りなく中部（ソウル）方言を模倣したものであった．このほかにも延吉朝陽川空港からは，仁川空港に毎日数便，直行便が就航している．このような人的往来まで含めると，延辺地域語が中部（ソウル）方言の影響を受ける可能性はますます高くなるといえるだろう．なお，髙木丈也(2015)の談話調査におけるコンサルタントは，外住歴のない者に限定したが，談話において「땡땡이치다」（サボる），「개콘」（<개그콘서트：ギャグコンサート(韓国の人気番組名)）といった韓国における流行語や，「와이파이」(Wi-Fi)，「유튜브」(You Tube)，「페이스북」(Face book）といった外来語の使用が確認されたほか，10代の話者へのインタビューにおいて「（韓国滞在歴の長い）親がソウル方言の影響を受けた話し方をすることがある」といった声が多数，聞かれた．

れており，北朝鮮と韓国の標準語が，異なる時代，経路により入ってきたことにより，その使用が拡大していったものと思われる．

4.3. 延辺地域語に特徴的な終止形語尾

基層変種をはじめとする他変種においては，使用が確認されない，当地域において独自に発達した終止形語尾としては，-재, -개, -대, -아/어, -는/(으)ㄴ매, (いずれも下称), -지무 (略待) があげられる．[16]

このうち，下称の語尾は，以下のような形から，融合過程を経て形成されたものである：

(1) -재？ < -재-+-니？
    -개？ < -갯-+-니？
    -대？ < -더-+-니？
    -아/어？ < -았/었-+-니？
(2) -는/(으)ㄴ매 < -는/(으)ㄴ 모양이-
    -지무 < -지 뭐

(1)は，接尾辞と下称 疑問形の終止形語尾が融合したもので，いずれも疑問形語尾として用いられる．なお，-아/어は，中部方言における略待の語尾と形態上，同形であるが，両者の待遇等級，意味機能は全く異なるものである．[17]

(2)は分析的な形や，慣用的表現が融合したものである．このうち，-는/(으)ㄴ매は，平叙文でのみ用いられ，話し手の既知情報を聞き手に伝達したり，皮肉や嫌味を表す際に使われる語尾である．また，-지무は，平叙形，疑問形，勧誘形，命令形を問わず用いられ，中部（ソウル）方言の-지に似た意味を表す「汎用語尾」（権在一（2012））である．[18]

以上のように，延辺地域語においては，融合により生成された終止形語尾が下称，略待において，比較的多く存在しており，独自の使用をみせている．

---

16) 国内外を問わず，咸鏡道（東北）方言に関する研究が極めて限定的であることを鑑みたとき，「既存の咸鏡道（東北）方言研究において記述がみられないもの」とするのが，より正確な記述であろう．
17) 髙木丈也(2016)における談話調査では，-아/어（下称，過去）が疑問形のみならず，平叙形として出現する例も一部，確認された．
18) 「-는/(으)ㄴ매」については오선화(2015)を，「-지무」については최화(2012)を参照．

5. 待遇法の出現様相

　第3章，第4章では，延辺地域語の待遇法体系と終止形語尾についてみた．しかし，任意の方言における待遇法の特殊性を考察する際には，その下位項目としての終止形語尾の形態にとどまらず，それらの実際の使用様相までを視野に入れて分析することが極めて重要である．そこで，ここでは，延辺地域語の待遇法等級や終止形語尾を使用域という観点から改めて考察し，その存在様相にさらなる接近を試みることにしたい．まず，はじめに髙木丈也(2016)が提示している，延辺地域語の談話における待遇法等級の出現状況をみてみよう：

【表2】延辺地域語の談話に現れた待遇法等級

下称	2247(48.3%)
略待	1398(30.1%)
上称	570(12.3%)
中称	411(8.8%)
略待上称	23(0.5%)
文の総数	4649(100%)

髙木丈也(2016)より．

　表2をみてわかるように，延辺地域語の談話においては，下称が圧倒的に多い出現を示しており，これに略待が続いていることがわかる．また，敬意体としては，上称が中称よりやや多いこと，略待上称の出現は，ほとんどみられないことも確認される．[19] 以下では，これらのデータをふまえ，延辺地域語における下称，略待，中称の使用様相についてみてみることにしよう．

5.1. 下称の使用

　下称は，延辺地域語の話しことばにおいて最もよく使用される文体である．当地域語における下称の使用様相を端的に示す例として，以下の 10 代話による友人談話をみてみよう： [20]

---

19) 中部方言から延辺地域語への略待上称の流入が，限りなく少なかったのは，延辺地域語（あるいはその基層変種である咸鏡道（東北）方言）には，上称，中称という待遇度合いの高い等級がすでに存在していたためであると思われる．
20) 話者A，Bともに女性である．

(3) Ａ：저 사차 망치구 나무 정신 차리구 공부 할쭐 아랏능데 더 아이한다. 포기 항거 갓따.
あの，４次試験で失敗したから，気を引き締めて勉強するかと思っていたけれど，もっとやらなくなったよ．諦めちゃったみたい．
Ｂ：점점 더 느끼미 업써지능거 갓따. 해야데갯따 해야데갯따 하는 용망뚜 이섯땟는데 지그므느 업따.
だんだんやる気がなくなってきたみたい．やらなきゃ，やらなきゃ，っていう気持ちもあったけれど，今はないし．

　この例をみると，２人の話者は，終始，下称の語尾「-ㄴ/는다」により談話を展開していることがわかる．このような「-ㄴ/는다」の多用は，いわば，下称の語尾が，友人談話における中心的文体＝default として機能していることを示しているといってもよいほどで，同様の場面で，略待（해体）語尾が多用される中部（ソウル）方言などとは，大きく異なる特徴を示すものである．[21] なお，野間秀樹(2012)も指摘するように，中部（ソウル）方言における「-ㄴ/는다」は，略待を基調とする談話にあって，感嘆や宣言といった意味を表す一種の法(mood)形式として使用される語尾であるが，延辺地域語における同形式は，より広範囲な使用域を獲得しているといえる．

5.2. 略待の使用

　4.2.においてみたように，同時代の延辺地域語においては，中部方言の影響を受けた略待の語尾が比較的多く使用されている．ただし，これらの語尾の使用域は，中部方言のそれと若干，異なる場合があるため，注意を要する．ここでは，当地域語における略待の使用様相を端的に示す例として，以下の 40 代話者による初対面談話をみてみよう：[22]

(4) Ａ：우리 애드 语文이 그냥 야캣슴다.
うちの子も国語が弱かったです．

---

[21] 中部（ソウル）方言（＝話しことば）における中心的文体については，野間秀樹(2012)を参照．
[22] 話者Ａ，Ｂともに女性である．

B：수학, 수하기라메 영어라메느 이럽는데….
　　数学, 数学とか英語とかは, 問題ないのに….
A：좀 힝드러하지.
　　ちょっと大変そうでしょう.
B：语文으느 아라듯기 어떤거 좀 바쁘다메 이랩데다.
　　国語は, 聞き取るのが, あるものは, ちょっと難しいと言っていましたよ.

　この例をみると, 話者Aは, -ㅁ다/습다や, -ㅂ데다/습데다といった上称の語尾が現れる初対面談話において, 略待の語尾-지を用いていることがわかる. このように延辺地域語においては, -지のほか, -아/어, -지무といった略待語尾が, 親疎を問わず広範囲な場面において使用がされており, 親の場面においてのみ用いられる中部方言とは, 極めて異なる使用域を持っている. [23]

5.3. 中称の使用

　同時代の中部方言の話しことばの待遇法等級は, 体系上存在している6等級のうち, 中称, 等称の使用が急速に縮小しており, その待遇法体系は, 事実上, 4体系に収束しつつあることが知られているが, [24] 一方で, 延辺地域語における中称の使用においても近年, 少なからぬ変化が起こり始めている.

　1998年当時の中称語尾の使用について質問紙調査をもとに分析した千惠蘭(2005:66)では, 延辺地域語の「하오体」について,「(聞き手との年齢差にかかわらず) 目上・目下及び対等関係の人に対して, 話し手の世代を問わず頻繁に用いられる」としており, 例えば, 初対面の同年代話者に対し中称語尾を使用すると回答した10代話者は57.1%存在したことを示している. ところが, それから18年経った2016年に筆者が調査した談話資料 (高木丈也(2016)) によると, 同様

---

23) -지が親疎, 両場面において使用されうるという事実それ自体は, 최현배(1934;1977)や이희승(1968;2009)における「반말」を等級外に位置付けるという見方に一脈通じるところがある (例えば, 이희승(1968;2009:101)では,「반말」を「해라体でも하게体でも하오体でもなく, ただはっきりせず, 言い切らない言葉」(筆者訳) として,「尊卑法外」に位置づけている).
24) 李翊燮他(2004)では, このような変化の要因として, (1) 中称, 等称語尾が, 略待語尾にその使用域を取って代わられたこと, (2) 敬語法の体系を単純化しようとする趨勢にあること, (3) 中称語尾がある種の権威主義を有することの3つをあげている.

の場面で中称語尾を使用した 10 代話者は，1 名も存在しないという結果が得られた．これがいかなる要因による変化であるかは，さらなる分析を待たなければならないが，いずれにせよ，髙木丈也(2016)の調査において，40 代以上の話者の談話においては，中称語尾の使用が確認されたという事実を考えたとき，延辺地域語における世代間の言語使用の差は，大きく拡大しつつあるということができそうである．

　以上，本稿では，延辺地域語の待遇法体系と終止形語尾について概観した．一連の考察により，延辺地域語は，基層方言である咸鏡道方言の特徴を保持しつつも独自の待遇法，語尾体系を持つ言語変種であることが明らかになった．また，中部方言と比較をした際，形態は同じであっても，使用域が異なる終止形語尾が存在することを確認したが，このような事実は，朝鮮語の多様性について改めて考える契機を我々に与えてくれるものである．朝鮮語それ自体をより大きな枠組みでとらえ，そこに存在する多様な話者の息遣いに触れたとき，我々の朝鮮語への理解もより一層深まっていくだろう．

参考文献

고홍희(2011) "연변지역 조선어 의문법 연구", 辽宁:료녕민족출판사
곽충구(1998) '동북, 서북방언', "문법 연구와 자료 —— 이익섭선생 회갑기념논총 ——", 서울:태학사
곽충구, 박진혁, 소신애(2008) "중국 이주 한민족 의 언어 와 생활:길림성 회룡봉", 서울:태학사
김동찬(2005) "조선어실용문법", 평양:사회과학출판사
김병제(1988) "조선언어지리학시고", 평양:과학백과사전종합출판사
김성희(2009) '북남 조선 및 중국조선어 문법술어 사용의 차이에 대한 고찰', "조선-한국언어 문학연구 7", 연변대학 조선언어문학학과편, 北京:민족출판사
김영황(1982) "조선어방언학", 평양:김일성종합대학출판사
김영황(1998) "조선어방언학(언어학과용)", 평양:김일성종합대학출판사
남기심, 고영근(1985;2016) "표준 국어문법론 제4판", 서울:박이정
남명옥(2014) "함경북도 육진방언의 종결어미", 서울:역락
박경래, 곽충구외(2012) "재외 동포 언어 실태 조사", 서울:국립국어원

방채암(2008) "연변지역의 한국어 종결어미 연구", 대구대학교 석사학위논문
북경대학 조선문화연구소(1995) "언어사", 北京:민족출판사
서정수(1984) "존대법의 연구-현행대우법의 체계와 문제점", 경기:한신문화사
오선화(2015) "연변방언 연구", 서울:박문사
왕한석(1996) '언어생활', "중국 길림성 한인동포의 생활문화", 서울:국립민속박물관
외교부(2015) "2015 재외동포현황", 서울:외교부
이익섭, 이상억, 채완(1997) "한국의 언어", 성남:신구문화사
이지양(1993) "국어의 융합현상과 융합 형식", 서울대학교 박사학위논문
이희승(1968:2009) "새문법", 서울:일조각, (歷代韓國文法大系 第1部第58冊, 서울: 塔出版社 2009 影印)
전학석(1996) "조선어방언학", 延吉:연변대학출판사
정향란(2010) "연변방언의 곡용과 활용", 경기:한국학술정보
조선어문연구회(1949) "조선어문법", 평양:문화출판사
중국조선어실태조사보고 집필조(1985) "중국조선어실태조사보고", 北京:민족출판사, 辽宁:료녕민족출판사
최명옥, 곽충구, 배주채, 전학석(2002) "함북 북부지역어 연구", 서울:태학사
최윤갑, 전학석(1994;1994 影印) "중국・조선・한국 조선어차이연구", 延吉:延辺人民出版社, (海外우리語文學研究叢書 25, 서울:한국문화사, 1994 影印)
최현배(1934;1977 影印) "중등조선말본", 京城:정음사, (歷代韓國文法大系 第1部第17冊, 서울: 塔出版社 1977 影印)
최화(2012) '기획주제:중국 연변 지역어 반말에 대한 연구', "배달말"51, 전남:배달말학회
한진건(2003) "륙진 방언연구", 서울:역락
梅田博之(1972)「現代朝鮮語の敬語」,『アジア・アフリカ文法研究』, 東京:東京外国語大学アジア・アフリカ言語文化研究所
小倉進平(1944)『朝鮮語方言の研究』, 東京:岩波書店
河須崎英之(2013)「黒龍江省鉄力出身朝鮮語話者のアクセント」,『朝鮮語研究 5』, 朝鮮語研究会編, 東京:ひつじ書房
韓景旭(2001)『韓国・朝鮮系中国人 朝鮮族』, 福岡:中国書店
菅野裕臣(1988:1991)「文法概説」, 菅野裕臣他(1988:1991)所収
金光洙(2016)「中国における朝鮮語研究――歴史と展望――(抄訳)」, 朝鮮族研究学会 2016年度全国学術大会 発表要旨, 東京:朝鮮族研究学会
權在一(2012)「韓国語教育と話しことばの文法」, 辻野裕紀訳, 野間秀樹編著(2012) 所収

河野六郎(1945; 1979)「朝鮮方言學試攷――「鋏」語考」,『京城帝國大學文學會論纂』第 11 輯, 京城：東都書籍,『河野六郎著作集』1, 東京：平凡社

河野六郎(1955; 1979)「朝鮮語」,『世界言語概説 下巻』, 東京：研究社,『河野六郎著作集 1 朝鮮語学論文集』1, 東京：平凡社

千惠蘭(2005)「中国延辺朝鮮語の聞き手待遇について――「하오 hao 体」を中心に――」,『社会言語科学』8-1 東京：社会言語科学会

髙木丈也(2015)「延辺地域朝鮮語における友人談話の発話形式――文末形式におけるソウル方言との比較から――」,『韓国語学年報』第 11 号, 千葉：神田外語大学 韓国語学会

髙木丈也(2016)「延辺地域朝鮮語における文末形式の社会言語学的考察」, 第 67 回 朝鮮学会大会 発表要旨, 天理：朝鮮学会

高崎宗司(1996)『中国朝鮮族――歴史・生活・文化・民族教育――』, 東京：明石書店

趙貴花(2016)『移動する人びとの教育と言語――中国朝鮮族に関するエスノグラフィ――』, 東京：三元社

野間秀樹(2012)「待遇表現と待遇法を考えるために」, 野間秀樹編著(2012)所収

野間秀樹編著(2012)『韓国語教育論講座 第 2 巻』, 東京：くろしお出版

松本ますみ編(2014)『中国・朝鮮族と回族の過去と現在――民族としてのアイデンティティの形成をめぐって――』, 東京：創土社

宮下尚子(2007)『言語接触と中国朝鮮語の成立』, 福岡：九州大学出版会

李翊燮, 李相億, 蔡琬 (2004)『韓国語概説』, 前田真彦訳, 東京：大修館書店

国务院人口普查办公室, 国家统计局人口和社会科技统计司(2012)『中国 2010 年人口普查资料』, 北京：中国统计出版社

宣德五・金祥元・赵习 编著(1985)『朝鲜语简志』, 北京：民族出版社

延边州政府(2016)「延边概况」『延边州政府ホームページ』(http://www.yanbian.gov.cn, 2016年10月20日閲覧)

漢文読法と口訣

鄭在永(チョン・ジェヨン)，安大鉉(アン・デヒョン)
訳：金正彬（キム・ジョンビン）

1.	口訣の定義と語源	335
2.	口訣の種類	337
3.	文字釈読口訣	341
4.	符号釈読口訣	345
5.	音読口訣	349
6.	口訣の発達と衰退	351

1. 口訣の定義と語源

1.1. 口訣の定義

　韓国と日本は，古代において中国の漢字と漢文を取り入れ，使用した．古代国家を基準としたとき，中国から近い高句麗，百済，新羅，日本の順に漢文を受容したものと思われるが，このことは中国，韓国，日本の史書を通しても知り得ることであり，漢文が用いられた古代の金石文を通しても，知ることができる．ところで，漢文は古代中国語を漢字で書いたものであって，中国語は韓国語や日本語とは言語的な類型が異なっている．古代中国語は，基本的には実質的な意味を表すことばによって文をなす，孤立語であるのに対し，韓国語と日本語は，内容語に文法的な機能を表すことばをつけ文をなす，膠着語である．また古代中国語は客語即ち目的語が述語の後ろに来る SVO 言語であるが，韓国語と日本語は客語が述語の前に来る SOV 言語である．こうした言語的違いのゆえに韓国と日本においては漢文の中に機能語を挿入したり，語順を変えて読むなどの，それぞれの読法が行われた．

　本稿で扱う「**口訣**」（구결．こうけつ；くけつ）という用語は，15世紀から見られるが，漢文を韓国式に読むために，漢文に添加する要素の「**吐**」(토．と)と同義語で使用されたものと考えられる．このために金允経(1938)と崔鉉培(1940)などでは，口訣と吐を同じことばと見ている．19世紀朝鮮の学者，李圭景(이규경．1788-1856)は，自ら編纂した百科全書の『五洲衍文長箋散稿』(오주연문장전산고)で経書口訣について触れ，次のごとく述べている：

中国には方言がなく，日常言語がすでに文字を具えている．句節位置に点により句読だけ付けて読むために，我が国のような原文の外側に句読を方言にして読む懸読と言うものはない．俗称懸吐とも言い，この懸読がなければ文の意味を理解しにくい．ゆえにまた口訣とも言う．
中國則無方言．而尋常言語．已具文字．故於句節處．點句讀讀之．故無如我東之原文外．句讀作方言以讀之．曰懸讀也．俗稱懸吐．無此懸讀．則文義難解．故更名曰口訣．

上記で言う方言とは，中国語にはない周辺民族の言語を意味する．中国では句節に句読点だけで漢文を読むが，韓国ではそれだけでは理解しにくいため，句節に中国語にない韓国語の助詞や語尾，一部用言(하다，이다)(する，である)のような機能語を，吐にしてつけて漢文を読むというのである．

しかし，1973年に高麗の**釈読口訣** (석독구결．しゃくどくこうけつ．韓国語で解釈し，漢文の構造も韓国語に換えて読む方式の口訣．2.1.以降で詳述する) が発見された後には，口訣の意味を新たに規定する必要が生じ，南豊鉉(1975・1980a)は漢文を韓国式の読法で読むこと自体を指す時には「口訣」という用語を使用し，その要素である「吐」と区別した． 釈読口訣では吐の意味を拡大し，単に機能語のみを示す要素ではなく，内容語の一部や全部，さらには読法までも示す要素に再定義される：

狭義の口訣＝吐[機能語]
広義の口訣＝漢文＋吐[機能語＋内容語(＋読法)]

狭義の口訣，つまり吐は日本の訓点に似ており，広義の口訣は日本の漢文訓読に似ている．しかし，日本の訓点・訓読と，韓国の吐・口訣は，同じ概念ではない．韓国では訓読という用語のほかに釈読という用語も使用されており，日本の訓点は訓読を前提としているのに対し，口訣と吐は，訓読みに相当する釈読を必ずしも前提とするものではなく，音読の場合もあるためである．

1.2. 口訣の語源

口訣の語源については，二つの説がある．梁柱東(1962)，李基文(1972)，崔範勲(1972)，安秉禧(1977)などは，「口訣」は中世韓国語「입겿」(イプキョッ) の借字

表記であるとした.実際に『禅宗永嘉集諺解』(선종영가집언해.1464)の跋文では,「親印口訣」が「親히 입겨言 一定ㅎ시고」(自らイプキョッをお定めになり)と諺解されている.漢字「口」の韓国語訓が「입」(イプ),漢字「訣」の古音が「겾」(キョッ)であるが,この「겾」は附随的であることを意味することばであるため,「겾」または「입겾」(イプキョッ)は,韓国語や漢文の助語・助字を指したりすることもあった.

これとは異なって,南豊鉉(1975・1980a)と南豊鉉・沈在箕(1976)は,「口訣」が「口授伝訣」または「口授秘訣」の略であるとした.漢文読法の秘訣も経典解釈の秘訣も,元来大儒や高僧からその弟子らに,口頭で伝授されたものであったために,「口訣」という漢字語を使用したという.上記で述べた李圭景の陳述は,この語源説と関連付けられる.

吐の語源については,南豊鉉(1975・1980a)と安秉禧(1977)で「吏読」が「吏道」や「吏吐」とも表記されていた事実などを根拠に,句読の「読」を同じ音である漢字の「吐」で表記したことから由来したものと推定した.

2. 口訣の種類
2.1. 音読口訣と釈読口訣

口訣は様々な基準によって,分類することができる.口訣は先ず漢文読法によって,**音読口訣**(음독구결.おんどくこうけつ)と**釈読口訣**(석독구결.しゃくどくこうけつ)に分類される.音読口訣は,漢文を漢字音通りに読み,漢文の構造を全く換えず,句節位置に吐だけを付けて,漢文の語順で読みくだす方式の口訣であり,**誦読口訣**(송독구결.しょうどくこうけつ)とも言う.これとは違い,釈読口訣は漢文を韓国語で解釈し,韓国語に合うよう,漢文の構造も換えて読む方式の口訣であって,**訓読口訣**(훈독구결.くんどくこうけつ)とも言う.日本語の漢文訓読の方式はこの釈読口訣,訓読口訣の方式に相当する.語順に対する読法だけを基準にする時は,音読口訣を**順読口訣**(순독구결.じゅんどくこうけつ)とも言い,釈読口訣を**逆読口訣**(역독구결.ぎゃくどくこうけつ)とも言う.

7世紀後半から8世紀初にかけて,活動した新羅の学者,薛聰(설총.ソル・チョン)について,11世紀の高麗の学者,金富軾(김부식.1075-1151)は,『三国史記』に次のように記録している:

聡は性が聡明にして,鋭敏,生まれながら道と術が分かった.方言を以て九経

を読み，後進を教え，今に至るまで学者らが彼を宗主としている.
　　聡性明鋭，生知道術. 以方言読九経，訓導後生，至今学者宗之.

　しかし，薛聡が九経を読む時に使用した，新羅の漢文読法が朝鮮に伝わっていないため，李圭景は『五洲衍文長箋散稿』で次のように述べた：

　　その方言で経を解釈したのは間違いなく口訣であるが，伝わっているものがない．今は吏読【吏道とも言う】だけが残っているが，帳簿と文書の句節位置に，方言による吐をつけて，敷衍して文を成し，吏属が官衙に報告する際に便宜を図ったものである．そのいわゆる九経を解釈したというものも，これと同じであろう．
　　其方言解経者，必為口訣而無傳焉. 今只有吏読【或称吏道】，即簿牒句節處，以方言懸読，衍成文字，便於吏隷之告官. 其所謂解九経者，恐如是也.

　李圭景は，薛聡が使用した口訣が吏読のように，韓国語の文を表す方式であったと推測した．ところで実際に1973年に発見された『旧訳仁王経』(구역인왕경)巻上に，漢文を韓国語文に解釈して読む方式の，高麗時代の口訣が付いていることが明らかになった．そこでこれを釈読口訣というようになった．釈読口訣の実例は，3.2と4.2で見る．

2.2. 文字口訣と符号口訣

　また，口訣は読法を表示する際，どういう記号を用いるかによって，**文字口訣**と**符号口訣**に分類できる．文字口訣は，文字として施されている吐で，読法を表示するために**字吐口訣**（자토구결．じとこうけつ）とも言われる．符号口訣は，点や線の形態で行われた吐であり，読法を表示するために**点吐口訣**（점토구결．てんとこうけつ）とも言うが，[1] 日本のヲコト点とよく似ている．文字口訣は，漢字の字形からきた記号を使用した**借字口訣**と，ハングル記号を使用した**ハングル口訣**とに分類でき，借字口訣は，楷書体の記号を使用した**正体口訣**と，省画化されたり草体化されたりした記号を使用した**略体口訣**に，分類することができる．略体口訣は日本の仮名と似ており，李圭景は『五洲衍文長箋散稿』で省画化の例をあ

---

1) 他に符点口訣，点線口訣とも言う．

げ，韓国の口訣と日本の片仮名を比較している：

> つまり諺音「ㅎ고」は，「為」の訓である「ㅎ」を表現しようとして，「為」字の頭の二点「ソ」をとり，「古」の音の「고」を表現しようとして，「古」字の尾の「ㅁ」をとり，これをまとめて「ソㅁ」としたものと同じような類である．【……片仮字を見ると……ただ，本来以呂波から半字を取ったものとして「伊」字から「イ」をとり，「呂」字から「ロ」をとり，「半」字から「ハ」をとり，「仁」字から「ニ」をとったものと同じである．このようなものを集めて片仮字にし，訓を読むのに便宜を図った．我が国の「ソㅁ」と同じである．】則如諺音ㅎ고．則借為訓を，取為字首両点ソ．借古訓고，取古字尾ㅁ．合為ソㅁ之類．……【……按片仮字．……只本以呂波取其半字．如伊字取イ．呂字取ロ．半字取ハ．仁字取ニ．合以成片仮字．以便読訓．若我ソㅁ者也．】

祇林寺所蔵の『法華経』に，墨書の音読口訣とともに使用された，符号口訣の例があるが，ほとんどの符号口訣は釈読口訣に該当する．符号口訣の実例は4.2で見る．

2.3. 記入口訣と印刷口訣

この他にも，口訣はどのような手段として読法を表示するかによって，**記入口訣**と**印刷口訣**に分けることができる．記入口訣は，すでに存在する漢文の余白に記入するものであるために，空間が不足こともあり，概ね略体口訣が使用される．記入口訣は，更に**角筆口訣**と**毛筆口訣**に分けることがでる．角筆とは先端を細く尖らせた象牙や柘植や竹などで，墨をつけず，紙面を直接凹ませて記す方法である．角筆を用いた角筆口訣は，符号口訣を記入した場合が多いが，文字口訣を記入した場合もある．例えば，次ページの左写真は，誠庵古書博物館所蔵の初雕大蔵経『瑜伽師地論』(유가사지론)巻8の一部であるが，角筆に符号口訣と文字口訣が，一緒に記入されている．これは「清」の左に凹まれている点と，右上に凹まれている点が，右下の「ㅣㅁ」に該当するということを示している．

毛筆口訣は，更に**墨筆口訣・朱筆口訣・藍筆口訣**などに，分けることができる．例えば，上の右写真は慶北大学校南権熙教授所蔵の『楞厳経』(능엄경)巻1であるが，墨筆口訣と朱筆口訣が，一緒に記入されている．

一方，印刷口訣を更に分類すると，**板刻口訣**と**活字口訣**に分けられる．印刷口訣は本を刊行する際，口訣を細註のように，小字にして印刷するものであるから，前もって空間が確保されており，概ね正体口訣が使用される．左写真は，再雕大蔵経補遺板に掲載された，『釈華厳教分記』(석화엄교분기)の一部として，板刻口訣の例を見せており，右の写真は，1574年に刊行された活字本『呂氏郷約諺解』(여씨향약언해)の一部で，活字口訣の例が見える．

2.4. 分類の整理

今までの分類を整理すると，次のようになる：

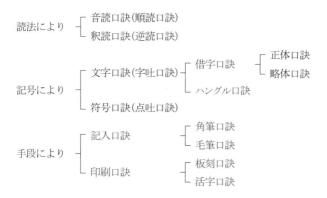

術語として使用する際には，これらの分類を組み合わせ，「文字釈読口訣」・「符号釈読口訣」・「角筆符号釈読口訣」などの用語で表すことができる．

3. 文字釈読口訣
3.1. 高麗時代の文字釈読口訣
3.1.1. 資料

今まで発見された，高麗時代の文字釈読口訣資料は，次のごとくである．[2]

書名	巻次	所蔵処	推定懸吐時期	紹介時期
釈華厳教分記	巻3	平昌月精寺博物館等	10世紀	1987年
華厳経疏	巻35	大邱個人	12世紀前期	1994年
周本華厳経	巻14	大邱個人	12世紀中期	1993年
合部金光明経	巻3	清州古印刷博物館	13世紀中期	1994年
慈悲道場懺法	巻4	慶州祇林寺博物館	13世紀中期	2015年
旧訳仁王経	巻上	礼山修徳寺博物館	13世紀後期	1973年
再雕本瑜伽師地論	巻20	ソウル国立ハングル博物館	13世紀後期	1993年

1973年に『旧訳仁王経』が発見されるまでは，朝鮮時代の音読口訣資料だけが知られていた．しかし，沈在箕(1975)，南豊鉉・沈在箕(1976)などの研究によって，

---

2) この他に日本の南禅寺所蔵の初雕本『四分律』巻40は，角筆で記入された文字口訣と符号口訣がある．釈読口訣と見えるが，未だ充分に研究がなされていないため，ここでは除外した．

『旧訳仁王経』に記入された口訣が，漢文を韓国語の文章に直して読むためのものであることが明らかになり，日本の仮名点と同じ方式の漢文読法が，韓国も高麗時代までは存在していたという事実が，確認された．

2.3において見た『釈華厳教分記』は，高麗の僧，均如(균여．923-973)の著述であるが，三行にのみ板刻口訣が記入され，残りの資料らはすべて餘白に墨書口訣が記入されている．『旧訳仁王経』と『慈悲道場懺法』は，それぞれ5枚の残巻だけ発見された状態である．『合部金光明経』は，符号釈読口訣が共にに記入されており，4.1の資料にも入れられる．

3.1.2. 表記法

文字釈読口訣の口訣字は，漢字の音や釈を借りた借字であるが，その中で原字と読音が，ある程度明らかになったものだけを，目録として提示すると，次のようになる：

借字	原字	読音	借字	原字	読音	借字	原字	読音	借字	原字	読音
ハ	只	ㄱ,기	l	之	다	乎,禾	利	리	ㅇ	良	아
去	去	거	丁	丁	뎌	亽	令	리	二	亦	여
ナ	在	겨	彳	彼	뎌	ㅎ	音	ㅁ	𠂆	乎	오
ロ	古	고	刀	刀	도	ケ	ケ	마	又	又	우
人	果	과	斗	斗	두	勺	彌	며	千	于	우
斤	斤	근	矢	知	디	邑	邑	ㅂ	亐	衣	의
十	中	긔	入,の	入	ᄃᆞ	火	火	ㅂ	ll	是	이
這	這	ᄀᆞᆯ	ㅊ	冬	ᄃᆞᆯ	セ	叱	ㅅ	ᅙ	齊	져
ㄱ	隱	ㄴ	ホ	等	ᄃᆞᆯ	ら	沙	사	凵	止	텨
乃	乃	나	ム	矣	ᄃᆡ	三	三	삼	下	下	하
乂	奴	노	乙	乙	ㄹ	立	立	셔	ノ	乎	호
ト	臥	누	尸	尸	ㅭ,ᄚ	二	示	시	ㅎ	分	희
ヒ	尼	니	四	羅	라	亦	賜	시	ﾂ	為	ᄒᆞ
ㄷ	飛	ᄂᆞ	ー	以	로	白	白	ᄉᆞᆲ	令	令	히

このうち，「去」「十」「l」「廾」「の」「ホ」「一」「亽」「𠂆」「勺」「ろ」「凵」「ᆺ」は，草書体であり，「ハ」「ナ」「ロ」「人」「乂」「ト」「ヒ」「ㄷ」「彳」「矢」「ム」「四」「才」「禾」「亐」「セ」「ら」「二」「二」「ᅙ」「ラ」「ノ」「ﾂ」は，楷書体の一部であり，「ㄱ」「亦」「ろ」「ら」「ll」は，草書体の一部である．

342

高麗時代の文字釈読口訣では，言語形式を表記する口訣字だけでなく，解釈の順序を表示する**逆読点**(역독점)も使用された．韓国語解釈が漢文の語順と同じ場合は，句節の右側に口訣字をつけ，漢文の語順と異なる場合は，下の句節の末尾に逆読点「、」をつけたのち，上の句節の左に口訣字を付けて，まず下の句節を先に読んでから，次に上の句節を読むことを示した．

　　　復ッヿ 有セナか 五道セ 一切衆生リ 〈文字釈読口訣〉
　　　復ッヿ 五道セ 一切衆生リ 有セナか 〈語順変換表記〉
　　　쏘훈 오도ㅅ 일체즁생이 잇겨며 〈한글독음표기〉
　　　또한 오도의 일체중생이 있으며 〈現代韓国語訳〉
　　　また 五道の一切衆生があり 〈現代日本語訳〉

　上の例文は，『旧訳仁王経』の最初に見られる口訣文である．右に見える，口訣字の「復ッヿ」「五道セ」「一切衆生リ」を順に読み下し，日本訓点の返読点に似た逆読点「、」が見えると，上に戻って，左に見える口訣字の「有セナか」を読む．この逆読点は表記されていない場合も多くある．
　一方，上の例文における「五道」と「一切衆生」は，それぞれ機能語の属格助詞「セ」と主格助詞「リ」だけが付いているが，「復」と「有」は，それぞれ「ッヿ」と「セ」が付いており，「쏘훈」と「잇-」として釈読されたことが解る．特に「有」に付いている「セ」は，語幹「잇-」の末音「ㅅ(s)」を示す末音添記である．

3.2. 新羅時代の文字釈読口訣
3.2.1. 資料
　現在，新羅時代の文字釈読口訣資料の可能性があるのは，次のごとくである：

書名	巻次	所蔵処	推定懸吐時期	紹介時期
判比量論(写経)	単巻(残巻)	京都大谷大学博物館	8世紀以前	2003年
		東京落合博志氏	8世紀以前	2016年
華厳経(写経)	巻12~20(節略本)	奈良東大寺図書館	8世紀以前	2008年

高麗の郷歌や吏読は，新羅のものを継承したものである．高麗時代の釈読口訣資料が発見され，2.1で見たように，新羅の薛聡が方言で九経を読んだという記録もあるので，釈読口訣はすでに新羅時代から存在したであろうとの推定が，広く認められている．このような点から南豊鉉(2002)では新羅時代の吏読に基づいて，新羅時代の口訣の再構も試みた．

その後，小林芳規(2003a)と金永旭(2004)とでは，日本京都の大谷大学所蔵の『判比量論』(판비량론)の断簡に，新羅の角筆文字が記入されている，という報告が出されており，最近は權仁瀚(2016:9)が言及するように，鄭在永等は，日本東京の国文学研究資料館の落合博志教授所蔵の『判比量論』断簡と，日本京都の大谷大学に所蔵されている『判比量論』の断簡に，角筆で記入されている口訣を発見した．『判比量論』は，新羅僧の元曉(원효. 617-686)の著述であり，新羅との交流に積極的であった光明子の母，県犬養三千代(?-733)の旧蔵書であることから，日本の学問僧がもたらしたものである可能性もある(宮崎健司2011:38-39)．

一方，小林芳規(2008)・南豊鉉(2013)・鄭在永(2014)では奈良の東大寺に所蔵されている『華厳経』巻12~20に，角筆で記入された口訣が存していることを報告した．この『華厳経』巻12~20は，山本信吉(2006)で新羅写経と判別される正倉院所蔵の『華厳経』巻72~80と僚巻であり，両方共に一部合巻経という点で，奈良写経よりは，新羅写経になる可能性が高い(飯田剛彦2011:104-105)．

このような点で上の資料は，新羅の文字釈読口訣資料に分類できる可能性がある．しかし，墨筆で記入された高麗時代の文字釈読口訣とは違い，角筆で記入されており，且つ日本の貴重な文化財であるため，調査に制約がある．今後，もう一歩進めた充分な調査と綿密な研究が望まれる．

3.2.2. 表記法

新羅時代の資料には，高麗時代の文字釈読口訣と同様に，略体口訣が記入されているが，字形や機能が異なる場合がある．『華厳経』巻12-20の場合には，漢文の「言」の右側に，その訓を「白」として表示したり，動詞の連結語尾を「良」の草書で表示したりすることなどの釈読をした痕跡が発見されている．しかし，高麗時代の文字釈読口訣のように，逆読を表示したものは，まだ発見されていない．

角筆を示す詳細な写真が，まだ充分に撮影できなかったため，ここでは，属格助詞の「叱」を表記した例だけを挙げる：

4. 符号釈読口訣
4.1. 高麗時代の符号釈読口訣
4.1.1. 資料

今まで発見された，高麗時代の符号釈読口訣資料は，次のようである：

書名	巻次	所蔵処	推定懸吐時期	紹介時期
晋本華厳経	巻20	ソウル誠庵古書博物館	9~10世紀	2001年
周本華厳経	巻6	ソウル誠庵古書博物館	11~12世紀	2000年
	巻22	ソウル誠庵古書博物館	11~12世紀	2000年
	巻31	ソウル湖林博物館	11~12世紀	2000年
	巻34	ソウル湖林博物館	11~12世紀	2001年
	巻36	ソウル誠庵古書博物館	11~12世紀	2000年
	巻57	ソウル誠庵古書博物館	11~12世紀	2000年
初雕本瑜伽師地論	巻3	ソウル湖林博物館	11世紀前期	2000年
	巻5	ソウル誠庵古書博物館	11世紀前期	2000年
	巻8	ソウル誠庵古書博物館	11世紀前期	2000年
	巻8	京都南禅寺	11世紀前期	2005年
	巻53	仁川嘉泉博物館	11世紀前期	2011年
法華経	巻1	ソウル延世大学校図書館	11世紀以後	2000年
合部金光明経	巻3	清州古印刷博物館	13世紀中期	2004年

2000年に入って，初めて角筆符号釈読口訣が発見されるまでは，日本のヲコト点と同じ方式の漢文読法が，韓国に存在しているという事実に，誰も気づかなかった．日本の角筆研究の権威，小林芳規によって，角筆符号釈読口訣の存在が確認されて以降，新しい資料が続々と発掘され，口訣研究は新しい転機を迎えるようになった．

上の資料を，符号釈読口訣の表記法によって分類すれば，晋本『華厳経』と周

本『華厳経』は華厳経系統に,『瑜伽師地論』『法華経』『合部金光明経』は瑜伽師地論系統に,纏めることができる.これらはすべて角筆で符号釈読口訣が記入されているが,『合部金光明経』は,角筆で記入された符号釈読口訣の上に墨点があり,文字釈読口訣も付いている.

4.1.2. 表記法

　符号釈読口訣では,言語的な要素も言語外的な要素も,すべて点や線の形態の符号で表示された.言語的な要素は,漢字の内部や周辺の多様な位置と,単点・双点・直線・垂線・斜線などの多様な形態を組み合わせて表示する.これは日本のヲコト点に似た方式であるため,点図に表すことができるが,大きく華厳経系統と瑜伽師地論系統に分類される.

　左図は漢字をめぐる,四角形内部と周辺の25個の位置を座標で表したもので,次の左側と右側の図は,それぞれ単点に対する華厳経系統と瑜伽師地論系統の点図である.例えば,語尾「-며」に該当する口訣字「ヶ」を表示する際に,華厳経系統は,漢字の左下に点を付けており,瑜伽師地論系統は,漢字の左下に点を付けている.

　文字釈読口訣は,韓国語解釈が漢文の語順と異なる際に,下に来る句節の最後

漢文読法と口訣（鄭在永・安大鉉）

の漢字と上の句節の最後の漢字に，それぞれ口訣字を付けたが，符号釈読口訣は，下の句節の最後の漢字に口訣点を纏めてつけた．このような違いを，同一の構造の二例文で比較してみよう：

普ﾘ為ﾆ衆生ｦ作ｯﾅｶ饒益乙 〈文字釈読口訣〉
普ﾘ 衆生ｦ {為}ﾆ 饒益乙 作ｯﾅｶ 〈語順変換表記〉
너비 중생의 삼 요익을 작ᄒ겨며 〈한글読音表記〉
널리 중생을 위하여 이익을 지ᄋ며 〈現代韓国語訳〉
普く衆生のために利益を作って 〈現代日本語訳〉

普[24(|)]為衆生[23(-),43(·)]放大光[41(·),52(·)] 〈符号釈読口訣〉
普ﾘ 衆生ｦ {為}ﾆ 大光乙 放ｯﾅ 〈語順変換表記〉
너비 衆生의 삼 大光을 放ᄒ며 〈한글読音表記〉
널리 중생을 위하여 큰 빛을 내며 〈現代韓国語訳〉
普(あまね)く衆生のために大いなる光を放ち 〈現代日本語訳〉

上の二例文は，それぞれ周本『華厳経』巻14の偈頌(げじゅ)に，墨書で記入された文字釈読口訣と，初雕本周本『華厳経』巻6の偈頌に，角筆で記入された符号釈読口訣である．文字釈読口訣は，下の句節「衆生」の最後の漢字「生」の右側に「ｦ」をつけた後に，上の句節「為」の左に「ﾆ」をつけ，又下の句節「饒益」の最後の漢字「益」の右側に「乙」をつけた後に，上の句節「作」の左に「ｯﾅｶ」をつけた．これとは違い，符号釈読口訣は，下の句節「衆生」の最後の漢字「生」に「ｦ」を表示する23(·)と，「ﾆ」を表示する43(·)をつけ，下の句節「大光」の最後の漢字「光」に「乙」を表示する41(·)と，「ｯﾅ」を表示する52(·)をつけた．

上の例文で，「ﾆ」または43(·)は「為」の釈である「삼다」（する）の語幹を示す．このように，ある漢字の釈が，借字または符号で表記されると，その漢字を読法に反映する必要がなくなるが，これを**不読字**という．このような不読字は，音読口訣にはなく，釈読口訣にだけ見えており，｛ ｝の中に入れて表示する．

347

4.2. 新羅時代の符号釈読口訣
4.2.1. 資料

　高麗時代の符号釈読口訣資料の発見と共に，符号釈読口訣が解読されてから，小林芳規(2002)とジョン・ホイットマン(2009)は，最も古い漢文訓読資料の一つである，佐藤達次郎氏旧蔵本『華厳文義要決』(화엄문의요결)に記入されている朱点が，新羅の符号釈読口訣に基づいて転写された訓点である可能性を提起した．この資料は，新羅僧の表員の著述である．その紙背に，日本の国宝の『東大寺諷誦文』が書写されており，第二次世界大戦のうちに焼失した．現在はその複製本が残っているため，それで研究は可能である．一方，金永旭(2003)，金星周(2009)，パク・ヨンシク(2010)，安大鉉(2011)では『華厳文義要決』の朱点が，新羅の符号釈読口訣であろうことを推定した．小林芳規(2002)等のように日本の訓点資料から見ても，また金永旭(2003)のように新羅の口訣資料から見ても，『華厳文義要決』の朱点は，日本の訓点より，高麗の符号釈読口訣に近い類似性を見せている：

書名	巻次	所蔵處	推定懸吐時期	紹介時期
華厳文義要決(写経)	巻1	佐藤達次郎氏旧蔵(原文焼失)	8世紀	2002年

4.2.2. 表記法

　『華厳文義要決』の朱点を，その文法的機能によって点図で表してみると，華厳経系統の高麗時代の符号釈読口訣の点図と酷似している．例えば，名詞の羅列は漢字の左上に星点を付けて表示し，代名詞「此」の処格は，漢字の中上に星点を付けて表示し，名詞の属格は漢字の右上に星点を付けて表示する，という点が共通的である．そして合符の形態が漢字を貫通する縦長線という点においても，高麗時代の符号釈読口訣と同じである：

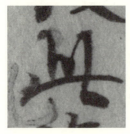 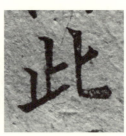 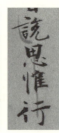 

5. 音読口訣
5.1. 資料

　音読口訣は釈読口訣とは違って，現在までも漢文解釈や学習に使用されているので，資料が非常に多く，且つ多様である．まだ整理されていない資料も多いため，ここでは南豊鉉(1998b)によって，最も早い時期の高麗末朝鮮初の重要な資料だけ羅列してみたい：

書名	所蔵処	推定懸吐時期	紹介時期
楞厳経	ソウル南豊鉉氏	13世紀後半	1990年
	大邱権熙氏	13世紀後半〜14世紀初	1990年
	慶州祇林寺博物館	15世紀初	1989年
	ソウル国立中央博物館	15世紀初	1987年
	ソウル奎章閣	14世紀末〜15世紀初	1996年
南明集	梁山大成庵	14世紀後期	1978年
直指心体要節	パリ国立図書館	14世紀末〜15世紀初	1987年
佛説四十二章経	ソウル尹炯斗氏	14世紀末〜15世紀初	1989年
梵網経	大邱厳仁燮氏旧蔵	14世紀	1990年
	ソウル国立中央図書館	14世紀	1996年
	城南蔵書閣	14世紀	1996年
圓覺略疏注経	ソウル奎章閣一簑文庫	14世紀〜15世紀初	1996年
詳校正本慈悲道場懺法	ソウル誠庵古書博物館	14世紀末	1993年
慈悲道場懺法	ソウル国立ハングル博物館	14世紀	1993年

　現在まで伝えられている，15世紀初までの音読口訣資料は，すべて仏書であるが，それ以降には儒家書をはじめ，史書や実用書などの音読口訣資料もある．
　漢文を釈読口訣で読むと，その結果は韓国語の文章となるが，音読口訣で読むと，その結果は漢文でも韓国語の文章でもない，その二類が混ざった中間的な言語になる．したがって，漢文が伝来された初期には，釈読口訣を使用してから，ある程度漢文に慣れた後には，音読口訣を使用することになる．しかし，漢文に長けた朝鮮の両班階層は，音読口訣さえも未熟な漢文解釈方式であると評価していた．このために王と臣が経書などを読んでいた経筵（경연．けいえん）では，口訣を付けずに解釈すべきである，という申し入れが，朝鮮王朝実録でしばしば発見される．

349

5.2. 表記法

　音読口訣に於いても口訣字が使用され，文字釈読口訣の口訣字と共通したものもあり，換わったものもある．例えば，対格助詞と属格助詞は，釈読口訣と同様に続けて「乙」「セ」が使用されていたが，主格助詞は「リ」のほかに「丶」も使用されており，具格助詞は「灬」のほかに「又」も使用されていた．語尾も「ぅ」や「ロ」は，そのまま使用されていたが，「か」は「ス」に，「ㄌ」は「入」や「丶」に字形が変わった．そして釈読口訣資料には見えなかった言語形態の登場により，それを表記するための口訣字も現れた．

　音読口訣は，漢文の句節に機能語のみを挿入して読む方式であるため，表記法が比較的簡単である．4.2で見た例文と，漢文の文章構造が類似している『法華経』音読口訣の例文を見てみよう：

　　　　　広為衆生ッぅ 説於妙法ッぅ入1 〈音読口訣〉
　　　　　광위중생ᄒ야 설어묘법ᄒ야든 〈한글독음표기〉
　　　　　널리 중생을 위하여 묘법을 설하면 〈現代韓国語訳〉
　　　　　広く衆生のために妙法を説いて 〈現代日本語訳〉

　上の例文では，漢文を音で読み下し，句読がある所に，文の間のつなぎを担当する機能語の「ッぅ」と「ッぅ入1」だけ挿入した．このような方式を，日本語に適用すれば，「広為衆生説於妙法」という漢文を「コウイシュジョウしてセツオミョウホウすれば」と読めるようになる．もっともこれは，今日のイギリスで長い間の留学を終え，英語がうまくなって帰ってきた韓国人が，英文文に韓国語の助詞と語尾だけを付けて，英語でもない，韓国語でもない混成言語を用いるようなものである．

　この資料は，高陽市円覚寺所蔵の『法華経』として，1417年に刊行されたものである．ところで写真をみると，右側に付いている音読口訣のほかに，細筆に「広」のもとに「丶」が記入されており，「生」と「法」の下に「乙」が記入されている．4.2で見た釈読口訣で「生」に付いている「ぅ」が「乙」に変わることはあるが，音読口訣の時代においても，まだ釈読の痕跡が，残っていたことを物語る．

　2.3.で見た『呂氏郷約諺解』の正体口訣の例文を挙げてみよう：

主人隱 降席為也 立於卓東乎矣 西向為古 上客隱 亦降席為也 立於卓西乎矣 西向為羅 〈正体音読口訣〉
主人丨 降席ッㄷ 立於卓東ㄴㅅ 西向ッㄱ 上客丨 亦降席ッㄷ 立於卓西ㄴㅅ 西向ッㄴ 〈略体音読口訣〉
主人은 降席ㅎ야 立於卓東호디 西向ㅎ고 上客은 亦降席ㅎ야 立於卓西호디 東向ㅎ라 〈한글音読口訣〉
주인은 돗자리에 내려가 탁자 동쪽에 서되 서쪽으로 향하고, 상객도 돗자리에 내려가 탁자 서쪽에 서되 동쪽으로 향하여라 〈現代韓国語訳〉
主人は降席して立於卓東するが西向し上客は亦降席して立於卓西するが東向しなさい 〈日本式音読口訣〉
主人はござに降りたってテーブルの東側に立つが西に向かい， 上客もござに降りたってテーブルの西側に立つが東に向きなさい 〈現代日本語訳〉

6. 口訣の発達と衰退
6.1. 口訣の発達

　口訣は漢文読法であるため，当然漢字と漢文が伝来されてから考案されたものである．ではおよそいつ頃発生したのであろうか．これについては南豊鉉(1988)が明らかにしたように，記録に基づくと，新羅僧，義湘(의상. 625-702)の時代の7世紀にまで遡ることができる．高麗の大覚国師，義天(의천)は『新編諸宗教蔵総録』(신편제종교장총록)で次のように述べた：

> 『宋高僧伝』の「義湘傳」を見ると，「直接筆や鉛で書いたり，弟子たちが結集して抄録したりもした．このようにして義湘の門下では，弟子の名前によって『道身章』としたものもあり，場所の地名を取って『錐穴問答』としたものもある．」と言った．ところが，当時の結集した者の文体が整ってておらず，章句が鄙野し，方言が混じるようになった．おそらくこれは大きな教えが初めて開始されるに当たって，衆生の根気に従おうと努めたためであるので，将来の君子が当然潤色を加えるべきである．
> 按大宋僧史義湘傳．云．或執筆書紳．懷鉛札葉．抄如結集．録似載言．如是

351

義門. 隨弟子為目. 如云道身章是也. 或以処為名. 如云錐穴問答等云云. 但以當時集者. 未善文体. 遂致章句鄙野. 雑以方言. 或是大教濫觴. 務在隨機耳. 将来君子. 宜加潤色.

　ここで『道身章』(도신장)は，義湘の講義を弟子の道身が記録した『一乗問答』(일승문답)の別名であり，『錐穴問答』(추혈문답)は義湘の講義を，弟子である智通が記録した『要義問答』(요의문답)の別称である．これらに対して義天が衆生の根機によって方言を混ぜて教えたと評価したのは，仏家において，漢文に韓国語を混ぜた口訣で教えた，という意味として理解することができる．
　このような仏家の口訣は，2.3と3.1.1で言及した『釈華厳教分記』の著者，均如につながる．『一乗問答』は『釈華厳教分記』をはじめとする，均如の『華厳経』記釈に数十回引用されており，この記釈も義湘の場合のように，均如が直接書いたものもあり，均如の講義を弟子らが記録したものもある．そして方言が混ざっており，後代に方言を削除して潤色した点も，義湘の場合と同じである．ただ，均如の記釈は，義天の酷評を受けるほど，方言が相当多く混じっていたものとみられる．これは均如が郷歌を作った事実にも関係する．とかく義湘の方言は完全に削除されたが，均如の方言は『釈華厳教分記』に残っている．
　一方，儒家の口訣は，2.1で言及された通り，薛聡時代の7世紀後半から8世紀初期までに遡る．そして高麗末と朝鮮初には，鄭夢周(정몽주. 1338-1392)と権近(권근. 1352-1409)等が口訣をつけた，という記録が伝えられている．朝鮮王朝実録には鄭夢周の詩経口訣と権近の三経口訣があったといい，この外にも礼記と四書の口訣を付けるように，卞季良(변계량. 1369-1430)に命じたとの記録も出されている．ただ，薛聡の時代には釈読口訣が，高麗末と朝鮮初には音読口訣が，使われていたと推定される．

6.2. 口訣の衰退

　朝鮮の第4代国王の世宗(세종. 1397-1450)が，1443年にハングルを創製するまでは，釈読口訣が即ち漢文の翻訳であった．しかし，ハングルが創製された後には，ハングルで漢文を翻訳した**諺解**(언해)が行われつつあり，釈読の痕跡は次第に消えるようになる．臨時の個人的な性格が強い釈読口訣と異なり，諺解はハングルが頒布された直後から，公式的な事業の性格で進められた．そのために漢文に読法を附加する釈読口訣の方式と異なり，諺解は先ず漢文を上に出して，そ

の下に諺解文を付けて刊行するか，最初から諺解文だけにして刊行するかの方式で行われた．諺解のこのような性格は，朝鮮という国家の特性とも関わっている．朝鮮は儒教を通じ，民を教化しようとする，性理学的国家であったからにほかならない．

　これと異なって，音読口訣は漢文の翻訳や学習の中間段階として引き続き使用された．諺解文の前に漢文を示す際にも，音読口訣をつけて記載する場合が多かった．朝鮮の第 7 代国王の世祖(세조. 1417-1468)の時には，多くの仏典が諺解によって刊行された．『楞厳経諺解』(1461)，『阿弥陀経諺解』(1461)，『法華経諺解』(1462)，『金剛経諺解』(1464)，『禅宗永嘉集諺解』(1464)，『般若心経諺解』(1464)，『円覚経諺解』(1465)などの諺解過程においては，世祖が自ら音読口訣をつけた．そのなかで最初の『楞厳経諺解』の巻 10 の末尾に掲載された御製跋には，諺解の過程が次のように記述されている：

① 世宗が1438年に『楞厳経』を読んでみてから，1449年の当時には首陽大君であった世祖に，翻訳を命じる．
② 世祖の事情で翻訳ができずにいたが，1461年に釈迦の分身舎利100個あまりが現れたことと，孝寧大君の勧めにより，口訣をつけ，諺解事業に着手．
③ 韓継禧，金守溫などに命じ，口訣によって翻訳させ，信眉などからの叱正を受けさせる．
④ 朴楗，尹弼商，盧思慎，鄭孝常，貞嬪韓氏などが，翻訳原稿の修正と矯正作業に参加する．
⑤ 永順君が例文を揃える．
⑥ 曹變安と趙祉が，東国正韻式の漢字音を表記する．
⑦ 信眉，思智，学列，学祖などが，翻訳を矯正．
⑧ 世祖が出来ている翻訳を見て確定する．
⑨ 典言曹氏豆大が世祖の前で翻訳を読みあげる．

　世祖はこれら以外にも，『周易伝義口訣』(주역전의구결. 1466)のように，儒教経書に音読口訣をつけ，刊行するなども行った．
　このような過程を通じて，釈読口訣の伝統は諺解に代替されつつ，遂には忘れられることとなり，音読口訣は中間的言語として，その命脈が維持されてきた．
　朝鮮後期の学者，申維翰(신유한. 1681-1752)は，1719 年，朝鮮通信使として日

本に行き，このとき見聞きしたことを『海游録』(해유록)という記録に残した．そこには日本語の漢文訓読についての言及が見える：

> 文を読む際には前後を逆に読み下す法を知らず，文字ごとに苦労しながら，下なのか上なのかを明らかにした後にようやく，その意が通ずる．例えば，「馬上逢寒食」を読むときには，「逢」を「寒食」の次に読み，「忽見陌頭楊柳色」を読むときには，「見」を「楊柳色」の次に読むがごとくである．しかしこのように漢文を学び覚えるのは，難しい．たとえ高い才と識見を有する人であっても，力を尽くし励み苦労することは，まさに我が国の百倍にはなるであろう．其爲読書．不解倒結先後之法．逐字辛苦．上下其指．然後僅通其義．如馬上逢寒食．則読逢字於寒食之下．忽見陌頭楊柳色．則読見字於楊柳色之後．文字之難於学習．又如此．雖有高才達識之人．用力之勤苦．視我国當爲百倍．

申維翰はこの記録において，日本人たちが漢文を読むとき，文字ごとに解釈順序を示しつつ，日本語の語順で読むという事実を知り，韓国語の語順と反対に句節を読み下す韓国の音読口訣の方式を知らないがゆえに，日本人たちは漢文を学び覚えるのに，大いなる難しさがあると述べている．このことは換言すれば，韓国にも釈読口訣があったという事実が，申維翰の時代には既に忘れられていたものと，解釈しうるのである．

＊韓国の口訣を概括的に紹介した論文としては鄭在永(2005)がある．単行本である野間秀樹(2010)の一部にも，一般の読者にわかりやすい説明がある．口訣について専門的に学びたい向きには，安秉禧(1977)と南豊鉉(1999a)が必読書である．文字釈読口訣についての研究書である南豊鉉(1999b)も重要な業績である．符号釈読口訣の解読は文字釈読口訣についての理解を基礎になされたが，そのうち注目すべき成果としては，장경준(2007)を挙げ得る．一方，口訣についての研究は口訣学会の学術誌である『口訣研究』を通じて発表される場合が多い．とりわけ1998年の第3集は，高麗時代の釈読口訣の表記法を総合的に扱った特集号であり，2008年の第21集は，口訣学会創立20周年を迎え，口訣研究の回顧と展望を総合した特集号である．また符号口訣資料を入力し刊行した李丞宰 外(2005,2006ab,2009ab)など，文字口訣資料を索引化した황선엽 외(2009)は，口訣学会会員たちの共同研究の成果として資料の利用に役立つ．

參考文献

간노 히로오미[菅野裕臣](1986) '韓國과 日本의 借字表記에 대하여 "三國遺事의 綜合的 檢討", 第4回 國際學術會議論文集, 성남: 한국정신문화연구원
간노 히로오미[菅野裕臣](1986) '훈민정음과 다른 문자 체계의 비교', 서울大學校 大學院 國語硏究會編(1993) 所收
고바야시 요시노리[小林芳規]/尹幸舜 譯(2003a) '新羅經典에 기입된 角筆文字와 符號 – 京都 大谷大學藏 『判比量論』에서의 發見 –", "口訣硏究" 10, 口訣學會
고바야시 요시노리[小林芳規](2008) '日本에 傳來된 宋版 一切經의 角筆加點 – 韓國의 角筆點吐와의 關連 –', "口訣硏究" 20, 口訣學會
고바야시 요시노리[小林芳規](2010) '日本의 오코토점의 起源과 古代 韓國語의 點吐와의 關係', "口訣硏究" 25, 口訣學會
고바야시 요시노리[小林芳規](2015) '日本平安初期의 訓讀法과 新羅華嚴經의 訓讀法과의 친근성 – 副詞의 呼應을 중심으로 –', "口訣硏究" 34, 口訣學會
고영근(1998) '석독구결의 국어사적 가치', "口訣硏究" 3, 口訣學會
高正儀(2004) '口訣 硏究의 現況과 課題', "口訣硏究" 12, 口訣學會
口訣學會編(1997) "아시아 諸民族의 文字", 서울: 태학사
口訣學會編(2006) "漢文訓讀과 東아시아의 文字", 파주: 태학사
국립국어연구원편(1998) "국어의 시대별 변천 연구 3(고대국어)", 서울: 국립국어연구원
서울大學校 大學院 國語硏究會編(1993) "國語史 資料와 國語學의 硏究", 서울: 문학과지성사
권용경(2000) '석독구결의 '-ㄴ(ㅅ)'에 대하여', "형태론" 2-2, 서울: 도서출판박이정
權仁瀚(2016) '古代 韓國漢字音의 硏究(Ⅰ)', "口訣硏究" 37, 口訣學會
김동소(1998) "한국어 변천사", 서울: 형설출판사
金斗燦(1985) '"詩正文"의 구결에 대하여', "어문연구" 48, 한국어문교육연구회
金斗燦(1986) '口訣語尾 '·羅叱多(랏다)'에 대하여', "國語國文學" 96, 國語國文學會
金斗燦(1987a) '고려판 『남명집』의 구결 연구', 단국대학교 박사학위논문
金斗燦(1987b) '『직지심체요절』의 口訣에 대하여', "國語學" 16, 國語學會
金斗燦(1989a) '필사본 『몽산법어약록』의 구결에 대하여', "국문학논집" 13, 단국대학교 국문과
金斗燦(1989b) '『佛說四十二章經』의 口訣에 대하여', "國語學" 18, 國語學會
金斗燦(1990) "中世語 資料 『詩釋』의 借字表記에 대하여', "東洋學" 20, 檀國大學校 東洋學硏究所

金斗燦(1996) '口訣語尾 'ッぅㅎ'에 대하여', "口訣研究" 1, 口訣學會
金斗燦(1997) '舊譯仁王經 口訣 解讀 試攷', "口訣研究" 2, 口訣學會
金斗燦(2000) '『華嚴經十四』의 구결 기능체계', "口訣研究" 6, 口訣學會
김무림(1999) '高麗時代 口訣 漢字音의 研究', "口訣研究" 5, 口訣學會
김문웅(1986) "十五世紀 諺解書의 口訣 研究", 서울: 형설출판사
김문웅(1993) '한글 구결의 변천에 관한 연구', "한글" 219, 서울: 한글학회
김문웅(1993) '구결법의 변천', "국어사와 차자표기", 서울: 태학사
김상대(1985) "中世國語 口訣文의 國語學的 研究", 서울: 한신문화사
金星周(2008) '字吐釋讀口訣 研究의 回顧와 展望', "口訣研究" 21, 口訣學會
金星周(2009) '『佐藤本 華嚴文義要決問答』의 口訣', "口訣研究" 23, 口訣學會
김성주(2016) '석독구결 자료 기림사본『자비도량참법』의 원문 검토와 특징적인 현토 양상 고찰', "口訣研究" 37, 口訣學會
金永萬(1986) '舊譯仁王經의 釋讀表記 小考', "國語學新研究"(金敏洙敎授華甲紀念), 서울: 탑출판사
金永萬(1997) '석독구결 '皆ヒ', '悉ゞ'와 고려 향찰 '頓部叱', '盡良'의 비교 고찰', "口訣研究" 2, 口訣學會
金永萬(2000) '『瑜伽師地論』의 "由ゞ-"와 "如ㅊ-"의 讀法에 대하여', "口訣研究" 6, 口訣學會
金永旭(1996) '선어말어미 '-거/어-'의 교체 양상에 대하여 – 기림사본 능엄경을 중심으로-', "한글" 233, 서울: 한글학회
金永旭(1997) '14 세기 문법 형태 '-ゞ/ㄴ [의/ㅅ]'의 교체에 대하여', "口訣研究" 2, 口訣學會
김영욱(1999) '舊譯仁王經 口訣의 시상과 서법 선어말어미', "口訣研究" 5, 口訣學會
김영욱(2001a) '『유가사지론』 점토(點吐)의 해독 방법 연구', "口訣研究" 7, 口訣學會
金永旭(2001b) '『瑜伽師地論』雙點吐의 解讀 方法 研究', "제 2 회 국제학술대회 발표 논문집", 口訣學會
金永旭(2002) '11 세기의 문법형태를 찾아서', "문법과 텍스트", 서울: 서울대출판부
金永旭(2003) '佐藤本 華嚴文義要訣의 國語學的 研究', "口訣研究" 10, 口訣學會
金永旭(2004) '判比量論의 國語學的 研究', "口訣研究" 12, 口訣學會
金允經(1938) "朝鮮文字及語學史", 震學出版協會
김주원(1997) '『緇門經訓』(石崙菴本)의 기입토에 나타난 16 세기 경상도 방언', "口訣研究" 2, 口訣學會
김지오(2010) '『合部金光明經』 字吐口訣의 誤記', "口訣研究" 25, 口訣學會
김지오(2013) '釋讀口訣의 處格 冠形格 複合助詞', "口訣研究" 31, 口訣學會

김지오(2016) '석독구결 '如' 구문의 의미와 논항구조', "國語學" 79, 國語學會
남경란(1997) '고려본 『능엄경』 입겿과 'ㅣ'형 종결법 연구', 대구효성가톨릭대학교 석사학위논문
남경란(2000) '남권희 (나)본 『능엄경』의 입겿 연구', "口訣研究" 6, 口訣學會
남경란(2001a) '『능엄경』의 음독 입겿 연구', 대구가톨릭대 박사학위논문
남경란(2001b) '『佛說四十二章經』입겿의 이본에 대하여', "어문학" 75, 한국어문학회
남경란(2001c) '음독 입겿의 몇 가지 자형', "민족문화논총" 23, 대구: 영남대학교민족문화연구소
남경란(2002a) '『大方廣佛華嚴經(권 35)』석독구결에 나타난 독음 고찰 _'-ㄕ' '-ㅼ'을 중심으로_' "민족문화논총" 26, 대구: 영남대학교 민족문화연구소
남경란(2002b) '『법화경』이본의 입겿(구결) 연구', "언어과학연구" 21, 언어과학회
남경란(2002c) '麗末鮮初에 간행된 새로운 입겿 자료에 대하여', "국어사자료연구" 3, 국어사자료학회
남경란(2003) '『대방광불화엄경소』권 35 입겿 연구', "배달말" 32, 배달말학회
남경란(2008) '音讀口訣 硏究의 回顧와 展望', "口訣研究" 21, 口訣學會
남경란(2016) '새 資料, 初雕大藏經 南禪寺本『四分律藏第三分』卷四十의 角筆에 대하여', "口訣研究" 36, 口訣學會
南權熙(1993b) '高麗本 慈悲道場懺法 卷第一~五와 그 口訣 紹介', "書誌學報" 11, 서울: 韓國書誌學會
南權熙(1996) '高麗 口訣資料 大方廣佛華嚴經 卷第十四의 書誌的 分析', "口訣研究" 1, 口訣學會
南權熙(1997) '차자표기 자료의 서지', "새국어생활" 7-4, 서울: 국립국어연구원
南權熙(1999) '조선 중기부터 구한말까지의 구결 자료에 관한 서지학적 연구', "書誌學研究" 18, 書誌學會
南權熙(2002) "高麗時代 記錄文化 硏究", 청주: 淸州古印刷博物館
남권희·남경란(2016) '13 세기 高麗 釋讀口訣本 『慈悲道場懺法』 卷 4 殘片의 구결 소개', "국어사연구" 22, 국어사학회.
남미정(1998) '접속어미 '-거든'의 통시적 연구', 서강대학교 석사학위논문
南豊鉉(1975) '漢字借用表記法의 發達', "國文學論集" 7·8, 檀國大學校 國語國文學科
南豊鉉(1976) '國語 否定法의 發達', "문법연구" 3
南豊鉉(1977a) '국어 처격조사의 발달', "이숭녕선생 고희기념 국어국문학 논총", 서울: 탑출판사
南豊鉉(1977b) '鄕歌와 舊譯仁王經 口訣의 '之叱'에 대하여', "언어" 2-1
南豊鉉(1980a) '口訣과 吐', "國語學" 9, 國語學會

南豊鉉(1980b) '漢文.漢字의 受用과 借字表記法의 發達', "韓國 古代文化와 隣接文化 와의 關係"(보고논총 18-1), 성남: 한국정신문화연구원
南豊鉉(1985) '舊譯仁王經 釋讀口訣의 年代', "東洋學" 15
南豊鉉(1986) '舊譯仁王經의 口訣에 대하여', "國語學新硏究", 서울: 탑출판사
南豊鉉(1987) '중세국어의 과거시제어미 '-드-'에 대하여', "國語學" 16, 國語學會
南豊鉉(1988) '釋讀口訣의 起源에 대하여', "國語國文學" 100, 國語國文學會
南豊鉉(1990a) '吏讀.口訣', "國語硏究 어디까지 왔나", 서울: 동아출판사
南豊鉉(1990b) '高麗末.朝鮮初期의 口訣 硏究', "震檀學報" 69, 震檀學會
南豊鉉(1991a) '高麗時代 口訣의 一.二 問題', "어문연구" 70.71 합병호, 서울: 한국어문교육연구회
南豊鉉(1991b) '高麗時代의 言語와 文字生活', "韓國思想史" 권3, 성남: 韓國精神文化 硏究院
南豊鉉(1993) '高麗本 瑜伽師地論의 釋讀口訣에 대하여', "東方學志" 81, 서울: 延世大 學校 國學硏究院
南豊鉉(1995) '朴東燮本 능엄경의 解題', "口訣資料集 一", 성남: 한국정신문화연구원
南豊鉉(1996a) '高麗時代 釋讀口訣의 'ア/ㄹ'에 대한 考察', "口訣硏究" 1, 口訣學會
南豊鉉(1996b) '『金光明經』 卷三 釋讀口訣에 나타난 ア의 用法에 대하여', "李基文 敎授 停年退任紀念論叢", 서울: 신구문화사
南豊鉉(1996c) '高麗時代 釋讀口訣의 動名詞語尾 '-ㄱ/ㄴ'에 대한 考察', "國語學" 28, 國語學會
南豊鉉(1997) '借字表記法과 그 資料', "國語史硏究", 서울: 태학사
南豊鉉(1998a) '瑜伽師地論(卷 20) 釋讀口訣의 表記法과 한글 轉寫', "口訣硏究" 3, 口 訣學會
南豊鉉(1998b) '고대 국어 자료', 국립국어연구원편(1998) 所收
南豊鉉(1999a) "國語史를 위한 口訣 硏究", 서울: 태학사
南豊鉉(1999b) "『瑜伽師地論』 釋讀口訣의 硏究", 서울: 태학사
南豊鉉(2000a) '條件法 連結語尾 '-면'의 發達', "口訣硏究" 6, 口訣學會
南豊鉉(2000b) '高麗時代의 點吐口訣에 대하여', "書誌學報" 24, 서울: 韓國書誌學會
南豊鉉(2001) '口訣의 種類와 그 發達', 일본 북해도대학 워크샵 발표논문집
南豊鉉(2002) '新羅時代 口訣의 再構를 위하여', "口訣硏究" 8, 口訣學會
南豊鉉(2003b) '古代國語의 時代 區分', "口訣硏究" 11, 口訣學會
南豊鉉(2006) '韓國의 古代口訣資料와 그 變遷에 대하여', "국어사 연구 어디까지 와 있는가", 임용기·홍윤표 편, 파주: 태학사
南豊鉉(2007) '字吐釋讀口訣에 나타난 不讀字에 대한 考察', "口訣硏究" 18, 口訣學會

南豊鉉(2008a) '釋讀口訣에 쓰인 '支'의 形態와 機能에 대하여', "口訣硏究" 20, 口訣學會
南豊鉉(2008b) '口訣學會 20年의 回顧와 展望', "口訣硏究" 21, 口訣學會
南豊鉉(2010) '韓國語史 硏究에 있어 口訣資料의 寄與에 대하여', "口訣硏究" 25, 口訣學會
南豊鉉(2013) '東大寺 所藏 新羅華嚴經寫經과 그 釋讀口訣에 대하여', "口訣硏究" 30, 口訣學會
南豊鉉·沈在箕(1976) '舊譯仁王經의 口訣硏究(其一)', "東洋學" 6, 서울: 檀國大學校 東洋學硏究所
류탁일(1977) '鮮初文獻에 쓰여진 佛家口訣', "荷西김종우박사 화갑기념논문집" ["韓國文獻學硏究"(아세아문화사, 1989)에 재수록)]
문현수(2014) '『瑜伽師地論』 系統 點吐釋讀口訣에 사용된 빼침선의 기능', "口訣硏究" 33, 口訣學會
박부자(2000a) '14.15 세기 국어의 선어말어미 통합순서에 대한 연구', 한국정신문화연구원 석사학위논문
박부자(2000b) '정문연본 『永嘉證道歌』의 구결에 대하여', "口訣硏究" 6, 口訣學會
박부자(2013) '東大寺圖書館 소장 『大方廣佛花嚴經』권제 12~20 의 角筆을 통해 본 신라어 문법형태소', "口訣硏究" 30, 口訣學會
박부자(2014) '東大寺 所藏 『大方廣佛花嚴經』卷第 12~20 에 記入된 角筆字 [自]에 대한 硏究', "口訣硏究" 33, 口訣學會
朴盛鍾(1996) '송성문본 楞嚴經 解題', "口訣資料集 三", 성남: 韓國精神文化硏究院
朴盛鍾(1999) '舊譯仁王經 口訣의 語彙', "口訣硏究" 5, 口訣學會
박용식(2010) '佐藤本『華嚴文義要決問答』의 符號口訣과 8世紀 新羅의 文法形態', "口訣硏究" 24, 口訣學會
박진호(1996) '奎章閣 所藏 口訣資料 楞嚴經 2種에 대하여', "口訣硏究" 1, 口訣學會
박진호(1997) '借字表記 資料에 대한 통사론적 검토', "새국어생활" 7-4, 서울: 국립국어연구원
박진호(1998a) '舊譯仁王經 口訣의 構文論的 양상', "口訣硏究" 5, 口訣學會
박진호(1998b) '고대국어 문법', 국립국어연구원편(1998) 所收
박진호(2003) '周本 『華嚴經』卷第 36 點吐口訣의 解讀 – 字吐口訣과의 對應을 中心으로 –', "口訣硏究" 11, 口訣學會
박희숙(1976a) '禮記 口訣考', "論文集" 4, 강릉: 관동대학교
박희숙(1976b) '佛典의 口訣에 대하여', "先靑語文" 7, 김형규 교수 정년퇴임 기념논문집

박희숙(1978) '南明泉和尙頌證道歌에 보이는 口訣', "論文集" 8, 강릉: 관동대학교
方鍾鉉(1948) "訓民正音通史", 서울: 一成堂書店
백두현(1993) '高麗本 華嚴經의 口訣字 攴와 矢 – 그 讀音과 문법 기능 –', "어문론 총" 27, 경북어문학회
백두현(1995) '高麗時代 釋讀口訣의 경어법 선어말어미 '-ニ-', '-ㅂ-'의 분포와 기능에 관한 연구', "어문론총" 29, 경북어문학회
백두현(1996) '고려 시대 釋讀口訣의 선어말어미 '-ㅎ(오)-'의 분포와 문법 기능', "어문론총" 30, 경북어문학회
백두현(1997a) '高麗時代 釋讀口訣의 선어말어미 '-ㅎ(오)-'에 대한 통사적 고찰', "震檀學報" 83, 震檀學會
백두현(1997b) '高麗時代 口訣의 文字體系와 通時的 變遷', 口訣學會編(1997) 所收
백두현(1997c) '高麗本『金光明經』에 나타난 特異 형태에 대하여 –'-ㅁㅁㄴ', 'ㅣㅅ', '言ㄱㄷㄹ' 및 '言ㅣㄷㄹ' –', "국어학 연구의 새 지평"(성재 이돈주 선생 화갑기념), 서울: 태학사
백두현(1997d) '高麗 時代 釋讀口訣에 나타난 선어말어미의 계열관계와 통합관계', "口訣研究" 2, 口訣學會
백두현(1999) '구결 형태 '-ㅁㅁㄴ'(-고곳)의 기능에 대한 고찰', "형태론" 1-2, 서울: 도서출판박이정
서민욱(2001) "'者'字의 부호구결에 대하여', "口訣研究" 7, 口訣學會
서민욱(2004) '『瑜伽師地論』卷 5·8 의 點吐口訣 硏究', 가톨릭대학교 박사학위논문
서울大學校 大學院 國語研究會(1990) "國語硏究 어디까지 왔나 – 主題別 國語學 硏究史 –", 서울: 東亞出版社
宋基中(1997) '借字表記의 文字論的 성격', "새국어생활" 7-4, 서울: 국립국어연구원
宋基中・李賢熙・鄭在永・장윤희・한재영・황문환 編(2003) "한국의 문자와 문자 연구", 서울: 집문당
沈在箕(1975a) '口訣의 生成 및 變遷에 대하여', "韓國學報" 1, 일지사
沈在箕(1975b) '舊譯仁王經 上 口訣에 대하여', "美術資料" 18
沈在箕(1976) '長谷寺 法華經의 口訣', "美術資料" 19
沈在箕(1997) '高麗時代 釋讀口訣의 讀法', 口訣學會編(1997) 所收
안대현(2008a) '주본『화엄경』점토석독구결의 해독(1)–12 와 14 위치의 동형성 및 51 과 55 위치의 대칭성에 대하여 –', "口訣研究" 20, 口訣學會
안대현(2008b) '주본『화엄경』점토석독구결의 해독(2)–12 와 14 위치 및 51 과 55 위치 이외의 점토들에 대하여 –', "國語學" 51, 國語學會
안대현(2009) '『유가사지론』 점토석독구결의 빼침선에 대하여', "口訣研究" 22, 口訣

學會
安大鉉(2013) '佐藤本『華嚴文義要決問答』과 古代 韓國語의 'ㅿ/矣", "口訣研究" 31, 口訣學會
안대현(2016) '가천박물관 소장 각필 점토구결 자료 초조본 유가사지론 권 53 에 대하여', "口訣研究" 36, 口訣學會
安秉禧(1975) '口訣의 硏究를 위하여', "동양학술회의논문집", 성균관대학교
安秉禧(1976a) '口訣과 漢文訓讀에 대하여', "震檀學報" 41, 서울: 震檀學會
安秉禧(1976b) '中世語의 口訣記寫資料에 대하여', "奎章閣" 1
安秉禧(1976c) '童蒙先習과 그 口訣', "김형규교수정년퇴임기념논문집"
安秉禧(1977) "中世國語 口訣의 硏究", 서울: 일지사
安秉禧(1985) '韓國語 借字表記法의 形成과 特徵', "제 3 회국제학술회의논문집", 성남: 한국정신문화연구원
安秉禧(1987a) '均如의 方言本 著述에 대하여', "國語學" 16, 國語學會
安秉禧(1987b) '어학편, 韓國學 기초 자료 선집, 고대편', 성남: 한국정신문화연구원
安秉禧(1992a) "國語史 硏究", 서울: 문학과지성사
安秉禧(1992b) "國語史 資料 硏究", 서울: 문학과지성사
梁柱東(1962) "國學研究論攷", 서울: 乙西文化社
여찬영(1983) '번역소학의 구결문', "국문학연구" 7 집, 대구: 효성여대
여찬영(1988) '조선조 구결문과 언해문의 성격연구', "국문학연구" 11, 대구: 효성여대
尹幸舜(1999) '韓.日의 漢文讀法에 대한 비교', "口訣研究" 5, 口訣學會
尹幸舜(2003) '漢文讀法에 쓰여진 韓國의 角筆符號口訣과 日本의 오코토點의 비교 – 瑜伽師地論"의 點吐口訣과 文字口訣을 중심으로 –', "口訣研究" 10, 口訣學會
尹幸舜(2007) '韓日 漢文釋讀法에서의 不讀字 範圍에 대한 考察', "口訣研究" 19, 서울: 구결학회
尹幸舜(2014) '한국과 일본의 漢文讀法의 발달 과정에 대한 연구', "日本學研究" 41, 용인: 檀國大學校 日本研究所
尹幸舜(2015) '일본의 오코토(ヲコト)點과 한국의 點吐口訣의 형태에 관한 연구', "日本學研究" 44, 용인: 檀國大學校 日本研究所
이건식(1995) '鄕札과 釋讀口訣의 訓讀末音添記에 대하여', "國語史와 借字表記", 서울: 태학사
이건식(1996a) '컴퓨터 입출력을 위한 口訣字의 코드체계에 대한 試論', "口訣研究" 1, 口訣學會
이건식(1996b) '高麗時代 釋讀口訣의 助詞에 대한 硏究', 단국대학교 박사학위논문
이건식(1997) '釋讀口訣의 省略表記와 難解吐의 解讀', "國語史研究", 서울: 태학사

李基文(1972) "改訂 國語史槪說", 서울: 民衆書館
이동림(1982) '舊譯仁王經의 口訣 解讀을 위하여', "論文集" 21, 서울: 동국대학교
이병기(1998) '선어말어미 '-리-'의 기원', "口訣硏究" 4, 口訣學會
이병기(2014) '구결 자료의 어휘', "口訣硏究" 33, 口訣學會
이병기(2016) '釋譯口訣 資料와『韓國漢字語辭典』', "東洋學" 63, 용인: 檀國大學校 東洋學硏究院
李崇寧(1961) "'-샷다'考', "震檀學報" 22, 서울: 震檀學會
李丞宰(1989) '借字表記 硏究와 訓民正音의 文字論的 硏究에 대하여', "國語學" 19, 國語學會
李丞宰(1990) '高麗時代『梵網經』의 口訣', "애산학보" 9, 서울: 애산학회
李丞宰(1991) '鄕歌의 '遣只賜'와 舊譯仁王經 口訣의 'ㅁㅅㄷ'에 대하여', "국어학의 새로운 인식과 전개", 서울: 민음사
李丞宰(1993a) '麗末鮮初의 口訣資料', 서울大學校 大學院 國語硏究會編(1993) 所收
李丞宰(1993b) '高麗本『華嚴經』의 口訣字에 대하여', "國語學" 26, 國語學會
李丞宰(1994) '高麗中期 口訣資料의 形態音素論的 硏究', "震檀學報" 78, 震檀學會
李丞宰(1995a) '動名詞 語尾의 歷史的 變化', "國語史와 借字表記", 서울: 태학사
李丞宰(1995b) '借字表記 硏究의 成果와 課題', "광복 50년의 국학, 성과와 전망", 성남: 한국정신문화연구원
李丞宰(1995c) '南權熙本 楞嚴經의 解題', "口訣資料集 一", 성남: 韓國精神文化硏究院
李丞宰(1995d) '華嚴經 口訣의 狀態動詞 語幹', "韓日語學論叢", 서울: 국학자료원
李丞宰(1996) '高麗中期 口訣資料의 主體敬語法 先語末語尾 '-ㅓ(겨)-'', "이기문선생 정년기념 논총", 서울: 신구문화사
李丞宰(1997a) '吏讀와 口訣', "새국어생활" 7-2, 서울: 국립국어연구원
李丞宰(1997b) '借字表記의 變化', "國語史硏究", 서울: 태학사
李丞宰(1998) '고대 국어 형태', 국립국어연구원편(1998) 所收
李丞宰(2000) '새로 발견된 각필 부호구결과 그 의의', "새국어생활" 10-3, 서울: 국립국어연구원
李丞宰(2001a) '周本 華嚴經 卷第 22의 角筆 符號口訣에 대하여', "口訣硏究" 7, 口訣學會
李丞宰(2001b) '瑜伽師地論 角筆 符號口訣의 解讀을 위하여', "국어연구의 이론과 실제"(李珖鎬先生 回甲紀念論叢)
李丞宰(2001c) '符號字의 文字論的 意義', "國語學" 38, 國語學會
李丞宰(2002a) '구결자료의 '-ㄱ-' 약화.탈락을 찾아서', "한국문화" 30, 서울: 서울대학

교 한국문화연구소
李丞宰(2002b) '부호의 자형과 제작 원리', "문법과 텍스트", 서울: 서울대출판부
李丞宰(2003) '각필 符點口訣의 의의와 연구 방법", "구결학회.국어사자료학회 공동 전국학술대회 발표 논문집", 구결학회.국어사자료학회
李丞宰(2011) '11 세기 吏讀資料로 본 符點口訣의 기입 시기', "口訣硏究" 27, 口訣學會
李丞宰.安孝卿(2002)'角筆 符號口訣 資料에 대한 조사 연구 – 誠庵本 『瑜伽師地論』 卷第 5 와 卷第 8 을 중심으로 –', "口訣硏究" 9, 口訣學會
李丞宰 外(2005) "角筆口訣의 解讀과 飜譯 1 – 初雕大藏經 『瑜伽師地論』 卷第五.卷第八", 서울: 태학사
李丞宰 外(2006a) "角筆口訣의 解讀과 飜譯 2 – 周本 『華嚴經』 卷第三十六", 파주: 태학사
李丞宰 外(2006b) "角筆口訣의 解讀과 飜譯 3 – 周本 『華嚴經』 卷第六.卷第 五十七", 파주: 태학사
李丞宰 外(2009a) "角筆口訣의 解讀과 飜譯 4 – 晉本 『華嚴經』 卷第 二十.周本『華嚴經』 卷第 二十二", 파주: 태학사
李丞宰 外(2009b) "角筆口訣의 解讀과 飜譯 5 – 周本 『華嚴經』 卷第三十一.卷第三十四", 파주: 태학사
이승재.심재기(1998) '華嚴經 口訣의 表記法과 한글 轉寫', "口訣硏究" 3, 口訣學會
이승희(1996) '중세국어 감동법 연구', "국어연구" 139 호
이 용(1997a) "-乙'에 대하여', "口訣硏究" 2, 口訣學會
이 용(1997b) '연결어미 '-거든'의 문법사적 고찰', "口訣硏究" 4, 口訣學會
이 용(1999) '석독구결 선어말어미 '-ㅁ-'에 대하여', "형태론" 1-1, 서울: 도서출판박이정
이 용(2000) '연결어미의 형성에 관한 연구', 서울시립대학교 박사학위논문
이 용(2003) '석독구결에 나타난 부정사의 기능에 대하여', "口訣硏究" 11, 口訣學會
이 용(2010) '點吐釋讀口訣 資料의 不定法', "口訣硏究" 24, 口訣學會
이은규(1996) '석독 입겿 자료의 전산처리', "한국전통문화연구" 11, 대구: 효성카톨릭대
이장희(1995a) '華嚴經 口訣字 'ㄗ'의 기능과 독음', "어문학" 56, 한국어문학회
이장희(1995b) '고려시대 석독구결문의 '-ㄴ'에 대하여', "문학과 언어" 16, 문학과언어연구회
이장희(1996a) '고려시대 석독구결문의 미정관형구성에 대하여', "어문논총" 30, 대구: 경북어문학회

이장희(1996b) '고려시대 석독구결의 'ㅅ'에 대하여', "문학과 언어" 17, 문학과언어연구회
이전경(2003) '15 세기 口訣의 表記法 연구', 연세대학교 박사학위논문
이전경(2011) "爲'자에 현토된 석독표기자와 그 해독', "口訣硏究" 28, 口訣學會
이전경(2013) '연세대 소장 각필구결본 『묘법연화경』의 부정문', "口訣硏究" 30, 口訣學會
李賢熙(1995a) "-아져'와 '-良結", "國語史와 借字表記", 서울: 태학사
李賢熙(1995b) "-亽'와 '-沙", "韓日語學論叢", 서울: 국학자료원
장경준(2001a) '석독구결에서 '故'자에 현토된 구결자의 문법적 기능에 대하여', "국어 문법의 탐구" V, 서울: 태학사
장경준(2001b) '釋讀口訣의 '故'자의 현토 경향에 대한 고찰(1)', "口訣硏究" 7, 口訣學會
장경준(2002a) '『瑜伽師地論』角筆口訣에 대한 管見', 2002년 2월 구결학회 월례발표회 발표 원고
장경준(2002b) '點吐釋讀口訣 자료에 기입된 口訣字와 대응 口訣點에 대하여 - 『유가사지론』권 5, 8 을 대상으로-', "口訣硏究" 9, 口訣學會
장경준(2003) '『유가사지론』점토석독구결의 '지시선'에 대하여', "口訣硏究" 11, 口訣學會
장경준(2007) "『瑜伽師地論』點吐釋讀口訣의 解讀 方法 硏究", 국어학총서 58, 파주: 태학사
장경준(2008) '點吐口訣 硏究의 成果와 當面 課題', "口訣硏究" 21, 口訣學會
장경준(2009) '湖林本 『瑜伽師地論』 卷 3 의 點吐에 대한 기초 연구', "口訣硏究" 23, 口訣學會
장경준(2010) '高麗時代 點吐口訣의 符號에 관한 小林芳規 先生의 論考에 대한 檢討', "口訣硏究" 26, 口訣學會
장경준(2013) '고려시대 석독구결 자료의 소개와 활용 방안', "한국어학" 59, 한국어학회
장경준(2016) '남선사 소장 고려 초조대장경 『유가사지론』권 8 의 점토석독구결에 대하여', "口訣硏究" 36, 口訣學會
장윤희(1997) '석독구결 자료의 명령문 고찰', "口訣硏究" 2, 口訣學會
장윤희(1998a) '석독구결 자료의 감탄법 종결어미', "口訣硏究" 4, 口訣學會
장윤희(1998b) '중세국어의 종결어미에 대한 통시적 연구', 서울대 박사학위논문
장윤희(1999) '舊譯仁王經 구결의 종결어미', "口訣硏究" 5, 口訣學會
장윤희(2002b) "중세국어 종결어미 연구", 국어학총서 41, 서울: 태학사

장윤희(2011) '석독구결의 속격 '-ᄉ'의 문제 해결을 위하여', "口訣硏究" 27, 口訣學會
鄭在永(1992) '통합형어미 '-ㄴ돈'과 '-ㄴ뎌'에 대한 고찰', "國語學" 22, 國語學會
鄭在永(1995a) '前期中世國語의 疑問法', "國語學" 25, 國語學會
鄭在永(1995b) "ᄉ'형 부사와 'ᄒ'형 부사", "國語史와 借字表記", 서울: 태학사
鄭在永(1996a) '順讀口訣 資料 梵網經菩薩戒에 대하여', "口訣硏究" 1, 口訣學會
鄭在永(1996b) '祇林寺本 楞嚴經 解題', "口訣資料集 二", 성남: 韓國精神文化硏究院
鄭在永(1996c) '終結語尾 '-立'에 대하여', "震檀學報" 81, 서울: 震檀學會
鄭在永(1996d) '依存名詞 'ᄃ'의 文法化', 國語學叢書 23, 서울: 太學社
鄭在永(1997a) '고려시대 釋讀口訣', "문헌과해석" 1, 서울: 문헌과해석사
鄭在永(1997b) "-오-'의 변화', "國語史 硏究", 서울: 태학사
鄭在永(1997c) '借字表記 연구의 흐름과 방향', "새국어생활" 7-4, 서울: 국립국어연구원
鄭在永(1998a) '高麗時代의 {-이} 부사와 부사형', "國語 語彙의 基盤과 歷史", 태학사
鄭在永(1998b) '合部金光明經(卷三) 釋讀口訣의 表記法과 한글 轉寫', "口訣硏究" 3, 口訣學會
鄭在永(1998d) '成三問의 童子習序와 童子習(口訣)에 대하여', "奎章閣" 21, 서울: 서울대학교 규장각 한국학연구원
鄭在永(1999) '세기전환기의 국어사 연구 동향과 국어사 연구에 대한 기대', 제 33 회 전국어문학연구 발표대회 "세기전환기 국어국문학의 연구 동향과 기대"
정재영(2000) '고대국어 선어말어미 '-ᄂ-'와 그 변화', "형태론" 2-1, 서울: 도서출판 박이정
鄭在永(2001) '誠庵古書博物館 所藏 晉本『華嚴經』卷二十에 대하여', "口訣硏究" 7, 口訣學會
鄭在永(2002) '선어말어미 '-ㅓ-(-겨-)'에 대하여', "문법과 텍스트", 서울: 서울대학교 출판부
鄭在永(2003) '口訣 硏究史', "한국의 문자와 문자 연구", 서울: 집문당
鄭在永(2006) '韓國의 口訣', "口訣硏究" 17, 口訣學會
鄭在永(2007) '청주고인쇄박물관 所藏 元興社本 『金剛經』에 대한 연구 — 六祖口訣 後序에 기입된 口訣을 중심으로 —', "口訣硏究" 19, 口訣學會
鄭在永(2009) '『華嚴文義要決問答』에 대한 文獻學的 硏究', "口訣硏究" 23, 口訣學會
鄭在永(2014) '新羅 寫經에 대한 硏究', "口訣硏究" 33, 口訣學會
鄭在永・南星祐(1998) '舊譯仁王經 釋讀口訣의 表記法과 한글 轉寫', "口訣硏究" 3, 口訣學會

정재영・박진호(2002) '구결 자료 전산화의 현황과 과제', "한국어와 정보화", 서울: 태학사
鄭在永 外(2003) "韓國 角筆 符號口訣 資料와 日本 訓點 資料 硏究 – 華嚴經 資料를 중심으로 –", 서울: 太學社
趙殷柱(2001) '고려시대 석독구결에 나타난 부정법 연구', "口訣硏究" 7, 口訣學會
趙殷柱(2002) '前期 中世國語의 否定法 硏究', 단국대학교 박사학위논문
조호 사토시[上保敏](2004) '釋讀口訣資料의 處格語 硏究 – 名詞의 讀法과 關聯하여–', "冠嶽語文硏究" 29, 서울大學校 國語國文學科
崔範勳(1972) "'口訣' 硏究", "國語國文學" 55-57, 國語國文學會
崔範勳(1977) '17・8世紀의 吏讀・口訣에 관하여', "國語國文學" 76, 國語國文學會
崔範勳(1979) "'『孟子集註』의 混成口訣에 대하여', "청주사대논문집" 8, 청주: 청주사범대학
崔範勳(1982) '書釋의 特殊口訣에 대하여', "論文集" 11, 수원: 경기대학교
최은규(1993) '詳校正本慈悲道場懺法의 口訣에 대하여', 서울大學校 大學院 國語硏究會編(1993) 所收
최현배(1940) "한글갈(正音學)", 서울: 정음사
河正秀(2016a) '修德寺 槿域聖寶館 所藏 妙法蓮華經 卷第七의 角筆口訣', "口訣硏究" 36, 口訣學會
하정수(2016b) "'『한국한자어사전』의 음독구결', "東洋學" 63, 용인: 檀國大學校 東洋學硏究院
한상화(1994) '기림사본 楞嚴經 口訣의 硏究', 성심여자대학교 대학원 석사학위논문
홍윤표(1986) '근대국어 省劃吐에 대한 연구', "조건상선생고희기념논문집"
황선엽(1996) "'一簑文庫本 大方廣圓覺略疏注經의 口訣에 대하여', "口訣硏究" 1, 口訣學會
황선엽(2000a) '고려시대 구결자의 문자론적 검토', "덕성어문학" 10, 서울: 덕성여대 국어국문학과
황선엽(2000b) '석독구결 'ア'의 해독에 대하여', "한국문학논총" 26, 한국문학회
황선엽(2002) '국어 연결어미의 통시적 연구 – 한글 창제 이전 차자표기 자료를 중심으로 –', 서울대학교 박사학위논문
황선엽(2003) '구결자 'ㅕ'의 해독에 대하여', "口訣硏究" 10, 口訣學會
황선엽 외(2009) "釋讀口訣辭典", 서울: 박문사
藤本幸夫(1993) '韓國의 訓讀에 대하여', 서울大學校 大學院 國語硏究會編(1993) 所收
飯田剛彦(2011) 「正倉院・聖語蔵経巻について」, 『불교학리뷰』 9, 논산: 금강대학교

불교문화연구소

石塚晴通(2002)「漢字文化圏の加点史から見た高麗口訣と日本語初期訓点資料」,『口訣研究』第 8 輯, 口訣學會

石塚晴通教授退職記念会編(2005)『日本学・敦煌学・漢文訓読の新展開』, 東京：汲古書院

李丞宰(2014)「角筆口訣の解読方法と実際」, 藤本幸夫編(2014)所収

呉美寧(2005)「16 世紀韓日両国の論語理解」, 石塚晴通教授退職記念会編(2005)所収

呉美寧(2014)「韓国の口訣資料および口訣研究の現況について」, 藤本幸夫編(2014)所収

菅野裕臣(1981)「口訣研究(一)」,『東京外国語大学論集』31

金文京(2010)『漢文と東アジア』, 東京：岩波書店

金文京(2014)「日韓の漢文訓読(釈読)の歴史」, 藤本幸夫編(2014)所収

金文京(2011)「韓日の漢文訓読(釈読)と漢訳仏典およびその言語観と世界観」,『人文科學』94, 서울：延世大學校人文科學研究所

金永旭(2005)「漢字・漢文の韓国的受容——初期吏読と釈読口訣資料を中心に——」, 石塚晴通教授退職記念会編(2005)所収

藤井茂利(1980)「ソウル大学蔵『禮記集說大全』に付せられた略体漢字の「吐」について」,『鹿兒島大学人文学科論集』15

河野六郎(1979)『河野六郎著作集 第 1 巻』, 東京：平凡社

河野六郎(1980)『河野六郎著作集 第 3 巻』, 東京：平凡社

小林芳規(2002a)「韓国の角筆点と日本の古訓点との関係」,『口訣研究』第 8 輯, 口訣學會

小林芳規(2002b)「韓国における角筆文献の発見とその意義」,『朝鮮学報』第 182 輯, 天理：朝鮮学会

小林芳規/尹幸舜訳(2003b)「八世紀の日本における角筆加点とその源流」, 日韓漢字漢文受容に関する国際学術会議

小林芳規/尹幸舜訳(2003c)「大谷大学蔵新出角筆文献について」,『大谷学報』第 82 巻第 2 号, 大谷学会

小林芳規(2008)「角筆による新羅語加点の華厳経」,『南都仏教』第 91 輯, 奈良：南都仏教研究会

小林芳規(2010)「日本のヲコト点の起源と古代韓国語の点吐との関係」,『汲古』第 57 号, 古典研究会 汲古書院

小林芳規・西村浩子(2001)「韓国遺存の角筆文献調査報告」,『訓点語と訓点資料』第 107 輯, 東京：訓点学会

張允熙(2014)「韓国釈読口訣に関する綜合的考察」,藤本幸夫編(2014)所収
張景俊(2005)「『瑜伽師地論』点吐口訣に関する一考察」,石塚晴通教授退職記念会編(2005)所収
張景俊(2013)「釈読口訣と訓点資料に使われた符号について」,『訓点語と訓点資料』第131輯,東京:訓点学会
張景俊(2014)「韓国の漢文訓読に使われた符号について」,藤本幸夫編(2014)所収
鄭在永(2005)「韓国の口訣」,石塚晴通教授退職記念会編(2005)所収
上保敏(2012)「漢文訓読の観点から見た中期朝鮮語諺解資料に関する研究」,東京大学大学院総合文化研究科 言語情報科学専攻博士学位論文
中村完(1977)「『朝鮮版地蔵菩薩本願経』における吐の形態について」,『東北大學文學部研究年報』27
南豊鉉(1997)「韓国における口訣研究の回顧と展望」,『訓点語と訓点資料』第100輯,東京:訓点学会
南豊鉉(2001)「高麗時代点吐釈読口訣の種類とその読法について」,朝鮮学会公開講演,天理:朝鮮学会
南豊鉉(2007)「韓国古代口訣の種類とその変遷について」,『訓点語と訓点資料』第118輯,東京:訓点学会
南豊鉉(2009)「韓国語史研究における口訣資料の寄与について」,『訓点語と訓点資料』第123輯,東京:訓点学会
南豊鉉(2014)「韓国の借字表記法の発達と日本の訓点の起源について」,藤本幸夫編(2014)所収
南豊鉉・李丞宰・尹幸舜(2001)「韓国の点吐口訣について」,『訓点語と訓点資料』第107輯,東京:訓点学会
野間秀樹(2010)『ハングルの誕生――音から文字を創る』,東京:平凡社
朴鎮浩(2005)「周本『華厳経』巻第六における点吐の重複表記と符号」,石塚晴通教授退職記念会編(2005)所収
朴鎮浩(2009)「韓国の点吐口訣の読法について――春日政治『西大寺本金光明最勝王経古点の国語学的研究』との対比を通じて――」,『訓点語と訓点資料』第123輯,東京:訓点学会
朴鎮浩(2011)「文字生活史の観点から見た口訣」,『文学』第12巻第3号
朴鎮浩(2014)「周本『華厳経』点吐口訣解読の成果と課題」,藤本幸夫編(2014)所収
朴真完(2006)「朝鮮資料と日本資料の口訣研究――両足院所蔵以酊庵資料を中心に――」,『訓点語と訓点資料』第116輯,東京:訓点学会
藤本幸夫(1992)「李朝訓読攷 其一」,『朝鮮学報』第143輯,天理:朝鮮学会

藤本幸夫編(2014)『日韓漢文訓読研究』, 東京：勉誠出版
ジョン・ホイットマン(2009)「口訣資料と訓点資料の接点」, 100回訓点語学会研究発表会
宮崎健司(2011)「奈良時代の写経」,『불교학리뷰』9, 금강대학교 불교문화연구소
山本信吉(2006)「聖語蔵『大方広仏華厳経』－自卷七十二至卷八十一－の書誌的考察」,『正倉院紀要』26
尹幸舜(2005)「韓国の角筆符合口訣と日本の訓点において存する華厳経の不読字について」, 石塚晴通教授退職記念会編(2005)所収
Buzo, Adrian (1980) 'An Introduction to Early Korean Writing Systems', Korea Branch Vol 55
CHUNG JAE YOUNG (1999) "Sŏkdokkugyol in the Koryŏ Period", Seoul Journal of Korean Studies, INSTITUTE OF KOREAN STUDIES SEOUL NATIONAL UNIVERSITY
Courant, M. (1894) BIBLIOGRAPHIE CORÉENNE
Handel, Z. (2009) 'Towards a Comparative Study of Sinographic Writing Strategies in Korean, Japanese, and Vietnamese', *Scripta* Vol 1
Hannas, Wm. C. (1997) *Asia's Orthographic Dilemma*, Honolulu: University of Hawaii Press
Hulbert, H. B. (1896) The Korean Alphabet, *The Korean Repository* Vol 3, No. 6
Hulbert, H. B. (1898) The Itu, *The Korean Repository* Vol 5, No. 2
Ishizuka Harumichi (1997) 'Xundu-reading of Chinese texts among the peoples of Asia', 口訣學會編(1997) 所収
Johns, G. H. (1905) Sul Ch'ong, Father of Korean Literature, The Korean Review Vol 5 No. 7
King, Ross (2006) 'Korean Kugyol Writing and the Problem of Vernacularisation in the Sinitic Sphere', Paper presented at the Association for Asian Studies, Boston
King, Ross (2010) 'Pre-Imjin Kugyŏl Sources in North American Library Collections: A Preliminary Survey', 口訣研究 25, 口訣學會
Lee, Yong (2011) 'Morphology and Syntax in Holes and Scratches: The Latest Stage of Kugyol Research', *Acta Linguistica Asiatica* Vol 1. No.1
Taylor, Insup and Taylor, M. Martin (1995) *Writing and Literacy in Chinese, Korean and Japanese*. Amsterdam; Philadelphia: John Benjamins Publishing Company.

Tranter, Nicolas (2013) 'Script 'Borrowing', Cultural Influence and the Development of the Written Vernacular in East Asia', *Language Change in East Asia*, McAuley. T. E. (ed.) London: Curzon Press

Whitman, John (2011) 'The Ubiquity of the Gloss', *Scripta*, Vol 3

ハングルという文字体系を見る
── 言語と文字の原理論から ──

野間　秀樹（のま・ひでき）

1. はじめに──〈書かれたことば〉の起源　371
2. 前提：言語≠文字，言語≠国家≠民族，
    〈話されたことば〉と〈書かれたことば〉　372
3. 〈訓民正音〉のシステム　378
4. 〈訓民正音〉のかたち　384
5. 終わりに──問いは開かれている　396

1. はじめに──〈書かれたことば〉の起源

　本稿は，〈訓民正音〉（훈민정음/Hunmin Jeongeum）＝〈ハングル〉（한글/Hangeul; Hangul）と呼ばれる文字体系の構造的な根幹を，言語と文字をめぐる原理論的な観点から照らさんとするものである．[1]

　人は〈**話されたことば**〉（말해진 언어/spoken language）の起源というものを知ることができない．のみならず，〈話されたことば〉に比べると，人類史においてはるかに時代を下る〈**書かれたことば**〉（쓰여진 언어/written language）の起源もまた，十全には知ることができない．今日の私たちにとって，〈書かれたことば〉の身体を成す〈文字〉（문자/writing/仏 écriture /独 Schrift）は，歴史の中において概ね〈常に既に在るもの〉だったからである．中原における甲骨文字(oracle bone script/中：甲骨文 Jiǎgǔwén)がそうであったし，メソポタミアにおける楔形文字(cuneiform script)，エジプトにおけるヒエログリフ(hieroglyph)もまた，軌を一にした．気づいたときには，文字とは常に既にそこに在るものであった．まるで〈話されたことば〉のように，〈書かれたことば〉を支える文字も，いつしか生まれ，使われ，時として忘れ去られた．もちろん例えば 9 世紀のグラゴル文字(Глаголица/ Glagolitic script)などのように，文字を目的意識的に創ったとされる事例も，少なからず知られてはいる．しかしながら，〈話されたことば〉の世界

---
[1] 本稿の内容は概ね，野間秀樹(2010,2014d)，노마히데키(2011,2015b,2016ab)で述べたことに依拠する．本稿は，それら人文書や講演要旨，論文とは異なった，『講座』としての性格に鑑みて，基本的な術語の扱いなど，言語学や言語教育の観点から〈学ぶ〉ための記述に努めている．音韻論や文字論，言語存在論の基礎を見ることにもなろう．

に文字が誕生することによって，いったいいかにして〈書かれたことば〉が立ち現れるのか，いったいそこにはどのようなことが起こるのか，世の中はそれによっていかなる変容を遂げるのか，そして知にとって文字とは何か…といったことを，文字の原初から，人が文字を創る思想まで含め，詳細でかつ豊富な記録によって知り得る文字の経験は，人類史においてまず訓民正音＝ハングルが圧倒的である．訓民正音＝ハングルは，人類史において〈書かれたことば〉の起源を知り得る，〈書くこと〉〈読むこと〉の起源を知り得る，稀有なる文字体系である．

2. 前提：言語≠文字，言語≠国家≠民族，〈話されたことば〉と〈書かれたことば〉

2.1. 「言語＝文字」という誤謬

　訓民正音＝ハングルを考えるにあたって，不可欠の前提を共有しておこう．まず第一に，〈言語と文字は異なる平面にある〉という基本的な確認から始めねばならない．ハングルという名称を言語名に用いる誤用が，日本語圏において顕著であるのみならず，朝鮮語圏＝韓国語圏においてさえ，「ハングルとは…な言語である」といった表現が公的な場面でもしばしば見られることに鑑みても，このことの出発点的な確認は存外重要である．

2.2. 「言語＝国家＝民族」という幻想の等式

　今一つの基本的な前提は，〈言語と国家と民族は一致するものではない〉ということの確認である．「日本では日本人が日本語を話す」などという素朴な思い込みが――場合によっては「日本では日本人が日本語を話すべし」という熱狂的な信仰が――，未だ広範に流布していることを見ても，このことの確認はいよいよ重要である．「韓国では韓国人が韓国語を話す」などももちろん同様である．

　言語が数千を数えると言われるのに対し，国家は，いわゆる国連加盟国を見ても，2016年9月で193カ国，せいぜい200に過ぎない．言語数千，国200，どう見積もっても，一致する道理がない．そもそもいわゆる国民国家を考えても，19世紀，絶対王政など主権国家，遠く古代国家まで遡っても，言語に比べると，はるかに新しい．ここからここまでが国，などと事情によっては突然大地に線を引いて，作られたりもする――イスラエル．

　〈言語≠国家〉を認める人々の中にも，〈言語≠民族〉となると，首肯しがたいという向きがあるやもしれない．「言語は民族の魂」などという比喩に見られるごと

く，言語こそが民族の民族たる所以であるという思考は，これも意外に鞏固だからである．しかしながらこれもまた在米や在日の朝鮮人・韓国人という存在を考えただけで，〈言語と民族は一致しない〉ことは，容易に知れる．

「言語＝国家＝民族」が幻想の等式であることをこうして確認する際に，重要なことが二つある．一つは，元来は「言語＝国家＝民族」であるはずのものが，様々な諸条件によって現在は「言語≠国家≠民族」となっている，というわけではないこと．むしろ「言語≠国家≠民族」の方がデフォルト＝初期状態だということ．今一つは，「言語」と言い，「国家」と言い，「民族」と言う，それぞれの輪郭自体がそもそも朧であるということ．

「言語」の輪郭が朧であることを知るには，抽象的にではなく，具体的に「日本語」などを俎上に載せてみればよい．その「日本語」とはどこまでを言うのか？ 誰の言語を？ どこの言語を？ いつの言語を？ 赤子のことばは入っているのか？ ヨーロッパあたりから来た人なのだろうか，スーパーのレジでたどたどしく語っている人の話しているあのことば，かろうじてわかるような，わからないような，あれは「日本語」なのか？ ああいうのはまだ「日本語」とは言えないというのであれば，私たちが中学校で学んでいる「英語」は「英語」ではないということになるのか？ そこで言う「日本語」には津軽半島のことばから，薩摩半島のことばまで，含まれているのか？ では沖縄のことばは？ 「日本語では」などと大上段に語っているが，その「日本語」にはいつまで視野に入っているのか？ そこに例えば鷗外の「舞姫」，「石炭をばはや積みはてつ」などということばは，含まれているのか？ では『万葉集』に書かれたことばは，『日本紀』＝『日本書紀』のことばは？ 後者は和風の変容が見えるとしても，基本的には古典中国語たる漢文テキストである．そこに埋め込まれた単語たちの全てを本当に「日本語」などと括ることができるのか？

私たちは勝手に都合のいいときだけ，「日本語は」などと，あたかも不動の概念のごとくに振りかざしていないだろうか？ 要するに「〇〇語」などという概念も，そのリアリティはしばしば朧なのである．

「国家」はより平たく「国」でもよい，これも抽象的にではなく，個々の具体的な「国家」や「国」を考えてみれば，それら概念の朧さはたちどころに露呈する．

今日言うところの「日本」などという概念自体が，とりわけ明治以降に目的意識的に作られてきたものであることは，論を俟たない．アイヌモシリ＝人間の大地を見，琉球王国の存在を見るだけで，「日本」という概念自体の境界はぐらぐら

とゆらぐ.『日本紀』＝『日本書紀』の「日本」という単語でさえ，前述のごとく，基本的には古典中国語たる漢文テクストに現れる単語であった.「日本」という「国家」も「国」もその輪郭は常に霞んでいて，朧なのである.

ついでながら，「国家」の本質を「幻想の共同体」とか「共同幻想」と規定してその幻想性を撃つことのみに知的営みの主力を据えるのでは，逆に知的な武装解除をしてしまうことになろう．確かに国家を支えるイデオロギーはそうした幻想性に支えられ，醸成される点が決定的であるけれども，国家のリアリティは何よりも軍隊や警察，監獄という暴力装置にあるからである．それらを包み込む法制的な装置も，そうした暴力装置によって保証された強制性によってこそ，機能するものである．

では「民族」は？ 民族こそ「血」なのだから，これは鮮明だろう？ 「日本民族」？ 「大和民族」？ いつから？ どこまで？ しかしながら民族に至っては，その輪郭どころか，しばしば象徴的な核さえ朧である．文字通り和風の花薫るとされる平安時代を開き，京に1000年にわたる都を定めた桓武帝．その桓武帝の母・高野新笠の父は和 乙 継，和 氏は百済・武寧王の子孫と，天 皇の命による勅撰史書『続日本紀』が伝える.「血は水より濃い」ということばは，こう訂正されねばならない――「血は水より混ざっている」．要するに「民族」などということばも，輪郭も核もしばしば朧で，そして恐ろしいことに，しばしば危ない．ゲルマン「民族」.「純血」などという幻想に駆り立てられていては，見えるものも，見えなくなる．父と母という全く異なった個から受け継ぐ血は，そもそも混ざってできているのである.「人種」などという，あたかも「生物学的な」外皮をまとった信仰にも，身構えよう．

「日本では日本人が日本語を話すべし」などというイデオロギー，「言語＝国家＝民族」という幻想の等式のイデオロギーを，私たちはまずリアリティにおいて踏み砕いておかねばならない．

2.3. 記号論的な視座から言語存在論的な視座へ

ハングルという文字体系を見る際にはもちろん，私たちが言語を考えるにあたって，今一つの大きな前提として，決定的に重要な立脚点を踏まえておこう．それは〈言語はいかに在るか〉という視座である．〈言語はいかに在るか〉という問い，換言すれば，〈言語はいかに実現するか〉という問いをめぐる思考を，〈**言語存在論**〉(ontology of language; linguistic ontology)と呼ぶことができる．

洋の東西を問わず，言語についての言説は数多くある．そうした言説にあって「言語とは何か」「言語の本質は何か」「言語の働きは何か」「言語はどこで話されているか」「言語の起源はいかなるものか」「言語はどんな構造をしているか」といった問いは繰り返し問われてきた．しかしながら言語が〈いかに在るか〉という仕方で問われた問いには，ほとんど出会わない．現代言語学においても，しばしば語られる「言語は人間の脳の中に収められている」「言語はコミュニケーションの道具である」ほどの乱暴な図式が，こうした問い自体を阻んできたと言ってよい．現代言語学の本流は，〈言語はいかに在るか〉という〈存在論的な視座〉ではなく，〈記号論的な視座〉によって形作られてきたのであった．もちろん記号論的な視座は大きな収穫をもたらした．20世紀構造言語学こそは，そうした記号論的な視座の成果であった．成果の一方で，記号論的な視座による臆断は，言語をめぐる今日の思考に，踏み越え難い限界を形造っていると言わねばならない．[2]

　ソシュール言語学以来，言語は記号論的な平面に濾過されて，語られてきた．このことは例えば本書，pp.10-20で述べているように，ソシュール言語学における〈話されたことば〉と〈書かれたことば〉の位置づけに典型的に現れているのであった．記号論的な視座からは，〈書かれたことば〉は〈話されたことば〉の「写真」「仮装」に過ぎない．[3]〈書かれたことば〉はどこまでも，〈話されたことば〉を，何らかの記号論的な処理によって「表記する」ものとしてしか，位置づけられないからである．

　私たちは今，ハングルという文字体系に迫ろうとしている．ここでの議論はその前提として極めて重要である．なぜなら〈話されたことば〉と〈書かれたことば〉のありようを正視することなしに，それぞれの関係を十全に位置づけることなしに，ハングルの真の意義を見ることもできないし，人類史における〈書かれたことば〉の起源，〈書くこと〉〈読むこと〉の起源に迫ることなど，到底叶わないからである．「書」は「言語」の単なる写しではない．文字はことばの単なる写しではない．

　では言語存在論的な視座からは〈話されたことば〉と〈書かれたことば〉をどのように位置づけ得るであろう．

---

2) 現代言語学の〈**記号論的な視座**〉と〈**存在論的な視座**〉については，本書 pp.1-20「〈対照する〉ということ」も参照されたい．また言語を存在論的な視座から照らすことについては，野間秀樹(2009)，노마히데키(2015ab, 2016ab)，〈**言語存在論**〉の包括的な原理論については野間秀樹(2008ab, 2018forthcoming)参照．
3) Saussure(1916;1972:45,51-52)，ソシュール(1940;1972:40,46-47)参照．

2.4. 〈話されたことば〉と〈書かれたことば〉

　人類はことばを得た．それは太古，〈話されたことば〉として音(オト)の世界に形造られた．ことばの形とは音(おん)の形であった．音の粗密を人は知覚にあって**形態＝ゲシュタルト**(独 Gestalt)[4]として聴いた．〈話されたことば〉は音の世界に実現するものである．

　遥かなる時間を経て，人類は文字を刻んだ．文字による〈書かれたことば〉は，光の世界に形造られた．光の粗密を人は知覚にあって形　態(ゲシュタルト)(独 Gestalt)として読んだ．光なきところに，文字はない．〈書かれたことば〉は光の世界に実現した．

　〈話されたことば〉と〈書かれたことば〉はその実現形態自体が，音と光という物理的な存在様式を異にするものである．それぞれは言語音と文字という物理的な身体を有している．いずれも物理的な〈かたち〉を有するのである．そしてこの両者の係わりに着目するとき，〈書かれたことば〉は〈話されたことば〉の一方向的な写しなどではなく，片方にあるものが他方にないといった，それぞれの座標軸自体が全く異なる，謂わば捻れた鏡像関係を成していることが，見えてくる．次元が増えたり減ったりという関係ではない．ソシュールが『一般言語学講義』のなかで「書法と発音との食い違い」として述べている，綴りと発音の違いなどは，[5] 既に存在様式上の違いを飛び越えて，記号論的な平面で語られている違いであって，存在論的な違いがもたらす結果としての，表現様式上の違いに過ぎない．ラテン文字(Latin letters)を典型とする表音的な文字体系にあって，綴りと発音の違いなどは，〈書かれたことば〉にあってはいくらでも見出せる．もちろんそれはそれとして興味深いことなのであるが，ここで私たちは一足飛びにそうした記号論的平面へと思考を移すわけにはいかない．言語存在論的な観点からは，〈話されたことば〉と〈書かれたことば〉が，言語のありようそのもののうちで，互いに鏡像関係を成すように見えながら，ある性質が一方で欠けていて，それぞれに余剰的な性質が現れていることを，照らさねばならない．[6] 時空の軸が互い

---

4) "Gestalt"とはドイツ語で「形態」の意．日本語では「ゲシタルト」とも．本稿では，"個々の要素に還元することでは得られないような，総体として統合された形"ほどの意で用いている．術語自体は，ヴェルトハイマー(M. Wertheimer)やコフカ(K. Koffka)，ケーラー(W. Köhler)らのゲシュタルト心理学(Gestaltpsychologie)に借りたものである．
5) Saussure(1916;1972:48-54)，ソシュール(1940;1972:43-49)参照．
6) 言語の存在様式としての〈話されたことば〉と〈書かれたことば〉の違いについては，本『講座』第4巻所収，野間秀樹(2008a)「言語存在論試考序説Ⅰ」参照．言語の表現様式としての〈話しことば〉と〈書きことば〉とは厳密に区別する．簡潔な全体像の把握には，野間秀樹(2012a:10-20)を見よ．さらに金珍娥(2013:9-39)では諸家の術語の曖

の鏡像の中で捻れを示す，時空間の捻れた鏡像関係，謂わば位相的(トポロジカル)な変容関係を示すのである：

【図】〈書かれたことば〉は〈話されたことば〉の単なる写しではない

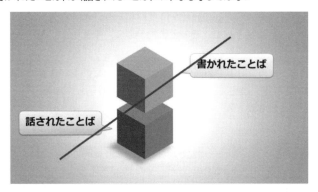

【図】〈話されたことば〉は音の世界で，〈書かれたことば〉は光の世界で物理的な形をなし，謂わば双方の座標軸自体が異なっており，互いに位相的な変容関係にある

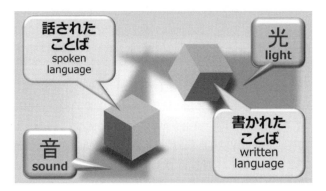

　なお，〈書かれたことば〉の身体たる文字が，絵文字や絵画と異なるのは，それがどこまでも〈話されたことば〉との係わりにおいて成り立っているという点にある．

　　味な使用についても検討を加えている．野間秀樹(2014a:179-225)も見られたい．

3. 〈訓民正音〉のシステム

3.1. 〈訓民正音〉は書物の形で，理論武装して現れた

　今日〈ハングル〉と呼ばれる文字体系は，15世紀，『訓民正音』(훈민정음)(1446)という，書物の形で人類史の中に出現した．楔形文字や甲骨文字などとは異なり，時代は下るものの，ハングルは単に刻された文字としてではなく，刻されさらに刷られた文字として，その上書物の形で，それも文字を作った理由と，文字の原理と用法を述べた書物の形で歴史に登場した．文字体系は文字体系を創製する知によって理論武装されて現れたのである．この点で特異であるばかりでなく，前述のように，〈書かれたことば〉の起源をありありと描き出すという点で，稀有なる文字体系であった．

　文字体系は書物の名と同じく，〈訓民正音〉あるいは〈正音〉と呼ばれた．一方で〈諺文〉(언문)の名称も用いられた．この「諺」は「ことわざ」の意ではなく，"local"あるいは"vernacular"ほどの意と考えてよい．対する概念は，"cosmopolitan"乃至は"universal"，つまり〈中華〉である．ただし「諺」を単純に"vernacular"＝「口語」などと考えては，後述の〈話されたことば〉と〈書かれたことば〉をめぐる重層的な係わりが見えにくくなる．テクストと文字の双方を指しうる〈諺文〉に対するものこそ，〈漢文〉であり〈漢字〉である．15世紀における汎東アジア的，事実上世界的な〈漢文〉に対して，地域的なものとして〈諺文〉と呼んだわけである．やや否定的な含意もあって，近現代では「諺文」の名は避けられる傾向にあった．

　『訓民正音』は朝鮮第4代の王，世宗(세종)が，当代の音韻学と文字学の粋を集めて作り上げた，15世紀朝鮮の知の結晶であった．文字体系を創製する知は，漢文によって言語化され，『訓民正音』が編まれ，時おかずして，すぐにその漢文を朝鮮語に訳し，正音で記述した『訓民正音諺解本』が編まれる．〈諺解〉(언해)とは漢文で書かれた書物を，朝鮮語に訳し，正音を用いて表記した書物，乃至はそうした書物を作ることを言う．最初の漢文本のほうは，諺解本にはない「解例」と呼ばれるテクストが含まれていることから，『訓民正音解例本』と呼ばれる．

3.2. 訓民正音は1音節を4つの要素に解析総合する四分法システムである

　さて正音はいかなる文字であろう．文字論の書物では表音文字に，そして音節文字であり単音文字＝アルファベットであると分類されるけれども，こうした大雑把な分類では正音の文字論的な本質は見えてこない．韓国語圏，日本語圏を問

わず,教科書など,既存の訓民正音論では音節を「子音+母音+子音」という3つの要素に解析した三分法(trichotomy)システムであったのごとく記述している.しかしながらこうした把握もまた,正音の文字論的な本質を見逃すものとなる.実は,〈訓民正音〉は音の平面において,1つの**音節**を,〈**子音+母音+子音+高低アクセント**〉という4つの要素に解析し,文字の平面においてそれぞれの要素に形を与え,さらに文字の平面において1つの音節が1つの単位をなすよう組み上げるという,**四分法(tetrachotomy)システム**であった:

【図】〈訓民正音〉は音の平面において1つの音節を4つの要素に解析し,それぞれの要素に文字の平面で異なった形を与え,それら要素を文字の平面において総合する四分法(tetrachotomy)システムである

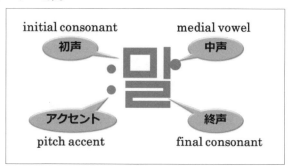

4つの要素のうち,音節頭の子音を表す初声字母,核となる母音を表す中声字母,音節末の子音を表す終声字母の3つは**分節音素**(segmental phoneme)を形にしたものであり,高低アクセントを表す**傍点**(ぼうてん)(声点(しょうてん)/방 점(パンチョム)/pitch gloss; tone gloss)は,プロソディックな**超分節音素**(suprasegmental phoneme; prosodic phoneme)に形を与えたものである.15世紀朝鮮語は,日本語東京方言のような音の高低によって単語の意味を区別する**高低アクセント言語**であった.[7] 韓国の言語学ではこれを声調と呼んでいるが,中国語の声調(tone)のようなものではなく,日本語東京方言のような高低アクセント(pitch accent)である.訓民正音はそうしたプロソ

[7) 日本語の東京方言は,どこから下がるかが問題になる,下がり核アクセント言語,15世紀朝鮮語は,どこから上がるかが問題になる,昇り核アクセント言語という違いがある.いずれにせよ,音の高低が単語の意味の区別に関与している,高低アクセント言語である.

ディックな要素も形にしたのであった．文字の左の部分に位置する点を用い，低い音節は無点，高い音節は1点，低高2モーラ1音節は2点を付すことによって形象化した．低と高の2段階が，**音節**(syllable)ではなく，**モーラ**(拍/mora)を単位に現れていた．[8] 要するに，意味の区別に**関与的**(관여적/relevant)なあらゆる要素は，文字の平面の上で形を与えられたのである．正音は，現代言語学においても決定的な〈意味の区別に関与的か否か〉という座標軸に根拠を置いた，文字の形造り＝デザインであった：

【図】〈訓民正音〉は分節音素の層（レイヤー）のみならず，音の高低＝ピッチアクセントという超分節音素の層も重ねて形にした

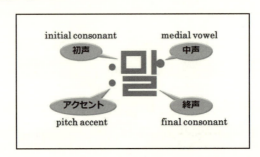

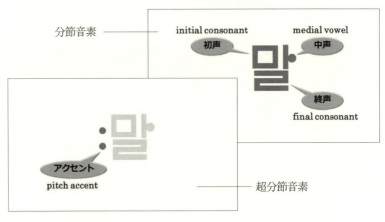

---

8) **音節**も**モーラ**＝拍も音韻論上の単位．日本語で言えば，「ー」で表す長音，「っ」で表す促音，「ん」で表す撥音は通常 1 モーラに数える．「カッコントー」（葛根湯）は「カッ」「コン」「トー」の 3 音節，「カ・ッ・コ・ン・ト・ー」の 6 モーラの単語である．

380

印刷された正音だけでなく，手書きの正音でもこの傍点は律儀に付されている．『訓民正音解例本』でも冒頭の，28字母の解説と字母を組み合わせて音節を表す仕組みを述べた「例義」と呼ばれる章に，「凡そ字は必ず合して音を成す．左に一点を加ふれば則ち去声…」のごとく，文字の構造の謂わば最も基本的な原理論として述べられている．傍点が何かおまけのような，補助的なものとしか見ない訓民正音論では，プロソディックな要素も形にした，決定的な意義を見失う．

この高低アクセントはやがて16世紀末には崩壊し始め，それにしたがって傍点が乱れ，17世紀ともなると付されなくなった．今日のソウル方言では高低アクセントは失われている．もちろん傍点は一切用いられていない．なお低高1音節2モーラの単語には，「:말」(ことば) のように，20世紀中頃までのソウル方言では長母音として残るものがあったが，21世紀のソウル方言では母音の長短で単語の意味を区別することは，基本的には失われていると言える．

3.3. 訓民正音はローマ字，仮名，漢字と何が異なるのか

〈話されたことば〉は音の世界に実現する．その音の平面において形象化される朝鮮語の音を，まず今日の言語学が〈音素〉(음소/phoneme)と呼ぶ単位に解析した．そしてそれら音素の1つ1つに，文字の平面において，それぞれ1つの形を与えた．この点で正音は**音素文字**(음소문자/phonetic letters)であり，1音に1形態が対応するアルファベット(alphabet)である．

正音はアルファベットを縦や横1列に並べるだけでは終わらなかった．さらに単音を組み上げて，1音節を1文字に造る．〈ㅁ ㅏ ㄹ〉/mal/を〈말〉のごとく組み上げ，1文字とした．この点では1文字が1音節を示す，**音節文字**(음절문자/syllabary; syllabic letters)である．そして前述のようにこれに傍点を付し，〈:말〉と造った．

ローマ字のようなアルファベットや仮名のような音節文字，そして漢字のような**表語文字**(표어문자/logogram)と，ハングルはどう違うのだろう．これを次の3つの問いから照らし，整理することができる：

(1) 音節の外部境界は見えるか
(2) 音節の内部構造は見えるか
(3) 音の高低は見えるか

ローマ字は，例えば "daughter" から音節の区切りを文字の平面において形で知ることはできない．[dɔ́ːtə]という発音を知る者，あるいは英語なら英語の**フォニクス**(파닉스/phonics) ＝〈綴り発音学習〉[9]に親しんでいる者が綴りを解析することによって，知り得るものである．つまりローマ字それ自体は，単語ごとにスペースを置く分かち書きを行っていても，通常は単語内部における音節の外部境界を形の上から直接は知り得ない．"understand" [ʌn dər stǽnd]．外部境界がどこであるか定め得ないので，どこからどこまでが音節の内部であるかが，判らない．従って，音節の内部構造が見えているようで，十全に見えているとは言えないわけである．もちろん "Tiếng Việt"(㗂越：ベトナム語)といった，ベトナム語で用いられるローマ字表記のように，音節ごとに分かち書きをすれば，音節の外部境界を視覚的に知ることができ，それによってここからここまでが内部構造であるといったことも，知ることになる：

【表】その文字は，音節の外部境界，内部構造，音の高低が見えるか

	音節の外部境界は見えるか	音節の内部構造は見えるか	音の高低は見えるか
ローマ字	× 見えない	△ 見えない	× 見えない
仮名	△ 見える	× 見えない	× 見えない
漢字	○ 見える	× 見えない	× 見えない
訓民正音	○ 見える	○ 見える	○ 見える

仮名は音節文字といわれるけれども，日本語の拗音や促音，発音などの表記においては，1文字＝1音節という対応が崩れるものがある．現代の仮名表記ではいわゆる「小さい "ゃ"」「小さい "っ"」など，〈**捨て仮名**〉と呼ばれる仮名の小文字表記を利用し，音節やモーラという単位との対応を図っている．拗音の表記に用いる "ゃ""ゅ" などは1音節も1モーラも表さず，"きゃ""ちゅ" のように直前の仮名と2文字で1音節かつ1モーラを示す．促音＝つまる音に用いる "っ" も，1音節を表さないが，通常は1モーラを表すと見る．捨て仮名は外来語や外国語の表記などにもしばしば用いられている．なお，現行の仮名表記で日本語以外の言語

---

9) **フォニクス**とは，音の平面における発音と，文字の平面における綴りとの関係を学ぶ学習法．主に単語レベルの writing と reading の対応を問題にしている．英語の幼児教育や非母語話者への教育などで行われている．フランス語教育で "méthode syllabique"（音節法）と呼ばれる教授法も，フォニクスにあたる．「綴り発音学習」は本稿の訳語．

を表すと，当然のこと，音節文字としてその言語を表記する働きはなくなる――"New York" [nju: jɔ́ɹk] "ニューヨーク"，"understand" [ʌn dəɹ stǽnd] "アンダスタンド".

　漢字は表意文字あるいは表語文字に分類され，しばしば見過ごされやすいけれども，その起源においては基本的に1文字が1音節を表しており，音の平面との係わりが，少なくとも音節の外部境界という点では鮮明である．基本的に1文字が1音節を表すという点は，中国語圏のみならず朝鮮語圏でも維持されている．それが日本語圏に入ると，大きく崩れることになる――"単刀直入" (dān dāo zhí rù) "단도직입" "たんとうちょくにゅう"，"肉食動物" (ròu shí dòng wù) "육식동물" "にくしょくどうぶつ"．漢字を「表意文字」などと呼んで，納得し終わるのでは，音の平面と文字の平面とのこうした係わりも，霞んでしまうわけである．漢字はもちろん言語圏を問わず，音節の内部構造は見えない．

　古典ラテン語は高低アクセント言語であったと言われるが，ラテン文字＝ローマ字の起源的な用法からは，音の高低は視覚的には見えない．一般にローマ字によって音の高低を表すには，後世に行われるごとく，例えば中国語普通語の声調を表すローマ字表記のように，もともとのラテン文字にはなかった新たな記号を付す必要がある：

第1声	妈 媽 (mā：お母さん)	＝高く平ら
第2声	麻 麻 (má：麻)	＝のぼる
第3声	马 馬 (mǎ：馬)	＝低くくぼむ
第4声	骂 罵 (mà：罵る)	＝くだる

――藤堂明保・相原茂(1985:34)より一部改変

　訓民正音は音節の外部境界も文字の平面で視覚的に知ることができ，かつ内部構造も同時に透けて見え，さらに音の高低も見える文字体系である．

3.4. 文字の優劣は，言語場における多様な条件に規定され，一元的に語り得ない

　なお，文字体系の原理をめぐるこうしたことどもは，別に文字の優劣などとは直接の連関はない．文字の機能的な便利さなどは，どの言語圏でどのように用いられるか，どのように学ばれるかといった，歴史的，社会的，教育的，経済的，そのほか言語場に係わる様々な条件に大きく規定されるので，文字の原理を直ち

に優劣などに結びつけるのは，危険である．また〈話されたことば〉は〈書かれたことば〉と互いに係わりの中にあるので，文字が音の全てを表わさねばならぬということもない．特定の言語場に必要な経験さえ蓄積されるなら，"ctrl"とあれば，"control key"だと，音の高低も含めて，知り得るし，読み得ることを，思えばよい．〈書かれたことば〉から音と意味を実現するのは，どこまでも読み手の役割だからである．また〈書く〉営みと〈読む〉営みの便不便が並行しているとは限らない．漢字などは少なくとも手で書くには労多いものの，〈読む〉には視覚的な形の上の剰余性が，逆に〈読む〉ことの助けになる言語場もあろう．ごく単純化して言えば，**当該の言語場の類型にあって，その人に慣れ親しんでいる文字体系が，その人にとっては最も優れた文字であり，貴い文字だ**，ということになる．

ただ，私たちは〈訓民正音〉を創製した15世紀の知が，意味の区別に関与的である，あらゆる音の平面の要素を解析し，文字の平面において形にしようとした思想の高みは，はっきりと確認しておかねばなるまい．

4. 〈訓民正音〉のかたち
4.1. 訓民正音は形をいかに求めたか
——音の発生論的な根源を〈象形〉する

では〈訓民正音〉はその形をいかに求めたであろうか．これについても『訓民正音解例本』は理論武装を怠らない．曰く，「正音二十八字，各 其の形を象り，之を制む」，つまり正音のエレメントたる二八字は，それぞれその形を象って制ったとする．「初声凡そ十七字．」音節頭音となる子音を**初声**（초성）と名づけ，それらは合わせて一七字．「牙音ㄱ，舌根喉を閉ざす之形を象る」，牙音ㄱ（k）は，舌根が喉を閉ざす形を象ったとある．「牙音」とは「牙音，舌音，脣音，歯音，喉音」という中国音韻学の用語である．現代言語学で言う，軟口蓋音，口の天井の奥に舌の後部がついて発音される音，つまりkの音の類を言う．「舌音ㄴ（n），舌上腭に附すの形を象る．脣音（＝唇音）ㅁ（m），口の形を象る．歯音ㅅ（s），歯形を象る．喉音ㅇ，喉の形を象る．」「腭」は「顎」に同じ．「あご」である．このようにしてまず牙舌脣歯喉即ち／k n m s ɦ／という5つの子音を表す字母「ㄱ ㄴ ㅁ ㅅ ㅇ」を造った．ㅇは有声音のhほどに推定されている．

多くの訓民正音論が関心を抱くように，こうした形そのものの着想を何処に得たかという問いも，あり得る問いであろう．当然のことながら，漢字，蒙古文字，パスパ文字，梵字，仮名をはじめ，正音以前の，当時触れ得たあらゆる文字を渉

猟しているであろうし，多くの文字から必要な着想は得たであろう．ただし形が似ていることをもって，これこれの文字の真似であるといった決めつけは，あまり意味がない．形とは，それが簡素なものであるほど，おのずからいくらでも似てくるからである．歯音 /s/ を表す ㅅ の形など，それが歯の形であるというなら，童子でも描き得る形である．

【図】〈訓民正音〉の子音字母は，当該の子音を発音する発音器官の形を象って造った＝音の発生論的な根源の形を象形した

ㄱは /k/ を発音する形　　　ㄴは /n/ を発音する形

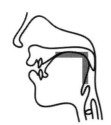
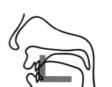

ここで決定的に重要なのは，訓民正音の創製者が〈その形をいかに理論化し，どのように位置づけていたか〉という点である．正音は，子音を造る発音器官の形を〈**象形**〉した——こうした位置づけ，理論武装をこそ，見なければならない．東アジアに君臨する文字，漢字は〈象形〉から生まれた．象形こそは漢字の造字法の根幹である．而して漢字の〈象形〉は，見えるものを，見える形に〈象形〉したのであった．日の形を象って「日」の字を造る．見えるものを，見える形に〈象形〉すること．それが漢字の発生論的な根源である．正音は違う．**音という見えないものが，今まさに立ち現れる根源に立ち返って，見えないものを，見えるものによって**，〈象形〉した．これが訓民正音の〈かたち〉の発生論的な根源である．創製者は正音の根源，〈音〉が〈かたち〉を得る根源を，そのように位置づけ，言語化し，高らかにそう宣言しているのである．

では母音即ち**中声**（중성）を表す字母は，いかに理論化されているであろう．〈訓民正音〉は11種を中声字母＝母音を表す基本的な字母として形に造っている．今日の言語学で言う，〈単母音〉と，日本語のヤ行音のような，〈半母音/j/と母音の組み合わせ〉を，この11種の形で表す．母音字母の形造りに対する理論づけ

は子音字母よりさらに抽象化されていると言える：

【図】〈訓民正音〉の最も基本的な3つの母音字母の位置づけ

・	天	舌縮みて声深く，天は子に開く 形の円なるは，天を象る
ー	地	舌小縮して声深からず浅からず，地は丑に闢く 形の平らなるは，地を象る
｜	人	舌縮まずして声浅く，人は寅に生る 形の立つは，人を象る

『訓民正音解例本』の「制字解」と呼ばれる記述に，母音字母の造りの母体となるユニットとして，「・」「ー」「｜」という三つの基本的な字母を定めている．それぞれまず音声学的な記述を与え，「易」に言う天地人という〈三才〉をそれに重ねている：

【図】〈訓民正音〉の最も基本的な3つの母音字母は天地人を象った
——野間秀樹(2010:136)より

子丑寅は，時あるいは順序と考えられている．「・」「ー」「｜」の音価は，異説もあるが，それぞれ，今日のIPAで表すところの，[ʌ]（口を広く開けた「オ」のような音），[ɨ]（中舌の「ウ」のような音），[i]（「イ」のような音）ほどであったろうと，推定されている．

この3つの字母を組み合わせて，残りの母音字母を造った．例えば天「・」の左に人「｜」を配すれば「ㅏ」[a]となる，といった具合に．線と点で造られたㅏの

字形は，後に線だけで ト と書かれるようになる．

こうして，単母音7つを表す字母「・」[ʌ]，「ー」[ɨ]，「丨」[i]，「ㅗ」[o]，「ㅜ」[u]，「ㅏ」[a]，「ㅓ」[ə]と，半母音[j]を組み合わせた母音字母「ㅛ」[jo]，「ㅠ」[ju]，「ㅑ」[ja]，「ㅕ」[jə]の4つ，都合11字を造った．

「ㅗㅜㅏㅓ」は「天地に始まり，初出を為す」とされ，半母音 /j/ との組み合わせ「ㅛㅠㅑㅕ」は「丨より起きて人を兼ね，再出を為す」と分類されている．

【図】〈訓民正音〉の母音字母の生成
——野間秀樹(2010:137)より

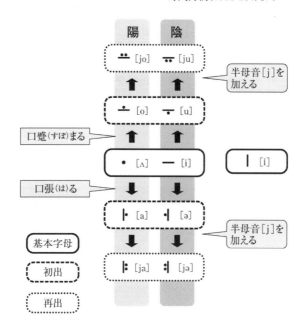

4.2. 形態をいかに系統化し得るか
——〈象形〉から〈加画〉〈合用〉〈並書〉〈連書〉そして〈合字〉へ

朝鮮語の子音のうち，現代音声学で言う閉鎖音 p, t, k と破擦音 tʃ には，息をほとんど伴わない無気音＝平音の系列 /p, t, k, tʃ/ と，息を伴う有気音＝激音の系列 /pʰ, tʰ, kʰ, tʃʰ/ がある．子音音素に形を与える際に，これらも全て区別せねばならないわけである．むやみに形を造っていったのでは，覚えるべき形が増え

すぎて，収拾がつかなくなる．そこで訓民正音は，有気音＝激音を表す字母は，無気音＝平音を表す字母に，画を1つ加えて形を造ることにした．ㄱ / k /に画を加えて ㅋ /kʰ/，ㄷ / t /に画を加えて ㅌ /tʰ/のごとく．これで発音器官そのものの形は同じであるけれども，無気：有気という発音の方法においてのみ異なるということが，視覚的に解しやすくなる：

【表】 訓民正音の子音字母

		全清	次清	全濁	不清不濁
	現代言語学の相当術語	平音	激音	濃音	有声音
牙音	軟口蓋音	ㄱ [k/g]	ㅋ [kʰ]	ㄲ [ʔk]	ㆁ [ŋ]
舌音	歯茎音	ㄷ [t/d]	ㅌ [tʰ]	ㄸ [ʔt]	ㄴ [n]
脣音	両唇音	ㅂ [p/b]	ㅍ [pʰ]	ㅃ [ʔp]	ㅁ [m]
歯音	歯茎硬口蓋音	ㅈ [ts/dz]	ㅊ [tsʰ]	ㅉ [ʔts]	
	歯茎音	ㅅ [s]		ㅆ [ʔs]	
喉音	声門音	ㆆ [ʔ]	ㅎ [h]	ㆅ [ʔh]	ㅇ [ɦ]
半舌音	歯茎硬口蓋音			ㄹ [r/l]	
半歯音	歯茎音			ㅿ [z]	

　文字の形に画を加えるこうした造字法を『訓民正音』では〈加画〉（가획）と呼んでいる．母音字母の「ㅏ」[a] から「ㅑ」[ja] を造るのも，新たな形の要素を造るのではなく，一種の加画的な造字法となっている．この加画のシステムによる子音字母の造字法を見ると，字母の形を単純化，系統化するのに役立っていることが解る．同時に，ㄱ / k / から ㅋ /kʰ/ を造るありようなどを見ると，音の世界の解析が，〈無気：有気〉といった，今日の言語学における〈音素〉よりもさらに小さな〈弁別的特徴〉（distinctive feature）[10] に至っていることが，知れる．この点で訓民正音＝ハングルはしばしば音素文字であると同時に，**弁別的特徴文**

---

10) "distinctive feature"とは音素を区別する，最小の音声的な特徴．例えば日本語の「蚊」/ka/ と「蛾」/ga/ は，音素 / k / と / d / によって互いの意味を区別しており，さらにそれら2つの音素 / k / と / d / は，互いに〈無声：有声〉という音声的な特徴の対立によって違いを際立たせていることがわかる．こうした音声的な特徴が "distinctive feature" である．日本語では**弁別的特徴，示唆的特徴，弁別的素性**などと訳されている．韓国語では"변별적 자실"（弁別的資質）が主に用いられる．野間秀樹(2007c:260-261)参照．

字,韓国語では자질문자(資質文字)と呼ばれることがある.

　面白いことに,この加画の原理は今日のスマートフォンなどモバイルIT機器の入力にも応用されている.例えば,ㄴ / n /のキーをタップしてから「加画」キーをタップすると,ㄷ / t /が現れ,今1度加画キーのタップでㅌ / tʰ /が現れるといった具合である.あるいはまた,ㄱ / k /をも2回タップすると,ㅋ / kʰ /になるといった方式もある.PCなどではQWERTY方式にハングル字母をそれぞれㅂㅈㄷㄱㅅ…と重ねた,タイプライタ時代からの方式が主流である.主にキーボードの左指で子音字母を打ち,右指で母音字母を打つようになっているので,左,右…という指使いでリズミカルに打ってゆくことになる.

　今日の言語学で濃音と呼ばれる子音 / ˀk /を表す字母 ㄲ は,平音字母 ㄱ / k /を2つ横に並べている.こうした造字法を『訓民正音解例本』では〈並書〉(병서)と呼んでいる.前述の表中のㆆ [ʔ] は朝鮮語の表記においては単独では用いられず,ᄒᆞᆶ(すべき)のごとく主として連体形語尾の表記に使用された.現代語でもㄹ連体形語尾の直後の平音は濃音化するが,ㆆはそうした濃音化のマーカーとなっている.ㅎが今日も激音化のマーカーとして用いられていることに照らすと,興味深い.このㅭのように異なった2字母の並書を〈合用並書〉(합용병서)と言う.ㄲ のような同じ字母の並書は〈各自並書〉(각자병서)と呼ばれる.また「唇軽音」と呼ばれる両唇摩擦音 / β /を表す ㅸ のように,唇音字母の下にㅇを縦に書く方式も用いられた.このように書くことを,〈連書〉(연서)と呼ぶ.連書すること自体は,字母の形造りではないので,表中には示していないが,ㅸも朝鮮語を表記するために必要な子音音素字母で,この連書も事実上は造字法の一種と見ることができる.

　初声,中声,終声を表す以上のような字母を組み合わせて1音節を表す文字を造ることを,〈合字〉(합자)と呼ぶ.『訓民正音解例本』では合字の原理は,上述のごとく,冒頭の「例義」と呼ばれる章に,「凡そ字は必ず合して音を成す.左に一点を加ふれば則ち去声…」のごとく,傍点の原理と共に記されており,その具体的な要領と例は,後ろの「合字解」の章で述べられている.

　これらの方法をまとめると次の通りである:

【表】字母を系統的に造る方法と，合字で1文字に組み上げる方法

加画		ㄱ /k/	→	ㅋ /kʰ/
並書	各自並書	ㄱ /k/	→	ㄲ /ˀk/
	合用並書	ㄹ+ㅎ	→	ᆶ /lʔ/
連書		ㅂ+ㅇ	→	ㅸ /β/
合字		ㅁ+ㅏ+ㄹ	→	말 /mal/

4.3. 音の変容をいかに〈かたち〉にし得るか
4.3.1. 韓国語は音の変容の激しい言語である

さて3.2-3.5までで問うたことは，音の平面において言語音を音節という単位に区切り，つまり**分節**(분절/syllabification)[11]を行い，そこで得られる1つの音節を，文字の平面においていかに〈かたち〉にするかという問いであった．もし当該の言語において1つ1つの音節がただ連なってより大きな音連鎖をなすのなら，音に対する文字の役割は終わる．ところが，韓国語=朝鮮語は，日本語や中国語などと比べても，1つ1つの音節が互いに連なる際に，音の平面における音の変容が非常に激しい言語である．

現代韓国語で見ても，平音の濃音化，平音の激音化，口音の鼻音化といった**音素交替**(음소교체/phonological alternation; phonemic alternation)[12]が頻繁である．また終声の初声化という**音節構造**(음절구조/syllable structure; syllabic structure)**の変容**も，韓国語においては絶対的である．こうした音の変容の全体像としては，野間秀樹(2007cd)で理論的な見取り図を得ることができる．音の変容の目録としては，野間秀樹・金珍娥(2012:208-231)や野間秀樹・金珍娥・高槿旭

---

11) "syllabification"の術語は，上のような音の平面における「**分節**」にも，また文字の平面において綴りを「**分綴**」（ぶんてつ/분철）することにも広く用いられているので，常にどちらを問題にしているかを，区別せねばならない．
12) 「**音素交替**」は当該の言語において，ある音素が他の音素に取り替わること．「**音韻交替**」（음운교체）とも．共時的な変容は「音素交替」や「音韻交替」，通時的な変容は「**音韻変化**」(음운변화/phonological change; phonemic change)と呼び，通常は区別している．通時的な「音韻変化」は「**音変化**」(sound change)とも．野間秀樹(2007c:279-283)参照．

(2018)によって，単なる羅列ではなく，構造化，体系化された把握が可能となろう．文字を照らすにあたっては，こうした様々な音の変容をいかに〈かたち〉にするかという問いもまた，問われねばならないのである．

4.3.2. 意味の区別に関与的な交替と非関与的な交替

音の変容のうち，例えば 부[pu]＋부[pu] → 부부 [pubu] に見える，[p]→[b]といった無声音の有声音化は，韓国語内部においては音素交替ではない．つまり意味の区別に関与していない．意味の区別に**非関与的**(비관여적/irrelevant)である．したがって有声音化は韓国語を表記する文字の平面において〈かたち〉にする必要がない．また韓国語母語話者にとっては意味がなく，〈かたち〉に反映させたとしても，そもそも認識自体が困難である．なお現代日本語にあっては「パパ」/papa/ と 「ばば」/baba/ で解るように，/p/ と /b/ は意味の区別に**関与的**(관여적/relevant)であり，それぞれ別な音素である．もし日本語を表記する文字であるなら，これらは文字の形に反映されねば，文字が意味を区別し得ないことになる．仮名では「ぱ」「ば」，「パ」「バ」のごとく，〈かたち〉に反映されている．無声子音と有声子音をめぐる文字との係わりは，韓国語と日本語，いずれの学習者にも面白い問いを誘発し得る問題である．

4.3.3. 〈終声の初声化〉を文字の平面でいかに表すか

様々な音の変容のうち，音節を単位とする文字にとって，謂わばアキレス腱となる現象がある．それは音節の外部境界と内部構造が変容する，つまり音節構造の変容という現象である．韓国語＝朝鮮語にあっては次のような〈終声の初声化〉こそが大問題となる：

夜 　　＋　　 …が　　　→　　　 夜が
/ pam / 　＋　 / i / 　　　→　　 / pa.mi /

ここで「.」は音節の外部境界を表している．/ pam / という音節に / i / という音節が結合すると，母語話者は無条件に / pam.i / [パム・イ]ではなく，/ pa.mi / [パミ]と発音する．/ pam / の終声 / m / が次の音節の初声となっている．これを〈**終声の初声化**〉(종성의 초성화/initialization of finals)と呼ぶことができる．つまり終声の初声化によって音節の外部境界が変わり，それによって音節の内部境

界も変容している．音節構造の変容が起きるわけである．〈終声の初声化〉についての詳細は野間秀樹(2007d:307-316)を見よ．

この〈終声の初声化〉をハングルでいかに表すか？ 実際には次のような方法が現れた．ここでは解り易いように，/ pam / という音節構造の単語を理念的なモデルとして用いている：

夜	+	…が	→	夜が		
/ pam /	+	/i/	→	/ pa.mi /		
ㅂㅏㅁ	+	ㅣ	→	ㅂㅏㅁㅣ	解き書き	(풀어쓰기)
밤	+	이	→	바미	連綴	(연철;이어적기)
밤	+	이	→	밤미	重綴	(중철;거듭적기)
밤	+	이	→	밤이	分綴	(분철;끊어적기)

홍윤표(1994:241-273)によれば，体言に助詞がつく，曲用の際には，15-16世紀には**連綴**が主流で，16世紀以降に**重綴**が現れるものの少数の使用に留まり，概ね17世紀以降に**分綴**が主たる方式となっており，用言の活用を表す際には，15-17世紀までは連綴が主流，17世紀以降に重綴が現れるがやはり少数で，18世紀後半から今日の分綴方式が主たる方式となっている．

풀어쓰기（解き書き）は20世紀になって，言語学者，周時經（주시경，1876-1914)が創始したもので，ローマ字のように字母を横に連ねて書く方式である．解き書きに対し，音節ごとに組み上げて各方式は，모아쓰기（組み書き；集め書き）と呼ばれる．20世紀におけるタイプライタの普及と共に解き書きは大いに注目され，一時期ではあったが，軍事用の電報などでも実際に活用された．コンピュータの隆盛により，解き書きは事実上必要がなくなってしまい，今日ではタイポグラフィ(typography)などデザイン上の要請から用いられているに留まる．

今日のハングルの正書法（한글 맞춤법）の原理となっている分綴では，初声字母を書く位置に，予めゼロ子音，つまり子音がないことを示す字母として「ㅇ」を書いていることを，利用していることになる．初声字母として「ㅇ」を用い，「밤이」と書いてあったら，その位置には前の終声字母を移動させ，「바미」と発音せよ，というマーカーとして「ㅇ」が働く．もちろん事実は，音の平面で /바미/ と発音するものを，「밤이」と書いているわけである．

連綴,重綴,分綴をめぐる問題には,終声の種類によって重綴が実際に文献に現れる例に偏りがあったり,また実際の発音上の音声学的な問題と,音韻論的な問題とも絡んで,研究者たちによっていろいろ面白い検討が加えられている.
　さて上のような〈**終声の初声化**〉は,語幹に付属的な語尾や助詞が結合するときだけでなく,韓国語においては単語の内部,外部を問わず,〈終声+母音〉という結合のあるところ,あらゆる環境において徹底して起こるのである.漢字音を単位として構成される漢字語においても,「각 + 오」/ kak + o /(覚悟)→「각오」/가고/ [ka.go カゴ]のごとく〈終声の初声化〉が起きる.外来語も日本語の地名「新大久保」(シンオークボ)が「신오쿠보」と書いてあれば,もちろん〈終声の初声化〉を起こし,/시노쿠보/ [ʃi.no.kʰu.bo シノクボ]と発音する.単語内部でも徹底して起きるという点で,単語と単語の間において起きる,フランス語の**アンシェヌマン**(仏 enchaînement)[13]などとも異なっている.なお,この〈終声の初声化〉を音の**添加**(첨가/addition)および**挿入**(삽입/insertion)の一種である「**リエゾン**」=「**連音**」(仏 liaison)の名で呼ぶのは,奨められない.[14]

4.3.4. 〈終声の初声化〉の際に併せて起こる音素交替をいかに表すか

　韓国語=朝鮮語の〈終声の初声化〉は以上のような変容に留まらず,さらに様々

---

[13] 仏語における〈**アンシェヌマン**〉は,「鎖」(仏 chaîne=英 chain)のようになること,「つながり」「連関」の意.語末の子音を後続の単語の最初の母音とつけて発音する現象:
　　il　/il/　+　a　/a/　→　il a　/i.la/
　　彼　　　　+　持っている　→　彼は持っている
　語末の子音(final) /l/は単独でも発音され,結合形では final が initialization を起こしている.英語,in + America が[i.nə.mé.rə.kə]と発音されるような現象.
[14] 仏語における〈**リエゾン**〉は,2つの単語が連なって発音される際に,母音で始まる後続の単語の頭に,音節頭音として新たに子音が現れる現象.音の平面における変容である.文字の平面においては,後続の単語の頭は,母音字母および"無音の h"で書かれる:
　　les　/le/　(定冠詞) + amis　/a.mi/ (友人たち) → les amis　/le.za.mi/
この例では,"les"の語末の表記上の"s"は,単独では発音されない「黙字」となっている.リエゾンの定義そのものに,「黙字」ないしは「不読字」云々という記述が世に多いけれども,それらは音の平面で起きるリエゾンを,文字の平面の「黙字」によって説明する,音と文字の混同で,奨められない.現実には逆で,音の平面での現象を文字の平面で解決する方法として,「黙字」というデバイスが用いられているわけである.「黙字」を発音するわけではなく,「黙字」に書いておくのである.〈リエゾン〉は,/le/の発音で解るように,単独形では音節末に子音がない.ないところに,子音が添加,挿入される.〈終声の初声化〉は,単独形でももともと音節末子音=終声は常に発音されている.その終声が初声となるのである.音の添加,挿入ではない.この点で〈リエゾン〉と〈終声の初声化〉は決定的に異なっている.

な音素交替をも併せて引き起こす.

　例えば，これを考えてみよう．韓国語で「口」は何と言うのか？[iᵖイㇷ゚]と言う．では助詞[i]「…が」のついた「口が」は？[i.bi イビ]と言う．[b]と濁って，有声音化が起きるのは，前述の通りである．ハングルでも連綴で書いておこう：

口	+	…が	→	口が
/iᵖ/	+	/i/	→	/i.bi/
입	+	이	→	이비

　では「葉」は何と言うのか？[iᵖイㇷ゚]．なるほど，同音異義語なのか．あり得ることだな．それに助詞[i]「…が」のついた「葉が」は，もちろん[i.bi イビ]と言うのだよね？　いや，そうは言わずに，[i.pʰi イピ]と言うのだよ：

葉	+	…が	→	葉が
/iᵖ/	+	/i/	→	/i.pʰi/
입	+	이	→	이피

　単独で発音された「口」と「葉」は，助詞[i]「…が」がつくと，片や[i.bi イビ]，片や[i.pʰi イピ]と，異なって現れる．音素交替が起きているのである．それもいかなる意味を表す単語か，正確にはいかなる形態素かによって，音素が交替する．音素レベルに留まらない，こうした形態素レベルが関わる音韻論を**形態音韻論**(형태음운론/morphophonology)あるいは **形態音素論**(형태음소론/morphophonemics)と言い，形態素が関わる音素交替を**形態音韻論的交替**(형태음운론적 교체 morphophonological alternation)，もしくは**形態音素論的交替**(형태음소론적 교체 morphophonemic alternation)と言う．韓国語はこうした形態音韻論的交替が非常に激しい言語である．これらを文字の平面においていかに解決するかという問いも，訓民正音＝ハングルにとっては，文字が実用に供し得るか否かを決めるほどの，大問題であった．結論だけ言うなら，今日の正書法では，例えば上の問題は次のように，終声字母を予め書き分けることで，解決している：

/iᵖ/	+	/i/	→	/i.bi/	
입	+	이	→	입이	口が

/ iᵖ /　　　＋　　/ i /　　　　→　　　　/ i.pʰi /
잎　　　＋　　이　　　　→　　　　잎이　葉が

　つまり〈1音節をいかに表すか〉だけを見ていても，謂わば，訓民正音＝ハングルの半分しか見たことにならない．〈音節をまたぐ音の変容をいかに表すか〉を見てこそ，その真骨頂が見え始めるのである．
　形態音韻論については，日本語はもちろん，英独仏語などについても，日本語で書かれたものは極めて少ない．韓国語の形態音韻論について日本語で書かれたものとしては，野間秀樹(2007d)を見よ．韓国語で書かれた形態音韻論の論考は，송철의(2008)を始め，優れた成果が非常に多い．

4.3.5. 文字の平面に表さない音の変容

　ハングル正書法においては，音の変容の全てが文字の平面に表されているわけではない．この点も少しだけ確認しておこう．音の表記されない変容のうち，とりわけ，形態素が結合する際に起きる，① 濃音化，② 〈 /n/ の挿入〉，あるいは〈ㄴ挿入〉（니은 삽입）と呼ばれる現象の2つは，非母語話者にとっては大問題となる．
　① の**濃音化**を見よう．例えば，「비빔」（混ぜ＝混ぜること）と「밥」（ごはん）が結合した「비빔밥」（ピビンパ＝混ぜごはん）は，[pibimbaᵖ ピビㇺバㇷ゚]なのか，あるいは濃音化を起こして [pibimʔpaᵖ ピビㇺパㇷ゚]となるのかが，文字の平面では知り得ない．日本語で「木々」とあっても，母語話者は [kiki キキ]ではなく，形態音韻論的な交替を自動的に起こして，[kigi キギ]と発音する．それと同様に韓国語母語話者なら「비빔밥」では自動的に濃音化するので，実用上は特に困りはしない．しかし非母語話者にとっては学習上の大きな困難の1つとなるわけである．研究上もとりわけ固有語におけるこうした濃音化は，未だ完全に解明されてはいない．なお，朝鮮民主主義人民共和国ではこのような濃音化に，「비빔'밥」のごとく「'」の記号を付す表記を一時期採用したものの，すぐに使われなくなった．濃音化については野間秀樹(2007d:301-302)参照．
　② **/n/ の挿入**はどうだろう．「일본」[il.bon イルボン]（日本）と「요리」[jo.ri ヨリ]（料理）が結合した「일본요리」（日本料理）は，続けて発音されると，〈終声の初声化〉によって /일보뇨리/ [il.bo.njo.ri イルボニョリ]となるのではなく，もともとなかった /n/ の音が挿入され，/일본뇨리/ [il.bon.njo.ri イルボンニョリ]

395

と発音される．音の平面で挿入されるこの /n/ も，文字の平面において現在の正書法では表記されない．いかなる形態素同士の結合でこの /n/ の挿入が起きるかも，大問題であった．研究上は，近年，辻野裕紀(2013,2014,2016)によって，画期的な前進を見ている．

　この /n/ の挿入は，野間秀樹(2007d:297-301)で述べたように，音節構造論的には，〈終声の初声化〉を拒みうる，唯一のデバイスである．/n/ の挿入を，〈終声の初声化〉とは別々の音の変容の事例として見るのではなく，音節構造論の平面における〈終声の初声化〉との係わりを位置づけることで，見えるものが，大きく違ってくる．音の交替の平面と音節構造の平面を区別しつつ，双方から照らすことの重要性は，激音化などについても同様である．ハングルがこうした問題をいかに扱っているかも，それでこそ精緻に把握できるわけである．

　音の変容と文字表記の具体例については，前述の野間秀樹・金珍娥(2012:208-231)や野間秀樹・金珍娥・髙槿旭(2018)によって確認されたい．

5. 終わりに——問いは開かれている

　本稿では紙幅の関係もあって，(1)ハングルという文字体系を見るにあたっての前提，(2)ハングルという文字体系の構造的な根幹，この2つに絞って述べてきた．既に述べたことの中にも，既存の訓民正音論，ハングル論では見落としがちであったことが，いくつもあったであろう．対象は同じであっても，問いの形が異なれば，見えて来るものもまた異なってくる．

　問いには例えばいろいろな形があろう．野間秀樹(2010)，노마히데키[野間秀樹](2011)で扱った問いの一部を挙げてみよう：

　　　　訓民正音以前の朝鮮語圏における文字の営みはいかなるものであったのか
　　　　漢字とハングルはその原理においてどう異なるのか
　　　　他のアルファベットとハングルはどう異なるのか
　　　　人は文字によって漢字音をいかに知り得るのか
　　　　なぜ漢字を使用せず，ハングルだけでも困らないのか
　　　　ハングルにとってことばと意味はいかなるものなのか
　　　　文字にとって音の高低とはいかなるものか
　　　　なぜ士大夫たちは訓民正音の創製に反対したのか
　　　　正音をめぐって王朝ではいかなる思想闘争が行われたのか

文字が真に用いられるためには，何が必要なのか
訓民正音＝ハングルは何を書いて来たのか
ハングルにとって漢字と漢字語はいかなるものなのか
文字にとって〈かたち〉とはいかなるものか
文字にとって〈線〉とはいかなるものか
訓民正音＝ハングルにとって人の身体性とはいかなるものか
ハングルにとって活字やフォントはいかなるものか
訓民正音＝ハングルにとって中国語とはいかなるものか
訓民正音＝ハングルにとって日本語とはいかなるものか
訓民正音＝ハングルは言語論や文字論に何を付け加え得るのか

　私たちが訓民正音＝ハングルから学び得ているものは，まだまだわずかである．訓民正音＝ハングルはまさに〈書かれたことば〉の起源，〈書く〉ということの起源を教えてくれている．なすべきことは，多い．問いは大きく開かれている．

参考文献

姜信沆(1990) "增補改訂版 國語學史", 서울: 普成文化社
姜信沆 譯註(1974) "訓民正音", 서울: 新丘文化社
高麗大學校 民族文化硏究所 編(1967;1976) "韓國文化史大系Ⅳ 言語文學史(上)", 서울: 高大 民族文化硏究所 出版部
高永根·成光秀·沈在箕·洪宗善 編(1992) "國語學硏究百年史 Ⅰ", 서울: 一潮閣
김두식(2008) "한글 글꼴의 역사", 서울: 시간의 물레
金斗鍾(1981) "韓國古印刷技術史", 서울: 探究堂
金尙憶 註解(1975) "龍飛御天歌", 서울: 乙酉文化社
김석득(1983) "우리말 연구사", 서울: 정음문화사
金一根(1986) "增訂 諺簡의 硏究", 서울: 建國大學校出版部硏究
김주원(2013) "훈민정음: 사진과 기록으로 읽는 한글의 역사", 서울: 민음사
南豊鉉(1981) "借字表記法硏究", 서울: 檀大出版部
노마 히데키[野間秀樹](2002) "한국어 어휘와 문법의 상관구조", 서울: 태학사
노마 히데키[野間秀樹](2006) '단어가 문장이 될 때: 언어장 이론 — 형태론에서 통사론으로, 그리고 초형태통사론으로 —' *Whither Morphology in the New*

Millennium? 21세기 형태론 어디로 가는가" Ko, Young-Kun, et al. (eds.) Seoul: Pagijong Press

노마 히데키[野間秀樹](2011) "한글의 탄생 ──〈문자〉라는 기적", 김진아・김기연・박수진 옮김, 파주: 돌베개

노마 히데키[野間秀樹](2015a) '인문언어학을 위하여 ── 언어존재론이 묻는, 살아가기 위한 언어', "연세대학교 문과대학 창립 100주년 기념 국제학술대회 발표자료집", 서울: 연세대학교 문과대학

노마 히데키[野間秀樹](2015b) '훈민정음=한글의 탄생을 언어의 원리론에서 보다', "제1회 세계한글작가대회 발표자료집", 서울: 국제펜클럽 한국본부

노마 히데키[野間秀樹](2016a) '언어를 살아가기 위하여 ── 언어존재론이 묻는, 〈쓴다는 것〉', "제2회 세계한글작가대회 발표자료집", 서울: 국제펜클럽 한국본부

노마 히데키[野間秀樹](2016b) '한글의 탄생과 불교사상의 언어──언어존재론적 시좌(視座)에서', "언어사실과 관점" 제39집, 서울: 연세대학교 언어정보연구원

노마 히데키[野間秀樹] 엮음(2014) "한국의 지(知)를 읽다", 김경원 옮김, 서울: 위즈덤하우스

류현국[劉賢國](2015) "한글 활자의 탄생(1820-1645)", 서울: 홍시

류현국[劉賢國](2017) "한글 활자의 은하계(1945~2010)", 서울: 윤디자인그룹

朴炳千(1983) "한글 궁체 연구", 서울: 一志社

서울大學校 東亞文化硏究所編(1973) "國語國文學事典", 서울: 新丘文化社

서울大學校 大學院 國語硏究會(1990) "國語硏究 어디까지 왔나 – 主題別 國語學 硏究史 –", 서울: 東亞出版社

宋基中・李賢熙・鄭在永・장윤희・한재영・황문환 編(2003) "한국의 문자와 문자 연구", 서울: 집문당

송철의 (2008) "한국어 형태음운론적 연구", 파주: 태학사

安秉禧(1992a) "國語史 硏究", 서울: 文學과 知性社

安秉禧(1992b) "國語史 資料 硏究", 서울: 文學과 知性社

安秉禧(2007) "訓民正音硏究", 서울: 서울대학교 출판부

兪昌均(1982) "訓民正音", 서울: 螢雪出版社

李基文(1963) "國語表記法의 歷史的硏究", 서울: 韓國硏究院

李基文・金鎭宇・李相億(1984;1986) "國語音韻論", 서울: 學硏社

李秉根・崔明玉(1997) "國語音韻論", 서울: 韓國放送大學校出版部

이현희(2003) '訓民正音 研究史', 송기중 외(2003)所収
임용기・홍윤표 편(2006) "국어사 연구 어디까지 와 있는가", 파주: 태학사
鄭在永(1997) '借字表記 연구의 흐름과 방향', "새국어생활" 7-4, 서울: 국립국어연구원
鄭在永(2003) '口訣 研究史', 宋基中 외 編(2003) 所収
정재영(2006) '韓國의 口訣', "口訣研究", 제 18 집, 口訣學會 編, 파주: 太學社
최명옥 (2004) "국어음운론", 파주: 태학사
崔範勳(1985) "韓國語發達史", 서울: 通文館
한국민족문화대백과사전 편찬부편(1991) "한국민족문화대백과사전", 성남: 한국정신문화연구원
허웅(1965) "國語音韻學 改稿 新版", 서울: 正音社
홍윤표(1994) "近代國語 研究Ⅰ", 서울: 太學社
藤本幸夫(1993) '韓國의 訓讀에 대하여', 서울大學校 大學院 國語研究會編(1993) 所収

李翊燮・李相億・蔡琬(2004)『韓国語概説』, 前田真彦訳, 梅田博之監修, 東京: 大修館書店
李基文(1975)『韓国語の歴史』, 村山七郎監修, 藤本幸夫訳, 東京: 大修館書店
李丞宰(2014)「角筆口訣の解読方法と実際」, 藤本幸夫編(2014)所収
イ・ヨンスク(1996)『「国語」という思想——近代日本の言語認識』, 東京: 岩波書店
梅田博之(1989)「朝鮮語」, 亀井孝・河野六郎・千野栄一編著(1989)第2巻所収
小倉進平著, 河野六郎増訂補注(1964)『増訂補注朝鮮語学史』, 東京: 刀江書院
亀井孝(1971)『亀井孝論文集 1 日本語学のために』, 東京: 吉川弘文館
亀井孝他編(1963;1970⁷)『日本語の歴史 2 文字とのめぐりあい』, 東京: 平凡社
亀井孝・河野六郎・千野栄一編著(1988-1996)『言語学大辞典 第1巻-第6巻』, 東京: 三省堂
姜信沆(1993)『ハングルの成立と歴史』, 東京: 大修館書店
菅野裕臣他(1988;1991)「文字・発音概説」, 菅野裕臣他共編(1988;1991)所収
岸俊男編(1988)『日本の古代 第14巻 ことばと文字』東京: 中央公論社
金珍娥(2013)『談話論と文法論——日本語と韓国語を照らす』, 東京: くろしお出版
河野六郎(1977)「文字の本質」『岩波講座 日本語 8 文字』, 東京: 岩波書店
河野六郎(1979)『河野六郎著作集 第1巻』, 東京: 平凡社

河野六郎(1994)『文字論』,東京：三省堂
河野六郎・千野栄一・西田龍雄編著(2001)『言語学大辞典 別巻 世界文字辞典』,東京：三省堂
志部昭平(1986a)「朝鮮語の歴史」,『基礎ハングル』,第1巻第12号,東京：三修社
志部昭平(1986b)「中期朝鮮語（1―4）」,『基礎ハングル』,第2巻第8-11号,東京：三修社
ソシュール、フェルヂナン・ド(1940)『言語学原論』,小林英夫訳,東京：岩波書店
ソシュール、フェルディナン・ド(1940;1972)『一般言語学講義』小林英夫訳,東京：岩波書店
宋喆儀(2009)「反切表と伝統時代のハングル教育」,油谷幸利先生還暦記念論文集刊行委員会編(2009)所収
田中克彦(1981)『ことばと国家』,東京：岩波書店
田中克彦(1989)『国家語を超えて――国際化のなかの日本語――』,東京：筑摩書房
中国語学研究会編(1969;1975)『中国語学新辞典』,東京：光生館
趙義成(2008)「『訓民正音』からの接近」,野間秀樹編著(2008)所収
趙義成訳注(2010)『訓民正音』,東京：平凡社
鄭在永・安大鉉(2017)「漢文読法と口訣」,野間秀樹編著(2018)所収
鄭熙昌(2007)「ハングル正書法と標準語」,野間秀樹編著(2007)所収
辻星児(1997)『朝鮮語史における『捷解新語』』,岡山：岡山大学文学部
辻野裕紀(2013)「言語形式の自立性と音韻現象 ―現代朝鮮語の〈n挿入〉を対象として―」,『朝鮮学報』第229輯,天理：朝鮮学会
辻野裕紀(2014)「現代朝鮮語における〈n挿入〉の実現実態について(1) ―若年層ソウル方言話者を対象に―」,『朝鮮学報』第232輯,天理：朝鮮学会
辻野裕紀(2016)「現代朝鮮語における〈n挿入〉の実現実態について(2) ―若年層ソウル方言話者を対象に―」,『朝鮮学報』第240輯,天理：朝鮮学会
藤堂明保・相原茂(1985)『新訂 中国語概論』,東京：大修館書店
中村完(1995)『論文選集 訓民正音の世界』,仙台：創栄出版
西田龍雄編(1981;1986)『講座言語 第5巻 世界の文字』,東京：大修館書店
野間秀樹(1985)「ハングルの書体」『基礎ハングル』,第1巻第2号,東京：三修社
野間秀樹(2001)「オノマトペと音象徴」,『月刊言語』,第30巻第9号,8月号,東京：大修館書店
野間秀樹(2007a)「試論：ことばを学ぶことの根拠はどこに在るのか」,野間秀樹編著

(2007)所収
野間秀樹(2007b)「音声学からの接近」, 野間秀樹編著(2007)所収
野間秀樹(2007c)「音韻論からの接近」, 野間秀樹編著(2007)所収
野間秀樹(2007d)「形態音韻論からの接近」, 野間秀樹編著(2007)所収
野間秀樹(2008a)「言語存在論試考序説Ⅰ——言語はいかに在るか——」野間秀樹編著(2008)所収
野間秀樹(2008b)「言語存在論試考序説Ⅱ——言語を考えるために——」野間秀樹編著(2008)所収
野間秀樹(2008c)「韓国語学のための文献解題 —— 現代韓国語を見据える ——」, 野間秀樹編著(2008)所収
野間秀樹(2008d)「音と意味の間に」,『國文學』, 2008年10月号, 東京:學燈社
野間秀樹(2009a)「ハングル——正音エクリチュール革命」,『國文學』, 2009年2月号, 東京:學燈社
野間秀樹(2009b)「現代朝鮮語研究の新たなる視座:〈言語はいかに在るか〉という問いから——言語研究と言語教育のために——」,『朝鮮学報』, 第212輯, 天理:朝鮮学会
野間秀樹(2010)『ハングルの誕生——音から文字を創る』, 東京:平凡社
野間秀樹(2012a)「文法論の基礎概念」, 野間秀樹編著(2012)所収
野間秀樹(2012b)「文をめぐって」, 野間秀樹編著(2012)所収
野間秀樹(2012c)「文の階層構造」, 野間秀樹編著(2012)所収
野間秀樹(2012d)「待遇表現と待遇法を考えるために」, 野間秀樹編著(2012)所収
野間秀樹(2012e)「表現様相論からの接近」, 野間秀樹編著(2012)所収
野間秀樹(2014a)『日本語とハングル』, 東京:文藝春秋
野間秀樹(2014b)『韓国語をいかに学ぶか——日本語話者のために』, 東京:平凡社
野間秀樹(2014c)「対照言語学的視座と言語教育」,『中日韩朝语言文化比较研究. 第3辑, 日本语言文化研究』, 李东哲, 安勇花 主编, 延吉:延边大学出版
野間秀樹(2014d)「知とハングルへの序章」, 野間秀樹編(2014)所収
野間秀樹(2018)「〈対照する〉ということ—— 言語学の思考原理としての〈対照〉という方法——」, 野間秀樹編著(2018)所収
野間秀樹(2018 forthcoming)『言語存在論』
野間秀樹編著(2007)『韓国語教育論講座 第1巻』, 東京:くろしお出版
野間秀樹編著(2008)『韓国語教育論講座 第4巻』, 東京:くろしお出版

野間秀樹編著(2012)『韓国語教育論講座 第2巻』, 東京:くろしお出版
野間秀樹編著(2018)『韓国語教育論講座 第3巻』, 東京:くろしお出版
野間秀樹編(2014)『韓国・朝鮮の知を読む』, 東京:クオン
野間秀樹・金珍娥 (2012)『韓国語学習講座 凜RIN 1 入門』, 東京：大修館書店
野間秀樹・金珍娥・高槿旭(2018)『はばたけ！ 韓国語 2 初中級編』, 東京：朝日出版社
朴泳濬・柴政坤・鄭珠里・崔炅鳳(2007)『ハングルの歴史』, 中西恭子訳東京：白水社
橋本萬太郎編(1980)『世界の中の日本文字――その優れたシステムとはたらき』, 東京：弘文堂
藤本幸夫編(2014)『日韓漢文訓読研究』, 東京：勉誠出版
前間恭作(1974)『前間恭作著作集 上巻・下巻』, 京都大学文学部国語学国文学研究室編, 京都：京都大学国文学会
ヤーコブソン, ローマン(1977)『音と意味についての六章』, 花輪光訳, 東京：みすず書房
油谷幸利先生還暦記念論文集刊行委員会編(2009)『朝鮮半島のことばと社会――油谷幸利先生還暦記念論文集』, 東京：明石書店
Noma, Hideki(2005) When Words Form Sentences; Linguistic Field Theory: From Morphology through Morpho-Syntax to Supra-Morpho-Syntax. *Corpus-Based Approaches to Sentence Structures.* Usage-Based Linguistic Informatics 2. Edited by Toshihiro Takagaki et al. Amsterdam & Philadelphia: John Benjamins

韓国語　現代語＝古語小辞典

須賀井　義教（すがい・よしのり）

1. はじめに　　　　403
2. 凡例　　　　　　403
3. 本文　　　　　　404

1. はじめに

　本稿は，現代韓国語の語彙が 15 世紀のハングル文献でどのような形をとって用いられているか，その用例とともに記述するものである．いわゆる「古語辞典」のように古語から現代語を知るのではなく，その逆，現代語から古語を知るための辞典と言える．

　ある言語の教育において，当該言語がどのような変化の道筋をたどってきたかという歴史に関する知識は，教育者にとって不可欠のものであると言えよう．例えば韓国で 2005 年から施行されている「한국어교원 자격제도」(韓国語教員資格制度）では，審査内容に韓国語の歴史が含まれており，[1] 韓国語教員に必須の知識として位置づけられていることが分かる．

　なお，本稿で取り上げる語彙は，韓国語の教育及び学習に役立つと思われる項目を筆者が恣意的に選んだものであり，網羅的なものではない．

2. 凡例

　以下の本文では，見出し語を「現代語＝古語」の形式で掲げた．見出し語は現代語を基準として，한글학회(1992)『우리말 큰사전』に沿って配置したが，現代語で使われなくなった単語については空見出しとして「＊」を立項し，15 世紀の単語を基準に配置した．現代語と古語とで異なる語が使われる場合や，他の項目で触れられている語については，「⇒」で参照すべき項目を示してある．また，用言についてはその活用語基を見出し語に続けて列挙した．Ⅰ，Ⅱなどのローマ数字によって語基を示すこととする．語基は第Ⅰ語基から第Ⅳ語基までを認める(河野六郎 1955:431 などを参照)．

---

[1] http://kteacher.korean.go.kr/main.do

また，見出し語に続けて，15 世紀のハングル文献から任意に選んだ用例を複数提示した．用例はそれぞれ原文，出典，日本語訳[2]の順で提示している．場合によっては，理解を助けるために口訣文を合わせて掲載した．なお，出典は「＜文献略号　巻次：張数　表裏（注）＞」という形式で，例えば「＜釋詳 19:11a 注＞」であれば，『釈譜詳節』巻 19 の 11 張表にある注釈部分を示している．文献の略号については，参照した影印本の書誌とともに，本稿末の参考論著にまとめて提示した．

　原文には，声調を示す傍点を該当するハングルの左側に掲載した．無点は平声，一点は去声，二点は上声を表す．声調については趙義成訳注(2010:23)なども参照のこと．

　用例に次いで，各項目に関する簡単な説明を付した．主に現代語と異なる点について記述してある．理解の助けとなれば幸いである．

3. 本文

■가다＝가-「行く」　　Ⅰ Ⅱ 가- 　Ⅲ ·가-/·가-아- 　Ⅳ :가-

¶그저·긔 王·이 宮中·에 ·드·러 亽랑·ᄒ샤·딕 내 ·이제 이·웃 나·라·해 :가리·니 :두 ·길·히로·딕 ᄒᆞᆫ ·길·흔 닐·웨·면 가고 ᄒᆞᆫ ·길·흔 열·나·ᅀᅢ리·면 가·리·라·ᄒ·샤 ＜月釋 20:106a＞　その時王が宮中に入ってお考えになるに，私が今隣国に行くが，二つの道であるが，一つの道は七日であれば行き，一つの道は十四日であれば行くであろうとお考えになって

¶·즉재 座로·셔 :니르·샤 부텻 알·픽 ·가·샤 一心·으·로 合掌·ᄒ·샤 ·이 念·을·ᄒ샤·딕（即從座起ᄒ샤 至於佛前ᄒ샤 一心合掌ᄒ샤 而作是念ᄒ샤딕）＜法華 4:192a＞　すぐに座から起きられて，仏の前にいらっしゃり，一心に合掌されてこの念をなさるに（即ち座より起ちて，仏の前(みまえ)に至り，一心に合掌して，この念を作せり：中, p.234）

¶目連·이 耶輸ㅅ 宮·의 ·가 보·니　＜釋詳 6:2b＞　目連が耶輸の宮殿に行って見ると

¶그:듸 ·가·아 아·라듣·게 니르·라　＜釋詳 6:6b＞　そなたが行って聞き分けのよ

---

2) 『三綱行実図』については，志部昭平(1990)の日本語訳を引用した．また『法華経諺解』については，坂本幸男・岩本裕訳注(1962, 1964, 1967)の該当部分をカッコ内に引用した（上・中・下の別とページ数のみ表示）．

いように言え

¶妙音菩薩·이 부텻·긔 :슬·오샤·딕 世尊·하 ·내 오·늘 娑婆世界·예 :가·미 :다·이 如來入 ·히·미시·며 (妙音菩薩이 白其佛言ᄒ샤디 世尊하 我ㅣ 今에 詣娑婆世界호미 皆是如來之力이시며) <法華 7:12a> 妙音菩薩が仏に申し上げるに，世尊よ．私が今日娑婆世界に行くことが皆この如来の力であらせられ（妙音菩薩はその仏に白して言わく「世尊よ，われ今，娑婆世界に詣らんことは，皆これ如来の力なり，…：下，p.218）

【説明】現代語と同じように用いられるが，活用でⅢ·가-/·가·아-の二種類が見受けられる．また，15世紀の文献では「行く」という意味の녀-も用いられる．なお，녀-は接尾辞Ⅰ-거-の前で니-に交替する．

¶流·는 ·믈 흐를 ·씨·오 行·은 녈 ·씨·니 法·이 펴·디·여 :가·미 ·믈 흘·러 :녀·미 ·ᄀ틀·씨 流行·이·라 ᄒ·니·라 <釋詳 9:21b 注> 「流」は水が流れることで，「行」は行くことであるが，法が広がっていくことが水の流れていくことと同じであるので「流行」というのである

¶·가고 ·도라 ·오·디 아·니ᄒ·리·는 ·나·히·며 ·니거·든 :몯 미·처 가·리·는 어버·이·니 <三綱孝子:4b> 去って帰って来ないものは歳であり，逝けば追いかけて行くことができないものは親でありますから

■강「河」⇒ᄀ·ᄅᆞᆷ

■＊＝ᄀ·ᄅᆞᆷ「河」

¶·그 저·긔 東土·앤 周昭王·이 ·셔·엣·더시·니 四月入 八日·에 ᄀ·ᄅᆞᆷ·과 우·믌·므·리 :다 :넚디·고 :뫼히·며 宮殿·이·며 드·러·치고 <月釋 2:48b> その時，東土には周昭王が立っておられたが，四月の八日に河と井戸の水がみな溢れ，山であれ宮殿であれ震え

¶부:톄 百億世界·예 化身·ᄒ·야 敎化·ᄒ샤·미 ·ᄃᆞ리 ·즈믄 ᄀ·ᄅᆞ·매 비·취요·미 ·ᄀᆞᆮᄒ·니·라 <月釋 1:1a> 仏が百億世界に化身して教化なさることが，月が千の河に映るのと同じである

¶·구룺 氣運·은 :븬 ᄇᆞᆯ·매셔 나·고 ᄀ·ᄅᆞᆷ 소·리·ᄂᆞᆫ ·힌 몰·애·예 ᄃᆞᆫ·ᄂᆞᆺ다 (雲氣生虛壁 江聲走白沙) <杜詩 6:26a> 雲の気運は虚ろな壁から出て，河の音は白い砂に走るのだなあ

【説明】現代語の「河・川」を指す語として，15世紀には固有語のᄀ·ᄅᆞᆷが用いら

れた．現代語ではこの語は用いられず，代わりに漢字語강（江）が用いられる．後述する뫼ㅎ「山」と同じく，現代語では漢字語にとって代わられた語の一つである．なお，15世紀にも:내ㅎ（＞내）「川」，:시:내ㅎ（＞시내）「小川」が用いられている．

¶ 구·룸 올·옴·과 :새 ᄂᆞ·롬·과 ᄇᆞ룸 뮈·윰·과 드틀 니·룸·과 나모·와 :뫼·콰 :내·콰 ·프성·귀·와 :사름·과 즁ᄉᆡᆼ·괘 :다 物·이·라（雲騰鳥飛風動塵起樹木山川草芥人畜이 咸物이라）　<楞嚴2:34b>　雲の起こることと鳥の飛ぶことと風の動くことと塵の立つことと木と山と川と蔬菜と人と獣とが皆物である

¶ 곳·과 니픈 하ᄂᆞᆯ ᄠᅳ들 좃·고 ᄀᆞ·롬·과 :시:내홀 :돐불·휘·와 다 믓·ᄒᆞ얏도·다（花葉隨天意江溪共石根）　<杜詩10:44b>　花と葉は天の意に随い，河と小川は岩の根元と共にするのであるなあ

■같다＝ᄀᆞᆮ·ᄒᆞ-「同じだ，〜のようだ」 Ⅰ Ⅱ ·ᄀᆞᆮᄒᆞ- Ⅲ ·ᄀᆞᆮ·ᄒᆞ·야- Ⅳ ·ᄀᆞᆮ·호-
¶ ᄆᆞᅀᆞ·믄 微妙·를 조·차 불·고미 니·러 두·려·이 노·겨 비·취유·미 거·우·룻 光明·이 ·ᄀᆞᆮᄒᆞᆯ 젼·ᄎᆞ·로 닐·샤·ᄃᆡ 圓妙明心·이·라 ·ᄒᆞ시·고（心則從妙起明ᄒᆞ야 圓融照了ᄒᆞ오미 如鏡之光故로 曰圓妙明心이라ᄒᆞ시고）　<楞嚴2:18a>　心は微妙に従って明るいことが起こり円満に溶かし照らすことが鏡の光と同じであるために，曰く，「圓妙明心」とおっしゃり

¶ 城·이·며 지·비·며 羅網·이 :다 七寶·로 이·러 이·쇼·미 ·쏘 西方 極樂 世界·와 ·ᄀᆞᆮ·ᄒᆞ·야　<釋詳9:11a>　城であれ家であれ羅網がみな七宝でできていることがまた西方の極楽世界のようであり

¶ 菩薩·이 믈읫 法性·을 :보·ᄃᆡ :두 가·짓 相·이 업·서 虛空 ·ᄀᆞᆮ·홈·도 보·며 <釋詳13:23b>　菩薩が全ての法性を見るに，二種の相がなく虛空のようであることも見て（或は菩薩の　諸法の性ᴸには／二相有ることなく　猶ᴸ虛空の如しと観ずるを見る：上，p.34）

【説明】現代語の같다につながる語である．³⁾以下のようにⅡ，Ⅳでᄀᆞᄐᆞ-，ᄀᆞᄐᆞ-という表記が見られる．なお，現代語の같이「一緒に」「〜のように」にあたる語

---

3) 15世紀には·ᄀᆞᆮ「〜の如く」という副詞が存在し（例：하·ᄂᆞᆯ ·ᄀᆞᆮ 셤·기·ᅀᆞᆸ더·니 <月千51a> 天の如くお仕え申し上げたが），これに·ᄒᆞ-がついて形成された合成語であるとされる．この副詞·ᄀᆞᆮ自体が使われなくなり，「語根＋接辞」と認識される段階を経て，一つの単語として扱われることになったと見られる（김정아1998:84-85）．

としては·マ티が用いられ, 굳히という表記は非常に少ない(김정아 1998:86-87).
¶ 놋·비·치 蓮ㅅ곳 ·ᄀ·티시·며 ·눈·조·호·미 明珠 ·ᄀ·티시·며 <月釋 4:34a>
顔色が蓮の花のようであらせられ, 目の清いことが明珠のようであらせられ
¶ 福·과 ·힘·과·는 하·ᄂᆞᆯ·콰 ·ᄀ·토·ᄃᆡ 하·ᄂᆞᆳ :힝·뎌기 :업스·니 <阿彌 29a 注>
福と力とは天と同じであるが, 天の行いが無いので
¶ 그 ·놈 :위·ᄒᆞ·야 지·블 크·긔 :짓·고 ·다·믄 ᄒᆞᆫ 門·을 :내·오 그 안·해 :사름
罪 줄 연자·ᄋᆞᆯ 地獄·ᄀ·티 밍·ᄀᆞ니·라 <釋詳 24:14a> その者のために家を大
きく建ててただ一つの門を作り, その中に人に罪を与える器具を地獄のように
作ったのである

■같이=·ᄀ·티「ともに,〜のように」 ⇒ 같다

■그=그「それ」
¶ 그 무슮 :사ᄅᆞᆷᄃᆞ·려 무·로·ᄃᆡ <月釋 9:36 上 a> その村の人に尋ねるに
¶ ·이 淸淨ᄒᆞᆫ ·귀·로 三千 大千 世界·예 아·래·로 阿鼻地獄·애 니·르·며
우·흐·로 有頂·에 니·르·리 그 가·온·딧 ·안팟·긧 種種 :말쏨·과 소·리·를
드·르·리·니 <釋詳 19:14b> この清浄な耳で三千大千世界に下へ阿鼻地獄に至
り上に有頂に至るまで, その中の内外の種々の言葉と声を聞くであろうが
【説明】現代語では指示代名詞と冠形詞として定義されている(『標準国語大辞典』
など)が, 15世紀におけるユ, さらに後述する·이や·뎌は, 指示代名詞として記
述されるのが一般的である(허웅 1975:266-267, 安秉禧·李珖鎬 1990:155 など).
また主格助詞や指定詞-이다がつく場合に긔の形となる.
¶ 彌勒·아 아·라·라 妙光菩薩·은 다ᄅᆞᆫ :사ᄅᆞᆷ미리·여 내 ·모·미 :긔·오 求名菩薩·
은 그딋 ·모·미 :긔·라 <釋詳 13:36b> 弥勒よ知れ. 妙光菩薩は違う人であろう
か. 私の身がそれであり, 求名菩薩はそなたの身がそれである

■나=·나「私」
¶ 王·이 니ᄅᆞ샤·ᄃᆡ ·어딜·쎠 너·도 ·이런 ᄆᆞᅀᆞᆷ ·뒷거·늘 ·나·는 즁싱·이 ᄆᆞᅀᆞ
·미로·다 <月釋 4:65a> 王がおっしゃるに,(何と)善良であることよ. お前も
このような心を持っているのであれば, 私は獣の心であるなあ
¶ 阿難·아 ·내 ·이·제 너 爲·ᄒᆞ·야 ·이 :두 ·일·로 나소믈·려 마·초·아
ᄇᆞᆯ·교리·라 (阿難아 吾ㅣ 今에 爲汝ᄒᆞ야 以此二事로 進退合明ᄒᆞ오리라)

407

<楞嚴 2:87b> 阿難よ．私が今お前のためにこの二事で進み退いて，あわせて明らかにしよう

¶摩竭陁人 瓶沙ㅣ 世尊ㅅ긔 솔·ᄫ·ᄃᆡ 道·ᄅᆞᆯ 일·우·샤 :날 救·ᄒᆞ쇼·셔 ᄒᆞ·니
<月千 36a> 摩竭陀の瓶沙が世尊に申し上げるに，道を成して私をお救い下さいませ，と言ったが

¶世尊·이 :나·ᄅᆞᆯ :외·다 ·ᄒᆞ·샤 <釋詳 24:45a> 世尊が私を「間違っている」とおっしゃり

【説明】1人称の人称代名詞（単数）としてはㅏのみが用いられ，謙譲形にあたる現代語の저は，15世紀には用いられなかった．この現代語における저は，再帰代名詞の저「自分」から来たと推測されている（李基文 1979;1991:46）．再帰代名詞の저は15世紀にも用例が見られる．

¶믈읫 有情·이 ·ᄂᆞᆷ·과 ·닫·ㄱ·믈 ·즐·겨 서르 싸·화 저·와 ·ᄂᆞᆷ·과·ᄅᆞᆯ ·어즈·려 <釋詳 9:16b> およそ有情が他人と別に出ることを好み，互いに争い，自分と他人とを惑わし

¶ᄆᆞ·ᄎᆞᆷ:내 제 ·ᄠ·들 시·러 펴·디 :몯ᄒᆞᇙ ·노·미 하·니·라（而終不得伸其情者ㅣ 多矣라） <訓諺 2b> ついに自らの意を能くのべることのできない者が多いのである

¶魔王·이 다·시 兵馬 니ᄅᆞ와·다 ᄂᆞ·려·와 :제 나·ᅀᅡ 菩薩·ᄭᅴ ·드ᅀᆞ·ᄫᅡ :말 겻·구·ᅀᆞᆸ더·니 <月釋 4:14a> 魔王が再び兵馬を起こし，降りてきて，自ら進んで菩薩のところへ行き，言葉で競ったが

■나무=나모/남ㄱ「木」
¶苑·은 나모 심·곤 ·싸히·라 <楞嚴 2:51b 注> 「苑」は木を植えた地である

¶魍魎·은 나모·와 ·돌·쾌 變·ᄒᆞ야 妖怪 ᄃᆞ왼 거·시니 <金三 2:28a 注> 「魍魎」は木と石とが変じて妖怪となったものであるが

¶그 나못 ·비·치 즉자·히 白鶴 ·ᄀᆞ·티 ᄃᆞ외·오 <釋詳 23:18a> その木の光がすぐさま白鶴のようになり

¶불·휘 기·픈 남·ᄀᆞᆫ ᄇᆞᄅᆞ·매 아·니 :뮐·ᄊᆡ（根深之木 風亦不扤） <龍歌 2> 根の深い木は風に動じないので

¶七寶·로 臺·ᄅᆞᆯ 밍·ᄀᆞᆯ·오 호 남·기 ᄒᆞᆫ 臺ㅣ어·든 그 남·기 臺·예 버·으로·미 一箭道ㅣ 다ᄋᆞ·더·니 <法華 6:135a> 七宝で台を作り，一つの樹に一つの台であれば，その樹が台に離れることが一箭道が尽きたが（七宝もて 台(うてな)となし 一(ひとつ)の樹

韓国語　現代語＝古語小辞典（須賀井義教）

に 一(ひとつ)の台あり．その樹は台を去ること 一箭(ひとやだけ)の道に尽(とど)まれり下，p.174)
【説明】「木」を表す語は，①休止や子音（半母音含む）の前ではナモ，②母音で始まる助詞の前では남ㄱの形で現れて助詞が接続する．このような交替は音韻論的な制約（例：音節末に現れる子音が7種類である，など）による「自動的交替」に対し，「非自動的交替」（安秉禧・李珖鎬 1990:149）と呼ばれる．同様な交替を見せる語として구무/굼ㄱ（穴）などがある．

¶一切 터럭 <u>구무</u>:마·다 그·지 :업스·며 數 :업슨 비·쳇 光明·을 ·펴·샤　<釋詳 19:38b>　一切の毛穴ごとに，果てがなく無数の色の光明を発せられ（一切の毛孔(もうく)より無量無数(むしゅ)の色の光を放ちて：下，p.152)
¶對答·호·ᄃᆡ 그·듸 ·이 <u>굼</u>긧 개야·미 보·라　<釋詳 6:36b>　答えるに，そなたはこの穴の蟻を見よ

■내＝:내ㅎ「川」　⇒　ᄆᆞ·ᄅᆞᆷ

■*＝녀-「行く」　⇒　가다

■년＝年「年」

¶·이 後·로 千年·이·면 [千年·은 ·즈·믄 ·ᄒᆡ·라] 그 法이…　<月釋 2:49a>　この後千年であれば［千年は千の年である］その法が…
¶·내 親·히 부텨 조쫏·와 城 나·마 出家·ᄒᆞ·야 親·히 如來ㅣ 六年·을 브즈러니 受苦·ᄒᆞ샤·ᄆᆞᆯ ·보·ᅀᆞ오·며　(我ㅣ 親隨佛ᄒᆞᅀᆞ와 逾城出家ᄒᆞ야 親觀如來ㅣ 六年勤苦ᄒᆞᅀᆞ오며)　<楞嚴 5:60b>　私が親しく仏に従い申し上げ，城を越えて出家して，親しく如来が六年を勤勉に受苦なさるのを見申し上げ
【説明】助数詞の「～年」は，漢数詞の後ろで「年」が用いられるが，15世紀の文献では漢字表記でのみ現れ，ハングルで表記された例はほとんどない，諺解文が全てハングルで表記された『救急簡易方諺解』に例が見られる程度である．以下の例では，漢文部分では「三年大酢[:세 ·ᄒᆡ 무·근 :됴ᄒᆞᆫ 초]」のように，固有語の·ᄒᆡ「年」（後述の해の項を参照）が用いられているのだが，諺解文では漢字語を用いた「삼 년」が用いられている．
¶·큰 :조·협 ᄒᆞᆫ 량·을 거플·와 ·삐 :앗고 ·ᄀᆞ라 ·처 삼 년 무·근 :됴ᄒᆞᆫ 초·애 ᄆᆞ·라　<救簡 1:27b>　大きい皂莢(さいかち)一両を，皮と種を取り除き，すり下ろしてつき，三年寝かせた良い酢に入れて混ぜ

409

■때=·뻬「とき」
¶즙의 :앗·고 둘 :울 ·뻬예 머·그·면 이·틋나·래 얼·윈 ·피·롤 ᄂ·리우·면 ·즉재 :됴ᄂᆞ·니 (去滓雞鳴時服次日取下瘀血卽愈)   <救急方下:30b>   かすを除いて鷄が鳴くときに飮めば, 翌日固まった血を下せばすぐに良くなるが
¶終聲二字三字合用, 如諺語홁爲土, ·낛爲釣, 둛·뻬爲酉時之類.   <訓民正音解例本：合字解>   終声の二字三字の合用は, 諺語홁の「土」たり,·낛の「釣」たり, 둛·뻬の「酉時ゆうじ」たるの類の如し. [4]
【説明】「とき」を表す語としては, 現代語の때につながる·뻬があるが, 15世紀の文献ではそれほど多く用いられておらず, 一部の文献に出現が偏っている. この·뻬よりも広範に用いられているのが쁴である. 助詞などがつく場合に母音ㅢが縮約され, 以下のような形で現れる (허웅 1975:318-319).
¶그 ·쁴 (←쁴+-의)   부:톄 得大勢菩薩 摩訶薩·의 니ᄅᆞ·샤·ᄃᆡ   <釋詳 19:26a>   その時仏が得大勢菩薩摩訶薩におっしゃるに
¶時常 :곳 :몯거·든 ·밤·낫 여·슷 ·쁠 (←쁴+-을)   닛·디 마·라·사 ᄒᆞ·리·라   <月釋 10:22b>   常にできなければ, 昼夜六時を忘れてはならないだろう
¶·이 ·쁴 (←쁴+-이)   부텻 ·나·히 닐·흔 ᄒᆞ나·히·러시·니   <釋詳 13:1a 注>   この時が仏の歳が71歳であられたが
¶·밤·낫 여·슷 ·쁴로 (←쁴+-으로)   [여·슷 ·쁴니·ᄂᆞᆫ ·낫 :세 ·밤 :세히·라]   <月釋 7:65a>   昼夜六時に [六時は昼三, 夜三である]

■많다=:만ᄒ-「多い」   ⅠⅡ :만ᄒ- Ⅲ :만·ᄒ·야- Ⅳ :만·호-
¶舍利弗·이 닐·오·ᄃᆡ 아랫 :세 하ᄂᆞ·른 煩惱ㅣ :만ᄒ·고   <釋詳 6:35b>   舍利仏が言うに, 下の三つの天は煩悩が多く
¶煩·은 :만홀 ·씨·오 惱·ᄂᆞᆫ 어·즈릴 ·씨·라   <月釋 1:16b>   「煩」は多いことであり,「悩」は惑わすことである
¶園林·과 諸堂閣·을 種種 寶·로 莊嚴ᄒᆞ·며 寶樹·에 華果ㅣ :만·ᄒ·야 衆生·이 :노·녀 ·즐·귤 띠·며 (園林諸堂閣을 種種寶로 莊嚴ᄒᆞ며 寶樹에 多華果ᄒᆞ야 衆生所遊樂이며)   <法華 5:164a>   園林と諸堂閣を種々の宝で莊厳し, 宝樹に花と実が多く, 衆生の遊びまわり楽しむ所であり (園林・諸の堂閣は 種種の宝をもって荘厳し／宝樹には華・菓多くして 衆生の遊楽ゆらくする所なり : 下, p.32)

---

4) この例および例の日本語訳については趙義成(2010:93)を参照した.

¶世間·앳 煩惱 :만·호·미 바·룴·믈 ·ᄀᆞᆮ·니 <月釋 1:11a> 世間の煩悩が多いことが海の水のようであるが

¶·쪼 藥毒·ᄋᆞᆯ 고툐·ᄃᆡ 거·믄 콩·ᄋᆞᆯ 글혀 닉거·든 그 汁·을 :만·히 머·그·라 거·믄 콩·곳 :업거·든 젼국·도 됴·ᄒᆞ니라 (又方解諸藥毒以黑豆煮令熟多飲其汁無黑豆[豆支]亦可) <救急方下:54a> また薬毒を治すに，黒い豆をゆでて火が通れば，その汁をたくさん飲め．黒い豆が無ければ煮出し汁もよい

【説明】現代語の많다につながる語である．副詞形である:만·히も見られる．ただし，「多い」という意味では하-の方がより多く用いられている．形容詞하-は現代語では用いられないが，副詞の하「多く，とても」や하도「とても，あまりにも」として残っている．

¶ᄆᆞ·춤:내 제 ·ᄠᅳ·들 시·러 펴·디 :몯홇 ·노·미 하·니·라 <訓諺 2b> ついに自らの意を能く伸べることのできない者が多いのである

¶舍利弗·이 닐·오·ᄃᆡ ᄆᆞ슬·히 :멀·면 乞食ᄒᆞ·디 어·렵·고 ·하 갓가·ᄫᆞ·면 ·조티 :몯ᄒᆞ·리·니 ·이 東山·이 甚히 ·맛갑·다 <釋詳 6:23b> 舎利仏が言うに，村が遠ければ乞食しにくく，非常に近ければ清くないであろうが，この東山が非常にぴったりだ

■말＝말「ことば」

¶如來 그 ·말 :다 ·ᄒᆞ시·고 摩耶·씌 :하·딕ᄒᆞ시·고 棺·ᄋᆞᆯ 도로 두프·시·니 <釋詳 23:30b> 如来がそのことばをすべておっしゃり，摩耶に暇乞いをなさって棺を元の通り蓋をされたが

¶·쪼 보·ᄃᆞ라·온 :말·로 내 아·ᄃᆞᆯ ·ᄀᆞ티 ·호리·라 ᄒᆞ·니 (又以軟語로 若如我子호리라 ᄒᆞ니) <法華 2:242b> また柔らかいことばで，私の息子のようにすると言ったが（また，もって軟語す『若を，わが子の如くせん』と：上，p.250）

¶涅槃·은 滅度ㅣ·라 혼 :마리·니 여러 受苦ㅣ :다 ·업·서 生死 바·ᄅᆞ·래 :건날·씨·니 <月釋 11:88b 注> 「涅槃」は滅度ということばであるが，多くの受苦が全て無く，生死の海に渡ることであるが

【説明】15世紀の文献でも，現代語とほぼ同じく用いられている．また，15世紀にも:말ᄊᆞᆷがあるが，現代語とは異なり，尊敬や謙譲の意味合いがない場合にも用いられる．

¶닐·굽 가·짓 :내·티요·매 새·오·미 爲頭ᄒᆞ·고 淫亂ᄒᆞ·며 도죽ᄒᆞ·며 :말ᄊᆞᆷ 하·며 버·릇 :업스·며 子息 :업스·며 :모딘 病·ᄒᆞ·미 :다 그 後·에 잇ᄂᆞ·니 <三綱烈

女:2b>　七類の追い出されること(＝七去)のなかでは嫉妬することが第一であって，淫乱なること，盗むこと，ことばが多いこと，礼儀に欠けること，子がないこと，悪い病であることは，ことごとくその後にあるものであるのに

■＊＝:뫼ㅎ「山」
¶最上乘 發흔 :사룸 爲·ᄒ·야 니ᄅ·시·니 :몐 것 ·ᄆ·거우·미 :뫼 ·ᄀᆮ도·다 （爲發最上乘者說ᄒ시니 擔重如山이로다）　<金三 3:53b>　最上乗を発した者のためにおっしゃるには，負ったものの重さが山の如くであるなあ
¶山海慧自在通王·ᄋᆞᆫ 노·포·미 :뫼해·셔 더으·니 :업스·며 기·푸·미 바·ᄅ래·셔 기·프·니 :업스·니（山海慧自在通王者ᄂᆞᆫ 高莫逾於山ᄒ며 深莫浚於海ᄒ니）<法華 4:51a>　山海慧自在通王は高いことが山より勝るものがなく，深いことが海より深いものがないが
【説明】ᄆᆞ롬「河」と同じく，現代語では漢字語に取って代わられた単語の一つである．멧나물「山菜」や멧부리「頂上」などといった単語を構成する要素としては残っている．なお，15世紀にも以下のように漢字表記で漢字語산「山」が用いられた例がある．
¶世尊·이 文殊大衆ᄃᆞ·려 니ᄅ·샤·ᄃᆡ ·내 ·처섬 城 나·마 山·애 ·드·러 道 빈·홀 제　<月釋 25:36a>　世尊が文殊大衆におっしゃるに，私が初めて城を越えて山に入り，道を学ぶときに

■보다＝보-「見る」　Ⅰ Ⅱ 보- Ⅲ ·봐-/·보·아- Ⅳ :보-
¶阿難아 ·ᄯᅩ ·내 너·와로 四天王·의 잇·ᄂᆞᆫ 宮殿 볼 ·쩨 中閒·애 ·믈·와 묻·과 虛空·애 ᄃᆞ·니·ᄂᆞᆫ 거·슬 :다 ·보ᄂᆞ·니（阿難아 且吾ㅣ 與汝와로 觀四天王의 所住宮殿ᄒᆞᆯ제 中間애 偏覽水陸空行ᄒᆞ·니）　<楞嚴 2:33b>　阿難よ．また私がお前と四天王のいる宮殿を見る時，間に水と陸と虛空に行くものをみな見るが
¶·ᄯᅩ ·어즐·ᄒ·야 귓것 보·아 미·치거·든 平胃散·애 朱砂ㅅ ᄀᆞᆯ·ᄋᆞᆯ 너·허 大棗湯·에 ·프러 머·그·라（又方[恍惚見鬼]發狂用平胃散加辰砂末棗湯調服）<救急方 上:19b>　また，目眩がして鬼神を見て狂ったなら，平胃散に朱砂の粉を入れて大棗湯に溶いて飲め
¶色聲香味觸法·은 六塵·이·니 누·네 :보·미 色塵·이·오 귀·예 드·로·미 聲塵·이·오　<月釋 11:47b 注>　色声香味触法は六塵であるが，目に見ることが色塵であり，耳に聞くことが声塵であり

【説明】現代語と同様に用いられる．上記のように本動詞として用いられるほか，下の例のように，「～してみる」という〈試行〉の意味を表す補助動詞として用いられた例もある．
¶·처·서·믈 根源·ᄒ·야 乃終:내 :혜·여 보·면 天下ㅅ 道ㅣ :몯 두·픈 ·ᄃㅣ :업·스리·라 <月釋 14:50a 注> 最初を根源として最後まで数えてみれば，天下の道が覆えないところがないだろう
¶제 아·비 쫑 즈·츼더·니 눈·다·마·다 머·거 보·니 漸漸 ᄃᆞᆯ·오 믯믯·ᄒ·야 ·가거·늘 <三綱孝子:21a> かれの父が下痢をしていたが，するや否やするごとにすぐさま食べてみたところだんだん甘くてぬるぬるしていったので

■빨리=셜·리「はやく」
¶世尊·하 ·우·리 爲·ᄒ·샤 吉祥願·을 ·ᄒ·샤 [注省略] 길·헤 마·ᄀᆞᆯ 껏 :업·시 셜·리 나·라·해 도·라가·게 ·ᄒ쇼·셔 <月釋 4:59a> 世尊よ．私たちのために吉祥願をなさって道に妨げるものなく早く国に帰るようにしてくださいませ
¶·므레 주·근 :사ᄅᆞ·ᄆᆞᆯ 셜리 ·옷 밧·기고 빗복 가·온ᄃᆡ ·ᄠᅳ면 ·즉재 :살리·니 <救簡 1:76a> 水に死んだ人を早く服を脱がせ，臍の真ん中に灸をすえればすぐに生き返るが
【説明】形容詞を副詞に派生させる接尾辞のうち，-이が最も生産的であった (허웅 1975:239)．この셜·리以外にも，:져기 (<:적ー 少ない)，노·피 (<높ー 高い)，볼·기 (<붉ー 明るい)や，·키 (<·크ー 大きい)，슬·피 (<슬프ー 悲しい)，:해 (<하ー 多い, 大きい)，오·래 (<오·라ー 久しい) などの例がある．

■사람=:사ᄅᆞᆷ「人」
¶:사ᄅᆞᆷ:마·다 :ᄒᆡ·ᅇᅧ :수·비 니·겨 ·날·로 ·ᄡᅳ·메 便安·킈 ᄒ·고·져 홇 ᄯᆞᄅᆞ·미니·라 (欲使人人ᄋᆞ로 易習ᄒ야 便於日用耳니라) <訓諺 3b> 人々をして簡単に習わせ，日々使うのに楽にしたいと思うのみである
¶孔子ㅅ 弟子ㅣ ·뎌 보·고 ·즉자·히 도라 ·가·아 어버·의 그에 갏 :사ᄅᆞ·미 ·열·세·히러·라 <三綱孝子:4b> 孔子の弟子がかれを見て，たちまち帰って行って親のもとに去るものが十三人だったのだった
¶:네 ·이제 :사ᄅᆞ·미 ·모·ᄆᆞᆯ 得·ᄒ·고 부텨·를 맛·나 잇ᄂᆞ·니 <釋詳 6:11a> お前が今人の体を得て仏に会っているのに
【説明】現代語と同様に用いられる．

413

■산「山」⇒ :뫼ㅎ

■시내=:시:내ㅎ「小川」 ⇒ ᄀ·ᄅᆞᆷ

■안=아·니「~ない」(用言の否定)
¶齋·라 혼 거·시 ·낫 :계어·든 ·밥 아·니 머·구·미 웃드·미·오 <釋詳 9:18a 注>
斎ということが昼を過ぎればご飯を食べないことが第一であり
¶長者ㅣ 보·고 닐·오·ᄃᆡ 네 아·ᄃᆞ·리 ·나·히 열아·홉·만 ᄒᆞ·면 내 지·븨 아·니
이싫 相·이로·다 ·ᄒᆞ더·라 <月釋 8:97b> 長者が言うには,お前の息子の歳が8,
9になれば,私の家にいない相であることだ,と言った
¶:네 信·ᄒᆞᄂᆞ·다 아·니 信·ᄒᆞᄂᆞ·다 <釋詳 9:26b> お前が信じるか? 信じな
いか?
¶阿難·이 ᄌᆞᆷᄌᆞᆷ·코 對答 아·니 ·ᄒᆞ·ᅀᆞᄫᅡ·ᄂᆞᆯ <月釋 23:99b> 阿難が黙って答え
申し上げないので
¶내·의 桓侯 아·니 背叛·호미 桓侯·의 나·라 背叛 아·니·호미 ᄀᆞᆮᄒᆞ·니·라 ᄒᆞ
·고 <三綱忠臣:12a> わたしが桓公に背かないことは桓公が国に背かないこと
に同じである,と言って
【説明】現代語の否定文には主に二つの方法があり,一つは否定の副詞안を用言の
前に置く,いわゆる「前置否定」と,用言にⅠ-지 않다をつける「後置否定」と
がある.こうした否定文の作り方は15世紀の文献でも同様に見られ,「前置否定」
では안に該当する아·니が用いられた.ただし,2音節の漢語にᄒᆞ-がついた用言
の否定文で,稀に上記の「아·니 背叛·호미」のような現代語と異なる構文も見ら
れる(이지영 2008:97-98).なお,16世紀以降,안이や안니といった異表記が見
られ,19世紀末頃になって안の表記が現れるという(이지영 2008:46).また,
現代語と異なり,副詞を修飾する以下のような例も見られる.
¶갈 저·긔 칙쳐·기 ·호오·ᄆᆞᆫ 아·니 더·듸 도·라올·가 너·기다 ᄒᆞ·니 <南明下
46a> 行く時に目を細かくする[=縫う]ことは,遅くなく[=早く]戻ってく
るだろうかと思うというが

■않다=아·니ᄒᆞ-「~ない」(用言の否定)
¶八十種好·ᄂᆞᆫ … 이·비 :기·디 아·니 ᄒᆞ시·며 뎌·르·디 아·니 ᄒᆞ시·며 ·크·디 아
·니 ᄒᆞ시·며 :젹·디 아·니 ᄒᆞ·샤 ·맛가·이 端嚴·ᄒᆞ샤·미 二十九ㅣ시·고 <法華

414

2:16a 注> 八十種好は…口が長くていらっしゃらず，短くていらっしゃらず，大きくていらっしゃらず，小さくていらっしゃらず，適当に端厳でいらっしゃることが第29であられ

¶第一 大願·은 ·내 來世·예 […] 阿耨多羅三藐三菩提 得호 時節·에 내 모·맷 光明·이 無量 無數 無邊 世界·를 盛·히 비·취·여 三十二相 八十種好·로 ·모·물 莊嚴·ᄒ·야 一切 有情·이 나·와 다ᄅ·디 아·니·케 ·호리·라 <釋詳 9:4b> 第一の大願は私が来世に[注省略]阿耨多羅三藐三菩提を得た時節に，私の体の光明が無量・無数・無辺の世界を盛んに照らし，三十二相八十種好で体を荘厳して，一切の有情が私と異ならないようにするであろう

¶·이런·ᄃ·로 니ᄅ·샤·ᄃㅣ 서르 :넘·디 아·닌·ᄂ·니·라 ·ᄒ·시니·라　(故로 曰不相踰越이라ᄒ시니라) <楞嚴 2:118a>　この故におっしゃるに，互いに越えないのであるとおっしゃったのである

【説明】先の아·니と同様，「後置否定」の表現を作る場合も現代語と同じような表現が用いられた．15世紀の場合はⅠ-지 않다の代わりにⅠ-디 아니ᄒ-が用いられる．この아니ᄒ-は，ᄒから·が脱落してᄒ가語尾の初声ㄱと縮約しㅋで現れたり（上記2番めの例），ᄒから·が脱落してᄒが音節末でㄷに中和し，鼻音化が起きて「아닌ᄂ니라」のようにㄴで実現するといった交替を見せる．なお，このアニᄒ-は18世紀以降，아니ᄒ->안ᄒ->않-と変化し，現代語に至る（이지영 2008:50）．

■알다=:알-「知る，分かる」　Ⅰ:알-/:아-　Ⅱ :알-/:아·ᄅ-/:아-　Ⅲ 아·라-　Ⅳ 아·로-

¶나·옷 ·이 相·ᄋᆞᆯ :알·오 十方佛·도 :아ᄅ·시ᄂ·니·라 <釋詳 13:42b>　我こそこの相を知り十方仏もご存じでいらっしゃるのだ

¶오·직 얼굴 :업슨 經·을 디·니·며 나 :업슨 理·를 :알·며 나 :업슨 行·ᄋᆞᆯ 行·호·ᄆᆞᆯ 브·튼 젼·ᄎ·라 <金三序二:3b>　ただ形のない経を帯び，我のない理を知り，我のない行を行うことによったためである

¶華嚴·에 니ᄅ·샤·ᄃㅣ 能·히 제 ᄆᆞᅀᆞᆷ·ᄋᆞᆯ :아디 :몯ᄒ·면 :엇뎨 正道·를 :알리·오 ·ᄒ·시니·라 <永嘉上:52b>　華厳経におっしゃるに，能く自らの心を知ることができなければ，どうして正道を知ることができようかとおっしゃったのである

¶十方·앳 :사ᄅ·미 :다 :아·ᅀᆞᆸᄂ·니 오·ᄂᆞᆯ나·래 :엇·뎌 시·르·믈 ·ᄒ·시ᄂ·니잇·고 <月釋 10:4a>　十方の人がみな知り申し上げているが，今日どうして悲しんでお

415

られるのですか？

¶無學·은 :다 아·라 더 비·홀 :이·리 :업슬 ·씨·니 <釋詳 13:3a 注> 無学はすべて知り，さらに学ぶことがないことであるが

¶다·솜 ·어·미 샹·녜 서·근 ·사므·로 오·새 두어 ·주거·든 아·로·딕 아·니 니르·더·라 <三綱孝：19a> 継母がつね日頃腐った麻をもって着物に綿入れをして与えても分かっていながら（なにも）言わなかったのだ

【説明】語幹がㄹで終わるㄹ語幹用言の活用は，現代語と共通する部分があるものの，15 世紀の文献ではㄷとㅈの前でも語幹末のㄹが脱落する（안병희·이광호 1990:211）．また〈尊敬〉の接尾辞Ⅱ-시-の前ではㄹがそのまま維持されるなど，部分的には現代語と異なる．なお，:아·ᄉᆞᆸ·ᄂᆞ·니の例は語幹:알-に〈謙譲〉の接尾辞Ⅰ-:ᄉᆞᆸ-5)がついてㄹが脱落し，母音語幹のように扱われて-ᅀᆞᆸ-がついた，と説明される（허웅 1975:456）．

■얼굴＝얼굴「形，姿」

¶萬象·은 一切 얼구·를 :다 니르·니·라 <釋詳 19:11a 注> 「万象」は一切の形をみな言うのである

¶色·은 ·비치·오 相·은 얼구·리·라 <月釋序:1b 注> 「色」は光であり，「相」は形である

¶오·직 얼굴 잇ᄂᆞ·닌 ᄀᆞᄅ·치·디 :몯·ᄒᆞ·리 :업스니 (但可有形은 無不指著이니) <楞嚴 2:48b> ただ形あるものは指すことのできないものが無いが

【説明】現代語の얼굴は「顔」を指すが，15世紀文献では「形，姿」を指す．15 世紀文献で「顔」を示す語としては，ᄂᆞᆾ（＞낯）が用いられる．

¶여·든 나·래·ᅀᅡ 斂ᄒᆞ니 ᄂᆞ·치 ·산ᄃᆞᆺ ·ᄒᆞ더·라（凡八十日乃就斂 顔色如生）<三綱忠臣:19b> 八十日目に亡骸を納めたが顔は活けるがごとくであったという

■없다＝없-「無い，いない」 Ⅰ:업- Ⅱ:업·스- Ⅲ:업·서- Ⅳ:업·수-

¶無憂·는 나못 일·후미·니 시·름 :업·다 ·ᄒᆞ논 ·ᄠᅳ디·니 <月釋 2:29b 注> 「無憂」は木の名前であるが，憂いが無いという意味であるが

---

5)〈謙譲〉の接尾辞は用言の語幹につくが，-:ᅀᆞᆸ-（語幹がㄱㅂㅅで終わる場合），-:ᄌᆞᆸ-（語幹がㄷで終わる場合），-:ᄉᆞᆸ-（語幹がㄴㅁまたは母音で終わる場合）といった異形態を持つ．

韓国語　現代語＝古語小辞典（須賀井義教）

¶點·이 :업스·면 平聲·이·오 （無則平聲이오）　<訓諺 14a>　点が無ければ平声であり

¶一切 諸法·이 뷔·여 이·슘 :업·서 常住ㅣ :업스·며 ·ᄯᅩ 起滅 :업스·니 ·이 일·후·미 智者·의 親近·ᄒᆞ·논 ·고디·라 (一切諸法이 空無所有ᄒᆞ야 無有常住ᄒᆞ며 亦無起滅ᄒᆞ니 是名智者의 所親近處ㅣ니라) <法華 5:30a>　一切の諸法が空いて, 有ることが無く, 常住が無くまた起滅が無いが, これが名前が智者の親しむところである（一切の諸法は　空にして, 所有無く／常住なること有ることなく　亦, 起滅することも無し : 中, p.254）

¶·이제 眞空·도 달·오·미 :업수·ᄃᆡ　<般若 41a>　今真空も異なることが無いが
【説明】現代語のように,「なくなる, いなくなる」といった動詞としての用法も見られる.

¶:세·헨 하·ᄂᆞᆯ·히 寶冠·ᄋᆞᆯ 일·ᄒᆞ·며 모·매 光明·이 :업·고　<釋詳 23:26b>　三つには天が宝冠を失い, 身に光明がなくなり

¶부텨 :업·스신 後·에 法 디·녀 後世·예 ·퍼디·게 ·호·미 ·이 大迦葉·의 ·히미·라　<釋詳 6:12b>　仏がいらっしゃらなくなった（お亡くなりになった）後に法を帯びて後世に広がるようにしたことがこの大迦葉の力である

■*: ·온「百」
¶菩薩·이 :됴ᄒᆞᆫ ·차·반·과 ·온 가·짓 藥材·로 부텨·와 :즁·괏 그에 布施ᄒᆞ·며 <釋詳 13:22b>　菩薩が良い食べ物と百種の薬材で仏と僧とに布施し（或は菩薩の 肴膳の飲食と／百種の湯薬とを 仏及び僧に施し: 上, p.32）
　　　　　　　　　　　　　　　　　　　　きょうぜん　おんじき あるい

¶百神·ᄋᆞᆫ ·온 神靈·이·라　<月釋 2:73b>　「百神」とは百の神霊である
【説明】現代語の場合, 固有数詞ではひとつ「1」からアホン「99」までしか数えることができず, 100 以上の数は漢数詞を用いることになるが, 15 世紀には·온「100」と·즈·믄「1000」とが存在した.

■우리 : ··우·리「私たち, 我々」
¶須達·이 부텨·ᄭᅴ 솔·ᄫᅩ·ᄃᆡ 如來·하 ·우·리 나·라·해 ·오·샤 衆生·이 邪曲·ᄋᆞᆯ :덜·에 ·ᄒᆞ쇼·셔　<釋詳 6:21b>　須達が仏に申し上げるに, 如来よ, 我々の国にお越しになって衆生の邪を減らしてくださいませ

¶ᄒᆞᆯ ·조ᄒᆞᆫ 光·ᄋᆞᆯ ·펴·샤 無量國·ᄋᆞᆯ 비·취시·니 우리·ᄃᆞᆯ·히 ·이·를 ·보ᄉᆞᆸ·고 未曾有·를 得·ᄒᆞ·노이·다 （放一淨光ᄒᆞ샤 照無量國ᄒᆞ시니 我等이 見此ᄒᆞᅀᆞᆸ고 得未曾

417

有ᄒᆞ노이다)　<法華 1:88a>　一つの清い光をお放ちになって無量国をお照らしになったが，我々がこれを見申し上げて未曾有を得ます（一の浄光を放ちて　無量の国を照らしたもう／われらはこれを見て　未曾有なることを得たり：上，p. 36）

【説明】1 人称・複数を表す代名詞である·우·리は，現代語でもそのまま維持されている．ただし 15 世紀には，現代語の저희「私たち，私ども」にあたる単語は見られない．

■이=·이「これ」

¶·엇데 일·후미 般若·오 ·이ᄂᆞᆫ 梵語 ㅣ ·니 唐 ·마·랜 智慧·라 <金剛序 8b> なぜ名が般若か．これは梵語であるが，唐のことばでは智慧である

¶·이·의 가·비야·이 너·겨 닐·오·디 너·희 :다 ·이 부:톄·라 ·호·미 ᄃᆞ외·야·도 ·이 ·ᄀᆞᆮ흔 :업·시우·ᄂᆞᆫ ·마·ᄅᆞᆯ :다 반·ᄃᆞ기 ·ᄎᆞ·마 受·호·리이·다 (爲斯所輕言호디 汝等이 皆是佛이라도 如此輕慢言을 皆當忍受之호리이다)　<法華 4:196b>　これの（彼らの）軽んじて「お前たちが皆これ仏である」と言われても，このようななぃがしろにする言を皆必ず耐え，受け入れます（斯れのために軽んぜられて『汝等は皆，これ仏なり』と言われんも／かくの如き軽漫の言をば　皆，当に忍びてこれを受くべし）

¶·이 菩薩·은 常不輕菩薩·ᄋᆞᆯ 니ᄅᆞ니·라 <釋詳 19:32b 注> この菩薩は常不輕菩薩（のこと）を言ったのである

【説明】ユの項で述べたとおり，·이も指示代名詞として扱われる．上に挙げた例のうち，·이·의「これの」のような属格助詞がついた形が用いられることも，冠形詞として扱わない理由の一つである．

■이르다=니·를- (니·르-)「至る」　Ⅰ 니·를- (니·르-)　Ⅱ 니·르·르- (니·르-)　Ⅲ 니·르·러-　Ⅳ 니·르·로-

¶그 ·ᄢᅴ 부:톄 眉間 白毫相·앳 光明·을 ·펴·샤 東方·앳 一萬 八千 世界·를 비·취샤·디 아·래·로 阿鼻地獄·애 니·를·오 우·흐·로 阿迦膩吒天·에 니·르·니 <釋詳 13:13b> その時，仏は眉間白毫相より光を放ちて東方万八千の世界を照らしたもうに，周遍せざることなく，下は阿鼻地獄に至り，上は阿迦尼吒天に至る（上：18)

¶永·히 災障 :업스·며 疫病·이 銷滅·ᄒᆞ·매 니·르·고 (乃至永無災障ᄒᆞ며 疫病이

418

銷滅ᄒᆞ고)　<圓覺下 3-2:89a>　永く災障無く疫病が消滅するに至り
¶ 十一地·예 니·를·면 일·후·미 等覺·이·니（至十一地ᄒᆞ면　名이　爲等覺이니）
<楞嚴 7:68a>　十一地に至れば名が等覚であるが
¶ 果德·을 일·워 灌頂位·를 受·ᄒᆞ·매 니·르·면 一切 畢竟 堅固ᄒᆞ :이·리 :다 내게 ᄀᆞ·ᄌᆞ·리·라（乃至成就果德ᄒᆞ야 受灌頂位ᄒᆞ면 則一切畢竟堅固之事ㅣ 皆備 於我矣리라）　<楞嚴 1:9b>　果德を成して灌頂位を受けるに至れば，一切が畢竟 に堅固なことが皆自らに備わるであろう
¶ ·이젯 부:톄 이에 니·르르·샤 ·ᄯᅩ 아·니 오·라 涅槃·ᄒᆞ·려 ·ᄒᆞ·샤　<月釋 15:86b>　今の仏がここに至られて，また遠からず涅槃しようとなさって
¶ 十地·ᄂᆞᆫ 몬졋 法·을 모·도·아 眞實 ᄃᆞ외·요·매 니·르·러 一切 佛法·이 이·를 브·터 날·ᄊᆡ 地·라 ᄒᆞ·ᄂᆞ·라　<月釋 2:61b 注>　「十地」とは先の法を集めて真実 となるに至り，一切の仏法がこれより出るために，「地」というのである
【説明】現代語で러変格活用の用言である이르다［至］は，15世紀の文献にはニ ·를-と니·르-の形で現れる．ⅢとⅣで니·를-が用いられ，それ以外の場合はどち らの形も用いられた．安秉禧·李珖鎬(1990:215)によれば，概ね니·를-が優勢で あったものの，近代以降には니르-が優勢となり，니를-は母音語尾-어の前でのみ用いられるようになったという．

■이르다=니르-/니르-「言う」　ⅠⅡ 니르-/니르-　Ⅲ 닐·어-　Ⅳ 닐·오-
¶ ·이런 젼·ᄎᆞ·로 어·린 百姓·이 니·르·고·져 ·홇 ·배 이·셔·도（故로 愚民이 有所欲言ᄒᆞ야도）　<訓諺 2a>　この故に，愚かな民が言いたいと思うところが あっても
¶ 그 저·긔 부:톄 常精進菩薩 摩訶薩ᄃᆞ·려 니ᄅᆞ·샤·ᄃᆡ　<釋詳 19:8b>　その時仏 が常精進菩薩摩訶薩に向かっておっしゃるには
¶ ·ᄯᅩ 버·거 須菩提·여 조·차 ·이 經·을 닐·어 四句偈·들·해 니·르리 반·ᄃᆞ기 :알·라(復次須菩提야 隨說是經ᄒᆞ야 乃至四句偈等히 當知)　<金剛 63b> また次いで須菩提よ．したがってこの経を説き，四句偈に至るまで必ず知るべし
¶ 王·이 ·ᄯᅩ 尊者·ᄭᅴ 닐·오·ᄃᆡ 如來 說法·ᄒᆞ시·며 ᄃᆞ·니시·던 ·ᄯᅡ 홀 ᄀᆞᄅᆞ·쳐시 ·든 供養·ᄒᆞᅀᆞ·ᄫᅡ·지이·다 ᄒᆞ·고　<釋詳 24:35a>　王がまた尊者に言うには，如來 が説法なさりお通りになった地を教えてくださければ，供養し申し上げたくござい ます，と言って
【説明】2音節の母音語幹で末音がᄅᆞ/르，さらに語幹の声調が平声·平声という

場合，活用のパターンが 2 種類ある．一つはここでの니ᄅ-のように，Ⅲおよび
Ⅳがそれぞれ닐·어-，닐·오-（닐ㅇ-）という形になるパターン．もう一つは모
ᄅ-「知らない・分からない」のように，同じくⅢおよびⅣがそれぞれ몰·라-，
몰·로-（몰ㄹ-）という形になるパターンである．前者のパターンは後に닐ㄹ-と
いう形に交替し，ㄹ変格活用の用言に合流した（安秉禧·李珖鎬 1990:212）．

■있다＝잇-「いる，ある」　Ⅰ잇-　Ⅱ이시-　Ⅲ이·셔-　Ⅳ이·쇼-/이·슈-
¶僧·이 趙州·의 무·로·딕 가·히·ᄂᆞᆫ 佛性·이 잇ᄂᆞ·니잇·가 :업스·니잇·가 <蒙山
51a>　僧が趙州に尋ねるに，犬は仏性がありますか，ありませんか
¶舍利弗·이 그제·ᅀᅡ 說法ᄒᆞ·니 제여·곰 前生·애 닷·곤 因緣·으·로 須陁洹·을 得
ᄒᆞ·리·도 이시·며 斯陁含·을 得ᄒᆞ·리·도 이시·며 <釋詳 6:34b>　舍利仏がその
時になって説法するに，それぞれ前世に修めた因縁で須陀洹を得るものもおり，
斯陀含を得るものもおり
¶·손소 머·리 갓·고 묏:고·래 이·셔 道理 ᄉᆞ량·ᄒᆞ더·니 <釋詳 6:12a>　手ずか
ら髪を剃り山奥にいて道理を考えたが
¶그 나·라·해 :두 菩薩摩訶薩·이 이·쇼·딕 ᄒᆞᆫ 일·후·믄 日光遍照 l ·오 ᄒᆞᆫ 일·후
·믄 月光遍照 l ·니 <月釋 9:28a>　その国に二人の菩薩摩訶薩がいるが，一人の
名前は日光遍照であり，一人の名前は月光遍照であるが
【説明】存在詞잇다は，15世紀の文献ではやや不規則な活用を見せる．また補助
用言としても用いられ，Ⅲ 잇-の形式で「～ている」の意味を表す．この形式が，
後に現代語の〈過去〉を表す接尾辞につながるものだが，15世紀の段階では動作
の完了や結果の状態の持続といったアスペクト的意味を表していた（志部昭平
1990:25）．なお，Ⅲの形に잇-が続く際に母音の縮約が起こる．また，動詞두-
に잇-が続く場合には，母音아/어が脱落した뒷-という形になる．
¶須達·이 舍利弗·의 ·가 ·ᄭᅮ·러 닐·오·딕 大德·하 :사ᄅᆞ·미 :다 ·모다 잇ᄂᆞ·니
·오쇼·셔 <釋詳6:29b>　須達が舍利仏のところへ行き，ひざまずいて言うには，
大徳よ．人がみな集まっているが，お越しなさいませ
¶識·은 아니 ·왯ᄂᆞᆫ（<와+잇-+Ⅰ-ᄂᆞᆫ）:일 니를 ·시·라 <金三 1:7b 注>
「識」は来ていないことを言うことである
¶·이제 내 ·뒷ᄂᆞᆫ 一切 財物·이 :다 ·이 아ᄃᆞ·릭 :둔 거·시·며（今我所有一切財
物이 皆是子 l 有 l 며） <法華 2:222b>　今私の持っている一切の財物がみなこの
息子の持ったものであり（今，わが有する所の一切の財物は，皆，これ，子の有な

420

韓国語　現代語＝古語小辞典（須賀井義教）

り：上，p.238)

■져＝·뎌「あれ」
¶그　身分·을　니·브·면　:댜　·뎌·의　緣·이　드외ᄂᆞ·니 (服其身分ᄒᆞ면 皆爲彼緣ᄒᆞᄂᆞ니)　<楞嚴 6:96b>　その身分を着れば皆彼の縁になるが
¶우·리 모·다 지·조·를 겻·고·아 ·뎌옷 이·긔·면 :짓·게 ᄒᆞ·고 :몯 이·긔·면 :몯 :짓·게·ᄒᆞ야·지이·다　<釋詳 6:26b>　我々が集って才を競って，あちらが勝てば（精舎を）作らせ，勝てなければ作らせないようにしとうございます
¶如來 ·뎌 남·기 阿耨多羅 三藐 三菩提·를 得·ᄒᆞ시·니 ·뎌 남·기 :업거·니 ·내 사·라 므·슴ᄒᆞ·료　<月釋 25:115b>　如来があの樹に阿耨多羅三藐三菩提を得られたが，あの樹が無いのに，私が生きて何をしようか
【説明】指示代名詞·이, 그の項を参照のこと．

■져「わたくし」⇒·나

■*＝즈·믄「千」
¶利根·은 ᄒᆞ 번 듣·잡·고 ·즈므·늘 :알·오 (利根은 一聞千悟ᄒᆞ고)　<法華 3:142b>　利根は一度聞き申し上げて千を知り
¶塔:마·다 各各 ·즈·믄 幢幡·이·며　<釋詳 13:24a>　塔ごとにそれぞれ千の幢幡であり（一一の塔廟に 各，千の幢幡（はたのぼり）あり：上，p.34）
【説明】上述の·온「100」と同様，現代語では使われなくなった固有数詞である．

■짓다＝짓-「建てる，作る」　Ⅰ 짓-　Ⅱ 지·ᅀᅳ-　Ⅲ 지·ᅀᅥ-　Ⅳ 지·ᅀᅮ-
¶求·ᄒᆞ다·가 ᄒᆞ·마 ᄌᆞᆺ·바 ᄒᆞᆫ 城·에 머·므·러 집 :짓·고⁶⁾ 五欲·ᄋᆞ·로 :제 ·즐·기더·니 (求之既疲ᄒᆞ야 頓止一城ᄒᆞ야 造立舍宅ᄒᆞ고 五欲自娛ᄒᆞ더니)　<法華 2:235a>　求めていて既に疲れ，一つの城に留まり，家を建てて五欲で自らが楽しんだが（これを求むるに既に疲れて 一城に頓止（とどま）り／舍宅を造立して 五欲に自ら娛（たの）しめり：上，p.244)

---

6) 基本形を짓-とするが，終声の位置ではᅀが ㅅで表記される．これは『訓民正音』解例本の「終声解」に「然ㄱㆁㄷㄴㅂㅁㅅㄹ八字可足用也」（しかしながら，終声字はㄱㆁㄷㄴㅂㅁㅅㄹの八字母で十分に事足りる）と規定しているためで，当時終声として区別される音がこの 8 種類であったことを示している (李基文 1972:72, 趙義成訳注 2010:82 など)．なお，16 世紀初めには終声のㄷと ㅅの対立が消滅した(김성규 1996:49)．

421

¶다솜 ·어·미 :세 아·드·를 ·뒷더·니 盧操·를 ᄒ·야 ·밥 지·ᅀᅳ·라 ·ᄒ야·ᄃᆞ 슬·히 아·니 너·기·며　<三綱孝子:27a>　継母が三人の息子を持っていたのであったが，盧操をして（に）飯を作るように言ったけれどもいやだとは思わず

¶香嚴和尙·이 ·대 ·틸 소·리예 道·를 :아ᄅ·시고 偈 지·ᅀᅥ 니ᄅ·샤ᄃᆡ　<南明上 21b>　香嚴和尙が竹を打つ音に道をお知りになり偈を作っておっしゃるには

【説明】このᄌᆞᇫ−やᄇᆞᇫ−（注ぐ）などは，15世紀の段階では規則的な活用をする語であった．近代以降に起こった△の消失という音韻変化の結果，現代語ではㅅ変格活用と呼ばれる活用を見せるに至った（安秉禧·李珖鎬 1990:213）．

■춥다=·칩−「寒い」　Ⅰ·칩−　Ⅱ·치·ᄫ−　Ⅲ·치·ᄫᅥ−　Ⅳ·치·우−

¶·칩거·든 ·곧 ·칩다 니ᄅ·고 :덥거·든 ·곧 :덥다 니ᄅᆞ·니라　（寒卽言寒ᄒ고 熱卽言熱ᄒᄂ·니라）　<金三 2:39b>　寒ければすなわち寒いと言い，暑ければすなわち暑いと言うのである

¶閔損·이 ᄭ·러 ᄉᆞᆲ·되 ·어미 이시면 ᄒᆞᆫ 아·ᄃ·리 ·치·ᄫ·려니·와 :업스·면 :세 아·ᄃ·리 ·치·ᄫ·리이·다　<三綱孝子:1a>　損がひざまずいて申し上げるのに，母がいれば息子一人が寒いでしょうが，いなければ息子三人が寒うございますと．

¶·므·를 求·호·ᄃᆡ 어·름 ᄇᆞ·리고 ·몯ᄒᆞ·ᄃᆞᆺ ᄒᆞ·니 ·치·ᄫᅥ ·므·리 어·렛다·가 더·ᄫ·면 노·가 ·므·리 ᄃᆞ외ᄂᆞ·니라　<月釋 9:23b>　水を求めるに氷を捨て，（求めることが）できない如くであるが，寒く水が凍っていて，暑くなれば溶けて水になるのである

¶淸涼ᄒᆞᆫ ·모·시 能·히 一切 渴ᄒᆞᆫ :사ᄅᆞ·ᄆᆞᆯ ᄎᆞ·게 홈 ᄀᆞᆮᄒᆞ·며 ·치우·니 ·블 :어·둠 ᄀᆞᆮᄒᆞ·며 옷 바·ᄉᆞ·니 옷 :어·둠 ᄀᆞᆮᄒᆞ·며 （如淸涼池의 能滿一切諸渴乏者ᄒᆞ며 如寒者ㅣ 得火ᄒᆞ며 如裸者ㅣ 得衣ᄒᆞ며）　<法華 6:170b>　清涼な池に能く一切の渇いた人を冷たくすることのようであり，寒い者が火を得ることのようであり，服を脱いだ者が服を得ることのようであり［その願を充満せしむること，］清涼の池の能く一切の諸の渇乏せる者を満すが如く，寒き者の火を得たるが如く，裸なる者の衣を得たるが如く：下，p.200）

【説明】現代語ではㅂ変格活用に該当する用言である．짛−と同じく，15世紀以降のㅸ消失により，現代語で「不規則」な活用を見せるようになった．

■하나=ᄒᆞ나ᄒ「ひとつ」

¶·늘카·ᄫᆞᆯ 根·은 ᄒᆞ나 들:줍·고 ·ᄌᆞᄆᆞ·늘 :알·오 中下·ᄂᆞᆫ :만·히 들:줍·고 :져

·기 :알·씨 <月釋 14:40b> 鋭い根は一を聞き申し上げて千を知り，中下は多く聞き申し上げて少し知るので

¶·또 ᄒᆞᆫ ·모·미 萬億身·이 ᄃᆞ외·야 잇다·가 도로 ᄒᆞ나·히 ᄃᆞ외·며 <釋詳 6:34a> また一つの身が万億の身になっていて，また一つになり

¶·살 :업거·늘 활·와 環刀·와·를 ·브·레 더·디·고 :제 ·스·라 주·그·니 城中·엣 ·사ᄅᆞ·미 ᄒᆞ나·토 降ᄒᆞ·리 :업더·니 <三綱忠臣:28b> 矢がなくなると弓と刀とを火に投げて自ら焼け死んだから城中のものが一人も降伏するものがなかったのだ

【説明】後述する하늘ㅎ「天」と同じく，ㅎ末音を持つ体言である．現代語と同じく，後ろに助数詞や体言が来る場合，ᄒᆞᆫという形が用いられる．数詞ではこのᄒᆞ나ㅎ以外にも，:둘ㅎ（>둘），:세ㅎ（>셋），:네ㅎ（>넷）など，ㅎ末音を持つものが多くみられる．

¶그 ·낤 바·미 다·숫 가·짓 머·즌 ·ᄭᅮ·믈 ·ᄭᅮ시·니 ᄒᆞ나·핸 […] :둘·헨 […] :세·헨 […] :네·헨 […] 다·ᄉᆞ샌 師子ㅣ ·ᄌᆞ갓 ·모·믈 너·흐·니 갈ᄒᆞ·로 바·히ᄂᆞ·ᄃᆞᆺ 알ᄑᆞ·거시·늘 ·ᄭᆡ·야 니ᄅᆞ·샤·ᄃᆡ <釋詳23:26a> その日の夜に5種の忌まわしい夢をご覧になったが，一つには…二つには…三つには…四つには…五つには獅子が自分の身を噛んだが刀で切るように痛いので，目を覚ましておっしゃるには

■하늘=하늘ㅎ

¶·내 太子·를 셤·기ᅀᆞ·보·ᄃᆡ 하·늘 셤·기·ᅀᆞᆸ·ᄃᆞᆺ ·ᄒᆞ·야 ᄒᆞᆫ 번·도 디·만ᄒᆞᆫ :일 :업수·니 <釋詳 6:4a> 私が太子にお仕え申し上げるに，天にお仕え申し上げるがごとくし，一度も過ちを犯したことがないが

¶하·늘·히며 :사ᄅᆞᆷ :사·ᄂᆞᆫ ·ᄯᅡ·ᄒᆞᆯ :다 뫼·호·아 世界·라 ·ᄒᆞ·ᄂᆞ·니·라 <月釋 1:8b 注> 天や人の住む地をみな集めて（まとめて）「世界」というのである

¶하·늘·콰 ᄯᅡ·쾃 ᄉᆞ·ᅀᅵ예 萬里·를 ·보아 든·니ᄂᆞᆫ ·누니·오（乾坤萬里眼） <杜詩 10:13a> 天と地との間に万里を見てめぐる眼であり

¶天衣·ᄂᆞᆫ 하·ᄂᆞᆳ 오시·라 <月釋 2:39b 注> 「天衣」は天の衣である

【説明】この語のように，ㅎ末音を持つ体言は，①母音の前ではㅎが現れ，②ㄷㄱの前ではそれと組み合わさって激音ㅌㅋとなり，休止または属格助詞ㅅの前では現れない，という曲用の様相を見せる（安秉禧・李珖鎬 1990:148）．なお，하늘ㅎに関しては15世紀の資料にも「:여·슷 하·ᄂᆞ·래」（<釋詳 6:35b> 六つの天に

というような用例が見られる.

■하다＝ᄒ-「する，（～と）言う」　ⅠⅡᄒ-　Ⅲ·ᄒ·야-　Ⅳ·ᄒ·요-/·호-
¶相·온 서르 ·ᄒ논 ·쁘디·라　<訓諺 1b 注>　「相」は「互いに」という意味である
¶제 ·홀 :양·ᄋ·로 ᄒ·게 ᄒ·라　<釋詳 6:27a>　自分のやるようにさせなさい
¶獄主ㅣ 무·로·디 스승·냚 ·어마·니·미 이에 잇·다 ·ᄒ·야 ·뉘 니르·더·니잇·고 對答·호·디 釋迦牟尼佛·이 니르·시더·라　<月釋 23:84b>　獄主が尋ねるに，お師匠様の母上がここにいると言って誰がおっしゃいましたか？　答えるに，釈迦牟尼仏がおっしゃった
【説明】現代語の하다と同じく，動詞や形容詞を派生させる接尾辞としても用いられる．Ⅳで·ᄒ·요-と·호-の二つの形が見られるが，志部昭平(1990:27)では，·호-が通時的により新しく発生したものと見ている．以下それぞれの例を挙げるが，同じ『釈譜詳節』でも ᄉᆞ랑·호·디の形が現れる．
¶세 닐·웻 ᄉᆞ·ᅀᅵ·롤 ᄉᆞ랑·ᄒᆞ요·디　<釋詳 13:57b>　二十一日の間を考えるに
¶德·을 ᄉᆞ랑·호·디 :새·의 虛空·애 올·오미 ·ᄀᆞᆮ·ᄒ·야 智慧ㅅ ·길히 더·욱 노·ᄑᆞ·며 (眷德호·디 似鳥의 沖虛ᄒ야 彌高智路ᄒ며)　<永嘉下 77b>　徳を考えるに鳥の虚空に飛び上がることのようで，智慧の道がさらに高く

■하루＝ᄒᆞᄅᆞ/ᄒᆞᆯᄅᆞ
¶·뵈땅:이 ·ᄢᅵ ᄒᆞ 량 다·허 ·츤 ᄆᆞᄅᆞ :두 ·돈·을 더·운 수·레 ·프러 ᄒᆞᄅᆞ :세 번 머·그라　<救簡 7:76b>　シャゼンソウの種両を搗いてふるいにかけた粉二匁を温めた酒に溶いて一日に三回飲め．
¶·내 念·호·디 늙·고 財物·을 :만·히 ·두어 金銀 :보·빅 倉庫·애 ᄀᆞ둑·ᄒ·야:냤 :듀·디 子息·이 :업수·니 ᄒᆞᄅᆞᆺ 아·ᄎᆞ·미 주·그·면 財物·을 흐·터 일·허 맛·듈·ᄯᅵ :업·스·리로·다 ·ᄒ·야　<法華 2:189b>　私が念ずるに，老いて財物を多く持ち，金銀の宝が倉庫に満ち溢れるが，子がないので，ある日の朝に死ねば財物を散じて失い，預けるところもないであろうなあと思い（自ら念う『老朽(おも)し，多く財物ありて，金・銀・珍宝は倉庫に盈ち溢れたるも，子息有ることなし．一旦に終没(じょうもつ)すれば，財物は散失して，委付(ゆだねふ)す所無からん：上，p.226)
¶舍利弗·아 ·ᄒ다·가 善男子 善女人·이 [注省略] 阿彌陀佛 닐·오·믈 듣:ᄌᆞᆸ·고 일·후·믈 디·니ᅀᆞ봐 ᄒᆞᆯ·리어·나 이·트·리어·나 사·ᅀᆞ·리어·나 나·ᅀᆞ·리어·나 …

<阿彌 17b> 舎利仏よ. もし善男子, 善女人が阿弥陀仏の言うことをお聞きし名前を帯び申し上げ一日であれ二日であれ三日であれ四日であれ…
【説明】나모/남ㄱと同じく, 非自動的交替を見せる語である. 名詞の末音節がㄹㆍ/르である場合, 交替に二通りのパターンがあるという. 一つはこの語のように①休止や子音（半母音含む）の前ではㅎㄹ, ②母音で始まる助詞の前ではㅎㄹの形で現れるパターン. もう一つは, ㄴㄹ（津）のように①休止や子音（半母音含む）の前ではㄴㄹ（例：道師ㆍ논 ㄴ르 ᄆᆞㄹㆍ치ㆍ논 ：사ㆍㄹᆞ미ㆍ니 <法華 3:173a> 導師は津を示す人であるが), ②母音で始まる助詞の前では늘ㅇの形で現れるパターン（조ᅀᆞㄹ왼 늘ㆍ을 안ㆍ자 긋ㆍ논 디 아ㆍ니라 <金三 5:31b> 重要な津を座して絶つのではなく）である.

■해＝ㆍ힁「年, とし」

¶方等 여ㆍ듧 ㆍ힁 니ㆍ시ㆍ고 버ㆍ거 ㆍ스ㆍ믈흔 ㆍ힁 ᄉᆞㆍᅀᅵㆍ예 般若ㆍᄅᆞㄹ 니ㆍᄅᆞ시ㆍ니ㆍ라 <釋詳 6:47a> 方等を8年おっしゃり, 次いで21年の間に般若をおっしゃったのである

¶ㆍ날 ᄇᆞㆍ리ㆍ고 다ㆍᄅᆞㄴ ㆍᄃᆡ ㆍ녀 ：쉰 ㆍ힁 ：디ㆍ나더ㆍ니 아ㆍᄃᆞᆯ ：봄브ㆍ터 오난 ㆍ디 ᄒᆞㆍ마 ㆍ스ㆍ믈 ㆍ힁ㆍ니 (捨我他行ᄒᆞ야 經五十歲러니 自見子來컨디 已二十年이니) <法華 2:245b> 私を捨てて他のところへ行き50年が過ぎたが, 息子を見ることから来るに既に20年であるが (われを捨てて他に行きて 五十歲を經たり. ／ 子を見てより 來 已に二十年：上, p.252)

¶부텻 舍利ㆍ로 八萬四千塔ㆍ을 ：세ㆍ에 ᄒᆞㆍ고 二百 ㆍ힁 後ㆍ에ㆍ논 尸羅難陁 比丘] 說法ㆍ을 잘ㆍᄒᆞㆍ야 閻浮提ㆍ예 十二億 ：사ㆍᄅᆞᆷ 濟渡ᄒᆞㆍ고 <釋詳 23:32b> 仏の舎利で八万四千塔を建てさせ, 二百年後には尸羅難陁比丘が説法をよくして閻浮提に十二億人を済渡した

【説明】「一年, 二年」の「年」を表す語としては, 固有語のㆍ힁が用いられた. 100までと, 1000の場合は固有数詞と共に用いられるが, 100より大きい数については漢数詞とも用いられる.

参考論著

고영근(1997) "개정판 표준중세국어문법론", 서울: 집문당
김성규(1996) '중세 국어 음운', "국어의 시대별 변천ㆍ실태 연구 1 -중세 국어-", 서

울: 국립국어연구원
김정아(1998) "중세국어의 비교구문 연구", 서울: 태학사
安秉禧(1978) "十五世紀 國語의 活用語幹에 對한 形態論的 研究", 서울: 塔出版社
安秉禧(1992) "國語史 資料 研究", 서울: 文學과 知性社
安秉禧・李珖鎬(1990) "中世國文文法論", 서울: 學研社
劉昌惇(1964) "李朝語辭典, 서울: 延世大學校 出版部
李基文(1972) "國語音韻史研究", 서울: 塔出版社
李基文(1979;1991) '國語의 人稱代名詞', "冠岳語文"3("國語音韻史研究", 서울: 塔出版社)
李基文(1998;2000) "新訂版 國語史概說", 서울: 태학사
이지영(2008) "한국어 용언부정문의 역사적 변화", 서울: 태학사
한글학회(1992) "우리말 큰사전(4 옛말과 이두)", 서울: 어문각
허웅(1975) "우리 옛말본 15세기 국어 형태론", 서울: 샘문화사

河野六郎(1955)「朝鮮語」,『世界言語概説』下巻, 東京 : 研究社
坂本幸男・岩本裕訳注(1962)『法華経 上』(岩波文庫), 東京 : 岩波書店
坂本幸男・岩本裕訳注(1964)『法華経 中』(岩波文庫), 東京 : 岩波書店
坂本幸男・岩本裕訳注(1967)『法華経 下』(岩波文庫), 東京 : 岩波書店
志部昭平(1990)『諺解三綱行実図研究』, 東京 : 汲古書院
趙義成訳注(2010)『訓民正音』, 東京 : 平凡社

〈影印〉　＊文献名と刊年, 略号に続けて, 参照した影印本を掲げた. 刊年は安秉禧(1992)による
訓民正音 諺解本(1446) <訓諺>
　　"月印釋譜<卷一, 二>", 西江大學校 人文科學研究所, 1972
龍飛御天歌(1447) <龍歌>
　　デジタルハングル博物館「学術情報館」の「文献資料と解題」から, 写真資料を参照 (http://www.hangeulmuseum.org/sub/information/bookData/list.jsp)
釋譜詳節(1447) <釋詳>
　　"注解 釋譜詳節[第 23·24]", 一潮閣, 1972
　　"釋譜詳節 第六·九·十三·十九", 한글학회, 1991
　　"역주 석보상절 제 6·9·11", 세종대왕기념사업회, 1991

"역주 석보상절 제 13·19", 세종대왕기념사업회, 1991
月印千江之曲(1447) <月千>
　　"論註 月印千江之曲[附 原本影印]", 朴炳采, 世英社, 1991
月印釋譜(1459) <月釋>
　　"月印釋譜<卷一, 二>", 西江大學校 人文科學硏究所, 1972
　　"역주 월인석보 제 4", 세종대왕기념사업회, 2010
　　"月印釋譜(七·八)", 홍문각, 1984
　　"역주 월인석보 제 9·10", 세종대왕기념사업회, 1994
　　"역주 월인석보 제 11·12", 세종대왕기념사업회, 1999
　　"역주 월인석보 제 14", 세종대왕기념사업회, 2010
　　"역주 월인석보 제 15", 세종대왕기념사업회, 2010
　　"역주 월인석보 제 20", 세종대왕기념사업회, 2004
　　"月印釋譜(二一, 二三)", 홍문각, 1984
　　"역주 월인석보 제 25(상권)", 세종대왕기념사업회, 2009
　　"역주 월인석보 제 25(하권)", 세종대왕기념사업회, 2010
楞嚴經諺解(1462) <楞嚴>
　　"역주 능엄경언해 제 1·2", 세종대왕기념사업회, 1996
　　"역주 능엄경언해 제 3·4", 세종대왕기념사업회, 1996
　　"역주 능엄경언해 제 5·6", 세종대왕기념사업회, 1997
　　"역주 능엄경언해 제 7·8", 세종대왕기념사업회, 1997
法華經諺解(1463) <法華>
　　"活字本 法華經諺解(2, 3, 4, 5, 6, 7)", 홍문각, 1997
禪宗永嘉集諺解(1464) <永嘉>
　　"역주 선종영가집언해 상", 세종대왕기념사업회, 2007
阿彌陀經諺解(1464) <阿彌>
　　"역주 불설아미타경언해 불정심다라니경언해", 세종대왕기념사업회, 2008
金剛經諺解(1464) <金剛>
　　"금강경언해 주해"(學術叢書 第二輯), 東岳語文學會, 1993
圓覺經諺解(1465) <圓覺>
　　"世祖朝國譯板 圓覺經 全", 寶蓮閣, 1982
救急方諺解(1466) <救急方>
　　"역주 구급방언해 상", 세종대왕기념사업회, 2003

"역주 구급방언해 하", 세종대왕기념사업회, 2004
蒙山和尙法語略錄諺解(1467?) <蒙山>
　　"역주 몽산화상법어약록언해", 세종대왕기념사업회, 2002
內訓(1475) <內訓>
　　"景印 內訓", 延世大學校 人文科學硏究所, 1969
杜詩諺解(1481) <杜詩>
　　"分類杜工部詩諺解(六・十七)", 홍무각, 1985
　　"역주 분류두공부시언해 권 10", 세종대왕기념사업회, 2011
三綱行實圖(1481) <三綱>
　　"역주 삼강행실도", 세종대왕기념사업회, 2010
金剛經三家解諺解(1482) <金三>
　　"역주 금강경삼가해 제 1", 세종대왕기념사업회, 2006
　　"역주 금강경삼가해 제 2", 세종대왕기념사업회, 2006
　　"역주 금강경삼가해 제 5", 세종대왕기념사업회, 2007
南明集諺解(1482) <南明>
　　"南明泉繼頌諺解 上", 檀國大學校出版部, 1973
救急簡易方諺解(1489) <救簡>
　　"역주 구급간이방언해 1", 세종대왕기념사업회, 2007
　　"역주 구급간이방언해 7", 세종대왕기념사업회, 2009

現代韓国語と言語の化石[1]

宋 喆儀（ソン・チョリ）
訳：辻野 裕紀（つじの・ゆうき）

1. 序論　　　　　　　　　　　429
2. 生物の化石と言語の化石　　431
3. 化石化と語彙化　　　　　　433
4. 化石の類型　　　　　　　　436
5. 結論　　　　　　　　　　　440

1. 序論

　言語も時間の流れにつれて変化を被るが，そうした過程において，何らかの痕跡や例外的な要素を残すことがある．言語の変化が，すべての層位の，すべての場合に一律に生じるわけではないからである．変化の波に浚われずに残る，こうした痕跡や例外的な要素を言語の化石（언어의 화석）と呼ぶ．そして，言語のある要素が化石として残る現象を化石化（화석화）と称する．

　化石とは，前述のごとく，言語の通時的変化の過程において，例外的に残されたものであるために，共時的には説明がつかず，その理解も難しい．それにもかかわらず，言語の化石を共時的に説明しようとするならば，ややもすると，言語事実を歪曲する恐れがある．したがって，現代語を記述したり，説明する際には，言語にも化石という存在があるということを念頭に置く必要がある．これらの化石は，通時的な情報を用いなければ，合理的に説明することができない．それゆえに，これらの化石は，言語の共時的な記述や説明にあって，時には，通時的な情報が必要であるということを示す存在でもある．

　それでは，まず，現代韓国語において見出される言語の化石をいくつか挙げてみることにしよう：

(1) 　ㄱ. 좁쌀《粟》
　　　ㄴ. 안팎《内外》
　　　ㄷ. 여닫-《開け閉めする》, 검붉-《赤黒い》
　　　ㄹ. 이리《こちらに》, 그리《そちらに》, 저리《あちらに》

---

[1] 本稿は，宋喆儀(1993)を本書の性格を考慮し，改稿したものである．

ロ. 사로잡-《生け捕る》

　(1ㄱ)の'좁쌀'は，'쌀'《米》のもとの形である'ᄡᆞᆯ'が持っていた'ㅂ'系語頭子音群2)【訳者註1】'ㅄ'の'ㅂ'が化石として残った例である（조(粟)＋ᄡᆞᆯ(米)→조ᄡᆞᆯ3)＞좁쌀）．'ᄡᆞᆯ'の語頭子音群'ㅄ'が硬音（濃音/경음）'ㅆ'へと発達する際に4)（ᄡᆞᆯ＞쌀），'ᄡᆞᆯ'の語頭音'ㅂ'が先行要素'조'の終声の位置に移り，残っているのである．5)(1ㄴ)の'안팎'は，'ㅎ'終声体言6)'않'の痕跡を見せる例である．現代韓国語では'안'は末音として'ㅎ'を持たないが，中世韓国語では'ㅎ'を持っていた．7)(1ㄷ)は，動詞語幹同士が結合する非統辞的複合語【訳者註2】（複合動詞）形成規則の痕跡を見せる例である．8)現代韓国語では，このような単語形成規則がなくなっている．専ら，この規則によって過去に作ら

---

2) 現代韓国語には，語頭子音群を有する単語はないが，中世韓国語では，語頭子音群を有する単語が多数あった：ᄡᆞᆯ《米》，ᄢᅵ《種》，ᄠᅳᆮ《意》，ᄧᅡᆨ《隻》，ᄠᅳ다《浮く》，ᄡᅳ다《苦い》，ᄧᅡ다《塩辛い》など．
【訳者註1】：語頭子音群には，'ㅂ'で始まるㅂ系語頭子音群と，'ㅅ'で始まるㅅ系語頭子音群があった．'ㅂ'で始まるㅂ系語頭子音群については，文字通り，'ㅂ'が発音されていたというのが通説だが，ㅅ系語頭子音群については，文字通り，'ㅅ'が発音されていたという説と，'ㅅ'は発音されず，濃音のマーカーであったという説がある．註4でも述べられているように，語頭子音群のほとんどは現代語では硬音（濃音）になっているが，済州道方言では，ㅳとㅄが規則的に激音（ㅌ, ㅊ）となっている点が注目される．
3) 누른 조ᄡᆞᆯ（黄梁米，救急簡易方 二：59a）
4) これらの語頭子音群は，現代韓国語に下るに従って，大部分は硬音（濃音）に変化した：ᄡᆞᆯ＞쌀, ᄢᅵ＞씨, ᄠᅳᆮ＞뜻, ᄧᅡᆨ＞짝, ᄡᅳ다＞쓰다, ᄡᅳ다＞쓰다, ᄧᅡ다＞짜다
5) '좁쌀'のような例をいくつかさらに挙げると，次の通りである：멥쌀（메-+ᄡᆞᆯ→메ᄡᆞᆯ＞멥쌀），볍씨（벼（稻）＋ᄢᅵ《種》→벼ᄢᅵ＞볍씨），입짝（이＋ᄧᅡᆨ《隻》→이ᄧᅡᆨ＞입짝）
6) 'ㅎ'終声体言とは，語幹末音として'ㅎ'を持っている体言をいう．現代韓国語には'ㅎ'終声体言がないが，中世韓国語にはㅎ'終声体言が多くあった．돓《石》（＞돌），않《內》（＞안），앓《雌》（＞암-），슿《雄》（＞수-），솋《三》（＞셋）など．
7) 안히（않+-이）　붉고 밧기 虛ᄒᆞ야（內明外虛，楞嚴經 五：57b）
안과（않+-과）　밧과 가온ᄃᆡ룰 ᄂᆞ호아（分內外中，楞嚴經 三：34b）
【訳者註2】：「2つ以上の語基が直接構成要素となって複合語を成すとき，2つの語基が結合する方式が句（phrase）を成す方式と同じであれば，この複合語を統辞的複合語（syntactic compound）または句形複合語（phrasal compound）と言い，そうでなければ非統辞的複合語（asyntactic compound）または閉鎖複合語（close compound）と言う．」（安秉禧・李珖鎬(1990:114-115)．引用者訳．）
8) '여닫-'は'열-[開]'と'닫-[閉]'が結合し形成された複合語である．このような方法で形成された複合語としては，'감싸-, 뛰놀-, 돌보-, 설익-, 얽매-, 검푸르-, 굳세-'などがある．

れた，いくつかの例が残っているだけである．(1ㄹ)は，沿格(prosecutive case)語尾'-리'が化石として残った例である．9) (1ㅁ)の'사로잡-'は，'사ᄅ잡-'に遡るものだが，中世韓国語の時期の特殊な使動接尾辞'-ᄋ-'10)が化石として残った例である．'ᄋ'が非音韻化する際に，'ᄋ＞오'という変化を被り，'사ᄅ잡-'が'사로잡-'へと変化した．

以上の例はすべて韓国語が通時的に経た変化の痕跡である．すなわち，韓国語において，語頭子音群や'ㅎ'終声体言はなくなったが，それらがあらゆる層位において完全になくなってしまったわけではなく，(1ㄱ)や(1ㄴ)のような複合語の中に，その痕跡を留めているのである．取りも直さず，こうした痕跡を我々は化石と呼んできた．しかし，これら言語の化石について，その概念や特性，類型などを全般的に論議したことはほとんどなかった．

そこで，本稿では，現代韓国語に見出される言語の化石を資料とし，化石の概念と特徴，化石化と語彙化の相違点，化石の類型などを論じてみることとしたい．

2. 生物の化石と言語の化石

もともと化石という用語は，周知の通り，地質学から借用したものである．地質学で謂うところの化石とは，現在まで地層の中に保存されてきた，生物の遺骸や活動の痕跡などを意味する．11)

化石と言うと，一般に石でできたものを思い浮かべやすいが，石でできたものでなくとも，1万年以上前に生きていた生物の遺物であれば，すべて化石として扱われる．このような生物の化石は，地層の中に埋まっているという点において，静態的だと言えるであろう．そして，生物の化石は，それ以降の生物の変化によって，影響を受けることはない．例えば，数万年前に生存していたある生物が化石として残っているとすると，その化石は，それ以降の生物の変化（進化）によって，影響を受けることはないということである．

---

9) これに関しては，李基文(1972:151-2)およびLee, Ki-Moon(1992/1995:177)参照．
10) 中世韓国語では，'살다'［生］の使動形が2種類あった．1つは'살이다'（살-＋-이-）で，もう1つは'사ᄅ다'（살＋-ᄋ-）だったが，両者は意味が異なった．'살이다'は「あるところに住ませる」，'사ᄅ다'は「命を助ける」を意味した（安秉禧・李珖鎬 1990:133-4）．したがって，'사ᄅ잡다'は「命を生かして捕まえる」，すなわち「生きたまま，捕まえる」という意味であった．
11) これについては，『한국민족문화대백과사전』(한국정신문화연구원, 1991)を参照した．

このような概念として化石という用語を受け入れるなら，言語における化石とは，古文献（あるいは金石文）に文字として記録され残っている通時的な言語資料を指すものでなければならないであろう．文献の中に残っている言語資料こそ，記録されるべき当時の状態をそのまま保存しており，それ以降の言語変化によって影響を被ることもないという点において，地質学で謂うところの化石と最も類似しているからである．しかし，言語学において，文献の中に保存されている言語資料は化石とは呼ばない．このことは，生物の化石と言語の化石が，その概念をかなり異にするということを意味する．

言語の化石は，文献の中に静態的に保存されている言語資料を意味するのではなく，共時的言語の中に残っている通時的な要素を意味する．先の(1ㄱ～ㅁ)に例示した'香쌀, 안팎, 검붉-, 이리, 사로잡-'などはすべて現代韓国語で用いられている単語である．これらのように，共時的に用いられている言語要素の中に含まれている歴史的変化の痕跡であってはじめて，化石と呼ぶのである．したがって，生物の化石が，現在の生きている生物の中に見出されるものではなく，過去に形成された地層の中に見出されるものだと言うならば，言語の化石は，過去に記録された文献の中に見出されるものではなく，現在の生きている言語の中に見出されるものだと言うことができよう．12) つまり，生物の化石が地層の中に埋まっていることを特徴とするならば，言語の化石は表面に露出していることを特徴とすると言えるだろう．

言語の化石は，表面に露出しているものであるために，生物の化石のようにただ単に静態的であるだけではないという特徴を持っている．すなわち，化石化したあとの姿をそのまま維持しているわけではなく，変化を被ることもあるのである．13) 上で，사ᄅᆞ잡다＞사로잡다の例を通して，かかる事実の一端を示したが，'고슴도치'《針鼠》のような例でも，このことを確認しうる．周知のごとく，この単語は，'고솜도티'（고솜＋돝＋-이）に遡るものだが，その中には，既に死語化した単語'돝'《猪》が化石として残っている．しかし，その化石がもともとの姿をそのまま維持しているわけではなく，口蓋音化の適用を受け，'돛'という形で残っているのである．一方，方言によっては，この'돝'という単語

---

12) ここで「現在の生きている言語」というのは，現代韓国語を意味するのではなく，共時的記述が行われている時期を基準にした共時態を意味する．化石は，現代韓国語にのみ存在するのではなく，どの時期の言語にも存在しうるものであるからである．
13) 言語の化石が持つ，このような特徴は，既に Lee, Ki-Moon(1992/1995:178)で正確に指摘されている．

が，‘암톹，수톹’[14]のような例においても化石として残っているが，体言語幹末の舌端音の摩擦音化（ㄷ＞ㅅ，ㅌ＞ㅅ）[15]を経た方言では，これらが‘암놋，수놋’へと再構造化された（암놋이《雌豚が》，암놋을《雌豚を》；수놋이《雄豚が》，수놋을《雄豚を》）．したがって，この場合には，‘톹’が化石化したのちに，‘돝＞돗’という変化を被ることで，化石が本来の姿を維持することができなくなった．よって，‘톹’は化石として残りはしたが，それがいかなる環境に残ることになったかによって，‘돛’という形で残っているものもあるし，‘돗’という形で残っているものもあるのである．

以上の例を通して，言語の化石は，生物の化石とは異なり，形態上の変化を遂げ続けるということ，そして，同一の言語要素であっても，それが化石として残る環境によって，互いに異なった形で残ることもあるということが分かるであろう．このような点において，地質学的概念としての化石（生物の化石）と，言語学的概念としての化石（言語の化石）は，その性格がかなり異なったものだと言いうる．

3. 化石化と語彙化

最近の形態論では，ある派生語や複合語が共時的な規則で説明がつかない場合，これらが語彙化（어휘화）したと言う．[16] よって，語彙化とは，ある派生語や複合語が，分析は可能だが，共時的な単語形成規則によって生産されたとは見做しえない状態に至ったことを意味すると言える．ひとたび形成された派生語や複合語はおのおの独自の単語の資格を有するがために，それらの構成要素とは無関係に独自に変化を経ることもあるし，それらの構成要素が経る変化を拒むこともありうる．あるいは，それらを形成していた単語形成規則が消滅しても，その規則によって形成された派生語や複合語はそのまま残っていることもある．このような様々な要因のために語彙化という現象が現れるわけだが，これらの要因は，すべて通時的な変化と関連している．

---

14) ‘암톹’は‘암퇘지《雌豚》’，‘수톹’は‘수퇘지《雄豚》’を意味する．
15) 体言語幹末の舌端音の摩擦音化については，곽충구(1984)参照．舌端音の摩擦音化とは，韓国語で15世紀以降，体言語幹末の‘ㄷ，ㅌ’が‘ㅅ’に変化した現象を言うのだが，뜯＞뜻《意》，몯＞못《釘》のような例が代表的である．方言によっては，‘ㅌ’も‘ㅅ’に変わった例が多い．밭＞밧《畑》，솥＞솟《釜》など．
16) 形態論における語彙化についての議論は，Bauer(1983)，金星奎(1987)，宋喆儀(1992)参照．

(2)ㄱ. 그믐《晦日》, 설거지《食事の後片付け》
　ㄴ. 갈치《太刀魚》
　ㄷ. 여닫-《開け閉めする》, 검붉-《赤黒い》
　ㄹ. 주검《屍》, 무덤《墓》

　(2ㄱ)の'그믐 (그믈-17)＋-ㅁ), 설거지 (설겆-18)＋-이)'は,語基の'그믈-,설겆-'が死語化することによって語彙化した例であり, (2ㄴ)の'갈치'は,その構成要素の'갏'《刀》が'칼'に変化せず(갏＞칼)語彙化した例である.共時的な規則としては,'칼＋-치'から'갈치'を導き出すことはできない.
　(2ㄷ)の'여닫-(열-《開ける》＋닫-《閉める》), 검붉-(검-《黒い》＋붉-《赤い》)'と, (2ㄹ)の'주검 (죽-《死ぬ》＋-엄), 무덤 (묻-《埋める》＋-엄)'などは,これらを形成した単語形成規則が生産性を失ったために(消滅したために)語彙化した例である. 19)
　ところで,語彙化したこれらの例の中には,化石を有している例があり,注目される.'그믐,설거지'には,死語化した動詞'그믈-,설겆-'が化石として残っており,'갈치'には,'칼'が語頭有気音化【訳者註3】を経る前の姿が化石として残っている.これらは,語彙化が,化石化と密接な関係があることを示している.したがって,我々はここで,語彙化と化石化がどのような関係であるかを論ずる必要性を感ずる.
　この問題を論ずるために,まず化石の概念からいま一度検討してみることにしよう.化石の最も素朴な概念は「何かがなくなる際に,その痕跡を残したもの」であると言える.'香쌀'における'조'や'쌀'は化石とは言いえない.これらはなくなった要素ではなく,まだ共時態の中にその生命力を維持している要素であるからである.しかし,'ㅂ'は,生命力を維持している要素とは言えない.'ㅂ'系語頭子音群がなくなる際に残った痕跡に過ぎないからである.したがっ

---

17) 「月が完全に暮れる」という意味を持つ動詞だった.
18) 「(食事の)後片付けをする」という意味を持つ動詞だった.
19) 先にも触れたように,用言語幹同士が結合し複合語を形成していた複合語形成規則が現代韓国語では生産性を失ってしまい,また,動詞語幹に'-암/엄'が結合し派生名詞を作り出していた派生語形成規則も現代韓国語では生産性を失ってしまっている.
【訳者註3】：갏＞칼のみならず,긇＞팔, 곻＞코のように,'ㅎ'終声体言の中には,初声の平音が有気音(激音)化したものがいくつか見られる.

て，我々は，'좁쌀'における'ㅂ'のみを化石と見做したい．
　このように見ると，化石化と語彙化はある程度区別しうるであろう．'좁쌀'における'ㅂ'は，'ㅂ'系語頭子音群の'ㅂ'が化石化したものだとは言えても，'ㅂ'系語頭子音群の'ㅂ'が語彙化したものだとは言えないであろうし，'좁쌀'については，これが語彙化した複合語だとは言えても，これが化石化した複合語だとは言えないであろうからである．
　このことをもう少し明確にするために，構成要素（constituent）と構成体（constitute）という用語を導入してみることにしよう．'그믐'において，'그믐'自体は構成体であり，これを分析して出てくる'그믈-'と'-음'は構成要素である．この構成要素のうち，'그믈-'は共時態の中で独自には存在しない要素である．したがって，'그믈-'は'그믐'の中に化石化して残っているということになる．我々は，化石化したのは'그믐'ではなく，'그믈-'であると見るのである．一方，'그믐'は，その語基の'그믈-'が共時的に存在しないために，語彙化した派生語だと言いうる．以上の例を通して，化石化が，構成要素と関連する概念であるなら，語彙化は，構成体と関連するものであるということが分かるであろう．したがって，語彙化が，ある構成体が共時的規則によって生産されえない状態に至る現象を意味すると言うならば，化石化は，ある構成体の構成要素が独自には変化を被ったが，構成体の中では変化を被る前の状態を維持していたり，その痕跡を残す現象を意味すると言えるだろう．
　ところで，ある構成体の構成要素が化石化すると，その構成体はそれ以上共時的な規則によって生産されえないものになるために，おのずと語彙化するしかない．化石化と語彙化を区別すると言っても，両者の間に密接な関連があることを否めないのはこのためである．化石は語彙化した構成体の中に残っているものである．化石を有する構成体は語彙化したものと見てもよかろう．しかし，その逆は成り立たない．すなわち，語彙化した構成体だからといって，必ず化石を有しているわけではないのである．例えば，'고이'の場合，'곱-'と'-이'の意味から'고이'の意味を導き出せないために，これも語彙化したものと見るほかないが，'곱-'や'-이'がなくなったとか，意味の変化を被ったためにこれらから'고이'の意味が導き出せないというわけではないので，'고이'における'곱-'や'-이'を化石と見ることはできない．よって，'고이'は語彙化した構成体ではあるが，その中に化石を持っているわけではないのである．
　一方，'좁쌀'において'ㅂ'のみを，'그믐'において'그믈-'のみを化石

と言うならば，これらの化石を有している'香쌀'や'그름'は何と呼ぶべきかという問題が残っている．我々は，これらを「化石形（화석형）」と呼ぼうと思う．化石形とは，化石を有している言語形式という意味である．化石は化石形の中に残るが，化石は共時態ではありえない一方，化石形自体は共時態である．

4. 化石の類型

地質学では，化石の種類をその大きさによって，巨化石，微化石，超微化石などに分けたり，現在保存され現れる様相によって，体化石，痕跡化石，化学化石などに分けたりするそうである．体化石は，生物体自体が化石化したもので，痕跡化石は，動物の活動によって残された跡（這って行った跡，足跡，座ったり横たわった跡など）が化石として残ったもの，化学化石は，生物体を構成していた有機物が岩石の中に保存されているものを言う（『韓国民族文化大百科事典』巻25）．生物の化石がこのようにいくつかの類型に分けうるなら，言語の化石もいくつかの類型に分けうるであろう．

まず，言語の単位は，その大きさによって，音韻，形態素，単語などに分けうるので，これにより，言語の化石には，音韻化石（음운화석），形態素化石（형태소화석），単語化石[20]（단어화석）がありうるであろう．[21] 先に言及した例のうち，'香쌀, 볍씨'の'ㅂ'は音韻化石で，'이리, 그리'の'-리'や'사로잡-'の'-오-'は形態素化石，'고슴도치, 암톨(암돗)'の'돝 (돛, 돗)'や'새롭-, 갈치, 안팎'の'새, 갈 (갈ㅎ), 안ㅎ'などは単語化石である．用言語幹は自立的ではないという問題はあるが，用言語幹の化石もやはり単語化石に含める．以上論じた音韻化石，形態素化石，単語化石を合わせて，我々は単位化石（단위화석）と呼ぼうと思う．これは，あとで論ずる規則化石と区別するためのものである．

単位化石のうち，音韻化石には，さらに次の2つの場合があることが見てとれる：

(3) ㄱ. 좁쌀, 멥쌀, 볍씨, 입짝
　　cf. 쌀, 씨, 짝

---

20) 宋喆儀(1993)では，語彙化石（어휘화석）という用語を用いたが，ここでは，単語化石という用語を用いることにする．
21) 言語の単位には，文(sentence)もあるので，文のレベルの化石も可能ではあろうが，未だ文レベルの化石は確認されていないため，本稿では，文レベルの化石についての議論は除外することにする．

ㄴ. 함께, 이맘때, 그맘때
　　cf. ᄒᆞᇰ삐《一緒に》, 빼《時》

　　(3ㄱ)と(3ㄴ)は, 共に, 'ㅂ'系語頭子音群と関連した例だが, その遺痕を残した様相が異なる. (3ㄱ)の例では, 'ㅂ'系語頭子音群の'ㅂ'がもとの姿のまま残っているのに対し, (3ㄴ)の例では, 'ㅂ'は消えてしまい, その痕跡のみが残っているのである. よく知られているように, '함께'は中世韓国語の'ᄒᆞᇰ삐'に遡るものだが, これが16世紀に'홈끽'となり, 現代韓国語に下るにつれて'함께'と変化したものである(李基文1977:59). ところで, この過程で, 'ᄒᆞᇰ삐'の'ㄴ'が'ㅁ'に変化したのは, 'ᄒᆞᇰ'の'ㄴ'が'삐'の'ㅂ'に同化したものと見るほかない. したがって, '함께'における'ㅁ'は, '삐'が持っていた語頭子音群の頭子音の'ㅂ'の痕跡だと言いうる. '이맘때'も起源的には'이만빼'に遡るもので, '이만'の'ㄴ'が後行する'빼'の語頭音'ㅂ'に同化され, 'ㅁ'に変わったものと考えられる. 韓国語学で, このような例を化石と関連させて論じたことはないようである. しかし, この例は, 先に提示した生物の化石類型のうち, 痕跡化石と似ているのではないかと思われる. 'ㅂ'系語頭子音群の中の'ㅂ'が, 自らは消滅しながらも, その痕跡を残したものであるからである. したがって, 我々は, とりあえず, '香쌀, 볍씨'などの'ㅂ'は「形式化石(형식화석)」, '함께, 이맘때'の'ㅁ'は「痕跡化石 (흔적화석)」と呼ぼうと思う. 形式化石は, ある言語形式がもとの姿をある程度維持しながら残っているケース, 痕跡化石は, ある言語形式が自らは消滅しながらも自身が存在していた痕跡のみを残しているケースということになろう.
　　一方, 形態素や単語は, 一定の形式を持っているのみならず, 機能と意味も持っているが, 形態素や単語が化石化する場合に, この3つがすべて化石化する場合もあるが, この3つのうち, 1つまたは2つのみが化石化する場合もありうる. 李丞宰(1992)では, このような事実を指摘しながら, 「形式化石, 意味化石, 機能化石」という用語を提示した. 形式化石とは, 形態素や単語の形式, すなわち, 音相が重視される化石であり, 意味化石は, 意味が重視される化石, 機能化石は, 機能が重視される化石である. 形態素と関連した, このような化石の類型については, 李丞宰(1992)で議論されているので, ここでは, 単語レベルでのこのような化石の類型を論じてみることにしよう.
　　まず, 機能化石の代表的な例としては, '새롭―'《新しい》の'새'を挙げうる.

437

'새롭-'における'새'は，連体詞（관형사）ではなく，名詞と見做さなければならないが，これは，中世韓国語の時期の'새'の名詞的機能が化石として残っているものである．'새'は現代韓国語においては，連体詞としてのみ機能しているが，中世韓国語では，連体詞としても名詞としても機能していた．【訳者註4】よって，'새롭-'は，'새'が名詞としても機能していた時期に，その名詞としての'새'と接尾辞'-롭-'が結合して形成された派生語なのである（宋喆儀 1983, 1992）．'-롭-'は主に名詞と結合する接尾辞であって，連体詞と結合する接尾辞ではなかった．'새롭-'における'새'は，現在の共時態の中でも，独自の機能を果たしている，生きている要素ではある．しかし，それが持っていた名詞的機能は消失してしまっている．専ら'새롭-'の中にその名詞的機能の痕跡を残しているに過ぎない．したがって，'새롭-'における'새'の名詞的機能のみが化石であるということになる．

'맏이'《長子》における'맏'も機能化石の例だと言いうる．'맏'は現代韓国語では，名詞的機能を失ってしまい，接頭辞のごとく機能するが，起源的には名詞であり，まさにそのような名詞としての'맏'の機能が'맏이'には残っているからである．【訳者註5】'맏이'における'맏'を名詞と見做さない限り，'맏이'の構成を合理的に説明することはできない．22)

意味化石の例としては，'더운 밥《温かい飯》，더운 물《湯》'における'덥-'を挙げることができるだろう．現代韓国語における'덥-'の一般的な意味は「暑い」であり，これに対する反意語は'춥-'「寒い」である．しかし，'더운 밥，더운 물'における'덥-'の意味は「温かい」と見なければならず，これに対する反意語は，'더운 밥/찬 밥，더운 물/찬 물'で分かるように，'차-'《冷たい》である．このような点から見るとき，'덥-'は，「暑い」の意味と「温かい」の意味の双方を持っていたと言える．しかし，現代韓国語における'덥-'は，一般的

【訳者註4】：'새'はさらに，名詞，連体詞のみならず，副詞としての機能もあった．ちなみに，'늘'《生，生の》なども，名詞的機能，連体詞的機能の双方があった．

【訳者註5】：'맏'は，中世語では'몯'であり，意味的には，古代日本語の「え（兄）」に似る．

22) '맏이'を現代韓国語の共時的観点から「接頭辞+接尾辞」の構造を持つ派生語だと記述することがあったが，これは妥当な記述ではない．'맏이'は'맏'が名詞であった時期にその名詞語基に接尾辞'-이'が結合し形成された派生語（名詞語基+接尾辞）であるからである．語彙化や化石の概念を用いると，'맏이'が接頭辞と接尾辞が結合し形成された派生語であるという無理な記述をしなくても済む．これに関しては，宋喆儀（1992:39-40）参照．

に「暑い」の意味で用いられ，「温かい」の意味ではあまり用いられない．'밥이 덥다, 물이 덥다'よりは '밥이 따뜻하다 (뜨겁다), 물이 따뜻하다 (뜨겁다)' がより自然であるという事実がこのことをよく証明している．'덥-'が持っていた「温かい」の意味は，'따뜻하다'が取って代わったのである．つまり，'덥-'は「暑い」の意味と「温かい」の意味の両方を持っていたが，'따뜻하다'が「温かい」の意味を代わりに担うようになるにつれ，「温かい」の意味は'따뜻하다'に譲って，「暑い」の意味でのみ用いられることとなり，意味の縮小を経験することになったわけである[23]．ただし，そのような過程で，'더운 밥, 더운 물'のような慣用句に「温かい」の意味としても用いられていた痕跡を残したのである．したがって，'더운 밥, 더운 물'における'덥-'は，意味の化石と言いうる．

以上の例とは異なり，'갈치'における'갈(갉)'や'안팎'における'않'は機能や意味が問題になるのではなく，形式が問題になるという点で，形式化石と言いうる．これらが化石と見做されるのは，機能の変化や意味の変化に起因するのではなく，形式の変化に起因するのである．ここで，ひとつ留意すべきことは，単語化石がすべて，これまでに論じた，形式化石，機能化石，意味化石のうち，いずれかに必ずしも属するわけではないということである．例えば，'그음'における'그므-'(그믈-)のように，部分的に変化を被ったのではなく，単語全体が死語化した場合には，形式，機能，意味のすべてがなくなったため，こうした例に対して，形式化石だの機能化石だのと議論すること自体が無意味である．こうした例は，単語化石に分類するだけで十分なのである．

一方，言語の変化は，言語の形式と関連してのみ生じるのではなく，言語の規則と関連しても起きる．すなわち，過去に存在していた，ある規則がなくなることもあるし，過去になかった規則が新たに生じることもあるのである．したがって，言語の化石には，規則と関連した化石もありうる．'감싸-《くるむ，庇う》，굶주리-《飢える》，돌보-《世話をする》，설익-《生煮えになる》，여닫-《開け閉めする》，검붉-《赤黒い》，굳세-《力強い》'などがその代表的な例であろ

---

23) 意味の縮小の例としては，次のようなものもある．'사랑하다'は《思う》の意味と《愛する》の意味を持っていたが，今日では《愛する》の意味でのみ用いられる．《思う》の意味は，'생각하다'が取って代わった．'젊다'は'졈다'から発達したものだが，15世紀の韓国語で'졈다'は《幼い，若い》などの意味を持っていた．しかし，この'졈다'は《幼い》の意味は'어리다'に譲り，《若い》の意味のみを持つこととなった．形も'졂다'を経て，'젊다'に変化した．'어리다'はもともと《愚かだ》の意味を持っていたが，《幼い》の意味を持つ単語へと意味変化を遂げた．《愚かだ》の意味は，'어리석다'が取っ

う.先の序論の部分で,既に説明したとおり,現代韓国語では,用言語幹と語幹が結合して複合語を形成する規則が存在しないが,韓国語が過去にはそのような複合語形成規則を持っていたことをこれらは示しているからである.すなわち,これらは形態規則(複合語形成規則)の化石を持っている化石形なのである. [24)]

形態規則の化石があるならば,当然,音韻規則の化石もありうるであろう.'가느다랗-《ほっそりしている》,여닫-《開け閉めする》,바느질《針仕事》'などがこれと関連した例になりうる.これらに現れている'ㄷ'や'ㅈ'の前の'ㄹ'脱落が共時的な音韻規則としては認められないからである. [25)] したがって,これらは,'ㄷ'や'ㅈ'の前で'ㄹ'を脱落させていた音韻規則の化石を持っている化石形だと言いうる.

音韻規則の化石と形態規則の化石があるならば,論理的には統辞規則の化石もあるだろうが,今のところ,統辞規則の化石と言いうる例は見つかっていない.

5. 結論

韓国語学においても,化石や化石化などの用語をよく用いてきたが,これらの正確な概念や特性,そしてその類型などについては,本格的な議論がなされていなかった.そこで本稿では,まさにこうした問題を議論せんとした.紙幅の制限のため,幅広く,そして深みある議論はできなかったが,言語の化石と関連した

て代わった.
24) 沈在箕(1982:411)では,'빌먹-《物乞いする》,돌보-《世話をする》'のような例における先行要素の'빌,돌'を,起源的には,動詞語幹が零変化によって副詞化したものと見,中世韓国語で既に複合動詞として用いられた'빌먹-,돌보-'などは,より古い時期には,副詞と動詞に分離されえた動詞句の化石と見做そうとした.
25) 現代韓国語では,'ㄹ'は'ㄴ,ㅅ'の前でのみ脱落し,'ㄷ,ㅈ'の前では脱落しないが,

놀-+-는→노는
놀-+-시니→노시니
놀-+-자→놀자 (*노자)
놀-+-던→놀던 (*노던)

中世韓国語と近代韓国語では,'ㄹ'は'ㄷ,ㅈ'の前でもよく脱落した.'가느다랗다 (가늘-+-다랗다),여닫- (열-+-닫-)'には'ㄷ'の前で'ㄹ'が脱落していた痕跡が残っており,'바느질'には'ㅈ'の前で'ㄹ'が脱落していた痕跡が残っている.'ㄷ,ㅈ'の前で'ㄹ'が脱落していた活用上の例をひとつずつ挙げてみると,次のごとくである:

바람이 부지 (불-+-지) 아니면 (風不來,朴通事新釋諺解 三:3b)
혼자 어미와 사더니 (살-+-더니) (獨與母居,飜譯小學 九:20a)

いくつかの問題が，新たに浮き彫りになったものと信ずる．本論において論じた内容を要約すると，次の通りである．

　言語学で謂うところの化石とは，一般的に，言語が変化する過程で残された遺痕や痕跡を意味する．こうした遺痕や痕跡は共時的には説明がつかない．したがって，化石とは，共時態の中に残っている通時態的な要素を意味するのだとも言える．こうした点から，'좁쌀'においては'ㅂ'のみを，'안팎'においては'ㅎ'のみを化石と見ようとした．そして，このような化石を擁している'좁쌀'や'안팎'は化石形と呼ぶことを提案した．化石それ自体は通時態だが，化石形は共時態である．

　この化石という用語は，地質学から借用したものだが，地質学的概念としての化石（生物の化石）と言語学的概念としての化石（言語の化石）には，重要な違いがある．生物の化石は，地層の中に，静態的に埋まっているものであるために，表面での生物の変化によって影響は被らないが，言語の化石は，表面に（共時態の中に）露出しているものであるために，一般的な言語変化に影響も受けうるのである．

　一方，最近の形態論でよく用いられる語彙化という用語と，それ以前から用いてきた化石化という用語は，ともに，言語の通時的変化と関連しているために，その概念の区分が曖昧になりうるが，我々はこの両者を区別せんとした．語彙化が言語のある構成体に適用される概念であるならば，化石化はその構成体の構成要素に適用される概念と見ようとしたのである．例えば，'안팎'のような例において，'안팎'全体は語彙化したもので，その構成要素である'ㅎ'は化石化したものだと見做した．化石は一般的に語彙化した構成体の中に残るが，だからといって，語彙化した構成体が必ずしも化石を有しているとは限らないということも指摘した．

　化石の類型は，大きく，言語の単位と関連した単位化石と，言語の規則と関連した規則化石とに分けられるが，単位化石には，音韻化石（'좁쌀'の'ㅂ'），形態素化石（'이리, 그리'の'-리'），単語化石（'그믐'の'그믈-'，'안팎'の'ㅎ'）がありえ，規則化石には，音韻規則の化石（'여닫-, 바느질'における'ㄷ, ㅈ'の前での'ㄹ'脱落規則）と形態規則の化石（'감싸-, 돌보-, 검붉-'における複合語形成規則）がありうる．音韻化石には，さらに，ある音韻が具体的に残っている形式化石（'좁쌀'の'ㅂ'）と，痕跡のみが残っている痕跡化石（'함께'の'ㅁ'）がありえ，形態素化石と単語化石には，その形式が重視される形式化石

('안팎'の'않'),機能が重視される機能化石('새롭-'の'새'),意味が重視される意味化石('더운 물'の'덥-')がありうる.

　言語の化石は,序論で触れたように,通時的変化の産物だが,変化の波に浚われず,例外的に残っている要素である.したがって,これらは共時的に説明がつかない.これらは通時的(歴史的)観点に立ってはじめて,合理的に説明しうるのである.

参考文献

郭忠求(1984)'體言語幹末舌端子音의 摩擦音化에 對하여',"국어국문학"91,서울: 국어국문학회
金星奎(1987)'語彙素 設定과 音韻現象',國語研究77,서울:서울대학교 國語研究會
송하진(1991)'국어 복합동사의 어휘론적 특성',"金英培先生回甲紀念論叢",서울: 慶雲出版社
宋喆儀(1977)'派生語形成과 音韻現象',國語研究38,서울:서울대학교 國語研究會
宋喆儀(1983)'派生語形成과 通時性의 問題',"國語學"12,서울: 國語學會
宋喆儀(1992)"國語의 派生語形成研究",서울:太學社
宋喆儀(1993)'언어 변화와 언어의 화석',"國語史資料와 國語學의 研究"(安秉禧先生回甲紀念論叢),서울:文學과知性社
沈在箕(1982)"國語語彙論",서울:集文堂
安秉禧(1959)'十五世紀國語의 活用語幹에 對한 形態論的研究',國語研究7,서울: 서울대학교 國語研究會(1978년 塔出版社에서 再刊行)
安秉禧・李珖鎬(1990)"中世國語文法論",서울:學研社
李基文(1955)'語頭子音群의 生成및 發達에 對하여',"震檀學報"17,서울:震檀學會
李基文(1968)'鷄林類事의 再檢討',"東亞文化"8,서울:서울대학교 東亞文化研究所
李基文(1972)"國語史概說"(改訂版),서울:塔出版社(初版1961)
李基文(1977)"國語音韻史研究",서울:塔出版社(初版은 1972년)
李基文(1991)"國語語彙史研究",서울:東亞出版社
李秉根(1976)'派生語形成과 i逆行同化規則들',"震檀學報"42,서울: 震檀學會
李秉根(1981)'유음탈락의 음운론과 형태론',"한글"173・174,서울:한글학회
李丞宰(1992)'融合形의 形態分析과 形態의 化石',"周時經學報"10,서울: 周時經研究所

이현희(2005) '현대국어의 화석과 그 역사적 해석', "國語學" 45, 서울:國語學會
장윤희(2005) '현대국어 문법 요소와 통시적 정보', "國語學" 45, 서울:國語學會
한국정신문화연구원 편(1991) "한국민족문화대백과사전" 권25
Anttila, R.(1972) *An Introduction to Historical and Comparative Linguistics*, New York:Macmillan.
Bauer, L.(1983) *English Word-formation*, Cambridge: Cambridge University Press.
Bynon, T.(1977) *Historical Linguistics*, Cambridge: Cambridge University Press.
Hock, H.H.(1986) *Principles of Historical Linguistics*, Berlin: Mouton de Gruyter.
Lee, Ki-Moon(1992), Remarks on the Study of Word Formation, *SICOL'92 Proceedings*. (*Linguistics in the Morning Calm 3*, Seoul:Hanshin Publishing Com.,1995に再収録)
Lyons, J.(1977) *Semantics 1, 2*, Cambridge: Cambridge University Press.

韓国語の文法変化

権　在一（クォン・ジェイル）
訳：中島　仁（なかじま・ひとし）

1. 文法の変化　　　　　　　445
2. 敬語法の変化　　　　　　447
3. 時制法の変化　　　　　　458

1. 文法変化

　この世の万物は時間の流れに沿って絶え間なく変化する．言語もやはり歴史の流れに沿って変化する．言語の音（말소리）や単語が変化するように，文法も歴史の流れに沿って変化する．次のような現象から文法が歴史的に変化していることを発見できる．

　韓国語の使役法（사동법）は，主に使役接尾辞（사동접미사）による派生的方法と，統辞的構成である'-게 하-'による統辞的方法で実現される．ところが，15世紀の韓国語では派生的方法で実現されていたものが，現代韓国語では統辞的方法でのみ実現される場合が多い．次の例(1)を見ると，15世紀の韓国語では使役接尾辞'-오-, -이-'等で使役を実現していたが，現代韓国語では'*얕-오-, *깊-이-'のように用いられることはなく，統辞的構成'-게 하-'で使役を実現している．これは文法範疇の実現方法が派生的方法から統辞的方法へ変化した事実を見せてくれている例である．

(1)　a. 15世紀の韓国語
　　　　녀토시고[녙-오-시-고] 또 기피시니[=깊-이-시-니] (龍飛御天歌20)
　　b. 現代韓国語
　　　　얕-게 하-시-고 또 깊-게 하-시-니
　　　　浅くなさり，また深くなさるが

　疑問文が疑問語（疑問代名詞，疑問冠形詞，疑問副詞，疑問形容詞等）の存在の有無により，'-ㄴ-고', '-ㄹ-고'のような'ㅗ'系語尾と，'-ㄴ-가', '-ㄹ-가'の

ような'ㅏ'系語尾により異なる表現がされていたのは, 15世紀韓国語のひとつの
特徴である. 例(2a)のように, 'ㅏ'系は疑問語がない疑問文に使用され, (2b)の
ように 'ㅗ'系は疑問語がある疑問文に使用された. そして, 主語が2人称の疑
問文では(2c,d)のように疑問語の有無にかかわらず '-ㄴ-다' が使用された.

(2) a. 西京은 편안ᄒᆞ가[편안ᄒᆞ-ㄴ-가] 몯ᄒᆞ가[몯ᄒᆞ-ㄴ-가]
　　　　　　　　　　　　　　　　　　　　(杜詩諺解・初刊本 18:5)
　　　¶西京은 편안한가 못 한가?
　　　西京は平安であるかそうでないか
　　b. 故園은 이제 엇더ᄒᆞ고[엇더ᄒᆞ-ㄴ-고] (杜詩諺解・初刊本 25:24)
　　　¶고향은 지금 어떠한가?
　　　故郷は今どうだろうか.
　　c. 네 엇뎨 안다[알-ㄴ-다] (月印釋譜 23:74)
　　　¶네가 어떻게 아는가?
　　　お前がどうして知ろうか
　　d. 네 모ᄅᆞ던다[모ᄅᆞ-더-ㄴ-다] (月印釋譜 21:195)
　　　¶네가 모르던가?
　　　お前が知らなかったのか

しかし, 現代韓国語では疑問文に疑問詞があろうがなかろうが, 主語の人称が
どうであろうと, 疑問語尾を区分しなくなった. これもやはり文法現象が歴史的
に変化した事実を見せてくれている例である.
では, このような韓国語の文法変化を敬語法 (높임법) と時制法 (시제법) を
対象に見てみることにしよう. 歴史的に韓国語は新羅時代から文献記録を持って
いる. しかし, この時期の文献はすべて漢字を借用し記録されており, 文献の量
も十分ではない. そのため, このような文献を土台に当時の文法を記述するのは
非常に難しいことである. よって, 文法記述の出発点を訓民正音が創製され, 文
献資料が十分に確保された 15 世紀の韓国語とし, その時から現代韓国語に至る
間の文法変化を記述することにする. [1])

---

1) この論文は全的に권재일(1998) "한국어 문법사" で述べた内容による. 韓国語の文法変
化に関心を持つ, 外国語としての韓国語教育に関係する読者達のために新たに整理した
ものである.

2. 敬語法の変化
2.1. 敬語法とその変化

　言語活用に現れる要素は話し手，聞き手，伝達される言語内容等である．伝達される言語内容は具体的には文で実現されるが，文は述語といくつかの文成分（문장성분）から構成される．そのような文成分の中で，述語と 1 次的な関係を持つのが主語である．文の中に主語として指示される人がいる時，これを「主体（주체）」と言う．そして，主語ではない他の文成分，即ち目的語（목적어）や副詞語（부사어）を客語（객어）と言うが，客語として指示される人がいる時，これを「客体（객체）」と言う．このように見ると，言語活動に登場する人は話し手，聞き手，主体，客体の 4 つである．

　話し手が言語内容を伝達する時には，話し手が様々な意向を持ち伝達することになるが，上で提示したいくつかの対象，即ち聞き手，主体，客体に対して敬意を持ち言語内容を表現する．このように，話し手がある対象に対して敬意を持ち，言語内容を表現する文法範疇が敬語法である．[2] しばしば韓国語の特徴を述べる時，敬語法が発達している点を挙げるほど，敬語法は韓国語の特徴的な文法範疇である．敬語法は話し手が聞き手，主体，客体に対して尊敬の意向を実現する文法範疇であるため，話し手の尊敬の意向が誰に対してあるのかにより，聞き手敬語法（청자높임법），主体敬語法（주체높임법），客体敬語法（객체높임법）に体系化される．聞き手敬語法は相対敬語法とも言う．次は 15 世紀の韓国語の文であるが，下線を引いた先語末語尾（선어말어미）がそれぞれ敬語法を実現している．

(3)　世尊하 摩耶夫人이 엇던 功德을 닷ㄱ시며 엇던 因緣으로 如來를 나쏘ᄫ시니잇고[=낳-ᄉᆞᄫ-ᄋᆞ시-니-잇-고] (釋譜詳節 11:24)
　　¶석사모니시여, 摩耶夫人이 어떤 功德을 닦으시며 어떤 인연으로 如來를 낳으셨습니까?
　　世尊よ．摩耶夫人がどんな功徳を磨きになり，どんな因縁で如來をお産みになったのですか．

---

[2] 韓国語の文法研究において，敬語法に関して多様な術語が使用されてきた．敬語法（높임법），尊待法（존대법），待遇法（대우법），敬語法（경어법）や敬語法の下位分類である尊敬法（존경법），謙譲法（겸양법），恭遜法（공손법）等が代表的である．

例(3)では，聞き手である「世尊」に対する敬意を実現するため-잇-[=-으이-]が現れており，主語である「摩耶夫人」に対する敬意を実現するため-으시-[=-으시-]が現れており，目的語である「如来」に対する敬意を実現するために-ᅀᆞᇦ-[=-ᅀᆞᆸ-]が現れている．このように15世紀の韓国語では敬意を実現するため，聞き手敬語，主体敬語，客体敬語の先語末語尾が述語と結合している．[3]

ところが，このような先語末語尾の中で主体敬語を実現する-으시-のみが現代韓国語まで残っており，残りの先語末語尾は全て消滅した．これは敬語法の実現方法が歴史的に変化したことを示している．では，15世紀韓国語の敬語法についてまず記述し，これを土台に現代韓国語に至るまでの変化過程を見てみることにしよう．

2.2. 15世紀韓国語の敬語法
2.2.1. 主体敬語法

主体敬語法（주체높임법）は，話し手が文の中に登場する主体に対する敬意を実現する文法範疇である．15世紀の韓国語で，主体敬語法は他の敬語法と同じく先語末語尾により実現された．次のように-으시-（母音調和により-ᄋᆞ시-）によって実現されている．例文(4)に主語として現れている「王」，「第一夫人」に対する敬意を実現するため，それぞれ述語に-으시-が結合している．

(4) a. 王이 … 그 蓮花를 ᄇᆞ리라 ᄒᆞ-시-다 (釋譜詳節 11:31)
¶왕이 … 그 연꽃을 버리라고 하셨다.
王がその蓮の花を捨てろとおっしゃった．
b. 第一夫人이 아ᄃᆞᆯ 나ᄒᆞ시니[=낳-ᄋᆞ시-니] (月印釋譜 21:114)
¶제1부인이 아들을 낳으시니
第一夫人が息子をお産みになったが

敬語法は一般的に高めなけければならない対象に対して敬意を実現するものであるが，そうではなく高めなければならない対象の身体の部分，所有物，考え等を通して敬意を実現することもある．これを間接敬語（간접높임）と言う．主体敬語法の場合，高める対象である主体と関係する物事を主語とする述語に-으

---

3) この例文のように，用言に敬語の語尾が結合する順序は客体敬語の語尾-ᄉᆞᆸ-，主体敬語の語尾-으시-，聞き手敬語の語尾-으이-の順序である．

시-가 結合するが, これが間接敬語である. 次の(5)は間接敬語の例である. 至極
ᄒ샤ᄭᅡとᄀᆞᄐᆞ실씨に-ᄋᆞ시-が現れ, 德と뎡바깃쎠を通して부텨を高めている.

 (5) a. 부텻 德이 至極ᄒ-샤-ᄭᅵ⁴⁾ (釋譜詳節 6:25)
   ¶부처님의 德이 지극하시어
   仏の徳が至極でいらっしゃり
  b. 부텻 뎡바깃쎠 노ᄑᆞ샤[=높-ᄋᆞ샤] 뽄머리 ᄀᆞᄐᆞ실씨 (月印釋譜 8:34)
   ¶부처님의 정수리뼈가 높으시어 튼 머리와 같으시므로
   仏の頭の骨が高く, 結った頭のようでいらっしゃるので

2.2.2. 客体敬語法

 客体敬語法 (객체높임법) は, 話し手が文の中に登場する客体に対する敬意を
実現する文法範疇である. 15 世紀の韓国語で, 客体敬語法は次のように-ᄉᆞᆸ-に
よって実現されていた. ⁵⁾ (6)で目的語として現れた님금と부텨に対する敬意を実
現するため, 述語に-ᄉᆞᆸ- (=-ᄉᆞᆸ-,-ᄉᆞᆯ-)が結合し, 돕ᄉᆞ바, 請ᄒᆞᅀᆞ바という形で
現れている.

 (6) a. 벼슬 노폰 臣下ㅣ 님그믈[=님금-을] 돕ᄉᆞ바[=돕-ᄉᆞᆸ-아] (釋譜詳節 9:34)
   ¶벼슬 높은 신하가 임금님을 도와
   官位が高い臣下が王をお助けし
  b. 그 ᄢᅴ 王이 … 부텨를 請ᄒᆞᅀᆞ바[=請ᄒᆞ-ᅀᆞᆸ-아] (月印釋譜 7:37)
   ¶그때에 왕이 … 부처님을 청하여
   その時に王が … 仏にお頼み申し上げ

 客体は目的語のみならず, 副詞語としても登場する. 次の(7)が副詞語として登
場した場合である. これは客体敬語方の実現領域が広いということを意味する.

---

4) -ᄋᆞ시-は-아/어-, -오/우と結合する時, -ᄋᆞ샤-に変わる. この時, -아/어-と-오/우-
 は省略される.
  a. 至極ᄒ-샤-ᄭᅵ[至極ᄒ-시-어→至極ᄒ-샤-어→至極ᄒ-샤-ø]
  b. 노ᄑᆞ샤[높-ᄋᆞ시-어→높-ᄋᆞ샤-어→높-ᄋᆞ샤-ø]
  c. 놀라샤미[놀라-시-오-ㅁ-이→놀라-샤-오-ㅁ-이→놀라-샤-ø-ㅁ-이] (龍飛御天歌 17)
5) -ᄉᆞᆸ-は音韻条件により 多様な 形態で現れる. '-ᄉᆞᆸ-(돕ᄉᆞᆸ고), -즙-(묻즙더니), -ᄉᆞᆸ-
 (보ᄉᆞᆸ건댄), -ᄉᆞᆯ-(돕ᄉᆞ바), -즐-(묻ᄌᆞ바니), -ᅀᆞᇦ-'(보ᅀᆞ바라) 等.

449

(7) a. 無色諸天이 世尊-씌 저숩다 혼 말도 이시며 (月印釋譜 1:36)
¶無色諸天이 世尊께 절을 올린다 하는 말도 있으며
無色諸天が世尊にお辞儀をするという言葉もあり
b. 곧 如來와 굳-줍-ᄂ니라 (楞嚴經諺解 2:45)
¶바로 如來와 같이 되는 것이다
すぐ如来のようになるのである
c. 우린 다 佛子ㅣ 굳ᄌᆞ오니[=굳-ᄌᆞ오-니] (法華經諺解 2:227)
¶우리는 다 佛子와 같으니
我々はみな仏子と同じであるが

客体敬語法は先語末語尾-숩-のみならず, 各助詞によっても実現される. 次の(8a)で「如来」を高めるため묻ᄌᆞᄫᆞ며のみならず, 敬語の助詞-씌が結合している. これは(8b)の敬語ではない助詞-ᄃ려と対比される.

(8) a. 世尊하 내 … 如來-씌 묻ᄌᆞᄫᆞ며 (月印釋譜 21:100)
¶석가모니시여, 내가 如來께 여쭈며
世尊よ. 私が如来にお尋ねし
b 부톄 地藏菩薩-ᄃ려 니ᄅᆞ샤ᄃᆡ (釋譜詳節 21: 48)
¶부처님이 地藏菩薩에게 말씀하시되
仏が地藏菩薩におっしゃるには

客体敬語法は特定の動詞によっても実現される. (9)の숣다, 뫼시다等がそれである. これらは現代韓国語の사뢰다 (申し上げる), 모시다 (仕える) に等しい.

(9) a. 道士ᄂᆞᆫ 道理 비호ᄂᆞᆫ 사ᄅᆞ미니 菩薩ᄋᆞᆯ 슬ᄫᆞ니라 (月印釋譜 1:7)
¶道士는 道理를 배우는 사람이니 菩薩을 말하는 것이다
道士は道理を学ぶ人であるが, 菩薩のことを言うものである
b. 婇女ㅣ 하ᄂᆞᆯ기브로 太子ᄅᆞᆯ 쁘려 안ᅀᆞᄫᅡ 夫人씌 뫼셔 오니
(月印釋譜 2:43)
¶婇女가 하늘의 비단으로 太子를 싸 안아 부인께 모셔 오니
婇女が天の絹で太子を包み抱いて夫人に仕えて来たが

2.2.3. 聞き手敬語法

聞き手敬語法（청자높임법）は，話し手が聞き手に対する敬意を実現する文法範疇である．15世紀の韓国語の聞き手敬語法は先語末語尾-으이-によって実現されていた．次は仏とその弟の対話（月印釋譜 7:10-11）であるが，仏が弟に言った言葉には-으이-がないが，弟が仏に言った言葉には-으이-がある．

(10) 부처 ： 네 겨집 그려 가던다
    아우 ： 實엔 그리ᄒᆞ야 가다이다
    부처 ： 네 겨지비 고ᄫᆞ니여
    아우 ： 고ᄫᆞ니이다
    ¶네가 아내를 그리워해서 가던 것이냐 / 사실은 그래서 가던 것입니다 / 네 아내가 고운 사람이냐 / 고운 사람입니다
    お前が妻が恋しくで行ったのか/実はそれで行ったのです/お前の妻は美しい人か/美しい人です

現代韓国語のように15世紀韓国語にも聞き手敬語法は高める程度により，いくつかの等級に分化している．15世紀韓国語の聞き手敬語の等級は，大きく「高める（높임）」「若干高める（약간높임）」「高めない（높이지 않음）」に分けられる．-으이-が「高める」で，ᄒᆞᄂᆞᆫ다（叙述法）とᄒᆞᄂᆞ닛가（疑問法）が「若干高める」である．次は須達と護彌の対話（釋譜詳節 6:16-18）であるが，彼らはみな大臣かつ富者であり，また姻戚関係で（사돈관계로）互いに対等な位置で/として互いに尊重しつつも，過度に高めることを避け，自身の尊厳を守ろうという関係であるため「若干高める」を見せている．

(11) 수달 ： 大臣을 請ᄒᆞ야 이바도려 ᄒᆞᄂᆞ닛가
    호미 ： 그리 아닝다
    수달 ： 엇뎨 부톄라 ᄒᆞᄂᆞ닛가 그 ᄠᅳ들 닐어쎠
    호미 ： 三世옛 이ᄅᆞᆯ 아ᄅᆞ실ᄊᆡ 부톄시다 ᄒᆞᄂᆞᆼ다
    ¶大臣을 청하여 이바지하려 하오? / 그런 것이 아니오 / 어찌 부처님이라고 하오? 그 뜻을 말하오 / 三世의 일을 아시므로 부처님이라 하오
    大臣に請うて世話をしようというのですか/そのようなことではありません/どうして仏と言うのですか．その意味を言ってみてください/三世

のことをご存じなので仏と言うのです

　このように見ると，15世紀韓国語の叙述法（서술법）の聞き手敬語の等級は3つに分かれる．「高める(-으이-)」「若干高める(-ㅇ-)」「高めない(-ø-)」がそれである．次の(12)(13)は各々，叙述法と疑問法の聞き手敬語の 3 つの等級の例である．(a)が「高める」，(b)が「若干高める」，(c)が「高めない」である．

(12) a. 聖孫을 내시니이다[=내-시-니-이-다] (龍飛御天歌 8)
　　　 ¶聖孫을 내시었습니다
　　　 聖孫をお産み出しになりました
　　b. 三世옛 이룰 아ᄅ실ᄊᆞ 부톄시다 ᄒᆞᄂᆞᆼ다[=ᄒ-ᄂ-니-ㅇ-다]
　　　　　　　　　　　　　　　　　　　　　　　　　(釋譜詳節 6:18)
　　　 ¶三世의 일을 아시므로 부처님이라 하오
　　　 三世のことをご存知なので仏と言うのです
　　c. 世尊이 … 큰 法義를 펴려 ᄒᆞ시ᄂᆞ다[=ᄒ-시-ᄂ-ø-다](釋譜詳節 13:26)
　　　 ¶석가모니가 … 큰 法義를 펴려고 하신다
　　　 釈迦が…大きな法義を開こうとなさる

(13) a. 내 이젯 몸과 ᄆᆞᅀᆞᆷ과ᄂᆞᆫ ᄯᅩ 이 엇던 物이잇고[=物-이-잇-고]
　　　　　　　　　　　　　　　　　　　　　　　　　(楞嚴經諺解 2:45)
　　　 ¶내 지금의 몸과 마음은 또 이 어떤 物象입니까
　　　 私の今の体と心は，またこのどのような物象ですか
　　b. 그딋 아바니미 잇ᄂᆞ닛가[잇-ᄂ-니-ㅅ-가] (釋譜詳節 6:14)
　　　 ¶그대 아버님이 계시오
　　　 あなたのお父様がいらっしゃいます
　　c. ᄂᆞᆷ 줋 ᄠᅳ디 이실ᄊᆞ 가져가니 엇데 잡ᄂᆞ다[=잡-ᄂ-ø-다] (月印釋譜 2:13)
　　　 ¶남에게 줄 뜻이 있어서 가져갔는데 어찌 잡느냐
　　　 他人に与えるつもりがあり持っていったのにどうして捕えられるのか

　他方，命令法（명령법）の聞き手尊敬法では終結語尾-으쇼셔 が「高める」，-어쎠 が「若干高める」，-으라(-고라, -고려)が「高めない」の等級を実現する．

452

(14) a. 님금-하 아ᄅᆞ쇼셔[=알-ᄋᆞ쇼셔] (龍飛御天歌 125)
　　　¶임금이시여 아소서
　　　王よ、おわかりくださいますよう
　　b. 엇뎨 부톄라 ᄒᆞᄂᆞ닛가 그 ᄠᅳ들 닐-어쎠 (釋譜詳節 6:16)
　　　¶어찌 부처님이라고 하오? 그 뜻을 말하오
　　　どうして仏と言うのですか。その意味を言ってください
　　c. 첫소리 ᄅᆞᆯ 어울워 뿛디면 ᄀᆞᆯ바쓰-라 (訓民正音諺解 12)
　　　¶첫소리를 함께 쓰려면 나란히 아울러 써라
　　　初声を共に用いるのであれば、並べ合わせて書きなさい

勧誘法（청유법）の聞き手敬語法は2つの等級でのみ実現するが、-사-이-が「高める」、-져と-져라 が「高めない」の等級を実現する.

(15) a. 淨土애 흔ᄃᆡ 가 나사-이-다 (月印釋譜 8:100)
　　　¶極樂淨土에 함께 가 나십시다
　　　極楽浄土に共に行き、出(いで)ましょう
　　b. 五欲ᄋᆞᆯ ᄆᆞᅀᆞᆷ ᄀᆞ장 편 後에ᅀᅡ 出家ᄒᆞ-져 (月印釋譜 7:2)
　　　¶五欲을 마음껏 편 다음에야 出家하자
　　　五欲を思う存分、打ち明けた後に出家しよう

以上のように15世紀韓国語の聞き手敬語法は、先語末語尾と一部の終結語尾によって実現される．これを整理すると次のようである．

(16)　　15世紀韓国語の聞き手敬語法

	叙述法	疑問法	命令法	勧誘法
高める	-ᄋᆞ이-	-ᄋᆞ잇-	-ᄋᆞ쇼셔	사-이-
若干高める	-ᅌ-	-ㅅ-	어쎠	
高めない	-ø	-ø	-ᄋᆞ라	-져, -져라

2.3. 主体敬語法の変化

主体敬語法（주체높임법）は、大きな変化なく現代韓国語に至った．現代韓国語で15世紀韓国語と同じ先語末語尾で敬語法を実現する唯一の場合である．従

って，現代韓国語で主体敬語法は-으시-と-∅-の対立で「高める」と「高めない」を実現する．ただし，変化と関連し次のいくつかを指摘することができる．

まず，15世紀韓国語では-으시-と例(5)の-으샤-という2つの形態で実現されていたものが，-으시-へと形態が統一され現代韓国語に至った．次の16世紀と17世紀の資料を見ると，-어/아 の前でも-으시-が使われ，-으샤-は消滅している．

(17) a. 16世紀: 父母 ㅣ … 깃거ᄒᆞ셔든[=깃거ᄒᆞ-시-어든] (小學諺解 2:21)
¶부모님이 …기뻐하시거든
両親がお喜びになるなら
b. 17世紀: 그리 아ᄅᆞ셔[=알-ᄋᆞ시-어] 종용히 ᄒᆞ쇼셔 (捷解新語 8:10)
¶그렇게 아시고 편안히 하소서
そうだとお思いになって，楽になさってください

一方，現代韓国語に現れる主体尊敬助詞である-께서と-께옵서 は15世紀韓国語には存在しなかった．これらは17世紀に形成され現代韓国語に至った．-께서と-께옵서 は'-ᄭᅴ-셔, -겨셔, -겨오셔' 等から発達したものと考えられる．

2.4. 客体敬語法の消滅

上で見たように，音韻条件に従い客体敬語語尾'-ᄉᆞᆸ-'は，その形態が多様に変異し，ひとつの範疇を実現するのに適当ではない上に，領域も広く目的語，副詞語等に渡っており，客体の概念を定義するのが非常に難しくなった．このような理由から，17世紀以降には漸次'-ᄉᆞᆸ-'の機能がはっきりとしなくなり，主体敬語法を実現する時にも現れ，聞き手敬語法を実現する時にも現れるようになった．

17世紀韓国語を反映した『仁祖大王行狀』という文献で '-ᄉᆞᆸ-'が(18a)では客体敬語法を，(18b)では聞き手敬語法を実現している．やはり17世紀の文献である『捷解新語』でも'-ᄉᆞᆸ-'が(19a)のように客体敬語法を実現するかと思えば，(19b)のように聞き手敬語法を実現している．

(18) a. 내 일즉 엄친을 일-ᄉᆞᆸ-고 편모만 밋ᄌᆞ와더니[=밋-ᄌᆞ와-더-니]

(仁祖大王行狀 8)

¶내가 일찍이 아버지를 잃고 홀어머니만 믿었더니
私が早く父を亡くしひとりの母だけを信じていたが

454

  b. 대비 명ᄒᆞ야 드-오-쇼셔 ᄒᆞ고 (仁祖大王行狀 5)
  ¶ 대비 명하여 들어오소서 하고
  大妃が命じて入って来なさいと言い

(19) a. 정관은 셤으로셔 올 적브터 東萊 극진ᄒᆞ시믈 듣-즙-고 언제 건너가 말
  솜ᄒᆞ올고 너기ᅟᅮᆸ더니 (捷解新語 2:4)
  ¶정관은 섬에서 올 적부터 東萊께서 극진하심을 듣고 언제 건너가
  말씀할까 여겼는데
  正官は島から来る時から東萊が極尽でいらっしゃるのを聞き、いつ渡っ
  て行き申し上げようかと考えていたが
  b. 브듸 거스르디 말고 아래 사ᄅᆞᆷ들의게나 주실 양으로 ᄒᆞ-ᅟᅮᆸ-쇼셔
                 (捷解新語 8:2)
  ¶ 부디 거스리지 말고 아래 사람들에게나 주시도록 하소서
  どうか釣り銭は出さず、下の人たちにでもやるようにしてください

 このように、'-ᅀᆞᆸ-'と多様な変異形はしだいに聞き手敬語法を実現する機能に変わり、客体敬語の語尾'-ᅀᆞᆸ-'は消滅した. 結果的に現代韓国語の客体敬語法はこれ以上先語末語尾によって実現されず、尊敬の助詞（높임조사）'-께'と、客体敬語動詞（객체높임동사）'드리다, 모시다, 여쭈다'等によって実現される.

2.5. 聞き手敬語法の変化
2.5.1. 聞き手敬語法の強化
 聞き手敬語（청자높임）の語尾'-으이-'(-으잇-)は不安定で、(20)のように 16 世紀文献から'-으이-'(-으잇-)の形が現れ始め、2 つの形態が共存する. しかし、17 世紀に至ると(21)のように'-ㅇ이-'(-ㅇ잇-)を経て、(22)のように'-으이-'(-으잇-)で固まった.

 (20) a. 고렷 짜흐로 가노-이-다 (飜譯朴通事 上 8)
   ¶고려의 땅으로 갑니다
   高麗の地へ行きます
  b. 왕오 왓ᄂᆞ-이-다 (飜譯朴通事 上 59)
   ¶王五가 왔습니다

王五が来ました
(21) a. 御慇懃ᄒ신 말솜 겻티 도로혀 붓그럽ᄉ왕이다 (捷解新語 6:10)
¶극진하신 말투가 도리어 부끄럽습니다
ご丁寧なお言葉がかえって恥ずかしいです
b. 엇디 얼현히 ᄒ링잇가 (捷解新語 5:25)
¶어찌 소홀히 하겠습니까
どうしておろそかにしましょうか
(22) a. 自由히 너기옵신가 민망ᄒ여이다 (捷解新語 3:9)
¶마음대로 여기신가 (하여) 민망합니다
勝手に思われたようで心苦しいです
b. 싱심이나 어이 남기고 머그리잇가 (捷解新語 3:11)
¶감히 어찌 남기고 먹겠습니까
あえて、どうして残して食べましょうか

聞き手は常に話し手の目の前にいるので，聞き手敬語法は他の敬語法より現実性が強い．ところが，上で見たように形態が不安定になっていくため，ここで聞き手敬語法の手段を強化する必要が生じることになった．その結果，聞き手敬語法の実現を他の方法に頼るという傾向が現れることとなった．まさにここに関与することになったのが客体敬語の語尾'-ᄉᆸ-'である．結局，17世紀韓国語には聞き手敬語法を実現する形態がまず'-으이-'，2つ目に'-ᄉᆸ-'，最後に'-ᄉᆸ……으이-'というように3つの類型で共存することになった．次は『捷解新語』に現れたそれぞれの例である．

(23) a. 自由히 너기옵신가 민망ᄒ여·이·다 (捷解新語 3:9)
¶마음대로 여기신가 (하여) 민망합니다
勝手に思われたようで心苦しいです
b. 엇디 얼현히 ᄒ링잇가 (捷解新語 5:25)
¶어찌 소홀히 하겠습니까
どうしておろそかにしましょうか
(24) a. 므슴 빅 어이ᄒ야 뻐뎔·ᄉᆸ·ᄂ·고 (捷解新語 1:11)
¶무슨 배가 어찌하여 뒤떨어졌습니까
何の船がどうして取り残されたのですか

456

b. 수이 홀 양으로 ᄒᆞᆸ소 (捷解新語 1:26)
　　　　¶곧 하도록 하시오
　　　　すぐにするようにしてください
(25) a. 하 젓소이 너기오와 다 먹ᄉᆞᆸᄂᆞ이다 (捷解新語 2:7)
　　　　¶매우 황송하게 여겨 다 먹습니다
　　　　非常に恐縮に思いみな食べました
　　　b. 예셔 죽ᄉᆞ와도 먹ᄉᆞ오리이다 (捷解新語 2:7)
　　　　¶여기서 죽어도 먹겠습니다
　　　　ここで死んでも食べます

　このようにして，'-ᄉᆞᆸ-'とその変異形はしだいに聞き手敬語法を実現する機能へ変わっていった．機能が弱化した客体敬語の語尾'-ᄉᆞᆸ-'とその変異形が主に聞き手敬語法を実現する機能へ変化したのは，聞き手敬語法が他の敬語法より現実性が強いことに起因すると言えよう．聞き手と客体が同一である場合に，このような変化が始まったものと見られる．
　ところで，上の3つ目の類型は1つ目と2つ目の類型より聞き手敬語の程度が高いものである．このような形態は現代韓国語の'-ᄉᆞᆸ니다'へ発展した．

2.5.3. '-어'と'-어-요'の登場

　19世紀に至り'-어'で終わる文が文の終結法のそれぞれに現れることになった．18世紀に'-지'(または-제)で終わる文が見えはするが，まんべんなく現れたのは，(26)のような19世紀後期の古代小説資料でである．これら形態は接続文構成の後行節が切断された形式から発達したものと思われる．

(26) a. 어듸 갓다 인제 와[오-아]
　　　　¶어디 갔다가 이제 와?
　　　　どこに行って今頃来るんだ
　　　b. 저러흔 어여쁜 아히보고 돈 두푼도 주엇-제
　　　　¶저렇게 예쁜 아이에게 돈 두 푼도 주었지
　　　　あんなにかわいい子どもにお金2文もあげたよ

　ここにさらに'-요'が結合し，敬語の等級を形成し，'-어-요'と，'-어'で対立をなし，

現代韓国語に至る．6) 上で提示した'-습니다, -으오, -네, -다'が格式体であるならば，'-어-요, -어'の形式は非格式体である．結果的に，聞き手敬語法は15世紀韓国語で先語末語尾'-으이-'の対立で実現され，現代韓国語に至っては終結語尾により，即ち'-습니다, -으오, -네, -다'，そして'-어-요, -어'に等級が分化し実現されるに至った．

3. 時制法の変化
3.1. 時制法と時制法の変化

時制法は言語内容の伝達で時間と関連を持つ文法範疇である．一般的に時間と関連を持つ文法観念には時制（시제，tense），相（양상，aspect），様態（양태，modality）がある．

最初に，時制は発話時に対する事件時の時間的な位置を表す文法観念である．言語内容が伝達される時点を発話時と言い，動作や状態が起こる時点を事件時と言う時，発話時を基準に事件時が先に来る場合，事件時と発話時が同じ場合，事件時が後に来る場合があるが，これを各々「過去，現在，未来」と言う．

次に，相は時間の流れの中で動作，状態が起こる姿を表す文法観念である．動作や状態が起こる姿には「進行，完了，起動，反復」等がある．

最後に，様態は時間と関連し，動作や状態に対する話者の心理的態度を表す文法観念である．動作や状態を「今－ここ」の現実世界で認識しもし，現実と断絶された「その時－そこ」の世界で認識しもする．また，動作や状態に対する推測や意志を実現しもする．これを各々「現実，回想，推測，意志」と言う．

次の(27)は15世紀韓国語の文であるが，下線部が時制法を実現している．この文の自然な現代韓国語の表現は(28)のようである．これは時制法の実現方法が歴史的に変化したことを示している．

(27) a. 이 두 사ᄅᆞ미 福德이 어늬사 하·리·잇고 (釋譜詳節 23:4)
     b. 大愛道ㅣ 드르시고 ᄒᆞᆫ 말도 몯ᄒᆞ·야 잇·더시니 (釋譜詳節 6:7)
(28) a. 이 두 사람 가운데 복덕이 어느 쪽이 더 많겠습니까?
     この2人のうち，福徳がどちらの方がより多いでしょうか

---

6) '-요'の起源に関してはまだはっきりと明らかにされていないが，서정목(1993), 김용경(1997), 고광모(2000)等で論じられている．고광모(2000)では'이다'の体の活用形である'이오'から発達したとしている．

b. 大愛道가 들으시고 한 말씀도 못하셨더니[=못하-시-엇-더-니]
   大愛道がお聞きになり，一言も言えずにいらしたが

では，このような時制法を実現していた15世紀韓国語の文法形態についてまず記述し，これを土台に現代韓国語に至るまでの過程を見てみることにしよう．

3.2. 15世紀韓国語の時制法

15世紀韓国語で時制法は主に先語末語尾によって実現された．'-ᄂ-, -더-, -으니-, -으리-'がまさにそれである．先語末語尾'-ᄂ-'は時制としては現在を，様態としては現実を主に実現していた．'-더-'は時制としては過去，様態としては回想を主に実現していた．'-으니-'は時制としては過去，様態としては完結を主に実現していた．'-으리-'は時制としては未来，様態としては推測や意志を主に実現していた．この4つの先語末語尾が持つ観念は対立する2つの観念のペアで解釈できる．即ち，'-ᄂ-'と'-더-'は現実的なものとそうでないもの，'-으니-'と'-으리-'は完結的なものとそうでないものの対立と解釈すると，次のように時制法体系を立てることができる．(허웅 1975:877 参照)

(29)　15世紀韓国語の時制法体系
   a. 現実法：[＋現実性] -ᄂ-
   b. 回想法：[－現実性] -더-
   c. 完結法：[＋完結性] -으니-
   d. 未定法：[－完結性] -으리-

3.2.1. 現実法

動詞の場合は先語末語尾'-ᄂ-'で実現され，形容詞や指定詞'이다'である場合は'-ø-'で実現される．(30a)は述語が動詞で'-ᄂ-'が結合しており，(30b)は形容詞で'-ø-'で現れている．

(30) a. 이 모미 주근 後에 오으로 滅ᄒᄂ다 (楞嚴經諺解 2:10)
    ¶이 몸이 죽은 후에는 온전히 없어진다
    この体が死んだ後には完全になくなる
   b. 하늘 우콰 하늘 아래 나쏀 尊ᄒ오라[=尊ᄒ-ø-오-라] (月印釋譜 2:38)

459

¶하늘 위와 하늘 아래에서 나만이 높도다
天の上と天の下で我こそ貴し

連体節（관형사절）構成で現実法は述語が動詞である時，'-논'[='-ᄂ-은]で実現される．

(31)　神通 잇-논[='-ᄂ-은] 사ᄅ미ᅀᅡ 가ᄂ니라 (釋譜詳節 6:43)
　　　¶신통력이 있는 사람이어야 가는 것이다
　　　神通力がある人こそが行くのである

3.2.2. 回想法

回想法は主語の人称により，異なる形態で実現される．主語が話者自身，即ち1人称である場合には'-다-'で実現され，そうでない場合には'-더-'で実現される．そして，'이다，아니다'と時制語尾'-으리-'の次で'-더-'は'-러-'に，'-다-'は'-라-'に変異する．(32)は主語が1人称で'-다-'または'-라-'，(33a)は主語が3人称で'-더-'，(33b)は'이다'の次であるため'-러-'で現れている．

(32) a. 내 지븨 이실 저긔 受苦ㅣ 만타라[=많-다-라] (月印釋譜 10:23)
　　　　¶내가 집에 있을 적에 고통 받음이 많더라.
　　　　このわたしが家にいる時に苦痛を受けることが多かった
　　　b. 내 … 舍衛國 사ᄅ미라니[=사ᄅᆷ-이-라-니]，父母ㅣ 나ᄅᆯ 北方 싸ᄅᆞᄆᆡ 얼이시니 (月印釋譜 10:23)
　　　　¶내가 … 舍衛國 사람이었더니，부모가 나를 북방의 사람에게 배필을 삼게 하시니
　　　　わたしが…舍衛国の人であったが，両親がわたしを北方の人に配偶させたので
(33) a. 病ᄒᆞᆫ 사ᄅᆞ미 잇거든 夫人이 머리를 ᄆᆞᆫ지시면 病이 다 됴터라[=둏-더-라] (月印釋譜 2:30)
　　　　¶병든 사람이 있으면 부인이 머리를 만지시면 병이 다 낫더라
　　　　病の人がいれば，夫人が頭をなでると病がすっかり治ったのだ
　　　b. 給孤獨長者ㅣ 닐굽 아ᄃᆞ리러니[=아들-이-러-니]，여슷 아들란 ᄒᆞ마 갓 얼이고 (釋譜詳節 6:13)

¶給孤獨長者(=須達)가 아들이 일곱이더니, 여섯 아들은 이미 아내와 결혼시키고
給狐独長者が息子が7人であったが，6人の息子はすでに妻と結婚させ

3.2.3. 完結法

完結法は'-으니-'(または'-은-')で実現されるが, '-과'と'-어-, -거/가-, -나'等も完結法を実現する先語末語尾である. '-으니-'は叙述語尾'-라'と疑問語尾'-아, -야, -여, -오', そして(35)のように'-은-'は疑問語尾'-다, -고, -가'の前で実現される. [7]

(34) a. 여느 쉰 아히도 出家ᄒ-니-라 (釋譜詳節 6:10)
    ¶다른 쉰 아이도 出家하였다
    他の50の子どもも出家した
  b. 늘구메 帷幄ᄒ얌직 ᄒ-니-아 (杜詩諺解-初刊本 6:31)
    ¶늙어서 帷幄함직 하느냐
    老いて帷幄するのにふさわしいか
  c. 萬里옛 戎王子ㅣ 어느 히예 月支를 여희여 오-니-오
                          (杜詩諺解-初刊本 15:8)
    ¶만리에 있는 戎王子가 어느 해에 月支를 여의어 오느냐
    万里の戎王子が何れの年に月支に別れ来るか
(35) a. 눌 爲ᄒ야 가져 간다[=가-ㄴ-다] (月印釋譜 2:13)
    ¶누구를 위하여 가져 가느냐
    誰のために持って行くのか
  b. 故園은 이제 엇더ᄒ고[=엇더ᄒ-ㄴ-고] (杜詩諺解-初刊本 25:24)
    ¶고향은 지금 어떠한가
    故郷は今どうか

---

7) 疑問法'-으니여, -으니오'はそれぞれ'-으녀, -으뇨'という縮約形で現れることもある.
  a. 天下앳 사미至極性이 이러니 잇-녀 업스녀[=없-으녀] (杜詩諺解-初刊本 22:2)
    ¶천하에 있는 사람의 지극한 성품이 이러한 사람이 있느냐 없느냐
    天下にある人の至極な品性がこのような人がいるのかいないのか
  b. 이 智慧 업슨 比丘ㅣ 어드러셔 오-뇨 (釋譜詳節 19:30)
    ¶이 철 없는 比丘가 어디서 왔느냐
    この智慧のない比丘がどこから来たのか

c. 西京은 便安ᄒ가[=便安ᄒ-ㄴ-가] 몯ᄒ가[=몯ᄒ-ㄴ-가]

(杜詩諺解-初刊本 18:5)

¶西京은 편안한가 못 한가
西京は無事か, 無事ではないか

'-과-'は主語が話し手自身, 即ち1人称の時, 完結法を実現する.

(36) a. 아래 잇디 아니혼 거슬 得-과-라 (楞嚴經諺解 4:75)
¶예전에 있지 않은 것을 얻었다
以前なかったものを得た

b. 내 이제 ᄉᆞ랑ᄒᆞ니 ᄒᆞᆫ 고대 잇논들 알-와-이-다 / … 知在一處ᄒ-과-이-다 (楞嚴經諺解 1:56)
¶내가 이제 생각하니 한 곳에 있는 줄 알았습니다.
私が今考えると, ひとところにいると思いました

連体節構成で完結法は'-은'で 実現される.

(37) 아기 나혼[=낳-은] 겨집들흘 보고 (月印釋譜 21:143)
¶아기 낳은 여자들을 보고
赤ん坊を産んだ女たちを見て

3.2.4. 未定法

未定法は先語末語尾'-으리-'（または'-을-'）で実現される. [8] そして, (39)のように'-을-'(-읋-, -ᇙ-)は文の疑問語尾'-다, -고, -가'の前で実現される.

---

[8] 疑問法'-으리여, -으리오'はそれぞれ'-으려, -으료'という縮約形で現れることもある.
 a. 이 聚落애 다시 迷惑 내려 아니-려 (楞嚴經諺解 4:35)
  ¶이 동네에서 다시 미혹을 내겠는가? 아니 내겠는가?
  この集落で再び迷いを生ぜしめるのか, どうか
 b. 므스거스로 道를 사ᄆᆞ-료 (月印釋譜 9:22)
  ¶무엇으로 도를 삼겠느냐
  何を道とするのか

(38) a. 아들ᄯᆞ를 求ᄒᆞ면 아들ᄯᆞ를 得ᄒᆞ·리·라 (釋譜詳節 9:23)
¶아들 딸을 구하면 아들 딸을 얻을 것이다
息子娘を求めれば、息子娘を得るであろう
b. 내 이제 分明히 너ᄃᆞ려 닐오·리·라 (釋譜詳節 19:4)
¶ 내가 이제 분명히 너에게 말할 것이다
私が今、はっきりとお前に言うつもりである
(39) a. 네 내 마를 다 드를따[=듣·읋·다] (釋譜詳節 6:8)
¶네가 나의 말을 다 듣겠느냐
お前が私の言葉をみな聞くのか
b. 어느 法으로 어느 法을 得ᄒᆞ고[=得ᄒᆞ·ᇙ·고] (月印釋譜 13:54)
¶어느 법으로 어느 법을 얻겠느냐
ある法で、ある法を得るのか
c. 두 사ᄅᆞᄆᆞ 시러곰 님긊 겨틔 둘가[=두·ᄅ·가] 몯홀가[=몯ᄒᆞ·ᄅ·가]
(杜詩諺解-初刊本 25:10)
¶두 사람은 능히 임금님 곁에 둘까 두지 못할까
２人は十分に王のそばに置けるか、置けないか

'-은'で 実現される連体節構成で未定法は '-린'[=-으리-은], '-ᇙ'で実現される.

(40) a. 아직 ᄀᆞᄅ쵸ᄃᆡ ᄀᆞᄅ치디 몯ᄒᆞ·린 後에ᅀᅡ 怒ᄒᆞ고 怒를 몯ᄒᆞ·린 後에ᅀᅡ
툘디니 (內訓 3:5)
¶아직 가르치되 가르치지 못할 지경이 된 후에야 노하고 노하지도 못
할 지경이 된 후에야 (매를) 칠 것이니
まだ教えるが、教えられない状況になった後にこそ、怒り怒りもできな
い状況になった後にこそ（鞭を）打つが
b. 길 녏 사ᄅᆞᆷ과 ᄀᆞ티 너기시어 (釋譜詳節 6:4-5)
¶길 가는 사람과 같이 여기시니
道を行く人のようにお感じになり

3.2.5. 状態持続相と進行相

現代韓国語のように統辞的構成により相が実現される. (41)の '-어 잇/이시/겨
시-' 構成が状態持続相を、(42)の '-고 있-' 構成が進行相を実現している.

463

(41) a. 三千世界時常 붉가[=붉-아] 이시-며 (月印釋譜 2:25)
¶三千世界 時常이 밝아 있으며
三千世界時常が明るくあり
b. 須達이 지븨 도라와 떠 무든 옷 닙고 시름ᄒ-야 잇-더니
(釋譜詳節 6:27)
¶須達이 집에 돌아와 때 묻은 옷을 입고 수심에 잠겨 있더니
須達が家に帰り，垢のついた服を着て水につかっていたが
(42) a. 네 … 됴ᄒᆞᆫ 차반 먹-고 이쇼ᄃᆡ[=이시-오ᄃᆡ] (釋譜詳節 24:28)
¶네가 … 좋은 음식 먹고 있으니
お前が…よい食べ物を食べているが
b. 됴ᄒᆞᆫ 香 퓌우-고 잇-거니 (釋譜詳節 24:26)
¶좋은 香 피우고 있었으니
よい香をたいていたが

このうち'-어 잇/이시-'構成は，現代韓国語とは異なり全ての用言にわたり幅広く現れる表現であったが，歴史的にしだいに他動詞，形容詞，そして自動詞の一部では分布が縮小した．そして，もともと進行相の'-고 잇/이시-'構成は'-어 잇/이시-'構成より使用が活発ではなかったが，しだいに分布を拡張し，現代韓国語に至った．

3.3. 現実法'-ᄂᆞ-'と回想法'-더-'の形態変化
3.3.1. 現実法'-ᄂᆞ-'の形態変化

15世紀韓国語で現実用は'-ᄂᆞ-'により実現された．'-ᄂᆞ-'の'ᄒᆞᄂᆞ다'(即ち，動詞語幹が母音で終わった)形態は16世紀から引用節で'ᄒᆞᆫ다'形態に変わり始め，17世紀の引用節に'ᄒᆞᄂᆞ다'はこれ以上見られない．その後，上位文でも同じ変化が現れ，18世紀末に至り'ᄒᆞᄂᆞ다'形態は完全になくなることになった．次の(43)は16世紀の例で，引用節では'ᄒᆞᆫ다'，上位文では'ᄒᆞᄂᆞ다'が現れている．(44)(45)は各々17世紀と18世紀の例で，引用節の内包文と上位文にすべて'ᄒᆞᆫ다'が現れている．

(43)　君을 셤교매 禮를 다함을 사름이 뻐 諂ᄒᆞᆫ다 ᄒᆞᄂᆞ다 (論語諺解 1:25)
¶임금을 섬기는 데에 예를 다하는 것을 사람이 諂한다고 한다

君主に仕えるのに礼を尽くすことを，人が媚を売ると言う
(44) a. 常言에 닐오듸 사룸이 … 빗지면 거즛말 니르기 잘흔다 ᄒᆞᄂᆞ니라

(朴通事諺解 上 32)

¶常言에 말하기를 사람이 … 빚을 지면 거짓말 하기를 잘한다고 한다.
常言に曰く，人が…負債を負うと嘘が上手になると言う
　 b. 이 ᄆᆞᆯ은 믈 잘 먹고 이 ᄆᆞᆯ은 믈 먹기 쟉게 ᄒᆞ다 (老乞大諺解 上 31)
¶이 말은 물을 잘 먹고 이 말은 물 먹기를 적게 한다
この馬は水をよく飲み，この馬は水をあまり飲まない
(45) a. 두 分에 ᄒᆞᆫ 斤 羊肉을 준다 ᄒᆞ더라 (蒙語老乞大 1:12)
¶두 푼에 한 근의 양고기를 준다 하더라
二文で一斤の羊肉をくれると言ったのだ
　 b. 네 아지 못ᄒᆞ다 (蒙語老乞大 3:17)
¶네가 알지 못한다
お前が知ることができない

　上のような動詞の語幹が母音で終わる'ᄒᆞᄂᆞ다'の場合とは異なり，動詞の語幹が子音で終わる'먹ᄂᆞ다'の場合は，17世紀に至り'먹는다'形態が現れる．これは次のような類推作用の結果である．15世紀の'ᄒᆞᄂᆞ다'：'먹ᄂᆞ다'はその形態が統一されていたが，16世紀以降は'흔다'：'먹ᄂᆞ다'に形態が統一されておらず，現実法という共通の意味を維持するのが難しくなった．そのため，'흔다'の類推から'먹ᄂᆞ다'が'먹는다'に変化した．(46)は動詞の語幹が子音で終わる17世紀の例である．その後，'-는-다'は母音 / ㆍ /の消滅により'-는-다'に形態が変化し現代韓国語に至る．

(46) a. 常言에 닐오듸 … 믈을 ᄀᆞᆷ알면 믈엣거슬 먹는다 ᄒᆞ니라

(朴通事諺解 下 37)

¶常言에 말하기를 … 물을 주관하면 물의 것을 먹는다 한다
常言に曰く…水を管理すると，水のものを食べると言う
　 b. ᄆᆞ리 쇼ㅣ 거름 ᄀᆞ티 즈늑즈늑 것는다 (老乞大諺解 下 8)
¶ 이 말이 소의 걸음 같이 느릿느릿 걷는다
馬が牛の歩みのようにのろのろ歩く

3.3.2. 回想法'-더-'の形態単純化

　15世紀の回想法は，主語の人称により，1人称の場合には'-다-'で実現され，そうでない場合には'-더-'で実現された．しかし，17世紀に至り回想法の人称対立は消滅し'-더-'の形態に単純化され現代韓国語に至った．

　次の(47)は16世紀の例であるが，'-다-'と'-더-'が人称により対立していることがわかる．しかし，(48)のような17世紀の例には1人称でも'-더-'が現れていることが見て取れる．

　　(47) a. 1人称：내 요ᄉ이 믈 보기 어더셔 믈 특기 몯ᄒ·다·라

　　　　　　　　　　　　　　　　　　　　　　(飜譯朴通事 上 37)

　　　　　　¶내 요사이 똥오줌 누기 어려워 말 타기를 못하였다.
　　　　　　私がこの間，大小便をするのが難しく，馬に乗ることができなかった

　　　　b. 3人称：뎌긔 ᄒᆞᆫ 고라모리 이쇼듸 지조ᄂᆞᆫ 됴커니와 오직 뒷지페디·더·라 (飜譯朴通事 上 62)

　　　　　　저기 한 고라말이 있는데 재주는 좋지만 오직 뒤집혀지더라
　　　　　　あそこに一頭の褐色の馬がいるが，才能はいいがただひっくり返るのだった

　　(48) a. 1人称：내 요ᄉ이 病疾 알하 일즙 믈을 튿디 못ᄒ·더·니·라

　　　　　　　　　　　　　　　　　　　　　　(朴通事諺解 上 34)

　　　　　　¶내 요사이 아파서 일찍이 말을 타지 못하였다
　　　　　　私がこの間、具合が悪く早く馬に乗れなかった

　　　　b. 3人称：이 ᄒᆞᆫ 등엣 믈은 열 량 우흐로 폴리라 ᄒᆞ·더·라

　　　　　　　　　　　　　　　　　　　　　　(老乞大諺解 上 8)

　　　　　　¶이 일등급 말은 열 냥 위로 팔겠다 하더라
　　　　　　この一等級の馬は十両以上で売るつもりだと言うのだ

3.4. 完結法の変化：'-으니-'の消滅と'-엇-'の生成

3.4.1. '-으니-'の消滅

　15世紀韓国語で完結法を実現していた'-으니-'は分布，形態，意味から見て不安定な方であった．分布上，相当制限的であり，形態上'-으니-여, -으니-오'は各々'-으녀, -으뇨'という縮約形で現れもした(脚注7参照)．そして，意味上他の時制の語尾と結合する時は，完結の意味を失い確認する程度の意味のみを表した．

16世紀には15世紀の'-으니-아, -으니-야, -으니-여, -으니-오'の内, '-으니-오'のみが現れ, 主に縮約形である'-으녀, -으뇨'が現れた. そして, (49)で見られるように17世紀には'-으녀'が'-으냐'で現れた. 結局, '-으니-'は終結語尾と共に縮約され'-으냐, -으뇨'の形態で残ることになった.

(49) a. 16世紀: 쏘 아니 내게 셜우-녀 (飜譯朴通事 上 11)
¶또 나에게 서럽지 아니하느냐
また私に悲しくないか
b. 17世紀: 쏘 내게 셟디 아니ᄒ-냐 (朴通事諺解 上 12)
¶또 나에게 서럽지 아니하느냐
また私に悲しくないか

15世紀韓国語で1人称の完結法を実現していた'-과-'は, (50)のように16世紀, 17世紀まで使われたが, 18世紀に至り消滅した.

(50) a. 16世紀: 내 맛보-과-라 (飜譯老乞大 上 22)
¶내가 맛보았다
私が味をみた
b. 17世紀: 내 이 흔 글월 쓰-과-라 (老乞大諺解 下 14)
¶내가 이 한 계약서를 썼다
私がこの一通の契約書を書いた

3.4.2. 完結法'-엇-'の生成

現代韓国語で'-엇-'で実現される完結法は, 15世紀韓国語では通辞的構成'-어 잇/이시-'から文法化して生成された. (51)のように15世紀韓国語で'-어 잇/이시-'構成は, もともと状態持続相であり, ある動作や状態が完結しその姿が持続していることを実現した[第1型]. そして, '-어 잇/이시-'構成から母音が縮約し重母音形態になった'-엣/에시-'が現れもした[第2型]. また, '-엣/에시-'の重母音が短母音に変わり'-엇/어시-'で現れもした[第3型].

(51) a. [第1型] 네 이제 사ᄅᆞ미 모믈 得ᄒᆞ고 부텨를 맛나 잇-ᄂᆞ니
(釋譜詳節 6:11)

467

¶너는 이제 사람의 몸으로 태어나고 부처님을 만났는데
お前は今，人の体で生まれ仏に会ったが
b. [第2型] 須達이 病ᄒ·얫·거늘 (釋譜詳節 6:44)
¶須達이 아팠기 때문에
須達が病んでいたため
c. [第3型] 빅ᄂᆞᆫ 고기 낛ᄂᆞᆫ 그르시 ᄃᆞ외·얏·고 (金剛經三家解 3:60)
¶배는 고기 낚는 그릇이 되었고
舟は魚を釣る器になり

こうして新しい文法形態素'-엇/어시-'が発達するに至った. 16世紀にもこの3つの形態が共存していたが，15世紀に比べ第3型が優勢であった.『飜譯小學』(1518年)と『小學諺解』(1588年)を比べてみるとそれがわかる.

(52) a. 뫼ᅀᆞ와[=뫼·ᅀᆞ오·아] 잇·ᄂᆞᆫ 어던 션비 (飜譯小學 9:12)
뫼ᅀᆞ완ᄂᆞᆫ[=뫼·ᅀᆞ오·앗·ᄂᆞᆫ] 어던 션비 (小學諺解 6:11)
¶모셔온 어진 선비
仕えてきた賢い学者
b. 뫼셔[=뫼시·어] 잇ᄂᆞᆫ 사ᄅᆞᆷᄃᆞ려 ᄀᆞ마니 무러 (飜譯小學 9:85)
뫼션ᄂᆞᆫ[=뫼시·엇·ᄂᆞᆫ] 이 들여 ᄀᆞ만이 무러 (小學諺解 6:79)
¶모셔 있는 사람에게 가만히 물어
仕えている人に静かに尋ね

17世紀には第1型は依然として使われていたが，第2型は見えず，そのかわりに第3型が圧倒的であるのが見られる. ところで, 第1型は状態持続の意味を, 第3型は完結の意味を見せた. 従って, 第1型は分布が縮小したが, 状態持続相の意味を維持し, 現代韓国語へとつながり, 第3型は分布を拡大しつつ新しい完結法を生成し現代韓国語へとつながった.

19世紀末に至ると, (53a)のように-어시-'が'-엇시-'に変化した. これは再び(53b)のように'-엇ㅅ-'と分析されるに至った.

(53) a. 직믈은 어듸서 낫시며[=나·앗시·며] (과ᄒᆞ일긔 7)
¶재물은 어디서 났으며

468

財物はどこから出て
b. 우리가 오날 신문에 죠칙을 긔록ᄒ엿스니[=긔록ᄒ·엿ㅅ·으니]

(독닙신문 1896.4.9.)

¶우리가 오늘 신문에 詔勅을 기록하였으니
我々が今日，新聞に詔勅を記録したが

このように文法の中に新しく地位を得た時制の語尾'-었-'の生成過程は次のように整理できる.

(54)　現代韓国語'-었-'の生成過程
-어/아 잇/이시- > -엣/에시/앳/애시- > -엇/어시/앗/아시- > -었/았-

3.5. 未定法の変化：'-으리-'と'-겠-'の交替
3.5.1. 未定法'-으리-'の衰退

15 世紀韓国語で広く使われていた'-으리-'は，16 世紀から大きな変化が起こる. 即ち，'-으리-'が'-을-'に縮約する現象が起こる. (55)は 16 世紀韓国語で'-으리-로- > -을-로-'の変化を，(56)は 17 世紀韓国語で'-으리-로- > -을-로- > (-로-) > -ㄹ-'の変化を見せている. このようにして'-으리-'は衰退した.

(55)　이 四端을 두듸 스스로 能히 몯홀로다[=몯ᄒ·ㄹ·로·다] 닐ᄋᆞ는 者는

(孟子諺解 3:32)

¶이 四端을 두되 스스로 능히 못 할 것이라고 말하는 사람은
この四端を置くが，自ら十分できないと言う人は

(56) a. 내 아디 못ᄒ·리·로·다 (老乞大諺解 上 33)

¶ 내가 알지 못 하겠다
私が知ることができないであろう

b. 내 뎌를 디기디 못홀로다[=못ᄒ·ㄹ·로·다] (朴通事諺解 下 6)

¶ 내가 저것을 눌러짜지 못 하겠다
私があれを圧搾できないであろう

c. 詔書 開讀ᄒᆞᆫ 후의 高麗 ᄯᅡ히 갈다[=가·ㄹ·다] (朴通事諺解 上 9)

¶詔書를 열어 읽은 후에 高麗 땅으로 가겠다
詔書を開き，読んだ後に高麗の地へ行く

連体節構成で実現されていた'-으린'[=-으리-은]は-을'に合流し, 16世紀から見えない.

3.5.2. 未定法'-겠-'の生成

未定法'-으리-'の衰退は, 新しい未定法'-겠-'を生成させる. 現代韓国語の'-겠-'は, 使役を表す統辞的構成'-게 ᄒ-'の完結法である'-게 ᄒ엿-'から文法化した (나진석 1953, 허 웅 1987 参照). 次の(57)の'-게 ᄒ엿-'構成は使役の意味を表しているが, (58)は使役の意味がそれほどはっきりとしていない.

(57) a. 아모조록 쳐치를 ᄒ시-게 ᄒ-야시-니 (한듕록 406)
　　　　¶아무쪼록 처치를 하시게 하였으니
　　　　ぜひとも処置をおさせになったが
　　 b. 이 나라히 오날이 잇-게 ᄒ-야시-니 (한듕록 530)
　　　　¶이 나라가 오늘이 있게 하였으니
　　　　この国が今日があるようにさせたが
(58) a. 지곳 업스면 궐니의셔는 알니 업셔 인ᄒ여 모르-게 ᄒ-야시-니
　　　　　　　　　　　　　　　　　　　　　　　　　(한듕록 90)
　　　　¶나만 없으면 궐내에서는 아는 사람이 없어 그래서 모르겠다 하시니
　　　　私だけがいなければ, 王宮内では知る人がなく, それで知らないとおっしゃるが
　　 b. 다 마누하님 월츌을 못 보시-게 ᄒ-엿-다 ᄒ고 소리ᄒ여 ᄒ니
　　　　　　　　　　　　　　　　　　　　　　　(의유당집 동명일긔)
　　　　¶다 마나님이 달돋이를 못 보시겠다 하고 말하니
　　　　みな奥様が月が出るのをご覧になれないだろうと言うが

特に(58b)の'마누하님'を目的語と見ると使役の意味で, 主語と見ると推測の意味に解釈される. そして、次の(59)で'-게 ᄒ엿-'構成は使役の意味よりは推測の意味が際立ち, 未定法を実現するに至る.

(59) a. 친히 무슨 글을 써 나리오셔 보장ᄒ야 집의 길니 뎐ᄒ면 미ᄉ가 되-게 ᄒ-엿-다 ᄒ니 (한듕록 2)
　　　　¶친히(직접) 무사산 글을 써 내리시어 잘 간수하여 집의 길니에게 전

470

하면 미시가 되겟다 하니
直接無事である文を書き，とっておき，家のキルリに渡せば，美辞美事
になるだろうと言うが

　b. 아마도 고이ᄒᆞ니 ᄌᆞ닉ᄂᆞᆫ 됴히 살·게 ᄒᆞ·엿·닉 (한듕록 260)
　　¶아마도 고이하니 자네는 잘 살겠네
　　おそらく大事にするから，君はいい暮らしをするだろう

このように，未定法を実現することになった'-게 ᄒᆞ엿-'構成は，形態の縮約が起こり'-게엿-'の形で現れた．'-엿-'の前で"ᄒᆞ-"の脱落が起こったものである．

(60) a. 내일이야 가·게엿·ᄉᆞᆷ마ᄂᆞᆫ (편지글 193)
　　¶내일이야 가겠습니다만
　　明日には行くつもりですが

　b. ᄯᅥ나도 잇지 못ᄒᆞ·게엿·ᄉᆞᆸ (편지글 193)
　　¶떠나도 잊지 못하겠습니다
　　離れても忘れられないでしょう

この構成は再び縮約し，18 世紀末には(61)のように'-겟-'の形態が完成し，19 世紀には(62)のように一般化した．

(61) a. 요란ᄒᆞ니 못ᄒᆞ·겟·다 ᄒᆞ시고 (한듕록 400)
　　¶요란하니 못하겠다 하시고
　　騒がしいのでできないとおっしゃり

　b. 우리 아바님 어마님이 다 됴화ᄒᆞ·시·겟·다 ᄒᆞ고 (한듕록 600)
　　¶우리 아버님 어머님이 모두 좋아하시겠다 하고
　　うちの父母がみな喜ばれるだろうと言い

(62) a. 엇더케 ᄒᆞ여야 관찰ᄉᆞ와 원 노릇슬 잘ᄒᆞ·겟·ᄂᆞ냐고 ᄒᆞ기에
　　　　　　　　　　　　　　　　　　　　　(독닙신문 1896.4.16)
　　¶어떻게 하여야 도지사와 군수 노릇을 잘하겠느냐고 하기에
　　どうすれば道知事と群守の役を十分にはたせるだろうかと言うので

　b. 남의게 의지ᄒᆞ랴ᄂᆞᆫ 사ᄅᆞᆷ을 쳔히 넉이ᄂᆞᆫ 풍쇽이 싱겨야 ᄒᆞ·겟·더·라
　　　　　　　　　　　　　　　　　　　　　(독닙신문 1897.1.5)

471

¶남에게 의지하려는 사람을 천하게 여기는 풍속이 생겨야 하겠더라
他人に頼ろうとする人を卑しく思う風俗ができなければならなかったの
だろう

このように生成された'-갯-'は，機能が'-으리-'と衝突するようになると，形態，分布，意味において弱化した'-으리-'と交替し，未定法の時制の語尾としての地位を固めることになった．'-젰-'の文法化の過程は次のように整理できる．

(63)　現代韓国語'-젰-'の生成過程
-게 ᄒ엿- > -게엿- > -갯- > -젰-

参考文献

高光模(2000) '상대 높임의 조사 '-요'와 '-(이)ㅂ쇼'의 기원과 형성 과정', "국어학 36, 국어학회
權在一(1994) '한국어 문법범주 변화에 대한 연구', "朝鮮學報" 150, 朝鮮学会
權在一(1998) "한국어 문법사", 도서출판 박이정
權在一(2012) "한국어 문법론", 도서출판 박이정
金容慶(1997) '높임의 토씨 '요'에 대한 연구', "한말연구" 3, 한말연구학회
金貞秀(1984) "17 세기 한국말의 높임법과 그 15 세기로부터의 변천", 정음사
羅鎭錫(1971) "우리말의 때매김 연구", 과학사
徐楨穆(1993) '국어 경어법의 변천', "한국어문" 2, 한국정신문화연구원
李基甲(1981) '씨끝 '-아'와 '-고'의 역사적 교체', "어학연구" 17-2, 서울대학교 어학연구소
李基甲(1985) '현실법 표지 '-ᄂ'의 변천: 중앙어와 전남방언에서', "역사언어학", 전예원
李基甲(1987) '미정의 씨끝 '-으리-'와 '-젰-'의 역사적 교체', "말" 12, 연세대학교 한국어학당
崔東柱(1995) "국어 시상체계의 통시적 변화에 관한 연구", 서울대학교 박사학위논문
韓在永(1998) '16 세기 국어의 대우 체계 연구', "국어학" 31, 국어학회

許　雄(1975) "우리 옛말본──15세기 형태론──", 샘문화사
許　雄(1987) "국어 때매김법의 변천사", 샘문화사

16世紀韓国語の「두어 두어」（罷罷）とその後続形

李　賢熙（イ・ヒョニ）

1. はじめに　　　　　　　　　　　　　　　　　　　　475
2. 「두워 두워」および「두워라 두워라」　　　　　475
3. 「두어라」表現の変化：「아서라」系と「앗구려」系　485
4. 「그만하다」と「그만두다」　　　　　　　　　　487
5. おわりに　　　　　　　　　　　　　　　　　　　493

1. はじめに

　本稿は，16世紀の諺解文献資料に見られる「두워 두워」という表現の変化と，それに対応する表現がどのような軌跡を描いていったのか，通時的に検討するために作成された．簡単な表現であるが，これらの表現を通じて我々は「-아タイプ」のパンマル（반말）語尾の形成時期，中世語と近代語，そして現代語の間の共通点と差異をある程度詳しく見ることができるようになるだろう．

2. 「두워 두워」および「두워라 두워라」

　まず，「두워 두워」と「두어 두어」の例を見てみる．以下の略号 A は《翻訳老乞大》（1510年代），B は《老乞大諺解》（1670年），C は《平壌版 老乞大諺解》（1745年），D は《老乞大新釈諺解》（1763年），E は《重刊老乞大諺解》（1795年）を指す.

　(1) A: <u>두워 두워</u> 四百 쉰 낫만 가져오라[1] <번역노걸대 상 23b>
　　　　いやいや. 450銭だけ持って来い.
　　 B: <u>두워 두워</u> 그저 四百 쉰 낫 돈을 가져오라 <노걸대언해 상 21b>
　　　　いやいや. 450銭を持って来い.
　　 C: <u>두워 두워</u> 그저 四百 쉰 낫 돈을 가져오라
　　　　　　　　　　　　　　　　　　　　<평양판 노걸대언해 상 21b>

---

1)《翻訳老乞大》の諺解文には声調を示す傍点がつけられているが，ここでは除外した．以下同様．

いやいや．450 銭を持って来い．
D: 두어 두어 네 그저 四百五十 낫 돈을 주미 무던ᄒ다
<노걸대신석언해 상 29a>
いやいや．あんたはただ 450 銭をくれるのがよい．
E: 두어 두어 네 그저 四百五十 낫 돈을 주고려
<중간노걸대언해 상 21a>
いやいや，あんたはただ 450 銭をくださいよ．

　A, B, Cは該当する白話文が「罷, 罷. 只將四百五十箇錢來.」となっており，D, Eは「罷, 罷. 你只給四百五十錢罷.」となっている．すなわち，「두워 두워」および「두어 두어」は，白話文の「罷, 罷.」の翻訳表現なのである．[2] D, Eの「두어 두어」が元来の表現だが，「두워 두워」は先行する語幹の円唇母音に同化して，語尾が「워」として実現している．[3] 時間的には A, B, C が先代の文献で会えるが，偶然にも円唇性同化による語形が後代の文献である D, E より先に現れている点が興味深い．
　既に B, Cにおいても「두어 두어」で現れる例が見られる．

　(2) A: 두워 두워 둘워 두져 쓰디 몯ᄒ야도 므던타 <번역노걸대 상 65b>
　　　B: 두어　두어　두어라　ᄒ여　두쟈　쓰디　못ᄒ여도　무던ᄒ다
　　　　<노걸대언해 상 59ab>
　　　C: 두어 두어 두어라 ᄒ여 두쟈 쓰디 못ᄒ여도 무던ᄒ다 <평양판 노걸대언해 상 59ab>

---

2) 元代の白話文を収めている《原本老乞大》では「儘教.」となっている．「儘教」は「다ᄒ다」<어록해 초간본 10b>（「尽くす」の意味），「다ᄒ다, 잇것 ᄆ로치다, 잇것 ᄒ야곰」<어록해 개간본 15b>（「尽くす, 精一杯教える, 精一杯させる」の意味），「무던타」<역어유해 하 46a>（「構わない」の意味）で対訳されているのが参考になる．ところで A の「두워 두워 우리 그저 즈르믜 말소믈 드러 ᄆ초디 므던ᄒ다 (罷, 罷. 咱們只依牙家的言語成了罷.)」<하 13b-14a>（「いやいや．我々が仲介人の言葉を聞いて終えるのが良い」の意味）に対比される《原本老乞大》の白話文は「罷, 罷. 咱則依牙人的言語成了者.」となっており，「儘教」の外に「罷, 罷.」も既に元代に（高麗時代に）同一の意味で使用されていたことを示してくれる．
3) 15 世紀の文献資料に見られる「보아」〜「보와」（見）の交替もまた，円唇性同化が起こったものである．逆に，「도와 (<도봐)」〜「도아」（助），「구워 (<구버)」〜「구어」（炙）の交替のように，円唇性異化が起こった例も共に存在する．

476

いやいや、そのくらいにしておこう。使えなくても構わない。[4]
D: ［該当の文脱落］ <노걸대신석언해 상>
E: 두어 두어 두어라 ᄒᆞ여 두쟈 곳 쓰지 못ᄒᆞ여도 무던ᄒᆞ다
<중간노걸대언해 상 60a>
いやいや、そのくらいにしておこう。使えなくても構わない。

A, B, C は該当する白話文が「罷, 罷. 將就留下着, 便使不得也罷.」となっており, E は「罷, 罷. 將就留下罷, 便使不得也罷了.」となっている。上の例文(2)では,「將就」に該当する翻訳「둘위」と「두어라 ᄒᆞ여」も注目される（これについては後述する）。

「罷, 罷.」は, 後代の異本で異なった表現が見受けられる。

(3) A: 두워 두워 너희 나그네내 그저 이 슐윗방의 잘 듸 ᄒᆞ야 이시라
<번역노걸대 상 55ab>
B: 두어 두어 너희 나그내 그저 이 슐윗방의 잘 듸 ᄒᆞ여 이시라
<노걸대언해 상 49b-50a>
C: 두어 두어 너희 나그내 그저 이 슐윗방의 잘 듸 ᄒᆞ여 이시라 <평양판 노걸대언해 상 49b-50a>
いやいや。旅の方々。そのままこの車置き場で寝なさい。
D: ［該当の文脱落］ <노걸대신석언해 상>
E: ᄯᅩ 무던ᄒᆞ다 나그ᄂᆡ들 아직 술위ㅅ방에셔 收拾ᄒᆞ라 <중간노걸대언해 상 50b>
もう構わないよ。旅の方々、この車置き場で収拾しなさい。

A, B, C に該当する白話文は「罷, 罷. 你客人只這車房裏, 安排宿處.」となっているのに比べ, D,[5] E の白話文は「也罷. 客人們且在這車房裏收拾.」と「也罷. 客人們且在車房裏收拾.」に変わっているが,「也罷」はその諺解文も「ᄯᅩ 무던ᄒᆞ다」（直訳すれば「もう構わない」の意味）で異なっている。既に 16 世紀の《老

---

4) A, B, C が同一の文で諺解されている場合には, C の意味のみ現代語に翻訳することとする。
5) D の《重刊老乞大新釋諺解》は巻上のみ伝わる零本であるが, 諺解文がない《重刊老乞大新釋》は完本として伝わる。

朴集覽》においても,「罷罷」が「也罷」と通じることを指摘している（「罷罷,두워 두워. 亦曰也罷.」<字解, 累字解 8>）.

さて，上で見た「두워 두워」および「두어 두어」の性格を簡単に把握してみることにする.「罷罷」が《語録解》など白話語録の対訳辞典類ではどのように対訳されているか，見てみよう（《語録解》初刊本［1657年］，改刊本［1669年］，《註解語録総覧》［1919年］）.

(4) a.　罷〃〃［두워 〃 亦曰也罷］<語録解 초간본 23a>
　　b.　罷罷［두워라 두워라亦曰也罷］<語録解 중간본 26a; 註解語録總覽, 朱子語類 13b>
　　c.　罷〃：［두어라］<주해어록총람, 水滸志語録 28a>
　　d.　罷〃〃［已矣 마라 〃〃］<주해어록총람, 서유기어록 63b>
　　d'.　罷了罷［已矣 마라 〃〃］<주해어록총람, 서유기어록 63b>

「罷罷」および「罷罷罷」は「두워 두워」や「두워라 두워라」に対訳されているが,「也罷」とも言えることが見受けられたり,「罷罷罷」は（「罷了罷」もまた）「已矣」と同じ意味として,「마라 마라 마라」の禁止表現で対訳されたりもする.「也罷」が「已矣 고만두어라」<주해어록총람, 서유기어록 60b>として対訳されていることも参考になる.

我々は上の(3)と(4)を通して,「罷罷」と「也罷」およびその対訳語である「두워,두워라」などの基本的な意味が「やめろ, やめろ」や「するな, するな」であったことを知ることができる.(3E)の「また構わない」は肯定的な意味を持つというよりは，失望感が含まれたやや否定的な意味が際立っている.

ならば,「두워」および「두어」は現代語のパンマル語尾「-어」が統合している語幹なのか，という疑いを持つことができる. この見解は既に박영준(1996)において提起されているが,[6] 이현희(1982:74)では16世紀文献にパンマルの命令法語尾「-아/어」が現れたことが言及されている. 現在, 韓国語学界ではパンマル語尾「-아/어」の形成について,「-아라/어라」から切断されて形成されたという見解と，従属的連結語尾「-아/어」や補助的連結語尾「-아/어」が後行文の切断によってパンマル語尾に変化したという見解が対立している. 前者は

---

6) 박영준(1996)では「이바」もパンマル語形として捉えた. 李有基(2001:191)では, 17世紀の「두어 두어」を「ᄒᆞ라体」と捉えた.

이현희(1982), 고광모(2001)などが, 後者は김정대(1983), 김태엽(1998)などが主張している. [7] 筆者の結論を先に述べるならば, 後者の見解が妥当であるとしたい. なぜ「-아라/어라」の切断現象だけがあり, その対になる「-거라/가라/나라」などには切断現象が起きなかったか, 疑わしいためである. そして「-아/어」と対になる「-지」は中世語の連結語尾「-디비」から形成されたため, 類推を通してパンマル語尾「-아/어」の淵源を容易に斟酌することができる. [8] また, 後行文の切断現象によって成立したという見解のうち, 補助的連結語尾が終結語尾化したという見解も再検討する必要があるが, 詳しい議論は次の機会にしたい.

≪伍倫全備諺解≫ (1721年) や≪華音啓蒙諺解≫ (1883年) などの白話諺解文献においても, 「두어 두어」と「두어라 두어라」という表現は散見される.

(5) a. 두어 두어 두어 말씨라 말씨라 말씨라 丈夫ㅣ 죽음은 죽을디나 光明俊偉티 못홀가 恨홀디라 두어 두어 [羊+臭]達奴야 네 나를 드리야 므슴ㅎ려 ㅎ느뇨(罷罷罷. 休休休. 丈夫死則死矣, 恨不光明俊偉. 罷罷, [羊+臭]達奴, 你扯我做甚的.)<오륜전비언해 6: 25a>
もういいよ, いいよ. やめなければならないだろう, やめなければならないだろう. 丈夫が死にはしても, 光明俊偉たり得ないかと恨めしい. こやつ, お前が私を引き倒していかにしようというのか?

b. 내 아히 秉性이 剛烈ᄒ니 일뎡 身死ᄒ리라 두어 두어 도로혀 端的디 못ᄒ여이다(我孩兒秉性剛烈, 必定身死. 罷罷, 還不端的了.)<오륜전비언해 6: 29b>
我が子の気性が剛烈なので, 必ず死ぬであろう. もうよい. むしろ正直ではないですね.

(6) a. 두어라 두어라 네 이런 俗眼으로 엇지 능히 알니오 닉 너드려 말ᄒ여 들니마(罷了罷了. 你這樣俗眼那能懂得了. 我說給你聽罷.)<화음계몽언해 하 28b>
もういいよ. お前のこんな俗な目でどうして分かろうか? 私がお前に言って聞かせよう.

b. 두어라 두어라 져듸로 언마 갑슬 말ᄒ거든 쇼견듸로 져의게 파는 거시 곳 올타(罷了罷了. 憑他說多少價呢. 隨便賣給他就是咧.)

---

7) 具体的な論者は박영준(1996)に詳しく言及されている.
8) パンマル語尾「-지」の通時的形成過程については, 特に서정목(1989)が参考となろう.

<화음계몽언해 하 39a>
もういいよ. 彼が値段をいくらと言えば, お前の考え通りに彼に売るのがよい.

(5a)では「두어 두어 두어」の後ろに「말씨라 말씨라 말씨라 (休休休.)」が続いているのが見られる. ≪華音啓蒙諺解≫では白話文も変わって「罷了罷了」となっているのも見受けられる. さらには「<u>그만두어라 그만두어라</u> 져 집의 住ᄒᆞᄂᆞᆫ 客人이 이 어듸로셔 왓ᄂᆞ뇨 져의들은 이 上海로셔 좃차 온인되 (<u>拉倒罷, 拉倒罷</u>. 那屋里住的客人是那塊儿来的？ 他们是大上海来的.)」<화음계몽언해 상 10b>(「やめろ, やめろ. あの家に泊まっている客がどこから来たのか？ 彼らは上海から来た人たちなのに」の意味) のように, 「그만두어라 그만두어라」および「拉倒罷, 拉倒罷.」となっており, 諺解文と白話文が全て変わった表現も見ることができる (「그만두-」表現については後述する).

15世紀の≪法華経諺解≫類においても, 「말라 말라」といった表現を見ることができるが, それは完全な禁止表現で, 今まで我々が扱ってきた例とは意味が異なるものであった.

(7) a. 말라 말라 다시 니르디 마라ᄉᆞ ᄒᆞ리니<석보상절 13: 42b>
やめよ, やめよ. 再び言わないようにしなければならないだろうが,
b. 말라 말라 구틔여 다시 니ᄅᆞ디 마라ᄉᆞ ᄒᆞ리라<월인석보 11: 105ab>
やめよ, やめよ. 強いて再び言わないようにしなければならないだろう.
c. 말라 말라 구틔여 다시 니ᄅᆞ디 마롤 띠니라(<u>止止</u>ᄒᆞ라 不須復說이니라)<법화경언해 1: 166a>
やめよ, やめよ. 強いて再び言わないようにすべきである.
d. 말라 말라 구틔여 다시 니ᄅᆞ디 마롤 디니라(<u>止止</u>ᄒᆞ라 不須復說이니라)<개간법화경언해 1: 52b>
やめよ, やめよ. 強いて再び言わないようにすべきである.

先に我々が扱ったのは, 残念ながら自暴自棄の心情で「됐네, 그만둬 (もういいよ, やめろ)」程度の意味を持っていたのに比べ, ここでの「말라 말라 (やめ

ろ, やめろ)」は強い禁止の意味を持っているものである.

我々は先の例文(2)において,「將就」の対訳語「둘워」と「두어라 ᄒ여」を簡単に観察した. ここではこの「둘워」と「두어라 ᄒ여」が, 先に検討した「두워」と「두어라」または「두워라」と関連があるか, 把握してみることにする.

(8) A: <u>둘워</u> 먹져 므슴 됴ᄒᆞᆫ ᄂᆞᄆᆞ새 잇거든 져기 가져오라(<u>將就</u>喫的過. 有甚麼好菜蔬, 拿些箇來.)<번역노걸대 상 63a>
　　B: <u>두워라</u> 먹쟈 므슴 됴ᄒᆞᆫ ᄂᆞᄆᆞ새 잇거든 져기 가져오라(<u>將就</u>喫的過. 有甚麼好菜蔬, 拿些箇來.)<노걸대언해 상 57a>
　　C: <u>두워라</u> 먹쟈 므슴 됴ᄒᆞᆫ ᄂᆞᄆᆞ새 잇거든 젹이 가져오라(<u>將就</u>喫的過. 有甚麼好菜蔬, 拿些箇來.)<평양판 노걸대언해 상 57a>
　　(残念だが)適当に食べよう. 何かいい蔬菜があれば少し持ってこい.
　　D: [該当の文脱落] <노걸대신석언해 상>
　　E: <u>두어라</u> 먹쟈 아므란 죠흔 안쥬 잇거든 져기 가져오라(<u>將就</u>喫的過. 有甚麼好下酒菜, 拿些來.)<중간노걸대언해 상 57b-58a>
　　(残念だが) 適当に食べよう. 何かいいつまみがあれば少し持ってこい.

(9) A: 두워 두워 <u>둘워</u> 두져 쓰디 몯ᄒᆞ야도 므던타(<u>罷, 罷. 將就</u>留下着. 便使不得也罷.)<번역노걸대 상 65b>
　　B: 두어 두어 <u>두어라 ᄒ여</u> 두쟈 쓰디 못ᄒ여도 무던ᄒ다(罷, 罷. <u>將就</u>留下着. 便使不得也罷.)<노걸대언해 상 59ab>
　　C: 두어 두어 <u>두어라 ᄒ여</u> 두쟈 쓰디 못ᄒ여도 무던ᄒ다(罷, 罷. <u>將就</u>留下着. 便使不得也罷.)<평양판 노걸대언해 상 59ab>
　　いいよ, いいよ. まあ置いていこう. 使えなくとも構わない.
　　D: [該当の文脱落] <노걸대신석언해 상>
　　E: 두어 두어 <u>두어라 ᄒ여</u> 두쟈 곳 쓰지 못ᄒ여도 무던ᄒ다(罷, 罷. <u>將就留下罷. 便使不得也罷了</u>.)<중간노걸대언해 상 60a>
　　いいよ, いいよ. まあ置いていこう. 使えなくとも構わない.

(8), (9)に見られるように, 後行する叙述語を修飾する構造では,「둘워」と「두워라」(「두어라」), あるいは「두어라 ᄒ여」が「먹져, 먹쟈」の前に統合している. (8)の「두워라」および「두어라」は, (9)の「두어라 ᄒ여」から「ᄒ여」

481

が随意的に省略された表現である.

「둘워」のみ使われているのではなく,「둘우며」のような語形も使用されており,後続語が被修飾名詞句である場合には,「둘워 쁠」や「두어라 훌」といった表現が前に来たりもしている.

(10) A: 우리 사르미 서르 둘우며 서르 더브사라 둔니면 됴커니쯘나(咱們人厮將就厮附帶行時好.) <번역노걸대 하 43b-44b>
　　B: 우리 사룸이 서르 두워라 ᄒ여 서르 더브러 둔기면 됴ᄒ니라(咱們人厮將就厮附帶行時好.) <노걸대언해 하 39b-40b>
　　C: 우리 사룸이 서르 두워라 ᄒ여 서르 더브러 둔니면 됴ᄒ니라(咱們人厮將就厮附帶行時好.) <평양판 노걸대언해 하 39b-40b>
　　　我々が(もの足りなくはあるが)まずまずと思い,互いに連れ立って行けばよい.
　　D: [該当の文脱落] <노걸대신석언해 하>
　　E: 우리 사룸이 다 두어라 ᄒ여 彼此에 잡들미 죠ᄒ니라(咱們的人都要將就些彼此挈帶着好.) <중간노걸대언해 하 41b-43a>
　　　我々がみなまずまずと思い,お互い支えてあげるのがよい.

(11) A: 내 아리 드르니 高麗ㅅ 따해 ᄑᆞ는 황회 ᄆᆞ장 됴ᄒ 거슨 도ᄅᆞ혀 ᄑᆞ디 몯ᄒ고 다문 둘워 쁠 황회사 맛당ᄒ야 도ᄅᆞ혀 님자 어도미 ᄲᆞᄅᆞ다 ᄒᄂᆞ다(我曾打聽得,高麗地面裏賣的貨物,十分好的倒賣不得,只宜將就的貨物,倒著主兒快.) <번역노걸대 하 66ab>
　　B: 내 일즙 드르니 高麗ㅅ 따히 ᄑᆞ는 황회 ᄆᆞ장 됴흔 거슨 도로혀 ᄑᆞ디 못ᄒ고 다만 두어라 홀 황회아 맛당ᄒ여 도로혀 님자 어듬이 ᄲᆞᄅᆞ다 ᄒ드라(我曾打聽得,高麗地面裏賣的貨物,十分好的倒賣不得,只宜將就的貨物,倒著主兒快.) <노걸대언해 하 60a>
　　C: 내 일즙 드르니 高麗ㅅ 따히 ᄑᆞ는 황회 ᄆᆞ장 됴혼 거슨 도로혀 ᄑᆞ디 못ᄒ고 다만 두어라 홀 황회야 맛당ᄒ여 도로혀 님자 어듬이 ᄲᆞᄅᆞ다 ᄒ드라(我曾打聽得,高麗地面裏賣的貨物,十分好的倒賣不得,只宜將就的貨物,倒著主兒快.) <평양판 노걸대언해 하 59b-60a>
　　　私がかつて聞くに,高麗というところで売るものが,非常に良い物はかえって売れず,ただまずまず使える物こそ適当で,むしろ買い手を得るのが早いということだ.

D: ［該当の文脱落］＜노걸대신석언해 하＞
E: 내 일즉 듯보니 朝鮮ㅅ 짜히 프는 貨物이 ㄱ장 죠흔 거슨 도로혀 프지 못ㅎ고 그저 두어라 홀 貨物이야 도로혀 님재 이셔 풀기 쉽다 ㅎ더라(我曾打聽得，朝鮮地方所賣的貨物，十分好的倒賣不去，只宜將就些的貨物，倒有主兒，賣得快.)＜중간노걸대언해 하 62a＞
私がかつて聞くに、朝鮮というところで売る物が、非常に良い物はかえって売れず、まあまずまずで使える物こそ、むしろ買い手がいて売りやすいそうだ.

上の(10)では、「둘우며」と「두워라 ㅎ여」および「두어라 ㅎ여」が後行文と接続されている. これを通じて、「둘워」と「둘우며」は「둘우-」の活用形であることが分かる.

これとは意味が異なるもう1つの「둘우-」について、少々検討を加えてみる. 석주연(2002:90)では、「둘우-」を「두르-(旋，斡)＋-우-」の構造を持つ、「두르-」の使役動詞と捉えている.「네 뎌 鑞瓶을다가 부쇠기를 乾淨히 ㅎ야 거후로고 아직 술을 둘러 가져오라(你把那鑞壺瓶汕的乾浄着，控一控，且旋将酒来.)」＜박통사언해 중 30b＞(「お前がその蝋瓶をきれいに壊して、傾けて注いでしまい、今酒を温めて持ってこい」の意味）におけるように、「두르-」が「旋」の意味を持つ用例があることを重視したものであるが（석주연 2002:87)、この「旋」の意味を「温める」と捉えることができず、誤って「周旋する，斡旋する」の意味に捉えている. これはただ석주연(2002)だけでなく、この単語に対する意味把握は訳注本や古語辞典、ひいては《標準国語大辞典》さえも、「둘우-」が「旋」に対応することをあまりに簡単に考えて、みなそのように処理したのである.

まず「旋」に対応する「둘어」および「둘러」は、「두어라 ㅎ여」と対応しないことに留意する必要がある.

(12) a. 관신들히 ㅎ마 각산ㅎ리로소니 샐리 수울 둘어 가져오라 물 특실 잔 ㅎ나 받ㅈ오리라(官人們待散也，疾快旋將酒來，把上馬盃兒.)＜번역박통사 상 7a＞
官人たちがすぐに散らばるであろうから、早く酒を温めて持ってこい. 上馬盃を一杯差し上げよう.
b. 官人들히 ㅎ마 흐터딜 써시니 샐리 술 둘러 가져와 上馬盃를 잡게

ᄒᆞ라(官人們待散也, 疾快旋將酒來, 把上馬盃兒.)<박통사언해 상 7a>
官人たちが既に散らばるであろうから, 早く酒を温めて持ってきて,
上馬盃を取るようにしろ

ここでの「旋」は「周旋する, 斡旋する」の意味を持たない.「旋」は, 非常に稀ではあるが, 動詞としては「(酒を) 温める」の意味を持っており, 名詞としては「酒を温める容器 (やかん)」の意味を持っている. 9) 既に《老乞大諺解》類において, 「旋」を「데우다」または「데오다」で諺解してあることに注意しなければならない.

(13) A: 두워 두워 데우라 가디 말라 우리 츠니 머구리라(罷, 罷. 休旋去, 我只凉喫.)<번역노걸대 상 63b>
B: 두워 두워 데오라 가디 말라 우리 그저 츠니 먹을이라(罷, 罷. 休旋去, 我只凉喫.)<노걸대언해 상 57ab>
C: 두워 두워 데오라 가디 말라 우리 그저 츠니 먹을이라(罷, 罷. 休旋去, 我只凉喫.)<평양판 노걸대언해 상 57ab>
いいよ, いいよ. 温めに行くな. 我々は冷たいのを飲むつもりだ.
D: [該当の文脱落] <노걸대신석언해 상>
E: 두어 두어 내 그저 츤이 먹으리라(罷, 罷. 休旋去, 我只凉喫.)<중간노걸대언해 상 58a>
いいよ, いいよ. 私はただ冷たいのを飲むつもりだ.

即ち, 「둘어」および「둘러」の基本形である動詞「두르-」は, 「데우-」および「데오-」と類義関係を形成している用言なのである. 「旋」の意味を持つ動詞を「데우-」および「데오-」で翻訳したのは当然のことであった. 今や我々は, この意味を持つ「둘우-」を, 「두르-」において円唇性同化が起こった「두루-」が過剰分綴された動詞語幹だったと捉えることができよう.
「将就」は, 《語録解》類と《訳語類解》(1690 年) に次のように注釈されてい

---

9) 筆者は朴在淵編《中朝大辞典》7 (선문대학교 중한번역문헌연구소, 2002) の 612 ページと단국대학교 부설 동양학연구소 편찬《漢韓大辞典》6 (단국대학교출판부, 2003) の 567 ページに, 「旋」の意味として [酒を温める] が提示されていることをかろうじて探しだすことができた. 名詞の用法としては「鏇」(「酒を温める鍋」の意味を持つ) と同じことも確認することができた (旋鍋, 旋温を参照).

る.

 (14) a. 將就 [猶容忍[sic]扶護之意 헐위] <어록해, 원간본 23a>
   b. 將就的 [○猶容恕扶護之意的語辭] <어록해, 개간본 32b>
   c. 將就 [두어라 ᄒᆞ다] <역어유해 上 68b>

 (14a)の固有語表現は「헐위」なのか「혈위」なのかはっきりと見えないが, この文献にのみ見られる唯一の語形である.「将就」とその対訳語「둘우-」と「두어라 ᄒᆞ-」は「どうにかこうにか十分ではないものの…するに値する, だいたい…するに値する」といった意味を持つと言えよう.

3. 「두어라」表現の変化:「아서라」系と「앗구려」系

 我々は先に,「두어 두어」や「두워 두워」は 16 世紀文献に集中的に見られ, それ以後の文献では「두어라 두어라」や「두워라 두워라」が見られたことを確認することができた. 先に確認した例文(4d, 4d')において,「罷罷罷」や「罷了罷」は「已矣」と意味が同じであることが分かったが, 以下に再び提示してみる.

 (4) d. 罷 〃 〃 [已矣 마라 〃 〃] <주해어록총람, 서유기어록 63b>
   d'. 罷了罷 [已矣 마라 〃 〃] <주해어록총람, 서유기어록 63b>

 詩歌類 (特に時調) では,「두어라」と「已矣」がともに使われた例が散発的に見られる.

 (15) a. 두어라 已矣 已矣여니 아니 놀고 어이리 [樂學拾零, 宋寅 (1516~1584)]
   b. 두어라 已矣 已矣어니 아니 놀고 엇디리 [松江歌辭, 星州本, 鄭澈 (1536~1593)]
   c. 두어라 已矣 已矣 ᄂᆡ 쯧ᄃᆡ로 놀리라 [海東歌謠, 周氏本, 金壽長 (1674~1720)]

「두어라」の意味を,「已矣 已矣」が加わることでより一層鮮明に表してくれる.
 ところで, この時調終章の最初の句「두어라」は, 屈原の楚辞〈離騒〉の終結

句に使われた「乱曰　已矣乎」にその淵源を置いていると主張した，興味深い研究がある (신은경 2007). その研究では，時調終章の「두어라」の代わりに「아서라」系の来る時調があることを指摘している．この「아서라」系は,「아서라, 아셔라, 아사라」などと実現する．

(16) a. 이내 간장 다 타는 듯 <u>아사라 고만 두어라</u> 별당에 잠든 낭자야
<권익중실기, 활자본 고소설전집 1 권>
この私のはらわたが全て焼けるようだ．やめよ，やめろ．別堂に寝入った娘よ．
b. 집히 든 잠 놀닉 씌우려마는 <u>아서라</u> 남의 사람 싱각ᄒᄂ 닉가 글타 탕쳑ᄒ고 <金玉叢部, 사설시조 170>
深い眠りを覚まそうとするが，やめよ，「他人の相手を思う私が間違っている」と反省して，
c. <u>아셔라</u> 風魄의 붓친 몸이 아니 놀고 무엇하리 <아악부가집 1: 322>
やめよ．風塵世上に染まった身が遊ばずにいかにしようか
c'. <u>아셔라 그리 마러라</u> 정이가 비록 험졀이 잇슬지라도 <안의성, 577>
やめよ，そうするな．貞愛がたとえ欠節があるとしても

この「아서라」系語彙は，韻文と散文のどちらにも現れる．
「아서라」系が使われる位置に「앗구려」系と「에라」が現れもする．

(17) a. <u>앗구려</u> 功名도 말고 너를 좃녀 놀니라 <槿花樂府 92, 鄭蘊>
えい，功名もあきらめてお前を追いかけながら遊ぼう．
b. <u>앗쑤려</u> 검주 남오 불 ᄯᅡ혀도 實히 업고 <風雅 1>
えい，枯れ草や木に火をつけても実益がなく，
(18) a. 나라도 못ᄒ거든 닉들 어니 당홀손냐 <u>에라</u> 너 그만 쥬거라 <게우사, 한글필사본고소설자료총서 1>
国でも無理なのに，私などがどうしてやり遂げられようか．ええい，お前はもうあきらめて死ね．
b. <u>에라 에라 그만 두라</u> 모양 거록ᄒ옵시다 <남원고사 22>

486

ええい，もうやめよ，姿が神々しくておられる．
  c. 에라 요년 아서라 술 마시고 음식상 다 그어 노코 <남원고사 21>
  ええ，この女，やめよ．酒を飲んで食膳を全て引いておき

参考に，《標準国語大辞典》に掲載された，「두어라」，「에라」，「아서라」，「아서」，「앗구려」などの語義を載せておく．

(19) a. 두어라 「感嘆詞」昔の詩歌で，あることが必要でなかったり，自らの心を慰める時，詠嘆調で言うことば．
  b. 에라 01 「感嘆詞」「1」考えを断念したり何かをあきらめようとする時に出す声．「2」失望の意を表す時に出す声．「3」子どもや目下に「よけろ」「やめろ」という意味で出す声．「4」＝에루화．
  c. 아서라 「感嘆詞」そのようにするなと禁止する時に言うことば．해라と言う時の位置に用いる．¶ 아서라, 다칠라. やめろ, 怪我をするぞ．
  d. 아서 「感嘆詞」そのようにするなと禁止する時に言うことば．해と言う時の位置に用いる．¶ 아서, 그러면 못써. やめろ, それではだめだ. /아서, 그렇게 급히 뛰다간 넘어지겠다. やめろ, そんなに急いで走ったら転ぶぞ．
  e. 앗구려 「感嘆詞」『古語』'에라 01'の縮約．¶ 冊 덥고 窓을 여니 江湖에 쩌 잇다 往來 白鷗는 무슴 뜻 머겻는고 앗구려 功名도 말고 너를 조차 놀리라《교시조 2745-2》 本を閉じて窓を開けると，江湖に浮かんでいる．往来する白鴎はどんな思いを持っているのか．えい，功名もあきらめてお前を追いかけて遊ぼうぞ

4. 「그만ᄒ다」と「그만두다」

ここで，「두어」と類似した表現効果を持つ，現代語の「그만둬」と「간둬」の形成過程を検討することにする．[限定]の意味を持つ「그만」[10]と語彙的に関連がある「그만ᄒ-」と「그만두-」は特に注目される．以下は，1884年に諺解された《紅楼夢》に見られる「그만ᄒ-」の例である．

---

10) 《國漢會語》の「그만 其已 止此」<45>が参考になる．

(20) a. 원고는 진실노 <u>그만ᄒ여</u> 잇지 아니홀 거시니 <홍루몽 4: 38>
原告は本当にやめていないだろうから，
b. 챠환들이 ᄯᅡ라가니 <u>그만ᄒ여도</u> 죡ᄒ리이다 <홍루몽 8: 57>
叉鬟（女の召使）たちがついていくから，やめてもよさそうです。
(21) a. 쾌히 와셔 마져 뼈셔 이 먹을 말녀야 <u>그만ᄒ리라</u> <홍루몽 8: 60-61>
早く来て全て書いて，この墨を乾かしてこそ大丈夫であろう。
b. 일년 니에 돈을 남겨도 <u>그만ᄒ고</u> 못 남겨도 <u>그만홀</u> 거시오 <홍루몽 48: 5>
１年のうちにお金を残してもよいし，残せなくても構わないだろうし，

(20)の「그만ᄒ-」は動詞として使用されたものであり，(21)の「그만ᄒ-」は形容詞として使用されたものである。11) もちろん，我々がここで問題にしようとするのは(20)の例である。よく知られているように，これらは「それだけする，そのくらいまでする，その程度までのみする。」の意味を持っているが，さらに一歩進んで［中止］の意味に拡張される。

この［中止］の意味を持つ「그만ᄒ-」は，既に17世紀の文献資料から見られたものであった。12)

(22) a. 감격ᄒ오매 먹기를 과히 ᄒ엿ᄉ오니 <u>그만ᄒ야</u> 마ᄅ쇼셔 <첩해신어 2: 6>
感激して酒を飲み過ぎたため，（もう勧めるのを）中止なさいませ。

---

11) 現代語で［程度］の意味を持つ形容詞「그만하다」の位置に「그만이다」が代わりに入ることも可能であろう。もちろん，相互に若干の意味の違いがありはする。しかし，［程度］の意味を持つ現代語の「이만하다」や「저만하다」の場合は，「*이만이다」や「*저만이다」がそれらの代わりとなることはできないのが，特異といえば特異と言えよう。
12) ［中止］の意味を持つ動詞「이만ᄒ다」は，16世紀末の〈順天金氏諺簡〉に集中的に現れている。「밧브고 힝치 가실 거시라 이만ᄒ노라」<57:16>（「忙しく，お出かけになるだろうからこの程度とする」の意味），「밧 이만ᄒ노라」<58:11>（「忙しいのでこの程度とする」の意味）などが２例見られる。「이만」で諺簡を終える文も何例か存在する。「여러 고ᄃᆡ ᄡᅳ니 이만」<순천김씨언간 18:7>（「何箇所かに書くのでこれにて」の意味），「밧바 이만」<순천김씨언간 53:28>（「忙しいのでこれにて」の意味），「바차 이만」<순천김씨언간 54:10>（「（私が）忙しいので」の意味）などがその例を示している。

b. 술란 그만ᄒ여 앋즙소 <개수첩해신어 1: 29>
   酒はもうおやめなさいませ.
c. 사름의 ᄆᆞᄋᆞᆷ을 뎡ᄒᄂᆞᆫ 도리에 결단코 그만ᄒ지 못ᄒ리니
   <명의록언해 2: 70>
   人の心を定める道理に断じて中断することはできないだろうが
d. 오ᄂᆞᆯ은 盛饌으로 대졉을 款曲히 ᄒ여 계시기의 샹시의 몯 먹ᄂᆞᆫ
   술을 여러 슌 먹ᄉᆞ올 ᄲᅮᆫ 아니라 날도 어두어 가오매 그만ᄒ여 罷
   ᄒ면 얻더ᄒ시오리잇가 <인어대방 10: 15>
   今日は豪華な膳でもてなしを懇ろになさいましたので, 平常時に飲め
   ない酒を何杯か飲んだばかりなく, 日も暗くなっていきますので中断
   してお暇するのはいかがでしょうか?
e. 그만ᄒ다(干休) <大方 수호지 1>
   やめる (中止する).

(22e)の「그만ᄒ다 (干休)」がよく示しているように, ここでの「그만ᄒ-」はみ
な [中止] の意味を持っている.
   しかし, 現代語の動詞「그만두-」は, その形成過程が何とも不思議であると言
える. この「그만두-」が 1880 年代の文献から目撃されるという事実を, ここで
特に言及しておかざるを得ない. 13)

(23) a. 그만, KEU-MAN. 止. ASSEX; c'est assez; cesse; fin; terme.
       그만일다,14 KEU-MAN-IL-TA. C'n est fait. ‖ C'est ce qu'il y a de

---

13) [中止] の意味を持つ「이만ᄒ-」は, 「*이만두-」へ発達できなかったことが特異で
    ある. その理由は気になるところである.
14) 「그만일다」は「그만이로다」が縮約した語形である. 既に 17 世紀の《丙子日記》に
    「그만이-」の例が現れる [「녕감 유무 보읍고 긔운이 그만이나 ᄒ여 겨시더라 ᄒ니
    만만 힝이오나」<병자일기 100> (「令監 (ここでは夫) の手紙を見て気運がまずまずで
    いらっしゃるというから, 大層良かったけれども」の意味),「녕감이나 수이 환됴ᄒ시
    믈 일야 축텬ᄒᆞ옵기ᄂᆞᆫ 그만이나 엇디 침식이 편ᄒ며 긔력이 안보ᄒ리오」<병자일기
    156>(「令監が早く還朝なさるのを (朝廷にお戻りになるのを) 昼夜天にお祈りするの
    は構わないが, どうして寝食が楽で気力が安らかに保たれようか?」の意味),「긔운이
    그만이나 ᄒ시더라 ᄒ니 그지그지 업ᄉᆞ오나」<병자일기 158> (「気力がまずまずでい
    らっしゃったというから大層良くていらっしゃるが」の意味)].「-면 그만이-」構成は
    20 世紀に入って見え始め [허화사에 사난 거슬 ᄭᅮᆷ결갓치 생각하니 죽어지면 그만이라
    엇지 슯흐지 아니며 엇지 가련치 아니리<신학월보 3: 521>(「虚栄に生きることを夢う

mieux; c'est le super-fin, le fini, le plus extrême. 그만두다,
KEU-MAN-TOU-TA, -TOU-E, -TOUX. 停止. Cesser <한불자전
165>

b. 네 우리 두 명을 샹ᄒ얏쓰니 엇지 그만두리요 <조군영적지 11>
お前が我々二人を傷つけたのにどうしてやめられようか？

c. 정긔라도 그만두고 샤긔라도 그만두라 <홍루몽 2: 67>
正気でもやめ，邪気でもやめよ．

d. 블과 몃 낫 글ᄌ를 알면 그만두엇ᄂ니라 <홍루몽 3: 70>
わずか数文字を知ったらやめた．

e. 한가흔 말은 그만두고 챠셜 <홍루몽 23: 33>
どうでもよいことばはやめて，次の話は……

f. 그만두다(拉倒) <한담관화 30>
やめる．

g. 요화의 면분을 보와 권도로 그만두고 거믜를 믿드러(看瑤華面上,
權且叫你去做個蜘蛛兒,) <요화전 19: 54>
瑤華の顔を見て，方便で中断して蜘蛛を作り，

h. 녈위 션인은 쫏지 말고 그만두라(列位善人, 由他罷了.) <동유기 2:
80>
いろいろの善人は従わずにやめよ．

i. 차후는 나의 쇼져를 죠히 고죠흐면 그만두려니와 만일 악심을 싱
ᄒ면 너로 ᄒ여곰 셩명을 보젼치 못ᄒ게 ᄒ리라(以後好好照管我小
姐便罷, 倘生歹心, 敎你性命不保!) <설월매 1: 40>
この次に私の小姐をよく助けてくれればやめるが，万一悪心を起こせ
ばお前をして命を保てなくしてやる．

j. 만냑 네 마음 맛지 안커든 그만두즈(若願意就咱們月馬尙停僧, 若不
願就罷.) <학청 6>
もしお前の心に合わなければやめよう．

つつに考えたが，死んでしまえば終わりであって，どうして悲しくなく，可哀想でない
だろうか？」)］，「그만이-」の代わりに「고만이-」として現れる例も見られる [「알부상이
갑슬 허면 고만이라 (要二不相也倒罷了.)」<학청 5> (「二つの不相が値段を払えばそ
れまでだ（構わない）」の意味)].

(23') a. 글을 닑혀 일졍코 열흘 공부를 치와 늬여야 <u>고만두리라</u> <홍루몽 12: 16>
文を読ませて必ず10日間勉強を満たしてこそやめるだろう.
b. 네 춤말 고로고져 ᄒ면 츠라리 우리 흥졍를 <u>고만두면</u> 올타(你的眞寔要調買, 就寧可咱們拿到生意是得.) <학쳥 13>
お前が本当に馬を選んで買おうとするなら, いっそ我々は交渉をやめるのが良い.

(23") a. 빌 나진 즛 너의 희를 가져가디 안코 <u>구만두갓다</u>(肚氣偏不拿你們的去, 拉到罷.) <즁화졍음 阿川文庫本, 5>
はらわたの低いざま, お前のものを持っていかずにやめよう.
b. 죄를 샤홀 쟈ᄂᆞᆫ 샤ᄒᆞ고 <u>구만둘</u> 쟈ᄂᆞᆫ <u>구만두라</u> ᄒ더라 <예수셩교젼셔 383q1>
罪をゆるすものはゆるし, やめる者はやめよと言った.

「그만두-」の外に「고만두-」と「구만두-」も存在する. この(23), (23'), (23")の例は, みな1880年代の文献に見られるものである. 15)

それ以前の時期には「그만ᄒ-{야, 여} 두-」という構成が, そのような意味を表した.

(24) a. 이를 <u>그만ᄒ야 두면</u> 쟝ᄎᆞᆺ 셜국ᄒᄋᆞᆯ 길히 업ᄉᆞᆯ 거시니 <쳔의소감언해 1: 61>
これをやめれば今後取り調べの鞠庁を設置する方法がなくなるだろうから
b. 그 사ᄅᆞᆷ의 情境이 하 불샹ᄒᆞ와 참아 <u>그만ᄒ여 두옵</u>들 몯ᄒ여 다시 이리 ᄉᆞᆲᄉᆞ오니 <인어대방 10: 12>
その人の状況があまりに不祥であり, とうていやめられず, 再びこのように申し上げますが,
c. ᄉᆞ연도 보고 몬내 우으며 아므리 <u>그만ᄒ여 두면</u> ᄡᆞ랴 ᄒᆞᆯ 남자 업슨 일의 뉘라셔 애뻐 ᄒᆞ리가 이시리 <언간, 인빈에 ᄒᆞ오신

---

15) 現代語で「그만두-」の縮約は「간두-」,「고만두-」の縮約は「관두-」として現れるが, それならば「구만두-」の縮約は「관두-」なのか, 疑わしい. その起源は未だ考究し得ていない.

글월>
便りも見ていつまでも笑い, いくらなんでもやめたら書こうとはしても, 主のいないことを誰が努めてしようとする者があろうか?
事緣도 보고 한없이 웃으며, 아무리해도 그만두면 쓰려고 한들, 임자가 없는 일을 누가 애써 행할 사람이 있겠는가?

d. 이 일이 <u>그만ᄒᆞ야 두</u>지 못ᄒᆞ리라 <쌍천기봉 18: 50>
   このことはやめられないだろう.

「それだけしておく」,「その程度までだけしておく」や,「そのくらいだけしておく」の意味(「姑置之」[16] の意味) を持っていたこの構成に, 汎時的に広く現れた「ᄒᆞ야」や「ᄒᆞ여」の省略現象が介入することで,「그만두-」が形成されたものといえよう.

この「그만ᄒᆞ야 두-」は, 以下の「그만ᄒᆞ야 {말-, 앋- (<앛-), 罷ᄒᆞ-}」構成に含まれている動詞「{말-, 앋- (<앛-,「去, 없애다」の意味), 罷ᄒᆞ-}」の位置に, 動詞「두-」が代置されたものである.

(25) a. 감격ᄒᆞ오매 먹기ᄅᆞᆯ 과히 ᄒᆞ엿ᄉᆞ오니 <u>그만ᄒᆞ야</u> 마ᄅᆞ쇼셔 <첩해신어 2: 6>
   感激して酒を飲み過ぎたため, (もう勧めるのを) 中止なさいませ.
   b. 술란 <u>그만ᄒᆞ여</u> 앋줍소 <개수첩해신어 1: 29>
   酒はもうおやめなさいませ.
   c. 오늘은 盛饌으로 대졉을 欵曲히 ᄒᆞ여 계시기의 샹시의 몯 먹ᄂᆞᆫ 술을 여러 슌 먹ᄉᆞ올 ᄲᅮᆫ 아니라 날도 어두어 가오매 <u>그만ᄒᆞ여</u> 罷ᄒᆞ면 엇더ᄒᆞ시오리잇가 <인어대방 10: 15>
   今日は豪華な膳でもてなしを懇ろになさいましたので, 平常時に飲めない酒を何杯か飲んだばかりなく, 日も暗くなっていきますので中断してお暇するのはいかがでしょうか?

後の時期に「그만ᄒᆞ야 두-」から形成された「그만두-」だけが生き残り,「그만ᄒᆞ야 {말-, 앋- (<앛-), 罷ᄒᆞ-}」構成はその存在自体が消滅してしまった. 今後,

---

16) ≪國漢會語≫の「그만두어라 姑置之」<45>が参考になる.

動詞「두-」が持つ用法全般に対する緻密な研究が伴わなければならないだろう．この「그만두-」の縮約語が「간두-」であり，「고만두-」の縮約語が「관두-」である．結局，19世紀末になって「간뒤」と「관뒤」が「두워」，「두워라」，「아서라」などの座を占めるようになったのではなかろうかと考える．

5. おわりに

以上，我々は簡略ではあるが，16世紀の「두어」およびその関連語を検討し，次いでその後継表現について検討した．その過程で，いくつかの注目すべき文法的議論の素材を多く見つけ出すことができた．

しかし，現代語の「됐다」や「됐어」は惜しくも検討できなかった．今後本稿で言及した文法現象について，綿密な考察がもう一度成し遂げられることを期待したい．

参考論著

고광모(2001), '반말체의 등급과 반말체 어미의 발달에 대하여', "언어학" 30, 3~27.
김정대(1983), '{요} 청자존대법에 대하여', "伽羅文化" 2. 129~167.
김진해(2004), '분포를 통한 부사 '그만'의 중의성 해소 연구', "담화와 인지" 11.2, 43~64.
김태엽(1998), '국어 비종결어미의 종결어미화에 대하여', "언어학" 22, 171~189.
김해금(2015), ''『노걸대』와 『박통사』에 나타나는 '파'(罷)의 언해 양상 고찰', "人文論叢" 72.3, 151~181.
노대규(1974), '한국어의 문맥어에 대하여', "언어문화" 1, 27~40.
노대규(1983), '부사의 의미와 수식 범위: '그만'과 '이만'을 중심으로', "한글" 180, 131~153.
박영준(1996), '국어 반말 종결어미의 역사성: '-어'와 '-지'를 중심으로', "어문논집" 35, 97~118.
박진호(2007), '유형론적 관점에서 본 한국어 대명사 체계의 특징', "國語學" 50, 115~147.
서정목(1987), "국어 의문문 연구", 탑출판사.
서정목(1989), '반말체 형태 '-지'의 형태소 확인', "이혜숙 교수 정년 기념 논문집".

["국어 통사구조 연구 I" (서강대학교 출판부, 1994), 407~434 면에 재록됨].
석주연(2002), '둘우다'의 형태와 의미', "한국어 의미학" 11, 79~92.
신은경(2007), '시조 종장 첫구 '두어라'의 淵源에 대한 小考', "時調學論叢" 27, 193~218.
안주호(2014), '응답표지 기능의 {됐어}류에 대한 연구', "한국어 의미학" 46, 407~426.
윤용선(2006), '국어 대우법의 통시적 이해', "國語學" 47, 321~376.
이기갑(1994), '그러하-'의 지시와 대용, 그리고 그 역사', "언어" 19.2, 455~488.
이기갑(2009), '동남 방언의 담화표지 '고마', "우리말연구" 25, 41~77.
이승희(2007), "국어 청자높임법의 역사적 변화", 國語學叢書 59, 태학사.
李有基(2001), "중세국어와 근대국어 문장종결형식의 연구", 도서출판 역락.
李賢熙(1982), '국어의 의문법에 대한 통시적 연구', 국어연구 52, 서울대학교 대학원 석사학위논문.
李賢熙 (1994), "中世國語 構文硏究", 新丘文化社.
李賢熙(2012), '개화기 한국어의 일면: 낙선재본 번역소설 ≪홍루몽≫을 중심으로', "冠嶽語文硏究》 37, 81~99.
秦東赫(1958), '古時調終章起句片考: <아희야> <아마도> <두어라> <어즈버> 中心으로', "어문논집" 2, 55~67.
崔東元(1977), ≪古時調硏究≫, 螢雪出版社.
최정도·김선혜(2009), '부사+이다' 구문에 대한 연구: '그만이다'류를 중심으로', "국제어문" 46, 133~164.
韓陽洙(1965), '古時調의 感歎詞 小考: 終章 初句를 中心으로>, "國語國文學論文集" 6, 103~115.
허재영(2000), '풀이말 '두다'의 문법화: 15,6 세기 국어를 대상으로', "겨레어문학" 25, 181~196.

宗教言語の言語情報的考察
——コーパス言語学からの接近——

徐 尚揆（ソ・サンギュ）
訳：植松 恵（うえまつ・けい）

1. はじめに　　　　　　　　　　　　　495
2. 韓国語コーパスとその活用の流れ　　496
3. ハングル大蔵経コーパスとその活用　505
4. 宗教言語比較コーパスの構築と分析　513
5. 結論　　　　　　　　　　　　　　　536

1. はじめに

　本稿は，〈宗教言語〉（종교 언어），即ち，〈宗教領域においてのみ主として用いられる言語〉の特性を把握するための，言語情報学的研究方法とその実際的問題を明らかにせんとするものである．

　宗教言語は私たちの日常的言語生活の一部を形成するものであるがゆえに，**日常言語**（일상 언어）の1つの側面であると同時に，日常的な言語生活と区別される，固有の言語的特性を併せ持っている．音声で実現する日常的な**〈話されたことば〉**（구어）と，文字で実現する日常的な**〈書かれたことば〉**（문어）を，[1] 大量に電算化し，これを言語情報学的分析方法あるいはコンピュータ科学的な道具と方法によって，言語研究と関連する応用分野に活用しようとする努力は，これまで非常に活発に行われてきた．こうして大量に構築された言語資源を〈コーパス〉（말뭉치/corpus）と呼ぶ．そのうち，日常的な言語を代表するコーパスを〈一般コーパス〉（일반 말뭉치）と呼ぶならば，宗教領域の特性が反映された言語を代表するコーパスは，〈特殊コーパス〉（특수 말뭉치）の1種と考え得る．[2]

　本稿では，こうした特殊コーパスの1つとしての宗教言語コーパス（종교 언어 말뭉치）がなぜ必要なのかを論じ，ひいてはこれを具体的にどのようにコーパス

---

1) 韓国語による原文で厳密に区別している「구어」（口語）と「문어」（文語）は，文意を汲み，それぞれ〈話されたことば〉，〈書かれたことば〉と訳す．日本語では「文語」はいわゆる「古語」の意で多く用いられるのに対し，原文での「문어」（文語）は古語ではなく，基本的には現代語における〈書かれたことば〉を指している．【訳注】
2) 〈一般コーパス〉と〈特殊コーパス〉の区分については，서상규・한영균(1999:32-33)に詳しい．

として構築し，活用するかという方案と，その過程で生じる問題点を探るところに，焦点を置く．

宗教言語特殊コーパスが一般コーパスとは異なる特性と価値を持つという事実を明らかにするために，次の2点に焦点を置いて，議論することにする．第1に，日常言語と宗教言語の間に実際に共通性や差異点があるのか，また，各宗教間でそのような共通性や差異点が実際に現れるのか，具体的に実験コーパスを分析し，解明する．第2に，宗教言語の中で特に仏教領域での言語様相を調べる特殊コーパスの1つとして，2015年以降，延世大学校言語情報研究院（연세대학교 언어정보연구원）で推進してきた〈ハングル大蔵経コーパス〉（한글대장경 말뭉치）の実際の構築過程と，その活用の現況を探ることにより，特殊コーパス構築の際に生じる様々な問題と，その解決方案を提示する．

2. 韓国語コーパスとその活用の流れ

まず韓国語コーパスの歴史を探ることにより，宗教特殊コーパスの構築に必ず考慮すべき点を調べることにする．

2.1. 最初の韓国語コーパス

最も初期の韓国語コーパスは，서상규[徐尚揆](2008:39)でも明らかにしたとおり，최현배[崔鉉培](1930)により作られている：

【表1】初期の韓国語コーパス

構築者	コーパスの規模	構成方法
최현배(1930)	3개 신문 3개 면 (모두 36,248 글자)	다양한 분야의 91개 기사 (정치,외교,국제,경제,사회,스포츠 등)
최현배·이승화(문교부) (1956) [3]	모든 글월(문어)/ (본디는 입말(구어)로 하고 싶으나 사정이 허락되지 않음) [4]	초중등교과서(50%)와 일반 간행물(50%) 등 모두 93개 자료

---

[3] これまで최현배·이승화(1955, 1956)は本の発行者である'文教部'と著作者表示することが多かったが，この調査研究の実質的な実行者としてその著作表示をするのが正しいであろう．최현배は実質的な調査の責任者の役割を果たし，이승화は実務を統括して報告書を作成した人物であるため，この文では'최현배·이승화'と著者表示をする．

[4] 최현배·이승화(1955, 1956)

| 최현배/이승화(문교부) (1955) | 〈말수 사용의 잦기 조사〉의 5.18% | 교과서,시집,소설,희곡,신문,국회속기록,교양 등 114,225 잦기 |

　【表1】から，韓国語研究にコンピュータが活用される以前の，1930年代や1950年代においても韓国語コーパスはすでに構築され，活用されていたということが，見て取れる．これら【表1】のものを広義のコーパスと認める理由は，この資料の内容的な特性が，이상섭(1989:162)と 서상규·한영균(1999:27, 228)で示されたコーパスの定義に添うものだからである：[5]

(1) 一般的に'コーパス'とは体，すなわちそっくりそのままの塊を意味するが，制作物に関して使われる際には，1人の作家の著作全て，あるいはある特定分野の著作全てを意味する．例えば大韓民国国会議事録全体，金東仁の小説作品全体等は全て'コーパス'である．それだけでなく，金東仁の'젊은 그들'もそのまま1つの'コーパス'とみなすことができる．つまり言語学的意味の1つのコーパスはどんな基準においても1つのまとまりとみなすことができることばの集まりのことを指す．
　　　　　　　　　　　　　　　　　　——이상섭(1989:162)

(2) 一定の規模以上の大きさを持ち，内容的に多様性と均衡性が確保された資料の集合体．　　　　　——서상규·한영균(1999:27)

(3) コーパス(corpus) ○研究対象分野の言語現実を総体的に表わすことができる資料の集合体．○辞書的意味の'コーパス'は，小説1篇，ある作家の作品全体，特定の時期に出た出版物全体などのように，研究の目的および性格により多様な対象を示し得る．しかしテキストアーカイブ(text archives)とコーパス(corpus)を区別する最近の辞書編纂学およびコーパス言語学においては，ある資料集合体がコーパスと認められるためには，規模，内容，形態の面で一定の要件（すなわち，一定規模以上の大きさであること，多様性と均衡性が確保されること，機械可読形式であることなど）を満たすべきとする観点が，一般的である．
　　　　　　　　　　　　　　　　　　——서상규·한영균(1999:228)

---

5) 서상규(2008:10-19)では，최현배(1930)のコーパスとしての価値を，調査目的，調査単位，調査対象資料の代表性，資料の標本抽出方法などの分析を通じて詳細に述べている．

(1)の定義では'1つのまとまりに集められた語',(2)では'一定の規模'と'内容的多様性と均衡性',(3)では'言語現実を総体的に表わすこと'等のコーパスの要件を説明している．先程【表1】で示した資料がこのような要件を十分に満たしていることは，表の'コーパスの規模','構成方法'の内容を比較すれなら，容易に同意できよう．

　特に최현배・이승화(1955:7)では，"生きたことばである話しことばを録音したもの,すなわち,実社会の大衆が多く集まる市場,劇場,娯楽処,酒の席,各種待合室などでこっそり録音したものをもって,その調査が理想的な国語の実態調査と言えるのだろうが,施設や費用等あらゆる事情が許さないため,すべての文章を単語の単位まで分析して調査したのであって"とし,元々話しことばでコーパスを構築しようと考えたことを，鮮明に述べている．[6]

　최현배・이승화(1955:7-9)では，この調査で使われた'調査対象目的物'の比率と実際の目録を，次の【図1】のように詳細に明らかにしている：

【図1】최현배・이승화(1956)の調査目的物の部門別比率

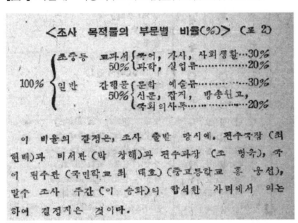

　ここに示された調査対象目的物の目録は全93の標本になっている．これを【図

---

6) 1955年以降,『한국어 구어 빈도 사전 1・잦기순-』(2015),『한국어 구어 빈도 사전 2・가나다순-』(2015)が出る前までは，話しことばについての正確な出現頻度調査もできないほど，この分野の発達は遅かった．

1】の分類に従って分析してみると，次のようになる：[7]

【表2】최현배・이승화(1955)のコーパス構成

分類	内容	標本数	比率
小学校教科書	国語，家事，社会生活	35	38%
小中等教科書	科学,実業類	20	22%
一般刊行物	文学 芸術類	12	13%
一般刊行物	新聞	14	15%
一般刊行物	雑誌	11	12%
一般刊行物	国会議事録（速記録）	1	1%
合計		93	100%

【表2】を見ると，このコーパスでは言語と社会，科学と実業，文学と芸術，新聞，雑誌など多様なジャンルの刊行物を含んでいるだけでなく，国会議事録を収集することにより，話しことばが反映されるよう努めたということがわかる．こうした特性は，次の【表3】で探る1980年代以後のコーパスのほとんどでも同様に引き継がれる．

このように，最初の韓国語コーパスは，コンピュータや情報学的概念が導入されるはるか以前に，確立されていたということがわかる．

2.2. コンピュータ処理のための韓国語コーパス

一方，1980年代以後になるとコンピュータ処理を前提とした大規模なコーパスが何度も作られることとなるが，このような目的で出来た代表的な韓国語コーパスは【表3】のとおりである．

【表3】を通じて，韓国語コーパスの規模は，数百万から数千万語節[8] に至るまで大きく拡張されてきたことが分かる．また，一般コーパスだけでなく，朝鮮民主主義人民共和国および海外のコーパス，並列コーパス，口承文学，歴史文献，

---

7) この表は，최현배・이승화(1955:8-9)で示された目録の，"著者，本の題名，出版日および出版社，ページ数"を基に分析したものである．残念ながらページ数情報が記されていない標本があったため，全ページ数が分からず，ここでは標本(本)の数のみを示す．
8) 〈語節〉(어절)とは，日本語における「文節」に概ね相当する単位．ハングルの正書法では，スペースを置く，分かち書きの単位として用いられる．【訳注】

各種教育および学習者コーパス、専門用語コーパスなどの特殊コーパスの種類と規模も、やはり多様かつ大きくなった：

【表3】重要機関が構築したコーパスの現況

コーパス (構築機関)	構築期間	規模(単位:語節)と収集対象	目的
연세 한국어 말뭉치(Ysc) [9] (연세대 언어정보연구원)	1987~ 現在	▲현대 국어 문어 말뭉치 (Ysc1~3, Ysc5~9 約4,185万) ▲구어/준구어 말뭉치 (Ysc4 約77万) ▲특수 말뭉치(約2,500万) [10]	辞書編纂(延世韓国語辞典など)、国語研究、均衡コーパス構築、韓国語教育
국립국어연구원 말뭉치	1992~ 1999	▲현대 문어 말뭉치(約3,400万) ▲준구어 말뭉치(約202万) ▲구비문학 말뭉치(約220万) ▲역사문헌 말뭉치(約604万)	辞書編纂(標準国語大辞典)、国語研究
한국어 말모둠1 (고려대 민족문화연구원)	1995	▲현대 국어 말뭉치(〈書かれたことば〉約1,000万のうち〈話しことば〉に準ずる12%を含む)	均衡コーパス構築、国語研究、辞典編纂
국어 정보 처리 기반 구축 말뭉치(KAIST)	1994~ 1997	▲현대 국어 문어 말뭉치 (約7,158万、或は5,863万)	国語情報処理
국어정보베이스Ⅱ(KAIST)	1998	▲현대 국어 문어 말뭉치 (原始 約1,000万、品詞注釈 約20万)	国語情報処理、均衡コーパス構築
21세기 세종 계획 말뭉치	1998~ 2007	▲현대 문어 말뭉치(原始 約6,389万、形態注釈 約1,522万、語彙意味分析 約1,264万、構文分析 約82万など) ▲구어 전사 말뭉치(原始 約367万、形態注釈 約100万) [11]	基礎言語コーパス開発(国語研究、国語情報処理)、統合的国家コーパス構築

---

9) Ysc は Yonsei Corpora (延世コーパス)の略称である.
10) 次の3節でも紹介するが、この特殊コーパスは延世教育用コーパス(6,7次初等教科書コーパス、韓国語学習者コーパス、韓国語教材コーパスなど)、延世主題別コーパス(ハングル大蔵経コーパス、近代流行歌謡コーパスなど)のような原始コーパスと、これらの形態注釈および意味注釈コーパスで構成されている..
11) この他にも、▲구비문학 말뭉치 (約236万)、▲한영 병렬 말뭉치 (原始コーパス約475万、形態注釈コーパス 約100万)、▲한일 병렬 말뭉치 (原始コーパス約110万、

しかし1950年代に최현배・이승화(1955)で期待されていた，口頭による実際の〈話されたことば〉のコーパスは，非常に制限的に小規模でしか構築されずにいることを反省せざるを得ない．延世コーパスをはじめとして21世紀世宗コーパスに至るまで，〈話されたことば〉の資料は〈書かれたことば〉の資料のおよそ10%前後に過ぎないのである．

その理由は何であろうか？ これは今までコーパス構築や言語研究がほぼ全面的に〈書かれたことば〉を基に成り立っていることに対して何の問題意識もないことも1つの理由かもしれないが，〈話されたことば〉を収集，転写するほうがはるかに難易度が高いためでもあろうかと考える．

2.3. 延世20世紀韓国語コーパス

一方，延世大学校言語情報研究院では，1987年以来収集してきた韓国語資料のうち，1990-1999年に作られた資料を各10年単位で新聞，雑誌，小説，童話，教科書，随筆，情報，話しことば等で分けて構成した「延世20世紀韓国語コーパス」が活用されているが，2017年1月現在インターネットホームページを通じた用例検索サービスがベータテスト中である．[12]

このコーパスは20世紀の文献を出版した時期とテキストの類型を基準として収集して構築した〈書かれたことば〉原始コーパスであり，約1億5千万語節を超えると集計されている．このコーパスの目的は，一次的には〈延世現代韓国語辞典〉を編纂するための語彙目録と用例を抽出するためであるが，究極的には，現代韓国語文法，語彙など諸般研究のための基礎的アーカイブとして研究者に公開するためである．

このコーパスを検索する際には，1900〜1999年の各時期を10年単位で選択し，文学，情報，新聞，雑誌，教科書，辞典などの文献区分を選択的に組み合わせて資料を検索することができる．現代ハングルや漢字はもちろん，解放以前の文献の昔の文字までも検索対象とすることができる：

形態注釈コーパス約 30 만), ▲북한 해외 말뭉치 (原始コーパス約 950 만, 形態注釈コーパス約 162 만), ▲역사 자료 말뭉치 (原始コーパス約 565 만, 注釈コーパス約 88 만), ▲한. 중불리 병렬 말뭉치 (原始コーパス 約 15 만), ▲전문용어 말뭉치 (原始コーパス約 100 만)

12) https://ilis.yonsei.ac.kr/corpus. （2017年1月現在）

【図2】延世大言語情報研究院のコーパス用例検索システムの初期画面

【図3】「延世20世紀コーパス」の検索結果

【図3】は，すべての時代とすべてのジャンル区分を対象に，すなわち，全体コーパスを対象にして，‘가온딕’という文字列を検索した結果を示している．この検索結果画面には，通し番号，前文脈，検索語，後文脈，時期（使用年度），区分（出現テキストのジャンル），題名と出処などが詳細に表示され，用例はテキストファイル形式で保存することができるようになっている．用例が表示されたボックスの右側の番号（No）上の‘検索結果:107’はこの文字列で検索された用例の数を意味し，この画面をめくれば107番目の用例まで見ることができるということを示している．【図3】の一番下の部分に表示された用例画面側の番号でわかるとおり，全5つの画面に分かれて表示され，この番号を押すと該当画面に移動する．

一方，「延世20世紀コーパス」の用例検索画面には‘頻度目録’と‘頻度チャート’というメニューが右側上のコーパス名の下に配置されている：

【図4】「延世20世紀コーパス」の頻度目録

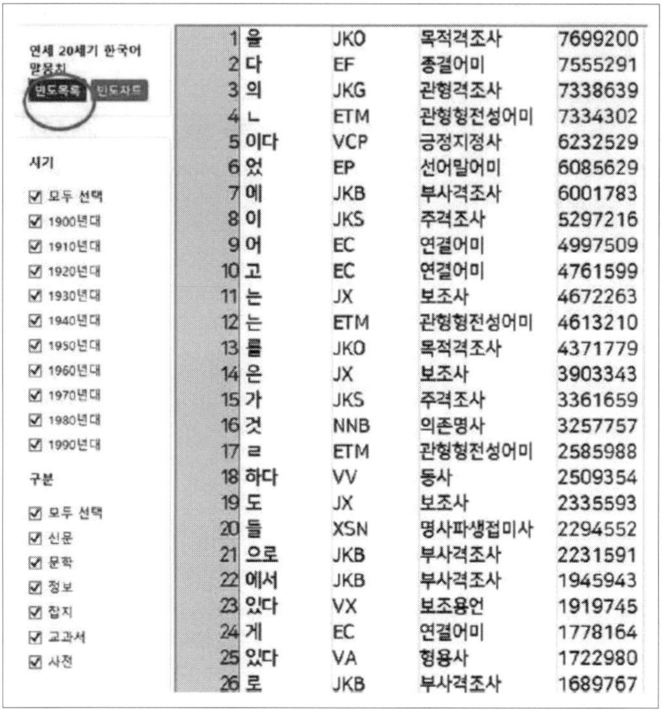

1	을	JKO	목적격조사	7699200
2	다	EF	종결어미	7555291
3	의	JKG	관형격조사	7338639
4	ㄴ	ETM	관형형전성어미	7334302
5	이다	VCP	긍정지정사	6232529
6	었	EP	선어말어미	6085629
7	에	JKB	부사격조사	6001783
8	이	JKS	주격조사	5297216
9	어	EC	연결어미	4997509
10	고	EC	연결어미	4761599
11	는	JX	보조사	4672263
12	는	ETM	관형형전성어미	4613210
13	를	JKO	목적격조사	4371779
14	은	JX	보조사	3903343
15	가	JKS	주격조사	3361659
16	것	NNB	의존명사	3257757
17	ㄹ	ETM	관형형전성어미	2585988
18	하다	VV	동사	2509354
19	도	JX	보조사	2335593
20	들	XSN	명사파생접미사	2294552
21	으로	JKB	부사격조사	2231591
22	에서	JKB	부사격조사	1945943
23	있다	VX	보조용언	1919745
24	게	EC	연결어미	1778164
25	있다	VA	형용사	1722980
26	로	JKB	부사격조사	1689767

この'頻度目録'はこのコーパス全体の自動形態注釈づけの結果に基づいた単語および形態の頻度順位表を示すが,次のとおりとなっている.
　'頻度チャート'は,特定のことばが20世紀100年の間でいつからいつまでどの程度頻繁に使われていたかを視覚的に表わしてくれるサービスである.次の画面は'카페'を検索した結果である:

【図5】「延世20世紀コーパス」の頻度チャート：'카페'

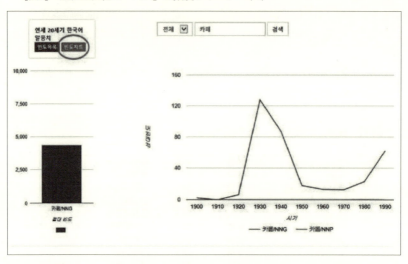

　【図5】を見ると,この単語が20世紀始めから現在まで使われており,特に1920年代から解放頃まで非常に活発に使われていたという事実,そして徐々にあまり使われなくなったが,1980年代以後再び頻繁に使われはじめたということが一目でわかる.[13]

---

13) 実際に최현배・이승화(1956:46)の語数頻度表を見ると,'주점(酒店)'という単語は全30回の頻度で出現し,全56,078単語のうち5,464位の頻度順位であり,この時期まででも非常に頻繁に使われていたことがわかる.反面,その意味においては,1980年代以降'酒店'という意味から'喫茶店'という意味へと徐々に変化している.

【図6】최현배. 이승화(1956：46)の一部

5461	일동(一同)		31	흥
5462	가락지(指環)		30	흥흥우
5463	가시(荆)		30	
5464	가뢰에(酒店)		30	흥
5465	갈라지다(分)	T	30	우

3. ハングル大蔵経コーパスとその活用

　先に【図2】で紹介した延世大言語情報研究院のコーパス用例検索システムでは，「延世20世紀韓国語コーパス」以外にも，品詞および多義語注釈コーパスを基盤とした延世均衡コーパス，延世教育用コーパス，延世主題別コーパスなどの検索も支援されている．延世均衡コーパスには，〈話されたことば〉均衡コーパス，〈書かれたことば〉均衡コーパス，多義語注釈コーパスなどの検索が提供され，延世教育用コーパスには6，7次初等教科書コーパス，韓国語学習者コーパス，韓国語教材コーパスなどが提供されている．一方，延世主題別コーパスにはハングル大蔵経コーパス，軍隊流行歌謡コーパスなどが提供されている．

　このうち，宗教言語の特性を把握するためのコーパスもやはり，日常言語資料と同様に〈話されたことば〉と〈書かれたことば〉の両方で実現されるのであるが，ハングル大蔵経は経典に出てくる〈書かれたことば〉としての宗教言語の特性をよく表わす資料としての価値を持っている．一方で，説教，講論，法文のように，主に公的独白形態で実現される〈話されたことば〉の資料もまた，非常に重要な宗教言語資料と言える．このように，宗教生活で実現される〈話されたことば〉と〈書かれたことば〉をバランスよく収集してその言語的特性の分布様相を分析し，これと日常言語を反映した〈話されたことば〉のコーパスや〈書かれたことば〉のコーパスとを比較することができるようになれば，日常生活と宗教生活で一致したり不一致であったりする単語や表現，あるいは用法などの特性を把握できるはずである．[14]

　ハングル大蔵経コーパスは，去る2014年から構築されており，2016年現在，1,321種の大蔵経（合計13万6千ページ）の収集が完成している．このうち15の経典については同義語区分を含む品詞注釈が完成しており，この注釈コーパスに基

---

14) 次の4節では，話しことばとしての宗教言語資料を実験コーパスとして構成し，日常言語と比較することにする．

盤を置いた用例検索システムが2017年中に公開される予定である．

3.1. コーパスの源泉資料の入力と国語学的精査

ハングル大蔵経の源泉資料は，東国大学校電子仏典文化コンテンツ研究所がインターネットを通じて提供しているハングル大蔵経である．[15)]

【図7】東国大学校電子仏典文化コンテンツ研究所ハングル大蔵経

　このサイトで提供される画面のテキストを集め，次のような形式のハングル大蔵経原始コーパスを構築する．このコーパスには【図8】のように，コーパスの文献情報，コーパスの構造（題名，ページ等），ハングル大蔵経の原文，言文規範

---

15) http://abc.dongguk.edu/ebti

や校正内容などが含まれる：

【図8】ハングル大蔵経の入力と国語学的精査画面
（大般涅槃経冒頭部分）

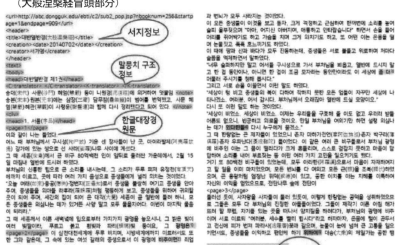

　【図8】の'文献情報'にはコーパスの源泉資料の所在地（出典またはURL），書名，コーパス構築時期，作業者名などの情報が含まれる．'コーパス構造情報'にはコーパス内容の始まりと終わり，題名，章節の構成，翻訳者情報，原文のページ数とページ境界などが表示される．

　一方で，収集されたハングル大蔵経テキストには，入力と電算処理上の少なからぬエラーが含まれていた．【図9】を通じて，ハングル大蔵経をコーパスで構築する過程で，どのようなエラーが発見されたのかが分かるが，ほとんどが分かち書きと正書法の誤りである．従って，これをコーパスで活用するためには，語文規範と国語をよく理解する者による，校正と校閲が必須である．通常は，原典の状態を尊重してコーパスを構築することが原則かもしれないが，その後の注釈過程でこれを修正するほうにより大きな苦労を伴うため，ここでは誤りを修正したコーパスを構築した：

【図9】ハングル大蔵経の国語学的校正結果の一部

1) 광_명은 -> 광명은	60) 몸으_로서 -> 몸으로서
2) 비추인_이면 -> 비추이면	68) 못하지_만 -> 못하지만
4) 있단를 -> 있다한를	71) 과_보가 -> 과보가
5) 하기위하여 -> 하기_위하여	73) 평_등하여 -> 평등하여
6) 것이었다그 -> 것이었다._그	75) 세웠으므_로 -> 세웠으므로
7) 피_가 -> 피가	80) 못하_였더라도 -> 못하였더라도
8) 또_한 -> 또한	81) 세_력으 -> 세력으
10) 잘계속하여 -> 잘_계속하여	82) 마십시오 또 -> 마십시오_또
16) 나왔다.또 -> 나왔다._또	83) 대적하_는 -> 대적하는
17) 우바_새들이 -> 우바새들이	86) 뜯기었습니다. -> 뜯기었습니다.
21) 몸채 -> 몸_채	89) 버릴지_언정, -> 버릴지언정,
23) 갖_추어 -> 갖추어	90) 않았지_만 -> 않았지만
25) 한량없W는 -> 한량없는	102) 때니_라. -> 때니라.
26) 되었다.그 -> 되었다._그	104) 걱정_이 -> 걱정이
27) 이들이었는데.그 -> 이들이었는데._그	2339) 것을제각기 -> 것을_제각기
28) 여인의몸을 -> 여인의_몸을	2343) 하겠_는가. -> 하겠는가.
29) 외_도가 -> 외도가	2345) 하_느니라. -> 하느니라.
31) 하_늘의 -> 하늘의	2349) 하나_하나씩 -> 하나하나씩
36) 있었다.또 -> 있었다._또	2350) 어찌하_여 -> 어찌하여

3.2. 国語学的分析とコーパス注釈

原始大蔵経コーパスは，次の段階で国語学的分析を土台にした同音異義語と形態素（品詞）注釈が作られる．注釈コーパスは次の【図10】と同様の形式で作られた．

コーパス注釈のための品詞体系は原則として21世紀世宗計画のものを採用する．同音異義語はすべての分析結果に適用し，実質語彙だけでなく語尾と助詞すべてに区分結果を注釈した．[16] この際，同音異義語区分の基準は『延世国語辞典』(1998)の同形語区分体系に従ったが．2017年1月現在，合計16の経典の注釈が完了し，[17] これを含め合計25の経典の注釈が進行中である．

---

16) 同音異義語の注釈については，後ほど4.2で詳細に明らかにする．
17) 次の【表4】で太字で示した経典は注釈が完了したものである．

【図10】ハングル大蔵経コーパスの国語学的分析と注釈の例（阿弥陀経冒頭部分）

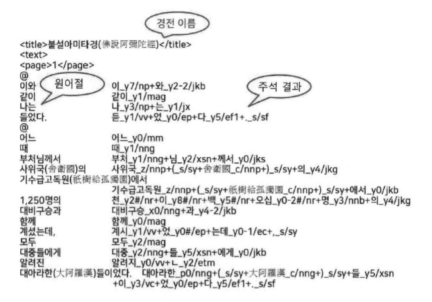

【図10】の一番左側は原語節，右側はこの原語節の形態および同音異義語の区分結果の注釈を表わす．この注釈は次のような形式になっている：

(4) 형태 및 동음이의어 주석의 구조

　　　　원어절　　　　분석 결과
　　　　이와　　　　　이_y7/np+와_y2-2/jkb

　　이：형태(낱말)
　　y7：동음이의어 번호 (그 앞에 _를 붙임)
　　np：품사 (그 앞에 /를 붙임)
　　분석 결과가 둘 이상일 경우에는 +로 붙임

ここで使われている np や jkb といったローマ字の記号は，原則的として21世紀世宗計画コーパスで使われた品詞区分名である．その区分ははるかに細かく作

られている：18)

【表4】注釈中のハングル大蔵経コーパスの目録（2017年1月現在）

コーパス番号	経典固有番号	経典名	ページ数
nYsc8_001[19]	K.777(19-818)	과거현재인과경 [20]	153
nYsc8_002	K.376(12-252)	관세음보살수기경	23
nYsc8_003	K.13(5-979)	금강반야바라밀경	20
nYsc8_004	K.1(1-4)	대반야바라밀다경	2,116
nYsc8_005	K.1403(38-725)	대반열반경	916
nYsc8_006	K.1262(36-1)	대방광불화엄경 40권본	769
nYsc8_007	K.80(8-425)	대방광불화엄경 80권본	2,082
nYsc8_008	K.426(13-793)	대불정여래밀인수증요의제보살만행수능엄경	252
nYsc8_009	K.116(9-725)	묘법연화경	389
nYsc8_010	K.114(9-715)	무량의경덕행품	22
nYsc8_011	K.20(5-1035)	반야바라밀다심경	3
nYsc8_012	K.527(14-314)	범망경노사나불설보살심지계품제십	64
nYsc8_013	K.1021(30-560)	법구경	172
nYsc8_014	K.651(19-1)	별역잡아함경	720
nYsc8_015	K.1267(36-615)	보변지장반야바라밀다심경	3
nYsc8_016	K.191(11-177)	불설관무량수불경	23

---

18) コーパスの注釈に使われた品詞記号は、21世紀世宗計画コーパスに使われた注釈体系を土台として修正と改良をしたもので、原則的に記号の使われ方は同じである。名詞:nng、依存名詞:nnb、固有名詞:nnp、代名詞:np、数詞:nr、動詞:vv、形容詞:va、指定詞:vc、補助動詞:vx、冠形詞:mm、副詞:adv、感嘆詞:ic、主格助詞:jks、目的格助詞:jko、補語助詞:jkc、副詞格助詞:jkb、呼格助詞:jkv、補助詞:jx、接続助詞:jc、終結語尾:ef、連結語尾:ec、名詞形語尾:etn、冠形形語尾:etm などである。
19) nYsc は new Yonsei Corpora(新延世コーパス)の略語である。
20) 表中、経典の題名を太字で示した16の経典は、2017年1月現在注釈が既に完了しているものである。

nYsc8_017	K.1199(34-228)	불설대승무량수장엄경	36
nYsc8_018	K.26(6-1039)	불설무량수경	69
nYsc8_019	K.192(11-185)	불설아미타경	5
nYsc8_020	K.647(17-815)	불설장아함경	752
nYsc8_021	K.0177(10-1347)	약사유리광여래본원공덕경	15
nYsc8_022	K.119(9-977)	유마힐소설경	121
nYsc8_023	K.650(18-707)	잡아함경	2,145
nYsc8_024	K.648(17-1025) (18-1)	중아함경	1,744
nYsc8_025	K.649(18-313)	증일아함경	1,393
合計			14,007

【表4】のように,現在,形態および同音異義語を注釈中のハングル大蔵経コーパスは全25経典にのぼり,大蔵経のページ数では合計1万4千ページを超える.注釈対象となる経典は,韓国仏教界で最も広く読まれ,流通している経典を中心に選定しており,今後もより一層対象を広めていく予定である.

3.3. ハングル大蔵経コーパスの検索

注釈が完成したハングル大蔵経コーパスは,現在二種類の方式で活用することができるようになっている.1つは,注釈コーパス専用プログラムであるSB_Yconc3 [21] を個人用コンピュータ上で使い,求める形態や単語や語尾などを検索するもの,いま1つは,延世大言語情報研究院のコーパス検索サイトを活用して検索するものである. [22]

---

[21] これは,品詞注釈,意味注釈(同形語注釈)されたコーパスを対象に用例を検索するプログラムであり,米国ウェルズリー大学のチャン・ソクペ(장석배)教授が開発し配布したものである.
[22] https://ilis.yonsei.ac.kr/corpus の"延世主題別コーパス"の中にある.

【図11】Yconc3の用例検索画面

　この検索ツールは，21世紀世宗計画コーパスをはじめとする各種注釈コーパスを，プログラム検索用のデータに変換することによって活用できるものであり，現在は制限的に公開されている．現在は，筆者が注釈して配布する新延世コーパス1（nYsc1，延世〈書かれたことば〉均衡コーパス，100万語節），新延世コーパス2（nYsc2，延世〈書かれたことば〉均衡コーパス，100万語節）と共にパッケージで，研究用に制限して個人向けに提供されている．

　一方，次の【図12】は延世大言語情報研究院の'延世コーパス用例検索システム'の中で'延世主題別コーパス'に入っている'ハングル大蔵経コーパス'を対象に，'煩悩'という単語を検索した結果画面の一部である．

【図12】ハングル大蔵経用例検索画面：「煩悩」

　【図11】と【図12】は検索の環境は違うものの，大規模なコーパスにおいて検索語を，求める単語や形態を条件として入力し，求める長さと形式で出力するという面においては共通している．

4. 宗教言語比較コーパスの構築と分析

　宗教言語は生活の色々な側面で現れるが，宗教生活で生成される〈話されたことば〉，宗教生活の〈書かれたことば〉，そして宗教経典の言語と大きく三種類に分けることができる．宗教生活の〈話されたことば〉は，宗教的な色々な活動中に生まれることばで，僧侶や牧師，神父が大衆に向けて行う話(法文，説教，講論など)や各種教育と相談プログラムなどで成り立つ対話などが代表的である．一方，宗教生活の〈書かれたことば〉は宗教機関などで配布される各種印刷物や，宗教的な目的で使われる文章やインターネット掲示物などを指す．厳密には経典もここに含まれるとみることができるが，経典は多くの宗教言語の土台となる教理を

表すもので，その言語使用は典型的かつ固定的である．
　そのため，ここでは経典を別にして分析する．その理由は次のとおりである．1つ目に，経典は該当宗教での典型的な教えと言語的特性を最もよく表わしていると考えられること．2つ目に，**基督教（プロテスタント）**と**天主教（カトリック）**の場合はその経典が明確に決まっているが，**仏教**の場合には経典の範囲と数量が極めて膨大であり，別に考えたほうが良いこと．3つ目に，国語史資料の中でも朝鮮時代から現代までに作られた各種翻訳すなわち仏教翻訳本と各種訳注，そして個人あるいは各機関による多様な翻訳なども共に扱わなければならないことである．このように様々な側面で見ると，経典は他の宗教言語資料とは区別して，別に扱うほうが良い．
　4節では，宗教生活における様々な言語のうち，大衆を対象にした聖職者たちの談話，すなわち説教，講論，法文などを収集し，今日韓国での代表的な三宗教の言語使用の特性を調べるための実験コーパスを構成し，ここで使われた色々な単語の使い方に，どのような共通性と違いが表れるかに，注目してみよう．こうして三宗教の言語使用にどんな共通性と差異点が見えるかを明らかにすることによって，特殊コーパスとしての宗教言語コーパスの必要性を立証し，その具体的な構築方案と活用方法論を議論してみたい．

4.1. 比較コーパスの構成

　この研究で宗教言語を比較するための実験コーパスは次のように構成された：

【表5】宗教言語比較コーパスの構成

区分	テキスト数	録音時間(分)	語節数
牧師の説教	4	154	17,230
僧侶の法文	6	253	20,316
神父の講論	4	153	16,242
合計	14	560	53,788

　比較実験コーパスでは，特定宗教の資料が過度に多くあるいは少なくならないよう，バランスを取ることが大変重要であり，宗教別発話の収集規模を定めなくてはならない．実際に韓国人の宗教人口の比率を調査した윤성민(2009:28)によれ

ば，2005年現在の宗教人口比率は，総人口に対して仏教22.8%，基督教18.3%，天主教10.9%となっているが，ここでの比較コーパスもできるだけこの人口比率に近い割合で実験コーパスを構成した．23)

下図のように，コーパスとして収集する資料は，2004年から2013年の間に作られたもの，全ての映像資料が公開されているものを選択した．24)

【図13】は比較コーパスの目録とその詳しい内容を表わしている．左側から（コーパスとしての）ファイル名，宗教区分，題名，発話者，作成時期，場所，時間（分），語節数を記録した．25)

【図13】宗教言語比較コーパスの目録

	A	B	C	D	E	F	G	H
1	파일명	구분	제목	발화자	시기	장소	시간(분)	어절수
2	nYsc_01	설교	10년의 추수를 어떻게 대비할까?	김형국 목사	2013-09-22	대광교 대강당	46.4	5,865
3	nYsc_02	설교	인간의 도모에서 하나님의 섭리로	조동천 목사	2013-09-22	신촌교회	42.6	4,533
4	nYsc_03	설교	하나님, 하필이면 왜 저입니까?	이용천 목사	2013-10-13	대전 둔산 성광 교회	28.1	3,115
5	nYsc_04	설교	부모 공경과 자녀 사랑의 축복	강준민 목사	2013-05-27	미국LA새생명비전교회	36.4	3,717
6	nYsc_05	법문	법정스님의 향기로운 법문 10회	법정 스님	2004	경남 창원	46.2	4,343
7	nYsc_06	법문	해탈과 성불	종범 스님	2006-12-11	통도사 서울포교당 구룡사	48.3	3,986
8	nYsc_07	법문	조계사 칠석기도입재 일요법회	법공 스님	2013-08-11	조계사	34.1	3,034
9	nYsc_08	법문	조계사 일요법회	화림 스님	2013-07-21	조계사	35.5	2,767
10	nYsc_09	법문	고향 나그네의 고향찾은 삶	종범 스님	2006-09-25	통도사 일산포교당 여래사	46.2	3,808
11	nYsc_10	법문	금강경 산림법회 지혜 완성의 겁 1회	대진 스님	2014-04-01		43.0	2,378
12	nYsc_17	강론	말씀으로 좌뇌를 셋팅하라	차동엽 신부	2006-11-28	PBC 평화방송 강좌	51.1	5,337
13	nYsc_18	강론	부활 제4주일(성소주일) 교중미사 강론	한영기 바오로 주임신부	2013-04-21	판교 성 김대건 안드레아 성당	36.4	3,810
14	nYsc_19	강론	"나는 나다!"(탈출 3,14)_2013년 다해 연중 제4주일	전상용(요셉)신부	2013	오산성당	32.4	3,820
15	nYsc_20	강론	첫 토요 신심미사 강론	정광해 시몬 신부	2013-02-02	수원 하우현 성당	33.1	3,275
16						합계	559.9	53,788

---

23) それぞれ宗教別で語彙数に差があるため，実際に比較する段階では全てを2万語節に正規化して比較することとする．

24) この研究では全て YouTube (www.youtube.com)や，当該宗教機関のホームページ等で公開されている映像を資料として選択し，後続研究や研究の再現がいつでも可能となるようにした．

25) このうち通し番号11と12の間でnYsc11〜nYsc16が抜けているのは，このコーパスでは，収集された資料全体のうち宗教的偏向性を避けるために，決められた比率以上のファイルは除いたことを表わしており，実際に収集されたファイルは全20であるが，この比較コーパスでは14の標本のみを使った．

4.2. 比較コーパスの構築と加工の問題

比較コーパスの構築と活用は概して次のような段階を経て行われる．第一に映像資料の収集と転写，第二にテキストのすべての語節に対して単語単位の分析と品詞および同音異義語区別情報を反映させた注釈づけ，第三に用例検索システムに適合するよう変換，第四に，量的分析と比較などである．

比較実験コーパスの収集対象は音声で実現する〈話されたことば〉であるため，音声を聞いて，文字に転写する過程が必須であるが，この過程においては表現様式としての〈話しことば〉的な実現形を，どこまで忠実に反映するかという点が，大変重要である：

(5)

ㄱ. 왜 가나안 땅에 들어가서 추수를 하고 난 다음에, 추수를 했을 때 첫번째 묶은 곡식 단을 하나님께 가져가라고 얘기하고 있을까요<있으까요>?

ㄴ. 그래서<개서> 너무<너~무> 환하고 너무<너~무> 멋있어서 여러분에게 보여 드리려<드릴려> 그럽니다.

ㄷ. 좋은 점도 있지만은 이런<이른> 그, 어~, 그늘도 지니고 있다는 겁니다.

ㄹ. 한번<함> 집에서 이렇게 도들=, 한번<함> 집안 살림을 되돌아 보십시오.

ㅁ. 그래서~, 간단하게<간딴하게> 보게 되면~, 에~ 좋게 보게 되면<되믄> 남자는 결단력 있다~, 에, 반대로 보게 되면 즉흥적이다~.

ㅂ. 제일<젤~> 가까이에는 일 메타가=, 아 예, 일 미터<메타>가 안 되는, 삼십 센티<센치>의 그 옆에 계세요.

ㅅ. 에~ 우리 요한 씨, 에~ 우리 교회에서 많이<많~이> 봉사하고, 공소도 다니고, 어~ 하는 우리 복음성가를 많이<많~이> 에~ 사람들에게 불러 주면서ㅁ, 어~ 좋은<좋~은> 일을 많이 하고 있는ㅁ, 어~ 김수완 요한씨입니다.

比較実験コーパスでは原則的に21世紀世宗計画現代国語〈話されたことば〉（구어）転写コーパスの構築指針に従うものの，(5)と同じように，記号< >を用い，表現としての〈話しことば〉的な実現形をその原形と共に転写する方法を取り，～で長く伸ばす声を表示し，様々な形態の余剰なども忠実に転写した．

ところで，表現としての〈話しことば〉的な実現形を忠実に転写段階で反映すればするほど，次の段階で語節分析を行う際，受ける側の負担はかえって大きくなる．すなわち，不規則に現れる〈話しことば〉的な実現形の形態は，現在の活用可能な自動形態注釈プログラムでは誤って分析されることが多いためである．従って，注釈段階では研究者が1つ1つ手作業でエラーを修正するほかなく，さもなければ全体的な頻度数などの正確さや信頼性が下がることになる．
　コーパスの注釈段階では，テキストのすべての語節を対象にして，単語レベルの分析と品詞，同形語(同音異義語)の区分の情報をコーパスに注釈することになる．【図14】はその結果の一部である：

【図14】宗教言語コーパス注釈の例

```
1   <title>법문_조계사 일요법회 화림스님법문</title>
2   <date>2013-07-21</date>
3   <url>http://www.youtube.com/watCH?v=VsU8T9JtVrY</url>
4   <note>35분 52초<note>
5   <author>조계사 부주지 화림스님</author>
6   <note>1차 전사: 유소영, 2차 전사: 최소현, 3차 전사: 서상규(2015-01-
7   @
8   <text>
9   안녕하신가요?     안녕하_y0/va+시_y7/ep+ㄴ가요_y0/ef2+?_s/int
10  (예~)           (_s/ss+예_y6/ic+)_s/ss
11  @
12  날이            날_y1/nng+이_y10/jks
13  참             참_y4/mag
14  더운데,          덥_y0/va+은데_y0/ec+,_s/int
15  건강들           건강_y0/nng+들_y5/xsn
16  네~,            네_y5/ic+,_s/int
17  잘~             잘_y1/mag
18  관리            관리_y1/nng
19  잘             잘_y1/mag
20  하세요~.         하_y1/vv+세요_y0/ef3+._s/int
21  (예~)           (_s/ss+예_y6/ic+)_s/ss
22  @
23  <웃음>
24  대답이라도        대답_y0/nng+이라도_y0/jx
25  잘             잘_y1/mag
26  하셔~.          하_y1/vv+시_y7/ep+어_y3#/ef1+._s/int
27  @
```

【図14】のように注釈コーパスは，左側の原語節の形態とタブで区切られた右側の注釈結果で構成される．2つ以上の注釈単位は+でつながれ，行目の"날이"は，"날_y1/nng"と"이_y10/jks"の2つの形態で分析されたことを意味する．この注釈コーパスは，分析されたすべての形態の同形語(同音異義語)を区分している．【図14】では，ハングルで書かれた形態の後で_を区切子にし，y0, y1, y2などと表示されたものがまさに同形語情報である．

同形語区分は『延世韓国語辞典』(1998)の同形語区分体系に従い，この辞典に収録されなかった単語がある場合には『標準国語大辞典』(1999)を，この2つ共に収録されていない単語がある場合は『高麗大韓国語大辞典』(2010)の順に使用した．
その具体的な例は次のとおりである：

(6) 『연세한국어사전』에 따른 동형어 주석의 예
  ㄱ. 교회가 <u>교회_y0/nng+가_y3-1/jks</u>
  ㄴ. 어~   <u>어_y2/ic</u>
  ㄷ. 예배를 <u>예배_y0/nng+를_y0/jko</u>
  ㄹ. 따라서 <u>따르_y1/vv+아서_y0#/ec</u>
  ㅁ. 같이   <u>같이_y1/mag</u>
  ㅂ. 드려요. <u>드리_y1/vv+어요_y0#/ef1+._s/int</u>

(6)の下線部には共通してyで始まる同形語番号がついているが，このうち(ㄱ)の'교회_y0/nng'は，この単語が名詞 (nng) であり，『延世韓国語辞典』に収録されている単語であり，他の同形語なし (0で表示) ということを表わしている．一方で'가_y3-1/jks'は，この単語が主格助詞 (jks) であり，『延世韓国語辞典』に収録されている様々な'가'のうち3番目と同形語 (つまり，가³) であり，その用法のうちローマ字 I ('3-1'で表示) に該当するということを示している：26)

---

26) 『延世韓国語辞典』では'가³'の用法を大きく3つに分け，I(내<u>가</u> 간다)，II(바보<u>가</u> 아니다)，III(좋지<u>가</u> 않다)と記載しているが，主格助詞の用法はこのうち I に該当するとコーパスに注釈したということである．

(7)『표준국어대사전』에 따른 동형어 주석의 예

  ㄱ. 보면은 보_y1/vv+면_y6<면은_p0>/ec
  ㄴ. 그~ 그_p2/ic
  ㄷ. 그때부터 그때_p0/nng+부터_y0-1/jx
  ㄹ. 중국이 중국_p1/nnp+이_y10/jks
  ㅁ. 떨어진대요. 떨어지_y0/vv+ㄴ대요_p0/ef1+._s/int
  ㅂ. 무병장수해서 무병장수하_p0/vv+여서_y0#/ec

(7)の下線部で p の後にアラビア数字がついている部分の単語、すなわち"면은, 그, 그때, 중국, ㄴ대요, 무병장수하다"は、『延世韓国語辞典』には収録されていないため、次の順序の辞典である『標準国語大辞典』の同形語番号を記入ものである。

(8)『고려대 한국어대사전』에 따른 동형어 주석의 예

  ㄱ. 옆자리에 옆자리_k0/nng+에_y3/jkb
  ㄴ. 어쩌구 어쩌_y1/vv+구_k20/ec
  ㄷ. 리서치의 리서치_k0/nng+의_y4/jkg
  ㄹ. 땜에 때문_y0<땜_k1>/nnb+에_y3/jkb
  ㅁ. 걸로 것_y0<거_y1>/nnb+로_y0<ㄹ로_k0>/jkb
  ㅂ. 죽으니까요. 죽_y0/vv+으니까요_k0/ef1+._s/int

(8)の下線部で k の後にアラビア数字がついている部分の単語、すなわち"옆자리, 구, 리서치, 땜, ㄹ로, 으니까요" 等は、『延世韓国語辞典』と『標準国語大辞典』共に収録されていないため、次の順序の辞典である『高麗大韓国語大辞典』に収録された同形語番号を付けた例である。

一方で、前出の3つの辞書全てに収録されていない単語や形態がある場合は、次の通りに注釈した：

(9) 3개 사전에 수록되지 않은 형태들의 동형어 주석의 예

  ㄱ. 저주받은 저주받_x0/vv+은_y3/etm
  ㄴ. 갈래면 가_y1/vv+ㄹ래면_x0/ec
  ㄷ. 말하자면은, 말하자면은_x0/maj+,_s/int

ㄹ. 좌우파와,　좌우파_x0/nng+와_y2-1/jc+,_s/int
ㅁ. 한다구요?　하_y1/vv+ㄴ다구요_x0/ef2+?_s/int
ㅂ. 안철수　안철수_z/nnp

(9)で下線をつけた"저주받다, ㄹ래면, 말하자면은, 좌우파, ㄴ다구요"等は, 同形語区分の基準となる辞書
3つ共に収録されていなかったものであり, その場合はx0と表示し, '안철수'のような固有名詞にはzを付けて区別した。

(6)～(9)での同形語区分に用いられた基準辞典別で, どれほど形態(単語)が注釈されたかを分析すると次のとおりとなる:

【表6】比較コーパスの同形語区分分布

同形語区分に用いられた辞典	記号	説教コーパス 形態数	比率	講論コーパス 形態数	比率	法文コーパス 形態数	比率
延世韓国語辞典	y[0-99]	16,772	94.2%	15,258	91.2%	19,558	93.7%
標準国語大辞典	p[0-99]	695	3.9%	727	4.3%	683	3.3%
高麗大韓国語大辞典	k[0-99]	81	0.5%	147	0.9%	82	0.4%
辞典未収録語(1)一般語彙	x[0-9]	187	1.0%	444	2.7%	488	2.3%
辞典未収録語(2)固有名詞	z	76	0.4%	156	0.9%	62	0.3%
	合計	17,811	100%	16,732	100%	20,873	100%

【表6】の『延世韓国語辞典』で注釈された形態の比率は, 説教で最も高く, 94.2%に達し, 講論で最も比率が低く, 91.2%で, 見出し語規模がわずか約5万個に過ぎない『延世韓国語辞典』においても, 宗教的特殊コーパスの最小91.2%,

最大94.2%を区分することができるということを表わしている.

それだけでなく,『延世韓国語辞典』に収録されていない形態と単語について見ると,『標準国語大辞典』を使えば,さらに最大4.3%の形態を注釈することができ,ここにまた『高麗大韓国語大辞典』を加えることにより,さらに最大0.9%の形態を区分することができるようになる.2つの大辞典の表題語規模で追加注釈できる範囲は予想より非常に低いという事実がわかる.

このような事実は,精巧な注釈コーパスを構築する場合において,過度に大きな電子辞典を活用するとあまりにも多い同形語の中から当該の単語を探さなければならず,その苦労と非効率性を避けることが大変重要なのであるが,[27] この研究のように『延世韓国語辞典』程度の中小辞典でも十分に同形語注釈ができるということ示している.[28]

比較コーパスの同形語注釈結果の分布が,コーパスの規模がはるかに大きくなっても同様に表れるかを検証してみるため,筆者が延世大言語情報研究院を通じて配布している2つの均衡コーパス(それぞれ100万語節規模)の注釈結果を分析すると次の通りとなる.[29]

---

[27] 例えば,主格助詞'이'は『延世韓国語辞典』では20の同形語のうち10番に該当するのに対し,『標準国語大辞典』では37の同形語のうち27番,『高麗大韓国語大辞典』では32の同形語のうち23番に該当する.

[28] 参考までに,서상규(2015)の頻度調査の土台となった'延世〈話されたことば〉コーパス'(100万語節の現代韓国語口語均衡コーパス)の完成済の注釈コーパスを分析してみると,『延世韓国語辞典』で注釈された形態は計1,610,066個であり,全1,695,857個の形態(単語)のうち94.9%に達することを示し,〈表6〉とほぼ同様の結果を表わしていると言える.

[29] この2つの注釈コーパスは,用例検索システムである(SB)Yconc3.0(米国 Wellesley大学장석배[チャン・ソクベ]教授開発)と共に研究者に配布されており,このうち口語均衡コーパスは延世大言語情報研究員院のコーパス検索システムを通じて検索することができる.

【表7】〈書かれたことば〉・〈話されたことば〉均衡コーパスにおける同形語区分分布

同音異義語区分に用いられた辞典	記号	nYsc1 (延世〈書かれたことば〉均衡コーパス)		nYsc2 (延世〈話されたことば〉均衡コーパス)		nYsc8 (ハングル大蔵経コーパス)[30]	
		形態数	比率	形態数	比率	形態数	比率
延世韓国語辞典	y[0-99]	973,610	90.5%	938,956	90.3%	814,007	94.1%
標準国語大辞典	p[0-99]	37,679	3.5%	32,581	3.1%	33,768	3.9%
高麗大韓国語大辞典	k[0-99]	7,215	0.7%	17,076	1.6%	4,236	0.5%
未収録語(1):一般語彙	x[0-9]	17,181	1.6%	35,261	3.4%	9,788	1.1%
未収録語(2):固有名詞	z	40,620	3.8%	15,439	1.5%	3,368	0.4%
	合計	1,076,305	100%	1,039,313	100%	865,167	100%

　【表7】は〈書かれたことば〉と〈話されたことば〉でそれぞれ構成された100万語節の2つの均衡コーパスと，ハングル大蔵経コーパス(16の経典)の注釈結果を比較したものである．同音異義語区分の基準辞典である『延世韓国語辞典』で注釈された形態は，ハングル大蔵経コーパスで94.1%と最も高く現れ，〈話されたことば〉と〈書かれたことば〉均衡コーパスでは90%をやや越える程度だということがわかる．

　前出の【表6】と【表7】を比較してみると，コーパス規模が大きくなるに従って，『延世韓国語辞典』による同形語区分の最小比率は91.2%から90.3%へと若干落ちるものの，コーパスのテキストジャンル的特性すなわち〈書きことば〉や〈話しことば〉，ハングル大蔵経といったように言語的に異なる特性を持ったコーパスでも，『延世韓国語辞典』で注釈可能な形態の比率は常に90%以上になるという事実を，確認することができる．

---

30) 2.2 の〈表4〉で示したハングル大蔵経コーパスのうち，形態および同音異義語の注釈が終了した16の経典を対象に分析したものである．

4.3. 宗教的特性比較語彙の分布分析

　既に注釈された実験コーパスを活用して実際的語彙特性を調べることとしよう．ここで注目すべきことは2つある．1つは，宗教言語比較実験コーパスに現れる語彙分布は，私たちの〈話されたことば〉と〈書かれたことば〉という日常的な韓国語と比較したとき，どのような姿を見せるかということである．そのために，現代韓国語を代表する'延世〈書かれたことば〉均衡コーパス（nYsc1）'と'延世〈話されたことば〉均衡コーパス（nYsc2）'の2つの100万語節規模のコーパスと比較する．もし，〈話されたことば〉と〈書かれたことば〉双方の日常言語と宗教言語の使用に無視することのできない違いがあるという事実が明らかになれば，一般コーパスと区別される特殊コーパスとしての宗教言語コーパスは，別物として構築され研究されなければならないためである．

　宗教言語コーパスで分析される単語は，(1)日常言語と宗教言語で共に頻繁に使われることば，(2)日常言語より宗教領域においてより頻繁に使われることば，(3)特定の1つの宗教で，あるいは1つか2つの宗教だけで共通して使われる反面，日常言語では相対的にほぼ使われないことば，この3種類に分けることができる．

　調査対象となった3つの宗教言語間に，どのような共通性や差異点があるのかを明らかにできれば，このこと活用して各宗教特有の語彙を抽出し，これを専門領域の語彙として積極的に辞典編纂などで扱っていくことができるようになるだろう．[31]

　ここでは実験コーパスをそれぞれ'説教，講論，法文'の3つの宗教領域で分け，この語彙分布を〈書かれたことば〉と〈話されたことば〉の均衡コーパスとつき合わせて比較することにより，その特性を具体的に見てみよう．

　まず，3つの宗教言語コーパスそれぞれの頻度分布を概観すると，次のとおりとなる：

---

[31] 宗教言語コーパスと，はるかに大規模な〈書かれたことば〉〈話されたことば〉均衡コーパスを直接比較することはできないため，図の頻度数は，2万語節単位規模のコーパスに換算し正規化したものを表示することとする．

【表8】三宗教言語比較コーパスにおける品詞別頻度分布

区分 品詞	日常の話しことば (nYsc2)[32]	説教 語数	説教 比率	講論 語数	講論 比率	法文 語数	法文 比率
名詞	53.1%	1,065	35.8%	1,126	36.3%	1,382	38.1%
依存名詞	1.0%	75	2.5%	67	2.2%	83	2.3%
固有名詞	11.5%	97	3.3%	111	3.6%	66	1.8%
代名詞	0.5%	38	1.3%	48	1.5%	55	1.5%
数詞	0.3%	58	2.0%	56	1.8%	64	1.8%
動詞	15.9%	678	22.8%	613	19.8%	736	20.3%
形容詞	5.1%	202	6.8%	193	6.2%	245	6.8%
指定詞	0.0%	2	0.1%	2	0.1%	2	0.1%
補助動詞	0.2%	38	1.3%	31	1.0%	36	1.0%
冠形詞	1.0%	43	1.4%	41	1.3%	55	1.5%
副詞	5.3%	257	8.6%	274	8.8%	352	9.7%
感嘆詞	1.4%	31	1.0%	51	1.6%	36	1.0%
助詞	1.0%	73	2.5%	72	2.3%	121	3.3%
語尾	4%	317	10.7%	413	13.3%	392	10.8%
合計	100%[33]	2,974	100%	3,098	100%	3,625	100%

【表8】でコーパスを構成する単語の品詞別分布を比較してみると，日常的話しことばを代表する'延世口語均衡コーパス'（nYsc2,100万節）[34] での品詞別比

---

[32] 現代韓国語の日常的口語を均衡的なコーパスとして構成し，その頻度を調査した
서상규(2015)の『한국어 구어 빈도 사전 1-잦기순』12-13ページ表 3 の品詞別比率を利用する．
[33] 本来〈話されたことば〉均衡コーパスの頻度表には語根(33個)，接辞(97個)が含まれているが，ここでは比較の便宜上除外したため，ほぼ100%となっている．
[34] このコーパスの具体的な構成や特性，標本目録等については，서상규·안의정·봉미경

524

率に比べ明らかに高い比率で現れる品詞（依存名詞，代名詞，数詞，動詞，補助動詞，副詞，助詞，語尾など）や，低く現れる品詞（名詞，固有名詞）があることがわかる．概して，文法的特性が強い単語は，小規模の宗教言語コーパスでより高い比率で出現する．

一方，網を引いた項目は，他の宗教に比べ，その宗教コーパスにおいて相対的に特に高い，もしくは低い割合で現れたことを意味する．その他は概ね頻度分布は似ていることがわかる．

4.3.1. 日常的高頻度語彙の分布

まず，日常言語生活で高頻度に使われる単語を見つけ出し，3つの宗教言語コーパスと比較してみることにしよう．日常的話しことばを代表する"延世〈話されたことば〉口語均衡コーパス（nYsc2）"と，日常的書きことばを代表する"延世〈書かれたことば〉均衡コーパス（nYsc1）"を分析することで，日常的言語で単語が使われる頻度を知ることができる．一方で，これと対照させるために宗教言語コーパスもやはり説教，講論，法文という，三種類のサブカテゴリーの実験コーパスそれぞれの頻度表を作り，各2万語節で正規化し，比較可能な単語対照目録を作ることにより，直接的な相互比較を可能にし得る．

〈日常言語と宗教言語の両方で頻繁に使われることば〉を知るために，5つそれぞれの頻度表で最も頻繁に使われる上位頻度語50個ずつを選び出して比較した結果，5つの語彙頻度表の全てに現れた単語を抜き出したのが，【表9】である．つまり，ここで挙げられた18個の単語は，日常的な〈話されたことば〉，〈書かれたことば〉，宗教言語のどのテキストにおいても，最も多く使われた50個の目録に常に含まれる，いわば安定した高頻度語彙の目録ということになる：

・최정도・박종후・백해파・송재영・김선혜(2013:85-100)を参照.

【表9】 比較コーパスに登場する日常的高頻度語彙

単語	同形語記号 35)	品詞記号 36)	重複度 37)	正規化した頻度数					
				文語 38)	口語	説教	講論	法文	合計 39)
가다 40	y1	vv	5	51	129	74	124	99	478
것	y0	nnb	5	299	143	402	193	325	1,361
거	y0	nnb	5	62	537	349	484	561	1,994
그	y2	mm	5	112	232	185	164	229	922
나	y3	np	5	98	129	71	134	78	510
되다	y1	vv	5	107	275	347	234	396	1,359
보다	y1	vv	5	75	170	154	96	149	644
사람	y0	nng	5	77	121	251	96	169	714
수	y8	nnb	5	139	111	150	105	119	623
없다	y0	va	5	120	106	88	100	197	610
우리	y2	np	5	72	118	383	287	189	1,049
이다	y3	vc	5	636	371	685	610	942	3,244

---

35) 同形語記号'y'は〈延世韓国語辞典〉の収録語であること、アラビア数字はこの辞典の同形語番号を表わしているが、0はこの辞典で他の同形語はなく、単独で収録されているということを表わす。

36) コーパスの注釈に使われた品詞記号は21世紀世宗計画コーパスに使われた注釈体系を土台として修正と改良をしたもので、原則として記号の使われ方は同じである。名詞:nng、依存名詞:nnb、固有名詞:nnp、代名詞:np、数詞:nr、動詞:vv、形容詞:va、指定詞:vc、補助動詞:vx、冠形詞:mm、副詞:adv、感嘆詞:ic

37) '重複度'とは、その該当の単語が5つの頻度目録のうちいくつの目録に表われるかを示している。

38) 以下の表中の'文語(문어)'とは、テキストとしての〈書かれたことば〉、'口語(구어)'とは音声として〈話されたことば〉を指す。【訳注】

39) '合計'とは、"文語、口語、説教、講論、法文"を各2万語節で正規化したとき、その全体、即ち10万語節中で出現するであろう頻度数。各項の単純な総和値ではない。以下同様。

40) 単語のうち用言の頻度数は語幹の頻度数であるが、ここではわかりやすくするために基本形語尾'다'を小さい文字で付け、用言であることを表わすこととする。

이다# [41]	y3	vc	5	90	424	244	313	317	1,387
이	y9	mm	5	71	83	150	193	208	705
있다	y1	va	5	209	318	304	223	322	1,376
있다	y2	vx	5	171	76	136	101	99	583
주다	y2	vx	5	56	93	110	149	79	487
하다	y1	vv	5	227	585	403	451	475	2,139

ところで、このうち日常的な〈話されたことば〉と〈書かれたことば〉で使われた頻度に比べ、宗教的な〈話されたことば〉においてより高い頻度で使われた単語には、濃い網を付した。これらの単語は日常的に使われるよりも宗教的使用の領域ではるかに頻繁に使われるということを表わす。"것, 우리, 이(다), 이, 있(다)"などは、日常的に話しことばで使われる時よりも3つの宗教領域のテキスト全てにおいてさらに著しく頻繁に使われるわけである。

また、この表では'書きことば'と'話しことば'の頻度数のうち一方がもう一方より2倍以上頻繁に使われる場合に、薄い網を付して表示したが、これを比較することにより、それぞれの単語が〈書かれたことば〉と〈話されたことば〉のどちらでより多く使われるのか容易にわかる。例えば、'것, 있(다)'は〈話されたことば〉よりも〈書かれたことば〉でより頻繁に使われるが、"가(다), 거, 그, 되(다), 보(다), 이(다)#, 하(다)"等は〈書かれたことば〉より〈話されたことば〉において2倍以上頻繁に使われるという事実を、知ることができる。'이(다)'の場合、その省略型(이(다)#)とは異なり、〈書かれたことば〉で2倍近く現れており、対照的である。

4.3.2. 三宗教共通語彙の分布

日常的言語で使われるより、宗教的言語で使われる比率が、圧倒的に高い単語のことを、宗教言語を構成する単語と言い得る。これを**宗教語彙**と簡単に呼ぶことにしよう。このような宗教語彙には、特定の宗教に限らず様々な宗教言語で広く使われるものがある一方、特定の1つ2つの宗教だけに限って使われるものもあ

---

41) '이(다)#'は"그 사람 바보다。"のように、表面には表れなかった'이(다)'を示している。

る．ここでは，基督教（プロテスタント），天主教（カトリック），仏教の三宗教において共通して広く使われる単語を調べることとする．

まず，日常言語ではほとんど使われないが，逆に宗教言語で使われる比率は高い単語を選び出したものが【表10】である．この表の単語は〈延世〈話されたことば〉均衡コーパス〉と〈延世〈書かれたことば〉均衡コーパス〉の頻度表上，2つのコーパスすなわち日常の話しことばや書きことばでは平均頻度未満しか使われない反面，三宗教言語では平均頻度以上で使われた単語を選び出したものである：

【表10】比較コーパスに登場する三宗教に共通する語彙の頻度

単語	同形語記号 42)	品詞記号	重複度	正規化した頻度数					
				文語	口語	説教	講論	法文	合計
겸손하다	y0	va	5	0.2	0.1	2	2	2	7
고	p3	mm	3	0.0	0.0	1	4	1	6
그것	y0	np	3	0.0	0.0	9	15	25	49
그래서	y0	maj	4	0.0	0.0	13	47	32	92
그러다	y1	vv	4	0.0	0.1	2	1	1	5
그죠	x0	ic	3	0.0	0.0	2	7	13	
끼치다	p2	vv	3	0.0	0.0	1	2	4	8
부모님	y0	nng	3	0.0	0.0	38	9	3	50
상처받다	k0	vv	3	0.0	0.0	1	2	1	5
선	y4	nng	5	0.2	0.0	9	1	2	13
싹	y1	nng	5	0.3	0.0	1	4	5	10
온전히	y0	mag	5	0.2	0.1	1	2	2	6
이러다	y1	vv	3	0.0	0.0	3	7	13	24
이루다	y1	vv	3	0.0	0.0	15	5	14	34

42) 前述のように，同形語記号において'p'で始まるものは，『延世韓国語辞典』には収録されておらず，『標準国語大辞典』の収録語とその同形語番号を表すものであり，'k'で始まる番号は，先の2つの辞書に収録されておらず，『高麗大 韓国語大辞典』の収録語とその同形語番号を表す．'x'で始まるものは，3種の辞書全てに収録されていないことを示す．

인도하다	y1	vv	5	0.1	0.1	1	2	1	5
저것	y0	np	3	0.0	0.0	1	1	1	3
즐거워하다	p0	vv	5	0.1	0.1	1	4	1	6
참	y1	nng	5	0.2	0.1	1	4	3	8
천당	y0	nng	4	0.2	0.0	1	6	1	8
해	y2-2	nnb	4	0.0	0.0	1	1	3	5

　【表10】の単語は，表で明確にわかるように，日常言語である話しことばと書きことばでは平均頻度未満しか使われないのに比べ，三宗教の用例では全て平均頻度以上で現れるため，日常言語より宗教言語でより頻繁に使われると言うことができる．特に，濃い網を付した頻度数4以上の単語はそうした特徴を濃厚に表わす．そのうち"그것, 그래서, 이루다"等は三宗教のことば全てにおいて，日常言語に比べ，はるかに頻繁に使われていることが明らかである．

　例えば，'그래서'の場合，2万語節で正規化した時，〈書かれたことば〉と〈話されたことば〉での用例数は0.0であるが，説教では13，講論では47，法文では32と現れており，日常的言語よりも宗教的言語ではるかに頻繁に使われるということがわかる．

　合わせて，重複度は3であるが〈書かれたことば〉や〈話されたことば〉では使われないものとして現れた"고, 그것, 그죠, 끼치다, 부모님, 상처받다, 이러다, 이루다, 저것"等は，非常に日常的な単語のように見えるが，制限された規模の同じ大きさのコーパスにおける使用で比較する場合，日常言語に比べて宗教言語での使用がとりわけ目立つと見ることができる．これは今後コーパスの構成と規模をより一層細かくして検証してみなければならない特性の1つである．

4.3.3. 基督教（プロテスタント）と天主教（カトリック）に共通する語彙の分布

　従前と同様，日常の〈話されたことば〉や〈書かれたことば〉では共に平均頻度未満でしか使われない単語のうち，基督教の説教と天主教の講論では全部平均頻度以上で使われながらも，仏教の法文には全く出現しない単語83個のうち，基督教あるいは天主教コーパスでの頻度数が10以上であるものは，次の17個の単語である．これらは日常言語でも仏教の法文でも相対的に極めて低い頻度でしか現れないのに対し，基督教と天主教のテクストでは非常に高い頻度で使われるという点で，基督教と天主教の共通語彙ということができる．

特に，網を付した単語は，日常的な書きことばや話しことばに比べて非常に頻繁に使われながらも，仏教の法文では全く使われないため，基督教と天主教特有の単語であることを示している：

(10) ㄱ. 우리가 하나님의 <u>부르심</u>을 받았다고 얘기를 해요. (설교)
　　 ㄴ. 아브라함은 하느님의 <u>부르심</u>을 듣고 에 <u>부르심</u>에 응답을 하였습니다.
　　　　(강론)

ここにはもちろん"부르심, 성령, 절 (3章 5節などの), 주님"のように，基督教と天主教共に高い頻度で共に使われるものがある一方で，どちらか一方の頻度が相対的に非常に低いものもあり，この2つの宗教で使われる比重が高い単語の分布もやはりそれぞれ異なるということがわかる：

【表11】 比較コーパスに登場する基督教と天主教に共通する語彙の頻度

単語	同形語記号	品詞	重複度	正規化された頻度数					
				文語	口語	説教	講論	法文	合計
가나안	p0	nnp	3	0.1	0.0	10	1	0	12
계명	y1	nng	3	0.1	0.0	14	6	0	20
놈	y1	nnb	2	0.0	0.0	5	12	0	17
마리아	p0	nnp	4	0.3	0.0	1	10	0	11
모세	p5	nnp	3	0.3	0.0	23	1	0	25
목자	y0	nng	4	0.1	0.0	2	17	0	20
부르심	x0	nng	4	0.0	0.0	13	16	0	29
사도	y1	nng	4	0.2	0.1	5	10	0	15
사탄	y0	nng	4	0.0	0.1	5	10	0	15
성령	y0	nng	4	0.1	0.2	24	10	0	35
시편	p5	nnp	3	0.0	0.1	8	14	0	22
신학교	y0	nng	4	0.0	0.2	7	17	0	24

씨앗	y0	nng	4	0.2	0.0	42	1	0	43
업히다	y1	vv	3	0.0	0.0	1	16	0	17
장	y1-2	nnb	3	0.0	0.1	36	6	0	42
절	y3-2	nnb	3	0.0	0.1	74	10	0	84
주님	y0	nng	2	0.0	0.0	31	38	0	70

例えば，"가나안，계명，모세，씨앗" などはプロテスタントのテキストで，"놈，마리아，목자，사도，시편，업히다" などは天主教のテキストでより頻繁に使われたことが明らかである．このような現象は，2つの宗教において同じ対象を異なる呼び方をする単語でも著しく現れる．

4.3.4. 基督教（プロテスタント）特有の語彙の分布

他のどの種類のテキスト，すなわち日常の話しことばや書きことば，天主教や仏教のテキストよりも，基督教の説教テキストのみで高い頻度で現れる，いわば基督教特有の単語には次のようなものがある．

【表12】基督教特有の語彙

単語	同形語記号	品詞	重複度	文語	口語	説教	講論	法文	合計
가운데	y0	nng	2	0.0	0.0	15	0	0	15
공경하다	y0	vv	3	0.1	0.0	37	0	5	42
군목	p3	nng	1	0.0	0.0	20	0	0	20
그리스도인	p0	nng	3	0.0	0.0	19	0	0	19
기적	y2	nng	4	0.6	0.1	16	2	0	19
놀랍다	y0	va	4	1.4	0.3	29	5	0	36
대제사장	p0	nng	1	0.0	0.0	27	0	0	27
바리새인	p0	nng	1	0.0	0.0	21	0	0	21

바울	p0	nnp	3	0.0	0.0	23	0	0	23
빈자리	y0	nng	3	0.0	0.1	15	0	0	15
성품	y1	nng	3	0.1	0.2	17	0	0	18
순종하다	y0	vv	3	0.0	0.1	17	0	0	18
심다	y0	vv	5	2.1	0.3	43	1	1	48
씨앗	y0	nng	4	0.2	0.0	42	1	0	43
은혜	y0	nng	5	0.5	0.3	35	1	1	38
추수	p0	nng	1	0.0	0.0	35	0	0	35
추수하다	y0	vv	2	0.1	0.0	23	0	0	23
하나님	y0	nng	4	2.2	4.2	326	2	0	335
행하다	y0	vv	5	1.0	0.3	42	4	2	49

　この表で濃い網を付した部分の単語は，他の領域のテキストに比べて基督教の説教での使用がとりわけ際立っている．そのうち"기적，놀랍다，하나님，행하다"は講論でも日常言語に比べると頻繁に使われるが，基督教の説教に比べると相対的に少ない頻度数でしか使われないことがわかる．

(11) ㄱ. 이게 하나님의 얼마나 놀라운 은헵니까? (설교)
　　 ㄴ. 여러분, 생각해 보면 놀라운 기적입니다. (설교)

4.3.5. 天主教（カトリック）特有の語彙の分布

　これとは正反対に，日常言語の話しことばや書きことば，さらには説教や法文にも表れない単語を選んだ後，天主教の講論での上位10個の高頻度単語を調べると，天主教特有の単語を見つけることができる：

【表13】天主教特有の語彙

単語	同形語記号	品詞	重複度	文語	口語	説教	講論	法文	合計
베드로	z	nnp	2	0.2	0	0	61.6	0	61.8
봉헌	p0	nng	2	0.1	0	0	27	0	27.2
부제	p6	nng	1	0	0	0	12.3	0	12.3
사제	y1	nng	3	0.2	0.0 43)	0	50.5	0	50.7
성모	y0	nng	3	0.1	0.1	0	50.5	0	51
성소	p3	nng	1	0	0	0	37	0	37
요셉	p2	nnp	1	0	0	0	14	0	14
은총	y0	nng	3	0.1	0.0	0	14.8	0	14.9
하느님	y0	nng	3	2.1	0.1	0	126.8	0	129.1
헌금	y0	nng	3	0.0	0.1	0	13.5	0	13.7

　表の単語は，ほぼ全て講論のみに集中して使われ，それ以外の〈話されたことば〉や〈書かれたことば〉の日常言語や他の宗教言語資料においては使われていなかったり（重複度1），極めて非常に低い頻度でしか現れなかった単語である．

4.3.6. 仏教特有の語彙の分布

　前と同様の方法で，日常言語である〈話されたことば〉と〈書かれたことば〉共に平均頻度未満しか使われなかった単語のうち，説教と講論では全く使われないが，仏教の法文では上位300位以内に入る単語は次の22個であった：

【表14】仏教特有の語彙

単語	同形語記号	品詞	重複度	文語	口語	説教	講論	法文	合計
경이롭다	y0	va	3	0.1	0.0	0	0	13.8	13.9
공덕	y0	nng	3	0.0	0.0	0	0	20.7	20.8

---

43) 0.0 は，当該の頻度数が 0.05 未満であることを意味する．

관세음보살	y0	nnp	1	0.0	0.0	0	0	10.8	10.8
금강경	p0	nnp	2	0.0	0.0	0	0	20.7	20.7
망념	p0	nng	2	0.0	0.0	0	0	13.8	13.8
무념	p0	nng	2	0.0	0.0	0	0	19.7	19.7
무상	y1	nng	2	0.0	0.0	0	0	16.7	16.7
반야	y0	nng	1	0.0	0.0	0	0	36.4	36.4
법당	y0	nng	2	0.1	0.0	0	0	12.8	12.8
법문	y2	nng	2	0.0	0.0	0	0	11.8	11.8
변역성	x0	nng	1	0.0	0.0	0	0	12.8	12.8
보살	y0	nng	2	0.1	0.0	0	0	16.7	16.7
불변성	y0	nng	1	0.0	0.0	0	0	15.8	15.8
불자	y2	nng	2	0.1	0.0	0	0	21.7	21.8
성불	y0	nng	1	0.0	0.0	0	0	21.7	21.7
수보리	p0	nnp	1	0.0	0.0	0	0	11.8	11.8
원	y4	nng	3	0.0	0.1	0	0	16.7	16.8
원초적	y2	mm	3	0.1	0.0	0	0	16.7	16.9
윤회	y0	nng	2	0.1	0.0	0	0	21.7	21.8
자비	y2	nng	3	0.2	0.0	0	0	11.8	12.0
중생	y1	nng	1	0.0	0.0	0	0	26.6	26.6
진실상	p0	nng	1	0.0	0.0	0	0	24.6	24.6

表のとおり, 仏教特有の単語は'경이롭다'と'원초적'を除くほとんどが名詞か固有名詞で, 他の宗教では全く現れないものであった.

(12) ㄱ. 밤낮 없이 설법을 해도, 그것을, <u>빈야</u>의 세계는 알려 줄 수가 없다~. (법문)

ㄴ. 그래서 망념으로 살다가 <u>반야</u>로 살면 그게 성불인 거예요. (법문)

以上見てきたごとく，日常的言語を代表する〈書かれたことば〉と〈話されたことば〉のコーパスと，宗教言語を代表する宗教領域の〈話されたことば〉コーパスを比較することにより，それぞれの宗教生活で特に頻繁に用いられる単語を，容易に掬い上げることができるのであって，ひいては宗教コーパスが一般コーパスと区別される価値を持っていることを，確認することができる．

もちろん，宗教言語特有のこうした属性は，程度性を持っていると理解しなければならないであろう．言い換えれば，日常言語と宗教言語共に頻繁に使われる単語の中には，宗教語彙から日常語彙へと広がってゆくもの認め得るであろうし，日常言語ではあまり使われないにもかかわらず，異なった宗教間で共有され使われる単語も当然存在する．

次の表は，2つ以上の異なる宗教において，日常的用法よりも頻繁に使われるものと明らかになった単語である：

【表15】各宗教間で共通する語彙

単語	同形語記号	品詞	重複度	正規化された頻度数					
				文語	口語	説教	講論	法文	合計
구원	y1	nng	4	0.6	0.4	8.1	11.1	0.0	20.2
깨달음	y0	nng	5	0.3	0.1	1.2	1.2	45.3	48.1
영원하다	y0	va	4	1.3	0.2	0.0	8.6	2.0	12.0
영원히	y0	mag	5	1.2	0.3	1.2	4.9	9.8	17.4
지옥	y0	nng	4	0.9	0.2	0.0	2.5	7.9	11.4
천상	y0	nng	3	0.1	0.0	0.0	6.2	10.8	17.0

上の表の重複度の項目でもわかるごとく，これらは最低3つの使用域で共に用いられるものと現れており，日常的な〈書かれたことば〉や〈話されたことば〉においても使われるものの，その比重は宗教的言語領域より顕著に下がっている．しかし，同じ単語が用いられる場合でも，その脈絡は宗教的教えに伴って，全く異なるということを，次のような例に見ることができる：

(13) ㄱ．아무리~ 뭘 얻어 봐도 그게 영원한 게 아니고 간다~, 이게 무상이에요.(법문)

ㄴ. 가지고~, 주장을 하고~, 이 몸이 <u>영원할</u> 거라고 믿고 사는데 뭐가 더...(법문)
ㄷ. 그것이 어떻게 <u>영원할</u> 수 있다는 겁니까?(법문)
(14) ㄱ. 그래서~ 나중에는 <u>영원한</u> 생명에로 이르게 됩니다.(강론)
ㄴ. 성서를 읽으면 <u>영원한</u> 생명을 얻습니다.(강론)
ㄷ. 주님께서 <u>영원한</u> 생명을 주는 말씀을 가지셨는데?(강론)

(14)のように，講論における'영원하다'（永遠だ）は全て'영원한 생명'（永遠なる生命）という表現で現れるのに対し，(13)の法文では"그 어떤 것도 영원하지 않다"(そのいかなるものも永遠ではない)という脈絡で使われており，対照をなしている．このような現象は，'영원히'（永遠に）が用いられる例でも，同じように現れる：

(15) ㄱ. 이런 만남도 <u>영원히</u> 지속되는 것은 아닙니다.(법문)
ㄴ. <u>영원히</u> 윤회를 벗어나질 못해요. 영원히~.(법문)
ㄷ. <u>영원히</u> 건강하란 말 속아서, 그, <u>영원히</u> 건강할 수가 없는 거죠~.(법문)
(16) ㄱ. 이 빵을 한 번 먹으믄 <u>영원히</u> 살아.(강론)
ㄴ. <u>영원히</u> 살게 하는 빵을 주겠다~ 그랬어요, <u>영원히</u> 살게 하는 빵.(강론)
ㄷ. 그게 없으면 나는 죽=, 나는 <u>영원히</u> 살 수가 없잖아요, 그죠?(강론)

(15)で'영원히'（永遠に）が使われた文は全て否定文であるのに対し，(16)では(15)とは逆に，「永遠に生きること」に対する肯定的な意味がより濃く表れている．

このように，単にどの単語がどの宗教で頻繁に使われるかといった事実から，さらに進んで，どのような脈絡における用法で使われるのかにも，注意を傾ける必要があろう．

5. 結論

この研究を通じ，次の2つに関して議論した．1つ目は，宗教の特性を表わすいわゆる宗教言語としての仏教語彙を研究するための，〈ハングル大蔵経コーパス〉の構築必要性とその具体的な方法論，活用の実態を紹介することであった．実際に筆者が2015年以降延世大学校言語情報研究院において構築し注釈した大規模

なハングル大蔵経コーパスを通じ，研究者や一般大衆の助けとなるインターネットや個人用PCを基盤とした検索サービスが既に実現したことを紹介した．このような基盤を土台にし，より本格的にハングル大蔵経に対する国語学的，辞書学的，情報学的な分析と研究が，活発に行われるものと期待する．

　2つ目に，具体的な50個程度の単語を対象に，〈書かれたことば〉や〈話されたことば〉で実現された日常言語と，宗教言語との間に，実際に共通性や差異点があるのか，または，宗教間にもそのような共通性や差異点が実際に現れるのかを，調べた．そのため基督教（プロテスタント），天主教（カトリック）そして仏教という三宗教の，公的場面において実現された，公的な〈話されたことば〉コーパスとしての説教，講論，法文を集め，〈宗教言語比較コーパス〉を構築し，日常的な〈書かれたことば〉コーパスと〈話されたことば〉コーパスにおける使われ方と比較した．これを通して実際に，日常言語と共通する日常的語彙が宗教言語でも同じように共有されている一方，三宗教間の共通語彙，基督教と天主教間での共通語彙，仏教固有の語彙などに，語彙独特な使われ方の差が如実に現れるという，宗教言語の実態を明らかにすることができた．このような差はそれぞれの語彙独特のものであって，1つ1つの単語ごとの実際の使われ方を観察し分析して比較することにより，その実態が分かるものである．今後このようなコーパスを大規模にかつ計画的に構築していくことにより，宗教生活における韓国語の姿を明らかにしていくことができるようになると考える．こうしたことが可能となれば，向後，国語辞典の編纂，宗教と言語生活に関する社会言語学的考察，言語変化と社会変化の相関性などの分析に，大きな助けとなるものと，期待される．

　過ぐる1980年代以降発展してきたコーパス言語学と言語情報学的分析方法論を利用し，宗教言語とりわけ仏教言語の研究は効率的に実現し得ることが，明らかになったであろう．特にこの部門における研究は，国語学，言語情報学，仏教学，辞書学などの様々な学問と宗教分野の言語資料，専門的な知識と研究方法論の共有などの協業が，さらに求められる時期に来ていると言えよう．

参考文献

국립국어원(2007)『21세기 세종계획 백서』, 서울: 국립국어원.
김한샘(2016)「국어사전과 불교 언어 -불교 영역의 전문용어 기술을 중심으로-」,

『불교와 한글 : 한국어 국제학술대회 발표집』, 서울: 국립한글박물관.
류성민(2009)「한국 종교인구 분포 비율의 변화와 그 특징」,『종교연구』, 56집, 서울: 한국종교학회
서상규(2008)「한글의 번수 조사와 외솔 최현배」,『한글』, 제281집, 서울: 한글학회
서상규(2014) 「최현배의 ≪우리말 말수 사용의 잦기 조사≫」,『새국어생활』, 제24권 제3호, Vol, 194, 서울: 국립국어원
서상규(2015)『한국어 구어 빈도 사전 1 ·잦기순』, 한국문화사.
서상규(2015)『한국어 구어 빈도 사전 2 ·가나다순』, 한국문화사.
서상규·안의정·봉미경·최정도·박종후·백해파·송재영·김선혜(2013), 『한국어 구어 말뭉치 연구』, 한국문화사.
서상규, 한영균(1999)『국어정보학입문』, 서울: 태학사.
연세대학교 언어정보개발연구원(1998)『연세 한국어 사전』, 서울: 두산동아.
이상섭(1989) 「뭉치 언어학적으로 본 사전 편찬의 실제 문제」,『사전편찬학연구』 제2집, 서울: 연세대학교 한국어사전편찬실.
이상섭(1995) 「뭉치 언어학의 기본 전제」, 『사전편찬학연구』 제5·6집, 연세대학교 한국어사전편찬실.
이재수(2011) 「고려대장경의 문화콘텐츠 활용 방안」,『韓國禪學』 30집, 한국선학회
이재수(2012) 「한글대장경 전산화의 미래 과제와 활용 방안」, 『전자불전』 14, 동국대 전자불전문화콘텐츠연구소.
이재수(2016) 「한국 불교문헌 디지털 사업의 현황과 과제」, 『불교평론』 65, 불교평론사.
이재수(2016) 「불교기록문화유산 아카이브 구축의 현황과 전망」,『불교기록문화유산 아카이브 사업의 성과와 전망』, 동국대학교 불교학술원 ABC 사업단.
이평래(2004) 「불교학술용어표준화사업의 미래상」,『한국불교학』 39, 한국불교학회
정승석(2008) 「한글대장경의 체제와 구성」,『전자불전』 10, 동국대학교 전자불전연구소.
최경봉(2016) 「국어사전에서 종교 용어의 처리 방안」,『우리어문연구』 54, 우리어문학회, 541-588쪽.
최정도(2011) 「말뭉치를 이용한 사전 편찬에서의 몇 문제에 대하여」, 『언어 사

실과 관점』 27집, 서울: 연세대학교 언어정보연구원
최현배(1930) 「한글의 낱낱의 글자의 쓰히는 번수로써의 차례잡기」, 『조선어문연구』(연희전문학교 문과 연구집) 제1집, 연희전문학교출판부
최현배·이승화(1955) 『우리말에 쓰인 글자의 잦기 조사 - 문자 빈도 조사 -』, 서울: 문교부
최현배·이승화(1956) 『우리말 말수 사용의 잦기 조사 - 어휘 사용 빈도 조사 -』, 서울: 문교부

仏教学者の管見から見えてくる「ハングル」

辛　奎卓（しん・ぎゅたく）
訳：髙木　丈也（たかぎ・たけや）

1. 言語との出会い　　　　　　　　　　　　541
2. 文字を通じた禅思想との出会い　　　　　545
3. 言語と文字を活用した哲学的作業　　　　549
4. 哲学化の作業から再び言語と文字への帰郷　555

1. 言語との出会い

　平凡な家庭で育った私が初めて外国語を学んだのは，中学校に入ってからだった．日本も同じであろうが，韓国でも小学校を卒業して，中学校に入学すると，皆が英語を学ぶことになる．私の場合も例外ではなかった．初めて学んだ英語は，発音から文字の形に至るまで韓国語とは異なるものであった．五文型に品詞，さらには主格だの所有格だのと，所謂，英文法を習った．言語には規則があるということを知った「初めての事件」であった．もちろん，当時の中学校の教育課程にも1週間に1時間ずつ文法の時間があり，国文法も学んだのだが，私にとっては国語の時間との違いが感じられなかった．2つの科目を同じ教師が担当していたため，鈍感な私には，教わる内容が区別できなかったのかもしれない．英語を学びながら，初めて韓国語が言語であることを知った．「他者」によって「自己」を意識し始めたのである．

　今，還暦を前にして振り返ってみると，言語に対する私の反省的認識は英語との出会いに端を発するように思う．英語を通じて「言語というもの」を知り，そうして学んだ「言語というもの」を当てはめることによって，自らが使う韓国語が言語であるということを知ることができた．もちろん，何の反省もなく，である．今，年配の韓国人の中には「나는 두 개의 사과를 먹었다」（私は2個のりんごを食べた）と表現する人がおり，「나는 사과를 두 개를 먹었다」（私はりんごを2個を食べた）と表現する人もいるし，さらには「나는 사과 두 개 먹었다」（私はりんご2個食べた）と表現する人もいる．前者は，学歴の高い人たちの間で多く使われる表現である．小学校に通ったことのない90歳の母は，今でも一番最後の表現だけを使う．識者たちが上のような表現を使うのは，おそらく「I ate two pieces of apples」という英語の表現からの影響があるものと思われる．そし

て，このような英語表現の裏には，「私は二つのリンゴを食べた」という日本語表現の重層的な「影」が存在しているものと推測される．なぜなら，当時多くの韓国人たちは，日本を通して英文法を学んだからである．韓国における西ヨーロッパへの認識は，日本人たちの解釈を通した認識であったことを考えたとき，それはより一層，現実味を帯びてくる．

　その後，高校に入ると，第2外国語としてドイツ語を学んだ．自らそれを選んだのではなく，私が入学した学校自体がそれを教えていたからである．そのため，「学んだ」というよりは，「学ばされた」という表現の方が適切であろう．私が高校に入学したのは，1974年であったが，当時を振り返ってみると，絶対的多数の高校がドイツ語を教えていた．このような傾向もやはり上で述べた日本の「影」によるところが大きい．こうした「影」は，私の知識全般に存在している．

　大学で東洋哲学を専攻した私は，自らの哲学的な思惟の底辺に上で述べたような「影」が存在していることに気づくのに，相当な時間を要した．例えば，大学院修士課程の指導教授であった延世大学の裵宗鎬(배종호)先生(1919-1990)の『韓国儒学史』(延世大学出版部，1978)が1898年に東京帝国大学漢文科を卒業した高橋亨先生(1878-1967)の『朝鮮儒学史』と無関係ではなかったことを知ったのは，後になってからのことであった．特に裵教授の本の冒頭で紹介されている中国儒学に関する内容が，東京帝大教授・宇野哲人先生(1875-1974)の『支那哲学史講話』(1914年)と記述の観点が類似しているという事実は，私のそうした考えをより強いものに変えた．そして，そうした考えは，ますます確固たるものになっていった．私はこの本を1982年に韓国の中心に位置する古書街，清渓川 (청계천)で購入した．

　このように言語と文字に関する私の知識は，幼いころの英語学習を通じて形成され始めた．その後，私が言語と文字について考えを巡らせたのは，漢字で書かれた経典，仏経の学習を通してであった．大学に入学した私は，他の学生とは一味違った学校生活を送ることになった．私は大学時代の約3年間，寺に住みながら通学したのだ．その寺は，韓国の京畿道 (경기도) 北部に位置する奉先寺 (봉선사) という寺であった．その寺で仏経を初めて学び始めた．当時，この寺には高麗 (고려) 時代に作られた世称漢字で板刻された八万大蔵経 (팔만대장경)をハングルに翻訳し，『ハングル大蔵経』(한글대장경) を出版する高僧が2人住んでいた．1人は，耘虚龍夏 (운허용하) (1892-1980)で，もう1人は月雲海龍 (월운해룡) (1928-) なのだが，この2人は師弟関係にあった．この2人によっ

て1968年から2001年にかけて全318巻に達する『ハングル大蔵経』の翻訳が完成した．私は1978年にこの寺に入ってから月雲講伯に仏経を習った．ちなみに，韓国では，禅修行でなはい教学を専門とする学僧に対して講伯（강백）という尊称を使う．

当時，初めて接した経典は，『円覚経略疏』(원각경략소) であった．この本は，唐の圭峰宗密（780-841）が注釈したもので，韓国では高麗後期から現在に至るまで，僧侶教育の教材として使用されており，木版本もいくつかの種類が現存している．私が勉強した版本には，誰の手によるものなのかはわからないが，親筆の手書きで「吐」（토）が付けられていた．学界ではこの吐を「口訣」（구결）と呼ぶのだが，これは韓国語固有の表記法がなかった時代，当時の高麗の人々が創案したもので，朝鮮時代はもちろん，寺院では今でも使用されている．[1] これは，外国の文章である漢字仏経を解読する私には実に有用なものであった．とはいえ，漢字の仏経を初めて読んだ私は，その本の内容を完全に把握するには，役不足であった．こうした私に師匠である月雲講伯は，朝鮮時代の刊経都監（간경도감）で刊行された諺解本[2]と対照して読むことを勧めて下さった．刊経都監とは，訓民正音を創製した世宗（세종）大王の息子である後の世祖（세조）大王が設立した仏経翻訳機関である．このようにして，私は仏経を通じて吐と諺解に接し，韓国の地に生きた古代の人々の言葉を間接的にではあるが，知ることができた．その後，角筆[3]を学んだことも仏経との縁を感じずにはいられなかった．こうして考えてみると，私が言葉に対して反省的思惟をし始めたのは，全て外国語がきっかけであった．中学時代には英語を通じて，大学時代には古代漢語を通じてである．

学生時代を通じて，言語を反省的に経験した私は，韓国語が何であるかを厳密にはわからない．この「反省的」という言葉を私は，「対象化して眺める」という意味で使っている．そうした意味においては，幼いころ，両親のもとで，あるいは兄弟たちと暮らしながら，近くに住む友人たちと遊びながら，何も考えること

---

1) 編者註：吐と口訣については，本書 pp.335-370, 鄭在永・安大鉉「漢文読法と口訣」参照
2) 編者註：諺解（언해）とは，漢文を朝鮮語に訳し，訓民正音を用いて表記すること．またはそうした書物．多くは註なども付されている．本書 pp.378 参照
3) 編者註：角筆（각필）とは，先端を細く尖らせた象牙，柘植，竹などで，墨をつけずに，紙を直接凹ませて記す方法．日本語圏や朝鮮語圏における漢文の訓読に多く用いられている．本書 pp.339 参照

なく学んだ私の韓国語は，無反省なものであった．語法については学校の英語と仏経の漢文を通じて，記号化された言語については吐と口訣と諺解を通じて，初めて反省を始めたのである．また，韓国語を表記する方法への反省もまた，それと共に始まっていったのである．

ついでにもう少し大げさに言うならば，言語と思惟，そしてその表現と表記に対する私の反省もこのような過程の中で始まった．言語化された思惟をどのようにありのままに表現し，表記するかを苦心し，あるいは，反対に文字で表現された表記を通じて，その中に躍動する言語と思惟を把握しようと努力する．このような考えに至ったのには，多くの逸話がある．

あるとき，奉先寺で師匠の前で漢字の仏経をハングルに翻訳していたのだが，まず原文に吐を付けながら音読した．弟子たちは，日頃からそのようにするように師匠から教育を受けていたからである．すると，文殊菩薩（문수보살）が世尊（세존）を呼ぶ場面の文章が出てきた．私は何気なく「世尊よ」（세존아）と音読をした．この時の「～よ」(-아)は，呼格助辞なのであるが，師匠は私のこうした読み方を快く思わなかったようだ．そして，「世祖大王の時代の集賢殿（집현전）の学士たちも諺解本に「세존하」と表記しているのに，なぜ「하」を生かして読まずに「아」という吐をつけるのか」とおっしゃった．つまり，それは「尊称の呼格助辞をつけなさい」という意味だったのだが，朝鮮時代の人々も尊称（존칭）と平称（평칭）の呼格を区別するほど言語に対する反省をしていたというのに，近頃の人たちは，なぜこんなにも自らの言葉をまともに操れないのか，というお叱りでもあった．このように師匠は，文字を媒介として過去の人々の考えを研究しようとする者が備えるべき姿勢を指摘して下さった．

このような指摘を数え切れないほど受けてきた私は，ついに突拍子もないことを想像し始めた．母語までをも対象化し，それを「外国語としての母語」として捉えることはできないだろうか？　仏教が韓国人の思惟の中に深く入り込んでいるのはたしかだが，それを「外国思想としての仏教思想」として捉えることはできないだろうか？　さらには，言語という地平の上で韓国語を考え，思想という地平の上で仏教を考えることはできないだろうか？　つまり，言語それ自体を批判的に思惟し，思想自体を批判的に思惟することはできないだろうか？　結局は，一切を対象化し，「言語」とは何であるか，「思想」とは何であるのかという問いに対する普遍的な地平の上に我々の視線を向けさせることはできないだろうか？そして，再び，その地平の上に立ち，そこに展開する歴史と時間の中で作られた

言語を振り返り，思想を振り返ることはできないのだろうか？　と．

2. 文字を通じた禅思想との出会い

　古代インドで発生した仏教思想は，多様な古代言語として定着し,今日に至る．インドでは，サンスクリット語とパーリ語で記録され，それらは漢語やチベット語に翻訳されたりもした．近代的意味における仏教学を研究する学者たちは，こうして残された文献を対照しながら，その意味を明らかにしていくのである．こうした作業はかなり難しいものではあるのだが，それでも比較対照が可能な文献資料が相当数，残っているため，この分野の学者たちは，比較的多くの研究成果を生み出すことができた．例えば，東京大学の中村　元教授(1912-1999)もそうした一人であった．ただ，問題になるのは，他の文献との対照ができない場合，つまり，1つの文字のみで記録された古文献を解読する場合である．仏教学では，中国の禅文文献がその1つの事例となる．

　一般的に禅の文献の場合には，中国の中世漢語で記録されている．私は，これらの書物を解読するために日本の太田辰夫先生(1916-1999)の『中国語歴史文法』（東京：江南書院，1957）や『中国歴代口語文』（京都：江南書店，1957）をはじめ，多くの工具書の助けを積極的に借り，さらには次々に発表される多くの口語と俗語の語法に関する先行研究も参照した．一方で，私自身も原資料を読破しながら工具書を作成したり，翻訳書を出したりもした．そして，最後にはそれらの文献資料に込められた思想を究明しようと努力した．つまり，文字と言語を媒介として古代の人々が残した思想に出会うのである．「不立文字」（불립문자）を標榜する禅宗の思想も決して例外ではないと考えた．

　一般的に禅といえば，三処伝心（삼처전심）の古事が代弁するように，言語や文字とはあまり関わりがないように思われる．それだけでなく，禅書（선서）を解釈したり，説明したりすることは，ある面においてはタブーとさえ見られているのが現実である．このような現実に対し，私はいくつかの側面から再検討をする必要があると考える．

　1つ目は「禅の体験」とそれを体験するに至った状況の話である「機縁」（기연）を混同してはならないという点である．これは禅の体験とその翻訳，および伝達に関する議論でもある．このような議論は，かなり前から存在していたように思われる．この点は11世紀，北宋の『景徳伝灯録』に載っている次のような長楽鄭昂の『跋』にもよく反映されている．「もし，ある人が「仏祖の伝法偈（전법게）

4)は,それを翻訳して伝えた人がいない」と疑ったとしよう.しかし,これは夏の虫が,春と秋があることを知らないことと同じだと言える.仏祖がいくら明らかな方法でそれを伝えていなかったとしても,どうして伝えるときの機縁に気がつかなくてよいと言えるのだろう?」<大正藏51, 465b> つまり,禅師たちが悟りを得る状況は,伝えることができるということである.これは禅書がどのような内容であるかを想起してみれば,解決できる問題である.実際,「悟り自体」を説明している禅書は存在しない.「禅の体験」自体とそうした体験に至る「機縁」は,互いに異なる領域であるばかりか,それに接近する方法も異なる.「悟り自体」が修行の領域に属するものであるならば,禅書に記録された「機縁」に関する解釈は,文献学や人文学が扱う学問対象である.

2つ目は中国の祖師たちは,「禅の体験」を日常生活の中に見出すことはもちろん,それを言語化までしようとしたという点である.これは中国思想史では,道と言語の関係をめぐる言尽不尽意論争として表出したことがあるもので,「神滅不滅(ふめつ)」論争と相まって中国の魏晋南北朝時代に盛り上がり,唐代にはとりあえずの解決をみた.禅師たちも「禅の体験」を言語として表現することがいかに難しいかを十分に認識している.それにも関わらず,そこに留まることなく,その体験を言語で表現しようと努力したのである.例えば, 鏡清禅院(きょうせいぜんいん)の道怤禅師(どうふぜんじ)(864-937)は,『碧巌録(へきがんろく)』の中で「(煩悩から)抜け出すことは,まだ容易いのだが,ありのままを言葉で表現することはずっと難しい」<大正藏47, 804c>と述べている.もちろん,禅宗では言葉を制限的に書くということは事実である.しかし,これは道を説明する修辞的表現に過ぎない.

薬山惟嚴禅師(やくさんいげんぜんじ)(745-828)も『景徳伝灯録』の中で「言葉を完全に断つことはできない.私が今,あなたにこのことを言うのは,言葉では表せないものを表そうとしているからだ<大正藏51, 440b>」と述べているが,このような脈絡で『景徳伝灯録』(29巻)に載っている「言葉とは,まさに道である」<大正藏51, 449b>という宝誌和尚(ほうしわじょう)(418-514)の『大乗讚(だいじょうさん)』も理解することができる.これらをみたとき,禅師たちは,言語の限界性を認識した上に言語の機能を最大限生かそうとしたと見ることができる.

3つ目は,言語と文字が「悟り」のきっかけを与えるという点である.「悟り」とは,文字に頼らず,心の在り方を自ら得るということであって,他人に頼って

---

4) 編者註:「伝法偈」は「禅で説く,以心伝心・教外(きょうげ)別伝の宗旨を示したという詩偈」.石田瑞麿(1997)『例文 仏教語大辞典』,東京:小学館.

得ることができるものではない．もちろん，当然のことながら，文献記録としての「禅書」と，人間の内面の思惟作用としての「悟り」を混同してはならない．悟るとは主体的なことだが，それを誘発するための「きっかけ」については，別に考えられなければならない．つまり，言語や文字は，あくまで「悟り」に寄与する存在なのである．このことについては，『景徳伝灯録』が出版された当時，官吏であった劉棐の「後序」で指摘されている．彼は，薦福古禅師が『雲門広録』を見て悟りを得たことや，黄龍禅師が多福禅師の語録を見て悟りを得たことなど，多くの事例を提示している．

最後に，現代に生きる修行者たちが何を基準に自身の境地を確認し，反省するかという点がある．つまり，曹溪慧能禅師の禅旨を帰依する処，あるいは過程を示すしるしとするならば，曹溪の禅旨を含む禅書に対する正しい理解が絶対的に不可欠となる．まさにこの点においても歴代の祖師たちの行跡を基準にしなければならない．この基準こそがまさに禅書であり，言語文字であるのである．このような態度は「話頭」を「公案」と表現している点においてもよく現れている．「公案」という言葉は，もとは法律用語で役所に備えられている判例条文のことである．つまり，過去の前例に照らして現在の問題を検討するのである．禅家で言われている1,700公案も禅師たちの修行と悟りの機縁を集めた伝記で，『景徳伝燈録』に由来するものである．

以上，些末ではあるが，言語文字と禅語録との密接な関係について述べてきた．このようなことを書いたのは，言語文字が思想それ自体ではないにも関わらず，それがなくしては，古代の人の思想を明らかにすることが容易ではないということを主張したかったからである．以下では，その実例として韓国はもちろん，日本の禅寺でも多く読まれている『碧巌録』(벽암록)の事例をあげ，言語文字の解読が思想研究の必要条件であることを明らかにしようと思う．ところで，この『碧巌録』は，他のどんな禅書よりも読むのが難しい．その理由を何点かにまとめてみると，以下のようになる．

まず，1つめは『碧巌録』に出てくる圓悟禅師の論評，すなわち「下語」は，あまりに短く，意味がわかりにくい．また，2つめは『碧巌録』には縦横無尽に口語，あるいは俗語が登場するのだが，口語で書かれた文献を文語の語法で読解することはできない．さらに3つめは，1冊の中に個性や口調が異なる複数の禅師たちが登場する．1人の口調やその来歴に多少慣れてきたかと思うと，再び主人公が変わるのである．最後に4つめは，論理の転換と言語の省略が著しい．換

言すれば，文と文の間，つまり行間が開いているので，それを読者側が埋めていかなければならない．この行間を埋めていく作業のことを筆者は「読む」（읽는다）と名付けたい．禅書は読むしかないのだといつも考えている．

では，その読むという作業の1例として，『碧巌録』第29則の「評唱（ひょうしょう）」の対話を見てみよう．大随法真和尚（たいずいほうしんわじょう）は，潙山禅師（771-853）の教えを受けた人物である．彼は，60名もの禅の知識を持つ者らと接したことがある者で，かつては潙山護喪（위산호상）の法会で火を焚く役に就いていたこともあった．

　　　ある日，潙山禅師が大隋に尋ねた．
　　　「あなたは，私の元に何年も身を置いているが，私に何も尋ねてこないのは，なぜなのだ？」
　　　すると，大隋が答えた．
　　　　「何を尋ねなければならないのですか？」
　　　このように聞き返すと，潙山禅師は答えた．
　　　「もし，あなたが何を尋ねたらいいかわからないのなら，「仏とは何ですか？」と聞きなさい」
　　　この言葉を言い終わりもする前に大隋は，手で潙山禅師の口を塞いだ．
　　　すると，潙山禅師が言った．
　　　「これから先，（仏や悟りまでも）一切なくしてしまう人（＝真の修行者）に出会うことができるだろうか？」［以後覓箇掃地人也無］"

この対話の最後にある潙山禅師の答えをどのように読むかが重要である．原文の最後に出てくる「也無」は，口語文の最後に現れ，疑問を表すものである．これを文語文として読み，「～すらもない」と否定文に訳してはならない．また，「掃地人」をどのように解釈するかも問題になる．つまり，「掃地人」を「地面を掃く人」という意味で読んで「お仕えの者」と解釈するのか，あるいは上のように「仏や悟りといった一切の考えをなくしてしまう本当の修行者」と解釈するのかである．

まず，「掃地人」の意味を明らかにする必要がある．ある単語の意味を推定するとき，まずは同じ本でその用例を集めて，共通する意味を導き出したり，同時代の他の文献にみられる事例を探すといった方法をとる．さらに，後代の注釈家たちの考証も参照しなければならない．ここでは一連の過程は省略して，検討の結

果だけを述べることにするが，そうした結果をもたらした決定的根拠は，やや時代が下った『五灯会元』巻4に探し求めることができる．そこには『碧巌録』の上の対話が収められているのだが，「潙歎曰，子眞得其髄」という言葉が参照されている．つまり，「大隋，あなたは，本当に核心を得た」という意味である．これで潙山禅師の口を塞いだ大隋の行動は，正しかったことが確認されたことになるだろう．また，『碧巌録』より後の時代に作られた『従容録』第30則にも『碧巌録』第29則と同じように潙山と大隋の2人の僧の対話が引用されており，「你以後有片瓦蓋頭，覓箇掃地人也無」と書かれている．「片瓦蓋頭」は文字通り読めば，「砕けた瓦の破片で頭を隠し（雪や雨を避ける）」となるのだが，みすぼらしいながらも自分の家を建てるということ，つまり，一家を成すという意味である．上の原文を翻訳するならば，「あなた大隋は，これから一家を成し，1つの寺の住職になるだろうが，あなたのように全ての観念をすっかり捨て去った本当の修行人を他に探すことはできるだろうか」となる．

　ある単語の意味を考証することは，その単語によって表現しようとする思想を探し出すことにその重要性が見出される．私は「掃地人」という単語に初めて出会ったとき，背筋が冷たくなるのを感じた．その言語の強烈さと状況にぴったり合う言語の緻密さに驚いたからである．漸修的な修行段階は言うまでもなく，仏や悟りといった一切の観念をすっかり捨て去った無心道人の境地がこの言葉によって，うまく表現されているように感じる．文字は思想という「城」の中に入り込む通路の1つである．ゆえにこの通路を塞いでしまうと，その「城」に入るのに多くの制約を受けることになる．ともすれば，入城自体ができないことさえ，ありえよう．

3. 言語と文字を活用した哲学的作業

　インドという全く異質的で文化や歴史的伝統の異なる地で生じた仏教が中国に伝来した．しかし，結果的にはある時期を経て，仏教はもはや，中国にとっての「異」，あるいは「他」としての存在以上のものとなった．仏教は中国人たちの思想，歴史，芸術，文学など各方面の中に浸透していき，固有のものと一つになりながら，能動的に生き続け，他地域における既存の仏教とは区別される「中国の仏教」を作り出した．この点において中国人たちは「中国的な何か」を作り出したということができる．もちろん，「中国的な何か」が仏教の変質なのか，あるいは新たな思想の創出なのかは，研究者によって評価が分かれるだろうが，仏教が

中国人たちの暮らしと密接な関係を築きながら存在してきたことだけは確かである.

　私は中国の仏教について研究を進めながら，中国人たちはなぜ彼らだけの独特な仏教思想を作ることができたのだろうかと悩んできた．その結果，現段階においては，自分の国の言葉で翻訳すること，基体(きたい)に戻って再び尋ねること，日常言語で議論すること，といったことに注目している．ここで「基体」とは，「伝統」という言葉とも言い換えることができる概念である．

　インドの仏教が中国に伝来する過程において，忘れてはならない出来事のうちの1つが翻訳である．それは，梵語(ぼんご)で書かれた仏教の経典を古代漢語に翻訳する作業のことを指す．この場合，漢語を母語とする者が梵語を学ぶ場合もあるし，一方で，梵語を母語とする者が漢語を学んで漢訳する場合もある．前者の代表としては鳩摩羅什(くまらじゅう)（344-413，一説 350-409）が，後者の代表としては唐の玄奘(げんじょう)（602-664）をあげることができる．この中でも鳩摩羅什が翻訳する過程は，我々に示唆するところが大きい．彼が仏経を翻訳する姿は，次のように伝えられている．

　『維摩経(ゆいまぎょう)』の翻訳現場に居合わせた僧肇(そうじょう)（384-414?）は，当時の光景をこのように記録している．「鳩摩羅什は世界を凌駕する知識を備え,心は真の境地に至るほど自由自在であり，さらには中国の言葉が上手であった．仏経を翻訳するときには，梵語の仏経を手に取り，口頭で適切に訳していった．すると，僧や俗は皆，敬虔な心で1つになって3回ずつ後について言った」<大正蔵38，327b>

　鳩摩羅什は，梵語のテクストを手に取り，それを自ら中国語に翻訳していきながら，重要であったり，難解な部分については，補足説明を加えた．彼が翻訳する場には，僧侶たちはもちろん，一般人も参加していたことがわかる．参加者たちが3回ずつ繰り返して声に出しながら読む過程の中で,文体と声律が整えられ，最後にはそれを書き取る者が正しい語法で筆受する.

　この翻訳現場に参加していた僧肇は，本来,『荘子(そうじ)』を耽読していた青年であった．そんな彼が，鳩摩羅什の訳場に参加したことをきっかけに仏教に転向し，見聞きしたことを記録したものが『註維摩経(ちゅうゆいまきょう)』である．もちろん，全ての翻訳がこのように共同で翻訳されていたわけではない．単独で翻訳されていた場合もある．とにかくこのように翻訳された経典の分量は，『開元釈教録(かいげんしゃっきょうろく)』<『大正蔵(たいしょうぞう)』55>が作られた開元18年（730年）には，全1,076部 5,048巻に達した．

　ところで，ここで1つ注目しておきたいことがある．それは，当時，翻訳者に

対する社会的評価が極めて高かったということである．今日の韓国では，訳経僧（역경승）をさほど高く扱っていないが，中国では仏教経典の翻訳者に対する評価が異なった．日本の場合はどうであろうか．学僧（학승）を軽んじて，修行僧（수행승）だけを高く扱っているかもしれない．多くの人々は，学僧は悟りがなく，本ばかり読んでいると貶下するようなことばかり言う．しかし，実際はそうではない．思索と体験の深さの程度は，文章に現れる．逆に文章がうまく書けないのなら，その中に込められた体験や思索も揺らいでくるのである．

　中国では，早くから僧侶たちの伝記集の一種である『高僧伝』が編集，刊行されてきており，代表的なものとして『梁高僧伝』（519年），『唐高僧伝』（645年），『宋高僧伝』（988年）などがある．『梁高僧伝』（大正蔵経50巻）では，僧侶たちの専攻を①訳経，②義解，③神異，④習禅，⑤明律，⑥亡身，⑦興福，⑧経師，⑨唱導など9つの部類に分類している．『高僧伝』によって僧侶たちの専攻の分類と配列には若干の違いがみられるものの，この配列は，最も評価を受ける専攻の順序になっているといってよい．このように訳経僧は常に上位に位置しており，翻訳者の権威がそれだけ高く，よい待遇を受けていたことがわかるだろう．

　一方で，古代漢語に翻訳された経典は，初めは筆写本（필사본）として普及していたが，宋代以降には，木版（목판）により印刷され，中国の人々は，翻訳された経典を材料として仏教研究を進めていった．梵語を全く解さない人ですら，翻訳された経典だけを用いて，それなりの研究を進めることが可能であったのである．唐宋代の仏教哲学を花開かせた綺羅星のような学僧たちは，皆，翻訳された所謂，2次文献資料を用いて，自身の思想を繰り広げた．もちろん，その中には翻訳資料が十分でないことに不満を抱き，インドに赴き，直接原本に触れ研究し，またその資料を中国に持ち帰り翻訳した者も存在した．

　一方で，自らの言葉に翻訳された仏教文献は，民衆たちが接近可能な多様な形態として再構成された．代表的なものとしては，経典の内容を絵で描き，その脇に平易な言葉で簡単な解説をつける変相図の出現があげられる．音楽を通して接近する梵唄も大きな役割を果たしたし，その他にも俗講の台本として使用されていた変文や俗文も一定の役割を果たした．当時，変文がどれほど多かったかは，20世紀初頭に敦煌で発見された文書の多さだけみても想像することができるだろう．

　こうして自らの国の言葉への翻訳は，外国思想を輸入して彼らの生活の中に血

肉化させるのに大きな役割を果たした．我々は，このような事例を中国仏教徒たちの翻訳活動において見出すことができる．中国では仏教が流入する前から既に固有の思想が形成されており，それらは既に文献として整理，研究され，普及している．漢帝国が建国されてからは，儒教が国教となり，秦始皇帝の焚書により散らばっていた古籍も再整理され，その過程の中で新たな学風が振作された．両漢の今古論争もその過程で現れた産物である．こうした論争は社会的な共感に支えられて展開していき，単なる個人の学問的嗜好を越えた現実的な「力」として作用している．経典のある句，節や内容に対する新たな解釈が出てくると，その是々非々を明らかにし，論評する知識基盤が構築され，そしてそれを担い，導いていく人物たちが形成されていった．そして，彼らの学問活動は，当時の政治勢力とも直結していたため，現実的な力として現れていった．

このような既存の土台，つまり，ある特定の思想を共有する人々の集団があり，その思想は社会の中で公論化し，現実的な力として作用していくのだが，これを筆者は「基体」(substratum) という語により表そうと思う．これはある現象や事物の性質・状態・変化の土台となる何かに対し用いる言葉である．上で述べた力とは，個々人の行動や考えに影響を与えることはもちろん，ある社会の運営にも影響を及ぼすものである．

以上のような意味としての基体が形成され，作用していた中国人たちの文化の中にあって，インドから仏教が入ってきたのであった．すると，彼らは自らの基体をもとに多様な議論を通して「異」と「同」を分別し，時にはその「異」に対し批判をしたりもした．もちろん，この批判は，個人の次元を超えて社会的な共感をもとになされたもので，ひいては1つの力として作用した．このような力は，中国に仏教が入った当時から存在していたもので，例えば，中国人たちの祭祀（제사）もそうした「基体」の現れの1つである．中国には多様な祭祀が存在していたのだが，このような祭祀の様相は『尚書』，『毛詩』などに見出すことができる．祭祀の対象としては，まずは亡くなった自分の祖先があげられるが，そうかと思えば，自分の先祖でなくても徳のある人に祭祀を行なったりもしている．黄帝や老子の祭祀を執り行ったことなどは，まさにその例である．また，これとともに日月星辰や山川にも祭祀を行なっており，北斗信仰や五嶽信仰などの例が確認される．また，最高「神」としての上帝や天に対する祭祀もある．このように古代中国人たちの中では，祖先や徳のある人を祭る慣習が広く普及していたのである．

仏教との接触は，このように極めて現実的かつ，日常的な側面から始まった．彼らの目には仏教こそが現実の幸福をもたらしてくれる宗教でありながら，呪術の宗教でもあり，長寿と安楽をもたらしてくれる神仙の宗教でもあった．しかし，次第に仏教の経典が古代漢語に翻訳され，その思想の全貌が明らかになっていくにつれて，既存の思想と異質的な要素が明らかになり，既存の宗教思想と衝突することもあった．

これらが日常生活の中で作用した基体であったならば，次のような理念的事例も存在する．知性の歴史において中国人たちが共有していた基体と仏教との衝突様相の初期的痕跡は，牟子（ぼうし）（生没年不詳）の『理惑論』に現れる．そこには極めて厳しい批判が存在したのだが，その批判の土台には儒教の経書を中心に形成された彼らの基体が存在していた．彼らは現実において発生する全ての問題を経書をもとに評価し，解決のための糸口を掴もうとした．基体に立ち返りながら，懸案の問題を解決しようとする中国人たちの思惟の根底には，「古代の聖人たちの経書の中には，この世界のすべての問題を説明することができる玄妙な道理が存在しているのだ」という強い信念が存在している．儒教の経書を媒介とする中国人たちの思想，あるいは文化の基体は，新たな社会現象が発生したり，他文化圏から新たな思想や文化が流入してきた場合，反省の土台として作用する．もちろん，経書に込められている意味は，当時の構成員たちによって規定され，再解釈された．中国哲学者は，このような儒教的経書を媒介として形成された基体の上で哲学と生は，常に緊張感と躍動感のある出会いを続けると考える．このような過程を経ながら，「他」あるいは「異」は，もはやそれ自体としては独立したものではなくなり，基体の中に吸収されたり，あるい基体を変化させ，そこに現実性を付与したりもした．そのため，仏教が世俗化したり，世俗が仏教化することもあった．中国の仏教を理解するためには，彼らの基体に対する理解が必須条件であったこともこうした理由によるものである．

中国文化の発展過程を研究する人々は，唐宋の変革期を経て，士大夫（したいふ）（사대부）たちの意識が変化していったことに注目した．すなわち，唐宋を通じて，当時，文化の核心を担っていた士大夫たちが心理的に個体化していきながら，性格が内向的になり，思惟の仕方も内的省察による直覚的な体験に偏っていき，外部の教条的権威にも懐疑を抱き始めたのであった．さらに，士大夫らの手により主導された詩画芸術にもそうした変化が起こるのだが，こうした変化によって「繰り返される自我の表現」，「連想をもとにした表現」，「淡白でありながらも高雅さを含

んだ表現」が目立つようになる．また，士大夫は，内心の精神的解脱を追求し，思弁的かつ，哲学的に変わっていった．このような気風の様相は，唐宋の前の時代には，見出すことができなかったものである．

中国文化を研究する彼らは，このような変化に注目しながら，その変化が起こることになった重要な原因の1つとして南宗禅(남종선)の出現をあげている．唐宋以降，南宗禅が一世を風靡し，士大夫たちの多くが「人人談禅」（人々が禅を語る）の境地に至ることになる．それは，ほぼ老荘思想の地位に取って代わるようになり，さらには儒教の基盤を揺らがせるまでになった．宋代の性理学(성리학)を唐代の華厳(화엄)や禅の地平から評価することができるということもこのような思潮をふまえてのことである．

端的に言って，南宗禅の出現は当時，士大夫らの生の在り方を変化させた．では，一体，南宗禅のいかなる点が当時，そのような変化をもたらしたのか．士大夫らをこのように変化させた禅仏教の核心思想を葛兆光教授（1950-）は，『禅宗與中国文化』（上海：上海人民出版社，1986）の中で「個人の清浄な本心を追求しながら，ただ自身に内在した理想を尊重する点」，「強く疑ってこそ大きな悟りが得られると強調する点」，「自分の心がまさに一切だとする点」，「直覚的な観照により深く考え瞑想する点」，「「活参妙解」により「頓悟」を強調する点」などと説明している．

南宗禅に現れるこのような要素は，唐時代の華厳教学の伝統にも部分的にではあれ，取り入れられている．ただし，華厳の伝統にはないものもあって，例えば日常言語で哲学的議論をし，またそれをそのまま文献として定着させた点などはその例である．唐の時代，南宗禅の出現は，何より議論の形式面で画期的な変化をもたらした．それは，一言で言えば，「日常言語で議論すること」である．ここで筆者がいう「日常言語」とは，「口語」を指すものだが，南宗禅の僧侶たちは，当時，通用していた口語を使って，心，本性，観察，悟，修行などの仏教哲学の様々な問題を議論した．そして，その議論は，文語ではなく躍動感のある口語を使って，そのまま文字で記録された．

華厳の教学的文章は，専門家たちだけが知ることができる概念や語彙を通じ，注釈的文章として抽象化し，衒学的に変えていった．しかし，禅僧たちは，教学の枠組みを果敢にも打ち壊し，日常言語による哲学に取り組み始めた．躍動感と現場感のある日常言語を使用し，仏教の思想に取り組んでいったのである．それも一方的な提示ではなく，具体的な対象との相互対話を通じてである．天台や華

厳における文章は，筆者と読者が時間的，空間的に離れている状態で書かれる．しかし，禅宗では，銘や箴のような極めて少数の文体を除いては，そうした一方向的な文章はない．所謂，「語録」という独特な形態の文献が台頭するのである．

さらに禅仏教では，場所によって多様な方式の議論を開発した．例えば，上堂法語，対機説法，垂示，勘弁などはその一例であるが，これとともに，議論の方式も下語，評唱，拈，頌，挙，評など，様々な形態へと変化していった．訪ねてきた相手と第三者の話や行動について話す拈挙，訪ねてきた相手と第三者の話や行動を挙げ，さらにそれに対するまた別の第三者の評価を紹介し，それとは異なる立場で対話を進めていく別語，相手に質問を投げかけたが，それに対する答えがない場合，代わりに答える代語などの議論方式がそれである．

日常言語による古代化を通した哲学の実践は，具体的な暮らしと哲学が出会う契機を生み出し，これによって仏教は，もはや仏教的概念を熟知した人だけが理解する専門家たちだけの占有物ではなくなった．南宗禅の出現による画期的な文章と議論方式は，既存の中国文化に禅の様式を拡散していった．その結果，禅詩，禅書，禅語，禅筆，禅気，禅風といった新しい用語を作り出すに至った．その後，仏教はもはや，ある特定の素材に囚われるものではなく，士大夫たちの文化批評，文学批評，ないしは茶禅一味（차선일매），さらに少林寺武術が現れるほどに，中国人たちの日常の中に奥深く入り込んでいった．

4. 哲学化の作業から再び言語と文字への帰郷

哲学の分野から仏教学に接近している筆者としては，研究の終着地点は，言語や文字ではない．結局は，再び哲学的問題に帰結するしかないのである．それが私の本業なのだから．ところで，仏教学といっても，そもそもその範囲は広いため，私は自らの研究範囲を華厳哲学に限定している．唐代の清涼澄観（738-839）や，彼の弟子である圭峰宗密（780-841）など，華厳哲学を研究していた中国の学僧たちは「お教えの本質」（教体）に対する疑問を投げかけた．ここでは，圭峰の事例を中心にこの問題を整理しながら，本稿を終えたいと思う．

上で述べた華厳教学者たちは，「お教え」を伝達する媒体に対し，感覚的方面，純粋意識的方面という大きく2つの方面からの反省を試みてきた．前者の感覚的方面はさらに物質的感覚と心理的感覚に分かれるので，結局は3種類になるのだが，これらをこの分野の専門用語では随相門，唯識門，帰性門という．ここでは，このような分類を用いて，所謂，華厳哲学を研究する筆者が本稿でこれまで問題

としてきた言語と文字について眺望してみたいと思う．

　隨相門を採用する部派仏教では「お教え」を伝達する媒体として音声と文字をあげている．彼らは文字をさらに名（word），単語が結合した句（phrase），さらにこの2つが結合した文（syllable）に分けている．この学派は，音声と文字はそれぞれが，あるいはそれらの結合自体が「お教え」だという．

　一方で唯識門を採用する唯識学派では，音声と文字は作られたものであり，「假有」（仮有：가유）として自己同一性を担保することができないとしている．そのため，それが「お教え」であるという主張を排除する．この学派では，音声と文字は「意識に徹するもの」（唯識）と分離されたら，自らとして存在しえないという立場を主張し，仮に音声と文字が「お教え」だとしても，意識の活動性を前提としなければならないため，お教えの本質（教体：교체）は「ただ意識」（오직 의식）のみであるとするのである．このような発想を持つ仏教学派では，意識と音声，および文字との関係性に注目するのである．

　ここで指摘しておかなければならない問題が1つある．その問題を単刀直入に述べれば，仏教徒たちは，意識も感覚器官の1つとして想定しているということである．妙な発想であるが，先の「心理的感覚」という用語もそのような脈絡から用いたものである．この妙な発想の結果，意識も感覚器官として捉える彼らには，結局，意識もまた音声や文字と同様に，自己同一性を持たない無常な存在となる．また，このような思惟をする華厳学派では，帰性門を採用し，純粋意識としての「真如自性」（진여자성）という用語を作り出しているが，それは音声，文字，意識という感覚的要素が全く存在しない実相としての「お教えの本質」（教体）という学説を提示することに繋がるのである．

　結局，華厳哲学では，音声や文字，意識などの感覚的事態は，超感覚的純粋意識が作用する中でだけその意味機能を持つことができるという主張に到達する．そうであるため，感覚的表象とそうした感覚的表象を可能にする超感覚的純粋意識の間の相互力動的機能の総体が「お教え」という哲学を提示するのである．私は，この弁証的循環構造に注目し，こうした現象を本章のタイトルにおいて「哲学化の作業から再び言語と文字への帰郷」と命名した．言語と思惟の双方が持つ宿命的関係に対する反省的考察は，仏教哲学を研究する私にとっての運命である．

ハングル大蔵経改訳電算化事業の成果と課題

李 在洙（イ・ジェス）

訳：李 善姫（イ・ソニ）

1. 序言　　　　　　　　　　　　557
2. 21世紀大蔵経の意義　　　　　558
3. ハングル大蔵経改訳電算化事業　561
4. ハングル大蔵経の今後の課題　　568
5. 結語　　　　　　　　　　　　571

1. 序言

　21世紀という文化の世紀に，デジタル革命は社会変革を主導し，私たちの生活全般が変容しつつある．こうしたことに鑑みるとき，過去に現れた仏典の集大成である〈大蔵経〉が，仏教の思想及び文化の結晶体としての役割を担ったということについての，新たなる解釈と，これに対するまた新たな観点が必要となる．漢訳大蔵経が有する数多の情報と諸々の文化的素材は，これを現在化せんとする努力を通じ，〈ハングル大蔵経〉として誕生することとなった．また今日，文化コンテンツという新しい形式を通して流通し，享有される時代を迎えている．

　本稿において〈大蔵経を見据えるメディアとプラットフォーム〉という観点を提起し，電子仏典の流れと関連づけつつ，ハングル大蔵経改訳電算化過程とその成果及び将来の役割について考えたい．併せてハングル大蔵経が新しいスマートメディア時代に，13世紀高麗大蔵経の精神を現在に具現する，文化のコミュニケーションと文化創造のサービス・プラットフォームとして生まれ変わり得る方途を，摸索してみたい．

　さらに今後，ハングル大蔵経の成果を引き続き高麗大蔵経と統合し，新たなる文化生産のツールとして生まれ変わることができるような統合大蔵経についての提案と，新たな活用の方途として，文化コンテンツについて注目し，述べてみたい．[1]

---

[1] 本稿は，李在洙(2012)の基本的な枠組みから出発し，これを修正・補完したものである．

2. 21世紀大蔵経の意義

論者は，以前の議論で，大蔵経をメディアとプラットフォームという観点から見ることを提案した．これを簡単に整理し，議論の基本的な土台としたい．[2]

2.1. 大蔵経の現代的な眺望
2.1.1. メディア的な観点から見た大蔵経

大蔵経は，仏陀の教えとしての経蔵(きょうぞう)と，仏陀の教えを実践する過程で現れた社会的合意としての規範である律蔵(りつぞう)，この二つをめぐる解釈の総体である論蔵(ろんぞう)という3つの内容から構成されている．論者は大蔵経の性格をその構築目的に応じて「仏教」というメッセージを伝えるメディアであると規定したい．メディアは，媒体，情報を伝達するものであって，しばしば機器を介して伝達されるテキスト，またはイメージ，音声，動画のような情報形態を共有するものをいう．

伝えようとする真の意味は，表現内容が表現形式を脱し別に存在はしないという立場に立ちたい．つまり，「メディアがすなわちメッセージ」と宣言したMarshall Mcluhanの主張に耳を傾けたい．[3] これはメディア（形式）がメッセージ（コンテンツ，内容）を決定することを強調した[4]ものである．つまり，仏陀のメッセージを，旧メディアの中で最も最適化された木版印刷術で表現した最高のメディアは，まさに高麗の再雕(さいちょう)大蔵経である．論者は以前の議論で，大蔵経のメディア的特徴をテキスト，解析，コミュニケーションという観点から詳しく見た．[5] ハングル大蔵経は高麗大蔵経を韓国語に翻訳したもので，そのメディア的な特徴を次のように整理することができる．

まず，テキストとして見ると，大蔵経の最も重要な特徴は，原型性(originality)にある．ハングル大蔵経は高麗大蔵経を底本にして，その原型性を探求し，我々の時代に受け継がんとし，韓国仏教のアイデンティティを確保しようと努力した過程の結果物である．韓国仏教の近代知識人たちは大蔵経の解釈を通して，絶え間なく時代精神と自分たちの哲学的見地を拡大再生産してきた．[6]

第二に，大蔵経はその原型性が，時代精神によって絶えず解釈されてきた．つ

---

[2] 李在洙(2011a)を参照されたい．
[3] 김성민(2004:85)を参照．
[4] 김만수(2006:60)を参照．
[5] 李在洙(2011a)を参照されたい．
[6] 金光植(2002:45-83)を参照．

まり，仏教を理解して解き，社会とコミュニケートしようとした宗教的機能を担ってきており，絶えず仏陀の教えを解釈し，哲学的な理由で広げていった遠心力を持つと見得る．特に白龍城(1864-1940)は三蔵訳会を組織し，大蔵経の翻訳を介して近代における仏教のアイデンティティを確立し，民族精神の守護のために努力した．[7] 併せて，これらの精神は東国訳経院の発足の根幹として継承され，現在もなおこうした大蔵経の解釈は，信仰と学問活動によって日々新たに行われている．我々の時代のことばと，我々の文字であるハングルによって，大蔵経に込められた意味を翻訳するようになった根底には，まさに仏教に対する信仰的な営みと学問的解釈という基礎が横たわっている．

　第三に，大蔵経は仏教の大衆性と社会性を目指したコミュニケーションの結果物である．ハングル大蔵経はその出発点が，仏経をこの時代のすべての仏教徒に解り易いように，韓国語に翻訳したことにある．したがって，大衆性をその根底に敷き，出版媒体を介した流通を前提にしているゆえ，社会性とコミュニケーションの課題に，さらに一歩近づいている．なおかつ，ハングル大蔵経の電算化は，基本的に仏教の社会的コミュニケーションを，インターネットという新しいメディアを通して達成しようとするものであって，一段階進化した営みであることを，強調し得るであろう．

2.1.2. サービスプラットフォームとしての大蔵経

　大蔵経は，プラットフォームの機能を持っている．プラットフォームとは，特定の目的や作業のプロセスを標準化し，アクセス性及び効率性を高める基盤施設や手段の通称であり，種々のソフトウェアが作動し得るハードウェア及びソフトウェアである．プラットフォームは，物理的なインフラストラクチャーだけを意味したが，インターネットと結合しながら，技術，サービス，現実（社会）の関係をすべて結びつける，拡張されたネットワーク基盤としての意味に発展した．[8]

　Web 2.0の議論では，Web をプラットフォームとして見ているが，[9] これはサービスプロバイダが何もしなくても，ユーザーたちの参加で，コンテンツとサー

---

[7] 韓普光(2002a)を参照．
[8] 방송통신위원회(2011:3)を参照．
[9] 今のサービスプラットフォームの先取りを通じて市場支配力を確保するためのマイクロソフトの Windows，アップルの iOS，フェイスブックなどが代表的なプラットフォームである． http://www.oreillynet.com/

ビスが造られるという利点がある.

大蔵経は,プラットフォームの古典的な概念である交通プラットフォーム,製造プラットフォーム,サービスプラットフォームのすべての機能を持っていると言えるであろう.交通プラットフォームは,交通施設と産業技術の発達をもたらした産業時代のコア・インフラストラクチャーである鉄道駅,港湾,空港などを言うが,大蔵経を通し,仏陀の教えと現在の知識を,過去・現在・未来と仏陀のことばと心をつなぐ役割をしてきた.

製造プラットフォームは,様々な電子製品,自動車,飛行機などの製造方法を標準化して生産ラインを構築することを言う.これには大蔵経が数多の仏教哲学及び思想,知識の著作の源泉として,その機能を担ってきた.

サービスプラットフォームは,ソフトウェアとハードウェアの駆動システム(OS),様々なWebサービスへのアクセス方法を標準化したポータルなどを介して,ネットワーク時代を牽引してきた.デジタル化の目的は,何かをするためであり,そのようなことを可能にするすべての枠組みがサービスプラットフォームである.

サービスプラットフォームである大蔵経は,記録遺産の真の姿を示す原本のイメージ,漢文原典テキスト,多くの言語の翻訳テキストなどとメタデータ,二次資料が,様々なフォーマットや機器を通じてデジタル化され,多様な方法でサービスされている.現在,高麗大蔵経知識ベース,仏教記録文化遺産アーカイブなどは,サービスプラットフォームを介して,過去の原典テキストを多様な方法で加工し,読者が望む様々なサービスを提供している.[10]

2.2. コミュニケーションの観点から見た訳経の活動

大蔵経を当代のすべての人々が理解できることばと文章で翻訳したことは,コミュニケーションの出発点にあると見ることができる.仏教経典の翻訳の出発点は,朝鮮朝世祖当時の諺解から始まる.[11] 韓国で行われた最初の仏典のハングル翻訳(訳経)として当時出版された諺解は,以来,近代韓国仏典翻訳の一次的な土台となったと同時に,書誌学及び国語国文学にも非常に貴重な資料となっている.[12]

日帝時代,白龍城は三蔵訳会を組織し,組織的に大蔵経を翻訳して出版し,近

---

[10] 李在洙(2016a)を参照されたい.
[11] 金斗鐘(1974)を参照.
[12] 尹暢和(2002:158-159)を参照.

代における仏教のアイデンティティを確立させた．日帝時代の訳経活動は仏教の大衆化と民衆化運動，布教運動という方向で[13] 組織的に訳経をし，時代の精神を具現化した白龍城の三蔵訳会の成果に注目したい．三蔵訳会は体系的な訳経の活動の出発点である．また，これに出版社としての認可を得て，新たな流通網を組織し，販売用に流布した．すなわち，広告などを通じて経典を市販し，その収益金が再投資され，継続的に訳経事業が維持できるよう，マーケティング的な観点を導入したことを評価し得る．[14] 2017年の下半期には『白龍城 大宗師 叢書』が財団法人・大覚会から出版される．これにより白龍城の訳経と布教のための努力の全貌を把握し，かつ大衆化することができる．

ハングル大蔵経は，高麗大蔵経をハングルを用いて翻訳した韓国語大蔵経である．我々の時代の仏教の大衆化をリードしてきた解釈の産物である．ハングル大蔵経は，1962年の統合宗団大韓仏教曹渓宗が発足し，訳経事業が重点課題に指定されて始まった．1964年東国訳経院が正式に発足する前，1961年に「法宝院」という出版社が先に設立され，法華経と涅槃経をはじめとするいくつかの経典が僧・耘虛龍夏(ウノヒョンハ)(1892-1980)によって翻訳され，出版され始めた．これが東国訳経院の実質的な訳経事業へと発展する基盤を作るきっかけとなった．当時海印寺(ヘインサ)に所蔵されていた高麗大蔵経を，ハングルで完刊するという計画を立てることとなったのである．

東国訳経院で行われたハングル大蔵経改訳事業は，韓国語とハングルで大蔵経を完刊するという時代精神と，仏教を社会と疎通させるための努力の一環として実践された．東国訳経院のこうしたハングル大蔵経改訳事業は，仏教を現代化するためのテキストの解釈と，社会とのコミュニケーションを図ろうとする仏教界の努力によって，さらにハングル大蔵経改訳の電算化事業へと必然的に拡張されるに至る．

3. ハングルの大蔵経改訳電子化事業
3.1. 大蔵経電算化で始まった電子仏典

大蔵経電算化は，韓国の三番目の大蔵経造成仏事ということができる．1993年3月に高麗八萬大蔵経研究所が発足され，4月に「世界電子仏典協議會(EBTI)」が創立された．1994年4月に高麗大蔵経研究所が設立された後，1995年9月，イン

---
[13] 金光植(2002:45-83)を参照．
[14] 韓普光(2002b:77)を参照．詳しい研究には韓普光(2002a)がある．

ターネットを通じた全世界を対象とする，高麗大蔵経のウェブサービスを介して電子仏典の序幕を開いた．高麗大蔵経研究所は，1996年1月に海印寺所蔵，高麗再雕大蔵経印経本81,258張（162,516ページ；約5300万字）の内容を電算化し，検索プログラムと一緒に DB 構築を完了し，2000年末に CD-ROM を発売した．1992年の電算化の模索期から9年間にわたる努力の結実であった．[15]

　高麗大蔵経知識ベースは，[16] インターネットにより再雕大蔵経を誰でも簡単にアクセスして閲覧することができる環境を提供している．高麗大蔵経知識ベースでは，比較閲覧機能と大蔵経原文テキストと画像，目録，解題，辞典，字典，書誌情報などを提供し，経典の体系的な研究を支援している．高麗大蔵経デジタル全文（ユニコード本，異体字本）を XML 本に切り替え，高麗大蔵経再雕印経本の画像 DB 構築により，高麗大蔵経知識ベースを介した統合サービスが行われた成果に注目したい．

　東国大の東国訳経院と電子仏典文化コンテンツ研究所は東国大学校が推進した韓國仏教全書を電算化した「韓国仏教全書検索システム」[17] がある．このシステムを根幹に，現在，仏教学術院 ABC で，これをアップグレードし，2017年には，全14冊の韓国仏教全書のテキストや画像を提供する予定である．

図1　ハングル大蔵経メインページ　(http://abc.dongguk.edu/ebti)

---

[15] 宗林(1996:9-20), 고려대장경연구소(2000:3-5)를 参照.
[16] 宗林(1996:9-20), 고려대장경연구소(2000:3-5)를 参照.
[17] http://ebti.dongguk.ac.kr/ebti/main.html

2001年から2012年5月までに東国訳経院と電子仏典文化コンテンツ研究所は「ハングル大蔵経改訳電算化事業」を実施した．ハングルの大蔵経の完刊に合わせて，現代韓国語でハングル大蔵経を改訳し，これをインターネットを通し配信した．ハングル大蔵経のデータベースを構築，インターネットサービスを通じて，ハングル大蔵経の利用率を向上させ，ひいては韓国文化の優秀性を広く知らせるのに貢献した．ハングル大蔵経サービスシステム[18]では，e-book閲覧，テキストの音声変換(TTS)ソリューションで聞く機能を提供している．

　大蔵経デジタル事業は，デジタル仏事の先駆者たちと一緒に共同作業を行った多くの「電子仏典菩薩」の努力の成果である．電子仏典は，デジタル時代に新たなる仏教学の学問の方法を主導してきたし，仏教学の発展に多大なる貢献をしている．印刷物で公開された大蔵経の叢書を収蔵することは，新たな文化権力を獲得するプロセスである．大蔵経のデジタル化は，このような過程で，インターネットの共有を通じた知識の大衆化の出発点である．

3.2. ハングル大蔵経改訳電算化事業の成果

　東国大はハングル大蔵経サービスシステム(http://abc.dongguk.edu/ebti)を通し，ハングル大蔵経を公開している．「ハングル大蔵経改訳電算化事業（文化体育観光部支援，2001年～2012年）」により，これも東国訳経院と電子仏典文化コンテンツ研究所が事業を行った．

　高麗大蔵経の韓国語訳であるハングル大蔵経の改訳作業を通し，より完璧なハングル大蔵経を備え，これをもとに電算化事業を実行して，ハングル大蔵経のデータベースを構築，インターネットでサービスすることにより，ハングル大蔵経の活用率を向上させ，ひいては韓国の伝統文化の優秀性を広く知らしめることに貢献した．[19]

　ハングル大蔵経の改訳電算化事業の成果は，これまで東国訳経があらゆる逆境の中でも成し遂げたハングル大蔵経編纂事業と，その後の改訳事業を通じて現代化された韓国語大蔵経を編纂し，これをコンピュータ化してサービスしたことにその意義がある．

---

[18] http://abc.dongguk.edu/ebti
[19] 李在洙(2012)を参照されたい．

図2. ハングル大蔵経の内容検索の結果例示画面

図3. ハングル大蔵経経文検索画面

　上の図は，ハングル大蔵経検索システムのキーワード検索結果画面である．内

容検索で「涅槃を證得」という単語を入力すると,選択した結果の内容に関連する経が,どの部分に属するかを示す経路をツリー構造で表示し,ユーザーが入力した検索キーワード及び文章と,一致する部分に対する強調や内容の拡大及び縮小の機能を追加して,読みやすさを強化した.また本文(結果)内の再検索機能などを追加し,検索の精度を高めた.一般ユーザーが慣れた UI により,大蔵経検索後の内容を本の形式で見ることができる機能を提供している.

図4は,ハングル大蔵経の e-book 閲覧ページを示す.Web ページでも,実際に本を見ているような感じを実現させ,各経の検索を容易にするために,上部に가나다順検索機能を追加した.お気に入りの機能を追加(ログイン後に使用可能)し,実際によく見る経がある場合,マイページで見ることができるようにしている.

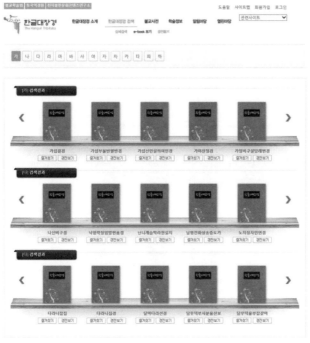

図4. e-book 閲覧の例

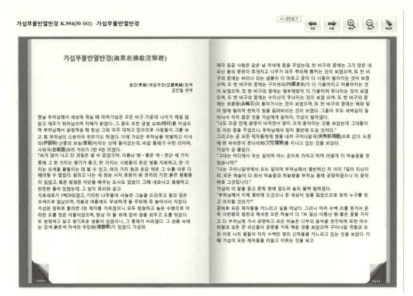

図5. e-book 形式の表示

　図5は，実際の e-book を実行したときに見られるページである．右上に低視力者のための拡大縮小機能が含まれており，あたかも本のページをめくる感覚を実現させるために，左右の下部にページをめくれば，次のページに進んだり，前のページに戻ったりする機能をつけている．

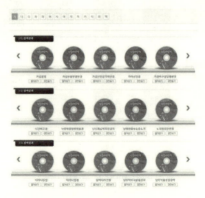

図6. 経典を聞く

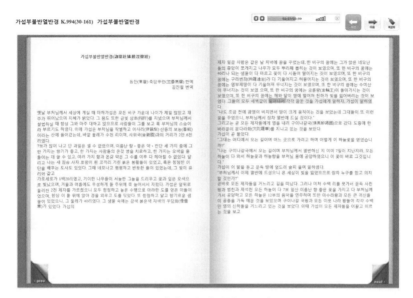

図7. 音声で経典を読み上げる

　さらに，音声で経典を読んでくれる機能を付し，様々なサービスを提供している．図6は，経典を聞くページを開いたときに表示されるページで，CD の形のイメージを飾ってみた．以前は目でのみ見ることができた経典を，今は耳でも聞くことができ，より近くで経にアクセスできるようになった．これは視覚障害者にも簡単に使用してほしいためでもある．また，テキスト音声変換(TS : Text to Sound)ソリューションにより，視覚障害者のための韓国語大蔵経サービスを可能にした．経典を聞く機能には，TTS という新しい技術が導入され，機械がまるで人が読んでくれるような感じを出し，読む速度を調整し，ユーザーの利便性に合わせて調節することができるようにしている．

　また自由掲示板を通して，大衆の意見を聞き入れる窓口を設け，お知らせを提供した．マイページでログインユーザーがお気に入りの記録を保存すると，再度閲覧することができる，「私の書斎」という機能を提供した．

　既存のハングル大蔵経検索システムのデザインは老朽化しており，仏教学者や研究者，または仏教の専門家だけを考慮した難しいユーザー・インターフェースであった．ハングルの大蔵経改訳電算化事業では，一般ユーザーの検索に，困難

なWebアクセシビリティーと,Web標準未適用などに起因する問題を解決し,新しいハングル大蔵経検索システムのUI定義書と画面設計書を作成した.それを土台として新しいホームページを開設し,モバイル大蔵経環境を構築し,大衆に身近で生活の中のハングル大蔵経となれるよう努力している.

今後解決すべき課題としては,今回のハングル大蔵経電算化事業で進行したハングル大蔵経検索システムのユーザーインターフェースが,研究者,または仏教の専門家だけのための検索システムではなく,一般ユーザーを含むハングル大蔵経検索システムを利用するすべてのユーザーの検索利便性を考慮し,あらゆるユーザーに一歩でも近づくことができる,親近感のあるハングル大蔵経となるために,継続的な管理と関心が必要だろう.

4. ハングル大蔵経の今後の課題
4.1. 統合大蔵経構築作業

東国大仏教学術院は「仏教記録文化遺産のアーカイブ(ABC: Archives of Buddhist Culture)構築事業」を2012年から行っている.これは,全国に散在している仏教関連の記録文化遺産の総合的な調査と目録を作成し,原文をデジタル化してサービスすることで,貴重な資料を永久保存し,これを学術的に活用しようとする事業である.[20]

ABC構築事業は,仏教記録文化遺産に関する東国大が行ってきた様々な事業の成果に基づいて行われている.特に「ハングル大蔵経改訳電算化事業」と「高麗大蔵経知識ベースの構築事業」を発展的に継承し,21世紀の統合大蔵経DBを構築しようと協力し,進めている.

第1段階事業は,再雕大蔵経印経本の画像を中心に,関連のテキスト,翻訳を連動させることである.統合作業の内容は,統合大蔵経のビューアの開発,再雕大蔵経の画像ファイル,原文テキスト,ハングル大蔵経のマッチングタグ付け作業,多様な付加情報とユーザーサポートサービス環境の提供を通じて,「仏教記録文化遺産のアーカイブDB構築及びWebサービスシステム開発事業」を構築し,作業する.統合大蔵経は原文,翻訳文,画像が共に提供される構造の統合ビューアを通したサービスである.

統合大蔵経の基本的なデータは,高麗大蔵経原典画像,原文テキスト,ハング

---

[20] 李在洙(2016b)を参照されたい.

ル大蔵経である．作業手順は，①原文テキストの標点校正，②原文テキストの段落区切り，③翻訳段落と経板の区切りを行い，次のステップである「検査作業」の作業対象を生産することである．また，「検査作業」の結果，不十分な部分はフィードバックをし，作業を再度行うことも含まれている．

統合大蔵経サービスシステムで具現している検索機能は，検索語の自動完成機能，研究者用の詳細検索インタフェース，メタデータ検索，検索結果の件数と目録別の出現件数表示，外部サイト（韓国教育学術情報院，NAVER専門資料）連携検索などである．また，原文検索を実施する際に，現在各ビューアに提供されている原文のライン設定のため，検索ができないことを防止するために，標点，ラインなどの境界を無視した検索機能を実現させた．

今後，様々な部門で利用できるよう，検索語及び閲覧資料の累積機能を使用し，将来的に検索の統計活用のための検索語のオートコンプリート，候補語，人気検索語などの機能を付加させた．閲覧資料統計の活用はお勧めコンテンツ，人気コンテンツなどの資料をシステムに反映させるための長期的な設計である．さらに，新規コンテンツと追加資料へのシームレスな検索ができるよう設計した．

図8 統合大蔵経段落の閲覧例

図9 統合大蔵経ビューア

4.2. ハングル大蔵経の文化コンテンツ活用

　ハングル大蔵経の課題は，様々な人々によって利用され，仏教を越えた伝統文化の資源としての位置を占め，仏教布教の産室たる文化コンテンツ活用に重点を置くことである．ハングル大蔵経が文化生産の生産プラットフォームになるためには，聖宝という枠を越え，仏陀の教えが現実の中に生きるように，ハングル大蔵経が生まれ変わらなければならない．そのための課題を次のように整理することができる．

　まず第一に，我々の時代の美しいことばとハングルで大蔵経を生きたものにしなければならない．

　大蔵経の価値を誰もが理解できる簡単なことばで解かなければならない．過去の文化遺産として高麗大蔵経の息吹と価値を再発見するのは，まさに，ハングル大蔵経の刊行精神を広めることである．保存すべき神聖な聖宝文化財，文化遺産の枠に大蔵経を閉じ込めず，仏陀のことばが書かれた文章として記憶され，大蔵経に受け継がれ，伝承されてきた伝統が，現在化される努力が継続的に行われな

ければならない．原典を超え，現代のことばと文章でわかりやすく表現できるよう整える潤文(じゅんもん)を介して，生まれ変わった，進化とコミュニケーションを志向する開かれた大蔵経も必要である．様々なバージョンで柔軟にサービスされねばならない．

第二に，ユーザー中心の開かれた大蔵経2.0 [21]を目指すべきである．

これまでの電子仏典は大蔵経を特定の機関からメッセージを伝えることを目的とする一方向サービスの電算化仏事であった．大蔵経2.0は，ユーザーが活用の中心に立って，多様なニーズを反映する方向にパラダイムを転換しなければならない．大蔵経の疎通も双方向コミュニケーションでなければならない．大蔵経を読む読者の意見が反映され，読者が著者（訳者）になり，相即相入の創造的な進化を重ねなければならない．ユーザーの多様なニーズを反映することができるバージョンの導入を考慮しなければならない．

第三に，大蔵経は仏教文化コンテンツの源泉資料の側面と活用サービス・プラットフォームの二つの面を考慮すべきである．

過去と現在の大蔵経は，原典としての価値と，テキストを活用するための基盤を提供し，知識情報システムを大衆化した．将来の大蔵経2.0は大蔵経の知識情報を活用し，知識が文化となり，我々の生活を多様で豊かにする，様々な文化コンテンツとして活用することができる．仏教記録文化遺産のアーカイブは，このような努力の出発点である．

第四に，大蔵経の内容を解体し，分解・組立して活用し得る，文化創作のツールである大蔵経2.0に進化させることができよう，作業の継続が切実である．

このため，仏教用語シソーラスの構築，大蔵経の中に込められた多くの人物，地域，イベント，用語の分類，索引の活用が必要である．大蔵経電算化の最終目標は，情報知識の構築に終わるのではなく，大蔵経の中に込められた物語の素材の加工と活用するための作業の継続が必須である．

5. 結語

本稿は，ハングル大蔵経は韓国仏教が韓国社会とコミュニケートし，仏教的精神を現代化，社会化した結晶体という立場から出発した．これは過去，高麗大蔵経の文化遺産としての価値を現在化し，未来に現在の韓国仏教の方向と志向する

---

[21] 李在洙(2011b)を参照されたい．

ところを継承し，多様な仏教的な知識の活用と信仰の拡散と布教のための様々な活動が集約された，サービス・プラットフォームとして生まれ変わるプロセスを扱ったものである．

　東国訳経院のハングル大蔵経出版事業で見た，韓国仏教の力量の結集と民族文化継承のための努力は，ハングル大蔵経改訳電算化事業を通し，デジタル仏事である電子仏典の確立で時代と通じ合った．現在東国訳経院で行ったハングル大蔵経翻訳及び出版事業は，ハングルという我々の文字で仏教を再解釈し，これにより，時代と現在が出会い，コミュニケーションするための過程であった．さらに電算化を介してデータベースの形でサービスされ，これに引き続きデジタル・アーカイブ・システムを構築し，保管・収集・検索において，さらなる活用度を高めることに力を入れている．

　デジタル大蔵経は保存と活用のために注ぐ，努力と時間と工業の産物をインターネット空間に浮かべておく．インターネットとスマート・メディアを通して接続し，自由に利用することができる．これを利用し，仏陀の共有とコミュニケーションの道を歩みながら，我々の生活を通して仏陀の教えを現実化させる．大蔵経を介して，それぞれ自分の前に置かれた仏陀の道を行くことができるという，千年の信心で電子大蔵経は生まれ変わるであろう．

　ハングル大蔵経電算化事業の成果を受け継いで，一段階跳躍する統合大蔵経事業は，大蔵経の原典的位置を確保し，ハングル大蔵経の学術的活用率を増大させてゆかんとする．仏教が成し遂げた知的活動と，社会的コミュニケーションの出発を，ハングル大蔵経電算化事業として見たとき，ハングル大蔵経の活用の方向に苦悶し，そのための道をあつらえてゆくことは，この時代，我々の前に与えられた使命であろう．

参考文献

金斗鍾(1974) "韓國古印刷技術史", 서울:탐구당
김만수(2006) "문화콘텐츠 유형론", 서울:글누림
金光植(2002) '일제하의 역경', "대각사상연구"5, 서울:대각사상연구원
김성민(2004) '매체에 대한 철학적 분석-맥루한의 매체론과 포스터의 정보양식론-',
　　　　"인문콘텐츠"3, 서울: 인문콘텐츠학회,
尹暢和(2002) '解放 利後 譯經의 性格과 意義', "大覺思想"5, 서울: 大覺思想研究院

李在洙(2011a) '고려대장경의 문화콘텐츠 활용 방안', "韓國禪學" 30, 서울:한국선학회
李在洙(2011b) '유비쿼터스 시대의 대장경·대장경 2.0은 가능한가?·', "大藏經: 2011年 高麗大藏経 千年 記念 國際學術大會", 논산: 藏経道場高麗大藏経研究所, 金剛大學校 佛敎文化研究所
李在洙(2012) '한글대장경 전산화의 미래 과제와 활용 방안', "전자불전"14, 서울:동국대 전자불전문화콘텐츠연구소, 2012
李在洙(2016a) '한국 불교문헌 디지털 사업의 현황과 과제', "불교평론" 65, 서울: 불교평론사,
李在洙(2016b) '불교기록문화유산 아카이브 구축의 현황과 전망', "불교기록문화유산 아카이브 사업의 성과와 전망", 서울:동국대학교 불교학술원 ABC 사업단
韓普光(2002) '白龍城 스님의 역경활동과 그 의의', "대각사상연구"5, 서울:대각사상연구원
韓普光(2002) '일제시대 삼장역회의 성립과 역할', "전자불전"4, 서울:동국대 전자불전연구소
宗林(1996) '팔만대장경 전산화 추진경과와 이후 계획', '팔만대장경 전산입력 기념 세미나", 주최: 해인사 고려대장경연구소·삼성문화재단, 후원: 삼성전자
고려대장경연구소(2000) "고려대장경 (CD-ROM 사용자 안내서) ", 서울: 고려대장경연구소
방송통신위원회(2011) "소셜플랫폼 기반의 소통.창의.신뢰 네트워크 사회 구현 전략", 서울:방송통신위원회

http://21dzk.l.u-tokyo.ac.jp/SAT/
http://abc.dongguk.edu/ebti
http://ebti.dongguk.ac.kr/ebti/main.html
http://kb.sutra.re.kr
http://kabc.dongguk.edu
http://thesaurus.itkc.or.kr/
http://www.cbeta.org/
http://www.oreillynet.com/
http://www.tripitaka2011.com/

キリスト教と韓国語

徐　正敏（ソ・ジョンミン）
訳：辻野　裕紀（つじの・ゆうき）

1. キリスト教とアジア　　　　　　　　　　　　　575
2. 韓国に伝来したキリスト教　　　　　　　　　　576
3. ハングル聖書と伝道文書の翻訳史：
　　ハングルとキリスト教の直接的な出合い　　　578
4. キリスト者の韓国語，ハングル保護活動　　　　584
5. 韓国語文学とキリスト教　　　　　　　　　　　584
6. キリスト教の韓国語用語の生成，展開，教派別の差異　589
7. 韓国語神学の歴史と現況　　　　　　　　　　　591

1. キリスト教とアジア

　キリスト教は，イスラエルのユダヤ教の伝統を背景に，イエス・キリストを教祖とし，その教えを信念化して形成された，世界的宗教にして，思想体系である．人類史上，あらゆる方面において最も大きな影響力を及ぼした，主要な宗教のひとつであり，現在まで最も有力な宗教の位置を占めている．

　キリスト教は，イエスが教祖であり，その教えが核心ではあるが，イエスの時代に思想，信念全体がすべて完成したわけではない．ヘブライズム(Hebraism)と呼ばれる，ユダヤの宗教，歴史，思想の伝承を基盤に形成されたキリスト教の初期の信仰体系が，ギリシア・ローマ世界へと展開され，いわゆるヘレニズム(Hellenism)と結合しながら，現在の我々が接する，歴史的なキリスト教の根幹を形成した．このことをキリスト教の経典である聖書を中心に言えば，旧約聖書と新約聖書の思想的融合と歴史的展開という文脈を意味するものでもある．

　キリスト教は，最初は特に，少数，辺境の信仰共同体であった．のち，300年以上のギリシア・ローマ世界への宣教，激甚なる受難と殉教の歴史を経て，世界宗教へと飛躍を遂げた．313年にはミラノ勅令(Edict of Milan)によって，ローマ帝国の公認宗教として宣布され，新たなる段階を迎える．しかしながら，これと前後し，キリスト教は各地域，各分派間の神学思想的な違いのみならず，政治経済的な問題によって，論争や葛藤，戦争に巻き込まれていった．ついには，同じ

キリスト教でも，互いに異なる教理解釈，儀式，制度を有する様々な教派へと分裂を遂げた．その代表的な 3 つの教派が，カトリック教会(Catholic)，東方正教会(Eastern Orthodoxy)，プロテスタント教会(Protestantism)である．

アジアの西端であるパレスチナ地域に始まるキリスト教は，主な宣教ルートを西へとり，ギリシア・ローマ世界へと展開して，西欧社会の中心的な宗教となった．一方，初期のキリスト教の使徒のうち，トマス(Thomas)とバルトロマイ(Bartholomew)は，東方への宣教，すなわちインドにまで至り，キリスト教の 1 分派をなしたという記録がある．さらには，トマスによる中国伝道説も一部に膾炙しているが，確たる歴史としての証拠は乏しい．それ以降も，キリスト教の 1 分派であるシリア教会が景教という名で中国の唐の時代に，また同系統の分派が元の時代に也里可温（エルケウン）（야리가온）という名で広がったりもしたが，続きはしなかった．また，ローマ帝国と中国との交流・交易の過程で，カトリックの間歇的な東方接触があった形跡がある．

キリスト教が本格的に東方へ伝来したのは，宗教改革以降の 16 世紀，特にカトリックの自主的な教会改革のプログラムのひとつとして実践された世界宣教活動以降である．これは，1534 年のカトリック最初の宣教団体であるイエズス会創設と深い関わりがある．イエズス会設立者のひとりである，フランシスコ・ザビエルが，アジアへの初の宣教師として，インドとマレー諸島を経，1549 年 8 月 15 日，日本の鹿児島に到着した．このことは，とりわけ，日中韓，東アジア地域における近代キリスト教史の出発点と見做し得る出来事である．

その後，イエズス会が中心となって，日本や中国で本格的なカトリック宣教史が展開され，その初期には刮目すべき成果を収めもした．

2. 韓国に伝来したキリスト教

日本と中国には，既に 16 世紀にカトリックが伝来していたものの，徹底的な鎖国政策とともに，儒教根本主義を志向していた朝鮮では，キリスト教の伝来が顕著に遅れた．朝鮮が初めてキリスト教，すなわちカトリックに接触したのは，1592 年の文禄の役（임진왜란）当時と記録される．つまり，日本の朝鮮遠征軍のうち，小西行長（こにしゆきなが）部隊がキリシタン部隊であり，彼らの長期駐屯中，1593 年に従軍神父としてスペインの宣教師セスペデスが来韓した．勿論，セスペデスは，遠征軍の従軍神父として，朝鮮人捕虜の一部と接しただけで，韓国人への宣教は行なっていない．

したがって，韓国とカトリックの本格的な交流関係は，1636年の丙子の乱(병자호란)の頃からと見られる．清の人質として捕らえられた朝鮮の王子昭顕世子が北京のイエズス会宣教師たちと交わり，帰国の際には，カトリックに関する書籍や物品が一部搬入された．この時から，韓国語でカトリックを指す語は，「성교（聖教）」，「천주학（天主学）」，「천주교（天主教）」，「야소교（耶蘇教）」などとなり，いずれも中国語文献の音訳だったものと思われる．しかし，このような用語はすべて中国文献の記録に過ぎない．

韓国人の著作のうち，キリスト教についての内容が記録された最初の文献としては，18世紀に著わされた，朴趾源の『熱河日記』が挙げられる．そこでの表現は勿論，漢字で「耶蘇教」である．しかし，より重要なことは，早くも17世紀初頭から朝鮮の実学派の学者たちの間で，いわゆる西学研究が始まっており，西学とはとりもなおさずカトリック思想を意味したという点である．そして，実学派は，のちに，カトリックを排撃する攻西派と，カトリックを信仰として実践する信西派とに，分かれることとなる．特に信西派の一部は，既に1770年代から信仰実践の共同体を形成して，カトリックの教理を整理し，信仰の規準となる文書の作成も行なっている．とりわけ，1779年に李檗の手になる，純ハングル文，つまり漢字を用いず，ハングルだけで表記された信仰歌詞「天主恭敬歌（천주공경가）」，丁若銓などの「十誡命歌（십계명가）」などには，「천주（天主）」という用語がハングルで表記されていることが見取れる．したがって，朴趾源の『熱河日記』以前にも既に，韓国の西学研究家とその信仰実践家たちの間では，漢字，ハングルを問わず，西学，天主，天主学，あるいは天主教などといった用語が広く用いられていたものと考えられる．

その後，韓国カトリックは，自発的な信仰共同体，さらには，ローマ教皇庁の派遣によって到来したフランス系宣教団体「パリ外国宣教会」の活動によって，大きな発展を見せた．しかし，儒教根本主義国家たる朝鮮のカトリック迫害政策と，様々な政治的な関わりによる幾度もの大きな困難によって，世界の宣教史上，類を見ない「血の歴史」を創出した．こうした朝鮮カトリックの殉教受難の歴史は，日本や中国と異なり，適応主義的な宣教方法，すなわち，土着的宣教と文化的融合を追求していた宣教団体である「イエズス会」が解散した後，代表的な排他的宣教神学，すなわち「ウルトラモンタニズム」(ultramontanism)の典型をなしていた「パリ外国宣教会」の宣教の方法とも関連がないわけではない．

カトリック以降，19世紀中葉からはプロテスタントの韓国伝来が進行し，つい

に1880年代以降，本格的なプロテスタント受容時代の幕開けを見る．プロテスタントは，韓国では多く「개신교（改新教）」と呼ばれ，時には「기독교（基督教）」という，本来は，先に述べた，キリスト教の主要3教派を総称する語を以て，専らプロテスタントを指し，カトリックと区別したりもする．そして，カトリックとプロテスタントの双方を称呼する際には，「신구교（新旧教）」という語を用いる．

　プロテスタントの中には，さらにその特徴上，様々な分派的教派名が登場する．韓国の主たるプロテスタントは，長老教，メソジスト（監理教），聖公会，聖潔教，バプテスト（浸礼教），安息教，五旬節などだが，その受容伝来の歴史的経緯は各々異なっている．そして，その大部分は，中国や日本で作られた漢字表記の分派名をそのまま音訳して用いており，それらを全て合わせて，先述の通り，「개신교（改新教）」，あるいは，広義の「기독교（基督教）」という語で汎称する．

　これまで見てきた，カトリックやプロテスタントとは異なり，東方正教会の韓国伝来史は眇たるものである．夙に朝鮮末期にロシアを通してロシア正教会という名で伝来したけれども，その後の政治外交的環境によって，辛うじて命脈を保っている状態であり，最近になって，一定の組織整備が進んでいる程度である．以上のことを通覧すると，韓国のキリスト教受容は，キリスト教の主要3教派のうち，カトリックとプロテスタントが中心であり，大勢であったと目さねばならない．

3. ハングル聖書と伝道文書の翻訳史：ハングルとキリスト教の直接的な出合い

　韓国のカトリック，すなわち天主教は，教理実践と宣教方法の特性上，初めから直接的，全面的な聖書翻訳を行なわなかった．勿論，部分的な信仰指針書の編纂過程で一部，聖句の翻訳はなされた．これに対して，プロテスタントの場合は，初期の頃から宣教と聖書翻訳の歴史が一致している．とりわけ，韓国のプロテスタントの宣教と受容は，ハングルで書かれた韓国語聖書への翻訳の歴史を，第一にしたものだった．かかる過程において，文字体系としてのハングルは，韓国プロテスタント史の最も重要な牽引車であり，ハングルもまたプロテスタントと一緒になることではじめて韓国宗教思想史において，重要な文字としての役割を忠実に果たすこととなったのである．

　筆者は，韓国プロテスタントの宣教過程を大きく北方宣教ルートと南方宣教ルートに区分する．これは他の要素も含む区分だが，宣教師が朝鮮半島に渡来する

前に国外で進められた，ハングル聖書翻訳の経路とも大きく関わっている．
　まず，北方宣教ルートは，1870年代から1880年代に，朝鮮半島の北方，満洲で，スコットランド長老教宣教師と韓国人協力者によって進められた，ロス（John Ross）の聖書翻訳がその嚆矢である．彼らは，禁教状況の韓国に外国人宣教師が直接入り宣教活動をするのではなく，国境の外で韓国人貿易商の助けを得，まず先に韓国語の民衆文字たるハングルで聖書翻訳を推し進めた．宣教師ロスは，韓国人商人の李応賛（イ ウンチャン）の協力で1877年に，初の韓国語教材である"Corean Primer"（韓国語初歩）の刊行も行なっている．その後，ロスは同僚の宣教師マッキンタイヤー（John MacIntyre）や韓国人の徐相崙（ソ サンニュン）などの力を借りて，ヨハネ（요한），マルコ（마가），ルカ（누가）による福音書などの翻訳を順に進め，書物として出版するための手筈（てはず）も整えた．日本の横浜で鋳造された35,563個の音節別ハングル鉛活字を基に，満洲は瀋陽の文光書院においてハングル聖書の刊行準備に入っていった．聖書の印刷に先んじて，1881年9月には『예수셩교문답（耶蘇聖教問答）』と『예수셩교요령（耶蘇聖教要領）』を刊行したが，これらは本格的にハングルで刊行された最初のキリスト教文書と言いうる．ほどなく，1881年末からは『예수셩교누가복음젼서（耶蘇聖教ルカ福音全書）』を皮切りに，ハングル聖書が次々に刊行され，1887年には新約聖書のハングル完成本『예수셩교젼서（耶蘇聖教全書）』の刊行を見た．
　一方，満洲のロスチームのハングル聖書翻訳と刊行作業過程に関わった韓国人協力者たちは，みずからキリスト教信仰を告白することとなり，ついには勧書伝道人[1]となって，祖国伝道に乗り出した．徐相崙，徐景祚（ソ ギョンジョ）兄弟，白鴻俊（ペク ホンジュン）などが中心となり，キリスト教の布教が禁じられている状況において，命懸けの伝道活動を遂行したのである．彼らは自身の出身地である西北地域の宣教ルートを開拓し，義州（ウィジュ），平壤（ピョンヤン），黄海道（ファンヘド）の長淵（チャンヨン），そしてソウルに至るまで，伝道の拠点を設けた．これはすべて西欧からプロテスタントの宣教師が来韓する以前のことで，韓国プロテスタントの歴史において，特記すべき事項であることは間違いない．
　翻って，南方宣教ルートは，在日アメリカ人宣教師，日本の初期のクリスチャン，韓国人留学生の李樹廷（イ スジョン）を中心に展開された，韓国のプロテスタント宣教過程である．ここでも韓国語への聖書翻訳活動が中心となった．旧韓末[2]の高官の

---

1) 初期韓国プロテスタントの伝道時代，ハングル聖書やハングル伝道文書を売りながらキリスト教の福音を伝える仕事を担当した人々のこと．
2)【訳者註】朝鮮末期から大韓帝国までの時期．

ひとりで，両班(ヤンバン)貴族であった李樹廷は，日本の近代文物を学ぶ目的で日本へと渡った．具体的には，近代農学を探究し，故国の農業改革を図らんとするのが主たる目的であり，日本に到着すると，時を移さず，農学者の津田仙(つだせん)に会った．しかし，初期のプロテスタント信者であった津田からは，まずキリスト教についての教示を受けることとなった．その教えは主に，イエスの福音の核心，とりわけ，山上(さんじょう)の垂訓(すいくん)（산상수훈）についてであった．爾来，李樹廷は津田の紹介で，多くの日本人のプロテスタント指導者や在日宣教師と出会うこととなった．本人自らも，聖書を繙読(はんどく)して，キリスト教の核心的な教えに近づき，渡日翌年の1883年4月29日には，日本人牧師の安川亨(やすかわとおる)から受洗した．そして，同年5月には，第3回日本全国基督教徒大親睦会に来賓として招請され，著名なクリスチャンたちと交わり，韓国語の代表祈祷と信仰告白文の発表なども行なった．

また，長老教の宣教師ノックス(G.W.Knox)，米国聖書公会日本地域総務ルーミス(Henry Loomis)，メソジストの宣教師マクレイ(R.S.Maclay)などとも交誼を結んだ．この過程で，アメリカの宣教本部に，韓国への宣教師派遣を要請する書信を送るなど，韓国のプロテスタント受容に大きく寄与した．実際に宣教関連雑誌に掲載された李樹廷の宣教師要請の書信を目にした長老教のアンダーウッド(H.G.Underwood)やメソジストのアペンゼラー(H.G.Appenzeller)などが志願し，彼らが事実上韓国初のプロテスタント宣教師として来韓することとなった．

しかし，李樹廷の日本における活動で最も重要なポイントは，やはり聖書の韓国語への翻訳にある．特に，米国聖書公会に所属していた宣教師ルーミスは，李樹廷と共に聖書の韓国語への翻訳を試みたが，李樹廷の聖書の韓国語翻訳への着眼は，満洲地域で進められたそれとは主眼点が異なった．満洲のロス訳の韓国語聖書が，純ハングル文に聖書を翻訳し，韓国の普通の平民や民衆を読者，すなわち伝道の対象としたものであったのに対し，李樹廷と日本における聖書の韓国語翻訳は，韓国の有識者層，すなわち両班階層を主たる対象とするものであった．そこで，李樹廷はまず，純粋なる韓国語翻訳に先立ち，漢文聖書に韓国式の吐(ト)を付す懸吐(けんと)漢韓聖書の作業を急いだ．[3] 李樹廷の懸吐作業は1883年6月末には既に終了し，1883年11月から1884年8月にかけて編纂，刊行された．読者を徹底的に両班識者層に絞ったものであった．さらに，様々な階層の韓国人に聖書を

---

[3]【訳者註】吐（토：と）は，漢文の訓読時に付す送り仮名の類．漢文に吐を付すことを「懸吐」と言う．本書pp.335-370，鄭在永・安大鉉「漢文読法と口訣」参照．

読んでもらう目的で,国漢文混用体⁴⁾の韓国語聖書の開板も計画した.これには,最も簡潔にして含蓄のある表現上の特徴を持った,マルコによる福音書(마가복음서)が初めて採択された.1884年4月までに翻訳作業は完了し,1885年2月に日本の横浜で李樹廷訳の国漢文混用体のマルコ福音書『마가가 전한 복음서언해(マルコが伝えた福音書診解)』が上梓された.満洲のロス訳聖書とともに,韓国語聖書の別なる地平を切り拓く画期的な聖書刊行であった.この聖書は,韓国プロテスタント初の宣教師アンダーウッドとアペンゼラーが韓国に派遣される際,日本に立ち寄り,既に翻訳,刊行された韓国語の聖書を持って,宣教地へ向かうという,特別なる出来事を創出した.これは,キリスト教宣教史上初めて,宣教地に入る宣教師が既に現地の言語で刊行された聖書を持って臨地へ向かうという,空前絶後のことであったからである.

そして,聖書翻訳者の李樹廷は,孫鵬九(ソンボング)に続き,2人目の東京外国語学校(現在の東京外国語大学)の韓国語教師として,日本における韓国語教育の先駆者としての役割も果たし,多数の韓国語教材の編纂にも関与したという記録が伝えられる.

一方,1885年以降,韓国に定住したプロテスタントの宣教師たちは,初めは,満洲で刊行されたロス訳聖書を改訂し公認聖書として用いる計画を立てていた.しかしながら,西北地域の方言が非常に強いロス訳聖書の語彙の問題や,その他にも提起されたいくつかの難題により,全面的な再翻訳の方向へと方針を転換した.そこで,1887年,ソウルに聖書翻訳委員会(Committee for Translating the Bible into the Korean Language)を組織し,新たに韓国語聖書の翻訳を順に進めていった.やがて1900年,新約聖書全体の翻訳が完成,刊行され,翻訳作業がより困難な旧約聖書も1910年に完成した.これをもって,1910年,韓国語で新約聖書,旧約聖書の双方が完刊する快挙をなしたこととなる.以降,韓国語聖書は,時代的な流れや,正書法と文法体系の変化によって,継続的に改訂され現在に至っている.勿論,公認翻訳の伝統的な流れ以外にも,目的の相異なる様々な翻訳が登場し,教派別,あるいは個人によって推進,刊行された私訳もあまた登場した.

一方,聖書と並んで,キリスト教の重要な文書は讚美歌である.1892年,メソジストによって韓国語に翻訳,刊行された「찬미가(讚美歌)」が最初の韓国語の

---

4)【訳者註】ハングル(国文)と漢字を混ぜて書かれた文章のこと.

讚美歌であり，その 1 年後，長老教では「찬양가 (讚揚歌)」という名の韓国語の讚美歌が刊行された．その後も，長老教の「찬셩시 (讚聖詩)」，1908 年の長老教・メソジスト連合の「찬송가 (讚頌歌)」，続いて，「신정찬송가 (新訂讚頌歌)」，「신편찬송가 (新編讚頌歌)」，「개편찬송가 (改編讚頌歌)」，「합동찬송가 (合同讚頌歌)」，「통일찬송가 (統一讚頌歌)」などが相次いで刊行され，韓国プロテスタントの連合的な中心的讚美歌の役割を果たした．その他にも，バプテスト系の「福音讚美 (복음찬미)」，聖公会の「셩회송가 (聖会頌歌)」，「천도찬사 (天道讚辞)」，救世軍の「구세군가 (救世軍歌)」，聖潔教系統の「복음가 (福音歌)」，「부흥셩가 (復興聖歌)」などが刊行された．

　キリスト教の韓国語文書は，聖書と讚美歌のみにとどまらない．各種の伝道文書，教理解説書，神学書なども発行されたが，これらはすべて，韓国語の近代出版史の先駆的な位置を占めるものであった．プロテスタント連合出版機関として，韓国聖教書会 (現在の大韓基督教書会) は，キリスト教の韓国語出版活動の中心的な役割を果たしてきた．

　のみならず，キリスト教と近代の韓国語関連領域でさらに大きな貢献をしたのは，キリスト教系の新聞や雑誌などといった定期刊行物である．1897 年にメソジストが刊行した「조선그리스도인회보 (朝鮮キリスト人会報)」や長老教の「그리스도신문 (キリスト新聞)」は各々週刊紙で，韓国語新聞のひとつの流れを形成した．このふたつの新聞は，1905 年に統合され，教派連合の「그리스도신문 (キリスト新聞)」となり，のちに，代表的な初期プロテスタントキリスト教系新聞である「기독신보 (基督新報)」と合併した．一方，カトリックでは，1906 年に「경향신문 (京郷新聞)」が創刊され，救世軍も自派の新聞として「구세신문 (救世新聞)」を刊行した．また，雑誌も多様な足跡を残した．1900 年にはメソジストが最初のキリスト教誌「신학월보 (神学月報)」を創刊し，1906 年には，同じメソジスト系の総合雑誌である「가정잡지 (家庭雑誌)」を発刊，聖公会は 1908 年に「종고셩교회월보 (宗古聖教会月報)」などを順に刊行した．また，各教派の神学と信仰の雑誌，具体的にはメソジストの「신학세계 (神学世界)」，長老教の「신학지남 (神学指南)」，聖潔教の「활천 (活泉)」，安息教の「교회지남 (教会指南)」，救世軍の「사관 (史官)」，さらに他にもクリスチャン個人雑誌として金教臣(キムギョシン)とその同人たちの「셩셔조선 (聖書朝鮮)」などが陸続と創刊され，韓国の近代雑誌の重要な系統をなした．

　以上概観した，初期の韓国キリスト教の聖書，讚美歌，単行本，新聞，雑誌の

活動以外にも，キリスト教系の社会啓蒙活動のうち，ハングル教育，夜学，教会内の間歇的な演劇，音楽会，文化活動などを通して，キリスト教は，韓国語の近代的な整備と体系の進展に大きな寄与をしたものと評価される．

　一方，キリスト教の宣教師たちは，宣教活動をする自らの必要性，さらには聖書の翻訳など，韓国語の文書活動の基盤の造成のために，ハングル，韓国語の，世界の言語との疎通，交流にも大きく寄与した．その代表的な例が辞書の編纂である．最も代表的なものは，カトリックのフランス人宣教師であったリデル(Felix Clair Ridel)司教の『韓仏字典(Dictionnaire coréen-français)』である．この字典は，1877年に横浜で印刷作業が行われており，1880年『日本の声(Echo du Japon)』という雑誌を刊行していたレビー印刷所から出版されることとなった．判型は四六倍判で，694頁，約11万語が収録されている．韓国最初の近代的な韓国語関連辞書だが，これと並行して作業が行なわれた韓国語の文法書『韓語文典(Grammaire coréenne)』とともにカトリックが韓国語に直接寄与した代表的な成果である．これらの書物は，カトリック宣教師たちのみならず，のちに，プロテスタント宣教師たちの韓国語学習や文書活動にも大きく裨益した．また，プロテスタントには，韓国最初の宣教師のひとりであったアンダーウッドが著わした『韓英字典(A Concise-Dictionary of the Korean Language in two parts Korean-English & English-Korean)』がある．1890年に2巻本で刊行され，幾度も版が増補された．これもまた日本で製作刊行されたが，やはり韓国語の国際化，外国語との疎通，韓国語の辞書編纂などにおいて，貴重な基礎的貢献をした．

　畢竟するに，近代以降，韓国語，ハングルとキリスト教との関係は，互いに寄与し合うプラスの関係であった．

　このことについて，代表的な韓国語学者である崔鉉培は，関連論文(「기독교와 한글（キリスト教とハングル）」，『神學論壇』，第7輯，연세대학교 신과대학，1962年10月，72-76頁）で，次の如く整理した．

　まず，キリスト教がハングルに対して益した項目として，1) ハングルの民衆伝播を牽引した．2) ハングルを通した高尚な思想の表現を可能にし，ハングルの文字としての自尊を高めた．3) ハングルに対する尊敬と，ハングルを守ろうとする意識を拡散させた．4) ハングルの科学的体系とその価値を新たに発見させた．5) ハングルの世界伝播に寄与した．6) ハングル専用についての認識を拡散させた．

　一方，ハングルがキリスト教に対して益した側面として，1) 非常に学びやすく，書きやすいハングルのおかげで，キリスト教が大変伝播しやすくなった．2) 韓国

キリスト教の神の呼称を，固有語の「하나님 (하느님)」と表記可能にすることで，韓国の伝統的な「天 (하늘)」唯一神信仰とキリスト教信仰とを自然に結び付けることができた．

このような評価は，単純にハングルがキリスト教の伝播手段や媒体としての役割に留まらず，信仰，神学的思想の表記の有効性の側面においても寄与したということを意味するものと思われる．

崔鉉培のこうした議論は，キリスト教とハングルとの関係をめぐる，最も古典的にして権威ある評価として広く認められている．

4. キリスト者の韓国語，ハングル保護活動

近代以降，数多の韓国語学者，運動家がクリスチャンであった．彼らは，日本統治時代（일제 강점기）にハングルと韓国語の抹殺政策に抗い，ハングルを保護，研究し，普及させるのに大きく貢献した．クリスチャンの韓国語学者のうち，代表的な人物に限っても，周時経，金允經，李允宰，張志暎，鄭寅承，丁泰鎭，崔鉉培などといった人々がいる．

李允宰の『우리말사전』，金允經の『조선문자급어학사』(1938)，張志暎の『조선어전기』(1924)，『조선어철자법강좌』(1930)，崔鉉培の『우리말본』(1935)，『중등조선어법』(1936)，『한글바른길』(1936)，『한글갈』(1940) などはいずれもハングル研究とハングル保護の珠玉の労作である．

彼らは，日本統治下の1920年に朝鮮語研究会（後の朝鮮語学会）を組織し，ともに活動してきたが，1942年，日本による韓国語弾圧策の一環であった朝鮮語学会事件にその多くが連座し，過酷なる獄苦を嘗めた．うち，李允宰は収監中の1943年12月に獄死した．彼らの労苦がなかったら，今日の水準の，韓国語とハングルの保存と発展は難しかったかもしれない．

5. 韓国語文学とキリスト教

韓国語の近現代文学にキリスト教信仰やキリスト教思想体系が与えた影響を調べてみると，韓国の近現代思想史全般に及ぼしたキリスト教の影響力と比べ，存外にも小さいことが分かる．これは，キリスト教があまり広まっていなかった日本において，刮目すべきほどの水準で展開されたキリスト教文学のありようとは，対蹠的な側面に違いない．その理由は多岐に亘りうるが，筆者は，韓国近現代史の極端な歴史的受難，すなわち，国権喪失と植民地体験，そして，その後の民族

分断と戦争，激烈なイデオロギー対立という，歴史のありようとこれを結び付けて見る．すなわち，個人と共同体の宗教的覚醒と内面的体験よりもさらに切迫した歴史的実存経験が，この時代の文学の大半の主題として想定され，相対的に宗教文学は貧弱なものとなったという背景理解である．しかし，個々の作家の，キリスト教との関連性を追尾してみると，必ずしもそうではない．

　韓国の近代文学の先駆者であり，最初の近代小説作家として挙げられる，李光洙(イグァンス)の場合を見てみよう．彼は，最初の日本留学時代，東京白金の明治学院の時代に，キリスト教に初めて触れた．

> 「(李光洙は)明治学院普通学部三年に編入した．李光洙の日記や自伝によると，明治学院に入学して初めて聖書を読み，キリスト教と出合った．彼の代表作である『無情』の主人公・李亨植と『有情』の主人公・崔皙は，ともに東京のキリスト教学校への留学経験があるクリスチャンの教師という設定である．明治学院でのキリスト教との出合いは，彼の文学作品にも大きな影響を与えたものと見うる．」── 서정민(2014:233)

　しかし，李光洙のキリスト教理解は，理想と現実，本質と現象の乖離という側面から表皮的受容へと流れていく．彼は，結局，思想遍歴のひとつとしてのキリスト教，より広くは，西欧思想の一端としてのキリスト教理解に留まった．李光洙は，自分にとって，刺激と挑戦になった文学，思想，価値の一断面としてのキリスト教を語り，彼のキリスト教は，倫理的命題として判断されるキリスト教であることを前提とした．明治学院時代は，キリスト教のみならず，古今東西の文学や思想，日本の自然主義文学をはじめとした近代文学，ロシア文学とトルストイの思想まで渉猟した時期であった．서정민(2014:240)参照．この過程において，キリスト教については，結局，表裏不同の批判的対象として投影されたりもした．

> 「私は礼拝堂にも通ってみた．しかし，その礼式とことばはみな，私を満足させてはくれなかった．私が聖書を読み思い描いていたキリスト者は，どこにも見つけることができないようだった．キリスト者は外見からして普通の人とは異なり，質樸としていて，温柔で，謙虚，そして，何か高潔なる光を発していなければいけないように思われた．…… 一方で幻滅の悲哀を感じると同時に，一方で反感が生まれた．」── 이광수『나의 고백』より．

서정민(2014: 237-238)

　結局，留学から戻ってきたあと，本格的な作家として活動を始めた李光洙は，「キリスト教に対する批判論者」の立場で，大々的な論説を展開した．それが，1917年の李光洙の論説「금일조선예수교회의 결점（今日の朝鮮キリスト教会の欠点）」（『청춘（青春）』第11号，1917年11月号）である．当時の韓国の教会の階級主義，教会至上主義，宣教者の無識，キリスト教の迷信的要素，改革的姿勢の不足などが，その批判の核心であった．これには，勿論，当時の韓国の教会，現在の教会，いずれにとっても十分に傾聴すべき内容が含まれている．

　しかし，李光洙のキリスト教理解とその批判はいずれも，自身は一定の距離を置き，客観的立場に立って議論する姿勢であった．そして，自らの基準となるキリスト教は「文明史的理解」の次元のキリスト教，「当為的キリスト教」が前提とされていた．以上，Suh, Jeong Min(2016)参照．

　一方，尹東柱(ユンドンジュ)は，祖父から3代目，クリスチャン家系の「ボーン・クリスチャン(born Christian)」として出生した．特に，彼の家門は，理想郷を建設しようと，開拓移民として間島の明東村(カンド ミョンドンチョン)に移住した「先駆者」家門の一員であり，村の精神的基礎をキリスト教に求める共同体であった．こうした環境で幼年期から明東教会と明東小学校でキリスト教教育を受けて育った．のみならず，彼の全生涯でもあった学生時代の大半をキリスト教系の学校で修学した．すなわち，明東小学校以降，間島の恩真(ウンジン)中学校，平壌の崇実(スンシル)中学校，ソウルの延禧(ヨンヒ)専門学校，日本留学後の東京の立教大学と最後の京都の同志社大学まで，すべてキリスト教系の教育機関であった．このことは，そのまま尹東柱の生涯とキリスト教の密接な関連を内包する．彼は，同時代の最も代表的なキリスト教知識人であった．

　このようなキリスト者としてのアイデンティティと信仰的内面は，そのまま彼の作品にも直結している．尹東柱の代表作であり，その作品精神の根幹となっている「序詩(ソシ)」にまず注目してみよう．

　"하늘을 우러러"の'하늘(heaven)'は，読み手によってすべて異なる'하늘'でありうる．ひとつ特記すべきことは，尹東柱の詩集『하늘과 바람과 별과 시』の日本語翻訳史においてよく議論される，語彙の選択である．すなわち，'하늘'を「空」と訳すべきか「天」と訳すべきかである．勿論，各言語には，その言語が持つ，より含蓄的な意味が別にあり，特に詩語の場合には，一律的にニュアンスを断じえない，文学的側面が勘案されねばならない．しかし，尹東柱の'하늘'

は‘우러러’とつながっており，さらに，"한 점 부끄럼"とも関係づけてみなければならないであろう．ここで，キリスト教の「罪」を連想する．

「罪意識」は，宗教文化的な背景が重要である．大概，洋の東西の文明史的差異において，罪意識は相互に区分される．西欧的な言語では「罪(sin)」が重要であるが，東洋的な言語では「恥(shame)」が重要である．このとき，西欧の「罪」は，神(God)の前における「ひとり」のものだが，「恥」は，人々の前における「破廉恥」に主眼が置かれたりもする．尹東柱は‘하늘（天）'(Heaven)を仰ぎ，恥を表した．東洋と西洋の概念はこうして自ずと合致した．[5]

  시가 이렇게 쉽게 씌어지는 것은
  부끄러운 일이다. (윤동주: 쉽게 씌어 진 시)
   詩がこれほどもたやすく書けるのは
   恥ずかしいことだ． —— 尹東柱「たやすく書かれた詩」より

  어느 왕조의 유물이기에
  이다지도 **욕될까.**
  ……
  그때 그 젊은 나이에
  왜 그런 **부끄런 고백**을 했던가. (참회록)
   どの王朝の遺物であるので
   このようにも**辱められるのか**
   ……
   その時 その若いぼくに
   なぜ そのような**恥ずかしい告白**をしたのか —— 「懺悔録」より

  딴은 밤을 새워 우는 벌레는
  부끄러운 이름을 슬퍼하는 까닭입니다. (별 헤는 밤)
   夜を明かして鳴く虫は紛れもなく

---

[5]【訳者註】尹東柱の詩の日本語訳はすべて『尹東柱詩集 空と風と星と詩』(金時鐘編訳，岩波書店，2012年) によった．ルビも同書のまま．本書の書式に合わせ，「、」は「，」，「。」は「．」に変えた．本論文の韓国語原文で太字になっている箇所は同様に日本語訳でも太字にした．

恥ずかしい名を悲しんでいるのです． ——「星をかぞえる夜」より

尹東柱の罪の意識，恥の意識は，さらに続けて表現される．'욕되다'(disgrace)という表現も登場する．

このような断片的な根拠だけでも，尹東柱のキリスト教は既に，「文学」の内容へと移り渡っていることが感じられる．

しかし，尹東柱と彼のキリスト教において，より明瞭で重要な関係の側面は，「最後の希望」であり，「イエス・キリスト」への実存的移入である．

쫓아오던 햇빛인데
지금 교회당(敎會堂) 꼭대기
십자가에 걸리었습니다.
첨탑(尖塔)이 저렇게도 높은데
어떻게 올라갈 수 있을까요.(십자가)
ついてきていた日射しだったのに
いま 教会堂のてっぺんの尖の
十字架にひっかかりました．
尖塔があのようにも高いのに
どうすれば登っていけるのですか． ——「十字架」より

「ついてきていた日射し」が「肯定的希望」であるという事実は，特段の敷衍を必要としないであろう．自身の歴史的実存において経験される極限の絶望，そこで発見する唯一にして最終的な希望を意味する．それがまさに十字架の尖端についている．尹東柱の実存と彼の詩は，悲哀美に満ちた詩語によって一致している．

ところで，尹東柱のキリスト教と文学を理解するには，さらなる想像が必要である．彼のキリスト教は，キリスト教の教理や組織や共同体にただ形式的に帰結されるものではない．彼の信仰は，極めて，神秘主義的である．イエス・キリストに自身を移入，合一する，より深い宗教的希望と願いまで表している．尹東柱はイエスのようになりたかった．少なくとも，苦難の極みで，「花のごとく赤い血を」，かくのごとく流したかった．

588

괴로웠던 사나이
행복한 예수 그리스도에게
처럼
십자가가 허락된다면
모가지를 드리우고
꽃처럼 붉은 피를
어두워 가는 하늘 밑에
조용히 흘리겠습니다." (십자가)

<ruby>苛</ruby>まれた男,
祝福された**イエス・キリストへの**
ように
十字架が許されるならば
<ruby>首</ruby>をもたげて
花のように咲きだす血を
陰ってゆく空の下で
しずかに垂らしています.　　——「十字架」より

　以上, Suh, Jeong Min(2016)参照.
　ここでは李光洙と尹東柱を直接比較してみた. これはそのままキリスト教が韓国語文学に及ぼした影響の次元をスペクトラムで見せてくれる両極端の例と言いうる. すなわち, 李光洙の場合と尹東柱の場合の間で, 韓国語近現代文学とキリスト教の関係の大半を論ずることができるであろう. 無論, とりわけ, 戦後になって, 多様な形の文学ジャンルにおいて, キリスト教との関連性が顕になる作品も展開されてはいるが, 歴史的整理を成し遂げるためには, いまだ進行形の状況にある.

6. キリスト教の韓国語用語の生成, 展開, 教派別の差異

　用語についても触れておこう. 伝来, 受容以降の韓国キリスト教の大部分の用語は, まず, 中国語の漢字, あるいは一部は日本語の翻訳漢字を音訳して, そのまま採用したものである. 聖書の翻訳や教会内の儀礼用語も, 漢字からなるものは概ね同類のものと理解できる.

ところで，ここで韓国キリスト教の用語の最も特筆すべきことは，やはり，プロテスタントの聖書翻訳の過程から議論されてきた「神」の呼称である．勿論，中国語でも日本語でも，最も重要なものとして考慮しなければならない用語である．最初は，同じ漢字言語圏の中国語や日本語と同じように，「천주（天主）」，「천제（天帝）」，「상제（上帝）」，「신（神）」，「가미사마（神様）」などがすべて候補となり，議論された．しかし，韓国語への聖書翻訳と用語定立の過程で，韓国の歴史と文化の中の単一神論（Monarchianism, Henotheism），あるいは唯一神論（Monotheism），さらには韓国固有の「拝天思想（하늘숭배사상）」が参考にされ，結果的には，'하느님'（하나님）に定着した．これは，韓国キリスト教全体のアイデンティティとも直結する，非常に重要な韓国語のキリスト教用語である．

他にも，韓国キリスト教において，独自に形成された制度や集会などの名称として，例えば，「새벽기도회（早天祈祷会）」，「삼일기도회（三日祈祷会）」などを挙げうる．

一方，教派別に違いがある用語を見ると，カトリックでは，聖職者の職名として「주교（主教）」と「사제（司祭）」，呼称として「신부（神父）」が用いられるのに対し，プロテスタントでは，職名と呼称の双方において「목사（牧師）」という聖職名称がそのまま用いられる．その他，カトリックにおける礼拝を意味する「미사（ミサ）」は，プロテスタントでは，「예배（礼拝）」という語が用いられる．場所としての「교회당（教会堂）」という用語は，カトリックでもプロテスタントでも用いられるが，カトリックでは，「성당（聖堂）」，プロテスタントでは，従来は「예배당（礼拝堂）」，最近は「성전（聖殿）」という用語も用いられる．カトリックの「영세（領洗）」は，プロテスタントでは，「세례（洗礼）」と呼び，プロテスタントの中でも特にバプテストなどでは，「침례（浸礼）」と呼ぶ．一方，プロテスタントのひとつである聖公会は，ほとんどすべての用語をカトリックと同一のものを使用し，神学的には宗教改革の伝統に従うが，用語と儀礼はカトリックの伝承に立脚していることが分かる．このような教会内の用語は，韓国語圏では教会外でも区別して用いられることが多く，各教派の内部へ入ると，教会用語が各々忠実に用いられていることを窺い見ることができる．のみならず，聖書翻訳の過程を中心に広く知られているキリスト教の独特な用語,例えば,「에덴동산（エデンの園）」，「노아의 방주（ノアの方舟）」，「카인과 아벨（カインとアベル）」，「출애굽（出エジプト）」，「모세오경（モーセ五書）」，「십계명（十戒）」，「최후의 만찬（最後の晩餐）」，「천당과 지옥（天国と地獄）」，「십자가（十字架）」，「사탄

（サタン，悪魔）」，「성육신（受肉，藉身）」，「성탄절（聖誕節）」，「부활절（復活節）」などの用語は，キリスト教の信徒，非信徒を問わず，韓国語圏では大部分が通用しており，その基礎的理解にはあまり問題がない．

7. 韓国語神学の歴史と現況

　韓国のキリスト教神学は，基本的に未だ大部分が翻訳神学である．西欧の神学思想，用語概念をそのまま踏襲して来，大半の神学的思潮もそこに準ずる．韓国で生成された教派グループもいくつかあるにはあるが，大部分のプロテスタントの教派はすべて西欧のキリスト教から宣教されたものであり，移植された共同体として神学的思惟や独特の告白的概念もすべて本流の教会のそれに従っている．よって，とりあえず，1960年代から1970年代以降，いわゆる韓国キリスト教の内部からの，いわゆる「状況神学」[6]が台頭する前までは，厳密な意味での「韓国語神学」は不在であった．

　しかし，いわゆる「土着化神学」[7]，「民衆神学」[8]に代表される韓国神学が創出され始め，韓国語は，韓国創出神学の中心言語としての位置を占め始めた．

　未来のアジアのキリスト教，アジア神学の展開が予想されるなかで，中国語神学，日本語神学とともに，次第に韓国語神学の可能性も大いに期待されている．このこともまた事実である．

参考文献

基督教大百科事典編纂委員會編(1980-1992)　　"基督教大百科事典"　1-21,　　서울: 기독교문사

서정민(2014) '이광수와 그리스도교', "이광수는 누구인가?" (한일대조본), 大阪：かんよう出版

---

[6] キリスト教の神学のうち，いわゆるコンテクストを重視する視点から歴史と状況の中で生まれるアジェンダをキリスト教の神学のテーマにして研究，実践することを表す，筆者の用語．例えば，韓国の「民衆神学」，北米の「黒人神学」，南米の「解放神学」，日本の「部落神学」などが代表的な「状況神学」である．

[7] キリスト教の神学のうち，特定地域の文化，歴史，伝統などの文脈を中心にキリスト教の教えを解釈する神学の流れのこと．

[8] 1970年代以降，韓国の軍事独裁政権の治下，人権侵害，経済的疎外などで苦しみを受けるマイノリティー民衆の立場より生まれたキリスト教の状況神学のこと．世界的な神学に発展し，韓国の民主化運動にも大きな貢献をした神学である．

최현배(1962) '기독교와 한글', "神學論壇"제 7 집, 서울 : 연세대학교 신과대학
한국기독교역사학회편(2009-2012) "한국기독교의 역사(개정판)" 1-3, 서울: 한국기독교역사연구소
徐正敏(2012)『韓国キリスト教史概論 ――その出会いと葛藤』, 大阪 : かんよう出版
徐正敏(2015)『韓国カトリック史概論 ――その対立と克服』, 大阪 : かんよう出版
Suh, Jeong Min(2016)"Christianity and Korean Literature" (résumé), *The International Conference on Christian Communication in East Asia*, 2016. 10.29, Seoul: The Central Academy of Korean Studies, The Historical Society of Asian Christianity

新しい単語はいかに生まれるか
——近現代韓国語の新語の様相——

金 ハンセム (김 한샘)
訳：渡邊奈緒子 (わたなべ・なおこ)

1. 序論　　　　　　　　　　　　　　593
2. 近代における新語の形成と定着　　595
3. 現代の新語の様相　　　　　　　　606
4. 結論　　　　　　　　　　　　　　613

1. 序論

　韓国の既成世代は，概して新語に否定的な態度を見せている．「통신 언어(通信言語)」，「인터넷 언어(インターネット言語)」，「채팅어(チャット語)」，「외계어(外界語)」などのように，若者がオンラインで使うことばをイメージするためである．しかし，新語を生み出す主体は若者だけではなく，新語という語彙そのものが否定的な概念を含んでいるわけでもない．新語は，社会，文化，制度などの変動によって生まれる新しいことばである．誰でも新語を生み出すことができ，新語が形成される契機も多様である．2000年代初めに大流行した「아햏햏(笑い声を表す)」ということばは，元はインターネットサイトでの誤字であったが，人々がそれを模倣し，インターネット上で擬態語として広く使われるようになった．このように偶然に生まれたことばがあるかと思えば，故意に作られたことばもある．「발열옷(発熱服)」，「골프폰(ゴルフフォン)」のように，学問や技術の発達によって生まれた新しいものや概念に名前をつける場合もあれば，外から入ってきた外国語を言い換えるために，韓国語のことばを作り出すこともある．「repl(y)」，「netizen」を言い換えるために作られた「댓글(返信・コメント)」や「누리꾼(ネットユーザー)」がそのような例である．広く使われることばであっても，国語純化の対象語となれば，易しい新語に置き換える努力がなされもする．「나시(なし)」に換わることばとして「민소매(袖なし)」ということばが作られたのもその一例である．「적자생존(適者生存)」をもじって作られた「혁자생존(革者生存)」のように，興味を引くために生み出される新語もある．新語は，存在しなかったことばを新しく造り出すという意味で「新造語」とも呼ばれ，学術的には主に「新語」ということばを使用するが，一般の人の間では「新造語」ということばがより普

遍的である.

　人間が言語を使うようになって以来,新しいことばは絶え間なく生まれ,韓国語もその例外ではない.ただし,いつから新語に対する関心が本格的に始まったのかは正確にはわからない.残された資料から推測するのみである.1922年に発刊された『現代新語釈義』(현대신어석의)が今に残る最初の単行本の新語の資料であるが,新語そのものに注目した単行本資料集が出る前にも,人々の好奇心を満たすための新語の資料は存在していた.特定の部類の語彙を新語として意識し,目録を整理したのは,1909年に日刊紙『大韓民報』が「新来成語」(신래성어)として問答式で新語を取り上げたのが初めての事例である.1913年の『天道教会月報』(천도교회월보)の「現用新語」(현용신어)のように,雑誌に新語の資料が載ることもあった.また,『最新実用朝鮮百科全書』(최신실용 조선백과전서),『新式言文無雙尺讀』(신식 언문 무쌍 척독)のように,付録として新語の資料をつけた本もあった.「新来成語」以後に出された主要な新語資料を中心にその流れを見ると,以下のとおりである:

1) 1909年～:付随的に新語資料を収録
2) 1922年～:単行本の新語資料集が登場
3) 1959年～:特定分野の新語資料集が登場
4) 1994年～:言語学的観点の新語資料が登場
5) 2003年～:新語の収集および記述への一般人の参与開始

　조남호[チョ・ナモ](2003)によると,1922年に発刊された『現代新語釈義』は734の新語を載せ,意味変化,相互関連があることばなど,使用の様相について多様な情報を示した.『現代新語釈義』以後,1930年代から1950年代にかけて『新語辞典』などの題目で様々な単行本の新語資料集が発刊された.1959年に発刊された『経済新語辞典』(경제 신어 사전)は,書籍として発刊された資料の中で,最初の専門分野の新語辞典である.朝鮮戦争以後,社会の関心が経済発展に集中し,経済という特定分野に限定された新語資料集が登場したのであった.経済分野でだけ新語が生まれたわけではないけれども,経済分野の新語資料に対する需要が最も大きいため,これまでに発刊された大部分の専門分野の新語辞典が経済に関するものとなっている.1994年に国立国語研究院(現,国立国語院)が発刊した『新語の調査研究』(신어의 조사 연구)は,言語学的観点を初めて適用した新

語資料集である．それまでに出された新語の資料集は，時事用語や経済用語を中心に，常識を身につけようとする人々の需要を満たすためのものであった．一方，『新語の調査研究』は，新語に関連する知識が焦点ではなく，言語学的な目的で新語の調査を行った結果物であるという点で意義を見出すことができる．国立国語院の新語資料集をもとに，김영근[キム・ヨングン](1997)，이승명[イ・スンミョン](2001)などが新語の言語学的研究を試みた．2003年に，あるインターネットポータルサイトで「オープン辞典」(오픈사전)というサービスが公開されると，一般の人々も新語の収集と記述に参加しはじめ，新語資料の新しい時代が始まった．この辞典は2016年10月現在，全項目数が10万を優に超えている．本稿では，先に紹介した新語資料の分析をもとに，開化期以後の近代の新語と，わたしたちが生きている現代の新語の様相について概観したい．

2. 近代における新語の形成と定着
2.1. 近代における新語の使用様相と意味変化

わたしたちが現在，日常生活や専門領域で使用している語彙の多くが，開化期以後に新しい概念と知識が流入する過程で生まれたものであるということは周知の事実である．近代化が進行する過程で，日本による植民地支配が重なり，韓国語で新しいことばを作り出すよりは，日本式の漢字や西欧の外国語をそのまま取り入れて使うようになった．日本による植民地支配いう時代的な環境が，新しいことばの形成と使用に影響を及ぼしたということは，解放以後，韓国語の新語が活発に生み出され，広く使用されたことからも推察できる．송민[ソン・ミン](2006)では，20世紀初期の新語が国語語彙史において特別な意味を持っている点を指摘し，この時期の新語の多くが文化語や専門語であり，生命力が長く持続し，語形や意味において外来の要素の干渉を受けたケースが多いと分析している．近代の新語についての研究は，大きく辞書学的観点の研究と社会文化学的観点の研究に分けることができる．조남호[チョ・ナモ](2003)と박형익[パク・ヒョンイク](2005)は，それぞれ『現代新語釈義』と『新語辞典』(1946)を辞書学的観点から詳細に分析した意味のある先行研究である．『最新実用朝鮮百科全書』(최신실용 조선백과전서)，『新式言文無雙尺牘』については，박형익[パク・ヒョンイク](2004)が取り上げている．황호덕[ファン・ホドク](2010)は『モダン朝鮮外来語辞典』(모던조선외래어사전)(1937)をモダニズム文学を論じるために分析し，김수현[キム・スヒョン](2003)，김수현[キム・スヒョン](2005)，히라타

마리코[平田麻莉子](2014)では,『モダン朝鮮外来語辞典』に載った「外来語」の発音と綴り, これらを反映させた表記についてのミクロ的な接近を研究した. 박용재[パク・ヨンジェ](2013)は,『新語辞典』(신어사전)(1934),『新語辞典』(신어사전)(1946),『最新現代語辞典』(최신 현대어사전)(1946)という初期の新語辞典3種を比較・分析し, 辞典のナラティブを通して, 近代志向と民族志向の均衡感覚を提示した.

　輸入した新語の語彙が近代化の媒体となったことが現実であるだけに, 新しく取り入れられたこれらのことばが, 社会の変化と共にいかに定着したのかを見ていくことは, 国語語彙研究においてひとつの位置を占めるに値する. 近代時期に輸入された漢字語と外来語をすべて見出し語として収録した最初の新語辞典は, 青年朝鮮社発行『新語辞典』(1934)(以下,『新語』)である.『新語』には漢字語と外来語の語彙のみが含まれているが, 漢字語が55.8%と最も多く, 外来語は39.2%, これらが混ざった混種語が5%であった. 外来語のうち比率が最も高いのは英語で, 94.1%を占めた. 次いでロシア語, ドイツ語, フランス語, 日本語, 中国語がそれぞれ6項目, 4項目, 2項目, 2項目, 1項目含まれている. 具体的な目録は(1)のとおりである. 一方, 混種語37項目のうち「백색테러(白色テロ)」,「사회파시스트(社会ファシスト)」など7項目を除いた残りはすべて「英語+漢字語」で構成されている:

　　(1)
　　　a. ロシア語:나로드니키(ナロードニキ), 네프(ネップ), 모프르(モップル), 이스크라(イスクラ), 인텔리겐치아(インテリゲンチア), 야체이카(ヤーチェイカ)
　　　b. ドイツ語:나치스(ナチス), 레크람, 룸펜(ルンペン), 카페(カフェ)
　　　c. フランス語:리터(リットル), 생디카(サンディカ)
　　　d. 日本語:나리킹(成金), 다라칸(だら幹)
　　　e. 中国語:쿠리(クーリー)

　『新語』の意味の記述情報は, 叙述型語釈(76%)と類義語提示(24%)の2つの方式で示された. 下記(2)が叙述型語釈, (3)が類義語提示の例であるが, 類義語提示方式は大部分外来語の解釈に適応された.

(2)
  a. 경제학（経済学）：社会体制の根本である経済関係の発展または没落の法則を研究する学問.
  b. 각색（脚色）：小説，詩，伝説のようなものを，演劇に使用できる脚本に改作すること.
  c. 감정이입（感情移入）：鑑賞者が対象に没頭し，自然の調和または人間の感情に同化される現象.

(3)
  a. 챔피언(Champion)：選手.
  b. 에세이(Essay)：随筆，論説.
  c. 양행（洋行）：外国旅行を意味する語である
  d. 니힐리즘(Nihilism)：虚無主義を意味する.
  e. 아티스트（アーティスト）は芸術家，美術家という.

『新語』に挙げられた見出し語は，外国語としては既に存在していたものの，韓国語の語彙集合を基準とするなら，その当時，新たに生成された語彙である．近代の新語の変化の様相と定着の如何を判断することは容易ではない．コーパスを基盤として痕跡を探ろうにも，新語は使用頻度が低く，話されたことばの談話に主に現れる特性があり，客観的な根拠を提示することが難しい．そこで次善の策として提示できる方式が，近代の新語の目録と，見出し語数が多い現代語辞典の見出し語目録を比較するというものである．『新語』の見出し語目録と，現在最も見出し語数の多い現代語辞典である『標準国語大辞典』(표준국어대사전)(1999)（以下，『標準』）の見出し語目録を比較したところ，『新語』の見出し語の26.7%に当たる195項目の見出し語が『標準』では抜け落ちていた．抜け落ちた195項目には，語彙か句かという単位の問題で抜け落ちた「경제 관계（経済関係）」の他，「리얼하다（リアルだ）」という別の品詞で提示された「리얼（リアル）」，『標準』の規範的性格のために抜け落ちた「닥터（ドクター）」のような語彙が含まれている．このようなタイプを除いたうえで，実際に消滅したと判断される語彙の数を数えると，135項目，全体の見出し語の18.5%が該当する．「프리미엄（プレミアム）」，「플롯（プロット）」などのように定着したものがあるかと思えば，「프티부르（プチブル）」，「본아미（ボンアミ）」，「만다트（マンダット）」，

「야체이카 (ヤーチェイカ)」,「홀드업 (ホールドアップ)」などは韓国語の語彙集合に溶け込むことができなかったものである. 定着に失敗した外来語の語彙の中には,『新語』発行当時に競合していた漢字語ではない語彙が現在使われている場合もある.「폴리스맨 (ポリースマン)」は当時「순사 (巡査)」と競合していたが, 現在は「경찰 (警察)」という語彙が使われている.「토키 (トーキー)」は,『新語』では「発声映画」という語釈が掲載されていたが, 現在は「有声映画」が使用されている. 現在, 普遍的に使われている「체인점 (チェーン店)」は, 見出し語である「체인스토어 (チェーンストア)」の「체인 (チェーン)」と, 語釈に提示された「연쇄점 (連鎖店)」の「店」が結合して定着した語彙である.

定着した外来語を詳細に見ていくと, 現在でも使われてはいるが, 当時と全く異なった意味に変化した語彙も見られる. 狭義の意味転移[1]は, 既存の意味と完全に変わっているという点で, 意味縮小や意味拡大とは弁別される.「린치 (リンチ)」は,『新語』では「死刑」という意味で解釈されているが, 現在は「衝撃」程度の意味で使われている.「표정 (表情)」は「自身の情緒, 意思, 思想などを表現する行為」と定義されているけれども, 現在は「情緒を顔に反映させる姿」を意味する. 外来語の「론 (ローン)」は「賃金」から「貸付金」へと意味が転移し,「드라마 (ドラマ)」は「脚本, 演劇」からテレビ番組のひとつのジャンルとして定着した.「저널리즘 (ジャーナリズム)」は,「低俗な興味本位の記事を報道する態度」という否定的な意味から,「新聞や雑誌を通して大衆に時事的な情報と意見を提供する活動」という肯定的な意味へと変化した. 外来語の「스마트 (スマート)」は, 形態だけが「스마트하다 (スマートだ)」に変わったのではなく, 意味も「軽快」から「明晰」へと変化した.

時間が経つにつれて, 意味が適用される範囲が狭まったり, 特定の領域でのみ使われるようになったケースもある.「배교자 (背教者)」は,『新語』発刊当時の時代背景から,「社会運動の過程で変節したり脱党したりした人」の意味としても使用されたが, 現在は文字どおりの意味である「信じていた宗教に背反する人」としてのみ使われる.「다이너마이트 (ダイナマイト)」は「火薬」と同じ意味で使われており, 火薬の種類が多様化した現在では,「火薬」の一種のみを指すようになった.『新語』によると,「데뷔 (デビュー)」は「初出演」という現代的な意味の他に「演奏会」という意味でも使われていた. 近代では「恐慌」に近い意味

---

[1] 広義の「意味転移」は, 意味縮小, 意味拡大, 意味上昇, 意味下降などを包括する概念である.

で使われていた「불경기 (不景気)」は，現代になって「恐慌」よりも軽い段階の景気低迷を表すことばとして使われている．「마담 (マダム)」は，「夫人」，「奥様」という中立的で広い意味が変化し，「업소 주인 (水商売の店の女主人)」という否定的で狭い意味で使われるようになった．「삐라 (ビラ)」はチラシ，広告紙，宣伝紙などのように中立的で範囲が広かったが，現在は扇動的な文句が含まれたチラシという意味でだけ使われる．「아나운서 (アナウンサー)」は，かつては「放送をする人」という幅広い意味であったが，現在はニュース報道，司会，実況中継など，放送の一部のジャンルを担う人という限定的な意味で使われている．

現代社会へと移り変わる中で，既存の語彙が，新しく生まれた専門領域において新たな意味を獲得するのは自然なことである．『新語』における「모델 (モデル)」は，美術の領域では「美術家が自身の作品を作るときに見ながら作る実物」を意味し，文学の領域では「実際に存在する人物を小説や戯曲の中に取り入れる際の，その人物」という意味で使われると解釈されている．しかし，現在「モデル」は，「新しい様式の服や最新トレンドの服を発表する際に，それらを身につけ，観客にその服の良さを見せることを職業とする人」という意味で主に使われる．「ファッションショー」という文化が生まれたことで意味が拡大され，既存の意味よりも高い頻度で使われるようになったわけである．現代社会の象徴であるコンピュータ分野の専門語「드라이브 (ドライブ)」は，「コンピュータでディスクをジャンル別に分けて入れる空間」を意味する．『新語』では，「ドライブ」を「自動車に乗って散歩すること」とだけ記述している．

原型的な意味が，時間の経過とともに，派生的な意味を獲得する場合もある．『新語』において「메스 (メス)」は，「作業刀．特に解剖用の刀を意味する」とだけ記述されているが，『標準』では，医学の専門語以外に，「誤りや病弊をなくすための処置」という比喩的な意味が追加され，「메스를 대다 (メスを入れる)」などの慣用表現が広く使われている．「공황 (恐慌)」は，「経済活動の一時的な破綻による混乱状態」という経済領域の用語としてのみ使われていたが，「根拠のない不安や恐怖で突然起こる心理的不安状態」という心理学，医学分野の用語にも意味が拡大された．法律と制度が完成されていない近代社会から現代社会へと移行する中で，伝統的な価値が，法律的な位相を持ったものへと拡大もされた．「신분 (身分)」は，『新語』に記述されたとおり，近代社会において職業，地位，族親などの階層制度を意味していたが，現代社会では「父母・子女・家族・配偶者などが，ともに身分関係の構成員として持つ法律的な地位」という意味が追加

された.

　『新語』の見出し語と語釈を分析してみると，新たに入ってきた外来語の新語と，これに対応する漢字語の類義語の対が確認できる．新語の意味を解釈するため，外来語を漢字語で説明しているが，見出し語である外来語と，語釈に提示された類義関係のある漢字語との競合結果を分析してみると，(4)～(6)のような3つの類型に分類できる．(4)の外来語は，韓国語の語彙としての定着に失敗し，消滅したと見るべきであろう．「데파트（デパート）」と「데모（デモ）」はいずれも外来語の略語であるが，「데파트（デパート）」は消え，「데모（デモ）」は漢字語の「시위（示威）」と対等に使われている．(5)の「딜레마（ジレンマ）」，「루비（ルビー）」などは，「궁경（窮境）」，「홍옥（紅玉）」のような語彙を日常生活ではほぼ使用しなくなるほど，漢字語に対して優位に立って定着した例である．(6)は外来語と漢字語がどちらも活発に使われている例であるが，これらの一部は，基本の意味は同じであっても，語彙が使われる脈絡によって領域が分割されつつある．「간첩（間諜）」が主に韓国と北朝鮮の関係を前提とするならば，「스파이（スパイ）」は国家を問わずに使われ，「산업 스파이（産業スパイ）」などのように適応される範囲が広い．「포즈（ポーズ）」と「자세（姿勢）」の対は，反対に漢字語の意味領域が広いケースである．「포즈（ポーズ）」は主に外形的な姿に注目している反面，「자세（姿勢）」は外から見える姿だけではなく，「精神姿勢，誠実な姿勢」などのように心の持ち方をも表す．(4)～(6)を検証すると，流入した外来語が広く使われず，競合の漢字語に追いやられた(4)の場合,「필로소피（フィロソフィー）」，「키 인더스트리（キーインダストリー）」，「임페리얼리즘（インペリアリズム）」のように，語彙の長さが漢字語よりも長いものが目につく：

(4) 外来語＜漢字語
독트린（ドクトリン）＜교리（教理），필로소피（フィロソフィー）＜철학（哲学），텐던시（テンデンシー）＜경향（傾向），펜네임（ペンネーム）＜필명（筆名），데파트（デパート）＜백화점（百貨店），키 인더스트리（キーインダストリー）＜기간산업（基幹産業），임페리얼리즘（インペリアリズム）＜제국주의（帝国主義）．

(5) 外来語＞漢字語
모더니즘（モダニズム）＞현재주의（現在主義），딜레마（ジレンマ）＞궁경 (窮境), 루비 (ルビー) ＞홍옥 (紅玉), 블랙리스트 (ブラックリスト) ＞흑표 (黒表), 메가폰 (メガホン) ＞확성 나팔 (拡声ラッパ), 프리미엄 (プレミ アム) ＞증배금 (増配金), 인텔리 (インテリ) ＞지식계급 (知識階級).

(6) 外来語≒漢字語
스파이 (スパイ) ≒간첩 (間諜), 사인 (サイン) ≒서명 (署名), 에세이 (エッセイ) ≒수필 (随筆), 유니폼 (ユニフォーム) ≒제복 (制服), 트리오 (トリオ) ≒삼중주 (三重奏), 포즈 (ポーズ) ≒자세 (姿勢), 하모니 (ハーモニー) ≒조화 (調和), 리액션 (リアクション) ≒반응 (反応), 멤버 (メンバー) ≒회원 (会員).

2.2. 外来語新語の流入と近代社会文化

　外来語新語の流入に対しては，漢字語系統の新語に比べ批判が多かった．そうしたありようは，興味深いことに，現在の状況と類似している．毎年，10月9日，「ハングルの日」の頃にマスコミが取り上げる外来語の氾濫問題が，1900年代初めにも社会的関心の対象だったのである．モダニズムの文人たちが外来語を移植することを批判する，下記のような匿名の雑誌寄稿が，外来語に対する社会的な批判を端的に示している：

　　「近ごろ，新聞には英語が多く，とても理解することができない」という不平に近いことばを，わたしは何人もの口から聞いた．実に現代（特にここ10年以来）は「外国語闖入時代」という名をつけられるほどに外国語が闖入している．新聞という新聞，雑誌という雑誌は，すべて外来語満載である．所謂モダニズムの文人墨客たちは競って外国語を移植し，ときには思慮なく羅列している．
　　――『新聞記者無識暴露』東光四：十一

　外来語に対するこのような拒否感は，モダンボーイと称される「不良で嘲弄を受けた西欧文化を崇める知識人」に対する拒否感の延長線ともいえる．幅広のズボンを穿くことと，外来語を交ぜて話すことが，いわゆるモダンさの表示だったのである．極と極は通じるものというだけあって，外来語を取り入れ使用する人々に拒否感を持ちながらも，これに憧れ，関心を持ったため，김윤희[キム・ユニ](2010)が分析したように，「重要術語」（중요술어），「新術語」（신술어），「流

行語」(유행어),「モダン語」(모던어),「通俗語」(통속어) などの名目で1920年代以後,雑誌に現れた新語紹介欄で,外来語の比重は著しく高かった.外来語新語に関する当時の研究を見ると,外来語新語をいかに取り入れるかについての議論が,国語学界でも起きていたことがわかる.김태종[キム・テジョン](1936)は,「国と国が互いに往来し,文物を交換する結果として,外来語は引き続き増えていくでありましょう.(中略)その国のことばが我々のことばに入って同化するのを拒否するのはよろしからぬことと思います.外来語を豊富に取り入れることは,自己の死を意味するものではなく,むしろ生長することであります.」と,外来語新語に対する肯定的な見解を示した.これに先立って이희승[イ・ヒスン](1933)では,「高度の文化を保持することばは,それよりも低級の文化を持つ社会に不断に侵入する.これはあたかも高いところにある水が低いところに流れるがごとく,その趨勢は阻むことのできない強大な力を持つ.」と述べ,外来語新語の流入を文化交流の次元から見るというよりは,文化帝国主義として解釈した.外来語に対する大衆と知識人の多様な意見が混在する中,「유 러브 미(You love me?)」は流行歌の歌詞で,「유 씨(you see)」は「上海夜話」(상해야화)という楽劇で,「유스풀 아츠(useful arts)」は이광수[イ・グァンス]の小説「土」(흙)でしか接することができなかったのが近代朝鮮の実状であった.ゆえに,当時の外来語新語の使用の様相をありのままに分析する必要がある.このような観点から,1937年に이종극[イ・ジョングク]が編纂した『モダン朝鮮外来語辞典』(모던조선외래어사전.以下,『モダン』)は,当時朝鮮で流通していた新聞,雑誌,小説,随筆,流行歌など,大衆的なコンテンツをつぶさに分析し,当時の社会と共に息づいていた外来語新語についての記録を残したという点で意義がある.황호덕[ファン・ホドク](2010)では『モダン』が参考にした文献の性格について,「基本的に当代朝鮮の出版物をコーパス化して使用し,用例も提示」と記述している.ここでいうコーパスとは,이상섭[イ・サンソプ](1989)で提示された「いかなる基準に照らしても,ひと塊と判断し得ることばのまとまり」という広義の概念である.見出し語を選定し,用例を提示する目的でテクストを活用したという点で,황호덕[ファン・ホドク](2010)が言及した『モダン』の「コーパス化」は,たとえ現代的な意味での文献電算化ではないにしろ,操作性,人為性を排除し,言語の自然な状態を捉えようとするコーパス言語学の方法論に通じるものである.方法論によって獲得された『モダン』の恣意性は,『モダン』で見出し語として登載されたことばが,外来語であるか外国語であるかを論ずることの無意味

さを示唆している．無差別に載せたかのように見える見出し語の大部分が，どのような形であれ，当時の大衆的な文献に登場したものだからである．それだけではなく，使用頻度，使用範囲などに関連して，語彙に対する情報学的な概念を反映させていたことを，以下のような内容から窺い知れる：

> わたしは本書を国語の辞書編纂家たちに捧げたい．本書は勿論朝鮮語辞典とその使命を別にするが，ここに収録されている外来語は，range で見ても frequency で見ても，完全な朝鮮語辞典には必ず籍を置かなければならないことばが多いと自負するためである．
> ──『モダン朝鮮外來語辭典』 自序「朝鮮の外來語に對して」 より

編纂者が，『モダン』の見出し語が使用範囲や頻度の面で収録するに値すると確信できたのは，前述のとおり，徹底的に当時の文献を反映させたためであった．よって，『モダン』に特定のテーマについての見出し語が多く登載されたのは，すなわち社会の関心事の反映であった．『モダン』において辞典の主題でもある「モダン」を例にとってみると，形態論の観点から「モダン」と直接関わりが見える．「モダン」を含む見出し語は(7)のとおりである：

(7)
모단・껄 (モダンガール), 모다니즘 (モダニズム), 모다니티 (モダニティ), 모단・뽀이 (モダンボーイ), 모던 (モダン), 모던・껄 (モダンガール), 모더나이즈 (モダナイズ), 모더니스트 (モダニスト), 모더니스틱 (モダニスティック), 모더니즘 (モダニズム), 모더니티 (モダニティ), 모던・라이쁘 [2] (モダンライフ), 모데른 (モデルン), 모데르(루)니즘(슴) (モデルニズム), 모던・리즘 (리듬) (モダンリズム), 모던・마담 (덤) (モダンマダム), 모던・미쓰 (モダンミス), 모던・뽀이 (モダンボーイ), 모던이스트 (モダニスト), 모떤이즘(슴) (モダニズム), 모던・쩬틀맨 (モダンジェントルマン), 모던・지지 (モダンジジ), 모던・타잎 (モダンタイプ)

23にのぼる見出し語の数から，いわゆる「モダンさ」に対する社会の関心度が

---

2) 末尾の文字は，「ㅇㅍ」を初声字母，「ㅡ」を中声字母とするハングル．

確認でき，関心の焦点が，特にモダンさを具現する主体である人間に置かれていることがわかる．이광수[イ・グァンス]の「青年はモダンな飲食と観念を食べたい」という用例から，モダンさを追求する主体が若い世代であることがわかり，김동인[キム・ドンイン]の「新しい乗客はモダンボーイであった．ズボンの幅が広かった．」は，モダンさを追求していた当時の若い男性を象徴する服装を示す用例である．モダンさに対する社会的な視線が，単純に憧れだけではなく，むしろ否定的であったことは，モダンな人についての語釈にも表れている．이광수[イ・グァンス]は，『モダン』が編纂される間，3) 東亜日報に連載された「土」という小説を通し，西欧文化を批判なく受け入れ，拡散し，享受した知識層に警鐘を鳴らそうとしたが，このような視線は이광수[イ・グァンス]個人のものではなく，事実上，朝鮮社会の大多数のものであった．憧れと好奇心の裏に重々しく存在していた非難の感情によって，모던걸（モダンガール），모던뽀이（モダンボーイ）は「嘲弄的意味」で使われ，모던 마담（モダンマダム），모던 미쓰（モダンミス），모던 지지（モダンジジ）は，「不良」な人であった．モダンさの象徴である「ハイカラ」の語釈に，軽々しい，うすっぺらい，軽薄，贅沢などの否定的な語彙が挙げられているのも，同じ脈略から理解できる．近ごろ流行している「시크하다(chic-)」という語彙もまた，이광수[イ・グァンス]の「土」に登場していたことが用例から確認できる．「青年はシックな雰囲気を出したい」という文章の「시익하다（シックだ）」は，現在の「시크하다（シックだ）」と意味が完全に一致する．同じ頃に，『新東亜』（신동아）3巻 (1932)では，「どう見ても先端的で見た目が良く，人の心を惹くものをシックであるという」と紹介している．「시크하다（シックだ）」は，2004年国立国語院新語資料集（국립국어원 신어 자료집）に2000年の用例と共に未登載語（미등재어）として紹介されたが，辞典には登載されず，2009年に네이버（ネイバー）オープン辞典に登場した．「시크하다（シックだ）」は，一方では「洗練されていて格好が良い」という意味で，また一方では「モダンだ」，「スマートだ」，「ハイカラだ」のような近代的な脈絡を含む意味として1930年代から使われてきたものの，どういう訳か一度使用頻度が減り，最近になって再び使用が増加してきている．

　前述のとおり，『モダン』では実例を基に外来語新語の使用の様相をありのまま記録しようとしたために，漢字語の新語と違い，異表記が多様に存在する外来語

---

3) 황오덕[ファン・オドク](2010)によると，1933年，東亜日報で既に数年前から『モダン』の編纂作業が進行中であったと報道された．

新語の表記の混乱がそのまま表れている．異表記が最も多く載った語彙は，11の異表記が提示された'handkerchief'，'shirt'であった．'handkerchief'が多く使われた理由は，新しく流入した外来語である「행커치프（ハンカチーフ）」が，伝統的に「손수건（ハンカチ）」が占めていた意味領域と，西欧式洋服の装飾という新しい意味領域を行き来して，普遍的に使われたためである．祝い事でもらった餅を包むものも，別れを惜しみながら駅のホームで振るものも，背広の胸ポケットに入れて洒落気を出すものも，すべて「행커치프（ハンカチーフ）」であった．これに似た様相を見せたものの例に，「슬리퍼（スリッパ）」を挙げることができる．伝統的な藁草履と，新たに入ってきた室内外用の靴をすべてスリッパと呼んだ時期があったためである．「初等校生に藁草細工奨励」（초등학교생에게 藁草細工奨励）という題目がつけられた1930年12月27日付けの東亜日報の社会面記事に，「スリッパなどの製作を奨励した結果，生徒たちは放課後または勉強の合間を縫って，一日に二足以上を編んでいる」（스리빠등의제작을 장려한결과 생도들은 放課後혹은 공부하고난 틈을타서 하루에 두켜레(二足)이상씩을 삼는다）という内容が出ている．藁草履（짚신）を編むことを「スリッパ製作」（스리빠 제작）と表現しているわけである．同じ対象に複数の表記が現れる理由は，制度的に外来語の表記法が統一されていなかったこともあり，また外来語が流入した経路が重層的で，音訳の方式も2つに分かれていたためである．

　김형철[キム・ヒョンチョル]（1997）が示したごとく，近代初期の音訳語は，直接音訳語（西欧語→韓国語）と間接音訳語（西欧語→日本語→韓国語）とに分かれる．しかし，多様な外来語新語の表記を，直接音訳によるものと間接音訳語によるものに分けるのは容易ではない．日本語の近代の外来語の表記方式が，西欧語の発音を活かしたものと，日本語の発音を反映させたものにさらに分かれるためである．二分法的に考えると，'handkerchief'の表記のうち，「행커치프（ハンカチーフ）」は直接音訳語，「한카치（ハンカチ）」は間接音訳語に見えるが，いざ日本語辞典を調べてみると，『広辞苑』の「ハンカチーフ」と「ハンカチ」，『明治のことば辞典』の「ハンケチ」など，日本語の中にもいくつかの表記が共存していて，線を引くのは容易ではない．脚注12を参考にした場合，『モダン』に登場した「한케치，항케치，항카취，한카취」などは日本から入ってきた略語と見るべきだが，現在はこのような略語がまったく使われていないところが興味深い．日本語に関連する外来語新語の輸入をさらに見ていくと，「나사（羅紗）」，「비로도（ビロード）」，「조끼（チョッキ）」はポルトガル語を日本式発音のま

605

ま取り入れたものであり,「마후라(マフラー)」,「빤쓰(パンツ)」,「쓰레빠(スリッパ)」は英語の日本式発音,「쓰봉(ズボン)」はフランス語の日本式発音がそのまま入ってきたものである.「메리야스(メリヤス)」が日本に上陸した経緯については, 정하미[チョン・ハミ](2005)で紹介されている. 南蛮[4]の船舶で日本の港に現れたスペイン, ポルトガルの商人たちが足にメリヤスをはいている姿が, 狩野内膳(記録性のある絵を主に描き, 豊臣秀頼の専用画家であった)が描いたと推定される南蛮屏風[5]に描かれているという.「メリヤス」は本来ポルトガル語で「靴下」を意味するが, 日本では, メリヤスの伸びる性質に焦点を合わせてこの語を取り入れたために, 伸縮性のある服を指すようになり, 我が国でも同じ意味で使われている,『モダン』で「伸縮自在」と表現されたメリヤスの特性に注目し, 大きくも小さくもなくぴったり着られるという意味で「メリヤス」を「막대소(莫大小)」(大小莫し)ともいったが, この表現は新聞などのテクストに1970年代まで使われ, 後に消滅し, メリヤスは今でも活発に使われている.

　辞典の形で残された近代の新語の使用様相を通して, 絶え間なく韓国語の語彙集合の拡大に寄与した近代の新語自体を把握できるだけではなく, 新語に反映された近代社会の姿を類推することができる. どのような新語が生まれたのか, その意味はどのようなものであったか, 当時の文献においてその見出し語が実際にどのような脈絡で使われていたのかを調べてみると, 当時の社会の姿が理解できる. さらに, 近代の新語資料の分析は, それ自体でも意味があるが, 現代の国語辞典の編纂に活用が可能であるという点で価値が高い. 新語に現れる近代社会の概念と知識, 現代語彙との比較結果などは, 現代語彙の研究に寄与すると同時に, 未来型辞典のミクロ構造の拡張に貢献できる.

3. 現代の新語の様相
3.1. 現代の新語の形成
　日本からの独立以後, 新語の形成は独立以前に比べ多様な様相を見せるように

---

[4]「南蛮」という用語は, 中国より南方の異邦人を指すときに使用されたことばであるが, 日本ではタイ, フィリピン, インドネシアなどの東南アジアを指し, やがてポルトガルとスペインがこの道を通って入ってくると, ポルトガルやラテン系の国を意味するようになった.(정하미, 2005)
[5]「南蛮屏風」と呼ばれる, ポルトガル人の姿を描いた, 屏風の形をした風俗画のこと.(정하미, 2005)

なった.韓国語を自由に使用できるようになり,人々が自然に固有語から成る新しいことばを生み出せるようになった.また国家主導で人為的に国語純化政策を進める中で,漢字語と外来語を中心に形成されていた既存の新語集合に,固有語が急増した.独立直後,このような流れを反映して作られた無数の固有語新語のうち,代表的な語彙の定着の程度を見ると,(8)のとおりである:

(8)
 a. 定着に成功:낱말(単語), 덧셈(足し算), 뺄셈(引き算), 소매치기(スリ)
 b. 消滅はしなかったがあまり使われていない:해가림(日食), 달가림(月食)
 c. 定着に失敗:날틀(飛行機), 넘보라살(紫外線), 안녹쇠(ステンレス)

国家主導による純化語の新語発掘および普及と,一般の人々による自然な新語生成が均衡を保っていた時期が過ぎ,1980年代以降コンピュータとインターネットの普及とともに,新語の主導権は完全に一般の人々に移り,量的にも爆発的に増加した.国家主導による国語純化のための新語作成も依然として進行中であるが,その一環として,国立国語院では,無分別に使われる外国語の語彙に代わる韓国語の純化語を普及させる目的で,オンライン上に「우리말 다듬기」(新語の純化)ページ(malteo.net)を開設した.しかし,やはりインターネットで一般の人々によって作られた新語の波及力とは同等の効果を出せずにいる.純化対象語の選定と純化語の選定に人々が積極的に参加できるようにはしたものの,2004年から作られ続けてきた純化語のうち,広く使われている新語は,댓글(返信,コメント), 누리꾼(ネットユーザー)など少数に過ぎない.定着に成功した新語と失敗した新語の面々を見ると,今後新語を作る際にどのような点に留意すべきかが見えてくる.まず,ことばの長さが元のことばよりも長い場合は成功が難しい.流行語「유시시[UCC](User Created Contents,使用者制作コンテンツ)」を「손수제작물(オーナー制作物)」に変えたが,意味は生かしたものの,ことばが長いため,あまり使われていない.イメージの問題もある.「웰빙(Well-being)」を言い換えた「참살이」は「참살(惨殺)」という否定的な意味を思い浮かべる人もいるなど,広く使われる新語を人為的に作ることは,容易ではない.

インターネット上で形成される語彙を含む,最近の新語の使用の様相は,多様

な資料によって確認しうる．それらは収集の主題と目的から3つに分類することができる．1つは1959年の『経済新語辞典』以後しばしば見られる専門分野の新語資料であり，2つめはインターネット媒体で生成された新語資料である．最後に，1994年以後，国立国語院が持続的に発刊している言語学的観点からの新語資料を挙げることができる．

3.1.1. 専門分野の新語

　特定領域の新語資料が提供される経路も，最近では多様化した．1980年代初めから現在まで出版され続けている毎日経済新聞社の『経済新語辞典』は，代表的な専門分野の新語資料集である．このように専門分野で新たに生成された新語を完結された本の形でまとめることもできるが，本として出すには，それだけ新語の量が多く，これを必要とする人が十分でなければならない．このような理由で，印刷物形態の専門分野の新語資料集は，実質的な付加価値の創出に関連があり，一般の人も関心を持つ経済分野に集中している．実際に用語の変化と膨張が最も速い分野は理工系分野である．この分野の用語は，本にまとめることが無意味なほど，用語の量が膨大で変化の速度が速い．用語の変化が直に科学技術の発展にかかわるため，新しく生まれた用語を収集，共有する作業が大変重要である．インターネットのポータルサイトでも専門用語の資料を提供している．ポータルサイトでは，専門用語の中でも最近生成され流行している新語を強調してサービスしている．最近では，特定の業界の会社などが，関連分野の新語資料を収集し，メディアに公開する場合もある．新たに生まれたことばから最新の傾向を把握し，結果物を広報することで会社の認知度を高めるマーケティングの一環である．代表的な事例が，就職ポータルサイトの新語調査である．就職難と職場の世相に主題を限定して新語を調査，発表し，メディアの関心を集めた．公務員人気の高まりを受け，司法試験，行政試験などの公務員採用試験の合格が難しくなっていることを意味する「공시족（考試族）」，老後に不安を感じた会社員が，安定した専門職に就こうと遅くから地方にある医大や薬科大に進学することを意味する「신기러기족（新雁族）」などが，こうした経路から広く知れ渡った．最近流行している新語は，独立する時期が来たにも関わらず，経済的または認知的に両親に依存している人たちを指す「캥거루족（カンガル一族）」である．2016年10月現在，成人男女1000余名を対象に調査を行った結果，過半数を超える56%が自らを「カンガル一族」であると認識していると答えた．独立しない，または独立でき

ない理由を調査した結果，50%が住宅価格の負担に耐えられないからと答え，住宅関連の問題が，経済的独立の最大の阻害要因であることが明らかになった．特定の人たちの関心事を反映するこのような新語は，メディアを通して一般に公開され，拡大再生産される．

　専門分野で生成された新語を収集，共有する問題は，国家の競争力にも繋がる．専門分野の新語が定着する過程で混乱が起こると，その分野の学問だけでなく，教育，関連産業分野にまで影響が及ぶ可能性があるためである．専門分野の新語の中で，外来語が最も高い割合を占めているのが問題の核心である．外国語の専門用語を最初に持ち込むとき，綴りを生かすのか，原語の発音を生かすのかによって，ハングルでの書き方が違ってくる．韓国語の語文規範には外来語表記法の規定があるので，これに従えばよいのであるが，専門分野の学者たちが外来語表記法を身につけ，規範に合った外来語の専門用語を作り出すよう期待するのは難しい．これは，異なる学問分野で共通して使用される用語を，おのおのが異なる表記にする問題につながる．外来語をそのまま使用せず，韓国語の用語を生成する際にも，不一致の問題が発生し得る．外国語では同じ用語であるのに，分野ごとに別の語に翻訳するようになると，混乱が生じる．外来語表記と分野間の不一致という問題は，教科書を編纂する際にも混乱を引き起こす．教科書では語文規範を遵守するため，中学高校で学んだ用語と，大学以上の専門教育の現場で使用される用語が異なるケースが生じ得る．同じ科学領域である物理，化学，生物を学ぶ際，重なり合う概念を複数の用語で学ぶということが起こるのである．医学分野では，結合したことばの語種が異なる「갑상샘（甲状腺）」と「갑상선（甲状腺）」が共存し，化学分野では，外来語の原語をどれと見るかによって，ドイツ語から来た「아밀라아제（アミラーゼ）」と英語からきた「아밀레이스（アミラーゼ）」が混用されている．

3.1.2. インターネット新語

　インターネット新語は，文字どおり，インターネット媒体を通して生み出された新語資料をいう．前節で言及した専門用語検索サイトのような，専門家が資料を収集し，インターネットで提供する資料はこれに該当しない．「インターネットで生成される新語資料」は，2通りに解釈できる．すなわち，インターネット上でネットユーザーが生み出した新語自体を指すこともでき，既に生成された新語に対してネットユーザーが記述した資料を指すこともできる．　30年ほど前まで

は，流行の新語を生み出す主体は主に大学生であった．「바보(바라볼수록 보고 싶은 사람：見れば見るほど会いたくなる人)」，「옥떨메(옥상에서 떨어진 메주 덩어리：屋上から落ちた味噌の塊→潰れたような不細工な顔)」などの面白い新語が口から口へと伝えられ流行した．最近になって，インターネットが意思疎通と文化拡散の主たる媒体としての位置を確立するにつれ，新語を生み出す者たちの年齢層が上下に広がり，普及速度も速くなった．ネットユーザーたちが新語を生み出し使う理由としては，時間の制約，空間の制約，集団意識の3つを挙げることができる．文を速く書くために続けて書き(머시따[멋있다])，減らして書き(셤[시험])，単語や音節を数字に置き換える(쪽8리다[쪽팔리다])．短い文章で感情を表わそうと，子音・母音などを交換し(그리구)，文章符号を重ね(!!!)，顔文字を使用する(^^;)．インターネットという仮想空間で自分たちだけにわかる新語を作り，共有することによって，そこに参加していない人々とは断絶されるが，メンバー間の親密度は高くなる．ネット上で作られた新語は，小規模な意思疎通のためのメッセンジャー，親睦や情報疎通のためのミニホームページやブログ，多くの人と情報を共有し討論するための大型掲示板など，場所を選ばず瞬く間に広がっていく．勢力が強くなった新語は，二次的にメディアを介して仮想空間を共有していない一般の人々にまで伝播する．インターネット言語の実態を把握し，これを研究した資料としては，『コンピュータ通信言語辞典』(2002)などがあり，資料集として正式に出版された資料は多くないが，ハングルの日の前後や年末になると，マスコミがその年に流行したインターネット新語を整理，発表したりもする．2016年，ハングルの日の前後に，メディアでは「케바케(ケバケ)」，「츤데레(ツンデレ)」，「빼박캔트(ペバクcan't)」などを頻繁に取り上げた．「케바케」は「ケース・バイ・ケース(case by case)」の略であり，「츤데레(ツンデレ)」は「表面上は冷たく振舞うが，実は好意を持っているキャラクター」，「빼박캔트(ペバクcan't)」は「빼도 박도 못한다(どうしようもない)」に英語「캔트(can't)」をつけたことばである．このように流行する新語とその意味を知ろうとする好奇心，人が知らない新語を知っているという優越感，新語についての情報まで提供しているという自負心の三拍子が揃って誕生したのが，まさに「ネイバーオープン国語辞典」の「流行語，新造語」ページである．この新語資料の特性は，資料の提供者と利用者が区分されていないことにある．新語の情報を検索する人と，情報を提供する人の間に境界がない．オープン辞典の執筆者は，単にサイトに自分が知り得た情報を提供する人であって，専門家ではない．結局，ポータルサイ

610

トは情報共有の空間だけを提供し，情報の正誤に対する責任は負わないので，資料の正確さは保証されない．

3.1.3. 言語学的観点の新語——国立国語院の新語調査

　国立国語院では，国語語彙の生成と成長，消滅についての記録を残し，国語辞典編纂資料として活用するという言語学的な目的のため，新語の資料を収集，分析している．国立国語院の新語調査については，多様な角度からの要求と提案がある．김진해[キム・ジネ](2006)は，国立国語院の新語資料集に掲載された新語の目録が絞り込まれすぎており，ネットユーザーによって生み出され，広く共有されている臨時語や流行語の相当数が除外されていると指摘している．一方，臨時語をあえて新語資料集に載せて公式化する必要があるのかという問題提起もある．新たに生まれたことばが「臨時語」に終わるのか，それとも韓国語の語彙集合に定着するのかは，ある程度の時間が経過してはじめて判断できるものであるため，このような問題は，調査された新語の使用様相を継続的に観察することで自ずと解決されるだろう．中間に数年の空白期があるが，国立国語院では1994年以来，1年に1回，定期的に新語資料集を出している．

　国立国語院で発刊した新語資料集の基本的な目標は新語の調査であるが，時期によって副次的な目標に違いがある．1994年から1996年までの資料集は，1999年に発刊された『標準国語大辞典』に掲載される見出し語の選定のため，既存の辞典に載っていない未搭載語を調査する側面があった．[6] 1994年には，ハングル学会編『韓国語大辞典』（우리말 큰사전），金星版『国語大辞典』（국어대사전），民衆書林版『国語大辞典』（국어대사전）の3つの辞書を基準とし，1995年には，基準となる辞典の見出し語目録を拡大して適用した．1997年から1999年までの3年間は，『標準国語大辞典』の編纂作業のため，残念ながら新語調査資料集は発刊されなかった．2000年から再開された新語調査は，辞典未搭載語の発掘の性格が強かったが，2005年からは，その年に新しく生まれたことばを厳密に選び出し，提示することを目的とした．国立国語院の新語資料集の価値は，言語学的な観点から新語の類型と使用様相を分析し，提示しているところにある．

　最新の資料である2014年の新語資料集の内容を中心に，最新新語の造語の様相

---

6) 1996年に発刊された『新語の調査研究』（신어의 조사 연구）は，「現代詩の新語研究」（현대시의 신어 연구）という副題で，現代詩10,886編に登場する辞典未搭載語を調査している．

を見てみると，複合語が91.87%，単一語が8.13%であった．単一語は，さらに完全に新しく作られたことばである「生成」と，外国語から借りてきた「借用」に分けることができる．単一語のうち借用語はすべて，「베이핑(vaping)，셀피(selfie)，잼스(jams)」のように英語からきたことばであった．踊りながら拍子に合わせて体を軽く動かす様子を意味する「두둠칫」，非常に寒かったり，怖かったり，気味が悪いときに肌に現れる「소오름(鳥肌)」は，固有語の単一語であり，光の速度のごとく非常に迅速に削除するという「광삭(光削)」，家でオンラインショッピングモールを利用して買い物をする男女を表すことば「택남택녀(宅男宅女)」は，漢字語の単一語に分類されているが，「택남택녀(宅男宅女)」を単一語と見ることには異論があるかもしれない．「사귀다(付き合う)」より一段階低い意味である「삼귀다(三귀다：사귀다の사を数詞の四と見て，それよりも一段階下の意味)」もやはり単一語と見ているが，漢字語の数詞である「三」と固有語「사귀다」の一部を組み合わせたものなので，混成と見ることもできる．複合語の中には，「개·소름（犬‐鳥肌：激しい鳥肌），고나리·질（관리の誤字から生まれた고나리＋질で，苦言を呈する意味)」のような派生語が25%，合成語が67%と，合成語が圧倒的に多い．複合語を類型別に見ると，語根と語根の結合した「곰·손(熊‐手：不器用)，그린·라이트（グリーン-ライト：男女関係における強烈な好感)」などの「合成」が約23%，大邱がアフリカほど暑いという意味の「대프리카(大frica)」のように2つの語が結合し，その一部だけが語を作るために使用される「混成」が約26%，「여사친(여자＋사람＋친구→女社親：女友達)」のように句や語を略して表現した「省略」が約18%を占めている．国立国語院の新語資料では，「混成」を合成語を作る方法の一部としているが，これを合成や派生ではなく，第3の造語方式として弁別しなければならないという意見もある．박용찬[パク・ヨンチャン](2008)は，過去には外国語から単純借用した語彙が混成語の大部分であったが，最近は，韓国で独自に生成され使われる混成語が大きく増えているため，別の単語形成法のひとつとして扱う必要があるかを検討しなければならないと問題提起している．이찬영[イ・チャンヨン](2016)もまた，混成語は，派生語，合成語とは異なり，構成要素の地位が一貫していないだけでなく，それに伴う形論的過程が単一ではないため，既存の単語形成と異なるが，「意味解釈性」と「言語経済性」，そして「単語性」のすべてを満足させる形成方法であり，混成語の変化様相を文法化理論のなかで説明することで，一般性と普遍性を持つものとして把握できると述べている．

4. 結論

　新語は，そのことばが生まれた時点の社会を覗く窓である．どのような新語が生み出されたかを見れば，その時代，その社会の関心事と問題をおよそでも知ることができるという意味である．言語と思考が互いに影響を与え合うという事実に照らせば，当然と言えるであろう．これらの新語の特性を考えるとき，新語の生成と成長，消滅についての記録を残し，研究するために，定期的かつ継続的に新語の資料を蓄積することが不可欠である．さらに，新語がその社会の語彙として定着したならば，辞典に載せ，正しい意味と用法を公式化しなければならない．『ウェブスター辞書』は，毎年新語の中から100語程度を選定したうえで，メディアに公開し，辞書に追加しており，『オックスフォード辞典』は，20人以上が辞典の見出し語の候補である新語を調査している．『標準国語大辞典』でも，90年代半ばから，収集した新語を見出し語として登載してきた．「노숙자(ホームレス)，지자체(自治体)，도우미(ヘルパー)，간판스타(看板スター)」などがその例である．過去には，辞典への搭載が，すなわち，その言語の語彙集合に定着したことを確認する意味であったため，編纂者が新語を辞典に載せることに消極的であったけれども，最近では，新語といえども広く使われていれば，積極的に辞典に載せる傾向が見られる．新語の普及速度が速くなり，量が増え，類型が多様化するほど，新語の資料を蓄積し，分析することの難易度は高くなるが，新語は定着するかどうかが事前に予測できないものであるだけに，消える前に入念に記録しなければならない．

参考文献

김영근(1997) '95년 신어의 형태적 구성', "계명어문학", 10, 대구: 계명어문학회.
김윤희(2010) '한국 근대 신어 연구(1920-1936년)', "국어사 연구", 11, 서울: 국어사학회.
김진해(2006) '신어와 언어 '밖'', "새국어생활", 16-4, 서울: 국립국어원.
김태종(1936) '新語 外來語에 對하야', "한글", 4-1, 京城: 조선어학회.
김한샘(2007) '국어 신어 자료의 현황', "한국어학", 34, 서울: 한국어학회.
김한샘(2014) '『모던조선외래어사전』의 인문언어학적 연구', "배달말", 55, 경남: 배달말학회.
김한샘(2014) '『신어사전』(1934)의 구조와 근대 신어의 정착 양상', "한글", 304,

서울: 한글학회.
문금현(1999) '현대국어 신어의 유형 분류 및 생성 원리', "국어학", 33, 서울: 국어학회.
박영섭(2002) '개화기 국어 어휘 연구', "한국어 의미학", 11, 서울: 한국어의미학회.
박용재(2013) '해방기 신어사전의 문화정치학', "상허학보", 37, 서울: 상허학회.
박용찬(2008) '국어의 단어 형성법에 관한 일고찰', "형태론", 10-1, 서울: 집문당.
박형익(2005) "『신어사전』의 분석", 서울: 한국문화사.
박형익(2004) '1910년대 출간된 신어 자료집의 분석', "한국어학", 22, 서울: 한국어학회.
송민(2006) '20세기 초기의 신어', "새국어생활", 16-4, 서울: 국립국어연구원.
송민(2006) '20세기 최기의 신어', "새국어생활", 16-4, 서울: 국립국어원.
이승명(2001) '신어의 해석적 연구', "이중언어학", 19, 서울: 이중언어학회.
이찬영(2016) "현대 한국어 혼성어 연구", 연세대학교 석사학위논문.
이희승(1933) '新語濫造問題', "조선어문학회보", 6, 京城: 조선어문학회.
조남호(2003) '『現代新語釋義』 考', "어문연구", 31-2, 서울: 어문연구학회.
황호덕(2010) '근대 한어와 모던 신어 개념으로 본 한중일 근대어의 재편', "상허학보", 30, 서울: 상허학회.

現代韓国語文体の成立過程における変化の一要因
―― 「国漢混用」と「ハングル専用」 ――

韓　栄均（ハン・ヨンギュン）

1. 序論　　　　　　　　　　　　　　　　　　　　　　　　615
2. 現代韓国語成立期のテクストの書写方法，文章ジャンル，
　　読者と言語の変異　　　　　　　　　　　　　　　　　619
3. 成立期の韓國語文章の混淆性と文体の現代性を判別する準拠　626
4. 書写方法による語彙的準拠の使用様相対象分析　　　　　634
5. 残る問題　　　　　　　　　　　　　　　　　　　　　　636

1. 序論
1.1. 研究の目的

　近代啓蒙期及びその後の現代韓国語定着期[1]の文体は，書写方法，文章の目的，文章を伝達する媒体，対象とする読者などと，とりわけ密接な関係にある．本稿はそのうち，書写方法が現代韓国語文体の定着過程に及ぼした影響と通時的な変化の様相を，新聞の論説文を対象に確認することを，目的とする．

　書写方法とは，基本的には，例えばハングルだけで表記するか，漢字を交えて表記するかといった，文章の表記手段のことを指す．しかし近代啓蒙期の文章における書写方法の選択は，単なる表層での選択に留まらない．それは一方では，文章の書き手が指向することばや文章のモデルを反映するのであり，また一方では，書き手が選択する文の伝達媒体及びその媒体が想定する対象読者層と関わっている．当然とも言えるが，書写方法こそ，近代啓蒙期の文体改革の主な変化要因の一つだったのである．主に新聞や雑誌あるいは学会誌という大衆的な媒体を通して行われた近代啓蒙期の〈書くこと〉（글쓰기）は，「愛国」と「啓蒙」という当時の媒体における言説の特性上，読者の存在を強く前提にしなければならなかった．そして，このような読者の存在を前提にした〈書くこと〉において，書き手は読者の文識性(literacy, 読み書きの能力)[2]と文字生活の趣向を考慮せざる

---

[1] 本稿における近代啓蒙期とは，朝鮮の開国以降から1910年に大韓帝国が滅亡するまでの，文体としての新しい〈書きことば〉の実験が行われた時期を言い，現代韓国語定着期は，1910年～1945年の日帝強占期(日本統治時代)に新しい〈書きことば〉の文体が定着した時期を言う．

[2] 文識性(literacy, 読み書きの能力)は文盲(illiteracy)と対応する用語だが，漢字や漢字語

を得ない．読者に対するこうした考慮が文体に影響を与えた結果が，新しい韓国語の文体の登場として顕現したのである．

その代表的な例として言及されるのが，『帝国新聞』と『皇城新聞』の書写方法の違いである．婦女子層を主な読者に想定した『帝国新聞』は，『独立新聞』に続き，すべての文章をハングルで記した代表的なハングル新聞で，知識人層を主な読者とした『皇城新聞』は，国漢混用(ハングルと漢字の併用)[3]を主な書写方法に選んだ．しかし，読者層を前提とした書写方法の選択は，この二つの新聞に限ったことではない．1886年に発行された『漢城周報』も，一般大衆に広く読んでもらいたい記事はすべてハングル，そうではない場合には漢文あるいは国漢混用文体の記事を掲載している．1900年代の『大韓毎日申報』は，同じ内容でハングル版と国漢文版を別々に発行した．[4] 1920年代に発行された他の新聞も，記事のタイプによって国漢混用とハングル専用の二つの方式を併用しているのである．[5]

近代啓蒙期以降の韓国語の文字生活の指向点がいわゆる「言文一致」だとしたら，漢字と「ハングル」という二つの書写道具のどちらを選択するかによって「言文一致」へ向かう変化の速度は違ったのだろうか．それとも書写方法にのみ違いがあったのだろうか．もし違いがあったとすれば，どの程度だったのだろうか．これは現代韓国語文体の成立過程を扱う立場として非常に興味深い問いである．しかし，近代啓蒙期の文体について書かれたこれまでの論文の中に，書写手段の差が文体に与える影響について述べたものを見つけるのは難しい．本稿は，こうした事実に対する反省から出発する．近代啓蒙期以前から存在した国漢混用文と

について語る場合は多義的である．ハングルは読み取れても漢字が読み取れなければ漢字の文識性がないと言えるが，漢字を知らなくても日常的に広く使用されている漢字語や漢文句形が理解できる場合もある．漢字文識性のあるなしに関係なく，使用頻度によって習得することができるからである．

3) 本稿では「国漢混用文」という用語と「国漢混用文体」という用語を区別して使用することにする．すなわち，「国漢混用文」は表記手段として漢字を交ぜて書いた文を示し，「国漢混用文体」は表記手段とは関係なく，漢字語に対する文識性(literacy，読み書きの能力)を前提にした作文の結果現れる文体を示す．

4) これを引き継いだのが，総督府機関紙『毎日申報』である．国漢文版とハングル版を発行していたが，1912年3月からはハングル版の発行を中断し，代わりに国漢文版第3面をハングル専用面とした．

5) この時期の新聞の社会面に掲載された記事は，見出しに漢字を使いつつ，本文はハングルのみの場合が多い．また，ハングルの横に漢字を併記する場合もある．読者の漢字語についての文識性を考慮した方法なのだろう．

ハングル専用文の間に現れる言語的な差は，現代韓国語の文体の定着過程に関する研究において，決して見逃すことができない問題だからである．

本稿では，国漢混用文体を使用してきた代表的なジャンルが「主張する文（論説文）」であることを考慮し，近代啓蒙期以降の新聞に掲載された「主張する文」を対象に，現代韓国語文体の定着と関連する言語単位の類型，頻度，分布を抽出し，それらの通時的な変化の様相を計量的に比較・分析することで，韓国語文体の現代性を判断する準拠になる要素が，国漢混用文とハングル専用文でどのように異なった様相を見せるのかを，明らかにする．

1.2. 検討対象資料の範囲

現代韓国語の胎動期に発行された新聞・雑誌の文章における重要な特徴の一つが，様式的に特化していないものが多いという点である．しかし本稿では現代国漢混用文体の定着に関わる問題を扱うにあたって，現代韓国語の胎動期以降に発行された新聞と雑誌の記事を，大きく「主張する文」，「説明する文」，「伝達する文」，そして「小説」，「歴史・伝記物」という五つのタイプ[6]に分けて検討することにする．現代韓国語の文体はジャンル，あるいはテクストのタイプによって異なるゆえに，文体の定着過程について論ずる際も，これを区別する必要があると判断したからである．本稿では，この中から「主張する文」を検討対象とする．

「主張する文」とは，現代韓国語胎動期の新聞・雑誌において「論説」ないし「演壇」の範疇に含まれ，現代的な観点で分類すると論説文にあたる．ところで，この「主張する文」も大きく二つに分けることができる．一つは現代新聞の社説あるいはコラムのように筆者自身の考えや主張が文章の基盤になるもの，もう一つは時事評論や芸術評論のように評価対象を挙げて筆者の考えを広げていくものである．しかし，本稿では両者を区別せず一纏めにして扱うこととする．

現代韓国語胎動期の新聞，例えば『独立新聞』の場合，その紙面は主に「論説」，「官報」，「雑報」，「外国通信」，「広告」などで構成されていた．[7] それ以降の新聞は，読者からの投稿記事を載せるため「奇書」などの別の紙面を割いたり，「小

---

[6] もちろん，この時期の新聞・雑誌の記事の中にはこの五つのタイプに属さないものもある．「歌辞」や「雑歌」など，文芸物の韻文類や広告文などが代表的な例である．しかし文のジャンルによる言語的変異を扱うことは，本稿の目的ではないので，ここではこの問題を具体的に扱わない．
[7] 場合によっては，こうした記事のタイプを分けずに第1面に読者からの投稿文や短い叙事作品，演説や上疏文の内容要約などが掲載されることもある．

説」という文学的敍事のためのスペースを作ったりした. 8) 一方, 1890年代~1900年代の学会誌(雑誌)は, たいてい「演壇(論説)」, 「学解(学問)」, 「史伝」, 「文苑」, 「思潮」, 「雑纂(雑報)」の六つのタイプの記事で構成された(김지영 2006:339-342). 9) 本稿で検討の対象とする「主張する文（論説文）」は, こうした記事タイプの分類の中でも「論説」に載せられたものが多いが, 場合によっては「雑報(雑纂)」や「奇書」に載せられたものもある. 「（文学的）敍事」も「小説」欄に載せるのが原則であるが, 「論説」, 「雑報」, 「奇書」などにも「敍事」的な文章が載せられている. この時期はまだ文章が様式的にしっかり分類されていない状態だったからである. 本稿では, 分析の対象とする資料を主に「論説」の範囲から選択し, 中に交ざっている文学的な作文に属すると判断される資料に関しては, 既存の研究結果を参照するものとし, ここでは除外した. 10)

本稿で検討の対象にした資料は, 1890年代後半から1920年代後半に発行された新聞記事の中から論説文を約10年周期に分け, 時期別に約5,000語節（文節）ほど11) の記事を抽出したものである. その内訳は, 以下の通りである.

① 第1期：1890年代『皇城新聞』と『独立新聞』の「論説」記事
② 第2期：1910年代『大韓毎日申報』の国漢混用版とハングル版の「論説」記事
③ 第3期：1920年代『東亜日報』,『時代日報』の「社説」および『時代日報』時事評論「今日の事明日の事(오늘일 래일일)」

1930年代以降の資料は, 本稿の検討対象に含まない. その最も大きな理由は, 日帝強占期（日本統治時代）あるいは美軍政期（連合軍軍政期）の新聞からハングルだけの論説記事の資料を見つけることが難しかったからである. また, 実際に1924年の記事を見ると, いくつかの単語の意味や用法に差があるだけで, 今日のハングル論説文と大きな違いがなく, この時期すでにハングル論説文の文体が

---

8) この時期に使われた「小説」という用語は, 今日のそれとは概念に差がある. 김영민(2005)および권보드래(2006)を参照.
9) 学会誌の記事タイプの検討は, 김지영(2006:338-339)に詳しい.
10) 特に김영민(2005)の付録にある目録に依存し, 同時に정선태(1999), 권보드래(2000), 배수찬(2006)などの議論を参照した.
11) この語節(文節)数は, 現代綴字法(正書法)の規定に沿って, 筆者がそれぞれの資料を分かち書きした結果である.

確立されたと考えることができ，あえて分析する必要性を感じなかったからでもある．

2. 現代韓国語成立期のテクストの書写方法，文章ジャンル，読者と言語の変異

本稿は，現代韓国語成立期の文章の中でも主張する文を対象にし，文体の現代性を判別するのに利用できる語彙的準拠を捜し出すことを目的としている．このとき，一般的な文体分析では特に問題にはならずとも，現代韓国語胎動期およびそれ以降の一部資料を扱う際には看過できない，いくつかの注目するに値する特性がある．この章では，それらを整理しておくことにする．

2.1. 書写方法・文体・読者

現代韓国語胎動期のテクストは，テクストに使われた表記文字によってその文体が大きく影響を受ける．もちろん今日の〈書かれたことば〉のテクストにもその傾向がないわけではないが，この時期のテクストはその傾向が相対的に見て明確に現れる．社会構成員の漢字の文識性(literacy)に大きく差があった時代的な特性上，表記にハングルのみを使用するのか，それとも漢字とハングルを交ぜて書くのかによって，文体が変わるのは当然だった．これは現代韓国語の定着時期の画定という面で見たとき，単純ではない問題を提起する．比較的遅い時期に作られたテクストだとしても，国漢混用文体のテクストは現代韓国語の国漢混用文体とは相当な違いを見せる場合が少なくない．しかし，比較的早い時期に作られたテクストでも，ハングルのみで書かれた場合は，現代韓国語の文体に近いものも少なくないのである．

(1ㄱ) 이다리 국왕 안베르도 제일세가 일즉 인자훈 일홈이 잇서 내외 신민이 다 어진 인군이라 칭ᄒ더니 작년에 그 나라 레브르란 고을에 호열ᄌ라 ᄒᄂᆫ 병이 전염ᄒ여 ᄇᆡᆨ셩 죽ᄂᆫ 지 심히 만은지라 국왕이 그 고을에 ᄐᆞᆯ림하야 그 질고를 위문ᄒ엿더니 (『漢城周報』 제1호 15면, 1886. 1. 25, 띄어쓰기 필자, 이하 동일함.)

イタリア国王ウンベルト1世は，以前から慈愛に満ちた話をされ，国内外の臣民は慈しみ深い王と親しんだ．昨年あの国のレブル (레브르) という町にコレラという病が流行り，多くの臣民が命を落とした．国王は，町に訪れてその苦難を慰労した．(『漢城周報』第1号15面，1886. 1. 25，分かち書き

筆者，以下同一)

(1ㄴ) 우리가 독닙신문을 오늘 처음으로 츌판ᄒᆞᄂᆞᄃᆡ 죠션 속에 잇ᄂᆞ
ᄂᆡ외국 인민의게 우리 쥬의를 미리 말솜ᄒᆞ여 아시게 ᄒᆞ노라 우리는 첫ᄌᆡ
편벽되지 아니흔 고로 무삼 당에도 상관이 업고 샹하 귀쳔을 달니 ᄃᆡ졉
아니ᄒᆞ고 모도 죠션 사름으로만 알고 죠션만 위ᄒᆞ며 공평이 인민의게 말홀
터인ᄃᆡ 우리가 셔울 빅셩만 위홀 게 아니라 죠션 젼국 인민을 위ᄒᆞ여 무삼
일이든지 ᄃᆡ언ᄒᆞ여 주랴 홈 (『독립신문』 제1호 1896. 4. 7. 논셜)

　我々が独立新聞を今日初めて出版するにあたり，朝鮮の中にいる内外の人民に，我々の主義を予め述べ，知っていただく．我々は，第一に，偏らぬが故にどの党派とも関わりなく，貴賎上下によって態度を変えることなく，誰をも朝鮮の人として対し，ただ朝鮮のためにし，公平に人民に語らん．我々はソウルの民だけでなく，朝鮮全国の朝鮮人民のために，いかなることであれ，これを代弁せんとする．(『独立新聞』第1号，1896. 4. 7，論説)

(1ㄷ) 噫噫라 家長權의 萬能 下에 族屬을 專制하고 拜官熱의 極熾 下에
子侄을 强壓하였으며 拜金心의 極誠 下에 守虜行을 敢作하였으며 또 保守
思想이 彌滿하여 解放 運動을 蛇蝎視하였으며 恐怖心이 自長하여 新銳氣를
危險視하였을 뿐이니 果然 그 運轉手의 努를 盡하였다 할까? 이에 朝鮮
父老 卽 우리의 先輩에게 對하여 愚見을 論하여 그 覺醒을 促하고 社會의
輿論을 喚氣코자 하노라. (『東亞日報』 1920. 5. 4. 社說)

(1ㄷ)' 희희라 가장권의 만능 하에 족속을 전제하고 배관열의 극치 하에
자질을 강압하였으며 배금심의 극성 하에 수로행을 감작하였으며 또 보수
사상이 미만하여 해방 운동을 사갈시하였으며 공포심이 자장하여 신예기를
위험시하였을 뿐이니 과연 그 운전수의 노를 진하였다 할까? 이에 조선
부로 즉 우리의 선배에게 대하여 우견을 논하여 그 각성을 촉하고 사회의
여론을 환기코자 하노라.

　ああ，家長の権力の万能なるもと，血族を專(もっぱ)らにし，官職を求める旗印のもと子らを押さえつけ，拜金の虜となり，また，保守思想に充ち満ちては解放運動を蛇(へび)や蝎(さそり)でも見るかの如くに見，恐怖心にまみれて新たなる気鋭を危険視するだけであった．これで果たして運転手の努めを尽くしたと言えるであろうか．ここに朝鮮の父老(ふろう)すなわち我らが先輩に愚見を述べ，その覚醒を促し，

620

社会の世論を喚起せしめん.(『東亜新聞』1920.5.4, 社説)

(2ㄱ) 唯 我 韓國이 神聖혼 種族과 三千里 靈明혼 江山으로 可히 不足之歎이 無ᄒ거늘 今에 國이 亡ᄒ고 民이 滅ᄒᄂ 悲境에 至혼 者ᄂ 其 源이 何에 在ᄒ뇨 余ᄂ 비록 微弱혼 女子로 學識이 薄ᄒ며 聞見이 淺ᄒ며 思想이 昧ᄒ며 技量이 短ᄒ나 此에 對ᄒ야 斷言ᄒ여 曰 女子를 敎育치 못홈에 在ᄒ다 ᄒ노라(『대한민일신보』 국한문판 1908.08.11)

(『大韓毎日新聞』国漢文版 1908.08.11)

(2ㄴ) 우리 한국은 신셩혼 민족이 이쳔만이오 명랑혼 산쳔이 삼쳔리가 되니 부죡홀 것이 업거늘 이졔 나라ᄂ 망ᄒ고 빅셩은 멸ᄒᄂ 슯흔 디경을 당홀 거슨 그 싀돍이 어듸 잇다 ᄒ겟ᄂ뇨 나ᄂ 비록 쳠약혼 녀자로 학식이 젹으며 문견이 놋고 ᄉ샹이 어두우며 직됴가 업스나 이 문뎨에 되ᄒ야 되답홀 바ᄂ 녀ᄌ를 교육지 못혼 되 잇다 ᄒ겟노라

　我々韓国は, 神聖なる種族と三千里の靈明なる山河ありて不足の嘆(たん)これなき を, 今や国滅(めつ)び, 民の滅(ほろ)せんとする悲境を被(こうむ)る所以(ゆえん), それ那辺(なへん)にあらん. 我, ただのか弱き女性なりて, 学識低く, 見聞もなく, 思想にも昏(くら)く, 技量もなけ れど, この問題について答えるところ, 女性の教育これ能わざるところにあり と言わん.(国文版 1908.08.11)

　(1ㄱ), (1ㄴ)と(1ㄷ)の間には, 30年以上の差がある. しかし文章構成の様式と いう点では(1ㄱ), (1ㄴ)の文章が(1ㄷ)の文章より現代韓国語の文体に近いと言え る. もちろん, 比較の焦点をどこに置くかによって判断は変わるが, 全体的な文 章の解読可能性を重視すると, そう判定しうる. これは単純に(1ㄷ)に漢字が交じ っているから, ということではない. (1ㄷ)'を見れば, 漢字をすべてハングルに置 き換えても, (1ㄱ)や(1ㄴ)のように文章の意味を把握することは難しい. また, (2ㄱ), (2ㄴ)は読者が投稿した文章が, 国漢混用文体とハングル体で新聞に掲載さ れたものである. ハングル版は主に婦女子を対象にし, 国漢文版は知識人階層を 読者に想定していたので, 読者の漢字に対する文識性によって書写方法と文体を 分けていた良い例である. このような事実を考慮し, 本稿では検討対象を国漢混 用文体の記事に限定する.

2.2. 文章のジャンルと文体の相関性

　この時期のテクストの中には，同じ時期に生産され，書写方法が同じテクストだとしても，文章のジャンルによって文体が全く異なる場合が多い．しかしこれは，この時期に限ったことではない．現代韓国語の〈書きことば〉も，似たような様相を見せる．類似ジャンルに属するテクストを照らし合わせて検討する必要がある．

　　　(3ㄱ) 우리 대한이 구미 각국과 통샹ᄒᆞᆫ 후 삼십 년에 오히려 진보가 지완ᄒᆞ야 국민이 이ᄀᆞ치 심흔 도탄에 ᄲᅡ지고 린국의 속박을 당ᄒᆞ니 나라 형셰가 이 디경에 니름은 무슴 연고ㅣ뇨 ᄒᆞ면 국가를 위ᄒᆞ야 부국강병ᄒᆞᄂᆞᆫ 방법을 베프ᄂᆞᆫ 쟈ㅣ 충이흔 ᄆᆞ음을 셔로 합ᄒᆞ고 진보ᄒᆞᄂᆞᆫ 뜻을 ᄒᆞᆫ 가지 ᄒᆞ야 국가 ᄉᆞ샹을 극진히 ᄒᆞ지 못흠이로다 (『대한미일신보』 1908.1.5. 178호 긔셔)

　　我々大韓 (帝国) が欧州の各国と通商を始めて以来30年, 却って進歩が遅々として進まず, 国民がかくも塗炭の苦しみに陥り, 隣国の束縛を受く. 国の形勢ここに至るは, いかなる理由あらん. 国家のために富国強兵方法を施す者, 忠誠心を互いに合わせて進歩していく志を一つに, 国家思想を尽くすこと能わざるにあり．(『大韓毎日新聞』 1908.1.5.178号 貴書)

　　　(3ㄴ) 평양셩 외 모란봉에 ᄯᅥ러지ᄂᆞᆫ 져녁 볏은 누엿누엿 너머 가ᄂᆞᄃᆡ 져 히빗을 붓드러 미고 시푼마음에 붓드러 미지ᄂᆞᆫ 못ᄒᆞ고 숨이 턱에 단드시 갈팡질풍ᄒᆞᄂᆞᆫ ᄒᆞᆫ 부인이 나히 삼십이 되락말락ᄒᆞ고 얼골은 분을 짜고 넌드시 힌 얼골이ᄂᆞ 인졍 업시 ᄶᅳ겁게 ᄂᆞ리 쪼히ᄂᆞᆫ 가을 볏에 얼골이 익어셔 션잉으 빗이 되고 거름거리는 허동지동ᄒᆞᄂᆞᆫᄃᆡ 옷은 흘러 ᄂᆞ려셔 젓가슴이 다 드러 ᄂᆞ고 치마ᄶᅩ락은 ᄶᅡ헤 질々 썰려셔 거름을 건ᄂᆞᆫ 되로 치마가 발피니 그 부인은 아무리 급흔 거름거리를 ᄒᆞ더릭도 멀리 가지도 못ᄒᆞ고 허동거리기만 ᄒᆞ다(1907 「血의 淚」 단행본 1면)

　　平陽城の外にあるモラン峰に落ちる夕日はゆっくりと落ちていく．その日の光を捕まえておきたくてもどうすることもできず, まごついている一人の婦人がいた．年は30になるかならないか, 顔には化粧をし, ひそかに白い顔には容赦なく降り注ぐ秋の陽差しに顔もほてり, あたふたした足取りで服はずり落ち乳房も露わに, チマの裾は地面を引きずり, 一歩足を出すたびに裾を踏んでし

622

まうので，その夫人はどんなに急いで歩いたとしても，遠くにも行けずうろたえるしかない…(197 「血の涙」単行本 1面)

(4ㄱ) 噫라 月變日改하는 世界의 局面을 살펴보고, 落々無際한 吾儕의 旅程을 헤아려 보아라. 一日도 幾番式 來傳하는 民族 競爭의 行進曲을 諸君은 듯지 못하는가, 此將奈何 前途墨暗하는 말은 임의 閑暇한 酬酌이 되엿고, 飯食水飮이 末由혼 生如不生에 關한 問題가 頭上에 迫在함을 諸君은 不察하는가, (『學之光』 제3호, p. 5, 玄相允, 求하는 靑年이 그 누구냐?)

ああ，日ごと改まる世界の局面を探り，落ちゆく我らが旅程を慮って見よ．日に幾度と聞こえ来る民族競争の行進曲が，諸君には聞こえぬか．これまさに奈何せん．前途暗きの言など悠長に過ぐ．喰うこともままならぬ，生きて生きざるが如き問題が頭上に緊迫するを，諸君は察することなきか．(『学之光』第3号, p.5, 玄相允, 求むる青年, そは誰ぞ)

(4ㄴ) 學校에 잇는 동안에 무엇을 어덧는지, 나는 이를 스사로 알 수 업다. 내의 學修한 專門이 史學과 社會學이니 남으로서 나를 觀察하여 보면 나는 史學이란 엇던 것임을 알앗을 듯하고, 쏘한 社會學이란 엇던 것임을 알앗을 듯도 할 것이다. 그러나 나는 이것들을 仔細히 모른다 ─ 아니 남이 만일 이것들에 對하야 나를 試驗하여 본다 하면, 그들은 반드시 失望과 意外에, 버렷든 입을 다시 담으지 못하리만큼 놀낼 것이다. (『學之光』 제17호, p.72, 玄相允, 卒業證書를 밧는 날에(日記에서))

学校にいる間に何をどうしていたのか，自分でもわからない．私が勉強した専攻は史学と社会学なので，他人の視点で私を観察すると，私は史学とはどんなものなのかを知り，また，社会学とはどんなものなのかを知っているように見えることだろう．しかし，私はこれを詳しくは知らない‐いや，誰かが万が一これらに関して私を試したとしたら，彼らは失望と意外に開いた口がふさがらないほど驚くことだろう．(『学之光』第17号, p.72, 玄相允, 卒業証書を受け取る日に(日記から))

(3)と(4)の例文は，書写方法とは関係なくジャンルによって文体が違うことを示す例である．(3ㄱ)と(3ㄴ)は同じ時期に発行されたハングルテキストだが，「主張

する文」と「新小説」という違うジャンルの文章で,文体が大きく違っているのが分かる.また,(4ㄱ)と(4ㄴ)はタイトルにも見られるように,同じ筆者が主張する文を書く時と,日記を書く時に,異なった文体を使った例である.このような点を考慮し,本稿では論議の対象を「主張する文」に限定する.

2.3. 同一テクスト内の様々な文体の混在

現代韓国語胎動期のテクストは,一つのテクストの中に多様な書写方法を使用しているものが多い.一般的に国漢混用文体を使用したとされる『漢城周報』にも(5ㄱ), (5ㄴ), (5ㄷ)のような三種類の書写テクストが混在していた.中でも(5ㄷ)のハングルテクストは,1919年に書かれた「己未独立宣言書」や1920年『東亜日報』創刊辞テクストよりも今日の文体に近いと言える.また,(6)の『少年』創刊号内の「漢文教室」面の記事も現代国漢混用文体とは距離があるものの,十年後に同じ筆者が書いた「己未独立宣言書」の文章と比べると,私たちにとって見慣れた文章だと言える.それほど,現代韓国語の国漢混用文体に近いということができるのである.

(5ㄱ)
同月二十九日交渉衙門草記司果閔建鎬司勇■在衡兪公煥尹秉秀鄭顯哲朴義秉本
衙門主事加差下令該曹口[ ]傳下[ ]批事[ ]傳曰允又草記仁川港旣設警察官釜山元山港亦宜一體設置釜山警察官以該僉使崔錫弘兼帶元山港警察官以書記官朴義秉兼帶令該曹■[ ]傳下[ ]批事[ ]傳曰允(『漢城周報』 1호 6면,
交渉衙門草記)

今月29日,…

(『漢城周報』 1号 6面,渉衙門草記) 12)

(5ㄴ) 對馬島는 古者의 我國 所屬이라 地辟俗陋ᄒᆞ 故로 歷世의 棄而不治러니 맞춤내 日本 管轄이 된지 數百 年에 人口와 物産이 至今토록 繁盛치 못ᄒᆞ나 그 地利를 議論ᄒᆞ면 海軍 屯營處는 深宜ᄒᆞ다 ᄒᆞ고 또 該島 南北은 ■長ᄒᆞ고 東西는 最狹ᄒᆞ되 西北은 朝鮮 釜山으로 相對ᄒᆞ야 人烟을 가히 通ᄒᆞ너라(『漢城周報』 1호 9면 外報 對馬島 紀事. 分かち書きは

---

12) ■は判別できない部分,[ ]は原文の空欄を表す.以降の引用文も同様.

引用者)

対馬は昔から我が国に属する島だが, 本島から離れていて風俗が卑しいという理由で今まで放置され統治されていなかった. ついに日本の管轄になり, その後数百年たったが, 人口も産物も未だに栄えたとは言えない. しかしその地理的な利点について議論すると, 海軍の屯営所としてとても適切な場所で, また島は南北に長く東西はとても狭いが, 西北は朝鮮の釜山と向かい合っていて人気がある(『漢城周報』 1号 9面, 外報 対馬島紀事)

(5ㄷ) 디형 둥굴미 구술 갓탄고로 일홈을 디구라 ᄒ니 바다와 뇩디와 산과 닌물은 다 ᄒ 가지로 짱을 일운 배니 쌍 널비를 모도 회계ᄒ면 일억 구쳔 구십 ᄉ만 이쳔 방영리니(『漢城周報』 1호 14면 뇩주 총논, 分かち書きは引用者)

形が丸く, 玉のようなことから名前を地球という. 海と陸地と山と川は, すべて大地を構成するものであり, 面積を測ってみると1億9094万2千方英里だ. (『漢城周報』 1号 14面, 六洲総論)

(6) 漢文은 泰東 文化를 産出한 重要한 思想과 事件을 記錄한 것이오 또 將來에도 多大히 人文에 貢獻 司命을 가딘 것인데 더욱 우리나라와는 密接한 關繫가 잇서 可히 第二의 國語라도 할 만하고 또 可히 歸化한 文字라도 할 것이니 我國의 新文化도 또한 此에 假手할 者ㅣ 多한 디라 此ㅣ 本誌의 小幅을 割하야 漢文 敎室을 特設한 所以라 然이나 工夫로 言하면 每朔 兩面이 大神益은 업슬 듯하되 階梯을 循하고 精粹을 選하야 逐月 揭載하면 一年 二年 사이에 또한 少補가 업다 못할 디니라 (『少年』 1호, p. 5. 漢文教室)

漢文は東洋文化を生み出した重要な思想と事件を記録したものであり, また, 将来も人文に大きく貢献する使命を有するものである. ことさらに我々の国とは密接な関係にあり, 第2の国語とも言え, 帰化した文字とも言えるものである. さらに, 我が国の新文化もまたこれを借りたものが多いので, 本誌の一部を割り当て, 漢文教室を特設した所以である. それゆえ, 学ぶことにより, 謂わば毎月, 外目には大いなる神益のないように見えても, 階梯を踏み, 精粋を選び毎月掲載するので, 1年, 2年の間に少なからぬ成果があることであろう. (『少年』 1号, p.5. 漢文教室)

625

問題は，後の時代も一つのテクストの中にいくつかの文体が混在する場合が多いという点である．したがって，ある特定の文献がどのような文体を使用している，どの時期にどんな文体が定着した，といったような記述は正確な記述とは言えない．書写的な特性，敍事ジャンル，対象となる読者層など，文体に影響を与えると判断されるテクストの資質を基にテクストを区分し，それぞれについて言語学的側面から文体の特性をタイプ別に検討した後にこそ，現代韓国語文体の定着過程を正確に記述したと言えるのである．このような方法論を，コーパス言語学ではジャンルによる言語変異に関する研究 register variation という．本稿は，この方法論を援用して現代韓国語成立期の韓国語テクストをテクストタイプおよびジャンルによって区分し，それぞれに現れる文体の特性を検討した研究の一部である．

3. 成立期の韓國語文章の混淆性(こんこう)と文体の現代性を判別する準拠
3.1. 胎動期の韓国語文章の混淆性とその変転

　胎動期の韓国語の文章は，国漢混用文もハングル文章も，今日の文章とはかなり異なる姿であった．この時期の国漢混用文がどれだけタイプが多様であって，中でも「現代国漢混用文体」が定着する前の「国漢混用文」の特性を察する対象になるテクストがいかなるものかについては，韓栄均(2008)で簡単に整理したので，ここでは論議しない．重要なことは，これら「現代国漢混用文体」が定着する以前の「国漢混用文」の特性を見るために参看する文章が，漢文の構文法の影響から抜け出せていない要素を多様に含んでいるという点である．韓栄均(2008)では，これを〈混淆語的特性〉と称した．助詞・語尾・接辞など文法的形態素のタイプ・分布・用法にも漢文との混淆を反映する事項がないわけではないが，ここでは文章の構造上の混淆を反映した例を，簡単に挙げることにする．このような混淆を反映する構文の変転が，本稿で検討しようとする語彙的準拠の出現と密接に関連しているからである．

　漢文と韓国語の混淆による構文の変転を見せる良い例に，漢文の「問曰~」（문왈：問うて曰く）構文がある．胎動期の新聞・雑誌資料から確認した例を挙げて論議を続ける．

　　　(7ㄱ) 又 問 曰 政治 方策을 何如라야 政府와 人民이 和合ᄒ야 君德이
　　　普治ᄒ고 民情이 無隱ᄒ야 天下 文明흔 一等國이 되겟ᄂ냐 (皇城新聞

1898.10.15)
　また，問うて曰く，政治方策をどのようにすれば政府と人民が和合して君主としての徳を広く知らしめ民情が隠れず天下の文明な一等国になれるのかと(皇城新聞 1898.10.15)

(7ㄴ) 其 妻ㅣ 問 曰 破産 宣告를 受흔 者는 妻子까지 競賣되나니가 答曰 不然타 하니 (大韓興學報 2. 1909. 4. 20.)
　この妻が破産宣告を受けた者は妻子まで競売にかかるのかと問うと，そうではないと答えた(大韓興学報 2. 1909. 4. 20.)

(7ㄷ) 客이 余다려 問호여 曰 開化라 호는 者는 何物을 指홈이며 何事를 謂홈이뇨 (皇城新聞 1898. 9. 23.)
　客が私に，開化というものは何を指し，何をしようとするものなのかと問うた(皇城新聞 1898.9.23)

(7ㄹ) 諸氏이 萬一 我等에게 問호기를 汝가 能히 偉大흔 事業家와 非常흔 成功者가 되깃느냐 호면 (大韓興學報 1. 1909. 3. 20.)
　皆が万一我らに，汝が能力のある偉大な事業家や非常な成功者になれるのかと問うと(大韓興学報 1. 1909. 3. 20.)

(7ㅁ) 余가 該 嶋에 在흘 時에 三子를 有흔 韓人을 逢着호야 問호되 本國에 還歸호기를 希望호느냐 호니 其 所答에 余의 三子를 大學校 卒業 식히기를 目的을 습고 (大韓每日申報 1907. 2. 1.)
　私がその島にいたときに3人の子供を持つ韓国人に出会い，本国に帰還することを望むかと問うと，答えて曰く3人の子供に大学を卒業させることを目標にして (大韓毎日申報 1907. 2. 1.)

(7ㅂ) 某 大官이 昨年에 日本을 觀察호고 還來커날 一 知舊 儒生이 往見호고 其 所得흔 바 知識이 何이뇨 問흔즉 該 大官이 口角이 津津토록 日本을 讚美흘식 (大韓每日申報 1910. 3. 30.)
　某大官が昨年日本を視察して帰国した際に，古い友人である一人の儒生が行ってきて見て何を得たのかを問うと，大官は口元に笑みを浮かべて興味津々に

日本を賛美して(大韓毎日申報 1910. 3. 30.)

　(7)の例は，漢文と韓国語の構文法の混淆が確認できる国漢混用文の例を，韓国語構文法に近い順に並べたものである．漢文の '[主語]問[於○○]曰 XXX' 構文に吐 (토：日本語の送り仮名に相当) だけ付ける場合 (例：客이 問於稷下生 曰 請論當世之事ᄒ라) を除けば, (7ㄱ), (7ㄴ)の例が漢文構文法の影響を最も受けている文章である．ここから徐々に韓国語の文法的形態素の使用が増える, あるいは形態が変化して韓国語の構文に近くなり，最後の段階には動詞と引用節の順序が韓国語の語順に変わったことが確認できる．'問ᄒ-XXX+'疑問法語尾' 引用動詞 'ᄒ-' の構造から 'XXX+'疑問法語尾' 問ᄒ-' の構造に転換したわけである．このような構文変転の順序は，文章が書かれた時期とは一致しない．2章で言及したように，現代韓国語胎動期および定着期の初期は, 書き手が選んだ作文方式が, 文章の形式を決める最大の要因であり，韓国語での作文に慣れた書き手であるほど現代韓国語の文章に近い表現が可能であったからと言える．もちろんこうして語順が変わっても，国漢混用文では言語活動の動詞として(7ㅁ)や(7ㅂ)のように '単音節漢字 +하(ᄒ)-' 型用言(問ᄒ-)を使う場合が多い．胎動期の韓国語文章の重要な特性の一つなのである．

　ハングル文章だからといって，漢文構文法の影響を全く受けないわけではない．(8)は，その事実を示す良い例である．'무러 왈 > 무러 ᄀᆯ오ᄃᆡ > 뭇기를' といった過程を通して漢文構文の引用詞 '曰' の対訳語 'ᄀᆯ오-' を使わない文章では, '묻(뭇)-' が直接話行動詞として使用される．このとき, '뭇(묻)XXX+'疑問法語尾' 引用動詞 'ᄒ-' の構造は，国漢混用文と同じである．ハングル文章であっても, (8ㄱ)～(8ㅁ)の文章の語順は漢文構文法の影響を受けている. (8ㅂ), (8ㅅ)の文章のように，引用節が述語動詞の前に来る場合のみ，正常な韓国語構文法による文章であると言えるからである．

　　　(8ㄱ) ᄒᆞ 신랑이 쟝가을 가셔 음식상에 연시 노흔 거슬 먹어 본즉 ᄆᆞ음의 미우 됴화 밤에 신부ᄃᆞ려 무러 왈 그 둥글고 무르고 단 거시 무어시며 어듸셔 낫ᄂᆞ뇨 신부의 ᄃᆡ답이 뒤ㅅ겻 담밋헤 감나무가 잇셔 그 감을 ᄯᅡ셔 노흔 거시라 ᄒᆞ듸 (대한매일신보 1908. 7. 23)
　　　一人が婿に行って食卓に上がった紅柿を食べたところとてもおいしかった．夜になって新婦に，この丸くてやわらかくて甘いものはなんなのか，どこで手

628

に入れたのかと問うと，新婦は家の裏に柿の木があったので，その柿をとってきたのだと答えた．(大韓毎日申報 1908. 7. 23.)

(8ㄴ) 그 즁에 흔 쇼년이 나를 향ᄒᆞ여 무러 골ᄋᆞ딕 그딕의 모양을 보매 동양 인물 ᄀᆞᆺᄒᆞ니 어ᄂᆞ 나라 빅셩인고 ᄒᆞ거늘 (대한매일신보 1907. 9. 10.)
　その内の一人の少年が私に質問してきた．あなたの姿を見るに東洋人のようだが，どこの国の人民なのかと(大韓毎日申報 1907. 9. 10.)

(8ㄷ) 근일에 내가 엇던 한국 사름을 맛나셔 무러 골ᄋᆞ딕 한국 사름은 엇지ᄒᆞ여 광산업을 확쟝치 아니ᄒᆞᄂᆞ뇨 ᄒᆞ니 (대한매일신보 1908. 12. 05)
　最近，私はとある韓国人に会い，韓国人はどうして鉱山業を拡大しないのかと質問すると(大韓毎日申報 1908. 12. 05.)

(8ㄹ) 첫날밤에 신랑이 신부ᄃᆞ려 뭇기를 글을 엇더케 ᄒᆞᄂᆞᆫ 거시냐 ᄒᆞ니 (대한매일신보 1908. 8. 5.)
　初夜に新郎が新婦に，あなたはどうして読み書きができるのかと訊くと(大韓毎日申報 1908. 8. 5.)

(8ㅁ) 수풀 속에셔 흔 둑거비가 나와 뭇기를 그딕네가 엇지ᄒᆞ야 시비ᄒᆞᄂᆞ냐 흔즉 (대한매일신보1908. 6. 5)
　森の中から一匹のヒキガエルが現れて，あなたたちはどうして争っているのかと訊いて(大韓毎日申報 1908. 6. 5.)

(8ㅂ) 작일에 데국 신문 긔쟈가 드러 갓더니 죠씨가 보고 신문 긔쟈ㅣ냐 뭇거늘 그럿타 ᄒᆞ엿더니 (대한매일신보 1908. 1. 10.)
　昨日，帝国新聞の記者が入ると，チョ氏がそれを見て，新聞記者かと尋ねたので，そうだと答えると(大韓毎日申報 1908. 1. 10.)

(8ㅅ) 어제 아츰 닐곱 시쯤에 종로 슌포막의 일 슌사가 내 집에 와서 대한민일신보를 구람ᄒᆞᄂᆞᆫ가 뭇거늘 아니본다 딕답흔즉 (대한매일신보 1908. 5. 16.)
　昨日の朝7時ごろ，鍾路の巡捕幕(交番)のある巡査が私の家に来て，大韓毎

日新報を読んでいるのかと問うので，見ないと答え(大韓毎日申報 1908.5. 16.)

ここで注目すべきことは，国漢混用文では文の述語が'単音節漢字+하-'の形で現れることが多く，一方ハングル文章ではこれら'単音節漢字+하-'型の用言が固有語に転換している場合が少なくないという点である．これは構文上の混淆性克服の結果，究極的には語彙の代替につながる場合が少なくないことを意味する．もちろん，すべてに置換が見られるわけではないが，文章を構成する語彙的単位の用法と種類を観察することで，該当文章の現代性が判別できることを示唆しているのである．これが本稿を作成するに至った背景である．(7), (8)の例にある'問曰 > 問호- > 뭇(묻)-'のように，漢文と韓国語構文法の混淆を反映する要素の頻度と，分布上の変化を通時的に観察することで，現代韓国語文体の定着と書写方法との間の相関関係を把握しうる．

3.2. 文体の現代性判別の語彙的準拠

これまでに言及した語彙的単位の用法に反映された，漢文と韓国語の混淆語的要素の克服は，結局のところ韓国語の文体が現代性を確保する過程で現れる語彙的変化であると言える．こうした過程を明らかにするためには，具体的に各テクストに現れるこうした要素を探し出し，それが韓国語成立期全般に渡ってどのような変化の様相を見せるのかを観察する方法が最善である．韓栄均(2008)ではこうした観点から，国漢混用文体の現代性を判別する語彙的準拠を六つに分類して提示した．本稿では，成立期のテクストの分析結果から得られた資料を基に，それらをもう少し細分化し，九つのタイプに分けてそれぞれの語彙的要素が持つ特徴を整理することにする．[13] ただし，それぞれの語彙的要素の具体的な形式，目録，および変化については，本稿では詳しく言及しない．さらに多くの資料を対象にした分析が必要であり，また語彙論的分析の必要な部分が少なくないからでもある．

---

13) もちろん資料の拡大によって他の語彙的要素が加わる可能性もあり，タイプ別にさらに具体的に区分する必要があるかも知れない．分析対象としたコーパスの規模がそれほど大きくないので，ここでは主に語彙の側面から重要と判断したものなどを中心に整理した．今後の補完が必要な部分である．

① 代名詞の交替

現代韓国語では「自己,当身」などの指示的機能の一部を除き,代名詞は固有語に属する.[14] しかし,胎動期および定着期の国漢混用文では,漢字語が多く使用される.[15] これらが成立期全般に渡って固有語に交替されるのである.したがって,あるテクストで使用された代名詞のタイプとその具体的な目録は,文体現代性判別の準拠と言える.

② 冠形詞(連体詞)の交替

成立期,特に胎動期の韓国語文章において冠形詞(連体詞)は,現代国語文法においてもそうであるが,冠形詞としてだけ使用される例があまり多くない.代名詞としても使用されるもの(其,是,我,彼など)や漢字語数詞などが多いのである.しかし,胎動期の韓国語文章での漢字語冠形詞は,1920年代以降の漢字語冠形詞とは大きな違いを見せる.接辞'-的'の生産的な使用によって漢字語冠形詞が大幅に増える代わりに,上で言及した代名詞を含む単音節漢字語冠形詞は数詞として使われるものを除き,ほとんど固有語に置換される.したがって,冠形詞のタイプと目録も文体の現代性判別の準拠となる.

③ 副詞類の交替

副詞類は文章中の機能上,漢文と韓国語の混淆を最もよく反映する語彙範疇の一つである.[16] 漢字語の副詞は,成立期の韓国語文章に多様に現れる.'大凡,大抵,凡,夫'のような文章導入部に用いられる常用句や譲歩・条件を現す漢文

---

[14] 남풍현(1973)では,「客,公,郎,兄」などを呼称代名詞とした.しかしこの論文では,これら呼称語を代名詞ではなく単音節体言として処理した.

[15] もちろんその具体的な目録は,時期によって多少差がある.現代韓国語の「私」に該当するものだけでも,「余,吾,吾儕,吾輩,吾等」など多様である.ちなみに,漢字語代名詞も時期によって目録が変わる傾向を見せる.他の要素の場合も同じである.

[16] 南豊鉉(1971 ㄱ, 1971 ㄴ, 1971 ㄷ, 1971 ㄹ, 1972, 1973 ㄱ, 1973 ㄴ, 1975)の一連の研究は,漢文虚辞の機能が韓国語の文章に使用される過程が,いわゆる副詞と韓国語の語尾の機能拡大によるものであることと,それによって浮き彫りになった様々な構文論的・語彙的問題を扱ったものである.韓国語と漢文の混淆が 15 世紀当時も相当進展したことを,具体的な資料を検討して証明したものだといえる.その後 400 年以上続いた漢文の学習と漢文中心の文字生活によって,漢文の構文法と韓国語の文法の混淆が引き起こした韓国語の構文論的・語彙的変形の具体的な内容がどんなものであったのかは,現在は見当さえつかない.この論文は,南豊鉉先生の一連の研究からインスピレーションを受けたところが大きい.この場を借りて,感謝を表する.

虚辞の機能を持つ'仮令，仮使，万若'などの副詞類は，漢文で使われる形態のまま構文次元での混淆を見せる例である．また，'距今，当今，乃今，方今，尚今，于今，至今，只今，現今'のような時間副詞類，'可히，故로，実로，或은'などのように助詞や接ご尾を加えて副詞として使用するもの，'区区，僅僅，汲汲，堂堂，滔滔，洋洋，往往，益益，漸漸'といった畳語[17]の漢字語擬声擬態語は，語彙次元での混淆を見せるものと言える．これら漢字語副詞類のテクスト占有率は現代では相対的に減るが，もともとは漢字語であるという認識もなく使われているものも少なくない．[18] しかし文導入副詞や擬声擬態語は，定着期に至ると多くが使われなくなる．したがって，漢字語副詞類は胎動期テクストと定着期テクストを区分する重要な基準になる．

④ '単音節漢字+하-'型用言

成立期の韓国語文章では，固有語と対応する'単音節漢字+하(ᄒ)-'型用言が多く使われる．そのほとんどは一部を除き，定着期を経て固有語用言に置換される．韓栄均(2008)は，この'単音節漢字+하(ᄒ)-'型用言の出現頻度とその具体的な目録の変化が，現代韓国語文体定着を確認する準拠になることを明らかにしたものであった．本論文では通時的観察を通してその事実をさらに詳しく確認することができることだろう．

⑤ 単音節漢字語体言

南豊鉉(1973)からも分かるように，単音節漢字語体言が韓国語文章中で使われてきた歴史は長い．胎動期の文章をみても，相当数の用例が確認できる．重要なことは，現代韓国語文章では使われなくなったものが少なくないという点である．単音節漢字語体言の多くが定着期を経て2音節漢字語あるいは固有語に置換されるのである．こうした変化の具体的な様相に関する理解は現代韓国語の定着過程を把握するためには必須だと言えるが，[19] 胎動期および定着期の韓國語の文章に

---

17) すでに知られている通り，漢字語と固有語では畳語の生成方法が異なる．この時期の漢字語畳語の使用様相は，語彙的観点から漢文と韓国語の混淆を見せるものだといえる．ここでは具体的にその形成と関連する問題は扱わない．
18) 漢字語副詞類の残存様相は，語彙的な側面から見ても，漢文構文法の影響を克服する過程と現代韓国語の定着過程を明らかにするための重要な要素だと言える．ここでは詳しくは扱わない．
19) 南豊鉉(1973 ㄱ)では，15 世紀の資料に表示される単音節漢字語体言をタイプ別に細

使用された単音節漢字語体言の目録を作成し，近代以前から使われたものとそうでないものを区別する作業と，定着期を経て固有語もしくは2音節漢字語に置換されたものを整理する必要がある．本論文では，これら単音節漢字語体言のテクストの中での占有率と目録を確認することに焦点を置く．

⑥ '2音節漢字+하-'型用言

　胎動期の2音節用言の基本的な特性は，それぞれの漢字の意味をそのまま備えているものが多いという点である・'論説を-'という動詞が'論を-'と'説を-'の意味を持ったまま使われるのである．いわゆる意味論的透明性を持った漢字語合成語だと言えるのである．これは用言に限ったことではない．体言の場合もこのような様相を見せるものが多く，さらにこれらは'二音節単語+二音節単語'の形式で四字熟語に拡張したり，'単音節+二音節'，'二音節+単音節'という形式で3音節漢字語になる．このような語彙構造の拡張は，2音節の語彙が単音節漢字語の意味が薄れて2音節語として定着した後に起きる傾向を見せる．したがって，成立期のどの時期にこのような変化が起きたのかを正確に確認することは，一方で現代韓国語の成立過程を明らかにするのに助けになるであろう．しかし，ここではこれらを区別しないですべて2音節用言に分類した．

⑦ 2音節漢字語体言

　成立期の韓国語文章に使われた2音節漢字語は，漢文から借用したもの，近代日本語から借用したもの，この時期に文章を書いた人々が作り上げたものという3種類に分けることができる．ここではこれらを区分せず，すべて2音節体言として扱った．[20]

⑧ 漢字語感嘆詞

かく分析し，さらにそれらが韓国語に同化される過程を明らかにした．現代韓国語成立期の資料を対象にしても，こうした作業が行わなければならない．それを通して漢文と韓国語の混淆性克服の過程をより具体的に確認することができるであろうし，それはとりもなおさず，現代韓国語の成立過程を明らかにすることだからである．

[20] 胎動期と定着期を通して輸入，あるいは形成された漢字語の問題は，この論文のメインテーマではないので詳しく論議しない．しかし，韓国漢字語研究においては，これらの問題を考慮せざるを得ない．造語法が，他のものを同じように扱うことができないからである．

漢字語感嘆詞としたが，漢字だけで表記されるものではない．'噫라，嗟홉다'などのように，文法的形態素と結合した形で使われるのである．ここではこの時期の語彙単位の用法を考慮して，それぞれを分析せず全体を漢字語感嘆詞とした．

⑨ 漢文句（成句）

現代韓国語の胎動期の資料からは，漢文の構文法そのままの漢字句だけでなく，ハングル文章からも漢文虚辞が結合した語句が文章構成単位として使われた例が少なくない．[21] また，韓国語の単語形成の要素と合わせて使われる場合もある．すなわち，現代韓国語の語彙範疇を見る際に，いわゆる混種語的範疇に属する例が少なくないのである．本研究のための分析では，そういったものをすべて漢文句という範疇に入れて扱った．こうした漢文句を構成する一部の虚辞は，現代韓国語で接辞の機能を獲得する場合もある．定着期を経て，四字熟語として扱われる一部の漢文句を除き，ほとんどが韓国語の文構成単位に置換される．

4. 書写方法による語彙的準拠使用様相の対照分析

第1期から第3期までの新聞記事論説文に用いられた語彙的準拠の出現様相を，次頁の表に纏めた．

2章と3章での議論からも推測することができた通り，表を見ると，ハングル論説文と国漢混用論説文では，文体現代性判別の準拠になると思われる語彙的要素の使用様相にかなりの差があることが確認できる．

まず第一に目につくのは，網掛けで示した，①漢字語代名詞，②漢字語冠形詞，④単音節漢字語用言，⑤単音節漢字語体言，⑨漢文句での語彙的準拠要素の使用率の変化である．胎動期（1，2期）にはハングル論説文と国漢混用論説文で使用率の差が比較的大きいが，成立期（3，4期）になるとその差が狭まり，使用率が同じぐらいになる．これは，国漢混用論説文の使用率が胎動期と成立期の間に大

---

21) 簡単にいくつか例を挙げておく．
지우금 팔구 삭에 소입이 몃쳔 원이 드럿스나 지졍이 날 곳슨 견혀 업고 (제국신문 1899. 5. 1 논설).
今売って，給料も何千ウォンか入ってきたが，他の収入源はなく（帝国新聞 1899. 5. 1 論説）．
결박하여 들어와서 문초홀즉 불하 일쟝에 지긔승복ㅎ눈지라 (제국신문 1906. 10. 19 '犬馬忠義').
両手を縛られて入ってきた(人を)取り調べたところ，一発も殴っていないのに罪を素直に自白した（帝国新聞 1906. 10. 19 '犬馬忠義'）．

きく変化したためで，端的に言えば，国漢混用論説文での使用率がハングル論説文の使用率に近づいたと言える．

		ハングル論説文			国漢混用論説文			
		第1期	第2期	第3期	第1期	第2期	第3期	第4期
総語節数		5,225	6,518	5,950	5,059	5,839	5,202	4,725
①漢字語代名詞類	絶対頻度	2	0	0	103	217	77	15
	占有率	0.04%	0%	0%	2.04%	3.71%	1.48%	0.31%
②漢字語冠形詞類	絶対頻度	35	22	46	187	307	146	77
	占有率	0.67%	0.34%	0.77%	3.70%	5.25%	2.81%	1.63%
③漢字語副詞類	絶対頻度	339	196	124	265	465	152	88
	占有率	6.49%	3.01%	2.08%	5.24%	7.96%	2.92%	1.86%
④単音節漢字＋하(き)-型用言	絶対頻度	149	130	114	547	704	269	90
	占有率	2.85%	1.99%	1.92%	10.81%	12.05%	5.17%	1.90%
⑤単音節漢字語 名詞	絶対頻度	213	224	126	598	532	178	208
	占有率	4.08%	3.44%	2.12%	11.82%	9.11%	3.42%	4.40%
⑥2音節 漢字＋하(き)-型用言	絶対頻度	225	494	362	709	668	651	335
	占有率	4.31%	7.58%	6.08%	14.01%	11.44%	12.51%	7.09%
⑦2音節漢字語 名詞	絶対頻度	1,107	1,386	1,422	1,655	1,988	1,876	1,294
	占有率	21.29%	21.26%	23.90%	32.71%	34.05%	36.06%	27.39%
⑧漢字語感嘆詞	絶対頻度	0	12	0	8	41	2	0
	占有率	0%	0.18%	0%	0.16%	0.70%	0.04%	0%
⑨漢文句	絶対頻度	15	32	4	279	162	43	31
	占有率	0.29%	0.49%	0.07%	5.51%	2.77%	0.83%	0.66%

　こうした統計情報の結果が意味するところを，2章での検討結果を参照して整理すると，次のように要約することができる．

　第一に，これらの範疇では第1期，すなわち媒体登場した初期から書写方法による準拠要素の出現率の差が明確であるということを確認することができる．これは前述したように，媒体による書写方法の選択は読者の文識性を考慮したものではあるが，選択した書写方法は必然的に語彙選びにも影響を及ぼし，国漢混用論説文の漢字語の割合が相対的に高かった．

　第二に，このような書写方法による語彙選択において，漢字語の優先性を2種類に分けて考えることができる．①漢文修辞法の影響を受けやすい部類，すなわ

ち代名詞,冠形詞,副詞の場合,②構文構造の影響を受ける部類.つまり用言類.

①の場合,固有語に置換されるものと漢字語が現代韓国語にもそのまま使われる場合があり,口語の影響を大きく受けるもの,すなわち代名詞類はほとんどが固有語に置き換えられる.冠形詞と副詞もその使用が修辞法的である場合は固有語に置換されることが多いが,漢文構文上の機能を完全に失い,国語文法の中に溶け込んでそのまま使われる場合も少なくない.また冠形詞の場合,第3期に入って-的派生冠形詞の大幅な増加という日本語の影響が本格化したことを示している.

②の用言の場合は,固有語と漢字語が対応するかによって交換が決定される傾向がある.'単音節漢字+하(を)'型用言に対応する固有語の用言が存在する場合,ほとんどの漢字語用言が固有語に置換される.対応する固有語の体言がない場合は漢字語用言がそのまま使われる傾向が見られる.もちろん,単音節漢字語用言に対応する固有語用言が存在する場合でも,両者共現代韓国語で使用される場合もなくはない.このとき,両者はその分布と意味においてかなりの違いがある(cf.더하-〜加하-, 빼-〜減하-, 차-〜冷하- など).

5. 残る問題

本稿は,国漢混用とハングル専用という書写方法の違いがこうした語彙的準拠の変化に及ぼす影響を明らかにしようとするものであった.

ここでは,この研究を通して得た結論の中でも重要なものを整理し,本稿で扱うことができなかったり,あるいは資料分析結果によって新たに提起される問題を基に,これから成立期の韓国語研究で取り扱わなければならない問題を整理することで,結論に代える.

第一に,現代韓国語成立期の時期別資料の具体的な検討の必要性.

2章及び3章の分析によって判明したことであるが,胎動期,すなわち1910年までの資料に現れる様相と,その後の資料に現れる語彙的特性は,かなり異なる.本論文では検討対象にした資料の時間間隔を約10年としたが,定着期に至って起きる諸般の変化は,変化の速度がかなり速い.よって,より具体的に変化時点を把握するためには,これより間隔を狭めて検討する必要があると判断される.

第二に,検討資料拡大の必要性.

本論文で分析の対象としたコーパスは,5,000語節(文節)内外であった.しかし,分析の結果,その規模は十分でないことが分かった.分析対象となるコーパ

スの規模がどれだけ必要なのかを具体的に述べることは難しいが，できるならば，時期別に相当規模のバランスが取れたコーパスを構築して，丁寧な注釈と分析を行えば，現代韓国語成立期の語彙的変化を具体的に記述することができるものと判断される．

　第三に，脚注17), 20)などで指摘したように，この時期の漢字語の研究と関連して，同一漢字語の異表記，漢字語の文章内での分布の変化，造語法の差などに関する微視的な観察が必要である．同時に，漢文文法と韓国語文法の混淆的特性を見せる語彙に関する個別分析も必須である．そのためには，前述のごとく，相当規模のコーパスを構築し，計量的に分析する必要がある．2.1.の例のように直観のみを基にしたり，単語レベルの分析を通してでは，漢文文法と韓国語文法の混淆様相の検討が不可能であるからである．

　第四に，本稿での検討対象は，主張する文（論説文）に限定したものであった．しかし序論で言及したように，現代韓国語定着期の文体はジャンルによってもかなり異なる様相を見せることが少なくない．よって「説明する文（説明文）」，「伝達する文（報道文）」，「小説」，「歴史・伝記物」など，近代啓蒙期の使用域による言語の変異様相についても，具体的な微視的研究が必要である．こうした研究が総合的に行われれば，現代韓国語文体の定着過程に対する具体的な記述が可能になるからである．

参考文献

고영근(1998), ≪한국어문운동과 근대화≫, 탑출판사.
권보드래(2000), ≪한국 근대 소설의 기원≫, 소명출판.
권영민(1999), ≪서사양식과 담론의 근대성≫, 서울대학교 출판부.
김미형(1998),「한국어 문체의 현대화 과정 연구・신문 문장을 중심으로」, ≪어문학연구≫ 7, 123-147, 상명대학교 어문학연구소.
김영민(1997), ≪한국 현대 소설사≫, 솔.
김영민(2005), ≪한국 근대소설의 형성 과정≫, 소명출판.
김완진(1983),「한국어 文體의 발달」, 이기문 외(1983), ≪韓國 語文의 諸問題≫, 一志社, 229-254.
김주필(1007),「19 世紀 末 國漢文의 性格과 意味」, ≪震壇學報≫ 103, 193-218.
김창섭(2001),「한자어 형성과 고유어 문법의 제약」, ≪국어학≫ 31, 177-195.
김형철(1997), ≪개화기 국어연구≫, 경남대학교 출판부.

김흥수(2004), 「이른바 개화기의 표기체 유형과 양상」, ≪국어문학≫ 29집, 58-76.
南豊鉉(1968), 「15 世紀 諺解 文獻에 나타난 正音表記의 中國系 借用語辭 考察」, ≪국어국문학 39.40 합병호≫,
南豊鉉(1971 ㄱ), 「'ᄒᆞ다가' 攷-國語에 미친 中國語의 文法的 影響의 한 類型」, ≪語學硏究≫ 7-1, 11-22, 서울대학교 어학연구소.
南豊鉉(1971 ㄴ), 「十五世期 文獻에 나타난 中國語의 文法的 影響과 呼應關係 形成에 대한 考察」 ≪漢陽大 論文集≫ 5, 53-77.
南豊鉉(1971 ㄷ), 「國語에 미친 中國語 因果關係 表現法의 影響」, ≪金亨奎博士頌壽紀念論叢≫,
南豊鉉(1971 ㄹ), 「中國語 借用에 있어서 直接借用과 間接借用의 問題에 대하여」, ≪李崇寧博士頌壽紀念論叢≫,
南豊鉉(1972), 「≪杜詩諺解≫ 註釋文의 '-로'에 대한 考察」, ≪한양대 논문집≫ 6, 7-30.
南豊鉉(1973 ㄱ), 「中世國語의 中國語 借用 硏究 - 單音節 體言을 中心으로」, ≪한양대 논문집≫ 7, 59-84.
南豊鉉(1973 ㄴ), 「≪杜詩諺解≫ 註釋文의 文法的 考察」, ≪東洋學≫, 3, 75-126.
南豊鉉(1975), 「漢字借字表記法의 '元'字攷」, ≪國語學≫ 3,
노명희(2003a), 「구에 결합하는 접미한자어의 의미와 기능」, ≪한국어 의미학≫ 13, 69-95.
노명희(2003b), 「어근류 한자어의 문법적 특성」, ≪어문연구≫ 31-2, 73-96.
노명희(2007), 「한자어의 어휘 범주와 내적 구조」, ≪진단학보≫ 103, 167-191.
민현식(1994), 「開化期 國語 文體에 대한 綜合的 硏究(1)」, ≪국어교육≫, 83, 113-152.
민현식(1994), 「開化期 國語 文體에 대한 綜合的 硏究(2)」, ≪국어교육≫, 84, 101-123.
민현식(2002), 「개화기 국어 변화의 계량적 이해」, ≪한국어문학연구≫ 39, 47-78.
배수찬(2006), ≪근대적 글쓰기의 형성 과정 연구≫, 서울대학교 교육대학원 박사논문.
송철의(2004), 「한국 근대 초기의 어문운동과 어문정책」, ≪韓國文化≫ 34, 1-36.
심재기(1992), 「개화기의 교과서 문체에 대하여」, ≪국어국문학≫ 107, 181-194, 심재기(1999) 재수록.
심재기(1992), 「개화기 문체 양상에 대한 연구- 독립신문과 한어문전의 고담을 중심으로」, ≪韓國文化≫ 13. 91-107. 심재기(1999) 재수록.
심재기(1999), ≪국어 문체 변천사≫, 집문당.

연세대 근대한국학연구소 기초학문팀(2005), ≪한국 근대 서사양식의 발생 및 전개와 매체의 역할≫, 소명출판.

이기문(1978), 「開化期의 國文 使用에 대한 研究」, ≪韓國文化≫ 5, 65-84.

이병근(1986), 「開化期의 語文政策과 表記法 問題」, ≪국어생활≫ 4, 24-45.

이병근(2000), 「兪吉濬의 語文使用과 ≪西遊見聞≫」, ≪震壇學報≫ 89집, 311-314.

이병근(2003), 「近代國語學의 形成에 관련된 國語觀 · 大韓帝國 時期를 중심으로」, ≪韓國文化≫ 32, 1-29.

이병근·송철의·정승철·이종묵·임주탁·류양선(2006), ≪일제 식민지 시기 한국의 언어와 문학≫, 서울대학교 출판부.

이병근·송철의·정승철·임주탁·류양선(2005), ≪한국 근대 초기의 언어와 문학≫, 서울대학교 출판부.

이현희(2005), 「개화기와 국어학」, ≪한국어학≫ 29집, 89-105.

임상석(2008), ≪20세기 국한문체의 형성과정≫, 지식산업사.

임형택(2000), 「한민족의 문자생활과 20세기 국한문체」, ≪창작과 비평≫ 107호, 284-308.

임형택(2001), 「근대계몽기 국한문체의 발전과 한문의 위상」, ≪민족문학사연구≫ 14호

임형택·한기형·류준필·이혜령 엮음(2008), ≪흔들리는 언어들 · 언어의 근대와 국민국가≫, 성균관대학교 대동문화연구소.

정선태(1999), ≪개화기 신문 논설의 서사 수용 양상에 대한 연구≫, 서울대학교 박사논문.

한기형 외 지음(2006), ≪근대어·근대매체·근대문학 · 근대매체와 근대 언어질서의 상관성≫, 성균관대학교 대동문화연구소.

한영균(2008), 「國漢 混用 文體의 定着과 語彙의 變化」, ≪國語學≫ 51.

허경진(2004), 「兪吉濬과 ≪西遊見聞≫」, ≪語文研究≫ 32권 1호, 427-453, 韓國語文研究會.

허재영(2004), 「근대 계몽기의 어문정책(1) · 개화기 ≪한성순보(주보)≫를 중심으로-」, ≪한민족문화연구≫ 14, 55-79.

홍종선 외(2000), ≪현대국어의 형성과 변천 3≫, 박이정.

홍종선(1996), 「개화기 시대 문장의 문체 연구」, ≪국어국문학≫ 117, 33-58.

홍종선(2000), 「현대 국어 문체의 발달」, 홍종선 외(2000), 9-30.

황호덕(2002), ≪한국 근대 형성기의 문장 배치와 국문 담론 · 타자. 교통. 번역. 에크리튀르, 근대 네이션과 그 표상들≫, 성균관대학교 박사학위논문.

あとがき
——『韓国語教育論講座 第3巻』を編んで ——

編者　野間　秀樹（のま・ひでき）

『韓国語教育論講座』の第4回配本となる第3巻が，ようやく形になった．第1巻以来，文字通り 10 年が経った．とりわけこの幾年かは，実に筆舌に尽くしがたい逆風に次ぐ逆風の中での仕事であった．原稿を執筆していただいた方々，刊行を心待ちにしていただいた方々には，伏してお詫び申し上げねばならない．執筆者の方々には，心ならずも，たびたびの督促をさせていただき，また場合によっては数度にわたる書き直しや訂正を，刊行直前までしていただくこととなった．ただ一言のご不満も編者に投げかけることなく，忍耐を共にしてくださった皆さんに，この場を借りてお詫びと，感謝を申し上げたい．

3冊目の第2巻が世に出て以降も，姜信沆（カンシナン）先生，李基文（イギムン）先生，金禮坤（キムイェゴン）先生，成百仁（ソンベギン）先生，梅田博之（うめだひろゆき）先生，藤本幸夫（ふじもとゆきお）先生，亀山郁夫（かめやまいくお）先生，西谷 修（にしたにおさむ）先生，川口義一（かわぐちよしかず）先生，權在一（ウォンジェイル）先生，宋喆儀（ソンチョリ）先生，徐尚揆（ソサンギュ）先生を始めとする，多くの先生方がご支援と激励をくださった．出版を信じ，温かき声援と共に陰となり日向となって編者を支えてくださった多くの先生方には，いくら感謝しても感謝が尽きることはない．

さらにこの至らぬ師を，もはや遙かに超えて活躍なさっておられる，変わることなき志操に結ばれる同志とも言うべき，金珍娥（キムジナ），中島仁（なかじまひとし），須賀井義教（すがいよしのり）といった諸兄姉を始めとする皆さんにも，ただただ頭が下がる．またこの第3巻には，李善姫（イソニ）氏，髙木丈也（たかぎたけや）氏らを始め，執筆者の方々に翻訳もお願いしたほか，翻訳については別途，金正彬（キムジョンビン）氏，植松恵（うえまつけい）氏，辻野裕紀（つじのゆうき）氏，渡邊奈緒子（わたなべなおこ）氏にご尽力をいただいた．こうした方々にも心よりお礼を申し上げたい．

そして大きな志を共にしてくださっている，くろしお出版の池上達昭（いけがみたつあき）氏には格別の思いを禁じ得ない．本講座は必ず完結させるとの信念のもとに，誠実なる思想と温かき志で仕事を遂行してくださっている．毎回，驚くべき卓見で，版下における誤字脱字はもちろん——韓国語の誤りまで発見してくださっている——，修正すべき点を指摘してくださっているほか，本第3巻では索引などでも多々ご苦労をおかけした．当初全4巻の構想を，その内容の豊かさゆえに全5巻とした

いという編者の願いにも，これを是と，実現に向けて共に摸索してくださっている．ただただ感謝あるのみである．

 2巻にも書いたように，原稿の依頼，督促と編集，そして版下の作成までを編者のもとで一元的に行うのは，覚悟のこととはいえ，凄絶とも言うべき，想像を絶する困難を伴った．内容の吟味，形式の統一，参照文献の確認，索引の作成など，可能な限りの力を尽くしたが，編者の力の限界もあり，今なお不十分な点は残るに違いない．至らぬ点は全て編者の責である．読者諸兄のご教示をお願いしたい．

 ことばと，ことばをめぐる様々なことがらを書物に編む．『韓国語教育論講座』は，全ての書き手と，書物を作るために集った全ての人々の，ささやかながら，精一杯の刻印である．ことばについて考え，ことばを学び，あるいはことばを教える1人でも多くの方々が，本書を共にしてくださることを，心より願うばかりである．

韓国語教育論講座 ●索 引 第3巻

本巻の索引は次の3種で構成されている:

(1) 人名等の索引　　欧文索引. 日本語索引. ハングル索引
(2) 事項索引　　　　欧文索引. 日本語索引. ハングル索引

人名等の索引

凡例
- 人名や団体などの索引である.
- (1) ローマ字表記の人名などのアルファベット順, (2) ひらがな, カタカナ, 漢字表記の日本語人名, 中国語人名などの五十音順, (3) ハングルと漢字表記の韓国語＝朝鮮語人名のㄱㄴㄷ順という配列となっている.
- 従って, "de Saussure", "ソシュール, フェルディナン・ド", "소쉬르, 페르디낭 드"や, "高永根"と"고영근"のごとく, 同一の人名がローマ字表記, カタカナ表記, 漢字表記, ハングル表記などに複数の項目として現れるものもある.
- 数字はページ,「72 註」とあれば, 72 ページの脚注を示す.

●●アルファベット順
●A-C
Appenzeller, H.G.　580
Baker　22
Bartholomew　576
Bauer　433 註
Benveniste　7 註
Chafe, W.　72 註
Comrie　26 註
Crystal　118

●D-G
Derrida, Jacques　1
Ethnologue　227 註,229
Fillmore, Charles J.
　121,122,123
Greenberg, Joseph H.
　7 註,22

●H-J
Herbert, R. K.　144,145
Hoji　117
Holmes, J.　143,144
Hoshi　54
Huang　50 註
Humboldt, Wilhelm von
　22
Janhunen　227,228
Jones, Daniel　240 註
Jones, William　5
Josephs　71
Jun　246 註

●K-L
Kim Il Wung　115
Kinsui　117
Knox, G.W.　580
Koffka, K.　376 註
Köhler, W.　376 註
Kuroda　53,55 註,95,95 註,96,96 註
Labelle　50 註
Lee, H. S.　72
Lee, Ki-Moon　432 註
Levinson, Stephen C.
　118,121,122,123
Loomis, Henry　580

●M-P
Maclay, R.S.　580
MacIntyre, John　579
Manes, J.　141,144
Martin, Samuel E.
　113
Mithun, M　72,72 註
Palmer, F.　72 註

●R-T
Ridel, Felix Clair　583
Ross, John　579
Salminen　227,228
Sapir, Edward　25
Saussure　1,13,375 註,376 註
Suh, Jeong Min
　586,589
Takubo　117
Thomas　576

●U-Z
Ueyama　117
Underwood, H.G.　580
Washio　48,49,49 註,50 註,54,55 註
Wertheimer, M.　376 註
Wolfson, N.　141,143

645

●●五十音順
●ア行
相原茂　383
青山秀夫　vii
県犬養三千代　344
赤松明彦　23註
アジェージュ　7註
アペンゼラー　580,581
アンダーウッド
　　580,581,583
飯田剛彦　344
庵功雄　117,121,124脚註
潙山禅師　548,549
石田春昭　61,62
石田瑞麿　546註
井上和子　32,96
井上優　60註
今尾ゆき子　83註
岩本裕　404註
植松恵　viii
ヴェルトハイマー　376註
宇都木昭　246註
宇野哲人　542
梅田博之　vii,69註,117,321註
圓悟禅師　547
大江孝男　vii
太田辰夫　545
大谷森繁　vii
大野晋　60註
大野敬代　143
大村益夫　vii
荻野綱雄　140
奥山洋子　140
小倉進平　321註
小栗章　viii
尾崎喜光　140

落合博志　344

●カ行
ガーベレンツ　5註
風間喜代三　5註
風間伸次郎　33
梶井陟　vii
春日政　53
葛兆光　554
門脇誠一　vii
神尾昭雄　81註
亀井孝　4註,27
亀山健吉　22
河須崎英之　320註
菅野裕臣　vii,71註,320
木村英樹　41註,50註
金水敏　117,118註
金田一京助　60註
釘貫亨　60註
久野暲　71,75,77註,96註,98,116
熊取谷哲夫　143
鳩摩羅什　550
倉野憲司　53註
グリーンバーグ　22
クリステヴァ　5註
クリモフ　7註
黒田成幸　116
圭峰宗密　543,555
ゲーテ　22
ケーラー　376註
言語学研究会　181註
玄奘　550
河野六郎　vii,4註,7註,26-29,36,321註,403
黄龍禅師　547
国立国語院　313,315
小島憲之　53註

小谷博泰　71
小玉安恵　143
小西甚一　53
小西行長　576
小林芳規　344,345,348
コフカ　376註
コムリー　7註

●サ行
斉木美知世　42註,50註
三枝壽勝　vii
斉藤渉　22註
阪田雪子　116,117,117註
坂本幸男　404註
佐久間鼎　4註,113,114註,116
佐治圭三　77註
サピア　25,26
サピーア，エドワード　7註
ザビエル，フランシスコ　576
柴谷方良　43註,45註,46,47,96註
志部昭平　vii,404註,424
清水中一　viii
社会科学院言語学研究所　313
シュレーゲル兄弟　22註
正保勇　116,120
ジョーンズ，ウィリアム　5
シラー　22
白川豊　vii
シン・ウェラ　294,294註
須賀井義教　viii,71註,269註
杉戸清樹　140

人名等の索引

鈴木陽二　99
砂川有里子　159
清涼澄観　555
セスペデス　576
薦福古禅師　547
曹溪慧能禅師　547
僧肇　550
ソシュール　1,13,35註,375註,376註
ソシュール, フェルディナン・ド　21

●タ行
大随法真和尚　548
互盛央　5註
髙木丈也　viii,324,326,326註,327註,328,331
高崎宗司　319註
高野新笠　374
高橋亨　542
田窪行則　117,124註,132註
竹沢幸一　61註
武田祐吉　53註
佐藤達次郎　348
田野村忠温　77註
多福禅師　547
田村宏　vii
田村マリ子　117
千野栄一　4註,27
チャン・ソクペ　511
チャン・ヨンジン　293
中国朝鮮語査定委員会　314
長璋吉　vii
長楽鄭昂　545
張麗麗　50註

チョン・アンナ　295,295註
塚本勲　vii
辻星児　vii
辻野裕紀　viii,396
辻村俊樹　60註
津田仙　580
堤良一　117
角田太作　7註
坪根由香里　77註,83註
寺尾留美　143
寺村秀夫　43註,70,77註
デリダ, ジャック　1,2
東郷雄二　117
藤堂明保　383
道忞禅師　546
時枝誠記　4註,81註
トマス　576

●ナ行
中尾佐助　36註
中島仁　viii,72註
中西恭子　157,158
中野敦　viii
中野佳代子　viii
永野賢　32
中村完　vii
中村元　545
夏目漱石　59註
西原鈴子　83註
日本語文法学会　45註
ノガイ・アンナ　289,292
野田春美　75,76,77註,78
ノックス　580
野間秀樹　2註,3註,4註,8,8註,9,9註,10,13註,14,33,41註,69註,71註,157,158註,160,161,163,165,165註,168,169註,170,181註,182註,204,204註,212,239註,240註,253註,260註,269註,270,320註,329,329註,330,354,371註,375,376註,377註,387,388註,390,390註,392,395,396

●ハ行
パク・ヨンシク　348
橋本萬太郎　7註
波田野節子　vii
浜田敦　60註
早川嘉春　vii
林徹　33
早津恵美子　50註
原田登美　71
バルトロマイ　576
バンヴェニスト　7註
平田麻莉子　596
藤田保幸　159
藤本幸夫　vii
フランク, アンネ　221
古川由里子　143
フンボルト, アレキサンダー・フォン　23
フンボルト, ウィルヘルム・フォン　22,23,23註,25,26,29,36
ベートーベン　221
ヘルダー　22註
ホイットマン, ジョン　348
牟子　553
宝誌和尚　546
細江逸記　45註
堀江薫　67

647

堀口和吉　116,117,117
　　註,119,122,134

●マ行
前田直子　83註
マクレイ　580
益岡隆志　81註
松岡静雄　60註
松尾捨治郎　60註
マッキンタイヤー　579
松下大三郎　116
松本克己　7註
松本ますみ　319註
マルコ　581
円山拓子　57註
三尾砂　4註
三上章　116
水口景子　viii
南不二男　32
峰岸明　60註,61註
峰岸真琴　7註,34
宮岡伯人　33
宮崎健司　344
宮下尚子　319註
森田良行　70

●ヤ行
薬山惟厳禅師　546
安川亨　580
山口巖　7註
山路奈保子　143
山本信吉　344
楊凱栄　50註
吉田金彦　60註,61
吉本啓　117

●ラ行
リデル　583

劉棻　547
ルーミス　580
ロス　579

●ワ行
鷲尾龍一　41註,42註,43
　　註,44註,50註,54註,55
　　註
和田利政　60註
渡辺照宏　58註
渡邊奈緒子　viii

●●ㄱㄴㄷ順
●ㄱ
姜基洪　viii
강범모　209註
姜錫祐　140
강순경
　　235註,241,241註,242
姜彦廷　203
강진철　235註
강현화　203
계봉우　297註
고광모　458註,478註
高槿旭　168,390,396
高東昊　238
고려대장경연구소
　　562註
고석주　203
고영근　320註
高永根　80
고홍희　323,324
곽충구　315
곽충구외　326註
光明子　344
국립국어연구원
　　181,202
국립국어원

　　69註,80,80註,159,20
　　8,209,313,315
권근　352
權近　352
권보드래　618註
권순만　59註
權仁瀚　344
권재일
　　157,287-289,291,446
　　註
權在一　viii,327
균여　342
金庚芬　140,153
金光洙　326
金光植　558註,561註
金教臣　582
김기혁　69註
김동인　604
金東俊　vii
김동찬　256,321
金斗鐘　560註
김만수　558註
김병제　236註
김봉국　239註
金富軾　337
金思燁　vii
金碩桂　203
金善美　125,130註
김선혜　525註
김성규　421註
金星奎　433註
김성근
　　235註,236註,250,
　　257註,269註
김성민　558註
金成樹　275
金星周　348
김성희　320註

人名等の索引

김수정　203,204
김수현　595
김순미　140
金時鐘　587 註
김영근　595
김영민　618 註
김영배　235 註
金永旭　344,348
金英柱　143
김영황
　　236 註,269 註,322
金完鎭　72 註
김용경　458 註
金允経　335,584
김윤희　601
金恩愛　8 註,10
김일성　236 註
김일웅　91 註,93
김입흠　7 註
김정대　91 註,478 註
김정아　406 註,407
김주원　223,224
金志宣　140
김지영　618,618 註
김진만　58 註
김진아　10
金珍娥
　　viii,9 註,10,10 註,140,
　　157,158 註,159-161,
　　163,168,170,173,376
　　註,390,396
김진해　611
김태엽　478 註
김태종　602
김필영　288,290,296
김하수　203
金漢柱　143
김해옥　203

김현강　203
김현정　143
김형민　143
김형철　605
김화춘　91 註
김홍규　209 註

●ㄴ
羅聖淑　140
남기심　157,180,320 註
南基心　72 註,91 註,92
남명옥　325 註
남풍현　631 註
南豊鉉
　　336,337,341,344,349,
　　351,354,631 註
노마히데키　14,181
　　註,270,371 註,375 註,
　　396

●ㄷ-ㄹ
도덩보　235,240 註,241
러쓰 킹　291
류성민　514
류시종　201,203
리동빈　236 註
리승길　240-242,253 註

●ㅁ
武寧王　374
문숙영　72
文載勝　viii

●ㅂ
박경래　326 註
박넬리　291
박영준
　　478,478 註,479 註

朴英煥　115
박용재　596
박용찬　612
박재연　72
朴鍾奭　203
박종후　525 註
朴趾源　577
박진혁　315
박형익　595
방송통신위원회　559 註
방언연구회　236 註
방채암　323,324
배수찬　618 註
裵宗鎬　542
백경숙　143
白同善　140
白峰子　80
白龍城　559
백해파　525 註
白鴻俊　579
변계량　352
卞季良　352
봉미경　524 註
북경대학
　　조선문화연구소
　　319 註

●ㅅ
사회과학원 언어학
　　연구소　313
徐景祚　579
서상규
　　495 註,496,497,497 註,
　　521 註,524 註
徐尙揆　viii,496
徐相崙　579
서정목　458 註
서정민　585,586

649

徐正敏　viii
서정수　320,321
徐正洙　80 註
徐泰龍　72 註
석주연　483
宣德五　319
薛聰　337,338
성광수　100
成光秀　91,100
世祖　543
世宗　378,543
소신애　235 註,315
昭顯　577
孫鵬九　581
송경안　7 註
宋晚翼　117
송민　595
송병학　100
宋承姬　67,76
송영미　143
송재영　525 註
宋喆儀
　viii,429,433 註,436 註,
　438,438 註
辛奎卓　viii
신외라　294
신유한　353
申維翰　353,354
신은경　486
申惠璟　117,140
沈在箕
　72 註,337,341,440 註

●ㅇ
安大鉉
　348,543 註,580 註
安秉禧
　336,337,354,407,409,

　419,420,422,430 註
안의정　524 註
안주호　80,83
양동휘　91 註,93 註
梁柱東　336
嚴廷美　140
연세대학교
　언어정보개발연구원
　202,203
연세대학교
　언어정보개발원　202
오선화　327 註
오일석　143
오창환　297 註
왕한석　323
우형식　201,203
운허용하　542
耘虛龍夏　542,561
元智恩　140
원효　344
元曉　344
월운해룡　542
月雲海龍　542,543
유경민　80
柳尙熙　vii
柳珍桓　viii
유필재　242
유현경　203
柳慧政　140
윤금선　296,297,297 註
尹東柱
　586,587,587 註,588
윤명상　201,203,204
윤석민　80 註
尹暢和　560 註
尹學準　vii
의상　351
義湘　351

의천　351
義天　351
李圭景　335,338
이광수　604
李光洙　585,586
李珖鎬
　407,409,419,420,422,
　430 註
이금화　235 註
이기갑　7 註,236 註
李基文
　336,421 註,431 註,437
李吉鎔　140
이남순　180,185
李南淳　72 註
이명호　235 註
李文子　57 註
李檗　577
이상섭　497,602
李善雅　140
李善姬　183
李樹廷　579,580,581
李崇寧　203
이승명　595
李丞宰　354,437
이승화
　496 註,498,499,499 註,
　504,505
이원표　143
李有基　478 註
李允宰　584
李応贊　579
이익섭　320 註
李翊燮　80 註,91 註,93 註,
　330 註
이익환　91 註,93
李長波　120
李在洙

人名等の索引

557註,558註,560註,
563註,568註,571註
이정민 91註,92,94,96
이종극 602
이지양 325註
이지영 414,415
이찬영 612
이필영 157,159
이향천 59
이현복
　235註,240,241,241註,
　242,244註,245,246
이현희 478,478註
李賢熙 viii
이홍배 91註
이효웅 143
이희승 330註,602
李熙昇 203
임동훈 72
임영철 140
任栄哲 140
任炫樹 140
임홍빈 57註,187
任洪彬 72註

●ㅈ
장경준 354
張京姬 72註,115
장석배 511
張奭鎭 91,94,114,115
張承姬 143
張志暎 584
전학석
　320註,323,323註
정몽주 352
鄭夢周 352
정선태 618註
鄭聖汝 60註

정안나 295
丁若銓 577
丁仁京 72,76
鄭寅承 584
鄭在永
　344,354,543註,580註
丁泰鎭 584
정하미 606,606註
鄭翰燀 viii
정향란 323
鄭稀元 237註
정희정
　180,185,188註,193,
　203
趙貴花 319註
조남호 594
조민정 203
조선문화어법규범편찬
　위원회 237
조선민주주의인민공화국
　국어사정위원회
　247,251
조선어문연구회 326
趙義成
　237註,248註,263註,
　404,410註,421註
宗林 562註
주시경 392
周時経
　297,317,392,584
중국조선어사정위원회
　314, 314註
중국조선어실태조사보고
　집필조 323

●ㅊ
차익정 243註
千惠蘭 330

최동주 72註
최명옥 326註
崔範勳 336
최석재 271
최윤갑 320註
최정도 525註
崔眞姬 76
최현배
　330註,496,496註,
　497註,498,499,499註,
　504,505
崔鉉培
　113-115,297,317,335,
　496,583,584
崔賢善 viii
崔賢洙 viii
최화 327註

●ㅎ
韓景旭 319註
한글학회 403
한길 80,80註,83
韓普光 559註,561註
韓成求 270
한송화 203
한양길 91註
한영균 291,495註,497
韓栄均
　626,630,632,632註
한영순 236註
한진건 325註
허웅
　72註,407,410,413,416,
　459
홍민표 140
洪珉杓 140
홍순성 91註,93,94
홍윤표 392

651

홍재성　186,203
황병순　203
황선엽　354
황오덕　604 註
황호덕　595,602
히라타 마리코　595

事項索引

凡例
- (1) ローマ字表記のアルファベット順, (2) ひらがな, カタカナ, 漢字表記の五十音順, (3) ハングル表記のㄱㄴㄷ順に配列した.
- 一部に日本語表記と韓国語ハングル表記の双方で検索できるようにした項目もある.
- 数字はページ,「77註」とあれば, 77ページの脚注を示す.
- 単語相当のものだけでなく,「意味の化石」「禅書は読むしかない」といった, 句や文相当のものも項目として含まれている.
- 本文に現れる括弧類は概ね削除して配列したが, 一部残した項目もある.

●●欧文
●A
accentual phrase 246
across cultures 6
AFFECT型 55
alphabet 381
+animate 96
antecedent 92
applied linguistics 5
Archives of Buddhist Culture 568
argument 43註,45註
ASK REAL 229
aspect 458
association 35
associative relation 35
asyntactic compound 430註

●B
basic form 95
BECOME型 55
be 動詞 23
born Christian 586
bound form 30

●C
Catholic 576
close compound 430註
Committee for Translating the Bible into the Korean Language 581
comparative linguistics 5
complement 97
conceptual deixis 115
Concise-Dictionary of the Korean Language in two parts Korean-English & English-Korean 583
congruence 28
constituent 435
constitute 435
contrast 2
contrastive linguistics 6
Corean Primer 579
corpus 495,497
cuneiform script 371

●D
Definite Category Language 34
deictic center 118,118註,123,126
deictic use 120
diachronic linguistics 6
Dictionnaire coréen-français 583
différance 1
difference 1
discourse 9註
distal 114
distinctive feature 388
Documentary Linguistics 223

●E
Eastern Orthodoxy 576
e-book 565
Echo du Japon 583
écriture 14
Edict of Milan 575
EGDIS レベル 228
Einverleibung 23註
Embedded Sentence 94
enchaînement 393

Endangered Language
 Fund 224
Endangered Languages
 222,223
Endangered Languages
 Project 224
Ethnologue: Language of
 the world 225
event 48 註,51 註
EXCLUSION 55 註
external argument 45 註

●F
focus 75
Form 15
form 30
formal style 321
Foundation for
 Endangered
 Languages 224
frame of reference 7
framing remark 142
frequency 603
fusion 26 註,325
fusitonal language 26 註

●G
Gestalt 15,376
gestural use 123
GET 構文 54
Glagolitic script 371
God 587
Grammaire coréenne
 583

●H
Hangeul 371
Hangul 371

Heaven 587
Hebraism 575
Hellenism 575
Henotheism 590
hieroglyph 371
historical linguistics 6

●I
illiteracy 615 註
INCLUSION 55 註
Indefinite Category
 Language 34
inflectional language 23
initialization of finals
 391
instrumental 48
internal argument 45 註
International Mother
 Language Day 224
interpretation 5
IPA 239
irrealis 72
irrelevant 391
isolating language 23

●J–K
KBS 221
Koreanic 225

●L
Language Diversity 232
Language
 Documentation 232
langue 14
Latin letters 376
lexicography 5
liaison 393
linguistic behavior 140

linguistic field 4
linguistic ontology 374
linguistic typology 7
literacy 615,619
logogram 381

●M
main sentence 97
Marshall Mcluhan 558
medial 114
modality 458
mode of existence 2 註
mode of expression 2 註
Monarchianism 590
Mongolian 225
Monotheism 590
mood 329
mora 380
morphophonemics 394
morphophonological
 alternation 394
morphophonology 394

●N–O
Non-Category Language
 34
non-deictic use 120
nonreportive-style 96
noun incorporation 23
 註
/n/ の挿入 395,396
ontology of language
 374
oracle bone script 371
originality 558

●P–Q
Papua 語 72 註

paradigmatic 28,29
paradigmatic relation
　28 註
phoneme 3,381
phonemic alternation
　390
phonemic change 390 註
phonetic letters 381
phonics 382
phonological alternation
　390
phonological change
　390 註
phrase 556
Phrase Structure Rules
　37
pitch accent 379
pitch gloss 379
place deixis 115
politeness mood 320
polysynthetic 23 註
post-structuralism 1
practice-oriented 5
prosecutive case 431
prosodic phoneme 379
Protestantism 576
proto-language 225
proximal 114
QWERTY 方式 389

●R
radical element 29
range 603
realis 72
reflexive 48
reflexive marker 95
reflexive particle 94
Reflexivization 91

relevant 380
represent 15

●S
Sanskrit 23 註
scope 75
segmental phoneme 379
sens modal 186
shame 587
sin 587
sound change 390 註
speech levels 320
spoken language 2
　註,371
stem 23,29
structuralism 1
substratum 552
suffix 23,29
suprasegmental phoneme
　379
SVO 言語 335
syllabary 381
syllabic letters 381
syllabic structure 390
syllabification 390
syllable 380,556
syllable structure 390
symbolic use 123
synchronic linguistics 6
syntactic compound 430
　註
syntagmatic 28
syntagmatic relation 35

●T
tense 458
tetrachotomy 379
text 9 註

text archives 497
Text to Sound 567
The Language
　Archive,TLA 222
tone gloss 379
TOPIK 290
translation 5
trichotomy 379
Tungusic 225
Turkic 225
typography 392

●U-Z
ultramontanism 577
unaccusative verb 45 註
Universal Declaration of
　Linguistic Rights 224
verb complex 28
voice 42 註
word 556
World Language
　Documentation Center
　225
writing 371
written language 2
　註,371

●●あ行
愛国 615
挨拶 142
相づち 140
アイテムとして学ぶ方式
　158
アイヌモシリ 373
下語 547
アクセント 246
アクセント句 246
悪魔 591

655

アスペクト
　193,198-199,420
新しい単語　593
集め書き　392
あなたのいる所　123
アフロアジア語族　36
アムール川流域　230
アメリカ言語学会　224
謝る　141
アラビア語　5
現われうる構造　203
現れる構造　203
アルタイ語族　225
アルタイ型　28-29,35
アルタイ言語
　224-225,230
アルタイ諸語　225
アルファベット　381
アンシェヌマン　393,393
　註
安息教　578
アンネ・フランクの日記
　221

●い
異　553
言い聞かせ　167
イエズス会　576-577
行き違い　140
異言語文化間のコミュニケ
　ーション　142
意志　79,280
意識　556
意識に徹するもの　556
イスラエル　575
位相的な鏡像関係　14-15
位相的な変容関係　377
依存名詞　67 註,172,212

一乗問答　352
位置変化　193
位置変化の結果継続　193
位置変化を表す動詞
　179-180
位置名詞　188-189,193
一項動詞　45 註
一定範疇言語　34-37
一般言語学講義　376
一般コーパス　495
「異」と「同」　552
異文化をまたぐ　6
意味化石　437-438
意味結合　29
意味上の目的語　46
意味転移　598
意味の化石　439
意味の縮小　439
依頼　140,142
以呂波　339
印欧型　28,29
印欧語　28
印刷口訣　339
仁祖大王行狀　454
インターネット
　6,561,607-608
インターネット言語
　593,610
インターネット新語　609
インド　549
イントネーション　245
インド・ヨーロッパ語族　36
印欧比較言語学　5
引用　159,160
引用形
　158,162,164,167-168,
　174
引用構造

　162,168,170-171,174
引用構文　157,159
引用語尾　159
引用詞　159
引用辞　161,163,169-171
引用したように語る　160
引用終止形
　166-167,169,173-174
引用終止節　169
引用する　159
引用節　158 註,159,628
引用接続形
　166,167,169,171,172,
　174
引用動詞　169,171
引用表現
　157-158,161,168
引用標識　159
引用副詞節　169
引用名詞形　169-170,174
引用用言　163
引用連体形　169,173-174

●う
ウェブスター辞書　613
ヴォイス　42 註
ヴォイス接尾辞　256
　註,268
受身的な動詞　211
ウズベキスタン　291
埋め込み文　94
ウルトラモンタニズム　577
恩真中学校　586
雲門公録　547

●え
営為名詞
　183,190-191,194

事項索引

英語
　35,41,47,50,54,55,140,
　143-144,541,596
英語起源の外来語　247
英語の動詞　28
詠嘆法　278
エヴェンキ語　232
エクリチュール　14
エスノローグ　290
エデンの園　590
エクリチュール　2
也里可温(エルケウン)
　576
沿格　431
円覚経略疏　543
延吉方言　320 註
婉曲形　280
遠称　114
円唇性　240
円唇性同化　476
延世(えんせい)→ ヨンセ
演壇　617,618
延辺地域語
　319,323-325,327,331
延边电视台　326 註

●お
応用言語学　5
お教え　556
お教えの本質　555
オープン辞典　595
オスマン・トルコ語　36
オックスフォード辞典　613
音の世界　15
音の変容　390
同じような言語場　9
オランダ語　42-43,55-56
音韻化石　436

音韻規則の化石　440
音韻現象　247
音韻交替　390 註
音韻体系　239
音韻変化　390 註
音声　239
音声言語　11
音声で経典を読み上げる
　567
音節　379-380,390
音節構造　390
音節構造の変容　392
音節構造論　396
音節の外部境界　382
音節の内部構造　382-383
音節文字　381
音節をまたぐ音の変容
　395
音素　3,381
音素交替　390,393
音素体系　244
音素文字　381
音読口訣
　337,339,349-350,354
音の発生論的な根源　385
音変化　390 註
諺文　378

●●か行
海印寺　561
外界語　593
外見　144
開元釈教録　550
外見(の変化)　146
外項　45,45 註
開口度　240
外国語としての母語　544
外国語表記法　247

外国思想としての仏教思想
　544
階称　320-321
階層構造　168
回想法　460,464,466
回想法の形態単純化　466
概念指示　115
概念装置による対照　8
観念的指示　115
海游録　354
外来語　57,596,598
外来語新語　601-602
外来語であるか外国語であ
　るか　602
外来語の新語　600
外来語の氾濫問題　601
カインとアベル　590
顔文字　610
牙音　388
華音啓蒙諺解　479-480
加画　387-388,390
加画キー　389
書かれたことば　2
　註,12,15,157-158,371,
　375-376,495,619
書かれたことば原始コーパ
　ス　501
書かれたことばの起源
　371
書かれたことば・話されたこ
　とば均衡コーパス　522
書きことば　2
　註,287,289,291-292,297,
　313-316,615 註
書きことば高麗語
　292-293,296,298-305,
　307-308,310-312,316-
　317

657

書き手待遇法　277註
核　246
格結合　194-196
格結合　182
確言形　277-278
書くこと　615
格語尾　244,256
格式言語
　　291-292,289,296-297,
　　316
格式体　321
各自並書　389-390
格助詞
　　179-182,205,207-208,
　　289,298,304,316
学僧　551
拡大節　33
確定的な意志　83
確認疑問　271
確認疑問文　278
確認形　279
学之光　623
角筆　344,347,543
角筆口訣　339
角筆符号釈読口訣　345
角筆文字　344
下降イントネーション　82註
過去接尾辞　267
過去連体形　71
過去連体形語尾　281
過去を表す接尾辞　420
カザフスタン　291
下称　270,321,325,328
化石　441
化石化　429
化石形　441
片仮字　339
片仮名　339

形　15
かたち　15
形による対照　8
形の上の余剰性　384
語り聞かせ　167
学解　618
学校英文法　42
学校文法　32
活字口訣　340
活動名詞　207
活用　261
活用語基　403
活用表　31
家庭雑誌　582
カトリック
　　514,528-529,577-578,
　　582-583
カトリック教会　576
仮名　381-382,384
神　587,590
神様　590
神の呼称　584,590
韓英字典　583
感覚的事態　556
勧業新聞　297
咸鏡道　かんきょうどう →
　　はむぎょんどう
刊経都監　543
冠形格助詞　300
冠形形 → 連体形も見よ
冠形詞　68註,407
冠形詞形語尾　71註
冠形詞の交替　631
完結法　461,467
完結法の変化　466
漢語　57,545
韓国アルタイ学会
　　224,229

韓国語学習者コーパス
　　505
韓国語教員資格制度　403
韓国語教材　581
韓国語教材コーパス　505
韓国語コーパス　496-497
韓国語初歩　579
韓国語神学　591
韓国語聖書　581
韓国語大辞典　611
韓国語大蔵経　561
韓国語で韓国語について尋
　　ねる表現　170
韓国語能力試験　290
韓国語文学　584
韓国儒学史　542
韓国聖教書会　582
韓国仏教全書検索システム
　　562
韓語文典　583
漢字　335,381-385
漢字語
　　254,406,596,598,600
漢字語感嘆詞　633
漢字語擬声擬態語　632
漢字語畳語　632註
漢字語にとって代わられた
　　語　406,412
漢字語の副詞　631
漢字仏経　543
感謝　142
感謝する　141
漢城周報
　　616,619,624,625
緩衝表現　160-161,173
勧書伝道人　579
漢数詞　409,417,425
巻子本　11

間接音訳語　605
間接受動
　　43,48-50,54,56,59
間接受動文　50註
間接性　161
間接補語　260註
間接目的語　42,260註
眼前指示　116
観念的指示用法　118
間投詞　259註
感動詞　259註
観念指示用法　128,130註
観念(対象)指示　117
韓仏字典　583
漢文　14,335,349,354,378,
　　628,631註
漢文句　634
漢文訓読　336
漢文構文法　628
漢文修辞法　635
漢文聖書　580
漢文読法　335
漢文の構文法の影響　626
韓民　297
韓民学校　297
漢訳大蔵経　557
勧誘　195,199
勧誘形　275-276,325
勧誘形語尾　312
勧誘表現　196
勧誘文　195
勧誘法　453
関与　55註
関与的　380
関与的な交替　391
監理教　578

●き

機縁　545-546
記憶モデル　117
規格分類　35-36
規格分類　29
危機言語クリアリングハウス
　　224
聞き手敬語の等級
　　451-452
聞き手敬語法
　　447,451,453-455,457
聞き手敬語法の変化　455
聞き手尊敬法　452
聞き手待遇法　269-270
危機に瀕した言語
　　222-223
記号体系　14
記号的指示　115
記号論的視座　10
記号論的な視座　374
擬似会話体　271註
擬似的な遠隔性　161
奇書　617
帰性門　555
擬声擬態語　632
北アメリカ先住民の言語
　　72註
基体　550,552
擬態語　593
北朝鮮の朝鮮語
　　289,313,317
きっかけ　212
基底形　95
既定事実　81
既定の事実　80
記入口訣　339
機能化石　437,438
機能語　336,350
規範　238

疑問形　274,325
疑問形語尾
　　267,296,308-311
疑問形終結語尾　305
疑問語　445
疑問詞　258,260
疑問文　276,445
客語　447
客体　447
客体敬語　455-456
客体敬語法　447,449
客体敬語法の消滅　454
逆読口訣　337
逆読点　343
救世軍　582
救世軍歌　582
救世新聞　582
旧約聖書　575,581
旧訳仁王経　343
教会堂　590
共格(具格)語尾　258
共起する名詞　204
京郷新聞　582
教材　168
共時　16
共時言語学　6
共時態　436,441
経蔵　558
恭遜法　447註
教体　555-556
強調　186
強調構文　70
強調の様態的意味　186
共通した言語場　9
共同幻想　374
共同体　223
共有知識指示　117
共有知識指示用法　130註

659

教養語　293,295
曲用　392,423
虛辞　631 註,632,634
距離　199
距離原理　133
慶尚道　237
慶尚道方言　263 註,319
ギリシア語　5,6,23,27
キリシタン部隊　576
基督教　514,528-530,578
キリスト教　575,585,588
基督教特有の語彙　531
キリスト教の韓国語用語の生
　成　589
キリスト新聞　582
キルギスタン　291
記録言語学　223
議論　555
議論コーパス　520
議論方式　555
今古論争　552
禁止の命令　197,199
禁止表現　478,480
近称　114
金石文　335
近代啓蒙期　615,615 註
近代言語学　21

●く
句　35-36,556
空間の制約　610
空間のメタファー　130
空間を表す直示の象徴的用
　法　122
具格助詞　350
句形複合語　430 註
句構造規則　37
楔形文字　371

具体名詞
　206-207,212,214-215
屈折語　23-24,27,30
国　373
組み書き　392
旧訳仁王経　338,341-342
グラゴル文字　371
クリスチャン　584
軍隊流行歌謡コーパス
　505
訓点　336
訓読　336
訓読口訣　337
訓民正音　371,378
訓民正音解例本
　221,381,384,389
訓民正音諺解本　378
訓民正音のかたち　384
訓民正音のシステム　378

●け
敬意体　273-276,278-280
経筵　349
形音義トライアングルシステ
　ム　14,14 註
景教　576
敬語使用　140
敬語体系　69 註
敬語法　446-447,447 註
敬語法の変化　447
経済新語辞典　594,608
形式　30,558
形式化石　437,439
形式名詞　67,84
形式類型論　22,34
経書　553
慶尚道　237
形態　202,217

形態音韻論　394
形態音韻論的交替
　394-395
形態音素論　394
形態音素論的交替　394
形態規則の化石　440
形態＝ゲシュタルト　376
形態素　394
形態素化石　436
形態素(品詞)注釈　508
形態と意味　217
形態と意味の関わり
　202,214
形態論　603
形態論的カテゴリー　269
形態論的類型論とその発展
　21
景徳伝灯録　545-547
啓蒙　615
形容詞　274
假有　556
激音化　252
華厳　554
華厳経　344-347,352
華厳教学　554
華厳哲学　555
華厳文義要決　347
結果継続　198
結合母音　258
結束性　117
ゲルマン系統　60
原因　210,212
諺音　339
諺解
　5,352-353,378,544,560
諺解の過程　353
諺解本　543
原型性　558

事項索引

言語アーカイブ 221-222,225
言語学の誕生 5
言語活動の動詞 628
言語観 23
言語間対照 4,6
言語教育 10
言語共同体 222
言語記録 232
言語行動 139-141
言語≠国家≠民族 372
言語=国家=民族という幻想の等式 372
言語情報学的分析方法論 537
言語存在論 16 註,374,375 註
言語存在論的な視座 374
言語哲学 22
言語動詞 210,214
言語と生物の多様性 223
言語と民族は一致しない 373
言語と文字が「悟り」のきっかけを与える 546
言語の音 445
言語の化石 429
言語の機能 546
言語の限界性 546
言語の存在様式 2 註
言語の多様性 232
言語の多様性維持 223
言語の表現様式 2 註
言語場 4,4 註,9,9 註,16,159
言語場論 16 註
言語≠文字 372
言語=文字という誤謬 372

言語類型論 7,7 註,26-27
現在連体形 71
現在連体形語尾 281
現実 72
現実法 459,464
現実法の形態変化 464
謙譲の接尾辞 416
謙譲法 447 註
幻想の共同体 374
現代韓国語定着期 615,615 註
現代語から古語を知る 403
現代語=古語小辞典 403
現代新語釈義 594
懸吐 336
懸吐漢韓聖書 580
現場指示 113,115,118,120,124-125,132-133
現場指示用法 118
諺文 378
言文一致 616
現用新語 594
言語多様性保存活用センター 232

●こ

語彙 593,595,597
語彙化 433-435
語彙化石 436 註
語彙史 595
語彙の代替 630
語彙の定着 607
項 43 註,45 註
公案 547
こういう場合に何と言うのか

8
喉音 388
硬音 430
硬音 → 濃音も見よ
口蓋音化 249,278
工具書 545
口訣 335-337,543-544
口訣学会 354
口訣研究 354
口訣字 342,346-347,350
口語 378
項構造 45 註
甲骨文 371
甲骨文字 371
口語 → 〈話されたことば〉・〈話しことば〉も見よ
合字 387,389-390
合字解 389
口授伝訣 337
口授秘訣 337
皇城新聞 616,627
口承文芸 11
合成語 253
構成体 435
攻西派 577
構成要素 435
構造主義 1
高僧伝 551
後続文の根拠 216
後置否定 414-415
膠着型 164
膠着語 23-24,27-28,335
膠着語性 21
膠着語的な形造り 164
膠着的な形造りの原理 174
交通プラットフォーム 560
高低アクセント 379,381

661

高低アクセント言語
　379,383
肯定的評価語　146-153
行動　146
講伯　543
合部金光明経　346
構文分析コーパス　181
構文法の混淆　628
公用語　36
合用並書　389-390
高麗　291
高麗語
　287,290-292,294,296,
　313,316
高麗時代　341,345
高麗人　287,290
高麗大韓国語大辞典
　518-519,521,522
高麗大蔵経　561
高麗大蔵経研究所
　561-562
高麗大蔵経知識ベース
　562
高麗日報　290 註
講論　523
コーパス　495,602
コーパス化　602
コーパス言語学　537,602
コーパス注釈　508
コーパスの現況　500
コーパスの定義　497
頭音法則　250
誤解　140
呼格　544
呼格語尾　258
呼格助詞　303
呼格助辞　544
語幹　23,29

語幹格　260
語基　29,261,403
語基形成システム　264
語基形成母音　264
国漢文混用体　581
国語　36
国語大辞典　611
国語文法　317
国際音声記号　239
国際言語学会　224
国立国語院　315,594
国立国語院の新語調査
　611
国立国語研究院　594
語形変化　212
古語　403
五嶽信仰　552
古語辞典　403
語根　27
五洲衍文長箋散稿
　335,338
語順　346,354
五旬節　578
語順類型論　22
語序　29
呼称　140
呼称語　631
呼称代名詞　631
こそあど　116
古代漢語　543,550
古代小説　457
古代中国語　335
国家　373-374
国漢混用　615-616
国漢混用文　616
　註,626,628,630
国漢混用文体　616 註,621
国漢混用論説文　635

古典語　32
古典中国語　27
古典的言語類型論　22
古典的類型分類　25-26
古典的類型論　27
古典ラテン語　383
五灯会元　549
語頭子音群　430,430
　註,431
語頭のハニ　249
語頭有気音化　434
事柄名詞
　183,186-187,198,207,
　215
言葉とは，まさに道である
　546
言葉の整え　320
言葉を完全に断つ　546
ことわざ　172
断り　140,142
コミュニケーション論　6
好んでとる形態　212
語尾
　164,256,265,267,350
語尾が累加的に結合する
　164
語尾頻度　209
コメント　593,607
固有数詞　417,421,425
孤立語
　23-24,27,34,36,335
高麗　こりょ　→　こうらい
伍倫全備諺解　479
語録　555
語録解　478
混淆語的特性　626
混種語　596,634
混成語　612

662

コンテンツ　558
コンピュータ　607
コンピュータ処理　499
コンピュータ通信言語辞典　610

●●さ行
サービスプラットフォーム　557,560
サービスプラットホームとしての大蔵経　559
差異　1-2
再帰化　91,95,100,104
再帰化現象　98
再帰辞　94,107
再帰辞的用法　108
再帰所有語尾　48
再帰性　55 註
再帰代名詞　91-109,408
再帰代名詞化　92
再帰標識　95
再帰名詞　96
再現論　159,173
最後の晩餐　590
祭祀　552
再出（訓民正音母音字母の）　387
最小対立語　239
最小対　3
最新現代語辞典　596
最新実用朝鮮百科全書　594
最新実用朝鮮百科全書　595
差延　1-2
下がり核アクセント言語　379
サタン　591

雑纂　618
悟り　547
悟り自体　546
座標系　7
三経口訣　352
三才　386
三宗教共通語彙　527
讚頌歌　582
山上の垂訓　580
参照枠　7
三処伝心　545
サンスクリット　23,27,36
サンスクリット語　5,6,545
讚聖詩　582
三蔵訳会　559-561
3人称代名詞　107
賛美歌　581
三分法　379
讚揚歌　582

●し
思惟　23
思惟形式　26
子音　244
子音字母　385
子音・母音などの交換　610
使役　49-50
使役構文　46-47,50,50 註
使役主　48
使役接辞　48,51
使役接尾辞　445
使役態　42 註
使役動詞　51
使役文　50 註
使役法　445
ジェスチャー的用法　123
歯音　388
時間の象徴的直示用法　131
時間の制約　610
時間表現　130
時間副詞　632
時間量　199
時間を表す直示の象徴的用法　129,132
詩経口訣　352
事件時　458
思考原理　1
死語化　434
自己同一性　2
自己卑下　151
司祭　590
指示機能　69,70,72,85
指示詞　113,134,258-260
指示代名詞　258,260,407,418,421
資質文字　389
辞書学　5,595
辞書の編纂　583
辞書編集　5
時制　28,31,458
次清　388
時制法　446
時制法体系　459
時制法の変化　458
自然談話資料　235
思想という「城」　549
士大夫　553
思潮　618
十戒　590
十誡命歌　577
実学　577
実在的指示　115
実践志向　5
質問紙　231
指定詞　68,163,262,274

史伝　618
自動詞　45註,206
自動詞起源説　44,47
自動詞の意味構造　45註
自動詞文　44
使動接尾辞　431
自動的交替　409
字吐口訣　338
支那哲学史講話　542
シニフィアン　16
シニフィエ　16
自発　45-46
自発起源説　46
自発態　42註,45-46
事物代名詞　207
字母　390
下二段自動詞　60
社会学的研究　6
社会言語学　139-140
社会文化学的　595
釈華厳教分記
　　340,342,352
借字口訣　338
釈読口訣
　　336-337,339,354
借用　612
謝罪　140,142
若干高める　451-452
ジャンル　622
周易伝義口訣　353
終声字　252
宗教改革　576
宗教間で共通する語彙
　　535
宗教言語　495,513
宗教言語コーパス
　　523,537
宗教言語比較コーパス

　　513
宗教言語比較実験コーパス
　　523
宗教語彙　527
宗教思想史　578
宗教人口比率　515
宗教言語比較コーパス
　　514-515,524
終結語尾
　　80,289,296,305,311-
　　312,317,452-453
終結語尾 → 終止形語尾も
　　見よ
終結法　457
集賢殿　544
15世紀韓国語の聞き手敬
　　語法　453
15世紀韓国語の時制法
　　459
15世紀の韓国語　445
宗古聖教会月報　582
十字架　590
終止形　201,269-270
終止形語尾
　　164,279,319,324-327,
　　331
終止形語尾 → 終結語尾も
　　見よ
修飾語　35
就職ポータルサイト　608
終助詞　81
終助詞成分　33
終声字　255
終声の初声化
　　252,391-393,395-396
従属節　191
集団意識　610
重綴　392-393

周辺的言及　142
重要術語　601
自由与格構文　50註
主格助詞　298,350
主教　590
儒教根本主義　576-577
修行僧　551
儒教の経書　553
縮約形　165
縮約論　165
儒家の口訣　352
主語　92,447,460,466
主語と述語　29
主節　191-192
主体　447
主体敬語　448
主体敬語法　447,453-454
主題語　93
主体尊敬助詞　454
主体待遇法　277註
主張する文　617-618,623
出エジプト　590
述語　29,447,630
述語構造　32
述語成分　33
述語文　11
受動　41
受動形式　57,60
受動構文　50
受動構文の種類　44
受動接辞　48
受動態　42註
受動表現　41,50註
受動文　41
受肉　591
朱筆口訣　340
主文　97
主要語　35

事項索引

準拠枠　7
順読口訣　337
純ハングル文　580
書　13
照応　28
照応指示　115
照応的用法　116
捷解新語　454
小學諺解　468
状況語　260 註
状況指示　115
状況神学　591
象形　385,387
畳語　632
尚書　552
上称　270,321,325
上昇イントネーション　81 註
少数民族　222
小説　618 註
状態持続相　463,467
象徴的用法　123
焦点　75
声点　379
焦点部分　70
誦読口訣　337
少年　625
使用頻度調査　209
従容録　549
省略　107
省略形　108
少林寺武術　555
処格形　261
書記言語　11
続日本紀　374
序詩　586
助詞　28,69,217
所示素　115
助詞の現れ方　217

所持物　144
書写映像　14
書写方法　615,619,634
初出(訓民正音母音字母の)　387
叙述形　271,273
叙述型語釈　596
叙述形語尾
　　296,305,307-308
叙述形終結語尾　305
叙述法　452
助数詞　409
初声　384
助動詞　28,32,163
新羅時代　343,348
新羅写経　344
シリア教会　576
箋　555
親遠　116
唇音　388
神学月報　582
新旧教　578
親近　116
シングル・トラック　12,13 註
唇軽音　389
新語　593,613
進行相　463
新語辞典　596
新語資料集　611
新語の調査研究
　　594-595,611 註
新語の純化　607
新式言文無雙尺牘
　　594-595
新術語　601
新小説　624
信西派　577
神仙の宗教　553

新造語　593
親疎関係　271
仁祖大王行狀　454
身体名詞　207
真如自性　556
神父　590
神父の講論　514
新編諸宗教蔵総録　351
神滅不滅論争　546
新約聖書　575,581
新羅　しんら → しらぎ
新来成語　594
浸礼　590
浸礼教　578

●す
錐穴問答　351-352
遂行　146
隨相門　555-556
推量　79
推量法　280
数　28,31
数詞　423
数字に置き換える　610
優れた文字　384
スコープ　75
スコープ機能　75-76,85
スコットランド長老教　579
捨て仮名　382
スワヒリ語　36
崇実中学校　586

●せ
西欧思想　585
西欧諸語　52,56
正音　378
聖会頌歌　582
性格　144

西学　577
正格用言　265
聖教　577
成句　634
聖潔教　578,582
聖公会　578,582
制字解　386
聖書　575,580
正書法　392,394
聖書翻訳　578-579,590
聖書翻訳委員会　581
生成　612
生成文法　22,36
生成文法理論　21-22
製造プラットフォーム　560
正体口訣　338
声調　404,419
聖殿　590
聖堂　590
生物の化石と言語の化石　431
生物の多様性　222
西北方言　236,238
西洋文法の受容　42 註
性理学　353,554
世界記憶遺産　221
世界言語権宣言　224
世界言語文書化センター　225
世界の記憶　221 註
世界母語デー　224
藉身　591
舌音　388
説教　523
説教コーパス　520
接の手法　27
接辞　23,29
接続形　

163,191,198,201,209-210,213,217,280
接続形語尾　166,267,268
接続語尾　306,309
絶対格　260
絶対指示　119-121,125,134
接頭辞　438
接尾辞　265,268,413,424,438
説明する文　617
絶滅危機言語　230
絶滅危機言語基金　224
絶滅危機言語財団　224
絶滅危機に瀕する言語　221-222
絶滅の危機に瀕する言語記録　222
台詞　105
ゼロ子音　392
先行　210
先行詞　92
先語末語尾　72,447,450,453,461-462
禅語録　547
禅思想　545
禅宗永嘉集諺解　337
先住民　224
禅宗與中国文化　554
禅書　545,547
禅書は読むしかない　548
全清　388
前舌化　248-249
全濁　388
聖誕節　591
前置否定　414
前提部分　70

禅の体験　546
禅の文献　545
先鋒　297
専門分野の新語　608
洗礼　590

●そ
相　458
造格　48
宋高僧伝　551
総合的な形　158
造語論　268
荘子　550
造字法　388-389
総称的　74
相待敬語法　320
相 → アスペクトも見よ
挿入　393
想念的指示　115
僧侶の法文　514
ソウルことば　293
ソウル大学　224,229
ソウル方言　235-236,240-241,248,252,260-261,263-264,266-269,271,274-276,280-281,326,328,381
疎遠　116
俗文　551
側面音化　253,255
祖語　225
ソシュール言語学　13,375
属格語尾　257
属格助詞　106-107,350,418
俗講　551
ソビエト高麗民族　291
尊敬接尾辞　277

事項索引

尊敬の主格助詞　299
尊敬の接尾辞　416
尊敬法　447 註
存在詞　262,273-274,420
存在論的視座　10
存在論的なありよう　11
存在論的なありようを照らす　16
尊称　544
存在論的な違い　12
尊待　296,308,311-312,317
尊待法　447 註

●●た行

態　42 註
対格助詞　350
大韓基督教書会　582
大韓興学報　627
大韓毎日新聞　621-622
大韓毎日申報　616,627,629
大韓民報　594
待遇表現　140
待遇法　269,270-272,277,320,328,447 註
待遇法上　271
待遇法体系　319,322-323,331
待遇法等級　328
体系　3
体言　216
体言語尾　256
体言範疇　205-208,211,216
体言連結体　300
代語　555

第III語基　255,262,273
第III語基形成母音　261-263,273
対者待遇　80 註
対象化して眺める　543
対照言語学　6
対照言語学的研究　41
対照する　1-5, 7-10
対照する枠組み　8
対照という方法　1
大乗讃　546
大蔵経　557
大蔵経2.0　571
大蔵経電算化　561
第II語基　255
対比性　76
タイポグラフィ　392
代名詞　104,116,418
代名詞の要素　54
代名詞の交替　631
代用　69 註
第IV語基　403
対話体　296
高めない　451,452
高める　451,452
多義語注釈コーパス　505
多言語　224
他者のことば　159,161
他者のことばと重ね得る　13
多総合　23 註
ただ意識　556
奪格　53 註
他動詞　43,205
他動詞型　55-56,60
他動詞型構文　60
他動詞型の受動構文　56
他動詞構文　50,54

他動詞の意味構造　45 註
他動詞文　44
他動詞文起源説　62
他の言語場　159
多様性　22,221,223
単位化石　436
単一神論　590
単一節　33
単音節漢字＋하-型用言　632
単音節漢字語体言　632
単語化石　436,439
単語結合　179,181,184,202,212-213
単語結合論　181
単肢型　29
短縮形　165
団体名詞　186-187
単母音　237,239,387
談話　9 註,12,113,140
談話管理　117
談話管理者　117
談話管理モデル　117
談話分析　9 註
談話論研究　9
談話論的な機能　186
談話論＝文法論研究　10

●ち

小さい「っ」　382
小さい「ゃ」　382
血の涙　623
血の歴史　577
チベット語　545
茶禅一味　555
チャット語　593
中央アジア高麗語　287

註解語録総覧　478
中級教材　168
中国語歴史文法　545
中国　290,549
中国語　24,47,50註,140,
　　290
中国朝鮮語　313-316,319
中国朝鮮族　289
中国朝鮮族の朝鮮語
　　314-315
中国的な何か　549
中国の朝鮮語　317
中国歴代口語文　545
注釈コーパス　508
中称　114,321,325,330
抽象名詞
　　206-208,210-213
中声　385
中世漢語　545
中世韓国語　336,437
中世語　59
中部方言　238,326,328
註維摩経　550
チュリム・チュルク語　232
チュルク　228
チュルク語族　36
チュルク語派　226,227
超分節音素　379
聴者待遇　320
朝鮮王朝実録　349
朝鮮キリスト人会報　582
朝鮮語学会　584
朝鮮語学会事件　584
朝鮮語研究会　584
朝鮮儒学史　542
朝鮮族　319,326註
朝鮮通信使　353
超分節の特徴　245

長母音　381
長老教　578,580,582
直示　113
直示的用法　116
直示の象徴的用法
　　118,120-121,124,132-1
　　34
直示の中心　118,118
　　註,123,126
直示用法　120
直接音訳語　605
直接指示　116
直接受動　43,49,54
直説法　273-274,278
直接法疑問形　275
直接目的語　42-43,48,49
　　註,54
直訳語　605

●つ
通時　16
通時言語学　6
通時態　441
通時的変化　54,429
通信言語　593
通俗語　602
通俗的な分類　25-26
通訳　5
続けて書く　610
綴り発音学習　382
罪　587
ツングース語派　226

●て
定形動詞　28
帝国新聞　616
程度の象徴的用法
　　127-128

程度を表す直示の象徴的用
　　法　125,127
丁寧化のマーカー　168
出来事　48註,51註
テキストアーカイブ　497
テキスト音声変換　567
"-的"派生冠形詞　636
テキスト　9註,11,558,619
テキスト論　9註
テキスト論的な思考　10
デジタル革命　557
デジタル大蔵経　572
綴字法　251,254
テレビ放送　326註
天　584,587
添加　393
天国と地獄　590
電子仏典　561-562
電子仏典文化コンテンツ研
　　究所　562-563
天主　577,590
天主学　577
天主教　514,528-530,577
天主恭敬歌　577
天主教特有の語彙　532
テンス　→　時制を見よ
伝達する文　617
天地人　386
天帝　590
天道教会月報　594
伝道文書　578
天道讃辞　582
点吐口訣　338
伝法偈　545

●と
吐　335-337,543,544,580,
　　628

事項索引

吐 と → 토(吐) も見よ
ドイツ語
　42-43,55,542,596
東亜日報　620
同化　247
東京外国語学校　581
東京外国語大学　581
同形異義語　508
同形語　520,522
統合大蔵経サービスシステム　569
統合宗団大韓仏教曹渓宗　561
唐高僧伝　551
東国正韻式　353
東国大学校電子仏典文化コンテンツ研究所　506
東国大仏教学術院　568
東国訳経院　561-563,572
統語原理　28
統語類型　28
統辞論的原理　26
動作継続　199
動作主　45
動作の継続　194
動作の主体　42,45 註
動作の先行　210
動詞　274
同時　211
同志社大学　586
統辞的複合語　430 註
統辞的方法　445
東寺百合文書　221
等称　270,321,325
統辞論的な観点　218
道身章　351-352
東大寺諷誦文　348
到達格(終点格)語尾　258

到着点　179,185
同定　2-3
問うて曰く構文　626
貴い文字　384
東部ユグル語　232
東方正教会　576,578
東北方言　322
ト書き　105
解き書き　392
読者　619
特殊コーパス　495
独立新聞　616-618
独立的用法　116
土着化神学　591
トポロジカルな変容関係　377
とりたて語尾　256
トルコ語　27,33,42
トルストイの思想　585
東国　とんぐく → とうごく
頓悟　554
敦煌　551

●●な行
名　556
内項　45 註
内容　558
ナ形容詞　71
訛り　295
ナラティブ　596
なわばり　116
縄張り　116
南宗禅　554
南方宣教ルート　579

●に
2音節漢字+하-型用言　633

2音節漢字語体言　633
ニ格　42
二言語辞書　5
二項動詞　45 註
21世紀大蔵経　558
二重主格受動　44 註
二重母音　243
日常言語　289,292,296,316,495,537
日常言語で議論すること　554
日常的高頻度語彙　525-526
2人称代名詞　100-101
ニヴフ語　232
日本紀　373-374
日本語　42-44,51,53,373,596
日本語の受動形式　57
日本書紀　373-374
日本の声　583
日本民族　374
潤文　571
人間代名詞　207
人間名詞　206-207,212,214
人称　28,31,460,466
人称概念　116
人称原理　133
人称受動の類型　55
人称代名詞　91,258,408

●ね
ネイバーオープン国語辞典　610
熱河日記　577
ネットユーザー　593,607

669

拈挙　555

●の
ノアの方舟　590
濃音　253,389,430
濃音化　247,395
濃音化のマーカー　389
能動　46
能動態　42 註,45-46
能動文と受動文　42
能力　144
昇り核アクセント言語　379

●●は行
パーリ語　545
排除　55 註
排他的　30
拝天思想　590
拍　380
白龍城　大宗師　叢書　560
白話諺解　479
白話文　476-477,480
恥　587
場所移動　180
場所名詞
　　183-186,191-194
場所を表す象徴的直示用法
　　127
パスパ文字　384
派生　413,424
派生語　253,435
派生的な意味　599
派生的方法　445
八万大蔵経　542
発音器官　385
発話時　458
発話時点　132
話されたことば　2

　註,10,12,15,157-158,
　　371,375-376,495
話されたことば至上主義
　　14
話されたことばのコーパス
　　501
話しことば　2
　註,287,289,292,313-314
　　,316
話しことば高麗語
　　292,296,298-302,304-
　　305,307-308,310-312,
　　316-317
バプテスト　578,582
咸鏡道　237
咸鏡道方言
　　268,319,321-322,325
咸鏡北道方言　291
パラ言語　141
パラダイム　27-28,30
パラダイム性　35
パリ外国宣教会　577
パロール　16
ハングル　352,371
ハングル大蔵経サービスシ
　　ステム　563
ハングル学会　611
ハングル口訣　338
ハングル新聞　616
ハングル聖書　578
ハングル正書法統一案
　　317
ハングル聖書翻訳　579
ハングル専用　615
ハングル体　621
ハングル大蔵経
　　507,513,542,543,557,
　　561-562,564-565,568

ハングル大蔵経改訳事業
　　561
ハングル大蔵経改訳電算化
　　事業　563
ハングル大蔵経コーパス
　　496,505,509,511,536
ハングル鉛活字　579
ハングル文章　626,630
ハングル論説文　635
板刻口訣　340
反語表現　74
半歯音　388
半舌音　388
反対意見表明　140
範疇連鎖　47
バントゥー語族　36
バントゥー語　28
判比量論　344
半母音
　　242-243,248,251,264,
　　387
パンマル語尾
　　475,478-479
パンマルの命令法語尾
　　478
汎用語尾　327
範例　27
範例関係　28 註,35
範例的言語　28
範例的統語原理　28-29

●ひ
被引用部
　　161,163,169,171
ヒエログリフ　371
比較言語学　5
比較コーパス
　　516,520,530

670

事項索引

非格式体　321
光の世界　15
非関与的　391
非関与的な交替　391
非敬意体
　271,273-275,277,279-280
非言語的な要素　141
非現実　72
非自動的交替　409,425
非述語文　11
非対格型　55,60
非対格型構文　60
非対格型の受動構文　56
非対格動詞　45註,46註
非直示的用法　116
非直示用法　120
筆写本　551
ピッチアクセント　380
ピッチパターン　246
否定文　414
非統辞的複合語　430註
人人談禅　554
非能格動詞　45註,46
非報告文　96
被膜性　161
比喩的な意味　599
表音文字　383
評価語　146,151,153
表記する　15
表現による対照　8,9
表現様相　8註
表現様相論　8,8註
表語文字　381,383
標準語　236-237,272,326
標準国語大辞典
　487,518-519,521-522,
　597,611,613

評唱　548
平安道方言　250
　註,269,319
平安方言　235
平壌文化語　235
平壌方言
　235-236,238,240-241,
　243,245,248,250註,
　254,255,260-263,265-
　272,274-281
品詞記号　510
品詞体系　508
品詞別頻度分布　524
頻度チャート　503-504
頻度目録　503

●ふ
フィン・ウゴル語族　36
フェニキア人　221
フォニクス　382
不完全名詞　67註
福音歌　582
福音讃美　582
福音書　579
複合語形成規則　440
複合体　35,36
副詞格助詞　300,302
副詞語　260,447
副詞類の交替　631
副動詞形　163
副動詞形 → 接続形も見よ
符号口訣　338-339
符号釈読口訣　345-348
不清不濁　388
付属形式　30
復活節　591
仏教
　514,528,542-543,557

仏教学　545
仏教学者　541
仏教語彙　536
仏経思想　545
仏教というメッセージ　558
仏教特有の語彙　533
仏教文化コンテンツ　571
仏教用語シソーラス　571
仏家の口訣　352
復興聖歌　582
仏典　353
不定範疇言語　34,36-37
不読字　347
普遍性　21-22
プラットフォーム　557,559
フランス語
　42-44,47,50,55,393,596
振り仮名　13註
振り漢字　13註
不立文字　545
プロソディックな要素　381
プロテスタント
　514,528-529,579-581,
　583
プロテスタント教会　576
プロテスタント受容時代　578
プロテスタントの韓国伝来　577
プロミネンス　247
文　12,556
文苑　618
文化語
　235-238,243,248,265-
　266,269註,272,275
文化コンテンツ　557,570
文化多様性　224
文化複合体　223

671

文光書院 579
文語 → 〈書かれたことば〉
　〈書きことば〉も見よ
文識性 615,619
文終結助詞 304-305
焚書 552
文章の混淆性 626
文章のジャンル 622
文章符号を重ねる 610
文成分 197,447
分析的な形 71
分節 390
分節音素 379
文体 615,619
文体の現代性 626
文体の現代性判別 630
文体の混在 624
文体の成立過程 615
分綴 390 註,392-393
文導入副詞 632
文の総合的定立 23
文は述語で終わる 11
文法(平壌方言の) 255
文法化 202,467
文法形式 158
文法範疇
　28,30-31,447,458
文法変化 445
文法論 11
文末表現 75
文末モダリティ表現
　68,71,75,80
文脈指示 115-116
文脈指示用法 118,130
　註,131
文脈承前 116
分裂文 70,76
文禄の役 576

●へ
平安道 へいあんどう → ぴ
　ょんあんどう
米国聖書公会 580
閉鎖複合語 430 註
丙子の乱 577
並書 387,389-390
平称 544
平壌 へいじょう → ぴょん
　やん
平叙形 325
平文コーパス 181
海印寺 561
碧巖録 546-549
白龍城 大宗師 叢書 560
別語 555
ヘッジ表現 140
ヘブライズム 575
減らして書く 610
ペルシャ語 5
ヘレニズム 575
変格用言 255
変化の対象 45 註
返信 593,607
変相図 551
変文 551
弁別的特徴 388
弁別的特徴文字 388

●ほ
母音交替 249
母音字母 386
母音調和 263
母音の前舌化 262
法 28,329
方言 314
方言形 236
抱合 23 註

抱合語 23-24
方向名詞
　183,188,192,197-199
奉先寺 542
傍点 379,381,404
法文 523
法文コーパス 520
法宝院 561
ボーン・クリスチャン 586
他 553
牧師 590
牧師の説教 514
北斗信仰 552
墨筆口訣 340
法華経 339,346,350
法華経諺解 480
母語 21
母語を獲得 21
補助詞 205,207
補助助詞 304
ポスト構造主義 1
補足説 158 註
法華経 339,346,350
北方宣教ルート 579
補文 97
ほめ 140,143,144
ほめの対象 145
ほめの表現 151
ほめる 141
ほめる言語行動 139,143
「ほめる」という行動
　139,142
梵語 23 註,550
梵字 384
奉先寺 542
梵唄 551
翻訳 5,550,559,578
翻訳活動 552

事項索引

翻訳現場　550
飜譯小學　468
翻訳神学　591
翻訳老乞大　475

●●ま行
毎日申報　616 註
摩擦音化　433
マックス・プランク研究所　225
マルコが伝えた福音書詳解　581
マルコによる福音書　581
マルチ・トラック　13 註
満洲ツングース　228
満洲ツングース語派　226
万葉集　373

●み
ミサ　590
未定法　462
未定法の生成　470
未定法の変化　469
御堂関白記　221
ミニマルペア　239,241
身振り　141
未来連体形　71
ミラノ勅令　575
民衆神学　591
民族　373
民族精神　23

●む
ムード　269
ムード形式　167,195,199
ムード的な対立　72
無形資料　232
無情　585

無範疇言語　34,36-37

●め
銘　555
名詞化　68,70
名詞化機能　69,70,72,85
明治学院　585
名詞句　179,181-182
名詞節　208,210-211,216
名詞のカテゴリー　182,198,212
名詞の分類　203-204
名詞抱合　23 註
命令形　275-276,277 註,325
命令形語尾　312
命令法　452
メキシコ語　24
メソジスト　578,580,582
メッセージ　558
メディア　557-558

●も
蒙古文字　384
毛詩　552
毛筆口訣　339
モーセ五書　590
モーダルな　186 註
モーダルな意味　274
モーラ　380
目撃法　273-274,279
目撃法疑問形　275
目撃法終止形語尾　278
目的格助詞　299
目的語　53,93,206,447
目的語を伴う間接受動　51
木版　551
木版印刷術　558

目標点　180
文字　371
文字口訣　338
文字釈読口訣　341,343,347
文字生活　615
文字の優劣　383
モダニズム　601
モダニズム文学　595
モダリティ機能　75-78,85
モダン　603
モダン語　602
モダン朝鮮外来語辞典　595・596,602
モダンボーイ　601
物名詞　189,192,198
モバイル・デバイス　11
モンゴル　228
モンゴル語　42,44,47-49
モンゴル語派　226-227
文盲　615 註

●●や行
ヤ行音　385
訳経　560
訳経僧　551
約束　83
耶蘇教　577
耶蘇聖教全書　579
耶蘇聖教問答　579
耶蘇聖教要領　579
耶蘇聖教ルカ福音全書　579
大和民族　374

●ゆ
唯一神信仰　584
唯識　556

673

唯識学派　556
唯識門　555-556
維摩経　550
唯一神論　590
有形資料　232
有限要素　30
融合　26-27,325,327
融合語　26 註
有情　585
有生名詞　96
瑜伽師地論　339,346
六鎮方言　291,322,325 註
ユダヤ教　575
ユネスコ　221,224
指差し行為　118,133-134

●よ
拗音　382
要義問答　352
用言　28,261
用言語尾　165
用言接尾辞
　　262,265-267,273,281
用言の한다体終止形　165
用言の否定　414
用言複合体　28,32-35
用言連体形　71
用言連体形＋것　72,74
用言連体形＋것＋指定詞
　　75
様態　458
様態助詞　186
与格（与位格）語尾　257
予期連体形語尾　281
抑揚の核　246
読み書きの能力　615
読む　548
熱河日記　577

延吉方言　320 註
延世韓国語辞典
　　518-0519,521-522
延世教育用コーパス　505
延世均衡コーパス　505
延世大言語情報研究院
　　502,511-512,521
延世20世紀韓国語コーパ
　　ス　501
延世20世紀コーパス
　　502-503
延禧専門学校　586
延辺地域語
　　319,323-325,327,331
四分法システム　378-379

●●ら行
ラテン語　5,6,23,30,35-36
ラテン文字　376,383
ラング　14,16
藍筆口訣　340

●り
リエゾン　393,393 註
リズム単位　245-246
立教大学　586
律蔵　558
吏吐　337
吏道　337
吏読　337,344
略体口訣　338
略待　321,325,329
略体口訣　344
略待上称　321
理由　212
流音化　253
琉球王国　373
流行歌　602

流行語　601
梁高僧伝　551
楞厳経　340
楞厳経諺解　353
両肢型　29
領洗　590
量を尋ねる疑問詞　261
呂氏郷約諺解　340,350
理論志向　5
理惑論　553
リンガ・フランカ　36
臨時語　611

●る
累加的に結合　165
類義語提示　596
類型学　7
類型化の困難な点　25-26
類型分類　23,29

●れ
例義（訓民正音の）　389
連体引用形　280
礼拝　590
礼拝堂　590
レーニン旗幟　316
レーニンの旗幟　289 註
レーニンの旗　289 註
歴史言語学　6
歴史的変化の痕跡　432
連音　393
連結語尾　344
連結語尾　れんけつごび　→
　　接続形語尾も見よ
連語　181
連合関係　35
連辞関係　35
連辞的言語　28

事項索引

連辞的統語原理　28,29
連書　387,389-390
連想　35
連体形　201,209,281
連体形語尾　67,71,72
　　註,172,281
連体詞　68 註,438
連体詞の交替　631
連体修飾語　67
連体修飾成分
　　207-208,217
連体節　98,460
連綴　392-394

●ろ
老乞大諺解　475,484
老乞大新釈諺解　475
ローマ教皇庁　577
ローマ字　381-383,392
ローマ帝国　575
六鎮方言　291,322,325 註
ロシア語　596
ロシア正教会　578
ロシア文学　585
論説　617
論説文　615,617-618
論蔵　558
ロンドン大学　224

●●わ行
枠組み　7
話行動詞　628
話線の方向性　35
話題の中心　42
話頭　547
我々の文法　297,317
ヲ格　42
ヲコト点　346

●●ハングル
●ㄱ
가미사마　590
가유　556
가정잡지　582
각자병서　389
간경도감　543
刊経都監(간경도감)　543
講伯(강백)　543
같음　321
개신교　578
객어　447
객체높임법　447,449
격식언어　289,291,292
격식체　321
격조사　289
결합모음　258
겸양법　447 註
경상도　237
경어법　447 註
경연　349
경음　430
경향신문　582
京郷新聞　582
계칭　320,321
고려　291
고려말　287,290,291
고려사람　287,290
고려어　291
高麗語(고려어)
　　287,290-292,294,296,
　　313,316
고려일보　290 註
高麗日報(고려일보)
　　290 註
공손법　447 註
공시언어학　6
관여적　380

관형격조사　300
관형사　438
관형사절　460
교양어　293
교체　556
교회당　590
구결　335,543
구문분석말뭉치　181
구세군가　582
구세신문　582
구어　287,289,316,495
구어 고려말　292,316
구역인왕경　338
구조주의　1
국립국어원　315
국어대사전　611
국어문법　297,317
권업신문　297
그리스도신문　582
글쓰기　615
기독교　578

●ㄴ
남종선　554
남한말　313
낮춤　321
노아의 방주　590
높이지 않음　451
높임　296,317,321,451
높임법　446
누리꾼　593,607
능엄경　340

●ㄷ
단어화석　436
대우법　447 註
대조언어학　6
대조하다　2

675

대화체 296
댓글 593,607
도신장 352
두음법칙 250

●ㄹ
ㄹ語幹用言 264-265,416
러變格活用 419-420
레닌기치 289 註,316
레닌의긔치 289 註

●ㅁ
마가가 전한 복음서언해 581
마가복음서 581
말글터 4
말뭉치 495
말소리 445
말차림 320
말해진 언어 2 註,371
맞춤법 254
명령법 452
명령형어미 312
모던어 602
모던조선외래어사전 595
모세오경 590
모아쓰기 392
목사 590
목적격조사 299
목적어 447
목관 551
문어
  287,289,291,316,495
문어 고려말 292,316
문자 371
문장성분 447
문장종결조사 304
문화어 236

미사 590

●ㅂㅸ
'ㅂ'系語頭子音群 437
ㅂ變格活用 422
ㅂ變格用言 263
반말 320 註
방점 379
벽암록 547
병서 389
병자호란 577
보조조사 304
복음가 582
복음찬미 582
봉선사 542
부사격조사 300
부사어 260,447
부활절 591
부흥성가 582
북한말 289,313
분절 390,390 註
불립문자 545
비격식체 321
비관여적 391
비교언어학 5
ㅸ消失 422

●ㅅㅆㅿ
ㅅ變格活用 422
사대부 553
사동법 445
사동접미사 445
사이 ㅅ 254
사이소리현상 253
사전학 5
사제 590
사탄 590
사투리 295

산상수훈 580
3 월 1 일 297
삼처전심 545
상대경어법 320
상대높임법 320
서북방언 238
서술형어미 305
序詩(서시) 586
서울말 237 註,293
석독구결 336,337
석화엄교분기 340
선봉 297
선서 545
선어말어미 447
선종영가집언해 337
성교 577
성당 590
성리학 554
성육신 591
성전 590
성탄절 591
성회송가 582
세례 590
소베트 고려민족 291
송독구결 337
수행승 551
순독구결 337
시제 458
시제법 446
신 590
신구교 578
신래성어 594
신부 590
신술어 601
신식 언문 무쌍 척독 594
신어사전 596
신어의 조사 연구 611 註

事項索引

신편제종교장총록　351
신학월보　582
십계명　590
십계명가　577
십자가　590
쓰여진 언어　2註,371
△の消失　422

●ㅇ
'ㅏ'系語尾　446
'ㅗ'系語尾　445
야리가온　576
야소교　577
약간높임　451
양상　458
양태　458
양태적　186註
어휘화　433
언문　378
언어유형론　7
언어의 화석　429
언어장　4
諺解(언해)
　　5,352-353,378,544,560
언해　5,352,378
에덴동산　590
여씨향약언해　340
역경승　551
역독구결　337
역독점　343
역사언어학　6
연변텔레비죤방송　326註
연서　389
영세　590
예배　590
예배당　590
예수성교누가복음전서
　　579

예수성교문답　579
예수성교요령　579
예수성교전서　579
오주연문장전산고　335
오직 의식　556
오픈사전　595
外界語(외계어)　593
외계어　593
외국말적기법　247
요의문답　352
용언토　256註
우리 말본　297,317
우리말 다듬기　607
우리말 큰사전　611
우리말본　584
우리말사전　584
원각경략소　543
원시말뭉치　181
유가사지론　339
유행어　602
유형학　7
음독구결　337
음소　3,381
음소교체　390
음소문자　381
음운교체　390註
음운변화　390註
음운화석　436
음절구조　390
음절문자　381
응용언어학　5
의문형어미　308
21세기 세종계획
　　균형말뭉치　181
인용표지　159
인터넷 언어　593
일반 말뭉치　495
일상 언어　495

일상언어　289,292
일승문답　352
읽는다　548
임진왜란　576
입겿　336

●ㅈ
자질문자　389
자토구결　338
전법게　545
점토구결　338
접속어미　306
조선그리스도인회보　582
조선문자급어학사　584
조선어전기　584
조선어철자법강좌　584
존경법　447註
존대법　447註
존재 양식　2註
존칭　544
종결어미　289,296
종고성교회월보　582
종교 언어　495
종성의 초성화　391
주교　590
주역전의구결　353
주체　447
주체높임법　447,453
중국 조선족 조선말　314
중등조선어법　584
중부방언　238
중성　385
중요술어　601
진여자성　556
집현전　544

●ㅊ
차선일매　555

677

차연 1
차이 1
찬미가 581
찬성시 582
찬송가 582
찬양가 582
채팅어 593
천당과 지옥 590
천도교회월보 594
천도찬사 582
천제 590
천주 577,590
천주공경가 577
천주교 577
천주학 577
첨가 393
청유법 453
청유형어미 312
청자높임 455
청자높임법 447,451
청자대우 320
체언 연결체 300
체언토 256 註
초성 384
최신 현대어사전 596
최신실용 조선백과전서 594,595
최후의 만찬 590
추혈문답 352
출애굽 590
침례 590

●ㅋ
카인과 아벨 590

●ㅌ
토 256 註,335,543,628
吐 (토)

335-337,543-544,580
통속어 602
통시언어학 6
통신 언어 593
통역 5
특수 말뭉치 495
틀. 좌표계 7

●ㅍ
파닉스 382
판비량론 344
팔만대장경 542
평안방언 235
평양말 235
평양문화어 235-236
평양사투리 235
평칭 544
포스트구조주의 1
표어문자 381
표준국어대사전 597
표현 양식 2 註
필사본 551

●ㅎ
'ㅎ'終声体言 431
ㅎ末音を持つ体言 423
하나남 584
하나님 590
하느님 584
하늘 584
하늘 587
하늘과 바람과 별과 시 586
하늘숭배사상 590
학승 551
한국어교원 자격제도 403
한글 371

한글 맞춤법 392
한글갈 584
한글대장경 542
한글맞춤법통일안 317
한글바른길 584
한다体の終止形 163
한다体終止形 170,171
한민 297
한민학교 297
漢城周報(한성주보) 616,619,624-625
함경도 237
합용병서 389
합자 389
海游録(해유록) 354
현대신어석의 594
현용·신어 594
懸吐 336
형태소화석 436
형태음소론 394
형태음소론적 교체 394
형태음운론 394
형태음운론적 교체 394
호격조사 303
화석화 429
화엄 554
화엄문의요결 348
皇城新聞(황성신문) 616,627
훈독구결 337
훈민정음 371,378

執筆者プロフィール

[編・執筆]

野間　秀樹（のま・ひでき　노마 히데키）
明治学院大学教養教育センター特命教授．東京外国語大学大学院教授，国際教養大学客員教授，明治学院大学客員教授を経て現職．東京外国語大学大学院修士課程修了．言語論，朝鮮言語学，日韓対照言語学，韓国語教育．論著に『ハングルの誕生──音から文字を創る』(平凡社．アジア・太平洋賞大賞) =『한글의 탄생──〈문자〉라는 기적』(金珍娥・金奇延・朴守珍共訳．坡州：돌베개)，『韓国語をいかに学ぶか──日本語話者のために』(平凡社)，『한국어 어휘와 문법의 상관구조』(韓国語 語彙と文法の相関構造．ソウル：太学社．大韓民国学術院優秀学術図書)，編著に『韓国・朝鮮の知を読む』(クオン．パピルス賞) =『한국의 지를 읽다』(김경원訳．高陽：위즈덤하우스) など．大韓民国文化褒章．ハングル学会周時経学術賞．

[執筆．＊印は翻訳も]

安　大鉉（あん・でひょん　안 대현）
韓国技術教育大学校講師．現口訣学会総務理事．延世大学校大学院国語国文学科文学修士，文学博士課程修了．音韻史．文字史．論著に，「『창진방촬요』의 서지와 언어」(『瘡疹方撮要』の書誌と言語) (『国語史研究』第7号)，「한국어 중앙어 ㄷ구개음화의 발생 시기」(韓国語の中央語のヒロ蓋化の発生時期) (『国語学』第54輯，ソウル：国語学会)，「주본『화엄경』점토석독구결의 해독(1)」(周本『華厳経』点吐釈読口訣の解読 (1)) (『口訣研究』第20輯，ソウル：口訣学会) など．

李　在洙（い・じぇす　이 재수）
東国大学校仏教学術院助教授，仏教記録文化遺産 Archives 事業団 DB チーム長．東国大学校電子仏典文化コンテンツ研究所専任研究員．東国大学校大学院仏教学科修了．哲学博士．2005-2012年，ハングル大蔵経電算化事業に従事．論著に博士学位論文「유비쿼터스 시대의 불교문화콘텐츠 연구」(ユビキタス時代の仏教文化コンテンツ研究)，「한국 불교문헌 디지털 사업의 현황과 과제」(韓国仏教文献デジタル事業の現況と課題．『불교평론』65，ソウル：仏教評論社)，「고려대장경의 문화콘텐츠 활용 방안」(高麗大蔵経の文化コンテンツ活用方案．『韓國禪學』30，ソウル：韓国禅学会) など．

李　善姫 (い・そに　이 선희) ＊

上智大学・明治学院大学・駿河台大学非常勤講師．東京外国語大学大学院博士前期課程，後期課程修了．博士（学術）．日韓対照言語学，日本語文法学，韓国語教育．論著に「日本語の移動動詞の研究」（東京外国語大学博士学位論文），『はじめよう！ やさしい韓国語』（共著，白帝社），「日本語辞書・韓国語辞書における意味記述と用例の問題──移動動詞を中心に──」（『カルチュール』3-1, 横浜：明治学院大学教養教育センター付属研究所）など．

李　賢熙 (い・ひょに　이 현희)

ソウル大学校人文大学国語国文学科教授．ソウル大学校大学院国語国文学科卒．文学博士．朝鮮語学，朝鮮語文法史．論著に，『中世国語構文研究』（ソウル：新丘文化社．第 35 回韓国出版文化賞著作賞受賞），共著に，『近代韓国語時期의 言語観・文字観研究』（近代韓国の時期の言語観・文字観研究．ソウル：ソミョン出版．大韓民国学術院 2015 年度優秀学術図書），『訓民正音의 한 理解』（訓民正音の一理解．ソウル：亦楽）など．第 1 回蘭汀学術賞本賞受賞．

金　庚芬 (きむ・ぎょんぶん　김 경분)

明星大学准教授．2014-2015 年，ロンドン大学客員研究員．東京外国語大学博士前期課程修了，博士後期課程単位取得退学．桜美林大学大学院博士後期課程修了．博士（学術）．論著に，『日本語と韓国語の「ほめ」に関する対照研究』（ひつじ書房），「ほめの対象に働く価値観の日韓中比較──大学生へのアンケート調査の結果に対する因子分析を通して──」（『社会言語科学』20-1, 共著，社会言語科学会），『チョアヘヨ！ 韓国語 初級，中級』（共著．朝日出版社）など．

金　珍娥 (きむ・じな　김 진아)

明治学院大学准教授．2005 年度 NHK テレビハングル講座講師．2014-2015 年，延世大学校客員研究員．東京外国語大学大学院博士前期課程，後期課程修了．博士（学術）．談話論，日韓対照言語学，韓国語教育．論著に『談話論と文法論──日本語と韓国語を照らす』（くろしお出版），『ドラマティック・ハングル──君，風の中に』（朝日出版社），共著に『Viva! 中級韓国語』（朝日出版社）など．

金　周源 (きむ・じゅうぉん　김 주원)

ソウル大学校人文大学言語学科教授．ソウル大学校大学院言語学科修了．文学修士，文学博士．歴史比較言語学，アルタイ言語学．論著に，"A Grammar of Ewen"（ソウル：Seoul National University Press），『훈민정음』（訓民正音．ソウル：民音社），『언어다양성 보존을 위한 알타이언어 문서화』（言語多様性の保存のためのアルタイ

言語の文書化．坡州：太学社），『모음조화의 연구』（母音調和の研究．慶尚：嶺南大学校出版部）など．

金　善美（きむ・そんみ　김 선미）
天理大学教授．京都大学大学院修士課程，博士課程修了．博士（人間・環境学）．韓国・朝鮮言語学，日韓対照言語学．論著に『韓国語と日本語の指示詞の直示用法と非直示用法』（風間書房），「現代韓国語と日本語の反語法文を成立させる語用論的条件について」（『朝鮮学報』，第233輯，朝鮮学会），「指示詞 ku と ce の現れ方と知識の共有度について」（『朝鮮学報』，第185輯，朝鮮学会）など．

金　ハンセム（きむ・はんせむ　김 한샘）
延世大学校言語情報研究院副教授．延世大学校大学院言語情報学科修了．文学博士．国語情報学，コーパス言語学．論著に，『한국어 숙어 연구』（韓国語熟語研究．ソウル：韓国文化社），「신어사전에 나타난 근대 사회 문화 연구」（新語辞典に現れた近代社会文化研究．『새국어교육』〈新国語教育〉，105，ソウル：韓国国語教育学会），「〈신어사전〉(1934)의 구조와 근대 신어의 정착 양상」（〈新語辞典〉(1934)の構造と近代新語の定着様相，『한글』〈ハングル〉304，ソウル：ハングル学会）など．韓国語文賞学術部門．

権　在一（くぉん・じぇいる　권 재일）
ソウル大学校人文大学言語学科教授．ハングル学会会長．第8代国立国語院院長．ソウル大学校大学院言語学科文学修士，文学博士．言語学．文法論．文法史．論著に『한국어 문법사』（韓国語文法史．ソウル：図書出版博而精），『한국어 문법론』（韓国語文法論．坡州：太学社），『남북 언어의 문법 표준화』（南北言語の文法標準化．ソウル：ソウル大学校出版部），『언어학사강의』（言語学史講義．ソウル：図書出版博而精）など．

高　槿旭（こ・ぐぬく　고 근욱）
上智大学・明治学院大学非常勤講師．東京外国語大学大学院博士前期課程修了，後期課程単位取得退学．日韓対照言語学．韓国語教育専攻．論文に「韓国語の動詞먹다(mekta)の研究」（『朝鮮学報』第243輯，朝鮮学会），「韓国語能力試験(TOPIK)初級における語彙使用の問題点 ("Lingua" no.25, 上智大学言語教育研究センター)」，「韓国語能力試験「初級」における語彙・文法問題――その現状と改めるべき方向――」（『外国語教育研究』no.18，外国語教育学会）がある．

辛　奎卓（しん・ぎゅたく　신 규탁）
延世大学校文科大学哲学科教授．韓国東洋哲学会会長．東京大学大学院人文科学研究科中国哲学専攻．（文学博士）．中国唐代の華厳，禅．論著に『한국 근현대 불교사상 탐구』(韓国近現代仏教思想探究．ソウル：세문사 새문사)，『圭峰宗密과 法性教學』(圭峰宗密と法性教学．ソウル：올리브그린 올리브그린)，『선문답 일지미』(禅門答一指味，ソウル：情宇書籍）など．仏教評論学術賞，青松学術賞，延世大貢献教授賞など．

須賀井　義教（すがい・よしのり　스가이 요시노리）＊
近畿大学総合社会学部准教授．ソウル大学校大学院博士課程単位取得退学，東京外国語大学大学院博士後期課程中退．朝鮮言語学，朝鮮語史，朝鮮語教育．論著に「MeCabを用いた現代韓国語の形態素解析」（『朝鮮語研究』5，ひつじ書房），「インターネットからの接近」（『韓国語教育論講座』第4巻，くろしお出版），著書に『韓国語文法ドリル 初級から中級への1000題』（白水社）など．

鈴木　陽二（すずき・ようじ　스즈키 요지）
天理大学准教授．延世大学校大学院修士課程修了．文学修士．朝鮮語学，朝鮮語教育．論著に「韓国・朝鮮語学習の初期段階における文字と発音の教授法に関する一考察」（『外国語教育』39，天理大学），「専修語の理想的な授業を目指して」（『外国語教育』40，天理大学），「現代韓国・朝鮮語における終結態表現について」（『天理大学学報』第66巻第1号，天理大学）など．

徐　尚揆（そ・さんぎゅ　서 상규）
延世大学校文科大学国語国文学科教授．同大学言語情報研究院院長．東京外国語大学助手，筑波大学文芸言語学系専任講師，延世大学校助教授，副教授を経て，現職．延世大学校大学院博士課程修了．文学博士．韓国語文法論，語彙論，コーパス言語学，韓国語情報学，辞書学．論著に，『한국어 기본어휘 연구』(韓国語基本語彙研究．ソウル：韓国文化社）　『한국어 기본어휘 의미빈도 사전』(韓国語基本語彙意味頻度辞典．ソウル：韓国文化社），『한국어 구어 빈도 사전 (1,2)』(韓国語〈話されたことば〉頻度辞典．ソウル：韓国文化社），『최현배의〈우리말본〉연구 1』(崔鉉培の〈ウリマルボン〉研究 1．ソウル：韓国文化社）など．韓国語の21世紀世宗計画〈話されたことば〉コーパス構築を主導．

徐　正敏（そ・じょんみん　서 정민）
明治学院大学教授．同大学キリスト教研究所所長．元韓国延世大学教授．同志社大学

神学研究科博士学位取得.キリスト教学,日韓キリスト教史,アジア神学,アジア宗教など.論著に,『日韓キリスト教関係史研究』(日本キリスト教団出版局),『韓国キリスト教史概論──その出会いと葛藤』(大阪:かんよう出版),『韓国カトリック史概論──その対立と克服』(大阪:かんよう出版)など.2003年,2004年延世大学校優秀研究業績教授賞(著述部門).2000年,2007年大韓民国文化觀光部優秀学術図書賞,2005年大韓民国学術院優秀学術図書賞.

宋　喆儀 (そん・ちょり　송 철의)

国立国語院院長.前ソウル大学校教授.ソウル大学校大学院博士課程修了.文学博士.韓国語音韻論,形態論.論著に,『한국어 형태음운론적 연구』(韓国語の形態音韻論的研究.ソウル:太学社),『국어의 파생어형성 연구』(国語の派生語形成の研究.ソウル:国語学会),『주시경의 언어이론과 표기법』(周時経の言語理論と表記法.ソウル:ソウル大学校出版文化院),訳註書に『오륜행실도(역주)』(五倫行実図〈訳註〉.ソウル:ソウル大学校出版部) など.

髙木　丈也 (たかぎ・たけや　다카기 다케야) ＊

慶應義塾大学専任講師.東京大学大学院修士課程修了,同博士課程修了.談話論,方言学,日朝対照研究.論著に「日本語と朝鮮語の談話における発話連鎖──「質問」と「応答」の連鎖を中心に──」(『朝鮮学報』,第235輯,朝鮮学会),「延辺地域朝鮮語における友人談話の発話形式──文末形式におけるソウル方言との比較から──」(『韓国語学年報』,第11号,神田外語大学韓国語学会),「遼寧省地域朝鮮語における友人談話の発話形式──基層方言との関係という観点から──」(『朝鮮学報』,第241輯,朝鮮学会) など.2016年 朝鮮学会研究奨励賞受賞.

丁　仁京 (ちょん・いんぎょん　정 인경)

福岡大学言語教育研究センター外国語講師.麗澤大学大学院言語教育研究科博士後期課程修了.博士(文学).文法論,日韓対照言語学,韓国語教育.論著に「韓国語の文末表現「것이다」のスコープ機能」(『朝鮮学報』第208輯,朝鮮学会),「韓国語の終結語尾'-ㄴ걸''-ㄹ걸'の研究──話し手が言及する情報と統語形式との関連──」(『朝鮮学報』第216輯,朝鮮学会),共著に『韓国語教本 ハングルマダン』(朝日出版社) など.

鄭　在永 (ちょん・じぇよん　정 재영)

韓国技術教育大学校教授.前口訣学会会長.現国語史学会会長.韓国外国語大学校大学院国語国文学科文学修士,文学博士.文法史.文字史.論著に『의존명사 'ᄃ'의 문

683

法화』(依存名詞「ᄃ」の文法化. ソウル:太学社),『정조대의 한글 문헌』(正祖代のハングル文献. ソウル:文献と解釈社),『한국 각필 부호구결 자료와 일본 훈점 자료 연구』(韓国角筆符号口訣資料と日本訓点資料の研究. 共著. ソウル:太学社)など.

韓　成求(はん・そんぐ　한 성구)

(東京)朝鮮大学校文学歴史学部准教授(前任講師). 朝鮮大学校研究院人文科学研究科卒. 早稲田大学大学院日本語教育研究科修士課程修了. 東京外国語大学大学院総合文化研究科博士前期課程修了, 後期課程中退. 言語学修士. 日本語教育学修士. 共和国言語学碩士. 朝鮮語文法論, 朝鮮語語彙意味論, 朝鮮語教育学. 論著に, 「조선말 학습사전 올림말의 선정방법에 대한 고찰」(朝鮮語学習辞典収録語彙選定法についての考察.『사회과학원학보』〈社会科学院学報〉, 2014年2号, 平壌:社会科学院出版社),「조선말학습사전 올림말수에 대한 고찰」(朝鮮語学習辞典の収録語彙数についての考察.『김일성종합대학 학보(어문학)』〈金日成綜合大学学報(語文学)〉, 2014年1号, 平壌:金日成綜合大学出版社),「朝鮮語学習辞典の見出し語の類型について──学習者の利便性の向上を目指して──」(『조선대학교학보(朝鮮大学校学報)』2014年24号, 東京:朝鮮大学校出版部など.

韓　栄均(はん・よんぎゅん　한 영균)

延世大学校文科大学国語国文学科教授. ソウル大学校大学院国語国文学科修了. 文学博士. 韓国語情報学, 韓国語辞典学, 韓国語文体史. 論著に,『학습용기본명사 연어 빈도 사전』(学習用基本名詞連語頻度辞典. ソウル:韓国文化社),『모퉁이의 국어사 자료 연구』, (街角の国語史資料研究. ソウル:亦楽), 共著に『국어정보학 입문』(国語情報学入門. ソウル:太学社),『우리말 연구의 첫걸음』(韓国語研究の第一歩. ソウル:宝庫社) など.

峰岸　真琴(みねぎし・まこと　미네기시 마코토)

東京外国語大学アジア・アフリカ言語文化研究所教授. 東京大学大学院人文科学研究科博士課程単位取得済退学, 文学修士. 東南アジア大陸部諸言語研究, 言語類型論. 東京大学文学部助手, 東京外国語大学アジア・アフリカ言語文化研究所助手, 助教授を経て現職. 論著に, 「対照研究で読み解く日本語の世界　タイ語との対照:出来事と格関係を中心として」(『日本語学』. 明治書院),「孤立語の他動詞性と随意性:タイ語を例に」(角田三枝, 佐々木冠, 塩谷亨編『他動性の通言語的研究』. くろしお出版),『言語基礎論の構築に向けて』(編著. 東京外国語大学アジア・アフリカ言語文化研究所) など.

執筆者プロフィール

鷲尾　龍一（わしお・りゅういち　와시오 류이치）
学習院大学文学部教授．筑波大学名誉教授．国際基督教大学大学院博士後期課程中退．博士（言語学，筑波大学）．言語学．言語学史．比較文法論．論文に Does French Agree or Not? (*Lingvisticae Investigationes* 18), The Japanese Passive (*Linguistic Review* 6), Auxiliary Selection in the East (*Journal of East Asian Linguistics* 13), 共著に『日本文法の系譜学』（開拓社）など．

［翻訳］

植松　恵（うえまつ・けい　우에마쓰 케이）
翻訳家．上智大学外国語学部卒．『暮らしの単語集 韓国語』（ナツメ社），『朝鮮語分類基礎語彙集』（東京外国語大学語学教育研究協議会）編纂に協力．

金　正彬（きむ・じょんびん　김 정빈）
韓国技術教育大学校講師．広島大学大学院博士課程後期修了．音韻史．論著に，『校正宋本広韻による広韻索引と韻鏡索引』（ソウル：韓国学術院出版社），「梵語漢譯經에 의한 古代東아시아 漢字音研究-韓国語史의 몇 가지 疑問을 中心으로-」（『口訣研究』第31輯，ソウル：口訣学会）「「斯」考——東北アジア古文献に見える「新羅」国号の諸表記を中心として——」（『訓点語と訓点資料』第136輯，訓点語学会）など．

辻野　裕紀（つじの・ゆうき　쓰지노 유키）
九州大学大学院専任講師．前 誠信女子大学（ソウル）専任講師．東京大学大学院修士課程修了．言語学，朝鮮語学．論著に「韓国語大邱方言における名詞のアクセント体系」（『朝鮮学報』第209輯，朝鮮学会），「韓国語大邱方言における名詞のアクセントと分節音の関係」（『朝鮮語研究』4，朝鮮語研究会），「現代韓国語における混成語形成の形態論」（『日本語学研究』29，ソウル：韓国日本語学会）など．

中島　仁（なかじま・ひとし　나카지마 히토시）
東海大学外国語教育センター准教授．NHK ラジオハングル講座講師．ソウル大学校大学院博士課程単位取得退学．東京外国語大学大学院博士後期課程中退．朝鮮言語学，朝鮮語史，朝鮮語教育，対照言語学．論著に「現代朝鮮語の動詞の連体形「한」について」（『朝鮮学報』第183輯，朝鮮学会），「隣語大方의 朝鮮語——表記，音韻，形

態를 中心으로──」(『朝鮮語研究3』, くろしお出版),『実力診断! 3分間ハングルトレーニング』(NHK出版) など.

渡邊　奈緒子 (わたなべ・なおこ　와타나베 나오코)
語学教室「ことばの森ソルレム」代表. 一橋大学大学院修士課程修了. 日本語教育学. 論著に, 「日本語多読に絵本を活用するための試み──絵本のレベル分けにおいて考慮すべき要素とは何か──」(『一橋日本語教育研究』4, 一橋教育研究会),
「外国語学習における絵本多読の効果──絵本多読の経験がある学習者へのインタビュー──」(『一橋国際教育センター紀要』7, 一橋国際教育センター). 翻訳に『かみになっちゃったパパ』(ワールドライブラリー) など.

編集協力
●
金　珍娥 (きむ・じな　明治学院大学准教授)
須賀井　義教 (すがい・よしのり　近畿大学准教授)
辻野　裕紀 (つじの・ゆうき　九州大学大学院専任講師)
中島　仁 (なかじま・ひとし　東海大学准教授)

韓国語教育論講座　第 3 巻

発行	2018 年 1 月 30 日　第 1 刷発行
編著	野間　秀樹
発行人	岡野秀夫
発行所	株式会社　くろしお出版 〒 113-0033　東京都文京区本郷 3-21-10 TEL: 03-5684-3389　　　FAX: 03-5684-4762 http://www.9640.jp/
印刷	藤原印刷株式会社

©Hideki Noma 2018, Printed in Japan
ISBN978-4-87424-754-9 C1387

●乱丁・落丁はおとりかえいたします。本書の無断転載・複製を禁じます。

●韓国語教育論講座●

野間秀樹 編

◆第1巻◆ 既刊

総論・教育史・方言・音論・表記論
語彙論・辞書論・造語論

◆第2巻◆ 既刊

文法論・談話論・言語行動論・表現論
社会言語学・民族語教育論

◆第3巻◆ 本書

対照言語学・類型論・語彙史
文法史・文字史
共和国/延辺/中央アジアの朝鮮語
宗教と言語

◆第4巻◆ 既刊

文化論・文学論・映画論・漫画論
メディア論・飲食論・歴史学・翻訳論
言語存在論・文献解題